Irene Diwiak

MALVITA

Roman

Paul Zsolnay Verlag

Mit freundlicher Unterstützung der Kulturabteilung der Stadt Wien, Literatur, und des Landes Steiermark.

Die Autorin bedankt sich beim BKA (Start-Stipendium), bei der Stadt Graz, bei ORF 3 (Writer in Residence), bei Thomas Raab und Alexis Silvestri.

1. Auflage 2020

ISBN 978-3-552-05977-1
© 2020 Paul Zsolnay Verlag Ges.m.b.H., Wien
Satz: Nele Steinborn, Wien
Autorenfoto: © Leonhard Hilzensauer/Zsolnay
Umschlag: Anzinger und Rasp, München
Foto: © Angela Newberry/Bridgeman Images
Druck und Bindung: CPI books GmbH, Leck
Printed in Germany

MALVITA

1. ENDSTATION

Zuerst war da dieser Geruch.

Dieser altbekannte Geruch, gemischt mit irgendetwas Neuem, Fremdem; sonst war da nichts. Dann war da Christina, in ihren Armen braune Papiertüten, wie man sie in amerikanischen Grocery-Stores bekommt, gefüllt mit Schwerem. Sie kam gerade nach Hause oder sonst wohin, in irgendein Haus, das sie für das ihre hielt. Es gab Treppen hinauf in ein Obergeschoß, und da war dieser Geruch. Und dann war da dieses Geräusch. Christina lief die Treppen hinauf, in den Armen immer noch die Einkaufstüten, die jedoch leichter und leichter wurden, bis sie sich in Luft auflösten, eine endlos lange Treppe, und mittlerweile wusste Christina schon, was das für ein Geruch war und was für ein Geräusch. Dann hörte sie Stimmen. Sie stand in ihrem Zimmer, in ihrem wirklichen Zimmer, so wie sie es kannte, sie stand vor ihrem eigenen Bett, und darin lagen Miri und David, nackt, und grinsten sie an. Beide waren sie unheimlich schön, unheimlich und schön, wie eine Fotografie, die man zu Tode gephotoshopt hatte, zur Unkenntlichkeit verschönte Fratzen, und Christina schrie. Dann stieß ihr Kopf gegen eine Scheibe und Miri und David verschwanden und mit ihnen das Zimmer und mit dem Zimmer der Geruch.

Christina wachte auf. Der Zug hatte unsanft gehalten. Hier war gar kein Bahnhof. Sie hasste es, im Zug einzuschlafen, überhaupt einzuschlafen, sie hasste die Träume. Sofort griff sie nach ihrer Kamera, die sich glücklicherweise immer noch in der Reisetasche auf ihrem Schoß befand, ungestohlen. Die Kamera hatte mehr gekostet, als Christina im ganzen letzten Jahr verdient hatte. Genau genommen hatte sie im ganzen letzten Jahr überhaupt kein Geld verdient. Sie hatte studiert (irgendetwas) und sich auf diese Aufnahmeprüfung vorbereitet (Fotografie an der Kunstakademie). Und sie hatte gelitten. Nicht wegen der Aufnahmeprüfung, die würde sie nächstes Jahr noch einmal machen können.

Der Zug setzte sich wieder in Bewegung. Die Wagons waren älter als Christina, mindestens doppelt so alt. Die Sitze waren hart. Man musste schon ein großes Schlafdefizit haben, um in einem solchen Zug schlafen zu können. Außerdem war die Landschaft so schön vor den Fenstern: Mohnblumenfelder auf sanften Hügeln, in der Ferne ein Dörfchen, dann wieder Hügel, diesmal mit Weinreben bespannt, Sonnenstrahlen überall. Grüne Wiesen, gelbe Felder. Ja, selbst Christina musste zugeben, dass es hier schön war, auch wenn sie eigentlich geglaubt hatte, gar nichts mehr schön zu finden. Sie holte den Fotoapparat aus der Tasche, aber sie spiegelte sich in der Fensterscheibe, fotografierte nur sich selbst. Die Landschaft dahinter war verschwommen, eigentlich nicht zu erkennen. Sie löschte die Fotos.

Christina war auf dem Weg zu einer Hochzeit oder, besser gesagt, zu den Vorbereitungen zu einer Hochzeit. Die Braut war ihre Cousine, aber deswegen fuhr sie nicht hin, schließlich hatte sie Marietta noch nie in ihrem Leben gesehen. Christina war kein Gast, sie war die Fotografin. Das hatte ihre Mutter für sie eingefädelt. Deren Schwester Adelheid, aber jetzt nannte sie sich Ada, war die Brautmutter. Viel mehr wusste Christina auch von dieser Tante nicht, die sie auch nie kennen gelernt hatte. Die Mutter war jedenfalls der Meinung gewesen, dass eine Hochzeit Christina ablenken würde. Und dann noch Italien, und dann noch die Toskana. Christina wusste nicht, ob ihre Mutter selbst schon einmal dort gewesen war, vermutlich nicht. Aber andererseits hatte Christina auch nicht gewusst, dass die Mutter noch zu irgendjemanden von ihrer Familie Kontakt pflegte. Dass es eine Tante Ada gab, irgendwo im Süden, dass diese mit einem Italiener verheiratet war und dass Cousinen und Cousins existierten, hatte die Mutter hin und wieder erzählt, aber das war es auch schon. Dabei musste sie mit Tante Ada die ganze Zeit über heimlich in Verbindung gestanden sein. Vielleicht telefonierten sie manchmal, wenn Christina ausgegangen war, schrieben sich E-Mails vom Büro aus oder SMS, die sie nach Erhalt sofort löschten. Vielleicht war ihr Kontakt aber auch gar nicht so geheimniskrämerisch, wie Christina ihn sich jetzt vorstellte, sie hatte sich ja nie besonders für die Angelegenheiten ihrer Mutter interessiert, und in den letzten Wochen erst recht nicht.

Tante Ada hatte der Mutter jedenfalls von Marietta erzählt und dass die Fotografin abgesprungen war, nur eine Woche vor der Hochzeit, da hatte die Mutter sofort zugeschlagen. Weiß Gott, was sie Tante Ada von Christinas Fotografie-Kenntnissen vorgelogen hatte. Keine Ausbildung, keine Erfahrung, nicht einmal ein Zertifikat eines erfolgreich bestandenen Volkshochschulkurses, sogar den hatte sie vorzeitig abgebrochen. Christina war keine Fotografin, sie war die Besitzerin von teurer Ausrüstung, und die war ein Geschenk gewesen. Aber die Mutter musste gut gelogen haben, oder Tante Ada hatte einfach Mitleid: Christina sollte auf der Stelle anreisen, um alle kennen zu lernen und sich im Vorhinein die Locations anzusehen, Lichtverhältnisse und so weiter, es gab auch ein Honorar.

Und überhaupt wäre es eine Abwechslung, sagte Christinas Mutter. Christina hatte sich willenlos zum Bahnhof bringen lassen. Die Reisetasche hatte ihre Mutter gepackt, wobei sie beinahe auf den Fotoapparat vergessen hätte, in letzter Sekunde fiel ihr das noch auf. Am Bahnhof umarmte sie Christina und sagte: »Grüß Adelheid von mir«, und es klang bedeutungsschwer, schon einmal deswegen, weil sie »Adelheid« und nicht wie sonst immer »Ada« sagte. Später stand sie am Bahnsteig und winkte pathetisch mit einem Papiertaschentuch, während Christina davonfuhr, mit stumpfem Blick wie immer, immer Richtung Süden.

Christina spürte, dass ihr Magen knurrte. Sie hätte in Florenz noch etwas essen sollen, aber da war sie nicht in der Stimmung dazu gewesen. Ihre Mutter hatte absichtlich eine Bahnverbindung mit besonders langer Umsteigezeit in Florenz gebucht, damit Christina sich ein bisschen in der Stadt umschauen könnte. Am Bahnhof aber befand sich ein Café, Christina kaufte dort einen quietschbunten Cupcake, im Radio brummte Leonard Cohen, sie setzte sich an einen freien Tisch und heulte drei Stunden lang. Den Cupcake rührte sie nicht an. Sie musste ihn dann einfach am Tisch stehen gelassen haben, als sie ging. Das bereute sie jetzt. Sie drückte die Reisetasche an ihre Brust und machte sich auf die Suche, aber natürlich gab es in einem so kleinen Regionalzug keinen Speisewagen. Nur wenige Plätze waren besetzt, keine Touristen, oder zumindest keine, die man als solche erkannt hätte. Vermutlich waren das alles Pendler, die jeden Tag diese Strecke auf- und abfuhren, manche drückten auf ihren Smartphones herum, andere lasen Zeitschriften. Die Landschaft vor dem Fenster ließ sie völlig kalt. Christinas Abwechslung war für sie Alltag. Christina ging zu ihrem Platz zurück und setzte sich, sie holte ihr Zugticket hervor und las darauf noch einmal den Namen der Destination: Villagio Malvita. Malvita – das klang irgendwie süß, fast wie ein Mädchenname. Dann fand sie in ihrer Hosentasche ein Bonbon, das sie lutschen konnte, um den Magen auszutricksen, es funktionierte einigermaßen. Sie schlief nicht mehr ein, obwohl die Weinstauden und Mohnblumenfelder hypnotisch wirkten, rot und gelb und grün im Wechsel, eine Ampellandschaft, die Farben verschwammen vor Christinas Augen zu matschigem Braun: Sie weinte schon wieder. Bahnhofhäuschen ruckelten an ihr vorbei, hin und wieder hielt der Zug, dann musste sie sich festhalten. Immer wieder stiegen Leute aus, nie jemand zu, irgendwann verließen auch die Allerletzten den Zug und Christina war allein. Ihr fiel auf, dass sie bisher noch nie allein verreist war. Früher wäre ihre Mutter dabei gewesen, aber da waren sie nicht so richtig verreist, hatten höchstens Besuche gemacht, und auch das selten. Die obligatorische Interrailtour im Teenageralter hatte sie mit Schulfreundinnen gemacht, und später verreiste sie dann nie ohne David. Einen Moment lang hatte Christina jetzt das Gefühl, sie würde gar nicht wissen, wie das Reisen ginge, sie würde es versauen, sie würde in Malvita nicht aussteigen können, sie würde bis zur Endstation fahren und sich von ihrer Mutter abholen lassen, etwas anderes würde sie nicht fertigbringen, nicht allein. Aber dann war da der Bahnsteig vor dem Fenster, und ein Schild, auf dem »Malvita« stand, und Christina stieg aus, einfach so, die Reisetasche in der Hand. Hinter ihrem Rücken ruckelte der alte Zug, nun völlig passagierlos, weiter, näherte sich seinem Zielendbahnhof, dessen Namen Christina vergessen hatte. Malvita war keine Endstation.

2. DAS MODEL

Am Bahnsteig stand ein Model. Dass es ein Model war, konnte man auf den ersten Blick erkennen: Die Frau war zwei Meter groß, ihre Beine und Arme Fäden, sie war dürr. Kein hübsches Gesicht, aber faszinierend, hart und kantig, fast ein bisschen männlich. Scharf schnitten ihre Wangenknochen, ihre Augen waren unheimlich dunkel, ihre Mundwinkel zwei perfekt gerade Linien, die weder eine Neigung zum Lachen noch zum Leiden erkennen ließen. Sie hatte das, was man in Frauenzeitschriften »olivfarbenen Teint« nannte, fast schon golden, eine mediterrane Modefantasie, ihr dunkles Haar trug sie auf dem Kopf verknotet, bemüht unordentlich, ein durchdesigntes Vogelnest. Ihre Ohren standen gerade so viel und so wenig ab, dass sie noch als begehrenswertes Markenzeichen durchgingen. Sie war ungeschminkt, sie hatte nichts zu kaschieren und trug einen violetten Jumpsuit, der an jeder anderen vermutlich furchtbar ausgesehen hätte. Aber mit Mode kannte Christina sich nicht aus. Sie selbst trug ausschließlich Schwarz, und das nicht erst seit der Sache mit David und Miri. Das wäre ja noch armseliger gewesen, als im Bahnhofscafé zu heulen oder im Bummelzug durch die toskanische Pampa. Sie hatte einfach einmal irgendwo gelesen, dass Schwarz schlank machte, und damit war ihre Kleidungswahl für alle Ewigkeit getroffen. Sie war ja kein Model, sie war Fotografin oder wollte es sein, sie kaschierte sich selbst, wo es nur ging:

Sogar jetzt war sie noch stark geschminkt, mit wasserfestem Make-up.

»Hallo!« Das Model winkte, als ob man es übersehen hätte können. Vermutlich war Christina zu zögerlich gegangen, zögerlich vor Ehrfurcht, sie war beeindruckt von dieser Frau. Das Model war zu jung, um Tante Ada zu sein. War das Marietta?

»Ich bin Elena«, sagte das Model und beugte sich tief zu Christina hinunter, als wäre diese ein Kind, im Größenverhältnis war sie es. Küsschen links, Küsschen rechts, Elenas Wangen waren trotz der Hitze kühl, sie fühlten sich an wie kaltes Eisen. Christina musste verwirrt dreingeblickt haben, denn Elena ergänzte: »Ich bin Mariettas kleine Schwester.« Es war schwer vorstellbar, dass Elena kleiner war als irgendjemand, und Christina wusste nicht, ob der Witz beabsichtigt war. Vorsichtshalber lachte sie nicht. »Ich bin Christina – deine Cousine ... Die Fotografin ...«

»Das weiß ich doch alles«, entgegnete Elena, nicht barsch, aber auch nicht wirklich freundlich. Ihre Stimme war seltsam neutral und schnurgerade wie ihr Mund: Weder hoch noch tief, irgendwo mittendrin eintönig, ließ sie weder Gefühlslage noch Dialektfärbung erahnen. Waren Tante Adas Kinder eigentlich zweisprachig aufgewachsen, sprachen sie Italienisch und Deutsch gleichermaßen oder hatten sie das eine nach dem anderen erlernt?

»Mein Auto steht da drüben. Soll ich dir die Tasche abnehmen?«

»Geht schon, danke.«

Die Welt war Elenas Laufsteg und musste im Laufschritt beschritten werden, Christina stolperte hinter ihr her. Der Wagen war nicht sofort zu sehen, Elena hatte ihn direkt hinter dem Bahnhofshäuschen geparkt, in dem niemand saß und vermutlich auch lange keiner gesessen hatte, es sah baufällig aus. Elena drehte sich um und wartete, als wäre sie die Lehrerin und Christina eine Schulwandergruppe. Bei dem Auto handelte es sich um einen roten, tiefgelegten Sportwagen, der in der Sonne glitzerte wie ein Rubin und vermutlich um ein Vielfaches wertvoller war. Christina hatte genau so wenig Ahnung von Autos wie von Mode. Sie war nicht einmal besonders beeindruckt.

»Wow«, sagte sie, um Elena nicht zu enttäuschen.

»Ach das«, antwortete Elena, wieder weder freundlich noch unfreundlich, und Christina sah ein, dass sie sich an diese Stimme und diese Sprechweise würde gewöhnen müssen. Wahrscheinlich war Elena ganz nett, wenn man sie erst einmal richtig kannte. Sie nahm Christina die Reisetasche ab und stellte sie auf den Rücksitz, Christina nahm am Beifahrersitz Platz. Das Auto lag noch tiefer, als es von außen ausgesehen hatte. Christina fragte sich, wie Elena hier ihre langen Beine unterbringen konnte, ob sie sie durch den Autoboden rammen und laufen würde wie Fred Feuerstein. Stattdessen aber schwang Elena sich elegant hinters Steuer, mit geradem Rücken und sanft angewinkelten Beinen, während Christina sich irgendwie zerknautscht und verbogen fühlte. Alles in dem Wagen war mit Leder überzogen: Die Sitze, das Lenkrad, aber auch die Decke und der Boden waren aus Leder oder einem Material, das wie Leder aussah, und irgendwie passte Elenas violettes Outfit haargenau zu diesem Braunton, als hätte sie beides aufeinander abgestimmt, den Jumpsuit zum Auto gekauft oder umgekehrt. Vielleicht hatte sie das sogar wirklich. Tante Adas Mann war sehr vermögend, hatte Christinas Mutter erzählt.

Elena startete den Wagen. Beim Fahren blickte sie gar nicht auf die Straße, sondern auf das Autoradio, eine regelrechte

Soundanlage, sie fummelte mit einer Hand daran herum, bis Drum'n'Bass-Musik erschallte. Die andere lag lasch am Lenkrad, eigentlich waren es nur zwei Finger derselben, und selbst diese waren lasch. Elena musste die Strecke gut kennen. Christina blickte aus dem Fenster. Der Geschwindigkeit der vorbeiziehenden Landschaft nach zu urteilen, fuhren sie um einiges schneller als der Bummelzug. Es gab keinen Gegenverkehr.

»Wir sind also Cousinen«, sagte Elena plötzlich.

»Ja«, antwortete Christina.

»Wir haben dich nie kennengelernt.«

»Wir dich auch nicht«, wollte Christina sagen, aber dann dachte sie darüber nach, wer dieses »wir« eigentlich sein sollte: Sie selbst und ihre Mutter, aber ihre Mutter kannte immerhin Tante Ada und sie kannte irgendwie auch Marietta, warum sollte sie nicht auch Elena kennen? Christina zuckte mit den Schultern.

»Wir sind drei«, redete Elena nach kurzer Pause weiter. Der Wagen holperte einen Weinberg hinauf und Elena zog ihren Kopf genau so viel ein, dass sie ihn sich nicht an der Decke anschlug. Die Toskana war Gelände, das Auto kein Geländewagen.

»Marietta und ich und Jordie.«

»Jordie ... ist dein Bruder?«

»Ja.«

Christina konnte sich nicht mehr daran erinnern, ob ihre Mutter auch von ihm erzählt hatte, und wenn ja, was. Sie konnte sich allerdings an kaum etwas von dem erinnern, was ihre Mutter gesagt hatte: Marietta heiratete, Toskana, vermögender Onkel.

»Was machst du eigentlich beruflich?«, fragte Christina, um das Gespräch am Laufen zu halten.

»Ich bin Model«, antwortete Elena.

Christina tat, als würde sie das überraschen.

»Ich habe noch nie so ein echtes, professionelles Model kennengelernt!«

»Dafür habe ich schon sehr viele echte, professionelle Fotografen kennengelernt«, antwortete Elena.

Das war jetzt eindeutig ein Witz, dachte Christina, aber Elenas Stimme klang so trocken und gleichgültig wie bei allem, was sie sagte, dass Christina nur hüstelte, ein Geräusch zwischen Lachen und Räuspern, sollte Elena darunter verstehen, was sie wollte. Nun war für Christina eigentlich der ideale Zeitpunkt gekommen, um zu gestehen, dass sie selbst in Wahrheit gar keine echte, professionelle Fotografin war, sondern nur eine gut ausgerüstete Studentin.

»Und was ist Marietta von Beruf?«, fragte sie stattdessen.

Elena wirkte sogar respekteinflößend, wenn sie nur dasaß und starr vor sich hinschaute, nicht unbedingt auf die Straße, sondern immer nur geradeaus. Von der Seite glich sie ganz und gar einem mageren Mann, ein Hungerkünstler in modischem Jumpsuit.

»Marietta arbeitet ...«, antwortete Elena, aber dann stockte sie kurz, als müsste sie darüber nachdenken, »... in einer Bank.«

»Und wo arbeitet Jordie?«

Da brach Elena plötzlich in ein solches Lachen aus, dass sie den Wagen kurzfristig in Schlangenlinien lenkte. Zum ersten Mal hörte Christina Elenas Lachen, und dieses Lachen war so viel sympathischer als ihre Sprechstimme, es war hoch und melodisch und klang ein wenig wie das Klingeln von Weihnachtsglöckchen, so einladend süß, dass Christina einfach mitlachen musste.

»Jordie arbeitet doch noch nicht!«, antwortete Elena, als sie sich wieder einigermaßen beruhigt hatte, aber das Gelächter klang noch in ihrem Sprechen nach. »Jordie ist ein kleiner Engel, ich bringe ihm immer etwas mit, wenn ich aus der Stadt komme.«

Sie griff mit jener Hand, die sie nicht zum Lenken benutzte, in die Tasche ihres Suits und holte eine Maus aus Plüsch heraus. Sie lachte noch einmal ausgiebig, dann packte sie das Stofftier wieder weg, und ihr Gesicht wurde starr, als hätte sie sich gerade jetzt daran erinnert, dass Lachen Falten machte, oder dass Christina keine war, mit der man lachen durfte. Das Bumm-Bumm-Bumm im Radio wich einem Rauschen, kein Empfang. Elena hämmerte auf dem Gerät herum, schließlich ertönten italienische Schlager. Quando, quando, quando. Christina fiel nichts mehr ein, wovon sie sprechen hätte können, und auch Elena schwieg. Vor dem Fenster wiederholte sich das ständig Gleiche: Wein, Hügel, Mohn, Wein, Hügel, Mohn. Wieder begann sich dieser Geruch in Christinas Gedanken einzuschleichen, und Miris Stimme, diesmal gar nicht traumhaft, sondern beinharte Erinnerung: »David und ich haben uns ineinander verliebt...«

»Sie ist eine Verräterin!«, rief Elena plötzlich. Christina zuckte zusammen und war wieder hellwach. Ihre Cousine war ein Model und las ihre Gedanken wie andere Leute Zeitungen.

»Wie bitte?!«

»Ich meine Blanca. Blanca ist eine Verräterin.«

Jetzt musste Christina wieder lachen, nicht so wirklich unbeschwert, nicht so heiter wie zuvor, zu echt und deutlich klang noch Miris Stimme in ihren Gedanken nach, aber sie war doch ein bisschen amüsiert über die eigene Blödheit. Elena schaute sie an. Ihr Blick war völlig ausdruckslos. Trotzdem sagte Christina schnell: »Entschuldigung.«

Elena blickte wieder nach vorne und fuhr fort: »Blanca war unsere ursprüngliche Fotografin. Sie war Mariettas beste Freundin und ihre Trauzeugin. Vor einigen Tagen ist sie einfach verschwunden. Unauffindbar.«

Diese Geschichte hatte Christina zwar schon von ihrer Mutter gehört, fand sie aber immer noch rätselhaft: Es war schon einigermaßen unorthodox, dass die Trauzeugin gleichzeitig die Fotografin war, noch seltsamer war aber natürlich, dass diese sich einfach in Luft auflöste, so kurz vor der Hochzeit. Vielleicht hatte sie mit dem Bräutigam geschlafen.

»Freundinnen sind Schweine«, stellte Christina fest.

»Nein«, sagte Elena, »Männer sind Schweine. Das ist das Problem.«

Christina hatte noch nicht genug Vertrauen gefasst, würde vermutlich niemals genug Vertrauen fassen, um Elena von Miri und David zu erzählen. Also ließ sie diese Bemerkung unkommentiert stehen. Man musste Miri kennen, um zu wissen, wozu Freundinnen fähig waren.

Vor der Windschutzscheibe tauchten nun Häuser in der Landschaft auf, ein Dorf.

»Ist das Malvita?«, fragte Christina.

»Der alte Ortskern.«

»Der alte? Und wo ist der neue?«

»Es gibt keinen neuen.«

Die Ruine eines vielleicht sogar antiken Aquädukts stellte eine Art Stadtmauer dar, Elena raste an den Trümmern vorbei, ohne die Geschwindigkeit auch nur im Geringsten zu drosseln, der Wagen setzte hart auf alten Pflastersteinen auf. Aber Christina bemerkte die Erschütterung kaum, so hin und weg war sie von dem Anblick, der sich ihr bot: ein verträumter Platz, teilweise dunkelgrün von Pflanzen überwuchert, und in dessen Mitte befand sich ein alter Brunnen, der so voller Moos war, dass er aussah wie aus Samt gemacht. Rundherum standen eng aneinandergepfercht schmale Häuser mit verspielten Fassaden, die etwas breiteren unter ihnen verfügten auch über Arkadenvorhöfe. Man konnte sich bildlich vorstellen, wie spätmittelalterliche Kaufleute, feine Damen und Philosophen darin auf- und abmarschierten. Und ein wenig abseits, fast verschämt, als gebührte dieser Abstand von den Profanbauten dem Anstand, erhob sich eine Kirche, ein winziger Petersdom, das mutterlose Kind des Petersdoms, bis zum Bauchnabel eingehüllt in Pflanzensamt. Es war nicht mehr als ein Augenblick, in dem sich Malvitas alter Ortskern Christina in seiner vollen Pracht darbot, denn Elena bog sofort in eine schmale, dunkle Gasse ein. Auch hier waren die Häuser alt, aber verfallener und vermutlich schon in ihrer besten Zeit nicht ganz so kunstvoll gewesen wie die Bauten auf dem Kopfsteinpflasterplatz. Weder dort noch in dieser Gasse war eine Menschenseele zu sehen gewesen. Im Fall der Gasse zumindest war das ausgesprochen positiv, denn Elenas Auto nahm ihre gesamte Breite ein.

»Wird Marietta in dieser Kirche heiraten?«, fragte Christina.

Elena lachte wieder, diesmal verächtlich.

»Nein«, sagte sie, »unsere Familie ist nicht religiös.« Dann überlegte sie kurz und fügte hinzu: »Auf jeden Fall sind wir nicht katholisch.«

»Ich auch nicht«, sagte Christina, »also, weder religiös noch katholisch.«

Elena nickte.

Sie ließen das Dorf hinter sich und fuhren nun wieder eine Landstraße entlang, kein Ende in Sicht.

»Lebt denn niemand in Malvita?«, fragte Christina.

»Nicht, seit die Lederfabrik eingegangen ist«, antwortete Elena.

»Wann war das denn?«

»Zweitausendacht. Die Wirtschaftskrise.«

Das Wort »Wirtschaftskrise« stand in Christinas Hirn zwischen Weltkrieg Eins und Weltkrieg Zwei geschrieben, unverschiebbar stand es dort, und gleich daneben die »geschlossenen Fabriken«. Das war alles noch vor der Geburt des Großvaters gewesen, das gehörte in die Geschichtsbücher, also nirgendwohin. Zweitausendacht war kein Wirtschaftskrisenjahr, es war irgendein Jahr in Christinas Teenagerzeit, sie war unglücklich verliebt gewesen und hatte »My Chemical Romance« gehört, bis es ihr in den Ohren summte.

»Wo war denn diese Fabrik?«, fragte sie.

»Wären wir in Malvita nicht abgebogen, sondern immer nur geradeaus gefahren, wären wir ungefähr jetzt an der alten Fabrikhalle vorbeigekommen. Die steht nun natürlich leer.«

»Und was ist seitdem geschehen? Ich meine, seit die Fabrik geschlossen worden ist?«

Elena zuckte mit den Schultern.

»Nicht viel.«

»Aber was ist mit den Leuten geschehen? Mit den Bewohnern von Malvita?«

»Die sind weggezogen.«

»Alle?«

»Die meisten. Einige arbeiten bei uns.«

»Bei euch?«

»Sie leben auch bei uns. Sie sind Hausangestellte. Ihnen ist es egal, ob sie in der Fabrik arbeiten oder in unserem Haus. Es läuft für sie aufs Gleiche hinaus: Am Ende des Monats kriegen sie ein Gehalt überwiesen, das zum Leben reicht, und noch ein bisschen darüber hinaus. Bei uns bekommen sie zudem eine kostenlose Wohnung und im Winter wird geheizt.«

Christina hatte bis jetzt keinen einzigen Menschen kennengelernt, der über Hausangestellte verfügte. Gut, Davids Eltern hatten eine Putzfrau beschäftigt, aber das war doch noch einmal etwas ganz anderes.

»Wow«, sagte sie, und diesmal meinte sie es ernst. Der Weg vor ihnen begann sich in scharfen Kurven zu schlängeln, aber auch das bewegte Elena nicht dazu, langsamer zu fahren oder wenigstens die zweite Hand ans Lenkrad zu legen. Christina fragte sich, ob Elena das teure Auto selbst bezahlt oder ob es ihr Vater für sie gekauft hatte. Dieser musste noch reicher sein, als Christina bisher angenommen hatte. Er besaß ein ganzes Dorf als Hauspersonal. Ihr wurde ein bisschen schlecht, von den vielen Kurven und dem Gedanken an so viel Geld. Plötzlich sagte Elena: »Siehst du das Haus dort auf dem Hügel?«

Christina sah es, aber es war kein Haus, es war viel größer. Es war größer als der Hauptplatz von Malvita, vielleicht sogar größer als das ganze Dorf, als die ganze Umgebung vom Bahnhof bis zur Fabrikhalle.

»Das ist die Villa Esposito.«

3. VILLA ESPOSITO

Der Name des Hauses war so fantasielos wie passend. Esposito war der Familienname von Tonio, Adas Ehemann und somit Christinas Onkel, was wiederum seine ganze Sippe zu Espositos machte: Ada Esposito und Marietta Esposito und Elena Esposito und Jordie Esposito. Im Grunde war es ein trauriger Name, denn er bedeutete so viel wie »die Ausgesetzten«: Die Espositos waren ausgestoßene, verlorene, ungewollte Kinder gewesen. Dabei war es einer der häufigsten Namen Italiens, früher hatte es offensichtlich viele ausgestoßene, verlorene, ungewollte Kinder gegeben. Aber diese Familie Esposito gehörte schon lange nicht mehr dazu.

Die Bezeichnung »Esposito« passte aber auch deswegen zu der Villa, weil sie in der Landschaft stand, als wäre sie selbst ausgesetzt worden, ein ausgesetztes, ein aussätziges Haus, mit dem andere Häuser nichts zu tun haben wollten. Das tote Dorf Malvita mit seinem halbtoten Bahnhof lag schon abgelegen, der nächste lebendige Ort war jedoch Florenz, und Florenz war eine Welt weit weg. Aber diese Einsamkeit schien die Villa Esposito nicht zu stören, ganz im Gegenteil: Sie hatte sich ausgebreitet, jedes halbe Jahrhundert wurde sie um einen Trakt erweitert, und mittlerweile bedeckte sie den Hügel schon so weit, dass die Gärten und Hinterhöfe auf steilen Hängen lagen.

Das Innerste, das »Herz« des Hauses, konnte man bis ins Mittelalter zurückverfolgen. Ursprünglich war es ein einfacher

Bauernhof gewesen und wurde schon damals von einem Esposito bewohnt, ein Vorfahre von Tonio, ein noch voriger Vorfahre von Marietta, Elena und Jordie. Dessen Erben nahmen dann bereits den ersten Ausbau vor, und so ging es weiter und weiter, bis die Villa Esposito ein Ungeheuer war, ungemein groß und verworren. Sie wuchs vor sich hin, wie sonst nur Städte oder die Wirtschaft, solange alles gut ging. Immer wurde dazugebaut, nie abgerissen, und schließlich war die Villa Esposito ein unüberschaubares Konglomerat aus verschiedenen Baustilen und eklektischer Einrichtung. Im Herzen immer noch ein traditionell-toskanisches Landhaus, welches in einer Schale aus Barock steckte, links davon wucherte das 18. Jahrhundert mit seinem Klassizismus, rechts historistisch das 19. Der hinterste Teil war zur Zeit des Faschismus gebaut worden, und es gab auch einen Wintergarten, an dem kein einziger Winkel rechteckig war.

Das alles konnte Christina nicht wissen, während sie im Auto saß und die Villa vor ihr immer größer und ungeheuerlicher wurde, sie dachte nur: Was für ein hässliches Gebäude. Geschmack konnte man sich bekanntlich nicht kaufen. »Wow«, sagte sie und meinte es wieder ernst, aber nicht im positiven Sinne. Elena lächelte einen Augenblick lang, dann glättete sie ihren Mund wieder zur üblichen Linie. Die Straße führte spiralförmig auf den Hügel hinauf, der nicht hoch, jedoch breit war: Immer wieder fuhr Elena die gleichen Stellen ab, jedes Mal nur ein paar Meter weiter oben als zuvor, und zwischen den Straßen wucherten die Weinreben. Christina fragte sich, ob die Serpentinen überhaupt notwendig waren, ob der Hang wirklich zu steil war, um eine direkte Straße hinaufzubauen. Vielleicht war dieses schwindelerregende Rundherumfahren schon ein Teil der verwirrenden Villenarchitektur, ein würdiger Einstieg in die Untiefen der Villa Esposito.

Das erste Mal, seit Christina aus dem Zug gestiegen war, waren hier andere Menschen zu sehen: Ein Grüppchen Fußgänger kam ihnen entgegen, Männer in marineblauen Anzügen und Frauen in knielangen Kleidern derselben Farbe, als sie den roten Sportwagen erblickten, grüßten sie militärisch, zwei Finger an unsichtbaren Mützenschirmen. Christina fand das ulkig und drehte sich nach ihnen um, Elena beachtete sie nicht weiter. Dann waren da Männer, die im Weingarten arbeiteten, und Frauen, die Einkaufskörbe den Hügel hinaufschleppten, sie alle trugen Blau und alle grüßten auf die gleiche, lächerliche Weise.

»Sind das die Bediensteten?«, fragte Christina. Elena nickte.

Sie erreichten einen Parkplatz, der vollständig in der Schräge lag. Christina konnte die Beifahrertür nicht ohne Anstrengung öffnen, die Schwerkraft arbeitete gegen sie. Elena hingegen stieg elegant aus dem Wagen und nahm die Reisetasche vom Rücksitz. Sie hielt Ausschau, vermutlich nach einer dieser dunkelblauen Figuren, die den Hügel bevölkerten. Vom Haus her kam ein junger Mann gelaufen. Er trug ein weißes Hemd und schwarze Hosen, kein Dunkelblau, keine Schuhe, sein Haar war lockig und kupferbraun. An seine Brust gedrückt hielt er eine fette orangegetigerte Katze. Sofort verlor Elenas Gesicht jede Härte. »Jordie!«, rief sie.

Christina hatte ihn sich als kleines Kind vorgestellt, ein allerhöchstens Fünfjähriger, der mit Kuscheltieren spielte und noch nicht einmal zur Schule ging, denn genauso hatte Elena von ihm gesprochen. Aber der Junge war ausgewachsen, kleiner als Elena zwar und doch sehr groß, mit langen, dünnen Armen und Beinen, er musste mindestens siebzehn sein. Er lief nun immer schneller auf Elena zu. Die Katze nutzte die Gelegenheit und befreite sich aus seinem Griff, er schien es nicht einmal zu merken, im selben Moment ließ Elena die Reisetasche fallen. Christina dachte an ihre teure Kamera und zuckte zusammen. »Elena«, rief der Junge, und als er seine Schwester erreicht hatte, hob Elena ihn mit ihren dürren Armen in die Luft und drehte sich auf ihren hohen Hacken, wirbelte den ganzen Mann im Kreis, als würde er rein gar nichts wiegen, als wäre er tatsächlich das Kind aus Christinas Vorstellung.

»Das ist Christina. Unsere Cousine«, sagte Elena, nachdem sie Jordie wieder abgestellt hatte, immer noch waren ihre Gesichtszüge weich, ihre Stimme zart und lieb wie ihr Lachen.

»Hallo Christina«, sagte Jordie und hielt ihr die Hand hin. Sein fester Händedruck stand im Kontrast zu seinem federleichten Wirbeln, Christina versuchte, sich ihre Verwunderung nicht anmerken zu lassen.

Jordie blickte sie an. Seine Augen waren groß und braun, aber heller als die seiner Schwester, oder vielleicht waren sie auch gar nicht heller, sondern nur durchlässiger: Sie ließen Licht in sich fallen und Blicke in sich dringen, wie es Elenas Augen niemals zugelassen hätten, und plötzlich war Christina die ganze Situation furchtbar unangenehm. Nicht, wie Jordie sie anblickte, störte sie, sondern wie sie ihn anschaute, wie seine Augen ihren Blick nicht bremsen konnten, da war kein Widerstand in ihnen. Es waren Kinderaugen im Gesicht eines Erwachsenen, und das war unheimlich.

»Ich hab dir etwas mitgebracht!«, sagte Elena und holte die Stoffmaus hervor. Erst jetzt sah Christina, dass diese an einer Schnur befestigt war, kein Kinderspielzeug also, ein Spielzeug für Katzen. Jordie freute sich, er küsste Elena auf beide Wangen und drehte sich nach der eigentlich Beschenkten, nämlich seiner Katze um, diese aber war nirgends mehr zu sehen. Jordie seufzte. »Entschuldigt mich, aber ich muss Paola suchen«, sagte er, dann lief er wieder den Hügel hinauf, bis die Villa ihn schließlich verschluckte. Was für ein Name für eine Katze, dachte Christina: Paola.

Kaum war Jordie außer Sichtweite, war Elenas Gesicht wieder das alte, ausdruckslose, und mit alter, ausdrucksloser Stimme sagte sie: »Komm mit.« Christina nahm die Reisetasche und folgte ihr.

Die Haustür, aber vermutlich war das nur einer von zahllosen Eingängen, war groß und schwer wie eine Kerkertür, sie hatte fünf Schlösser. Elena sperrte eines nach dem anderen auf, mit fünf unterschiedlichen Schlüsseln, die sie hintereinander aus den Jumpsuittäschchen zog, als handelte es sich dabei um ein Zaubergewand. Wenn alle Türen so verriegelt waren wie diese, war die Villa Esposito ein Hochsicherheitstrakt.

Sie betraten eine Säulenhalle, die ganz und gar aus Marmor bestand, ein breiter roter Teppich führte über den weißen Boden wie ein Fluss aus Blut, an der gegenüberliegenden Seite des Raumes floss er ein prächtiges Treppenhaus empor. Christina konnte sich gut vorstellen, wie Elena diese Stufen in Zeitlupe hinunterschritt, im Ballkleid und mit Windmaschine, eine solche Art von Treppe war das. In der Mitte der Säulenhalle stand ein Zimmerspringbrunnen, dessen Krönung eine Pallas Athene in Kampfmontur darstellte, unter ihrem Mamorschwert plätscherte das Wasser. Sie hatte Ähnlichkeiten mit Elena, fand Christina, auch ihr stand eine gewisse Männlichkeit ins Steingesicht gemeißelt. Bis zum Springbrunnen war Elena gegangen, ohne anzuhalten, jetzt aber blieb sie stehen, drehte sich zu Christina um und schien darüber nachzudenken, auf wen sie die Verantwortung für die lästige Cousine nun abwälzen könnte. In diesem Moment kam ein dunkelblaues Mädchen die Treppen herunter, es trug einen Wäschekorb,

und Elena rief ihm erleichtert (nicht sichtlich, aber Christina wusste es doch) zu: »Vieni qui!« Das Mädchen kam zu ihr, und Christina bemerkte, wie es dabei den Kopf senkte, ein kleines bisschen nur, aber doch, dann stellte es den Wäschekorb ab und holte eilig den üblichen Gruß nach: zwei gestreckte Finger an der Schläfe. Elena sprach zu ihm auf Italienisch, das Mädchen antwortete immer nur mit »Sì, signorina, sì«. Danach wandte Elena sich an Christina: »Verstehst du Italienisch?«
»Nein.«
Elena sagte noch etwas zu dem Mädchen, dieses senkte den Kopf etwas tiefer, dann nahm es wieder den Wäschekorb und eilte die Treppen hinauf, dorthin, wo es hergekommen war.
»Nino wird sich um dich kümmern«, sagte Elena.
»Wer ist Nino?«, fragte Christina.
»Er spricht Englisch. Du verstehst doch Englisch?«
»Ja.«
Dann sagten sie beide nichts mehr und warteten auf Nino. Elenas Finger spielten am Brunnenrand Klavier, die Fingernägel klapperten auf dem Marmor. Ihre tägliche Ration an Smalltalk schien aufgebraucht zu sein, und Christina war viel zu überwältigt von der Villa, dem Saal und den Dienern, als dass sie hätte sprechen wollen. Sie hatte ja gewusst, dass Tante Ada »gut geheiratet« hatte, aber wenn man das Vermögen nun in Form von Haus und Hauspersonal so plastisch vor sich aufgehäuft sah, verschlug es einem dann doch die Sprache.

Immer wieder kamen Männer und Frauen in Dunkelblau herein, immer salutierten sie im Vorbeigehen vor Elena, die ihnen keine Beachtung schenkte. Manchmal musterten sie dabei Christina aus den Augenwinkeln, dann wirkten sie sogar ein wenig amüsiert. Es musste sich herumgesprochen haben, dass eine neue Fotografin kommen würde, vielleicht war sogar das

Wort »Cousine« gefallen, und da stand sie jetzt leibhaftig in schwarzen Jeans und schwarzem Shirt und schwarzen Turnschuhen, normalgroß und einigermaßen normalgewichtig, aber neben Elena eben doch eine fette Zwergin. Hier gab es ja auch sonst nicht viel zu sehen: Wenn man sich erst einmal an das Monstrum von Haus gewöhnt hatte, alle Räume und Gänge in- und auswendig kannte, blieb nicht viel mehr an Unterhaltung über als die toskanische Landschaft vor den Fenstern, und selbst an die konnte man sich gewöhnen. Der nächste Bahnhof war kilometerweit entfernt, Christina war noch nie gut darin gewesen, Entfernungen zu schätzen. Wie lange waren Elena und sie im Auto gesessen? Und wie viele der Bediensteten verfügten wohl über ein eigenes Auto? Und wie viele Hügel waren zu überqueren bis zur nächsten Stadt, zum nächsten Dorf, zum nächsten Haus? Christina versuchte, sich möglichst unauffällig zu verhalten, um den Starrenden keinen Anlass zu bieten, schließlich beobachtete sie nur noch ihre eigenen Schuhspitzen, wie sie auf- und abtanzten, wenn sie mit den Zehen wackelte.

»Ah, Nino! Finalmente!«

Elenas so plötzlich erschallende Stimme ließ Christina zusammenzucken, sie hob den Blick. Ein großer, blonder Kerl kam die Treppe heruntergelaufen, Elena redete schon auf ihn ein, noch bevor er am Treppenende angekommen war, sie schien ihm allerhand zu erklären, immer wieder hörte Christina ihren eigenen Namen. Sie hatte Elena selbst gar nicht so viel über sich erzählt, wie diese jetzt Nino weiterzusagen schien, der immer wieder nickte mit seinem komisch quadratischen Kopf. Er war gleich groß wie Elena und fünf- oder sechsmal so breit, die blaue Uniform spannte an Brust und Schultern. Seine Augen erinnerten Christina an die eines Huskys, schmal und wässrigblau. Dieser Nino sah aus wie eine nordische Gottheit, die man in eine lächerliche Uniform gesteckt hatte.

»Nino führt dich jetzt zu deinem Zimmer«, sagte Elena nun wieder in tonlosem Deutsch zu Christina, »er wird dir für die Zeit deines Aufenthaltes zur Verfügung stehen. Solltest du irgendwelche Fragen oder Wünsche haben, wende dich an ihn.« Christina konnte den unausgesprochenen Nachsatz »... und nicht an mich!« deutlich heraushören. Elena machte eine seltsame Handbewegung, halb Winken, halb Wegscheuchen, und verschwand so plötzlich durch eine Seitentür, als hätte sie es auf einmal furchtbar eilig. Vielleicht musste sie dringend auf die Toilette. Christina grinste bei dem Gedanken daran, wie jemand auf der Toilette sitzen musste, der einen Jumpsuit trug: völlig entblößt. Auch Nino grinste und sein Gesicht sah gar nicht mehr so kalt aus, wie es eben noch gewirkt hatte: »Offensichtlich gefällt es dir hier«, sagte er auf Englisch.

»Oh, ich habe nicht deshalb gelächelt, sondern weil ...«

Im letzten Augenblick fiel Christina ein, dass die Ursache ihres Grinsens ein nicht unbedingt angebrachter Gedanke gewesen war. Sie tat, als wäre ihr eine Vokabel entfallen.

»Macht nichts, ich verstehe das. Sie ist nett. Die ganze Familie Esposito ist nett. Aber Elena ...« Jetzt suchte er nach einer Vokabel oder tat so, als ob. Sein Englisch war im Grunde fließend und grammatikalisch fehlerfrei, trotzdem war nicht zu überhören, dass er Italiener war – er klang wie die stereotypen Mafiosi in amerikanischen Gangsterfilmen. Wahrscheinlich klang Christinas Englisch für ihn nach den stereotypen Nazis in amerikanischen Kriegsfilmen. Sie grinsten einander an: In dieser Sprache waren sie beide irgendwie Fremde.

»Ja, genau. Aber Elena«, antwortete Christina. Dann nahm Nino ihr die Reisetasche ab und sie gingen los.

4. DAS ZIMMER

Christina war mit der Geschichte, dem historischen Gewachsen-Sein der Villa noch nicht vertraut, und so überraschte es sie, dass das obere Ende des Treppenhauses Welten entfernt schien vom unteren: Statt in antiker Lichtflut standen sie nun in gotischer Finsternis. Der Gang, den sie entlanggingen, war fast zu eng für Ninos breite Schultern. Links und rechts hingen Gemälde, die Gesichter der gewesenen Espositos – eine Ahnengalerie. Hin und wieder ließ Nino einen Namen fallen, dessen verblichener Besitzer besondere Bedeutung gehabt haben musste, Christina kannte keinen von ihnen. Sie stiegen noch eine Treppe hinauf und alles war hölzern; eine Treppe hinunter und in den Regalen an den Wänden stapelte sich zart geblümt das Porzellan. Auf den ersten Blick schien das Haus ausschließlich aus Gängen und Durchgangszimmern zu bestehen, aber da waren auch noch Türen: die meisten geschlossen, manche halb geöffnet, wenn Christina einen Blick hinein erhaschen konnte, sah sie Räume ohne klare Funktion. Meist stand ein Tischchen mit ein paar Stühlen darin, manchmal gab es Bücherregale oder Kommoden, kunstvolle Vorhänge oder gar keine Fenster, manche Zimmer waren vollgestopft mit Zierrat, andere standen leer. In keinem der offenstehenden Zimmer waren Menschen zu sehen, manchmal aber kamen ihnen Dunkelblaue am Gang entgegen, dann blieb Nino kurz stehen und wechselte ein paar Worte mit ihnen, »Christina« sagte er häufig, meist endete das kurze Gespräch in einem Lachen und sie gingen weiter. Nino trug die Reisetasche mit nur zwei Fingern, sie schwang an seiner Seite wie ein Handtäschchen. Christina dachte daran, wie ihr wertvoller Fotoapparat darin durchgeschüttelt wurde, und gleichzeitig wurde ihr bewusst, dass wohl jedes Zierdeckchen in diesem Haus weit mehr gekostet haben musste als dieser.

Anfangs hatte sie sich noch die Mühe machen wollen, sich den Weg zu merken. Sie hatte markante Punkte in ihren Gedanken notiert: Die Ahnengalerie, das Porzellanzimmer, die Glastür, links abbiegen, rechts die Treppen hinauf, wieder Treppen, noch mehr Treppen. Aber manchmal schien ihr, die Treppen würden im Hinaufgehen ihre Richtung ändern wie in Harry Potters Zauberschule, oder dass sie Zimmer, die sie bereits durchquert hatten, ein weiteres Mal durchquerten, nur dass sich diese nun an einer völlig anderen Stelle im Haus befanden. Christina musste schnell einsehen, dass es für sie unmöglich sein würde, sich nicht zu verirren, und dass sie, wenn sie sich hier zurechtfinden wollte, ganz und gar abhängig sein würde von Nino. Nachdem sie das letztendlich akzeptiert hatte, folgte sie Nino, ohne mitzudenken, ohne mitzudenken hörte sie zu, wenn er ihr etwas erklärte, wartete geduldig, während er sich mit anderen Dienstboten unterhielt. Sie ließ das Haus auf sich wirken wie ein Gemälde, ein Meisterwerk moderner Kunst, von dem sie nichts verstand. So kamen sie irgendwann und auf unergründlichen Wegen in einen Bereich des Hauses, der ordinärer und wohnlicher wirkte als die anderen: Hier gab es stinknormale Parkettböden und weiß verputzte Wände, dort und da hingen Filmplakate oder Fotos von berühmten Schauspielerinnen, die Teppiche waren fransig, die Möbel alle von Ikea, aus den Zimmern drangen Stimmen, irgendwo lief ein Fernseher.

»Das ist der Wohnbereich für das Personal«, erklärte Nino, während er schon wieder abbog und erneut eine Treppe hinaufstieg, Christina immer ein paar Schritte hinter ihm.

»Ihr lebt also auch hier?«, fragte Christina, obwohl Elena ihr das ja eigentlich schon erzählt hatte, sie konnte es nur immer noch nicht so ganz glauben.

»Natürlich«, antwortete Nino, »wo sollten wir denn sonst wohnen?«

»In Malvita.«

»Das ist doch viel zu weit weg. Und überhaupt ...« Er überlegte.

»Und überhaupt?«, hakte Christina nach.

»In Malvita gibt es doch nichts mehr.«

»Seit die Fabrik zugesperrt worden ist?«

»Genau. Hier gibt es alles. Hinter dieser Tür dort ist übrigens der Schlafsaal der Zimmermädchen ...«

Jetzt nahmen die Treppen kein Ende mehr. Christina kam ganz außer Atem. »Hast du auch gearbeitet ... damals ... in der Fabrik?«, schnaufte sie.

»Natürlich«, antwortete Nino, ihm machten die Treppen ebenso wenig Mühe wie die Reisetasche. Der Abstand zwischen Christina und ihm wurde so groß, dass er kurz stehen bleiben musste, damit sie aufholen konnte.

»Und als was hast du gearbeitet?«, fragte sie.

Die Frage schien Nino zu gefallen, er lächelte stolz, seine Huskyaugen blitzten: »Im internationalen Marketing. Wir haben diese Schuhe bis nach Amerika verkauft.«

»Warst du dort? Ich meine, in Amerika?«

»Logisch. In New York, in San Fransisco, in L. A. ...« Plötzlich kam er ins Stocken, unterbrach sich selbst: »Aber das ist schon lange her. Hier verdiene ich besser.«

Dann ging er wieder los, diesmal noch schneller als zuvor.

Sie stiegen ganz in den Dachboden hinauf, und mit jedem Stockwerk wurde es schwüler. Christina hätte gerne noch weitergeredet, ihn ausgefragt über die Fabrik und Amerika, aber sie war zu sehr mit dem Atmen beschäftigt. Endlich erreichten sie das oberste Stockwerk: ein schmaler, kurzer Gang, an den nur noch zwei Türen grenzten.

»Hier ist es«, sagte Nino und öffnete die rechte. Sofort stieg ihnen der Geruch von Holz und Putzmittel in die Nase. Die Dielen knarrten laut, als sie den Raum betraten, und dann ein zweites Mal, als Nino die Tasche abstellte. Das Zimmer sah aus wie aus einer älteren, etwas schäbigen Frühstückspension herausoperiert, eine wenig luxuriöse Organspende. Die Möbel (ein Bett, ein Nachtkästchen, ein Kleiderschrank) waren aus dunklem Holz, eckig und unelegant, aber sie erfüllten ihren Zweck. Da sich das Zimmer im Dachboden befand, verlief die rechte Zimmerwand spitzwinkelig als Schräge, das Bett war so gut es ging darunter hineingeschoben. Christina wusste jetzt schon, dass sie sich jeden Morgen beim Aufwachen daran den Kopf anschlagen würde. An der geraden, linken Zimmerwand waren ein Waschbecken und eine Dusche angebracht, hinter einer Plastiktrennwand versteckt sogar eine Toilette. Christina widerte der Gedanke an, mitten in ihrem Schlafzimmer aufs Klo zu gehen, allerdings war es wohl ein Ding der Unmöglichkeit, in diesem Haus eine andere Toilette zu finden, und selbst wenn es ihr gelingen würde, würde sie spätestens am Weg zurück verloren gehen.

Alles in allem musste Christina erkennen, dass ihr ihre Tante (oder war es Onkel Tonio oder Marietta oder Elena gewesen) nicht unbedingt das schönste Zimmer der Villa zugeteilt hatte. Vielleicht wurden die anderen ja auch für die »echten« Gäste benötigt. Christina setzte sich aufs Bett, Nino öffnete das Fenster. Die Luft, die hereinströmte, war sehr warm, aber sie roch angenehm nach Wiese und Erde und Frühsommer. Wenn Christina zu Hause in ihrem Zimmer das Fenster öffnete, roch es nach Autoabgasen, egal zu welcher Jahreszeit.

»Das ist dein kleines Reich für diese Woche. Oder bleibst du auch noch nach der Hochzeit?«

Über die Abreise hatte Christina noch gar nicht nachgedacht. Sie hatte auch noch nicht darüber nachgedacht, wie sie sich hier die Zeit bis zur Hochzeit vertreiben sollte. Die Feierlokalitäten waren sicher innerhalb eines einzigen Tages besichtigt, vielleicht wollte Marietta ja auch noch Fotos von den Vorbereitungen haben oder ein Probeshooting, eine Art Eignungstest?

»Ich glaube, ich werde am Tag nach der Hochzeit abreisen. Wann lerne ich die Braut eigentlich kennen?«

»Beim Abendessen«, antwortete Nino. Das erinnerte Christina daran, wie hungrig sie eigentlich war. Ganz leicht klebte immer noch der süße Bonbongeschmack an ihrem Gaumen.

»Und Tante Ada und Onkel Tonio?«

»Auch beim Abendessen.«

»Und wann gibt es dieses Abendessen? Und wo?«

»Mach dir keine Sorgen. Ich werde dich hier abholen.«

Das hieß auch: Bleibe in diesem Zimmer, bis ich dich abhole. Christina fand den Gedanken daran zwar nicht besonders prickelnd, sie hätte sich aber andererseits auch gar nicht getraut, auf eigene Faust im Haus herumzuirren. Müde war sie außerdem. Nino blieb noch einen Augenblick lang stehen, mitten im Zimmer, wahrscheinlich wartete er darauf, dass Christina irgendeinen Wunsch oder Befehl äußerte, aber sie saß nur da auf der Bettkante, ein bisschen verloren, und starrte ihn an.

»Na dann«, sagte er (eigentlich war es ein langgezogenes »weeeell«), »solltest du irgendetwas brauchen: Du findest mich in der Küche.«

»Okay«, antwortete Christina. Sie hatte keine Ahnung, wo sich die Küche befand.

»Okay«, sagte Nino. Er öffnete die Tür und blieb noch einmal kurz stehen. Er schien zu überlegen, ob jene Grußgeste, die er der Familie Esposito entgegenbringen musste, auch für Christina galt, konnte sich offensichtlich nicht entscheiden, hob seine rechte Hand ein wenig und ließ sie wieder sinken, dann ging er.

Christina zog die Schuhe aus und legte sich aufs Bett, die Wand führte beängstigend nah an ihrer Nase vorbei. Ihr Magen grummelte und sie war schrecklich müde. Sie musste eigentlich auch schon auf die Toilette, wollte das aber so lange wie möglich hinauszögern. Hoffentlich funktionierte die Spülung wenigstens. Es war noch Zeit bis zum Abendessen. Sie schloss ihre Augen.

Sie wusste, dass gleich dieser Geruch kommen würde, dieser fremde und zugleich allzu bekannte Geruch, aber diesmal kam er nicht, und in ihrem Traum irrte sie durch die zahllosen Gänge und Zimmer und Treppenhäuser der Villa Esposito.

5. CHRISTINA

Christina war nie eine, die eine beste Freundin gebraucht hätte. Natürlich hatte sie Freundinnen oder, besser gesagt, einen Freundeskreis: Schulkolleginnen, Teamkolleginnen im Volleyballverein, gute Bekannte; ein unübersichtlich großer Pool an ihr nicht unsympathischen Gleichaltrigen, aus dem sie beliebig wählen konnte. Lissi aus ihrer Klasse, mit der sie immer ins Kino ging, weil sie für den gleichen Schauspieler schwärmten. Karin aus dem Verein, mit der sie samstagmorgens joggte, weil sie das gleiche Lauftempo hatten. Alice aus der Parallelklasse, mit der sie in der Schule plauderte, weil Alices Freistunden fast immer auf die gleichen Zeiten fielen wie ihre. Solche und noch zufälligere Zufälle waren die Kriterien, um in Christinas Freundeskreis aufgenommen zu werden, und später an der Uni bestimmte hauptsächlich die Wahl der Kurse und Vorlesungen sowie die Verlässlichkeit bei Gruppenarbeiten darüber, ob man sich zu Christinas Freundinnen zählen durfte. Christina selbst hätte gesagt, dass sie jede dieser Zufallsfreundinnen gleich gernhatte, grundsätzlich aber mit Männern besser zurecht käme, weniger Zickenkriege und so weiter. Sie hatte nie das Bedürfnis, eine dieser Freundschaften zu vertiefen, und Miri war dann eigentlich ein Zufall wie alle anderen auch.

Christina hatte keinen Vater. Es gab natürlich einen, früher hatte sie ihn ein paar Mal getroffen, in einer McDonald's-Filiale am Stadtrand, ihre Mutter hatte sie hingeführt und dann selbst im Auto gewartet. Der Mann, an den Christina sich erinnern konnte, trug immer eine Mütze, auch im Sommer, und wusste mit seiner Tochter rein gar nichts anzufangen. Manchmal hatte er auch Unterstützung mitgebracht: einen Kumpel oder eine Freundin, es war jedes Mal jemand anderes, manche von ihnen waren verschwiegen wie der Vater, andere gaben sich durchaus kommunikativ und fragten Christina nach ihren Schulnoten oder ob sie Haustiere hatte. Der Vater wirkte dann jedes Mal ein bisschen peinlich berührt, als würde Christina Geheimnisse ausplaudern, sobald sie den Mund aufmachte. Er bestellte sich immer eine Riesenportion Chickennuggets, wahrscheinlich, weil man sich mit Chickennuggets besser beschäftigen konnte als mit einem Burger, er versenkte Stück für Stück in der Süßsauersauce, ließ sie eine Zeit lang abtropfen, bevor er zubiss, manchmal tauchte er das Nugget dann aber doch noch einmal ein, und so ging es dann das ganze Treffen über dahin, ständig blickte er nur zwischen Nuggets und Sauce hin und her. Sobald Christina aufgegessen hatte, sagte er: »Oh, wie die Zeit vergeht, deine Mutter wartet sicher schon.« Er sagte es so erleichtert, dass Christina sich ebenfalls irgendwie erleichtert fühlte. Sie ging gerne hinaus aus dieser McDonald's-Filiale, und wenn ihre Mutter sie fragte, wie es gewesen war, antwortete sie immer: »Schön.« Der Vater blieb sitzen, auch nachdem Christina gegangen war, meistens hatte er seine Nuggets noch gar nicht aufgegessen.

»Worüber habt ihr geredet?«

»Dies und das.«

Christina erzählte nie etwas von den Kumpels oder den Freundinnen des Vaters, die Mutter fragte nie danach. Mit zwölf Jahren sagte Christina einmal: »Ich hab keine Lust mehr auf diese Treffen«, sie sagte es zur Mutter und nicht zum Vater, aber sie konnte sich die Erleichterung in seinem Gesicht bildlich vorstellen. Von da an war Christinas Vater nur noch ein Dauerauftrag, ein monatlicher Betrag am Mutterkonto, etwas höher in Christinas Geburtsmonat.

Hin und wieder gab sich Christina dem Gedanken hin, dass alles besser geworden wäre, wäre nur ihr Vater ein besserer gewesen: dass dann ihr Zimmer größer und die Wohnung schöner wäre, dass sie Markenkleidung tragen und Reitstunden nehmen könnte und die Mutter ihr nicht so auf die Nerven ginge wie jetzt. Solche Gedanken kamen ihr allerdings nur, wenn sie wieder einmal mit der Mutter gestritten hatte. Sonst störten sie die einfachen Verhältnisse nicht, sie kannte ja keine anderen. Sobald es aber zum Streit kam, war die Geld- und Vaterlosigkeit Christinas Lieblingswaffe: »Hätte ich nur einen echten Vater gehabt, würde ich bessere Noten schreiben!« oder »Würden wir nicht in einem solchen Drecklich leben, müsste ich nicht so häufig ausgehen!« Christina taten diese Sätze nie Leid, auch im Nachhinein nicht. Sie hatte keinen Vater und sie hatte kein Geld, und es gab nichts, dass sie dagegen unternehmen konnte. Die Mutter antwortete immer nur mit: »Wenn du so bist, rede ich nicht mit dir«, und sie redeten wirklich nicht mehr miteinander, bis eine (meist Christina) irgendetwas von der anderen brauchte. Dann taten sie so, als wäre nichts gewesen. Die Mutter arbeitete nur halbtags und war immer zu Hause, wenn Christina von der Schule kam. Sie war auch am Wochenende zu Hause. Sie war oft noch wach, wenn Christina vom Ausgehen zurückkam, sie saß dann vorm Fernseher und hielt dabei je nach Laune eine Teetasse oder ein Weinglas in den Händen. Sie war mit der Wohnung verwachsen, und wenn sie doch einmal ausging, dann immer nur mit Christina, eigene Freundinnen oder Freunde hatte sie keine, auch keine Liebhaber, von denen

Christina gewusst hätte. »Ich bin besser dran ohne einen Mann«, sagte die Mutter immer und lachte, aber es war ein unehrliches Lachen, als würde der Satz zwar wahr, das Lachen jedoch gelogen sein. Allerdings wusste Christina ja nicht, was ihre Mutter vormittags im Büro so trieb, sie machte sich auch keine Gedanken darüber. So eng die beiden zusammenlebten, so getrennt voneinander hielten sie ihre Privatleben. Es war ihnen am liebsten so. Christina überstand zahlreiche Kürzestbeziehungen und Herzschmerztrennungen, ohne dass ihre Mutter etwas davon erfahren hätte, und wer sagte, dass es nicht umgekehrt genauso war? David war der Erste und Einzige, den Christina mit nach Hause gebracht hatte. Er hatte sich von Anfang an gut mit der Mutter verstanden. »Ein vielversprechender junger Mann«, hatte sie über ihn gesagt, und über Miri: »So ein sympathisches Mädchen.« Zumindest wusste Christina jetzt, von wem sie ihre Menschenkenntnis geerbt hatte.

Das mit Miri war einfach so passiert. Christina war ja gar nicht auf der Suche nach einer besten Freundin gewesen, sie hatte genügend gute Freundinnen, sie hatte einen festen Freund, sie hatte eine Mutter und selten das Gefühl, dass sie noch jemanden zum Reden brauchte. Das einzige, von dem sie glaubte, dass es ihr fehlte (abgesehen vom Vater, aber so wirklich fehlte ihr der eigentlich auch nicht), war Geld. Obwohl sie studierte, lebte sie immer noch bei der Mutter, David träumte von einer gemeinsamen Wohnung, in einer guten Gegend natürlich, vielleicht etwas mit Balkon. Die Unterhaltszahlung vom Vater und die gelegentlichen Geschenke vom Großvater reichten nicht aus dafür. Christina brauchte Geld und suchte sich einen Job, nach ein paar Absagen und glücklosen Vorstellungsgesprächen landete sie bei einem Tierschutzverein. Mit einer übergroßen grünen Windjacke bekleidet rannte sie eine

Einkaufsstraße auf und ab und bettelte Passanten an, doch ein paar Pandabären-Babys zu retten, für nur zehn Euro im Monat und so weiter und sofort. In derselben Einkaufsstraße war auch Miri stationiert, ihre Windjacke war rot statt grün, ihre Pandabären waren Kinder in Not, aber sonst hatte sie dieselbe Aufgabe wie Christina. Irgendwann liefen sie dann gemeinsam durch die Straßen, irgendwann wurden ihre beiden Jobs zu einem: »Wollen Sie lieber Panda-Babys oder Menschenkinder retten?«, irgendwann war es kein Job mehr, irgendwann war es Freundschaft. Sie waren beide keine Verkaufstalente und schafften es nie, die in Aussicht gestellte Provision abzustauben, also entschlossen sie, dass sie sich für den mickrigen Fixlohn genauso gut in ein Kaffeehaus setzen und plaudern konnten. Natürlich wurden sie beide nach kurzer Zeit entlassen, aber das war ihnen egal. Miri hatte so nett gewirkt, so lustig und natürlich, mit ihren erdbeerblonden Löckchen und dem sommersprossigen Gesicht. Christina hatte sich sofort wohl gefühlt in ihrer Nähe, und Miri konnte die langweiligsten Alltagserlebnisse so pointiert erzählen, dass man am Ende beinahe schon am Boden lag vor Lachen. Mit ihr konnte Christina aber auch über wirklich alles reden, und plötzlich fiel ihr auf, über wie viele Dinge sie früher nie gesprochen hatte: über die Beziehung zu David zum Beispiel, das Voreinander-Nacktsein, das ihr auch nach über drei Jahren Beziehung immer noch seltsam vorkam, über die Zukunftsperspektiven, David hielt »Fotokünstlerin« nämlich für keinen wirklichen Beruf, aber auch über die guten Seiten der Beziehung, über dieses Gefühl großer Geborgenheit, das sie vor David gar nicht gekannt hatte.

Miri hatte gerade eine Langzeitbeziehung hinter sich, in »beiderseitigem Einvernehmen«, wie sie sagte, aber weh tat es trotzdem und Christina schlug vor, dass sie ja einmal zu dritt etwas unternehmen könnten, nein, besser zu viert, David sollte einen Kumpel mitbringen. Das taten sie dann auch ein paar Mal, sie gingen gemeinsam ins Kino und Sushi essen und machten einen Wochenendausflug in die Berge, und es lief gut zwischen Miri und Davids Kumpel, die beiden verstanden sich ausgezeichnet, hatten Spaß miteinander. Und irgendwann schlug David vor, sie könnten doch alle gemeinsam Kaffeetrinken gehen in irgendein neues Hipster-Lokal in der Innenstadt, er hätte so viel Gutes darüber gelesen. Christina kam direkt von der Uni dorthin, die Vorlesung hatte etwas länger gedauert, David und Miri saßen bereits an einem Tisch, nicht aber Davids Kumpel. Beiden hatten sie große Augen, riesige, riesige Kulleraugen, wie japanische Zeichentricktiere. »Wir müssen dir etwas sagen«, sagte Miri ernst, »setz dich.« Christina gehorchte. Es kam ihr vor, als hätte sie ein Vorstellungsgespräch bei den beiden, die ihr nebeneinander auf der Sitzbank gegenübersaßen, Christina am Stuhl mit dem Rücken gegen den Raum. David sagte gar nichts. Er blickte in seine Kaffeetasse, die schon fast leergetrunken war, Miri und er waren offensichtlich schon länger hier. »Was ist los?«, fragte Christina. Miri holte ganz tief Luft, dann nahm sie Davids Hand und sagte: »David und ich haben uns ineinander verliebt.« Sie sagte das einfach so heraus, mit derselben Stimme sagte sie es, mit der sie ihre lustigen Geschichten erzählte, mit der sie ihre Beziehungsratschläge erteilte, in der Einkaufsstraße oder im Kaffeehaus oder am Telefon. Miris Sommersprossen lagen immer noch gleich dicht über ihr Gesicht gestreut, ihre Locken waren immer noch gleich erdbeerblond, alles war gleich, nur dass sie nicht mehr Christinas Freundin war. Christinas erster Gedanke war, dass sie Miri verloren hatte, erst danach dachte sie an

David. In diesem Augenblick stieg ihr zum ersten Mal dieser Geruch in die Nase, von dem sie nicht sagen konnte, was es war, Kaffee und Schweiß und noch etwas anderes vielleicht, er blieb säuerlich in ihr haften und trat immer wieder hervor, sobald sie eingeschlafen war.

6. MARIETTAS LACHEN

Christina erwachte, weil etwas Schweres auf ihrem Bauch gelandet war. Sie öffnete die Augen und sah, dass nichts gefallen, sondern etwas gesprungen war: Auf ihr hockte Jordies fette rote Katze und maunzte. Christina konnte sich nicht erklären, wie das Tier hereingekommen war, die Zimmertür war immer noch geschlossen. Vielleicht war sie irgendwie durchs Fenster hereingestiegen, Katzen litten bekanntlich selten unter Höhenangst, womöglich oder sogar sehr wahrscheinlich gab es hier irgendwo in der Nähe einen Balkon, von dem aus sie gesprungen war. Vermutlich wusste die Katze selbst nicht mehr, wie sie hier hereingekommen war, und darum das ganze Gejammer. Christina musste kurz nachdenken, um auf den Namen zu kommen, es war kein typischer Katzenname, eher ein Menschenname, Patricia, nein, Paola, Paola war es. »Guten Abend, Paola!«, sagte Christina. Paola war sichtlich zufrieden mit diesem Mindestmaß an Aufmerksamkeit, sie hörte auf zu lärmen und ließ sich mit einer Leichtigkeit, die man ihr bei diesem Körperumfang gar nicht zugetraut hätte, vom Bett gleiten. Dann stolzierte sie auf die Zimmertür zu und platzierte sich erwartungsvoll davor. Ihre Augen waren giftig grün. Ein schönes Tier, fand Christina, aber nicht im Geringsten niedlich.

»Ist ja gut«, murmelte sie, »ich lass dich schon hinaus!« Sie hatte die Tür jedoch erst einen kleinen Spalt weit geöffnet, da machte Paola sich schon lang und dünn, wie es eben nur

Katzen können, und glitt durch den Schlitz hinaus in die Freiheit. Christina blickte ihr noch eine Zeit lang hinterher, wie sie die Stufen hinunterschritt, den buschigen roten Schwanz hinter sich herschleifend wie eine Schleppe.

Christina wusste nicht, wie lange sie geschlafen hatte, aber gut geschlafen hatte sie wie schon lange nicht mehr. Das Herumirren in den Träumen war ihr gar nicht unangenehm gewesen, keine Gerüche, kein Erschrecken, nur Räume, Räume, Räume, unendliche Reihen von Räumen. Draußen war es noch taghell. Sie blickte auf ihr Handy. Es war bereits acht Uhr. Jetzt musste es bald etwas zu essen geben. Christina fürchtete einen Moment lang, dass Nino sie vergessen haben könnte, aber das war natürlich lächerlich. Er hatte im Marketing einer großen Firma gearbeitet, er hatte schon weit größere Projekte betreut als Christina. Allerdings war die Firma auch pleitegegangen … Nein, das war gemein. Nino konnte nichts für die Wirtschaftskrise und es war ja bekannt, dass man in Italien erst spät zu Abend aß. Christina beschloss, ihre Reisetasche auszupacken. Der Fotoapparat erhielt einen Ehrenplatz am Nachttischchen, immer griffbereit, ihre Kleider kamen in den Kasten, der groß und leer war und nach altem Hotel roch. Die riesige Kosmetiktasche, eigentlich eine eigene kleine Reisetasche für sich, war zu dick für den Waschbeckenrand, Christina stellte sie auf den Boden. Und nun konnte sie es wirklich nicht mehr vermeiden und musste ihre Zimmertoilette benutzen. Es war ein seltsames Gefühl, aber nicht ganz so schlimm, wie Christina erwartet hatte, und die Spülung funktionierte tadellos. Beim Händewaschen blickte sie in den Spiegel. Vor Jahren hatte sie sich einen Bob schneiden lassen, weil sie aussehen wollte wie die flotten Damen der Roaring Twenties, mittlerweile war die Frisur ausgewachsen, angeblich war das auch ein Trend,

»Long Bob«, aber jetzt dachte Christina, dass sie dringend wieder einmal zum Frisör gehen musste. Die Trennung von David wäre ein Anlass gewesen, eine Typveränderung, sie hatte sogar daran gedacht, sich Locken machen zu lassen, Locken wie Miri. Jetzt zog Christina ein paar widerspenstige Härchen durchs Glätteisen, das musste für heute reichen. Die Schminke um die Augen herum war beim Schlafen ein wenig verronnen, das korrigierte sie schnell, und sie wechselte das T-Shirt. Es war das exakt gleiche schwarze Shirt mit V-Ausschnitt, das sie zuvor auch getragen hatte: Sie waren im Zehnerpack billiger und Christina wieder einmal knapp bei Kasse gewesen. Jetzt lief sie jeden Tag im gleichen Outfit herum, wie eine Comicfigur. Elena hatte vermutlich noch nie irgendetwas im Zehnerpack gekauft.

Es klopfte an der Tür, lautes schweres Pochen von Ninos riesiger Hand. Christina warf noch einen letzten Blick in den Spiegel. Sie gefiel sich nicht, wie immer, aber trotzdem musste sie zugeben, dass man ihr den guten Schlaf anmerkte: Sie sah zumindest erfrischt aus. Keine Augenringe mehr, die durch zahllose Schichten Make-up schimmerten, ihre Wangen hatten wieder so etwas wie eine natürliche Farbe. Sie lächelte sich selbst im Spiegel zu, das erste Mal seit Langem. Dann öffnete sie die Tür.

Nino musterte sie, sein Blick kam ihr missbilligend vor, von oben herab, und das konnte nicht nur daran liegen, dass er so viel größer war.

»Ist etwas mit meinen Haaren?«, fragte Christina.

Nino lächelte. »Nein, gar nichts. Komm!«

Christina versuchte nicht einmal, mit Nino Schritt zu halten, sie starrte auf seinen Stiernacken, auf dem feiner blonder Flaum spross. Es war ein wenig so, als hätte sie einen Bodyguard, und kurz kam ihr der Gedanke, dass es vielleicht wirklich so war, dass man sie Nino nicht nur deshalb anvertraut hatte, weil er Englisch sprach, sondern auch, um sie zu beschützen. Ihr fiel die verschwundene Fotografin wieder ein, Blanca. Ein Bodyguard – oder ein Gefängniswärter? Wenn er wollte, könnte er sie mit zwei Fingern festhalten und sie säße in der Falle. Aber warum sollte er sie festhalten wollen? Und warum sollte sie weglaufen? Und selbst wenn sie es aus irgendeinem Grund versuchen würde: Die Villa hielte sie ja doch gefangen in ihrem Labyrinth aus Gängen und Treppenhäusern. Und Nino war der Minotaurus. Christina musste grinsen, Nino bemerkte es nicht. Zahlreiche Dienstboten kamen ihnen entgegen, überholten sie sogar, diesmal blieb niemand stehen, alle hatten es eilig, Rushhour für das Personal. Nino und Christina liefen einen Gang entlang, der ihr völlig unbekannt vorkam (aber das hatte nichts zu bedeuten), schließlich betraten sie einen Raum, der aussah wie der Empfangsraum des Kaisers: mit herrschaftlichen Tapeten und einer extrem hohen Decke, Biedermeiermöbeln und Historienmalerei, an eine Wand geschoben stand ein großer dunkler Schreibtisch. Darauf saß Elena. Sie trug ihr Haar nun offen, dünn und glanzlos reichte es ihr bis über die Hüfte hinunter, den Jumpsuit hatte sie gegen ein ärmelloses Cocktailkleid getauscht, ihre Schultern standen hervor wie Spitzhacken. Sie war nun ebenfalls geschminkt, dezent bis auf den Lippenstift, der rot leuchtete wie ihr Auto. »Christina! Finalmente!«, sagte sie, und dabei entkam ihr vermutlich unbeabsichtigt ein Lächeln. Dann wandte sie sich an Nino, der pflichtbewusst die Finger zur Stirn erhoben hielt, sie sagte einige Sätze auf Italienisch, vermutlich war es so etwas wie: »Von hier an übernehme ich.« Nino nickte und machte auf den Fersen kehrt. Er hatte die Ware unbeschädigt abgeliefert.

»Wir essen heute auf der Terrasse«, sagte Elena, nachdem er den Raum verlassen hatte, »ich werde dir meine Eltern und meine Schwester vorstellen.« Christina fühlte sich überhaupt nicht, als würde sie gleich ihre Tante, ihren Onkel und ihre Cousine kennenlernen. Viel mehr kam es ihr so vor, als wäre sie bei der Queen of England zum Tee geladen. Natürlich war sie hoffnungslos underdressed, darum hatte Nino sie so seltsam angesehen. »Okay«, sagte sie, und Elena öffnete eine kaum sichtbare Tür in der Tapete.

Diese führte hinaus auf ein Aussichtsplateau aus hellgrauem Stein, welches in der Landschaft schwebte, ein Hügel über anderen Hügeln, und wenn man so geradeaus schaute, konnte man meinen, dass es die ganze Villa gar nicht gab, sondern nur die Dachterrasse und die Landschaft, beides war eines. Die Sonne färbte alles orange. Und vor einer ritterlich gedeckten Tafel standen sie nun, aufgereiht wie Perlen an einer Kette, Cocktailgläser in den Händen: die Familie Esposito. »Darf ich vorstellen, posso presentarle«, sagte Elena, »Christina«.

Christina machte einen kleinen Knicks. Es war als Scherz gemeint, niemand lächelte. Das würde ja ein angenehmes Dinner werden. Glücklicherweise übernahm Elena sofort wieder die Moderation: »Das ist meine Mutter Ada«, sagte sie und wies auf die Dame, die in der Reihe den Platz links außen einnahm, dann auf den Herrn daneben: »Und das mein Vater Tonio.«

Tante Ada war klein, dunkelhaarig und ein bisschen dicklich – niemand hätte ahnen können, dass sie die Mutter von Elena war. Kaum war sie offiziell mit ihrer Nichte bekannt gemacht worden, löste sie sich aus der Reihe und fiel Christina um den Hals wie einer lang verschollenen Tochter. Ihr Haar war betonfest auf den Kopf getürmt und sie trug viel Schmuck, schwere Ketten, schwere Armreifen und viel zu schwere Ohrringe, sie klimperte bei jeder Bewegung. »Christina, wie wunderbar, dich endlich kennenzulernen! Wie geht es Anne?« Tante Ada flötete, anstatt zu sprechen, das Zuwenig in Elenas Sprachmelodie glich sie durch ein aufreibendes Zuviel wieder aus. Kurz musste Christina darüber nachdenken, wer mit »Anne« gemeint war. Niemand nannte ihre Mutter Anne. Der Großvater hatte »Annemarie« gesagt, Christina sagte »Mama«, und wie andere sie ansprachen, wusste Christina nicht. Sie wusste in Wahrheit auch nicht, wie es ihrer Mutter ging. »Danke, sehr gut!«, antwortete sie. Ada nickte freudig und die Ohrringe baumelten wild über ihren Schultern wie zwei in Seenot geratene Schiffe.

Onkel Tonio war ein großer, eleganter Herr, von dem man mit Sicherheit sagen konnte, dass er als junger Mann sehr attraktiv gewesen war, und auf eine gewisse Weise war er es jetzt noch. Sein Haar war dicht und nur im Ansatz ergraut, er war gut rasiert und hatte große, gepflegte Hände. Nur die Augenpartie verriet sein wahres Alter, machte ihn vielleicht sogar noch älter, seine Tränensäcke waren geradezu beeindruckend. Er trug einen beigen Anzug, sicher ein Designerstück. Nur Italiener können guten Gewissens so helle Anzüge tragen, dachte Christina. »Guten Abend«, brummte der Onkel, nachdem seine Frau endlich von Christina abgelassen hatte. Guten Abend, was für eine seltsame Begrüßung für eine Verwandte, aber dann fiel Christina wieder ein, dass sie ja nur die Fotografin war, also Personal. Vielleicht hätte sie besser die Finger zur Stirn erheben sollen, aber jetzt war es auch schon zu spät dazu, und überhaupt, tröstete sie sich, hatte Ada ja das Eis bereits gebrochen, »Wie geht es Anne?« – eine Frage, wie man sie von einer ganz normalen Tante erwartete, ohne jeden Standesdünkel. Christina hielt ihrem Onkel die Hand hin, er drückte sie fest, ohne zu schütteln.

»Das ist Jordie«, fuhr Elena rasch mit der Vorstellungsrunde fort, »aber ihr beiden kennt euch ja schon.«

Einen Augenblick lang stand Christina Jordie gegenüber, etwas verlegen – sollte sie ihm die Hand geben wie Tonio oder ihn umarmen wie Ada oder gar nichts tun? –, er überlegte vielleicht dasselbe, schließlich lächelten sie einander nur zu. Auch er hatte sich herausgeputzt, zum blütenweißen Hemd und zur schwarzen Hose trug er nun dunkle Hosenträger und schimmernde Anzugschuhe. Seine Locken waren einigermaßen gekämmt. Sie waren alle angezogen, als würden sie zu einem Ball gehen, dachte Christina. Wie würde das erst bei der Hochzeit sein?

»Und natürlich die Hauptfigur des Abends«, sagte Elena, und soweit man es bei ihrer tonlosen Stimme beurteilen konnte, tat sie es etwas sarkastisch, »und aller unserer Abende: Marietta, meine große Schwester!«

Christina wunderte sich, dass diese ihr nicht schon viel früher aufgefallen war: Marietta war eine Schönheit. Nicht ein Model wie Elena, sondern eine Leinwandschönheit, eine Grace Kelly oder eine Scarlett Johansson, je näher man kam, desto makelloser zeigte sie sich, sie hatte ein Close-up-Gesicht. Sie war die kühle Blonde, die sich in nur wenigen Szenen zur Femme fatale verwandeln konnte, sie war das Bond-Girl, das vielleicht und vielleicht auch nicht mit dem Bösewicht unter einer Decke steckte. Wenn man in Mariettas Gesicht blickte, hörte man Nancy Sinatra singen. Auch sie trug Abendgarderobe: ein rotes Kleid mit weitem Ausschnitt, das trotz ihrer Schlankheit eine beachtliche Oberweite offenbarte: Sie war ein Gegenentwurf zu ihrer Mutter und zu ihrer Schwester gleichermaßen. Nun hielt sie Christina ihre langen Finger mit den weinrotlackierten Nägeln hin, mehr zum Handkuss als zum Händeschütteln, Christina schüttelte trotzdem.

»Schön, dich kennenzulernen«, sagte Marietta, »ich hoffe in dir eine verlässlichere Fotografin gefunden zu haben als in Blanca.«

»Ach bitte«, flötete Tante Ada dazwischen, und auch Onkel Tonio verdrehte die Augen, als wäre dies ein oft diskutiertes und leidliches Thema, »lass uns heute nicht wieder davon sprechen.«

»Es ist Verrat, Mama!«, zischte Marietta.

»Ich weiß, Schatz, ich weiß, aber jetzt haben wir ja Christina«, beschwichtigte Ada, und zu den anderen sagte sie lächelnd: »Setzen wir uns doch!«

Noch war die Vorstellungsrunde aber nicht ganz beendet, denn neben Marietta oder vielmehr hinter ihr, von Marietta überstrahlt und so ein wenig im Verborgenen, stand noch eine Frau. Sie war wohl etwas älter als Marietta, jedoch deutlich jünger als Ada und trug das schwarze Haar in einem hohen Pferdeschwanz zusammengebunden, dazu einen weißen Hosenanzug, sportlich, aber trotzdem schick. Ihr an und für sich hübsches Gesicht wurde von einer ausgeprägten Hakennase dominiert, ihre dunklen Mandelaugen musterten Christina misstrauisch.

»Das ist nur Angelina«, sagte Elena als Antwort auf Christinas fragenden Blick, »sie ist unser ... wie heißt das noch einmal? Wedding-Planner. Sie erledigt das Organisatorische. Du weißt schon. Die Dekoration und die Abläufe und das alles. Du sprichst wirklich kein Wort Italienisch?«

Christina schüttelte den Kopf.

»Schade. Angelina spricht kein Deutsch.«

Angelina, diesen Namen würde Christina sich merken können. Ob die Natur ihr solche Lippen geschenkt hatte, oder hatte sie da selbst ein wenig nachgeholfen? Wenn es Botox war, war es gutes Botox, denn es hatte den Mund nicht gelähmt, jedenfalls konnte Angelina ihre Mundwinkel noch immer beeindruckend weit nach unten ziehen. Sie blickte unverändert missgünstig, während alle an der langen Tafel Platz nahmen. Christina hatte noch nie so viel Besteck auf einmal gesehen: Auf jedem Platz lagen mindestens fünfzehn verschieden große Gabeln, Löffel und Messer. Die Servietten waren hellrosa und aus einem Stoff gemacht, der weicher war als Christinas T-Shirt. Jetzt spürte sie ihren Hunger wieder deutlich. Noch nie hatte Christina sich so sehr auf ein Essen gefreut, auch wenn sie nicht ganz so glücklich darüber war, ausgerechnet neben Angelina zu sitzen zu kommen. »Das ist nur Angelina«, hatte Elena gesagt. Vielleicht hatte sie auf Italienisch ebenso gesagt: »Das ist nur Christina.« Das Personal musste beim Personal sitzen. Angelina linste immer wieder zu Christina herüber, als wäre diese eine potentielle Giftmörderin.

Ein dunkelblaues Dienstmädchen kam und stellte Christina ein Cocktailglas voll pinkfarbener Flüssigkeit hin, während es eine Schelte von Tante Ada einkassierte, vermutlich, weil es den Cocktail nicht viel eher serviert hatte. Dann wurde angestoßen – auf Mariettas Glück, wie Onkel Tonio vorschlug. Marietta lächelte. Die Sonne ging unter, es wurde kühl.

Die pinke Flüssigkeit schmeckte klebrig und süß, Christina war ein wenig enttäuscht, bei so reichen Leuten hätte sie sich mindestens etwas Köstliches erwartet. Aber lange dauerte die Enttäuschung nicht an, denn plötzlich marschierte eine ganze Armee von Bediensteten auf, mit Silbertabletts, Töpfen und Schüsseln bewaffnet. Als hätten sie ihren Auftritt durchchoreografiert, und vermutlich hatten sie das auch, stellten sie sich um den Tisch herum auf, um dann mit der Präzision von Synchronschwimmerinnen alle Deckel gleichzeitig zu lüften. Ein Geruch nach Olivenöl, Basilikum und Meer erfüllte die Abendluft. »Finalmente!«, sagte Ada ungeduldig und Elena verzog das Gesicht, als hätten die Diener auf ihrem Silbergeschirr gerade Leichenteile enthüllt. Die Dunkelblauen begannen in unglaublicher Geschwindigkeit den Inhalt ihrer Töpfe auf die verschiedenen Teller zu verteilen. Es war ein wildes Ballett der Hände und Löffel und Schöpfkellen, Christina beobachtete es fasziniert, während sich auf der anderen Seite des Tisches ein italienisches Gespräch entfachte: Marietta sagte irgendetwas und Jordie lachte, Elena antwortete, Jordie lachte wieder. Angelina mischte sich ein, rief von ihrer ungünstigen Position aus über Christina hinweg etwas zu Marietta hinüber, alle vier brachen in Gelächter aus. Einen Moment lang blickte Christina von ihrem sich immer weiter füllenden Teller auf und zu Jordie hinüber, ihre Blicke trafen sich kurz, er hörte sofort auf zu lachen, lächelte noch. Die Bediensteten zogen ihre Arme wieder ein. Sie gingen, wie sie gekommen waren, flott und in einer schnurgeraden Linie, ihre Arbeit war getan. Nur zwei von ihnen blieben, einer davon Nino. Diese beiden waren heute für die Weinbegleitung verantwortlich und gossen nun aus großen, grünen Flaschen Rotwein in die Gläser. Christina begann Adas Ungeduld zu verstehen. Sie war erleichtert, als Onkel Tonio, ohne jede Vorwarnung und ohne auf den Wein zu warten, mit dem Essen begann. Die Tafel war eröffnet.

Es war wohl so etwas wie Spaghetti mit verschiedenen Meeresfrüchten, welche ihnen die Diener aus den unterschiedlichen Töpfen auf die Teller geklatscht hatten, allerdings nicht vergleichbar mit dem gleichnamigen Gericht, das Christina hin und wieder beim Italiener neben der Universität bestellt hatte: Dort hatten die Tintenfische nach Knoblauch geschmeckt und eine Konsistenz von Gummi gehabt, hier schmeckten sie nach Urlaub und Ozean und zerfielen sanft zwischen den Zähnen. Die Nudeln waren weich und knackig gleichzeitig, das war es wohl, was man »al dente« nannte, die Muscheln saftig und köstlich. Vielleicht aber schmeckte das alles auch gar nicht so herausragend, wie es Christina vorkam, sie hatte einfach sehr lange nichts mehr gegessen, und mit Appetit schon gar nicht. Die anderen jedenfalls aßen ohne jeden sichtlichen Genuss, als wäre das Abendessen ein Punkt auf irgendeiner Tagesordnung, eine lästige Pflicht. Onkel Tonio schaufelte die Spaghetti in sich hinein, als wären sie geschmacksneutrale, aber nun einmal leider notwendige Medizin. Angelina blickte immer noch argwöhnisch zu Christina herüber, während sie lustlos Bissen für Bissen zwischen ihren dicken Lippen verschwinden ließ. Elena schob die schimmernden Muscheln überhaupt nur auf dem Teller hin und her, die Spaghetti grub sie um wie ein Blumenbeet, ohne die Gabel auch nur einmal zum Mund zu führen.

»Wie war die Reise?«

Christina schreckte aus ihren Gedanken auf. Tante Ada saß ihr gegenüber und beugte sich ein wenig nach vorne, sodass ihre Perlenkette nur wenige Millimeter über dem Tintenfisch baumelte. Der Anblick löste bei Christina kurz einen Würgereiz aus, ohne dass sie sagen konnte, warum.

»Ich hasse Meeresfrüchte eigentlich«, seufzte Ada, »für mich sind das die Würmer des Ozeans. Aber Tonio mag sie.«

Das sieht gar nicht so aus, dachte Christina und beobachtete ihren Onkel dabei, wie er tapfer die letzten paar Bissen hinunterwürgte. Marietta, Elena und Angelina hatten das Besteck bereits zur Seite gelegt und waren schon wieder in ein Gespräch vertieft, natürlich auf Italienisch. Jordie hörte zu oder träumte vor sich hin, so genau konnte man das nicht sagen, er starrte in seinen halbleeren Teller hinein und hatte auch schon aufgehört zu essen.

»Wenn es nach mir ginge, wäre ich Vegetarierin. Ich bin eine große Tierfreundin, wir hatten sogar einmal Pferde hier, aber die machen dann doch ein bisschen zu viel Arbeit. Es ist ja auch unmöglich, einen guten Stalljungen zu bekommen, das sind ja alles frühere Fabrikarbeiter hier, Lederherstellung. Lederherstellung! Wenn ich daran denke, wird mir ganz anders! ... Ich für meinen Teil bin froh, dass die verfluchte Fabrik stillsteht. Wie es hier überall gestunken hat! Daran konnte ich mich nie gewöhnen. Jetzt ist das ja Gott sei Dank vorbei.«

Christina nickte die ganze Zeit über, weil sie das für höflich hielt. In Wahrheit hatte sie aber schon jetzt genug von der Flötenstimme, die sich in Adas Monolog erst so richtig entfaltete und genauso klang, wie der Begrüßungscocktail geschmeckt hatte. Außerdem gestikulierte Ada ausladend, dabei klapperte und klingelte ihr Schmuck, als würde er Alarm schlagen. Wie nur, dachte Christina, konnte irgendjemand diese Juwelenüberladung für schön halten? Wollte Ada vielleicht gar nicht wirklich schön aussehen? Wollte sie reich aussehen? Reicher aussehen als alle anderen an diesem Tisch, wollte sie protzen? Protzen vor der eigenen Familie? Protzen vor Christina, vor Angelina, vor den Dunkelblauen?

»Aber wie war eigentlich deine Anreise?«

»Sehr gut«, wollte Christina lügen, aber dazu kam sie nicht mehr. Am anderen Ende der Tafel warf Marietta ihr silbrig glänzendes Haar in den Nacken und lachte laut auf, spuckte

Rotwein auf ihr Abendkleid, wie Blut rann er aus ihren Mundwinkeln, sie schrie fast vor Lachen, konnte kaum mehr atmen, lachte weiter. Elena legte schützend ihre Arme um Jordie und sogar Angelina, offenbar die Auslöserin dieses Lachkrampfes, wirkte erschrocken. Alle ließen ihre Gläser sinken und starrten Marietta an, auch die beiden Diener starrten, vergaßen die Flaschen in ihren Händen, teurer Wein tropfte auf den Terrassenboden, selbst der Mond starrte, und Mariettas Stimme schallte schrill durch die dunkelblaue Luft der abendlichen Toskana.

7. DER BRÄUTIGAM

Da war dieser Geruch und dieses Geräusch, derselbe Traum wie immer, aber nachdem Christinas Papiertüten verschwunden waren und sie die Zimmertür geöffnet hatte, saß auf ihrem Bett Angelina, die Hände voller Blut, aber das Blut war in Wahrheit Rotwein, und in der Ferne konnte man Mariettas Lachen hören, es wurde immer lauter.

Christina wachte auf, schwitzend und mit rasendem Herzschlag. Sobald sie sich jedoch wieder ein bisschen beruhigt hatte, amüsierte sie sich über ihre eigene Angst: Sie war weder verfolgt noch ermordet worden und auch nicht nackt bei einer Abschlussprüfung erschienen. Außerdem waren in dem Traum weder David noch Miri vorgekommen, und das war doch die Hauptsache. Draußen war es noch dunkel, sie drehte sich herum und drückte ihr Gesicht in die kühle Nische zwischen Bett und Dachschräge. Aber sobald sie eingeschlafen war, begann alles wieder von vorne: Geruch, Geräusch, Blut, Rotwein, Angelina, Marietta, Christina schweißgebadet. Drei- oder viermal ging es so in dieser Nacht und als es draußen langsam hell wurde, beschloss Christina, nicht mehr einzuschlafen. Sie blieb am Rücken liegen, regungslos mit offenen Augen. Durch das Kippfenster in der Dachschräge sah sie nichts als erst zartrosafarbenen, schließlich immer blauer werdenden Himmel, hin und wieder ein paar weiße Wölkchen, die langsam wie Sonntagsspaziergänger von einem Fensterrand zum anderen zogen.

Christinas Kopf fühlte sich schwer und leer zugleich an. Es war ein ähnliches Gefühl, wie sie es als Kind manchmal in den Sommerferien gehabt hatte: Vor ihr lagen vierundzwanzig Stunden wie unbeschriebene Blätter, und sie wusste nicht, womit sie diese füllen sollte. Sie hatte alle Möglichkeiten und keine Lust. Christina atmete einmal tief ein und setzte sich auf, natürlich nicht, ohne sich den Kopf an der Wandschräge anzuschlagen, einige Sekunden lang rieb sie sich die schmerzende Stirn, dann stand sie auf und begann sich anzuziehen. Es würde schon irgendwelche Aufgaben für sie geben. Vor einer Hochzeit war immer viel zu tun.

Nachdem Christina die letzte Haarsträhne durch das Glätteisen gezogen hatte, klopfte Nino an die Tür. Sein Zeitgefühl war direkt unheimlich, als wären Christina und er ein altes Ehepaar, durch und durch aufeinander abgestimmt. Oder als würde er sie beobachten.

»Guten Morgen, gut geschlafen?«, rief er.

»Geht so. Und du?«

Nino war sichtlich überrascht über die Frage, aber er antwortete pflichtbewusst: »Ich schlafe immer wie ein Stein. Marietta und Elena frühstücken heute im kleinen Salon. Komm mit!«

Sie frühstücken heute im kleinen Salon. Christina musste über die snobistische Ausdrucksweise lachen, Nino verstand ihre Heiterkeit nicht.

Dann gingen sie wieder Gänge entlang, Treppen hinauf und Treppen hinunter, bis sie jenen Raum erreichten, den Nino den »kleinen Salon« nannte. Die Bezeichnung musste historische Gründe haben, denn obwohl das Zimmer tatsächlich nicht groß war, war es weniger ein Salon als eine modern eingerichtete Küche mit Kaffeebar und verchromten Möbeln, an den Wänden hing abstrakte Malerei, große weiße Leinwände mit immer anderen Farbklecksen. Die Espressomaschine hinter der Bar hatte vermutlich mehr Funktionen als Christinas Laptop, zumindest verfügte sie über ähnlich viele Tasten. Auf den glänzenden Barhockern saßen Marietta und Elena, sie nippten an weißen Espressotassen und waren in irgendein Gespräch vertieft. Als sie Christina bemerkten, verstummten sie sofort. Einen Augenblick lang wirkten sie irritiert, als hätten sie Christinas Anwesenheit in ihrem Haus schon längst vergessen gehabt. Aber Marietta setzte schnell ihr breitestes Lächeln auf: »Christina, schön dich zu sehen! Du frühstückst mit uns?«

»Ja ... also ... wenn es euch nichts ausmacht.«

»Natürlich macht es uns nichts aus! Elena, lass für Christina doch auch einen Espresso herunter, sie sieht ganz schön müde aus. Was hast du heute Nacht bloß getrieben, Christina?« Marietta lachte auf, nur ein einzelnes, amüsiertes »Ha!«, aber es schrillte in Christinas Ohren und erinnerte sie an ihren Alptraum. Wenn Marietta sprach, klang sie lieblich, ihr Lachen aber ließ einen erschaudern; bei Elena war es genau umgekehrt. Christina stellte fest, dass kein Mitglied der Familie Esposito dem anderen ähnelte, weder optisch noch sonst wie, aber doch gab es da irgendetwas, das die Familie zusammenhielt. Christina konnte es nicht benennen, aber sie spürte es deutlich. Es war eine gewisse Aura, welche die Espositos umgab, eine Art übernatürliche Macht, die Christina nicht miteinschloss. Auch wenn die Genealogie etwas anderes sagte: Christina gehörte einfach nicht dazu.

»Nino, Sie sind hier fertig«, sagte Marietta wohl nur versehentlich auf Deutsch, aber Nino verstand auch so. Er hob zwei Finger an die Schläfe und ging. Marietta seufzte. »Schade, dass ich schon auf dem Sprung bin. Wir sind gestern gar nicht richtig zum Plaudern gekommen. Nun ja, wir werden dafür schon noch Zeit finden bis zur Hochzeit.« Dann streckte sie sich ausgiebig, ihre Wespentaille kam in diesem Kleid noch besser zur Geltung als in der gestrigen Abendgarderobe, ihr Busen drohte das kleine Schwarze zu sprengen. Sie bemerkte Christinas bewundernden, sogar etwas neidischen Blick und genoss ihn sichtlich, es war mehr ein Rekeln als ein Strecken. Elena drückte einige Tasten auf der Espressomaschine, woraufhin ein kurzes, leises Surren ertönte, schon war der Espresso fertig. Christina dachte an die Kaffeemaschine zu Hause, von ihrer Mutter liebevoll nur »kleiner Presslufthammer« genannt. Sonst trank sie ihren Kaffee mit Milch und Zucker, aber die braune Flüssigkeit in der winzigen Tasse roch so herrlich, dass sie sie durch nichts verunreinigen wollte, und schmeckte schließlich auch gar nicht bitter, sondern einfach nur köstlich. Kaffee machen können sie einfach, die Italiener, dachte Christina. Schon wieder meldete sich ihr Magen. Vom Koffein geweckt verlangte er jetzt nach einem ordentlichen Frühstück.

»Ich muss auch gleich weg«, sagte Elena, »ich habe heute ein Casting.« Sie trug wieder ihre Vogelnestfrisur und einen Jumpsuit, diesmal aber war er silberfarben, sodass er sich perfekt in das metallene Mobiliar des »Salons« einfügte. Elena war ein Mode-Chamäleon, das vor jedem Hintergrund verschwinden konnte und doch die Blicke auf sich zog.

»Du wolltest doch aufhören«, sagte Marietta.

»Mit dem Rauchen wollte ich aufhören«, antwortete Elena, während sie eine Packung Zigaretten hervorkramte. Es waren keine gewöhnlichen Zigaretten, sondern lange, dünne. Die Tabakvariante von Overkneestiefeln, dachte Christina.

»Du rauchst aber nur vor Castings.«

»Na und?«, zischte Elena mit plötzlicher Heftigkeit, »kümmere dich um deine eigenen Probleme, sorellina, la tua vita non è perfetta ...« Sie fauchte weiter, während sie sich die Zigarette anzündete, selbst das Feuerzeug war farblich auf Möbel und Outfit abgestimmt, Marietta fiel ihr ins Wort, Elena wurde lauter, Marietta unterbrach noch heftiger und schließlich schrien sie beide. Christina verstand natürlich kein Wort, hätte auch mit besseren Italienischkenntnissen kein Wort verstanden, so sehr überschlugen sich nun die Stimmen der Schwestern, sie konnte nur ahnen, dass es hier um alte Rivalitäten ging, ein Geschwisterstreit ohne Anfang oder Ende, der sich an allem Möglichen entfachen konnte, die Zigarette war nur ein Zufall. Manchmal war Christina froh, ein Einzelkind zu sein. Elena hörte irgendwann auf zu schreien, statt zu antworten blies sie Marietta nur noch Rauchringe entgegen, dabei grinste sie boshaft, ihr mageres Gesicht wurde koboldhaft.

»... vuoi finire come Blanca?«, brüllte Marietta.

Dann war es einen Augenblick lang still. Elena kniff die Augen zusammen und drehte sich zur Seite, laut hörbar stieß sie den Atem aus, es klang wie das Schnaufen eines Stiers. Kurz noch konnte man die überschäumende Wut in ihren Augen erkennen, aber dann zog Elena ihre Mundwinkel wieder gerade, ihr Gesicht nahm den üblichen, teilnahmslosen Ausdruck an, sie war wieder das unnahbare Model vom Bahnsteig. Sie war Elena Esposito, anziehend und abstoßend zugleich, ein androgynes Wesen aus Stein, das nur im Scheinwerferlicht, im Lichtblitzgewitter zum Leben erwachte, das aber kein Gefühl hatte in der Dunkelheit des Privaten. Sie war bereit für das Casting.

»Ich muss jetzt los«, sagte Elena gewohnt tonlos und drückte ihre Zigarette an einem der Bilder aus, sie brannte ein großes Loch in die Leinwand. Wenn man es nicht besser wusste, konnte man das Brandloch für einen Teil des Kunstwerks halten: »Die blanke Wut« könnte es dann heißen oder »Wut auf

Blanca«? Christina hatte den Namen ganz deutlich verstanden.

Nachdem Elena gegangen war, schüttelte sich Marietta, als wäre sie gerade aus einem Alptraum erwacht.

»Entschuldigung, dass du das mit anhören musstest. Elena war schon immer furchtbar stur«, sagte sie, als wäre sie selbst völlig unbeteiligt gewesen an der vorangegangenen Szene. Entspannt warf sie ihr Haar in den Nacken und fragte: »Noch Espresso?«

»Bitte«, antwortete Christina. Sie fürchtete, dass der Kaffee ihr einziges Frühstück bleiben würde. Kein Wunder, dass Elena und Marietta so schlank waren. Auch Jordie war sehr dünn. Nur Ada schaffte es irgendwie, ihr Übergewicht zu halten. Aßen Italiener überhaupt zu Mittag? Marietta reichte eine weitere Tasse Espresso über die Theke, wieder schmeckte er hervorragend.

»Ich finde nur, sie hat das nicht mehr nötig«, murmelte sie, während Christina schlürfte, »diese ständigen Castings, meine ich. Sie ist siebenundzwanzig Jahre alt, hat Geld wie Heu, ist seit über zehn Jahren in der Branche und lässt sich trotzdem behandeln wie ein Schulmädchen. Freiwillig! Es ist schade um Elena, weißt du, sie ist eine kluge Frau. Was machst du eigentlich beruflich?«

Christina schluckte. »Ich bin Fotografin«, sagte sie dann.

»Nein, ich wollte wissen, was du hauptberuflich machst.«

Die Mutter hatte also doch nicht hochgestapelt. Marietta wusste, dass Christina keine professionelle Fotografin war, anscheinend war ihr das auch völlig egal. Christina fühlte sich ertappt und erleichtert zugleich. Sie musste rot angelaufen sein, denn Marietta sagte: »Das macht doch nichts. Blanca ist auch keine professionelle Fotografin. Also, was ist dein eigentlicher Beruf?«

»Ich … habe einmal für einen Tierschutzverein gearbeitet … Na ja … und ich studiere.«

»Was studierst du?«

Christina musste sogar kurz überlegen, so lange war sie schon nicht mehr auf der Uni gewesen.

»Sozialwissenschaften. Aber eigentlich war ich in diesem Semester kaum mehr in den Vorlesungen. Ich möchte auf die Kunstakademie …«

»Sozialwissenschaften«, wiederholte Marietta gedankenverloren, »das hätte mich auch immer interessiert. Ja, ich habe diesen Studiengang sogar ernsthaft in Betracht gezogen.«

»Und warum ist dann doch nichts daraus geworden?«

Marietta lächelte. »Ich bin nicht für die Theorie geschaffen«, sagte sie, »meine Interessen liegen mehr im Praktischen.«

»Ich schätze, meine auch«, antwortete Christina, »darum gehe ich ja auch nicht mehr hin.«

»Dann haben wir vielleicht mehr gemeinsam, als ich anfangs gedacht hatte«, sagte Marietta. Ihre Stimme klang verschwörerisch: Nur worauf wollte sie Christina eigentlich einschwören?

In diesem Moment wurde die Tür aufgerissen. Tante Ada stöckelte herein, an ihren Armen baumelten zwei riesige, aber leere Shoppingtaschen wie ausgelassene Luftballons, sie trug wieder zu viel Schmuck, aber anderen als gestern. »Guten Morgen!«, sang sie und kletterte auf einen der Barhocker, der für ihre geringe Körpergröße eigentlich zu hoch war. »Wo du schon einmal hinter der Bar stehst, Liebes, lass mir doch einen Cappuccino herunter, ja? Oder nein, lieber einen Espresso, Milchschaum ist Gift für die Figur«, sie zwickte sich selbst in die Hüfte, »ich habe euch doch nicht etwa bei etwas unterbrochen?«

»Nein, Mama«, sagte Marietta, »ich bin eigentlich schon am Absprung.«

»Was«, rief Ada empört, »und Christina lässt du einfach so zurück?«

»Ich muss arbeiten, Mama!«, antwortete Marietta genervt, und Christina fürchtete, erneut Zeugin eines Familienkrachs zu werden. »Das ist schon okay, ich muss ohnehin noch ...«, mischte sie sich daher vorsorglich ein, aber an dieser Stelle stockte sie natürlich: Sie hatte absolut nichts zu tun.

»Ihr seid ja lustig, Elena und du! Da wolltet ihr Christina vor der Hochzeit unbedingt noch besser kennenlernen, und dann kümmert ihr euch gar nicht um sie.«

»Das ist nicht wahr«, entgegnete Marietta, »aber ich habe nun einmal einen Job und muss jeden Tag pünktlich bei der Arbeit erscheinen.«

»Aber du bist mit deinem Chef verlobt. Der wird wohl eine Ausnahme für dich machen können!«

Marietta lachte schrill auf, Christina bekam Gänsehaut.

»Du weißt genau, dass ich ihn niemals um einen Gefallen bitten würde! Aber du kannst dich gerne bei Elena beschweren, sie ist schon wieder zu einem Casting gefahren.«

»Ein Casting!« Tante Ada verdrehte die Augen und stürzte den Espresso in einem Zug hinunter.

»Christina«, seufzte sie danach, »bekomme niemals Kinder, die machen einem nur Sorgen!«

»Das werde ich beherzigen«, antwortete Christina wahrheitsgemäß, niemals würde sie Kinder bekommen, weil sie niemals einen Mann finden würde, der so gut zu ihr passte wie David und dabei kein treuloser Vollidiot war, aber hauptsächlich war das ja alles Miris Schuld gewesen ...

»... ob du mich beim Shoppen begleiten willst, habe ich

gefragt?«, hörte Christina Tante Adas Stimme fragen, langsam und deutlich, wie man mit einem Kleinkind spricht, zum wievielten Mal wiederholte sie den Satz wohl gerade?

»Ähm, nein, danke ... Ich sehe mich hier ein bisschen um ...«, stammelte Christina.

»Ach, hier gibt es doch nichts zu sehen!«, rief Ada und ließ sich vom Hocker gleiten: »Wie kommst du eigentlich nach Florenz, Marietta?«

»Marcello holt mich ab«, antwortete diese und erläuterte für Christina: »Das ist nämlich mein Verlobter.«

Es war das erste Mal, dass der Name des Bräutigams in Christinas Anwesenheit fiel. Marietta und Marcello – das klang eigentlich nach einem schönen Paar. Außerdem war Marcello Mariettas Boss und Marietta arbeitete in einer Bank. Insofern war er zumindest materiell gesehen keine schlechte Partie, gleich und gleich gesellt sich gern, für eine Esposito-Tochter musste es ja beinahe ein Ding der Unmöglichkeit sein, »hinaufzuheiraten«. Christina war unglaublich neugierig, wie der Mann aussah, den eine Marietta Esposito heiraten wollte.

»Dann kannst du Christina ja dein Auto leihen. Falls sie doch noch Lust bekommt, ein wenig hinauszukommen«, sagte Tante Ada.

Das ist nicht nötig, wollte Christina sagen, aber da hielt Marietta ihre schon den Autoschlüssel hin, und ihr Gesichtsausdruck sagte, dass sie es nur dem Familienfrieden zuliebe tat, zwei Schreiduelle an einem Vormittag schienen selbst Marietta zu viel zu sein. Aus demselben Grund steckte Christina den Schlüssel ohne Widerworte ein, obwohl sie bereits beschlossen hatte, das Auto nicht zu benutzen: Sicherlich war es ein Luxuswagen wie der von Elena, schon ein Kratzer in der Lackierung wäre für Christina unbezahlbar.

Von draußen war ein Hupen zu hören, das Mark und Bein durchdrang wie ein Nebelhorn.

»Das ist er!« Marietta setzte sich eine Sonnenbrille auf, die ihr nun endgültig das Aussehen einer Filmdiva aus vergangenen Zeiten gab, dann verließ sie den »kleinen Salon« mit flottem, elegantem Schritt. Christina wandte sich dem Fenster zu: Sie sah ein schwarzes Auto mit abgedunkelten Scheiben, das in jedem Agentenfilm eine gute Figur gemacht hätte. Der Fahrer musste Marcello sein, aber Christina konnte ihn natürlich nicht sehen. Sicherlich war er gutaussehend, durchtrainiert und modisch gekleidet.

»Ich muss jetzt auch los«, säuselte Ada, »lass dich von Nino zu Mariettas Auto bringen, wenn du es doch benötigst!« Zum Abschied drückte sie Christina wieder an sich, als würde eine von ihnen in den Krieg ziehen, die Parfumwolke blieb, auch nachdem Ada gegangen war. Christina hustete kurz, dann widmete sie ihre gesamte Aufmerksamkeit wieder dem Gangsterauto vor dem Fenster: Sie sah Marietta aus dem Haus kommen und auf den Wagen zugehen, jeden Moment würde Marcello aussteigen und ihr die Tür aufhalten, dann würde Christina endlich auch ihn sehen. Aber Marietta öffnete die Beifahrertür eigenhändig und verschwand im sichtgeschützten Dunkel des Wagens. Der Motor brummte, das Auto fuhr los.

Das war Christinas erste Begegnung mit dem Bräutigam.

8. PUPPEN

Später lag Christina auf ihrem Bett und versuchte mit dem Mobiltelefon eine Verbindung zum W-LAN-Netzwerk aufzubauen, dessen Existenz ihr von dem Gerät zwar angezeigt wurde, welches jedoch jedem Annäherungsversuch hartnäckig widerstand. Sie ärgerte sich nicht einmal besonders darüber, sie wusste ohnehin nicht, was sie im Internet zu suchen hatte. Wahrscheinlich hätte sie so lange Tierbaby-Videos angeschaut, bis sie irgendwann mehr aus Trägheit als aus Müdigkeit eingenickt wäre. Es hätte aber auch passieren können, dass Christina statt bei den Tierbabys auf Facebook gelandet wäre, aus Versehen nur Miris Seite angeklickt und dann auf die Fotos gestarrt hätte: Miri und David beim Eisessen, Miri und David im Schwimmbad, Miri und David herausgeputzt für einen Wohltätigkeitstanzabend. Christina ließ ihr Mobiltelefon sinken.

Eine Stimme war zu hören, sie kam aus dem Nebenzimmer, leise und undeutlich, aber ohne Pause, ein Monolog. Eine Frauenstimme, vielleicht ein Telefonat. Da die Esposito-Frauen alle ausgegangen waren, zumindest hatten sie das behauptet, musste die Stimme einer der Bediensteten gehören. Oder aber es war Angelina. Erkennen konnte Christina die Stimme nicht, dazu war sie zu leise. Die Dienstmädchen hatten ja ihren eigenen Schlafsaal, das hatte Nino erzählt. Vielleicht hatte Christina darum die ganze Nacht von Angelina geträumt? Weil sie deren Nähe instinktiv gespürt hatte? Christina schüttelte den Kopf über diesen seltsamen Gedanken: Als könnte das Unterbewusstsein durch Wände sehen.

Sie verspürte plötzlich eine Lust, gegen die Stimme aus dem Nebenzimmer anzusprechen, überhaupt zu sprechen, in den letzten vierundzwanzig Stunden hatte sie nur Fragen gestellt und Fragen beantwortet, sich aber kein einziges Mal richtig unterhalten. Einfach nur reden, ungezwungen, ein bisschen lachen vielleicht. Sie griff wieder nach dem Mobiltelefon, blätterte durch das Adressbuch, blieb automatisch bei »M« stehen: Miri, klickte auf das Wort darüber: Mama. Nur ein einziges, armseliges Strichlein war in der Empfang-Anzeige zu sehen.

»Hallo Christina?« Das Rauschen in der Leitung verfremdete die Mutterstimme, als wäre es eine ganz andere, die da sprach.

»Hallo Mama. Ich wollte nur fragen, wie es dir geht.«

»Mir? Gut, ich bin eigentlich noch im Büro …«

»Ach so, dann will ich dich nicht stören.«

»Du störst doch nicht.«

Christina konnte sich nicht daran erinnern, wann sie das letzte Mal freiwillig ihre Mutter angerufen hatte. Na gut, wenn sie beim Ausgehen zu viel getrunken hatte und abgeholt werden wollte, oder wenn sie irgendetwas Spezielles aus dem Supermarkt benötigte, aber das zählte nicht wirklich als Freiwilligkeit. Kurz beherrschte das Rauschen die Leitung. Christina bemerkte, dass auch die Stimme im Nebenzimmer verstummt war.

»Bist du gut in der Toskana angekommen?«, fragte die Mutter.

»Ja.«

»Und sind sie alle nett zu dir?«

»Ja, sehr nett.«

»Nicht wahr, Ada ist ein Goldschatz. Ein bisschen eigenwillig zwar, aber ein Goldschatz.«

Christina konnte sich überhaupt nicht vorstellen, dass diese beiden so gegensätzlichen Frauen, ihre Mutter und ihre Tante, Annemarie und Adelheid, Anne und Ada, miteinander aufgewachsen waren. Tante Ada als junges Mädchen am alten Bauernhof des Großvaters, wie sie mit Goldklunkern behangen im Dreck kniete und eine Kuh melkte – Christina musste kichern.

»Was hast du gesagt?«, fragte die Mutter. Die Leitung rauschte immer stärker.

»Nichts, nichts. Ja, Ada ist ein Goldschatz.«

»Und sie ist wahnsinnig klug.«

Davon hatte Christina noch nichts bemerkt.

»Ja, das ist sie wirklich.«

»Wenn du dich an sie hältst, kannst du nur gewinnen, Christina. Ada weiß immer, was sie tut.«

»Okay ...«

Christina war sich nicht sicher, wie das zu verstehen war. War es nur ein mütterlicher Ratschlag der Kategorie »Hör immer schön auf die Lehrerin«, oder steckte da etwas anderes dahinter? Ging es um Geld? Christina hatte keine Ahnung, auf welches Honorar man sich geeinigt hatte für ihr Fotografieren, eigentlich hatte sie mit nicht besonders viel gerechnet. Aber da hatte sie ja auch noch nichts von dem übergroßen Reichtum der Espositos gewusst. Plötzlich schossen ihr hundert Bilder durch den Kopf von Dingen, die sie kaufen wollte: einen neuen Laptop, ein neues Handy, T-Shirts, die nicht alle gleich aussahen. Eine eigene Wohnung, Selbstständigkeit.

»Ja, ich werde mich auf jeden Fall an Tante Ada halten«, antwortete Christina.

»Und Onkel Tonio?«

»Mit ihm habe ich noch nicht viel gesprochen. Aber er scheint auch sehr nett zu sein.«

»Und Marietta? Und Elena?«

»Auch sehr nett, Mama, alle sind sehr nett ...«

»Und wie heißt der Kleine noch mal?«

»Jordie. Aber er ist nicht mehr klein.«

»Stimmt, Jordie. Ein seltsamer Name. Wie ist er so?«

»Wie gesagt, Mama, alle sind sehr nett ...«

Das Gespräch begann Christina bereits jetzt zu ermüden. Wenn sie mit Miri telefoniert hatte, war das nie passiert. Dann hatte manchmal zu Mittag das Telefon geklingelt und beim Auflegen war Christina ganz überrascht gewesen, dass die Sonne bereits untergegangen war.

»Aber wie geht es dir eigentlich?«, versuchte sie es noch einmal.

»Gut, das habe ich doch schon gesagt. Und wie ist das Essen so?«

Christina gab auf. Da konnte sie mit Tante Ada interessantere Gespräche führen, die gab wenigstens irgendetwas von sich preis, selbst wenn es fast ausschließlich alberne Banalitäten waren. Christina erzählte ihrer Mutter etwas von einem Fototermin, den sie ganz vergessen hätte, sie müsste sich jetzt beeilen, dann berührte sie das rote Telefonsymbol auf dem Touchscreen, aufgelegt.

Sie ließ sich ins Liegen gleiten und schloss die Augen. Wieder hörte sie die Stimme aus dem Nebenzimmer. Als hätte diese nur darauf gewartet, dass Christina ihr Telefonat beendete, um dann auf ein Neues zu beginnen. Der Redefluss wurde zum Hintergrundrauschen, zum Meer. Gab es hier irgendwo in der Nähe einen Strand? Badengehen, Untertauchen, das war es, woran Christina nun dachte, und plötzlich war da wieder dieser Geruch, dieses Geräusch ... Christina schreckte auf. Diesmal schlug ihre Stirn so fest gegen die Wandschräge, dass ihr von dem pochenden Schmerz Tränen in die Augen stiegen. Hier drinnen konnte sie nicht den ganzen Tag bleiben, das stand fest, hier würde sie verrotten. Wenn sie sich im Haus verirren sollte, würde sie schon irgendwann irgendwer finden, und alles war besser, als eingesperrt zu sein, zusammen mit David und Miri im Kopf. Christina packte ihre Kameratasche und ging.

Anfangs duckte sie sich noch ein wenig, drückte sich an den Wänden entlang und wenn aus einer Richtung Schritte zu hören waren, bog sie in die andere ab. Irgendwie hatte sie das Gefühl, etwas Verbotenes zu tun. Dabei hatte ihr ja niemand befohlen, im Zimmer zu bleiben, Nino hatte sogar gesagt, sie sollte »tun, wozu sie Lust hat«, und von Marietta hatte sie die Autoschlüssel bekommen. Vielleicht war es den Espositos nur recht, wenn sie sich ein bisschen umschaute.

Außerdem zeigte sich schnell, dass sie das Interesse der Dienstboten überhaupt nicht mehr zu wecken vermochte: So schnell hatten sie sich an die Fremde im Haus gewöhnt. Vielleicht waren sie sogar ein wenig enttäuscht von dem Mädchen in Schwarz, das so anders war als seine Cousinen, so gewöhnlich, nicht interessanter als irgendeine von ihnen. Also gingen die Bediensteten ihren Beschäftigungen nach, als wäre Christina gar nicht anwesend, sie schoben ihre Putzwägen und Staubsauger vor sich her, ohne Hektik, ohne Eile, ohne Lust. Die Böden waren bereits makellos sauber, zumindest nach Christinas Ermessen, auf den Statuen und Gemälden war kein Körnchen Staub zu sehen, trotzdem schlossen die Dunkelblauen ihre Staubsauger an die Steckdosen an und zückten ihre Staubwedel. Dabei trugen sie Kopfhörer oder unterhielten sich leise, am Tonfall konnte Christina erkennen, dass es sich um Klatsch- und Tratschgeschichten handelte, manchmal, selten, ein Lachen. Auch die Villa war eine Fabrik, dachte Christina, eine Fabrik, die was eigentlich produzierte? Sauberkeit, Arbeitsplätze, sich selbst? Schade eigentlich, dass sie ihr Soziologie-Studium ad acta gelegt hatte, dieser Haushalt hätte einen einzigartigen Forschungsgegenstand abgegeben.

Sie kam in einen Bereich des Hauses, an den sie sich zu erinnern glaubte: Hier führte Nino sie immer entlang, wenn er sie auf ihr Zimmer brachte. Die Wände waren mit Glasschränken zugepflastert, in denen sich eine unüberschaubare Porzellansammlung befand. Der Großteil davon war Geschirr: Tassen und Teller, verziert mit Blüten, orientalischer Ornamentik, Hoheitszeichen; Teekannen, auf die mit feinem Pinsel ganze Landschaften gemalt worden waren, chinesische Drachen, die sich um feine Schüsselchen wanden. Aber da waren auch eine Menge Porzellanpuppen, blasse Mädchen und Knaben in Schäfertracht, mit dunklen Locken und weit aufgerissenen Augen. Sie saßen jede für sich, als wüssten sie nichts von der Existenz der anderen, verteilt über die ganze Landschaft aus Geschirr, und könnten sie sich auch nur ein klein wenig bewegen, würden sie ein Scherbenmassaker anrichten, so eng war es in ihrem Glaskasten. Irgendwie hatten diese Puppen alle eine Ähnlichkeit mit Jordie, dachte Christina. Und irgendwie auch nicht, als wären sie seine Karikatur – oder umgekehrt. Die Glasaugen, die ihr in allen möglichen Farben und nur einer einzigen, kreisrunden Form entgegenblickten, wirkten geradezu lächerlich tot. Christina spiegelte sich darin, kein Einsinken, nur Reflexion. Wer hatte wohl diese Sammlung angelegt? Tonio? Seine Großmutter? Ein noch früherer Vorfahre?

Christina hörte wieder Schritte. Diesmal waren es aber rasche, eilige Schritte, deren beachtliche Lautstärke ohne Zweifel einem hochhackigen Schuh zu verdanken war. Die Bediensteten trugen flache Budapester, Frauen wie Männer, Christina kannte deren Klang bereits. Sie öffnete die nächstliegende Zimmertür und schlüpfte hinein.

Es war eines jener Zimmer, in die sie schon bei ihrer Ankunft einen Blick hatte werfen können: Es standen einige Stühle darin, ein niedriges Tischchen, ein Bücherregal, in dem nur ein einziges, riesiges Buch lag. Für ein Wohnzimmer war der Raum zu ungemütlich, fand Christina, für alles andere kam er aber auch nicht in Frage. Sie nahm das Buch heraus und setzte sich auf einen der Stühle. Es handelte sich um eine illustrierte, natürlich italienischsprachige Ausgabe von Dantes Göttlicher Komödie, wovon sie zwar schon einmal in der Schule gehört hatte, aber nicht viel, und selbst davon hatte sie das meiste vergessen. Sie hörte wieder das Geklapper der Stöckelschuhe: Die Frau musste sich nun direkt vor der Zimmertür aufhalten. Was würde passieren, wenn Angelina, denn wer sollte es sonst sein, sie hier fand? Nichts natürlich, was sollte auch passieren? Sie schlug das Buch auf und begann es von vorne nach hinten durchzublättern, wobei sie immer nur bei den Bildern hängen blieb. Da der erste Teil des Buches, das Inferno, besonders reich bebildert war, zeigten die meisten Illustrationen grausame Folterszenen, und die blasse Erinnerung daran, dass es sich bei den Gemarterten um schlimme Sünder handelte, machte es in Christinas Augen nicht besser. Die Italiener hatten eine komische Auffassung von dem Wort »Komödie«. Ob Angelina dieses Buch wohl gelesen hatte?

Die Stöckelschuhschritte entfernten sich. Eine Zeit lang blieb Christina noch sitzen, das Buch auf ihren Knien, die

Seite mit den im Blutstrom kochenden Mördern aufgeschlagen, vielleicht war es aber auch nur Rotwein.

Nachdem sie sicher sein konnte, dass die Frau mit den Stöckelschuhen sich weit genug entfernt hatte, dass sie ihren Weg von dieser unbemerkt fortsetzen könnte, traute Christina sich wieder auf den Gang hinaus. Aber auch die Porzellanpuppen schienen ihr nun unheimlich. Leere Augen wie tote Kinder – wer war eigentlich je auf die Idee gekommen, dass Porzellanpuppen zur Dekoration taugten? Hastig ging sie an den Glaskästen vorbei und blickte nur auf ihre Füße. Das hatte sie jetzt von der Langeweile: Sie sah immer und überall Gespenster. Kurz überlegte sie sogar, ob sie nicht doch Mariettas Auto in Betrieb nehmen sollte, weg, einfach ganz weit wegfahren von der Villa Esposito und Angelina und dem ganzen Porzellan. Aber stattdessen öffnete sie die nächste Zimmertür und blickte in einen Abgrund. Nein, ein Abhang: gelbes, trockenes Gras, das in das bewässerte Grün eines Weingartens mündete, statt einer Decke blauer Himmel. Eine Außentür. Christina dachte an den fünffach gesicherten Haupteingang, durch den sie mit Elena hereingekommen war. Ging jetzt gleich eine Alarmanlage los? Aber es geschah nichts dergleichen, als sie ihren Arm durch den Türrahmen hinausstreckte, auch nicht, als sie einen ersten Schritt wagte, dann einen weiteren, und plötzlich stand Christina im Freien. Sie atmete durch und spürte erst jetzt, wie stickig es in der Villa gewesen war.

9. DIE KINDER VON MALVITA

Noch hatte Christina sich gar nicht die Frage gestellt, was aus den Kindern von Malvita geworden war. Sie hatte bisher nur Erwachsene gesehen, und irgendwie war ihr das ganz natürlich vorgekommen. Immerhin handelte es sich bei der Villa Esposito um einen Arbeitsplatz und bei den Angestellten daher klarerweise um Menschen im arbeitsfähigen Alter. Aber dass diese auch Kinder haben konnten, Babys, Krabbelkinder, Schulkinder, daran hatte Christina bisher noch gar nicht gedacht.

Es gab sie aber, diese Kinder von Malvita, ihr Geschrei vermischte sich mit dem Vogelgesang, wurde zu einer Geräuschkulisse der Heiterkeit und hatte eine solche Anziehungskraft, dass Christina die Tür sorglos hinter sich zufallen ließ und loslief. Sie hatte zwar einen Autoschlüssel, aber keinen Schlüssel zum Haus.

Die Kinder von Malvita hatten für sich ein Stück Wiese okkupiert, das zwar deutlich, aber nicht allzu arg in der Schräge lag. Darauf hatten sie zwei Fußballtore aufgestellt, eines oben, eines unten, sodass immer eines der beiden Teams auf die Schwerkraft als zwölften Mann am Feld zählen konnte. Allerdings war diese kein sehr verlässlicher Schütze: Oft rollte der Ball am Tor vorbei, immer weiter den Hügel hinunter. Dann musste ein Spieler dem Ball nachjagen, während die anderen gezwungenermaßen eine irreguläre Halbzeitpause einlegten.

Die Mannschaften bestanden aus Mädchen wie Buben, in einem ungefähren Alter von drei bis dreizehn Jahren. Sobald ein Kind von Malvita laufen gelernt hatte, spielte es auch Fußball. Einer der älteren Jungen hatte den Posten des Schiedsrichters, Feldwarts und Spielorganisators gleichermaßen inne: Düster dreinblickend achtete er darauf, dass die beiden Teams niemals aus mehr als je elf Personen plus Austauschspieler bestanden, und ahndete schwerwiegende Fouls wie das Beißen eines Gegners oder das Werfen von Tierkot mit dem sofortigen Verprügeln des oder der Schuldigen.

Christina setzte sich am Rand des Spielfeldes ins Gras. Die Kinder beachteten sie nicht. Zwei etwa achtjährige Mädchen lieferten sich im Mittelfeld gerade ein Duell, welches zwar eines der beiden eindeutig für sich entscheiden konnte, schließlich trat es jedoch mit viel zu wenig Kraft in den Ball: Er rollte einige Meter den Hang hinauf, bevor er unvermittelt den entgegengesetzten Weg einschlug und zielsicher am unteren Tor vorbei den Hügel hinunterkugelte. Der Schiedsrichter-Junge pfiff mit zwei Fingern im Mund. Die Kinder schrien und Christina musste kein Italienisch verstehen, um zu wissen, dass es Schimpfwörter waren. Ein kleiner Junge mit knallroten Turnschuhen rannte wie der Blitz dem Ball hinterher, welcher sich aber schon einen beachtlichen Vorsprung errollt hatte. Die anderen Kinder ließen sich ins Gras fallen. Die beiden Mädchen, die gerade eben den Zweikampf ausgefochten hatten, begannen nun eine hitzige Diskussion, welche darin endete, dass das eine das andere an den Haaren zog. Diese Aktion wiederum zog eine Disqualifikation der Angreiferin nach sich, zumindest lief diese heulend davon, nachdem der Schiedsrichter sie erst am Kragen gepackt und dann ordentlich geschüttelt hatte. Der Junge mit den roten Turnschuhen kam zurück, auf seinem Finger drehte er den Fußball. Der strenge Blick des Schiedsrichters streifte auf der Suche nach einem Ersatzspieler für das Mädchen umher und blieb schließlich an Christina haften. »Vieni qui!«, sagte er gebieterisch.

»No, no«, antwortete Christina, unsicher, ob sie nun Englisch oder Italienisch sprach oder beides, aber der Schiedsrichter ließ ohnehin kein Nein gelten. Obwohl er sicher nicht älter war als zwölf, war er bereits gleich groß wie Christina und sah viel stärker aus. Vielleicht würde er auch sie gleich am Kragen packen und schütteln. Was hatte sie schon zu verlieren? Christina brachte ihre Kamera im Schutz eines etwas abseitsliegenden Gestrüpps in Sicherheit, dann nahm sie ihren Platz am Spielfeld ein. Der Schiedsrichter pfiff.

Christina war kein Fußballfan, aber Großveranstaltungen wie die Weltmeisterschaften waren natürlich auch an ihr nicht unbemerkt vorbeigegangen. Sie hatte sich das eine oder andere Spiel im Fernsehen angesehen und war auch zu manchen Heimspielen des lokalen Fußballvereins gegangen, in dem einige ihrer Klassenkollegen gespielt hatten. Eigentlich war »ihr« Sport aber schon immer Volleyball gewesen, was vor allem daran lag, dass man dabei keine weiten Entfernungen hinter sich bringen musste: zwei, drei präzise gesetzte Schritte in eine Richtung, ein Sprung, ein Schlag, Punkt. Fußball aber war für sie wildes Gerenne, Energieverschwendung ohne Richtung, bis man erst einmal die Chance zu einem Angriff auf das Tor erhielt, war man schon völlig ausgelaugt. Ihre Ausdauerprobleme waren diesmal aber gar nicht die größte Sorge: Zuerst musste sie anhand des Geschreis der Kinder herausfinden, auf welches Tor sie überhaupt zu schießen hatte. Es war, gottlob, das untere. Trotzdem aber blieb die Schwierigkeit bestehen, dass Christina keine Ahnung hatte, welches Kind zu ihrer

Mannschaft und welches zu den Gegnern gehörte (wieder ein Problem, zu dem es beim Volleyball nicht kommen konnte). Die Kinder trugen keinerlei Markierungen, sie spielten oft und immer in den gleichen Teams, sodass es für sie selbstverständlich geworden war, wer zu ihnen gehörte und wer nicht. Da aber Christina ohnehin schlecht passen konnte und selten den Spieler traf, den sie anvisiert hatte, war ihre Verwirrung relativ egal.

Anfangs spielte sie zurückhaltend und überließ vor allem den jüngeren Kindern stets kampflos den Ball, aber nachdem dieser zweimal kurz hintereinander in ihr Tor geflogen war, vergaß sie jede Höflichkeit und spielte mit vollem Einsatz. Natürlich war dieser nicht immer zielführend, oft lag Christina im Dreck, ohne den Ball auch nur ansatzweise in die richtige Richtung geführt zu haben, aber mit der Zeit gewann sie an Übung und wurde für die Kinder von Malvita zur geschätzten Mitspielerin. Sie redeten auf Italienisch auf Christina ein, Christina antwortete auf Deutsch, dass sie einander nicht verstanden, war kein Problem, denn irgendwie verstanden sie ja doch. So viel einfacher und ungezwungener war es hier als mit den Verwandten im Haus, ja, selbst bei Nino hatte sie stets das Gefühl, dass er sie mit einer gewissen Distanz behandelte, so nett und freundlich er sich auch verhielt.

»Los, los, das können wir noch gewinnen!«, spornte Christina ihre Mitspieler an, und sie verstanden.

Vom Haus her kam eine junge Frau im dunkelblauen Kleid, sie blieb am Spielfeldrand stehen und schrie irgendetwas, laut genug, um das Gekreische der Kinder zu übertönen. Der Schiedsrichter pfiff wieder mit zwei Fingern. Das Mädchen, das eben in den Ball hatte treten wollen, bückte sich stattdessen und hob ihn auf. Die Kinder wischten sich den Schweiß und den Dreck aus dem Gesicht, dann folgten sie der Frau zurück ins Haus wie Entenküken ihrer Mutter. Christina wäre beinahe mitgegangen, so zugehörig fühlte sie sich dieser Gruppe schon. Ob diese Kinder später auch alle Hausangestellte würden, einmal die Kinder der Espositos bedienen würden? Christina blickte ihnen hinterher, den noch Ununiformierten, wie die Villa sie einen nach dem anderen verschluckte. Ob die dunkelblaue Frau wohl die Lehrerin von Malvita war, musste es, wo Kinder lebten, denn nicht auch eine Schule geben?

Plötzlich spürte Christina etwas Warmes, Weiches an ihren Beinen, sie blickte an sich hinunter und sah feuerrotes Fell: Paola umkreiste sie wie ein Haifisch sein Opfer.

»Entschuldigung!«

Christina drehte sich um und sah überrascht in das leicht gerötete Gesicht von Jordie. Sie hatte nicht bemerkt, dass er gekommen war. Wie lange stand er schon hier? Hatte er ihr beim Fußballspielen zugesehen? Der Gedanke war ihr unangenehm, so, wie ihr sein Blick wieder peinlich war, diese Augen, die das Gegenteil von Glasaugen waren. Schnell bückte Christina sich zu Paola hinunter und hob sie auf. Die Katze war so schwer, wie sie aussah. Stolz wie ein Löwe thronte sie nun in Christinas Armen, die schon nach wenigen Sekunden zu schmerzen begannen.

»Eigentlich lässt sie sich von niemand anderem aufheben als von mir«, sagte Jordie.

»Tiere und Kinder mögen mich«, antwortete Christina. Bis heute hatte sie von beidem selbst noch nichts gewusst.

»Wenn Paola dich mag, musst du ein guter Mensch sein«, sagte Jordie.

»Darauf kannst du wetten. Aber ich muss sie jetzt trotzdem absetzen. Die wiegt ja eine halbe Tonne.«

Paola fauchte, als hätte sie verstanden, und wie um sich keine Blöße zu geben, befreite sie sich eigenhändig aus Christinas Griff, landete auf allen vier Pfoten im trockenen Gras und stolzierte erhobenen Hauptes davon. Einen Augenblick lang schien Jordie ihr hinterherlaufen zu wollen, aber dann blieb er doch. Er war viel zu schön angezogen für den Hof, fand Christina, wieder trug er ein langärmeliges, schneeweißes Hemd und eine schwarze Anzugshose. Der einzige Unterschied zu seinem Dinneroutfit waren die etwas weniger glänzenden Schuhe und das Fehlen der schimmernden Hosenträger. Christina kannte sich mit Männerkleidung noch weniger aus als mit Frauenmode, aber David zumindest hatte höchstens zu Vorstellungsgesprächen ein solches Hemd getragen.

»Was treibst du hier draußen?«, fragte Christina. Sie setzte sich wieder in die Wiese und wartete ab, ob er trotz seiner schönen Hose dasselbe tun würde. Kurz schien er es sogar in Betracht zu ziehen, schließlich ging er aber nur in die Hocke, wodurch er auf einer Augenhöhe mit Christina reden und dabei seine Kleidung schonen konnte.

»Ich bin eigentlich nur Paola hinterhergelaufen«, antwortete er.

»Läufst du denn den ganzen Tag lang deiner Katze hinterher?«

»Nicht immer. Manchmal schon.«

»Und das langweilt dich gar nicht?«

»Manchmal schon.«

Christina blickte ihm jetzt direkt ins Gesicht. Wieder stieg dieses unangenehme Gefühl in ihr auf, aber diesmal hielt sie ihm stand: Selbst an einen Blick wie diesen musste man sich doch irgendwie gewöhnen können. Mit Jordie würde sie wohl noch eher warm werden als mit Marietta oder Elena.

»Hast du uns beim Fußball zugesehen?«, fragte sie.

»Ein bisschen.«

Hätte Christina gewusst, dass sie beobachtet wurde, hätte sie sich wohl nicht einmal von dem gestrengen Schiedsrichter zum Mitspielen überreden lassen. Warum war es ihr nur so wichtig, was andere über sie dachten, was Jordie über sie dachte? Er hätte sich am Feld gewiss nicht viel geschickter angestellt als sie.

»Du hättest mich ruhig unterstützen können! Ein Paar helfende Füße hätten wir noch gut gebrauchen können«, sagte sie gespielt beleidigt. Jordie schüttelte den Kopf.

»Ich spiele nie Fußball«, sagte er.

»Ich doch auch nicht«, entgegnete Christina.

»Es ist nichts für mich. Meine Eltern würden es nicht ertragen, wenn ich mich verletzte.«

Es klang, als hätte er das auswendig gelernt. Christina lachte.

»Das war doch nur ein Spiel zwischen Kindern.«

»Und mit den Kindern will ich nichts zu tun haben.«

»Ach nein?« So einer war er also. »Weil sie nur die Kinder der Dienstboten sind?« Christinas Stimme wurde lauter, als sie wollte. Sie konnte sich noch gut an einen Buben aus ihrem Kindergarten erinnern, der nicht zu ihrer Geburtstagsparty kommen durfte, weil ihre Eltern nicht verheiratet waren.

»Nein, weil sie Kinder sind«, sagte Jordie, »sie sind wild, laut und dreckig wie alle Kinder.«

»Na hör mal, du warst auch einmal ein Kind!«

»Stimmt. Aber ich war anders.«

Und das glaubte Christina ihm sogar.

»Ich habe das auch nicht böse gemeint«, murmelte sie ihr Friedensangebot, sie wollte so gerne einen Verbündeten haben, mit irgendwem ihre Zeit hier verbringen.

»Ich auch nicht«, antwortete Jordie. »Eigentlich habe ich

auch nichts gegen die Kinder. Ich verstehe sie nur einfach nicht. Aber die Erwachsenen verstehe ich auch nicht.«

Sie schwiegen, während die Sonne den Zenit überstieg, leichter Wind die Grashalme bog, Schäfchenwolken über den Himmel zogen. Christina schloss die Augen. Ihr war noch gar nicht aufgefallen, wie gut es hier roch: nach Sommer, nach Urlaub, nach Vergessen. Als gäbe es hier keine Erinnerungen, keine Alpträume mehr. Angelinas Hände, Dantes Höllenkreise – alles fortgespült von ein wenig Sonnenschein. So einfach konnte alles sein. Christina begann sich zu strecken und fragte sich, ob sie dabei auch nur ansatzweise so anziehend wirkte wie Marietta. Sie hatte einmal in irgendeiner Frauenzeitschrift gelesen, dass man Sexappeal erlernen konnte. Aber gleichzeitig war sie sicher, dass Marietta Esposito nicht jeden Morgen in den Spiegel schauen und sich selbst dreimal »Du siehst heute so sexy aus!« vorsagen musste, um sie selbst zu sein.

Christina öffnete ihre Augen wieder und fragte: »Was machst du eigentlich, wenn du einmal nicht deiner Katze hinterherläufst?« Jordie zuckte mit den Schultern. Er hockte immer noch in seiner unbequemen Position.

»Ich habe ein paar Brettspiele«, sagte er, »ich bin ein ziemlich passabler Schachspieler. Und ich habe Bücher.«

»Und sonst? Gehst du noch zur Schule?«

»Ich habe einen Hauslehrer gehabt.«

Natürlich hatte er einen Hauslehrer gehabt, warum fragte Christina überhaupt.

»Aber ich habe schon letztes Jahr mein Abschlussexamen abgelegt«, fügte Jordie hinzu, »also nein, ich gehe nicht mehr in die Schule.«

»Dann studierst du also?«

»Nein.«

»Aber du machst irgendeine Ausbildung?«

Jordie schüttelte den Kopf. Christina runzelte die Stirn.

»Und was ... machst du dann?«

»Das habe ich doch schon erzählt ... Paola, Schach ... die Bücher ...«

»Aber willst du denn nicht irgendwann arbeiten gehen? Einen Beruf haben?«

Jordie sah sie mit einem Ausdruck von Unverständnis an. Er musste jeden Tag aufstehen wie Christina an diesem Morgen: keine To-do-Liste, keine Aufgaben, nur vierundzwanzig lange Stunden und eine fette rote Katze.

»Ich erbe einmal das Haus hier«, antwortete er, »ich hätte auch die Fabrik erben sollen, aber daraus wird ja leider nichts mehr.« Er klang direkt erleichtert darüber.

»Aber ein Haus ist doch kein Beruf.«

»Unser Haus schon«, sagte Jordie, »irgendjemand muss es ja in Stand halten.«

»Tun das nicht die Bediensteten?«

»Irgendjemand muss aber die Bediensteten bezahlen.«

»Und mit welchem Geld willst du das tun?«

»Mit meinem Erbe natürlich.«

Jordie sagte seine Sätze auf, als hätte er seine Pläne, die viel eher die der anderen waren, schon so oft durchgekaut, dass kein stichhaltiges Gegenargument mehr denkbar, alle Eventualitäten abgedeckt waren.

»Aber langweilt dich das nicht?«, fragte Christina.

»Es gibt Schlimmeres als Langeweile«, antwortete Jordie, sein Blick wanderte über die Wiese zu den in der Mittagssonne leuchtenden Hügeln. Hügel so weit das Auge reichte, Hügel bis zum Horizont. »Ich habe es ganz gut getroffen, glaube ich. Andere würden alles geben für eine Zukunft wie die meine«, sagte er. Seine Oberschenkelmuskeln mussten bereits brennen wie die Hölle. Ewiges Hocken wäre eigentlich auch eine passende Bestrafung für Dantes Sünder gewesen, oder ewiges Langeweilen.

»Aber gibt es denn gar nichts, was du gerne einmal tun möchtest?«, fragte Christina.

Jordie schüttelte den Kopf.

»Komm schon! Bungeejumping, ein Buch schreiben, ein Leben retten?«

»Nein!«, sagte Jordie. Dann schaute er Christina an, die Luft duftete immer noch, und plötzlich sagte er in das Vergessen hinein: »Ich wollte schon immer einmal Auto fahren.«

10. BLANCA

Bei all den Zimmern und Kammern und Prunkräumen, die der Villa Esposito über die Jahrhunderte gewachsen waren wie Krebsgeschwüre, war es aus irgendeinem oder gar keinem Grund nie zum Bau einer Garage gekommen. Die Autos parkten in den Innenhöfen, auf den Hangwiesen, sogar in den Weingärten, sie standen wo auch immer der Fahrer oder die Fahrerin Lust gehabt hatte, auszusteigen. Jordie wusste, wo Marietta normalerweise ausstieg.

»Ich bring dich hin – aber nur so zum Spaß«, sagte er, »wir werden nicht damit fahren.«

»Natürlich werden wir das nicht«, bekräftigte Christina und holte die Kameratasche aus dem Gebüsch.

Sie mussten die Villa halb umrunden, was bei der Größe der Anlage schon eine anständige Wanderung bedeutete. Jordie murmelte die ganze Zeit über: »Wir werden aber nicht damit fahren …«, und je öfter er es sagte, desto größer wurden seine Schritte, desto zielstrebiger sein Gang. Ein ungewohnter Gang für einen, der sonst nur ziellos wandelte, einer Katze hinterher oder die Gänge entlang, es war ein seltsam erwachsener Gang, der im Gegensatz stand zu der Plüschmaus und zum Herumwirbeln und zu überhaupt allem, was ihm seine Schwestern zukommen ließen. Christina, die sich bis zu ihrer Ankunft hier für eine eher flotte Geherin gehalten hatte, stolperte wieder einmal hinterher.

»Hier ist es!«, sagte Jordie plötzlich.

Christina hatte sich Mariettas Auto als Zwillingsbruder von Elenas Wagen vorgestellt, vielleicht sogar noch ein wenig prächtiger. Den sandfarbenen, etwas viereckigen Fiat mit leicht zerbeulten Hintertüren, den das trockene Gestrüpp, neben dem er parkte, nicht wirklich verstecken konnte, hätte sie hingegen eher für das Fahrzeug eines Bediensteten gehalten.

Die leichte Enttäuschung wich schnell großer Erleichterung: Eine solche Schrottkiste traute Christina sich ohne weiteres zu lenken, eine Schramme mehr oder weniger würde da nicht auffallen. Sie besaß einen Führerschein, aber wenig Fahrpraxis. Zwar konnte sie sich jederzeit den Wagen ihrer Mutter ausborgen, aber da sie die Benzinkosten selbst übernehmen musste, hatte sie bisher von ihrem Recht nur selten Gebrauch gemacht.

»Das können wir doch nicht tun«, sagte Jordie, während Christina die Tür aufschloss. Neben dem Wagen befand sich eine schmale, asphaltierte Straße. War es dieselbe, über die sie mit Elenas Ferrari heraufgerast waren?

»Wir haben die Erlaubnis deiner Schwester. Steig ein!«

»Du hast die Erlaubnis meiner Schwester.«

»Ich werde den Wagen ja auch lenken, okay? Also zumindest bis ...«

»Bis?«

»Nichts. Ich werde den Wagen lenken.«

Jordie schaute sich ein paar Mal um, als würde er einerseits einen Diebstahl begehen und andererseits die Aufmerksamkeit des Ladendetektivs gezielt auf sich ziehen wollen.

»Das ist, glaube ich, das erste Mal, dass ich etwas Verbotenes tue«, sagte er, während er sich auf den Beifahrersitz setzte und vorsichtig, fast lautlos die Tür schloss.

»Wie gesagt, es ist nicht verboten.« Aber irgendwie kam es Christina auch so vor.

»Trotzdem.«

Christina startete den Motor. Das Auto brummte, knallte und setzte sich in Bewegung. Jordie hielt sich an seinem Sitz fest, als säße er in einer Achterbahn.

»Wo wollen wir hinfahren?«, fragte er.

»Irgendwohin!«, antwortete Christina. Es war ein komisches Gefühl, wieder hinter einem Steuer zu sitzen, kein Nachlaufen mehr. Ein gutes Gefühl. Anfangs wehrte sich das Auto noch ein wenig gegen Christinas Führung, es ließ den Motor jaulen, ruckelte und rauchte, aber nach einigen Metern hatte sie es endgültig unter ihre Kontrolle gebracht. Beinahe geräuschlos fuhren sie die schmale Straße entlang, zuerst langsam, dann schneller, immer den Berg hinunter. Die Villa Esposito im Rückspiegel wurde kleiner und kleiner, bis sie schließlich vollständig verschwand. Nun waren sie alleine: Christina, Jordie, ein kleiner gelber Wagen, die Landschaft, die Sonne. Christina öffnete das Fenster einen Spalt weit und ließ den Fahrtwind durch ihr Haar streichen. La vita è bella. Der einzige italienische Satz, den sie kannte. Plötzlich aber rutschte Jordie von seinem Sitz hinunter und kauerte sich auf der Fußmatte zusammen. »Was ist denn los?«, fragte Christina erschrocken. Eine Vespa, auf der ein Mann in dunkelblauer Uniform saß, kam ihnen entgegen. Er erkannte den Wagen, nicht aber die Fahrerin: Er grüßte hastig mit zwei Fingern an der Schläfe, dann war er auch schon vorbeigefahren.

»Was hast du denn?«, fragte Christina noch einmal. Jordie kam aus seinem Versteck hervorgekrochen, sein Gesicht war weiß wie sein Hemd.

»Ich will nicht, dass sie mich sehen ...«, murmelte er.

»Aber warum nicht?«

»Weil sie es meinen Eltern erzählen werden. Und meinen Schwestern.«

»Darfst du denn das Haus nicht verlassen?«

»Doch«, antwortete er, »aber ich will nicht, dass es jemand erfährt.«

»Aber warum denn nicht?« Er zuckte mit den Schultern. Christina wusste, dass sie keine andere Antwort von ihm erhalten würde, und beließ es dabei.

Sie kannte den Weg und kannte ihn nicht: Vor ihrem Fenster wechselten sich Felder, Wiesen und Weingärten ab, das Bild war durchzogen von langen, dünnen Bäumen, Bäume wie Elena, Säulenzypressen. So hatte die Landschaft auch bei ihrer Anreise ausgesehen, und doch war es eine andere gewesen. Gab es zwei Straßen, die zur Villa Esposito hinaufführten? Oder machte es tatsächlich einen so großen Unterschied, ob man selbst lenkte oder nur der Beifahrer war? Christina erinnerte sich wieder an ihren ursprünglichen Plan. Bis auf den Vespafahrer hatte sie schon lange weder andere Fahrzeuge noch Fußgänger gesehen, auch Häuser waren keine in Sichtweite. Sie bremste.

»Was ist los?«, fragte Jordie.

»Steig aus!«, sagte Christina. Jordie sah ratlos drein, direkt ängstlich, aber er gehorchte. Auch Christina stieg aus.

»So«, sagte sie dann, »und jetzt steig wieder ein! ... Doch nicht hier, auf der anderen Seite!«

Jordie riss seine Augen auf. »Ich ... soll ... fahren?«, stotterte er.

»Das hast du doch gemeint mit deinem Wunsch, oder etwa nicht?«

»Ja, aber ...«

»Kein ›aber‹, Jordie!«

Einen Moment lang stand er da wie paralysiert, Mund und Augen weit aufgerissen. Christina verkniff sich ein Lachen: Bei einem solchen Schock konnte das hübscheste Gesicht nicht helfen. Langsam setzte Jordie sich in Bewegung, wie ein Schlafwandler schlurfte er um die eckige Fiat-Schnauze herum, blieb kurz zwischen Christina und der offenen Fahrertür stehen. »Aber ich kann doch nicht …«, protestierte er halbherzig, während er einstieg.

»Sehr brav!«, sagte Christina lächelnd, dann warf sie die Tür zu und ging selbst auf die andere Seite hinüber.

Jordie erwies sich als eifriger Schüler: Kaum aus der Schockstarre erwacht, saugte er jedes von Christinas Worten auf wie ein trockener Schwamm, er nickte heftig und wiederholte murmelnd das Wichtigste. Sie gab ihm einen Crashkurs über die Anatomie des Wagens: Gaspedal, Bremse, Schaltung, außerdem klärte sie ihn über die wichtigsten Verkehrsregeln auf, die mangels Straßenschildern oder anderer Verkehrsteilnehmer hier ohnehin nicht zur Anwendung kommen würden. Dann lehnte sie sich zurück und sagte: »Fahr los!«

Dreimal starb der Motor ab, bevor Jordie ihn endlich zum Laufen brachte. Die Räder rollten langsam los, Jordie trat fester ins Gaspedal, der Motor jaulte. »Gangwechsel!«, befahl Christina. Wieder ruckelte der Wagen, aber diesmal starb der Motor nicht ab, Jordie beschleunigte noch ein wenig mehr: »Nur keine Eile!«, rief Christina, während sie sich im Polster des Sitzes festkrallte.

So fuhren sie dahin, durch den Fensterschlitz blies der Fahrtwind nun in Jordies Haar, es schimmerte rötlich in der Sonne. Er war vergnügt, aber konzentriert. Seine Hände umklammerten das Lenkrad, sein Blick war immer auf die Straße gerichtet, seine Zungenspitze wanderte langsam auf seiner Oberlippe hin und her. Kein Ruckeln mehr, kein Krachen, sogar die Gangwechsel funktionierten nun reibungslos. Nicht einmal die hügelige Gegend bereitete ihm Schwierigkeiten, er hatte sie schnell im Gespür. Vielleicht war das ganz normal, wenn man hier geboren und aufgewachsen war, vielleicht trank man hier die Hügel mit der Muttermilch. Christina entspannte sich ein wenig, sie sah ihn von der Seite an. Er könnte in einem Shampoo-Werbespot mitspielen, dachte sie, so perfekt fielen seine Locken, nur das mit der Zunge müsste er sich dann abgewöhnen. Ihr Blick wanderte zu seinen Händen am Lenkrad. Einer seiner Hemdsärmel war ein wenig nach oben gerutscht und legte so den Blick auf Jordies Unterarm frei. Christina erschrak: Sein Arm war völlig zerkratzt. Die Haut bestand nur noch aus Narbengewebe, altes und frischeres, Vernarbtes wieder aufgekratzt, Wunden auf Wunden. Unmöglich, dass diese Narbenlandschaft ausschließlich von den Krallen einer Katze stammte.

»Was ist mit deinem Arm passiert?«, fragte Christina.

Jordie zuckte zusammen, kurz schlenkerte der Wagen auf die unbefahrene Gegenfahrbahn, aber sofort hatte er ihn wieder unter seine Kontrolle gebracht.

»Paola«, sagte er, »wenn sie schlecht gelaunt ist, ist sie ziemlich garstig.«

»Das glaube ich dir nicht.«

»Dann glaub's mir eben nicht«, antwortete Jordie trotzig. Er zupfte sich den Ärmel wieder zurecht.

»Darf ich deinen anderen Arm sehen?«

»Nein.«

Er starrte wieder auf die Straße, aber sein Blick hatte sich verdüstert, seine Augen ähnelten nun denen von Elena, dunkel und undurchdringlich.

»Hast du das selbst getan?«, fragte Christina.

Er antwortete nicht. Christina schwieg und blickte aus dem Fenster. In der Ferne glitzerte etwas, ein Bächlein vielleicht.

»Halt an!«, sagte sie.

»Warum?«, fragte Jordie.

»Ich möchte ein Foto machen.«

Das Bremsen hatte er noch nicht im Gespür, mit voller Wucht fielen sie beide in die Sicherheitsgurte.

»Das üben wir noch«, sagte Christina, er lächelte nicht. Dann stieg sie aus, Jordie folgte. Sein Gesicht war wieder blass, er blickte auf den Boden. Ob Christina die Erste war, die seinen Arm so gesehen hatte? Einen Augenblick lang hatte sie das Bedürfnis, ihn zu umarmen, seine Haut auf der ihren zu spüren, irgendetwas zu sagen, Trostspenderin zu sein, aber sie unterließ es. Sie kannte ihn ja kaum. Da gab es sicher andere, auch andere Frauen, die dazu besser geeignet waren. Vielleicht hatte er sogar recht mit der Katze, versuchte Christina sich einzureden, Paola war immerhin ein außergewöhnliches Tier. Wo lernte eigentlich ein Kind, das von einem Privatlehrer unterrichtet wird, seine Freunde kennen?

Christinas Versuch, das Glitzern von der Straße aus zu fotografieren, scheiterte: Auf dem Bild war nichts davon zu erkennen.

»Ich muss näher ran«, sagte sie. Jordie sperrte den Wagen ab, dann gingen sie nebeneinander durch das hoch gewachsene Gras. Der Heugeruch klärte Christinas Gedanken, und auch Jordie sah wieder entspannter aus, sein Blick öffnete sich, seine Wangen nahmen wieder Farbe an. Das mysteriöse Glitzern verwandelte sich vor ihren Augen zu einem Bach. Christina fasste Jordie an der Hand und begann zu laufen.

Der Boden war uneben. Jordie hatte den Vorteil der längeren Beine, dafür aber waren Christinas Muskeln vom Fußballspielen noch aufgewärmt, außerdem arbeitete das Überraschungselement für sie. So war es ein geradezu ausgeglichener Wettlauf, bei dem einmal der eine, einmal die andere die Führung übernahm. Sie ließen einander nicht los: Wer zurückfiel, wurde vom Vorderen mitgezogen, über Maulwurfhügel und Wurzeln hinweg, und so waren einige Stürze beider Konkurrenten unvermeidlich. Jordie vergaß, dass er eigentlich nicht wild und laut war, er vergaß auf seine schöne Hose und sein weißes Hemd, lachend rollte er durchs tiefe Gras, versuchte Christina ebenfalls zu Fall zu bringen, es gelang, er raffte sich auf und ging in Führung, während sie nun hinterherstolpern musste, bis zum nächsten Sturz, dann begann alles wieder von vorne. Christina fühlte sich befreit wie bei den Kindern, ihr war egal, dass sie lächerlich aussah, ihr Make-up zerrann, ihre Haare zerzaust waren und dass Jordie sie so sah. Nicht einmal auf ihre Kamera gab sie mehr acht, und dass diese den wilden Wettlauf ohne Kratzer überlebte, war mehr dem Glück als Christinas Geschick zu verdanken.

Am Ufer angekommen ließen sie sich auf die Knie fallen und brauchten einige Minuten, um wieder zu Atem zu kommen. Das Wort »Bächlein« war schon eine Übertreibung für dieses Rinnsal, das sich da seinen Weg durch die Landschaft bahnte. Die glattgespülten Steine links und rechts davon verrieten jedoch, dass es in Regenzeiten, wenn schon nicht zu einem Fluss, so doch immerhin zu einem ausgewachsenen Bach anzuschwellen vermochte. Christina erinnerte sich an den Grund, warum sie gekommen war, und holte den Fotoapparat aus der Tasche. Aber das Motiv hielt in der Nähe nicht, was es aus der Ferne versprochen hatte: Das Wasser glitzerte nicht mehr und das halbvertrocknete Bachbett sah auf dem Foto traurig aus. Durch die Linse der Kamera schaute sie sich um.

Jordie lag jetzt auf dem Rücken, Beine und Arme weit von sich gestreckt, durch seinen geöffneten Mund atmete er schwer. Christina drückte ab: ein nicht sehr vorteilhaftes Foto, sie musste lachen.

»Was ist?«, fragte Jordie und rappelte sich auf.

»Nichts.«

»Du hast mich fotografiert!«

»Stimmt.«

»Das ist gemein!«

»Warum ist das gemein?«

»Weil ... ich dich nicht zurückfotografieren kann! Ich bin also völlig wehrlos!«

»Hier, bitte!« Christina hielt ihm ihre Kamera unter die Nase.

»Was?«

»Fotografier mich, wenn du willst! Du hast Revanche gefordert, ich biete sie dir!«

Jordie griff so vorsichtig nach dem Fotoapparat wie vorhin nach Mariettas Autoschlüssel. Diesmal musste Christina ihn aber nicht einweisen, kaum hatte er den Apparat zwischen die Finger gekriegt, drückte er ab.

»Hey! Ich war noch nicht bereit!«, rief Christina.

»Das war mein Ziel«, antwortete Jordie.

»Lass mal sehen!« Christina hielt sich ohnehin für wenig fotogen, das aber war mit Abstand das hässlichste Foto, das jemals von ihr geschossen worden war.

»Lösch das!«, rief sie.

»Träum weiter!«, antwortete Jordie und lachte.

»Dann mach wenigstens ein besseres von mir!« Abends würde sie jene Aufnahmen, auf denen sie sich selbst nicht gefiel, ohnehin wieder löschen, und vermutlich würden das wieder einmal alle sein. Auf ihrem Facebookprofilfoto war Christina von hinten zu sehen.

»Na gut«, meinte Jordie und drückte noch einmal ab.

»Ich war wieder nicht bereit!«

»Du bist nie bereit!«

»Doch ... warte ...«, Christina ordnete ihre Haare ein wenig mit den Fingern, »... jetzt!«

Jordie drückte wieder ab.

»Lass mal sehen ... Das ist ja noch viel schlimmer!«

»Was soll ich machen? So siehst du nun einmal aus.«

»Das heißt Rache! Gib sie mir zurück!«

»Dann hol sie dir!«

Und mit einer Flinkheit, die sie ihm nach dem vorangegangenen Hindernislauf gar nicht mehr zugetraut hätte, lief er davon, das Rinnsal entlang entgegen der Fließrichtung. Diesmal waren alle Vorteile auf seiner Seite: Nun war er ebenfalls aufgewärmt, auch den Überraschungsvorsprung konnte er diesmal für sich verbuchen, und seine Beine waren sowieso immer noch die längeren. Dass Christina ihn trotzdem einholte, lag ausschließlich daran, dass er es zuließ. Widerstandslos ließ er sich entwaffnen, nun hielt Christina ihren Fotoapparat wieder fest in den Händen.

»So! Das war's«, schnaufte Christina, »jetzt fotografiere ich dich zu Tode!«

»Dazu musst du mich aber erst erwischen!«, rief Jordie, und schon war er wieder losgerannt. Christina machte ein paar Fotos: ein unscharfer, schwarz-weiß-kupferbrauner Fleck in der Landschaft, dann lief auch sie los. Zwischendurch ließ Jordie Christina aufholen, dann folgte ein spaßhafter Zweikampf, bei dem das Schießen von Fotos die Kampfhandlung repräsentierte, dann lief er wieder davon. Das Rinnsal wurde breiter, je näher sie an dessen Quelle kamen, auch tiefer, bald war der gelbe Boden kaum noch zu sehen unter dem grünblauen Wasser. Wo ging es nur verloren auf seinem Weg: Verdunstete es oder versickerte es in der Erde, gab es unterirdische Tunnel, durch die es entkam? Ringsherum wuchsen immer mehr Bäume, zu wenige, um es einen Wald zu nennen.

»Ich kann nicht mehr«, keuchte Christina irgendwann und blieb stehen.

»Gott ... sei ... Dank«, schnaufte Jordie, »ich dachte schon, das hört nie mehr auf.« Er kam zu ihr zurück, ein wenig wankend, als würden seine Knie jeden Moment nachgeben.

»Warum bist du dann nicht einfach stehen geblieben?«, fragte Christina.

»Weil ich nicht verlieren wollte!«, antwortete er und grinste. Und da war es plötzlich, das Motiv, das Christina schon im Glitzern des Rinnsals gesehen zu haben glaubte, wo es doch nicht gewesen war. Hier war der Moment, den sie festhalten musste: Die Strahlen der Nachmittagssonne fielen durch die Baumkronen und malten Muster auf Jordies Gesicht, das so verschwitzt, so müde, so glücklich aussah, und zu seinen Füßen floss das Wasser. An dieser Stelle musste es ihm schon ungefähr bis zum Knie reichen.

»Stell dich hinein!«, sagte Christina.

»In den Fluss?«, fragte Jordie.

»Das ist doch nur ein Bach.«

»Aber dann wird meine Hose doch nass.«

»Dann zieh sie eben aus!« Jordie sah drein, als hätte sie ihm eben einen Mord gestanden.

»Nur ein Witz«, sagte sie schnell, »aber deine Hosenbeine sind ohnehin im Eimer.«

Jordie blickte an sich herab: Von seinen Schuhen bis über

die Knie hinauf zogen sich helle Schmutzspuren, an den Knien selbst prangten große, grüne Grasflecken. Auch sein Hemd war dreckig geworden, die Hemdsärmel aber bedeckten seine Arme ordentlich bis zum Handgelenk, als hätte er während der ganzen Blödelei immer penibel genau darauf geachtet.

»Meine Mutter wird mich umbringen«, seufzte Jordie, während er aus seinen dreckigen Schuhen und den Socken schlüpfte.

»Sie wäscht doch ohnehin nicht selbst«, antwortete Christina.

»Trotzdem ...«

»Beeil dich jetzt, sonst steht die Sonne zu tief, dann kommt dein schönes Gesicht nicht mehr so gut zur Geltung!«

»Was hast du gesagt?«

»Dass dein Gesicht dann nicht mehr zur Geltung kommt.«

»Nein, du hast ›schönes Gesicht‹ gesagt«, stellte Jordie fest und grinste wieder. Dann stieg er ins Wasser. Nichts an ihm erinnerte mehr an eine Porzellanpuppe, an den Jungen, der nicht Fußball spielte, einer Katze hinterherlief, Narben versteckte. Er war ein normaler neunzehn-, vielleicht zwanzigjähriger Bursche, ein bisschen überdreht, ein bisschen frech, ein bisschen verliebt vielleicht, nicht sehr viel anders als alle anderen Jungs in diesem Alter, nicht sehr viel anders, als auch David es gewesen war, als sie ihn kennenlernte. Sie rief Jordie zu: »Bleib so!« Dann stieg sie selbst in den Bach.

Sie hatte ihre Schuhe nicht ausgezogen, das Wasser durchdrang ihre Sneakers und durchnässte ihre Socken, aber sie spürte die Kälte kaum. Sie blickte durch die Kameralinse und fragte sich, wie sie Jordies Augen jemals als unangenehm empfinden hatte können.

»Christina ...«

»Warte noch!«

Sie wollte nicht, dass der Moment endete, sie wollte das perfekte Bild nicht nur mit ihrer Kamera festhalten, sondern auch in der Wirklichkeit. Jordie und sie – so weit weg von der Villa Esposito, von den Hausangestellten, von Elena und Marietta, von den Porzellanpuppen und der Göttlichen Komödie, ganz wie sie sich es gewünscht hatte, so weit weg von allem.

»Christina!« Jordies Grinsen wich einem sorgenvollen Stirnrunzeln, seine Hände krampften sich nervös zusammen. Das Bild war verdorben.

»Christina, da ist etwas! Da ist irgendetwas Seltsames an meinen Beinen!«, und in dem Moment, in dem er ausgesprochen hatte, tauchte es auf, das Seltsame, und Christina sah blondes Haar und bläuliche Haut.

11. DER LETZTE ESPOSITO

Niemand hatte sich jemals die Mühe gemacht, die Geschichte von Malvita niederzuschreiben. Was man über Malvita in Erfahrung hätte bringen können, hätte erst aus verschiedenen Archiven und Bibliotheken zusammengetragen werden müssen, und das, hier waren sich die Wissenschaftler einig, war die Mühe nicht wert. Was es allerdings gab, waren Gerüchte, und ihnen konnte man nicht entkommen: Viele wussten etwas über die Geschichte Malvitas oder glaubten, etwas zu wissen, und wäre ein Historiker je auf die Idee gekommen, etwa das gesamte Personal der Villa Esposito zu verhören, hätte er sich nach einiger Zeit eine lückenlose, wenn auch nicht immer nachweisbare und oftmals völlig unglaubwürdige Geschichte des Dorfes zusammensetzen können.

Fest steht, dass dort, wo sich heute Weinberge, Stadtreste und die Fabrikruine befinden, bereits die Etrusker siedelten. Als man im 19. Jahrhundert Erde aushob, um Baumaterial für die neue Fabrik zu gewinnen, fand man einige Scherben und Grabinschriften, die unverwechselbar auf diese vorrömische Kultur verwiesen, und noch in den 1940er Jahren wollte ein deutscher Forscher in den Gesichtern der Malvitianer etruskisches Erbe erkannt haben, indem er ihre Züge mit den Zeichnungen auf antiken Urnen verglich. Die Glaubhaftigkeit dieses Befundes bleibt freilich zweifelhaft, außerdem ließen sich die Römer schon früh in dieser Gegend nieder und brachten unter anderem auch ihr Erbgut unter das etruskische Volk. Aus dieser Zeit, so sagt man zumindest, stammt neben dem Aquädukt auch der allererste Vorgänger der Villa Esposito: Auf ihrem Hügel soll damals das Landhaus eines prominenten Provinzpolitikers gestanden haben, und während sich in den Gärten die Sklaven zu Tode arbeiteten, wandelten in den Innenhöfen heute längst vergessene Dichter und Denker.

Von diesem Landsitz, wenn er denn wirklich existiert hatte, war nach der Völkerwanderung jedoch nichts mehr übriggeblieben. Die Völker wanderten also – Langobarden, Goten, noch mehr längst Vergessene – sie hinterließen Zerstörung, Neugründungen und wiederum Erbgut, bis der Frankenkönig Karl die Geschichte der Toskana und ganz Europas besiegelte.

Malvita erlebte diese Zeiten als namenlose Siedlung – oder vielleicht mit viel zu vielen Namen: Die Römer, die Goten, die Franken – sie alle hatten ihre eigene Bezeichnung für die paar Bauern, die sich heute unweit, damals mindestens drei Tagesreisen weit weg von Florenz angesiedelt hatten. Diese Bauern gaben sich weitgehend ignorant den wechselnden Machtverhältnissen gegenüber. Eine Ziege war eine Ziege und machte ihre Bedürfnisse geltend, unabhängig von König und Papst: Sie wollte regelmäßig gefüttert, gemolken und geschoren werden, und die Hühner legten ihre Eier, und das Obst reifte auf seinen Bäumen. Die Welt der Bauern drehte sich langsam, und die Weltpolitik schwappte nur hin und wieder von den Städten her zu ihnen herüber, wenn die abzugebenden Steuern zu hoch waren oder die Siedlungen von Raubzügen heimgesucht wurden. Diese Beschaulichkeit ist natürlich das größte Gerücht von allen. Aber nichts anderes war es, was der erste Esposito hier suchte.

Über seine Herkunft ist wenig bekannt, denn er hieß nicht

da Vinci oder Aligheri, er hieß nun einmal Esposito, »der Ausgesetzte«. Das weist auf eine neapolitanische Herkunft hin, sagen manche, andere aber glauben, er sei vor den Parteienkämpfen aus Florenz geflohen oder gar verbannt worden. Sicher ist nur, dass er in dem Bauerndorf ein besseres Leben suchte und, vermutlich, auch fand. So soll er es gewesen sein, der dem Dorf seinen Namen gab, indem er durch die Felder gewandelt war und »Che bella vita!« gerufen hatte – »Was für ein gutes Leben!« Von da an wurde das Dorf als Bellavita bezeichnet, später verkürzt: Bellvita. Der erste Esposito baute sich in seinem neuen, guten Leben ein Landhaus, zeugte Söhne und verstarb. Die Erben vergrößerten das Haus, spätere Nachfahren taten es ihnen gleich, und die Villa Esposito expandierte für immer. Man sagt, dass in ihrem Inneren bereits florentinische Berühmtheiten wie Machiavelli oder Caterina de' Medici genächtigt hätten, aber Beweise gibt es natürlich keine. So ist es etwa wenig glaubhaft, dass Caterina de' Medici ausgerechnet in den damals noch verhältnismäßig bescheidenen Kammern der Villa Esposito ihre blutige Bartholomäusnacht geplant hat. Immerhin war sie in ihrer florentinischen Zeit noch keine französische Königin und der Protestantismus steckte in seinen Kinderschuhen. Die Legende aber ist dennoch nicht totzukriegen: Wer von der Villa spricht, spricht auch von Caterina de' Medici, spricht auch von Blut. Den Espositos schadeten derartige Gerüchte nie, im Gegenteil: Sie machten die Familie über die Grenzen ihrer Gegend hinaus bekannt und berüchtigt.

Während Florenz reich war an Kunst, Architektur und Geld, an Bankenwesen und Handelsbeziehungen, an Bürgertum und Gelehrsamkeit, lebte das Volk in Bellvita, wie es auch in den vorigen Jahrhunderten gelebt hatte: Es fütterte seine Hühner und Ziegen und bestellte seine Felder. Der einzige

Unterschied war, dass statt dem Kaiser in Rom oder dem Herrscher im Frankenreich nun die Familie Esposito über ihm thronte. Ein Abkomme dieser Familie schließlich wollte von der in Florenz florierenden Wirtschaft ebenfalls profitieren. Den Ziegen, die seit jeher friedlich auf den Hügeln grasten, wurde von da an die Haut abgezogen. Die ersten Versuche soll jener Esposito noch selbst unternommen haben, aber schnell kam er zu dem Entschluss, dass die Lederproduktion nicht so sehr seinen Neigungen entsprach wie der Handel. Er ließ von überall her Gerbermeister kommen, die dem Volk von Bellvita ihr Handwerk weitergeben sollten. Und die Bauern fühlten sich plötzlich ermüdet von dem Ewiggleichen, von der Viehzucht und von der Ernte, die relative Stabilität erschien ihnen nun als Tristesse. Die Väter murrten noch, die Söhne lernten bereits fleißig das Gerben. Es dauerte nicht lange, da war ganz Bellvita von einem üblen Geruch überzogen, selbst in der abseitsliegenden Villa war es noch zu riechen, und das war auch ungefähr die Zeit, in der Bellvita erst spaßhaft, dann, geradezu übergangslos, ausschließlich Malvita genannt wurde. »La vita mala«. Bis auf den Gestank allerdings war das Leben in Malvita gar nicht schlecht, vielleicht sogar besser, als es jemals gewesen war: Die Espositos ließen von ihren großen Gewinnen den Marktplatz und die Kirche bauen, und wenn von da an ein Mitglied der Familie verstarb, wurde es als großer Wohltäter unter dem kleinen Petersdom begraben.

Malvita stank vor sich hin und produzierte Leder, während seine Bewohner kurzfristig Österreicher, Franzosen und schließlich Italiener wurden: Im geeinigten Königreich Italien wurde Florenz zur Hauptstadt erklärt und seine Bürger kauften und verkauften mehr Leder als jemals zuvor. Zwar war es mit dem Status als Hauptstadt bald wieder vorbei, das Ledergeschäft aber blühte weiter, und kurz darauf hatte ein junger Esposito die Idee, in seinem Dorf industrielle Revolution zu betreiben. Die Eröffnung der Fabrik etwas außerhalb des Ortszentrums hob die Lebensqualität im Dorf selbst, so konnte man etwa das Wasser aus dem Marktplatzbrunnen erstmals auch trinken, der Geruch aber blieb. Bald kamen Arbeitssuchende aus ganz Italien nach Malvita, die Alteingesessenen konnten sich daher auf angenehmere Arbeiten verlegen, wie etwa die Unterbringung und die Verköstigung der Zugezogenen. Es entstand eine Infrastruktur in Malvita, die mit der Lederfabrik stand und fiel: Gasthäuser und Geschäfte für die Fabrikarbeiter, Volksschulen für deren Kinder, und erstmals seit der Antike siedelten sich auch wieder Künstler in der Umgebung an. Sie hielten Malvita fest in Versen, Radierungen und Aquarellen, die heute in irgendwelchen Archiven vermodern.

Die Espositos gaben sich durch alle Generationen hindurch politisch uninteressiert. Keiner versuchte jemals, außerhalb von Malvita die Macht zu ergreifen (und genau genommen taten sie es auch in Malvita nicht: Ihr Einfluss beschränkte sich auf die Gerberei, die Gerberei aber war alles in Malvita). Kritiker, von denen es in Anbetracht des ungemeinen Reichtums der Familie verhältnismäßig wenige gab, warfen ihr allerdings eine gewisse politische Unverlässlichkeit vor: Die Espositos kooperierten mit jedem, der ihren persönlichen Zielen nützlich war oder noch werden konnte. So ist es wenig verwunderlich, dass auch Benito Mussolini als Gast in der Villa empfangen wurde, und davon hatte es sogar einmal ein Beweisfoto gegeben: Den Erzählungen der alten Malvitianer zufolge zeigte es Tonios Eltern blutjung und mit schwarzen Armbinden, wie sie Mussolini flankieren wie Ochs und Esel das Jesuskind. Allerdings war das Foto seit jenem Tag, an dem Mussolinis

Leiche kopfüber an einer mailändischen Tankstelle baumelte, unauffindbar, und so muss auch diese Geschichte eher im Bereich der Legenden verortet werden.

Im Zweiten Weltkrieg fiel eine Bombe auf die Lederfabrik, welche von oben möglicherweise einer Munitionsfabrik geähnelt hatte, vielleicht war es auch einfach ein Versehen gewesen. Die Espositos hatten in korrupter Voraussicht genug Vermögen in die Schweiz verfrachtet, um die Fabrik nach Kriegsende wiederaufzubauen, die Geschäfte liefen nur langsam an, aber sie liefen, und so konnte Malvita beinahe nahtlos an seine Vergangenheit anknüpfen.

Ihr Sohn Tonio wurde einige Jahre später geboren. Die Trümmer bekam er nicht mehr zu sehen, sondern nur noch das Wirtschaftswunder, »miracolo economico«: Die Häute aus Malvita verkauften sich nicht nur in Italien, sondern wieder in der ganzen Welt, und Tonio war es auch, der die Endverarbeitung in seine Lederfabrik integrierte. Prominente von Ronald Reagan bis zum Papst trugen nun Schuhe der Marke Esposito, und kurzfristig war man der Meinung, dass Tonio der größte Geschäftsmann unter allen Espositos war. Vielleicht lag es auch tatsächlich nur an der Wirtschaftskrise, dieser Naturkatastrophe der Finanzwelt: Bald nach der Jahrtausendwende erlahmten die Geschäfte, und Tonio legte im Krisenjahr 2008 seine traditionsreiche Lederfabrik lahm. Er tat es mit ein wenig Wehmut, aber ohne Einbußen: Von seinen Eltern hatte er das Talent geerbt, Vermögen unversehrt durch noch so schwierige Zeiten zu schleusen. Mehr noch, es vermehrte sich sogar in einem bereits kurz nach der Krise wiedererblühten Feld von Anlagefonds und Aktienpaketen, und heute verfügte er über mehr Kapital, als es jemals ein Esposito in Zeiten der Gerberei getan hatte. Tonio ließ die Hügel wieder mit Weinreben bepflanzen, trieb moderate Landwirtschaft, nicht gewinnbringend, sondern nur zum Zeitvertreib, und stellte zu diesem Zweck einige der ehemaligen Fabrikarbeiter als Saisonarbeiter wieder ein. Die Saison wurde Jahr für Jahr länger und die Arbeiter blieben, wurden nach und nach zum Hauspersonal, und eines Tages hatte Ada die Idee mit den Uniformen. Von nun an verbrachte Tonio die Tage in seinem Arbeitszimmer und blickte aus dem Haus, in dem er nichts mehr zu tun hatte, durch das große Fenster hinaus in eine Landschaft, die er nicht mehr selbst gestaltete.

Zum ersten Mal seit fünfhundert Jahren wurden in Malvita keine Häute mehr abgezogen, und wer keine Stellung in der Villa ergattern konnte, war selbst gezwungen, abzuziehen. Ein Ort ohne Arbeit war ein Ort ohne Zukunft, und die Tage eines Zukunftslosen waren gezählt, egal, wie viel Geld er noch irgendwo versteckt hielt. Das wussten alle. Darum erhielt Tonio, nur hinter vorgehaltener Hand natürlich, von seinen Angestellten den Beinamen »der letzte Esposito«.

Aber es gab noch einen anderen Grund für diese Bezeichnung, den man auch hinter vorgehaltener Hand nicht aussprach, den man nicht einmal in Gedanken formulieren konnte, man fühlte es bloß: dass Jordie Esposito kein großes Leben wie seinen Vorvätern bestimmt war, vielleicht gar kein Leben, die Menschen von Malvita spürten von Anfang an, dass den Jungen ein Hauch von Tod umgab, und schließlich konnte es kein Zufall sein, dass ausgerechnet er im Wasser auf die Leiche von Blanca Lucchesi stieß.

12. CARABINIERI

Die beiden Männer, die im Herzen der Villa an dem massiven Holztisch Platz genommen hatten, sahen aus wie ein Kabarettduo: der eine klein und schmal, der andere groß und breit gebaut, beide trugen sie den gleichen, bürstenartigen Schnauzbart. Dieser war so auffällig lächerlich, dass er von den Uniformen und Abzeichen ablenkte. Man konnte schnell vergessen, dass man es hier mit Polizisten zu tun hatte. Auch sie selbst schienen das vergessen zu haben: Eingeschüchtert saßen sie da, mit hängenden Schultern, ihren Blick auf die eigenen Hände gerichtet, die Kaffeetassen umklammernd. Sicherlich nicht zufällig waren diese von einem Mädchen serviert worden, das seinen Dienstgeberinnen in Sachen Schönheit um nichts nachstand, eine elegante Elfe mit schwarzem Haar und langen, gepflegten Fingern, sodass den beiden Männern der ohnehin verschlagene Atem noch ein paar Minuten länger ausblieb. Ganz offensichtlich ermittelten sie zum ersten Mal in der Villa Esposito.

Christina saß ihnen gegenüber. Sie hätte auch gerne Kaffee gehabt, sie war müde und hungrig, aber sie wagte nicht zu fragen und niemand bot ihr etwas an. Sie befand sich zum ersten Mal in diesem ältesten Teil des Hauses, jenem Zimmer, das einst die gesamte Wohnfläche ausgemacht hatte und sich heute unglaublich beengend anfühlte. Wie der »kleine Salon« vollständig verchromt war, bestand hier alles aus Holz: der

Fußboden, die Wände, der Tisch und die Eckbank, die Sessel, die Kästen. Dass Elena keine Zeit gefunden hatte, sich umzuziehen, und so in dem silbernen Jumpsuit ganz gegen ihre Gewohnheit überhaupt nicht zur Umgebung passte, zeigte den Ernst der Lage. Nach dem Anruf hatte sie das Casting sofort verlassen (sie war noch nicht einmal aufgerufen worden, der Sticker mit der Nummer klebte immer noch auf ihrer Brust, »627«). Jetzt saß sie neben Jordie auf der Sitzbank und hielt ihn fest, drückte sein Gesicht gegen ihr Schlüsselbein, sodass von ihm nur Rücken und Haar zu sehen waren, und Letzteres bedeckte Elena mit ihren Händen, so gut es ging. Als wollte sie ihn sich einverleiben, ihn unsichtbar und unberührbar machen, ihn allen Blicken entziehen. Und Jordie ließ es geschehen, widerstandslos, vielleicht sogar dankbar dafür, nicht mehr der sein zu müssen, den Christina nachmittags am Bach fotografiert hatte. Er schrumpfte in Elenas Armen auf ein Mindestmaß zusammen, wirkte kleiner als der kleine Polizist, verschwand vollständig im schimmernden Stoff von Elenas Kleidung.

Von draußen war Mariettas Stimme zu hören. Manchmal konnte man sie kurz durch den Spalt der halbgeöffneten Tür erspähen, wie sie am Gang auf- und abschritt. Sie war aufgebracht, ihr Tonfall klang vorwurfsvoll, wütend, glitt manchmal ins Hysterische ab, dann schmerzte ihre Stimme in den Ohren. Ziel und Opfer der Tirade waren Angelina und Nino, die gesenkten Hauptes im Flur standen, von Christinas Platz aus gut sichtbar: Der Riesenhusky Nino nur noch ein begossener Pudel, Angelina ein Schulmädchen, die Schuhspitzen ihrer Highheels nervös aneinanderreibend. Es war ein komischer Anblick, aber Christina war nicht zum Lachen zumute. Sie versuchte es den Carabinieri gleichzutun und konzentrierte sich auf ihre Hände. An diesen waren die erdigen Spuren des Fußballspiels und der vielen Wettläufe mit Jordie noch deutlich erkennbar, Relikte einer anderen Zeit, und dabei waren nur wenige Stunden vergangen.

Die Luft war stickig. Es gab keine Fenster nach draußen, denn in der Bauwut der letzten Jahrhunderte hatte man den Raum mehrfach mit anderen Räumen ummantelt, ihm nicht einmal einen Innenhof gelassen. Das Licht kam ausschließlich aus einer kleinen, tiefhängenden Schirmlampe, die einen runden Lichtschein auf die Tischmitte warf und ansonsten wenig erleuchtete. Ein gutes Setting für ein Verhör, dachte Christina, nur die Polizisten passten nicht dazu, jedenfalls nicht in die Rolle der Verhörenden. Sie benahmen sich geradezu, als stünden sie selbst unter Tatverdacht. Zaghaft tranken sie nun aus ihren Tassen, Schluck um Schluck, das schöne Dienstmädchen lächelte ihnen zu. Vor der Tür hatte Marietta ihre Standpauke beendet, mit gebieterischer Geste wies sie Angelina und Nino von sich, die beiden schlurften davon wie Geschlagene, selbst Angelina auf den hohen Hacken schlurfte. Dann betrat Marietta das Zimmer, sie ignorierte Christina und lächelte den Polizisten zu, aber das Lächeln war sauer wie abgestandene Milch.

»Ai vostri ordini!«, sagte Marietta. Sie stützte sich dabei auf eine Stuhllehne und setzte ihr Dekolleté in Szene. Ihr Gesicht hatte sie nicht immer unter Kontrolle, ihr Körper aber enttäuschte nie.

»C'è qualcos'altro che posso fare per voi?«, fragte das Dienstmädchen.

»No!«

Die beiden Polizisten hatten zu allem Überfluss auch noch Fistelstimmen, oder zumindest hatten sie diese bei dem Anblick, der sich ihnen bot. Der Große spielte nervös mit der

Tasse, der Kleinere knetete unter dem Tisch seine Mütze. Das Dienstmädchen legte zwei Finger an die Schläfe, dann verschwand es lasziv langsam durch die Tür auf den Gang hinaus, seine Hüften schwangen, die Carabinieri schluckten. Christina konnte sich nicht daran erinnern, dieses Mädchen hier schon einmal gesehen zu haben. Vielleicht beschäftigten die Espositos es überhaupt nur, um männliche Besucher zu beeindrucken. Aber nun bestand kein Bedarf mehr, Marietta übernahm höchstpersönlich.

Ein Polizist, der größere, räusperte sich nun, sein Schnurrbart bebte. Er setzte zu sprechen an und beließ es dabei, denn in diesem Moment kam Tante Ada hereingeschossen wie eine Revolverkugel: »Um Himmels Willen, was ist passiert?«, schrie sie, ihre großen Einkaufstaschen (seit dem Morgen waren noch einige hinzugekommen) wehten hinter ihr her. Sie quetschte sich zu Jordie und Elena auf die Sitzbank, nun war er vollends eingeklemmt zwischen Mutter und Schwester, bewegungsunfähig wie die Porzellanpuppen in den Glasschränken. Adas fülliger Körper bedeckte seinen Rücken, ihre reichgeschmückten Hände den Rest seines Haars.

»Mein armes Baby«, flüsterte sie, ohne die Antwort auf ihre eigene Frage abzuwarten. Sie wusste sehr gut, was passiert war.

Christina fühlte sich einsam und deplatziert, alleine an dieser Tischkante sitzend, während die Espositos eine andere zu dritt okkupierten, und selbst die Schnauzbärtigen hatten zu zweit kommen dürfen. Sie wusste, dass Marietta irgendwo hinter ihr stand, aber das war keine Unterstützung, im Gegenteil. Jener Redeschwall, der auf Angelina und Nino herabgeprasselt war, hatte in Wahrheit Christina gegolten. Das spürte sie jetzt ganz deutlich, auch wenn sie sich nicht erklären konnte, warum.

Plötzlich fiel Christina Onkel Tonios Abwesenheit auf: Hatte er sich nicht als einziges Familienmitglied im Haus befunden, als Jordie und sie auf die Leiche gestoßen waren? Was trieb er eigentlich den ganzen Tag, seit die Fabrik geschlossen war? Hatte er auch eine Katze?

Der große Polizist versuchte es noch einmal: Er räusperte sich, danach klang seine Stimme schon tiefer, gefasster. Dann stellte er eine Frage, Marietta antwortete. Der Kleinere holte ein Notebook hervor und tippte eifrig. Er schien erleichtert darüber zu sein, seine Finger endlich sinnvoll beschäftigen zu können. Marietta stand immer noch über den Stuhl gebeugt. Christina verstand weder Frage noch Antwort, konnte aber immer wieder ihren eigenen Namen hören, auch »Jordie« sagte Marietta einige Male und »Blanca«.

»Blanca Lucchesi?«, unterbrach der Kleine, Marietta nickte.

Die Leiche im Bach hatte nun einen Namen, und er überraschte Christina nicht.

Jordie und sie hatten den leblosen Frauenkörper, der nun Blanca Lucchesi hieß, vorsichtig aus dem Wasser gezogen und auf den Rücken gelegt. Das Gesicht der Toten war zur Unkenntlichkeit entstellt gewesen, und mit Sicherheit hatte nicht nur der Bach darauf eingewirkt: Wo einst Augen gewesen waren, prangten zwei Löcher, die Nase war nur noch zu erahnen, die Haut fast vollständig abgelöst, Blut und Fleisch und Knochen. Ohne den Haaransatz darüber und den Hals darunter hätte man es kaum noch als Gesicht identifizieren können. Was jedoch noch deutlich sichtbar war an ihrer Schläfe, dort, wo die Diener der Espositos ihre Finger zum Gruß ansetzten: ein Einschussloch.

Christina hatte auf die Leiche hinuntergeblickt und sich wie in einem Horrorfilm gefühlt: Die Tote war kein Mensch, sondern ein Requisit, jemand hatte es gebastelt, um Schrecken zu erzeugen, ein harmloser Scherz. Seltsam unaufgeregt hatte Christina dann die Polizei verständigt, seelenruhig dem nicht besonders fremdsprachenaffinen Mann am anderen Ende der Leitung dreimal auf Englisch die Sachlage erklärt. Danach hatte Jordie sich ihr Handy ausgeborgt (hatte er sein eigenes vergessen oder besaß er gar keines?) und Tante Ada angerufen. Sie war es vermutlich gewesen, die dann Marietta aus der Arbeit und Elena von dem Casting herbeordert hatte, obwohl zu diesem Zeitpunkt eigentlich noch niemand wissen konnte, dass es sich bei der Toten tatsächlich um die treulose Blanca Lucchesi handelte.

Christina hatte ein paar Fotos gemacht, sie wollte Beweise sichern. Durch die Kameralinse sah der tote Körper noch unwirklicher aus, wie aus Plastik modelliert, sie steckte den Fotoapparat zurück in die Tasche. Jordie griff nach ihrer Hand, einen Moment lang glaubte Christina, er wollte sie festhalten, aber eigentlich legte er nur Mariettas Autoschlüssel hinein. Kein Wort mehr wurde gesprochen, bis in der Ferne Sirenengeheul ertönte und Jordie erleichtert ausrief: »Carabinieri!«

Erst am Rücksitz des Polizeiwagens war Christina das Ausmaß ihres Fundes bewusst geworden, und Jordie musste es ähnlich ergangen sein: Kaum waren sie im Schatten der Villa ausgestiegen, übergab er sich in ein Mohnblumenfeld.

»Ha chiamato la polizia?«, fragte der große Polizist und zeigte wenig galant mit dem Finger auf Christina.

»Sì«, antwortete Marietta. Die anderen hatten bisher kein Wort zu den Schnauzbärtigen gesprochen: Blanca war Mariettas Freundin gewesen, also schien auch das Verhör über deren Ermordung allein in Mariettas Aufgabenbereich zu fallen. Ermordung, zum ersten Mal kam Christina dieses Wort in den Sinn. Natürlich war es ein Mord gewesen: Das Einschussloch hätte noch für einen Suizid sprechen können, die Pistole vielleicht vom Bach weggespült, irgendwo gestrandet. Aber Blancas Gesicht erzählte eine andere Geschichte. Plötzlich dachte Christina wieder an Jordies verwundete Arme: Ganz andere Wunden als die von Blanca, aber doch Wunden. Wie weit konnte jemand gehen, der sich selbst Schmerz zufügen wollte?

»Er will mit dir reden!«, sagte Marietta plötzlich auf Deutsch und blickte Christina an. Es stimmt schon, was Anderssprachige sagen: Deutsch ist eine harte Sprache, hinter jedem Wort ein Rufzeichen, Christina knackte mit den Fingern und fragte: »Aber ... wie?«

»Na, wie schon? Ich übersetze natürlich, was hast du denn geglaubt?« Ihre Stimme überschlug sich, ein leises, aber gestrenges »Marietta!« aus Tante Adas Mund maßregelte sie. Ein Zucken ging durch Mariettas Körper wie eine Welle, dann war der Ärger hinuntergeschluckt. Sie lächelte kühl. Elena blickte Christina so misstrauisch an, wie Angelina es beim Abendessen getan hatte. Der große Polizist sprach, der Kleine tippte.

»Wie bist du zum Fundort der Leiche gekommen? Was hast du dort gemacht?«, übersetzte Marietta. Sie lehnte nun nicht mehr hinter Christina, sondern hatte ihren Stuhl neben die Sitzbank zu Ada, Elena und Jordie geschoben, saß nun auf deren Seite. Vier gegen zwei gegen eins.

Christina überlegte kurz, bevor sie sprach. »Ich habe mir das Auto ausgeborgt«, sagte sie, »du hast es mir ja erlaubt, und ich dachte ...« Sie verstummte. Was hatte sie sich eigentlich dabei gedacht? Sie hatte gedacht, dass sie verrotten würde in ihrem Dachzimmer, in diesem riesigen Haus, dass sie rausmusste und dass es Jordie genauso ging.

»… vielleicht finde ich ein paar hübsche Fotomotive in der Umgebung.«

»Und Jordie? Wozu hast du ihn dabei gebraucht?« Das war nun keine Übersetzung, sondern Mariettas privates Verhör. Die Polizisten blickten verwirrt drein, sagten aber nichts. Jordie löste sich einen Moment lang aus der Umklammerung, schaute zu Christina hinüber, sie konnte den Blick nicht deuten: ängstlich, hilfesuchend, vielleicht sogar ein wenig vorwurfsvoll, dann verschwand er wieder in den Armen seiner Schwester.

»Ich … arbeite meistens mit einem Assistenten«, log Christina, sie hatte noch nie mit einem Assistenten gearbeitet, »und Jordie hatte gerade nichts Besseres zu tun … da habe ich ihn entführt.«

»Entführt?«, rief Marietta, und Elena übersetzte den Polizisten: »Rapimento«. Der Kleine schlug nun noch fester in die Tasten. »Rapimento« musste »Entführung« heißen, klang aber wie das englische »to rape«, klang nach »Vergewaltigung«.

»Ich meine, ich habe ihn gefragt, ob er kurz Zeit hätte, um mir beim Fotografieren zu assistieren. Er wusste natürlich nicht, dass wir uns so weit von der Villa entfernen würden, sonst hätte er niemals zugestimmt!«

Christina erinnerte sich an die Vespa und wie Jordie plötzlich im Auto verschwunden war. Niemand hatte ihn sehen sollen, und sie hatte immer noch das unbestimmte Gefühl, ihn decken zu müssen. Sie hoffte auf irgendeine Reaktion von Jordie, aber er regte sich nicht, blieb verschwunden. Marietta übersetzte. In Wahrheit aber konnte sie sagen, was sie wollte, denn die einzigen im Raum, die beide Sprachen verstanden und sie somit zurechtweisen hätten können, waren ihre eigene Mutter und ihre Geschwister. Christina und die Polizisten waren den Espositos gleichermaßen ausgeliefert.

Es folgten ein paar Fragen, die Christina bereits erwartet hatte, etwa, wie genau sie auf die Leiche gestoßen waren. Christina verschwieg, dass Jordie und sie gemeinsam im Bach gestanden hatten. Wieder wusste sie nicht, warum sie das eigentlich tat, was war schon dabei, sich an einem warmen Tag im Wasser abzukühlen?

»Sie ist plötzlich aufgetaucht, durch die Strömung vielleicht, da hat Jordie sie entdeckt.« Wieder keine Reaktion von Jordie, weder Zustimmung noch Tadel, nicht einmal ein Zeichen der Irritation.

Zum Schluss nahmen die Polizisten noch ihre Personalien auf, Christina buchstabierte ihren deutschen Nachnamen einige Male. Dann wurde ihr zu verstehen gegeben, dass sie hier nicht mehr benötigt wurde, Marietta rief nach Nino. Nino erschien in Sekundenschnelle und salutierte aufrecht, als wäre die Schelte vorhin eine Fata Morgana gewesen, er sah so groß und beeindruckend aus, dass die Polizisten unwillkürlich ihre Köpfe einzogen. Christina bedachte er mit keinem Wort, aber sie wusste auch so, dass sie mitkommen musste. Während im Villenherz das Verhör fortgesetzt wurde, ließen Nino und sie die Carabinieri samt den Espositos hinter sich, die italienische Sprache klang wie Fahrstuhlmusik in Christinas Ohren, bald war sie nicht mehr zu hören, Stille bis auf Ninos schwere Schritte.

Wortlos setzte er Christina in ihrem Zimmer ab, ohne Gruß ging er. Auf dem Bett saß Paola und grinste sie an, aber Katzen können gar nicht grinsen, und Christina begann zu weinen.

13. DIE FABRIK

Sein »Guten Morgen« klang wie »Tagwache!« und Christina brauchte einige Sekunden, um sich zu orientieren: Das war ein Zimmer, ein Zimmer im Haus der Villa Esposito, ihr charmeloses Dachbodenzimmer, das war ein Bett und darauf war sie eingeschlafen, vollständig bekleidet, nicht einmal die Sneakers hatte sie ausgezogen. Da war Dreck an ihren Schuhen, an ihrem T-Shirt, an ihren Händen, und die blauen Augen, die sie von oben her anstarrten, gehörten zu Nino, ihrem … Ja, was war Nino eigentlich? Ihr Diener? Ihr Aufpasser? Kommandant? Kein Freund, nein, das sicherlich nicht. Sie setzte sich vorsichtig auf und erinnerte sich nach und nach an alles. Diese Hände hatten eine Tote berührt. Seitdem hatte sie noch nicht einmal geduscht.

Nino räusperte sich und blickte Christina an, als müsste sie schon selbst verstehen, was er damit meinte. Da sie nicht reagierte, sagte er: »Jetzt komm doch endlich! Elena wartet!« Er wurde ungeduldig und zog grob die Bettdecke von ihren Beinen. Bedrohlich sah er aus, ohnehin und in seinem Zorn umso mehr, aber Christina fürchtete ihn nicht. Sie blickte auf und direkt in Ninos Gesicht. Seine Augen waren Schlitze, an seiner Schläfe, dort, wo Blanca von einer Kugel getroffen worden war, pulsierte eine dunkelblaue Ader. Und doch, dachte Christina, war da nicht nur Wut in ihm, wie er sie glauben machen wollte, da war noch etwas anderes, sie erkannte es an seinem leicht geöffneten Mund, an den trockenen Lippen, die er immer wieder mit der Zunge befeuchtete. War das Nervosität, Angst vielleicht?

»Hast du sie gekannt?«, fragte Christina. Ihre Stimme klang rau, als hätte sie am Vorabend zu viel getrunken.

»Wen?«

»Blanca.«

Nino schien diese Frage zu überraschen. Er betrachtete die Decke in seinen Händen und zeichnete mit dem Finger das Blumenmuster der Bettwäsche nach, dann antwortete er: »Nicht wirklich.«

»Was heißt das?«, fragte Christina.

»Sie war wohl als kleines Mädchen manchmal hier auf Besuch, aber da habe ich ja noch nicht im Haus gearbeitet. Ich kenne sie eigentlich erst seit einigen Wochen, genauer gesagt, seit Marietta ihre Verlobung mit Marcello bekanntgegeben hat. Von da an ist Blanca wieder öfter hierhergekommen. Sie war, soweit ich weiß, die Trauzeugin ...«

»Und die Fotografin«, ergänzte Christina.

Nino spielte immer noch mit der Decke in der Hand, knüllte sie schließlich zu einem festen Ball zusammen.

»Auf jeden Fall«, sagte er währenddessen, »ist es sehr schade um Blanca. Sie war ein nettes Mädchen. Aber sie war auch ... irgendwie anders.«

»Anders als ... ich?«

»Nein«, beinahe entfuhr Nino ein Lachen, »anders als Marietta. Sie war ... na ja ... ein nettes Mädchen.«

Plötzlich schien er sich wieder an seinen Auftrag zu erinnern. Er schüttelte den Kopf, als wollte er damit seinen eigenen Gedanken eine Absage erteilen, dann rief er: »Jetzt komm doch endlich! Elena wartet!«

Christina gehorchte und Nino breitete mit dem geübten Handgriff eines Zimmermädchens die Decke über das Bett. Und dieser Mann hat einmal in der Marketingabteilung einer großen Firma gearbeitet, dachte Christina. Natürlich, sie wusste nicht, wie es in einer Marketingabteilung zuging. Vielleicht war es dort auch nicht besser gewesen, vielleicht war es für Nino tatsächlich nicht von Bedeutung, ob er im Haus oder in der Fabrik arbeitete, so lange das Geld stimmte. Und Amerika war bestimmt auch nicht mehr so aufregend, wenn man schon einmal dort gewesen war.

Nino hatte die Zimmertür bereits einen Spalt weit geöffnet, als Christina plötzlich sagte: »Ich muss mich noch umziehen!« Er drehte sich zu ihr um, ohne die Türschnalle loszulassen, und musterte sie einen Moment lang. Ihr Anblick schien ihn zu überzeugen. »Mach schnell!«, murrte er.

Christina holte rasch frische Unterwäsche und ein T-Shirt aus dem Schrank und verschwand hinter der Trennwand. Ein Blick in den Spiegel zeigte ihr, dass die dreckige Kleidung nicht ihr größtes Problem darstellte: Ihre Augen waren von riesigen schwarzen Flecken umrahmt, sie sah aus wie ein Pandabär. Hatte sie schon so ausgesehen, als die Carabinieri sie verhört hatten? Oder mit Jordie am Bach? Sie beugte sich über das Waschbecken und wusch ihr Gesicht, ein gräuliches Rinnsal floss gemächlich den Abfluss hinunter. Christinas Haut war fahl und ein wenig pickelig, wie immer, wenn sie, ohne sich abzuschminken, ins Bett gegangen war. Sie dachte daran, wenigstens ein wenig Puder aufzulegen.

»Beeilung, Beeilung!«, zischte Nino, eigentlich »hurry on, hurry on« mit seinem italienisch gerollten »r«, was lustig klang und gar nicht so gebieterisch, wie er wohl gerne wirken wollte. Christina entschied sich trotzdem gegen Make-up, und das zum ersten Mal seit ihrem vierzehnten Geburtstag. Sie wechselte die Unterwäsche und schlüpfte in das frische T-Shirt, ihr Haar fasste sie so gut es ging in einen Pferdeschwanz zusammen. Als kleines Mädchen war Blanca hier gewesen, hatte Nino erzählt, und dann erst wieder in den Wochen vor Mariettas Hochzeit. Plötzlich kam Christina der Gedanke, dass Blanca da in diesem Zimmer und in diesem Bett geschlafen, auf dieser Toilette gesessen und in diesen Spiegel geblickt haben könnte. Christina versuchte, sich Blancas Gesicht vorzustellen, aber sie konnte es nicht, immer sah sie nur den entstellten Leichenkopf vor sich. Ob die Hochzeit nun stattfinden würde wie geplant? Vermutlich schon. Marietta hatte gestern nicht unbedingt traurig gewirkt.

»Hurry on, Christina«, rief Nino nun immer ungeduldiger, »wegen dir habe ich schon genug Ärger gehabt!«

Christina konnte direkt hören, wie er sich auf die Lippen biss.

Er hatte sich verplappert, jetzt hatte sie alle Zeit der Welt. Sie trank noch einen Schluck Wasser, dann kam sie langsam hinter der Trennwand hervor.

»Warum Ärger?«, fragte sie. Nino seufzte. Einen Moment lang zögerte er, wohl in der Hoffnung, Christina könnte ihre eigene Frage wieder vergessen, aber da stand sie mit verschränkten Armen und blickte ihn herausfordernd an. Schließlich schloss er die Zimmertür wieder.

»Weil ... du weißt schon ... Das Auto, die Leiche ...«, murmelte er.

»Und was hast du damit zu tun?«

»Ich? Na ja ... Immerhin haben sie mir ja irgendwie die Verantwortung für dich übertragen ...«

»Aha«, sagte Christina, »du bist also mein Babysitter.«

»Blödsinn«, antwortete Nino mit finsterem Blick, »ich stehe voll und ganz zu deinen Diensten. Komm jetzt!«

Aber Christina dachte gar nicht daran, sie verschränkte die Arme nur noch fester vor der Brust.

»Ich hatte Adas und Mariettas ausdrückliche Erlaubnis, mit dem Auto zu fahren«, stellte sie klar.

»Du schon«, antwortete Nino, seine Stimme wurde leiser: »… aber Jordie nicht.«

»Jordie ist erwachsen.«

Nino machte ein Geräusch zwischen Lachen und Schnaufen, es klang spöttisch, aber auch ein wenig überrascht, als wäre Christinas Einwand völlig absurd, originell zwar, aber absolut nicht ernst zu nehmen.

»Was denn?«, protestierte Christina, »Wie alt ist er? Neunzehn, zwanzig?«

»Neunzehn und ein paar Monate. Können wir jetzt bitte gehen?«

»Volljährig also. Dann sollten weder du noch ich Ärger bekommen, sondern er selbst, wenn überhaupt!«

Nino machte wieder dasselbe Geräusch wie vorhin, nur noch etwas lauter.

»Also, was ist los mit Jordie?«, fragte Christina.

»Was soll schon los sein mit ihm?«, antwortete Nino gereizt.

»Ich meine … ich weiß nicht … hat er irgendeine Krankheit oder warum behandeln ihn alle so?«

Plötzlich zuckte Nino zusammen und blickte sich um, als wäre das Zimmer voller Spione. Sie war also nicht die einzige, die in diesem Haus ganz paranoid wurde, dachte Christina. Aber könnte man es überhaupt noch Paranoia nennen, wenn die Ängste berechtigt waren? Wieder schlich sich Blanca in ihre Gedanken, diesmal nur ihr Haar und ihre nackten Schultern, die neben Jordies Beinen auftauchten wie ein Seeungeheuer. Dann sagte Nino leise, fast schon flüsternd: »Daran habe ich auch schon gedacht.«

»Aber du weißt es nicht?«

»Ich weiß es nicht. Die Privatangelegenheiten der Familie haben mich auch nicht zu interessieren.« Und mit lauter, fester Stimme fügte er hinzu: »Komm jetzt!«

Die Gänge schienen heute länger und die vielen Stufen höher als sonst. In ihrem Zimmer hatte Christina sich noch nicht schwach gefühlt, hier draußen aber waren ihre Knie weich und drohten, bei jedem Schritt zusammenzuklappen. Sie musste sich an Wänden, Säulen und Kästen abstützen, um nicht zu stolpern, und Nino schritt unbarmherzig flott wie eh und je voran. Ihr war übel und schwindelig, die Fußböden schaukelten und Christina versuchte, irgendwie Ninos Hinterkopf im Blickfeld zu behalten, während sie immer wieder an Blanca denken musste, an Blanca und Jordie. Die beiden standen vor ihr wie zwei Rätsel, und sie konnte nicht sagen, ob das eine etwas mit dem anderen zu tun hatte. Wer war Blanca gewesen und wer hatte sie getötet? Und was war mit Jordie los, was fehlte ihm? Schließlich blieben ihre Gedanken nur noch bei Jordie hängen, sie sah ihn vor sich, wie er das Lenkrad des Wagens umklammerte, sein Gesicht konzentriert und doch fröhlich, schön, hatte sie gesagt, sein schönes Gesicht. Und seine hässlichen Arme.

Nino blieb abrupt stehen und Christina lief in seinen Rücken wie in einer schlechten Slapstick-Szene. Durch den sanften Aufprall begann sie zumindest wieder langsam, ihr Umfeld wahrzunehmen: Sie mussten die Kästen mit den Porzellanpuppen passiert haben, ohne dass sie es bemerkt hatte, und standen nun vor jener Tür ins Freie, durch die sie gestern entkommen war. Nino holte einen Schlüssel hervor und sperrte auf. Man hatte das Leck im System also ausfindig gemacht.

Die Sonne schmerzte in ihren Augen und auf ihrer Haut, es war viel heißer als gestern. Aber gestern war lange her und auf dem Hang, dort, wo die Kinder Fußball gespielt hatten, zwischen den beiden Toren mitten am Feld, stand übernatürlich glänzend Elenas roter Sportwagen.

»Finalmente!«, hörte man Elenas blecherne Stimme schon von weitem. »Finalmente«, kaum ein anderes Wort fiel in diesem Haus so häufig, alles war immer »finalmente«, alles immer um ein Haar zu spät. Am Auto angekommen begab Nino sich sofort in Grußposition und murmelte etwas, das Elena allerdings nicht zu interessieren schien, sie winkte ab und sagte: »Le chiavi!« Nino drehte sich zu Christina um: »Den Schlüssel!« Sie brauchte einige Sekunden, um zu verstehen. Dann griff sie in ihre Hosentasche, holte Mariettas Autoschlüssel hervor und legte ihn auf Ninos flache Hand.

»Bene«, sagte Elena, und mit ihrem seltsamen Handzeichen zwischen Winken und Scheuchen gestattete sie Nino den Rückzug. Zur Abwechslung trug sie heute keinen Jumpsuit, sondern eine karierte Bluse, die um ihren mageren Oberkörper flatterte, dazu Hotpants, aus denen die Beine hervorbrachen wie Geäst. An ihrer Seite baumelte eine winzige Ledertasche, vermutlich der Marke Esposito, das Haar hatte sie in zwei dünne Zöpfe geflochten. Die meisten Frauen sehen mit Zöpfen niedlich aus, Elena nicht.

»Wir machen heute einen Ausflug«, stellte sie fest.

Christina konnte sich kaum etwas vorstellen, worauf sie im Moment weniger Lust hatte als einen Ausflug mit Elena. Sie hatte aber auch nicht die Kraft, zu widersprechen. Die Wiese bebte, die Weinstöcke drehten sich im Kreis.

»Steig ein!«

Christina sank auf den Beifahrersitz, das Auto war eine Sauna auf Rädern, aber Elena schwitzte nicht, natürlich nicht, Roboter können nicht schwitzen. Sie ließ den Motor aufheulen, Staub stob auf. Dann fuhren sie querfeldein und im Rückspiegel konnte Christina noch erkennen, wie die Kinder von Malvita sich wieder zusammenrotteten, von allen Seiten kamen sie gelaufen, und zwischen ihren Füßchen tänzelte ein Fußball.

»Nimm und iss!«, sagte Elena und ließ mit der freien Hand, die sie nicht pro forma am Lenkrad liegen hatte, eine Papiertüte auf Christinas Schoß plumpsen. Es war genau so eine, wie Christina sie in ihren Alpträumen jedes Mal die Treppe hochschleppen musste, nur der Geruch war ein anderer: Statt nach säuerlichem Schweiß und Betrug roch diese hier nach frischen Backwaren.

»Ein Gruß von meiner Mutter«, fügte Elena schnell hinzu. Nicht, dass noch der Eindruck entstünde, sie selbst hielte Nahrungsmittel für überlebenswichtig, ganz im Gegenteil. Christina hatte seit dem Dinner auf der Dachterrasse nichts mehr gegessen. Eine Ewigkeit, sie versuchte die Stunden zu zählen: Dreißig vielleicht? Kein Wunder, dass ihr so schwindelig war. Sie griff in die Tüte und holte ein großes Croissant heraus, es war noch warm. Elena verzog missgünstig den Mund und öffnete das Fenster einen Spalt weit. Ihr Haar war so fest verflochten, dass der Fahrtwind keine Strähne zu bewegen vermochte.

Bereits nach den ersten paar Bissen klärten sich Christinas Gedanken. Die Landschaft vor dem Fenster hörte auf wie betrunken zu wanken, sie stand jetzt still und üppig im gleißenden Sonnenlicht. Aus dem Radio kamen wieder italienische Schlager, *Marina Marina Marina*, und Christina kam das alles vor wie ein Déjà-vu ihrer Ankunft. Sie verschlang das Croissant und fühlte sich danach zwar nicht direkt gesättigt, jedoch immerhin wieder einigermaßen bei Kräften. Elena hielt ihre Nase in Richtung Fensterspalt, als wäre die Papiertüte voll fauler Eier gewesen. Wieder achtete sie kaum auf die Straße, sondern lenkte ihren Wagen mechanisch und eigentlich viel zu schnell auf den ihr vertrauten Wegen. Christina lehnte sich zurück und blickte aus dem Fenster. Sie konnte sich nicht mehr vorstellen, dass sie bei ihrer Anreise, beim Anblick der exakt selben Hügel, Tränen in den Augen gehabt hatte, und noch weniger, dass es wegen David gewesen war. Dann schweiften ihre Gedanken wieder zurück zu Jordie. Man hatte ihren geheimen Ausgang versperrt – war es vielleicht auch der seine gewesen? Aber natürlich kannte er sich in der Villa viel besser aus als sie, er war in diesen Gängen aufgewachsen, und sogar wenn er selbst einmal keinen Ausweg wüsste, hätte er immer noch Paola. Dieses Vieh schlich sich sogar bei verschlossener Tür irgendwie in Christinas Zimmer, warum sollte sie so also nicht auch hinaus ins Freie oder sonst wohin gelangen.

In der Ferne waren die pittoresken Überbleibsel des alten Dorfes Malvita zu erkennen, und obwohl Christina nur ein einziges Mal hindurchgerattert war, wirkte es auf sie irgendwie vertraut. Das musste das Ziel ihres Ausflugs sein.

»Warst du schon einmal in Florenz?«, fragte Elena, während sie, ohne zu blinken, eine scharfe Kurve einschlug, Malvita schleunigst hinter sich brachte, durch den Rückspiegel konnte Christina noch das Aquädukt erkennen, wie es immer kleiner wurde und schließlich in der Landschaft aufging.

»Nur kurz«, antwortete sie, »und eigentlich war ich nur am Bahnhof.«

»Aha«, sagte Elena, »meine Mutter möchte, dass ich dir eine kleine Stadtführung gebe. Nach dieser ... Aufregung gestern.«

Sie sprach wie immer ohne jede Melodie, nur das Wort »Aufregung« betonte sie seltsam hart, als läge darin dieselbe Wut, die sich Marietta schon vor Nino und Angelina aus dem Leib geschrien hatte. Nur dieses eine Wort, dieser eine Augenblick – dann starrte Elena wieder ausdruckslos geradeaus. Christina lehnte ihren Kopf an die warme Fensterscheibe und tat so, als hätte sie nichts davon bemerkt. Mit einem Knacken sprang der Musiksender um, statt Schlagern erklang nun wieder Drum' n' Bass. Hier also lag die unsichtbare Grenze, hier endete der signalstörende Einflussbereich der Villa Esposito. Christina warf einen Blick auf ihr Handy: Sie hatte vollen Empfang.

Plötzlich sagte Elena: »Das ist die Fabrik.«

Magere Säulenzypressen flankierten die Straße wie eine Allee, dahinter erstreckte sich niedrig, schmal und ohne sichtbares Ende ein Backsteingebäude, das Ziegelrot flackerte aufdringlich zwischen den schmalen Stämmen hindurch. Christina stellte sich das Innere dieser brachliegenden Stätte als eine einzige, langgezogene Halle vor, völlig leer und tot wie Malvita. Umso mehr erstaunte es sie, als plötzlich Menschen herauskamen, ein ganzer Pulk von Arbeitern mit Werkzeugen und Helmen, und zwischen den verschwitzten Blaumännern stand in ihrem hellen Hosenanzug Angelina. Plötzlich glaubte Christina wieder die bedrohlichen Stöckelschuhschritte zu hören, die unheimliche Stimme im Nebenzimmer, sie spürte wieder den misstrauischen Blick, »Das ist nur Angelina«, hatte Elena gesagt, »nur«.

»Hier wird die Hochzeit stattfinden«, antwortete Elena, ohne dass Christina danach gefragt hätte, »die Fabrik ist zwar nicht unbedingt hübsch, aber mit ein bisschen Dekoration kann man schon etwas daraus machen.«

Die Hochzeit fand also statt, daran änderte auch Blancas Tod nichts. Und natürlich koordinierte Angelina den Aufbau der Dekoration, dafür war sie schließlich angestellt. Sie hatte wichtigere Aufgaben, als eine kleine Möchtegern-Fotografin zu verfolgen. Christina versuchte wieder ruhig zu atmen.

»Merda«, sagte Elena und nahm erstmals, seit Christina sie kannte, vielleicht zum ersten Mal überhaupt, beim Lenken auch die zweite Hand zu Hilfe. Denn Gegenverkehr bahnte sich an und nicht irgendeiner: Eine ganze Kolonne von riesigen Lastwägen schlängelte sich die schmale Straße entlang, und obwohl Elena einige Male wütend auf die Hupe drückte, blieb ihr schließlich nichts anderes übrig, als ihr Tempo zu zügeln.

»Wo die wohl alle hinwollen ...«, murmelte Christina.

»Zur Fabrik natürlich. Die Dekoration«, antwortete Elena. Sportwagen hin oder her, im Zweikampf mit einem Laster war die elegante, tiefe Lage nichts als ein Nachteil. Beängstigend nahe schoben sich die großen Reifen am Fahrerfenster vorbei.

»So viele Lastwagen voller ... Dekoration?«, fragte Christina ungläubig.

Elena zuckte mit den Schultern. »Es gibt auch bauliche Maßnahmen, soviel ich weiß. Angelina ist ziemlich im Verzug. Sie ist erfahren, aber eine solche Hochzeit hat auch sie noch nicht auf die Beine gestellt. Marietta wünscht sich einen Swimmingpool.«

»Einen Swimmingpool? In der Fabrik?«

»Sie hat es sich so in den Kopf gesetzt.«

Dann kurbelte Elena das Fenster hinunter und rief den donnernden Lastwagenreifen ein paar Mal »Stronzo« entgegen.

Ein Swimmingpool für eine Hochzeit. Christina hatte von Leuten gehört (aus Davids Freundeskreis natürlich, nicht aus ihrem eigenen), die zum Heiraten in die Südsee geflogen waren oder sonst wohin ans Meer, und alles nur für die perfekten Fotos. Ein Swimmingpool, nein, ein Fabrikhallenbad schien ihr da im Vergleich dazu doch irgendwie unromantisch. Aber vielleicht war es ja eben genau das Raue, das Nüchterne, das Mariettas Beziehung zu Marcello am besten repräsentierte. Christina erinnerte sich daran, wie wenig in der Familie Esposito eigentlich über den Bräutigam gesprochen wurde. Selbst Marietta hatte ihn nur beiläufig erwähnt. Die Liebe nimmt manchmal seltsame Gestalten an, dachte Christina.

Dann dachte sie wieder an Jordie.

14. FIRENZE

Aus den sich immer wieder im Kreis drehenden Gedanken waren so fließend Träume geworden, wie aus der Landschaft eine Großstadt. Christina bemerkte erst, dass sie eingenickt war, als der kleine Ruck sie weckte, mit dem der Wagen anhielt. Elena hatte ihn in eine winzige Parklücke bugsiert, makellos stand er jetzt zwischen anderen Luxuskarossen dicht am Bordstein neben einem Mäuerchen, dahinter floss graugrün der Arno. Den Namen des Gewässers wusste Christina nur deshalb, weil sie als Kind eine begnadete Stadt-Land-Fluss-Spielerin gewesen war, »Amsterdam-Argentinien-Arno«, das konnte sie noch immer. Elena riss ohne jede Rücksicht auf andere Verkehrsteilnehmer die Autotür auf. Augenblicklich drang unerträgliche Hitze ins Wageninnere und trieb auch Christina ins Freie, wo es allerdings keineswegs kühler war. Im Gegenteil: Die florentinische Mittagssonne hatte im Asphalt ihren Verbündeten gefunden, er reflektierte und brannte von unten, die Wärme zog sofort ein in Christinas schwarze Kleidung. Elena hingegen schlang die Arme um ihren Oberkörper, als würde sie frieren oder sich selbst umarmen wollen, sich festhalten in der großen, gefährlichen Stadt. Ein Taxi hupte und schob sich hautnah an ihr vorbei, Elena aber bewegte sich nicht von der Stelle. »Also«, fragte sie über das Autodach hinweg, es reichte ihr kaum bis zur Brust, »was willst du jetzt machen? Vielleicht shoppen gehen, ein Kleid für den Polterabend heute besorgen?«

»Polterabend?« Davon hörte Christina zum ersten Mal. »Ist das so etwas wie ein Junggesellinnenabschied? Mit ... Strippern?«

Elena lachte auf. »Keine Stripper«, antwortete sie, »einfach nur ein ... Polterabend eben. Hast du denn keine Einladungskarte erhalten?« Sie begann, in ihrem winzigen Täschchen zu kramen, konnte das Gesuchte allerdings nicht sofort finden und schlang in einem Anflug von genervter Ungeduld wieder die Arme um sich. »Einfach nur ein Polterabend«, wiederholte sie, »ein wenig Essen, Trinken und Musik. Nur Marietta, Marcello und ihre Freunde. Und die Familie, natürlich.« Christina nickte. Von ihren Freundinnen hatte noch keine geheiratet. Was sie von Polterabenden wusste, hatte sie aus amerikanischen Filmen, in denen sich die Trauzeugin volllaufen ließ und die Braut am Schluss einen Lap-Dance von einem Kerl mit Polizeimütze bekam. Die Familie hatte dabei ebenso wenig zu suchen wie der Bräutigam. Wer würde eigentlich Mariettas Trauzeugin sein, nachdem Blanca ...?

»Also, wollen wir jetzt ein Kleid für den Polterabend kaufen gehen oder hast du schon etwas, das du heute Abend anziehen willst?«, fragte Elena, und plötzlich klang ihre sonst so teilnahmslose Stimme ziemlich gereizt. Die Stadtluft schien sie noch unleidlicher zu machen, nervös wippte sie auf den Füßen hin und her. Christina hatte nur ein einziges Kleid im Gepäck, ein kleines Schwarzes mit Spaghettiträgern, und das wollte sie eigentlich zur Hochzeit anziehen. Zweimal hintereinander dasselbe Kleidungsstück auszuführen war in der Welt der Espositos wohl ein unverzeihlicher Fauxpas. Allerdings wusste Christina auch, dass Elena nicht von H&M sprach, wenn sie »shoppen gehen« sagte. Florenz war nicht umsonst die Heimatstadt von Gucci und Konsorten. Sie rief sich ihren Kontostand ins Gedächtnis und schüttelte energisch den Kopf: »Nein, danke, ich habe schon etwas zum Anziehen.« Wenn sie bei der Hochzeit eine andere Frisur trüge als heute, würde es vielleicht gar nicht auffallen. Außerdem, dachte sie trotzig, war sie ja »nur« die Fotografin, auf keinem der Polterabend- oder Hochzeitsfotos würde sie zu sehen sein.

Elena zog misstrauisch die Augenbrauen hoch, dann aber lächelte sie plötzlich. »Du hast recht«, sagte sie, »ich werde mich auch nicht herausputzen für diese blöde Veranstaltung. Wieder so eine Schnapsidee von Marietta. Nur weil sie findet, ihre Freundinnen hätten auch ein rauschendes Fest verdient. Ich glaube ja, sie will nur angeben mit dem Haus und dem Service. Als wäre es das, worum es bei der ganzen Sache geht.«

»Sind die Freundinnen denn gar nicht zur Hochzeitsfeier eingeladen?«, fragte Christina.

Elena schüttelte den Kopf, ihre Zöpfe bewegten sich kaum. »Die Hochzeit findet nur im engsten Kreis statt!«, sagte sie, und es klang irgendwie feierlich, als müsste Christina sich glücklich schätzen, jenem engsten Kreis nun ebenfalls anzugehören. Um Elena nicht zu enttäuschen, lächelte Christina, dann ließ sie ihren Blick über den Fluss hinweg auf die Häuserfront am anderen Ufer schweifen. Sie präsentierte sich ihr in sämtlichen Spielarten der Farbe Ocker, die meisten der Gebäude waren groß, Hotels vermutlich, und ihr schon ein wenig heruntergekommenes Äußeres verlieh ihnen eine Aura von Geschichtsträchtigkeit, als hätte jeder einzelne ihrer schiefhängenden Fensterläden den Lauf der Welt entscheidend mitgeprägt. Im Hintergrund erhob sich prächtig die Spitze eines Glockenturms über die Satellitenschüsseln auf den Dächern. Elena, die ihre verkrampfe Haltung beinahe schon gelöst hatte, schlang die dünnen Ärmchen nun wieder fester um die Taille. »Also, was willst du jetzt machen?«, fragte sie, die Silben in alter Gewohnheit hart aneinanderreihend. Christina spürte deutlich, wie die Sonne ihr den Scheitel verbrannte. Sie hatte keine Lust mehr, hier auf dem Gehweg herumzustehen, sie hatte auch keine Lust auf Smalltalk mit Elena. Mittlerweile war sie sicher, dass dieser Ausflug nur eine Maßnahme war, um sie und ihren schädlichen Einfluss von Jordie fernzuhalten. Elena hatte sichtlich darunter zu leiden, aber warum sollte nicht wenigstens sie, Christina, ihre Zeit in Florenz ein wenig genießen dürfen? Dazu musste ihr nur etwas einfallen, das Spaß machte und trotzdem im Kühlen vonstatten ging.

»Kunst!«, rief Christina.

»Wie bitte?«, fragte Elena.

»Ich meine ... ich liebe Kunst ... wir könnten in ein Museum gehen!«

Elena blickte sie an, als wäre es ein völlig absurder Gedanke, in Florenz ein Kunstmuseum aufsuchen zu wollen. Ein Motorrad schob sich knapp an ihrem Hintern vorbei, der Fahrer pfiff wie ein Bauarbeiter, dann raste er davon.

»Meinst du etwa ... die Uffizien?«, fragte sie und sprach das Wort »Uffizien« aus, als handelte es sich dabei um ein Synonym für »Kakerlaken«.

Christina nickte. Elena seufzte und wandte sich mit einer militärischen Vierteldrehung nach rechts, dann marschierte sie immer den Fluss entlang.

Bevor Christina auf die Fotografie gekommen war, hatte sie Malerin werden wollen. Mit großem Eifer hatte sie in der mütterlichen Küche Blumenvasen und Obstkörbe abgezeichnet, bis ihr irgendwann bewusst geworden war, dass Stillleben nicht unbedingt die heißesten Eisen der zeitgenössischen Malkunst darstellten. Trotzdem hatte sie dem Zeichenunterricht in der Schule immer große Aufmerksamkeit geschenkt, und auch wenn es sich dabei zumeist um beschäftigungstherapeutisches Mandala-Ausmalen gehandelt hatte, waren ihr die Uffizien in Florenz noch immer ein Begriff. Lächelnd hastete sie jetzt hinter Elena her, die in ihren Turnschuhen noch einen Hauch schneller unterwegs war als sonst.

An einer Kreuzung verließen sie das Arnoufer und bogen in eine schattige Seitengasse ein, gesäumt von alten, hohen Häusern, in deren Erdgeschossen sich unterschiedliche Geschäfte befanden. Der Geruch von Kaffee, Pizza und Leder drang in Christinas Nase. Immer wieder Leder: Bunte Schilder warben für handgemachte Taschen, Gürtel, Handschuhe, elegante Lederjacken hingen an Kleiderstangen aufgereiht, überfüllte Schaufenster prahlten mit Sandalen und Cowboystiefeln, »100 % made in Italy«. Nicht alle Lederfabriken hatte das Wirtschaftskrisenjahr verschlungen, Italien verkaufte sehr wohl noch seine Häute an die betuchten Touristen. Tonio aber ist einer der Unglücksraben gewesen, dachte Christina, bevor ihr erstmals der Gedanke kam, dass die Schließung der Fabrik durchaus zu einer Art Plan gehört haben könnte: die Fabrik opfern, das Vermögen mehren, die Villa erhalten. Jordie zumindest schien es um das Unternehmen nicht schade gewesen zu sein, und warum sollte Onkel Tonio da anders denken?

Die Gasse wurde immer belebter. Schlendernde Paare, eisessende Familien und unübersichtlich große Reisegruppen trieben hier ihr Unwesen, und Christina fiel jetzt erst auf, wie sehr sie sie vermisst hatte: die normalen Menschen. Es waren weder dunkelblau Uniformierte noch herausgeputzte Espositos, die sich hier drängten, sondern fast ausschließlich Touristen, Touristen wie sie selbst. Voller Entzückung betrachtete

Christina wilde Socken-Sandalen-Kombinationen und khakifarbene Dreiviertelhosen, sie bewunderte Hüfttaschen an dicken Bäuchen und monströse Sonnenhüte auf schlecht gefärbtem Haar. Von überallher tönte ihre Muttersprache, dort in breitem Bayrisch, da schweizerisch-kehlig, sie hörte Englisch, Französisch, etwas, das wie Japanisch klang, niemand hier schien Italienisch zu sprechen. An den Cafétischchen saßen ältere Leute und studierten die Stadtpläne, jüngere malträtierten die GPS-Systeme ihrer Mobiltelefone. Christina war nicht mehr länger eine Außenseiterin, sondern eine von ihnen. Dass sie den Weg nicht alleine finden konnte, dass sie abhängig war von einer Stadtführerin, lag hier in der Natur der Sache und war kein Kuriosum mehr, nicht mehr beunruhigend wie in der Villa Esposito.

Am Ende der Gasse bog Elena auf die Ponte Vecchio ein. Dass das der Name dieser Brücke war, erfuhr Christina ausschließlich von der Beschilderung am Aufgang, Elena hielt nicht viel von Erklärungen. Von links und rechts lockten Juweliergeschäfte mit ihren glitzernden Ausstellungsstücken, dazwischen schoben sich die herrlich schlecht gekleideten Massen. Christina wurde abgedrängt, trieb hilflos im Fußgängerstrom und fiel immer weiter hinter Elena zurück. Trotzdem war es relativ einfach, diese nicht aus den Augen zu verlieren: Der Hinterkopf mit dem langen, schnurgeraden Scheitel tanzte stets eine Handbreit über allen anderen Köpfen, selbst in dieser Menschenmenge war Elena noch die Größte.

Am Ende der Brücke wurde Christina schon mit ungeduldigem Fingerknacken erwartet, nebeneinander durchschritten die Cousinen erst einen Säulengang und betraten schließlich einen Innenhof. In den Arkadengängen tummelten sich abermals massenhaft Touristen, insbesondere auf der rechten Seite des länglichen Gebäudes, wo sie Schlange standen bis auf die Straße hinaus. Elena führte Christina an den Wartenden vorbei und blieb an einem großen Platz stehen, den einige antik anmutende Skulpturen zierten. Alles Nachbildungen, vermutete Christina, aber immerhin waren sie ganz gut gemacht. An der Ecke ragte jener Glockenturm empor, den sie bereits vom anderen Ufer aus gesehen hatte, und davor blickte von seinem hohen Marmorsockel aus Michelangelos nackter David auf sie herunter. David, allein dieser Name erweckte in Christina Wut. Wut immerhin, keine Trauer mehr. Und zumindest hatte dieser David einen wirklich kleinen Schwanz, das stellte sie zu ihrer irrationalen Genugtuung fest.

»Voilà«, sagte Elena emotionslos, drehte sich um und wies mit ausladender Geste auf den überfüllten Arkadengang.

Aus dieser Perspektive wirkte die Menschenschlange noch beeindruckender, als hätte sie gar kein Ende mehr.

»Da muss man sich anstellen, um in die Uffizien zu gelangen?«, fragte Christina in der Hoffnung, sich zu irren. Elena nickte.

So schnell also waren die Gleichgesinnten zum Hindernis geworden. Christina seufzte und wollte sich schon auf den Weg zurück machen, um sich ordnungsgemäß ganz hinten einzureihen, aber Elena fasste sie am Arm: »Warte hier!« Im nächsten Augenblick war sie auch schon in dem kleinen weißen Containerhäuschen mit der Aufschrift »Informazione« verschwunden. Die beträchtliche Menschentraube, die sich davor bereits gebildet hatte, war angesichts Elenas imposanter Erscheinung einfach widerstandslos auseinandergestoben. Und auch innerhalb des Containers musste ihr Auftritt beeindruckend gewesen sein, denn kurz darauf kehrte sie mit zwei kleinen Papiertickets in den Händen zurück.

»Gute Beziehungen«, antwortete sie lapidar auf Christinas fragenden Blick.

Sie mischten sich also doch nicht unter das gemeine Volk, Christina genoss hier ihrem unspektakulären Aussehen und der noch schlimmeren finanziellen Lage zum Trotz die Privilegien einer echten Esposito. Eine eigentümliche Mischung aus Stolz und Scham überkam sie, während sie vor all den seit Stunden Wartenden den Metalldetektor durchschritt.

Christina hatte gedacht, dass sie ganz oben beginnen würden, bei den Meisterwerken des Mittelalters und der frühen Renaissance. Wenn sie sich recht erinnerte, sollte Botticellis Venus dort hängen, gemeinsam mit einigen meisterhaften Madonnen. Sie nahm an, dass alle Museumsbesucher sich gewissenhaft von oben nach unten durcharbeiteten, sofern sie nicht auf halbem Weg in der Cafeteria hängen blieben. Elena allerdings schien einer anderen Logik zu folgen: Sie scherte bereits im ersten Stock aus dem Treppenhaus aus. »Aber weiter oben ...«, versuchte Christina einzuwerfen, aber Elena rief ihr nur über die Schulter hinweg zu: »Komm mit, ich zeige dir jetzt mein Lieblingsbild!«

So verächtlich, wie sie vorhin das Wort »Uffizien« ausgesprochen hatte, war es doch einigermaßen überraschend, dass sie über so etwas wie ein »Lieblingsbild« verfügte. Das Obergeschoß war auch später noch zu besichtigen, dachte Christina, viel spannender schien es ihr jetzt, jenes Kunstwerk kennenzulernen, das eine Elena Esposito begeistern konnte. Außerdem blieb ihr ohnehin keine Wahl. Wieder einmal stolperte sie ihrer langbeinigen Cousine hinterher wie ein Entenküken der Mutter. Elena hingegen durchquerte die Ausstellungsräume wenig vogelhaft, sondern vielmehr wie ein Eisbrecher: Den wunderbaren Bildern an den Wänden schenkte sie keinerlei

Beachtung, stur blickte sie geradeaus, als wären ihre Zöpfe Scheuklappen. Andere Museumsbesucher wichen aus, blickten weg von den Kunstwerken und ihr hinterher, Christina beobachtete, wie ein Mann erst Elena, dann seinen Kumpel anschaute und dann mit den Fingern eine Bewegung machte, als hätte er etwas Heißes berührt. Der Kumpel lachte.

Abrupt blieb Elena stehen. Ihre dunklen Augenbrauen zogen sich zu einem strengen Strich zusammen, die Lippen bebten. Gleich würde eine Schimpfwortlawine aus ihrem Mund hervorbrechen wie vorhin in der Lastwagenkolonne, dachte Christina, und diesmal würde sie die beiden unverschämten Männer unter sich begraben. Elena aber sagte nur: »Artemisia Gentileschi.« Dann hob sie die Arme wie eine anpreisende Marktfrau. An der Wand hinter ihr hing ein blutiges Gemälde. Ja, im ersten Moment hielt Christina es für echtes Blut, das in Hermann-Nitsch-Manier auf die bemalte Leinwand gespritzt worden war. Aber natürlich hätte es dann schon längst braun und vertrocknet gewesen sein müssen und eben nicht so frisch blutrot wie der Schwall, der aus dem Hals des hier gemalten Mannes schoss. Er lag am Rücken, nackt, lediglich die Intimzone war züchtig mit rotem Tuch verdeckt, und trotz des vielen Blutes blickte er weniger schmerzerfüllt als verwundert aus seinem Rahmen heraus, als hätte er schlichtweg nicht gerechnet mit dem Messer, das sich seitlich in seinen Nacken bohrte. Drei blasse Frauenarme hielten ihn nieder, ein vierter führte die Waffe.

»Judith und Holofernes«, sagte Elena, und da Christina nichts sagte, ergänzte sie: »Eine biblische Geschichte. Ich hasse die Bibel, aber Judith mag ich.«

Judith also hieß die eine, wohl die ausführende Henkerin, deren Gesichtsausdruck etwas Verbissenes, geradezu Penibles hatte, als würde sie hier mit großer Sorgsamkeit ein Kalb filetieren. Sie steckte, wie auch ihre Helferin, in einer barocken Robe mit riesigen Ärmeln, auf denen sich durch Licht- und Schattenspiel die Kunstfertigkeit der Malerin offenbarte. Neben diesem Stoffgebluster war Holofernes noch nackter mit seinem Tüchlein und dem vielen Blut.

Das also war Elenas Lieblingsbild.

Elena machte mit ihren Fingern Bewegungen, als wollte sie die Blutspuren abtasten, die nach all den Jahrhunderten immer noch frisch und feucht aussahen, dabei presste sie entschlossen die Lippen aufeinander. Christina bewunderte das Bild, aber gleichzeitig auch Elena, wie sie davorstand: Mit ihren langen, dünnen Gliedmaßen und dem kantigen Gesicht stellte sie geradezu das Gegenteil der beiden barocken Damen dar, und doch war sie irgendwie die Dritte im Bunde, die aus dem Rahmen gefallene Schwester. Ihr Gesichtsausdruck imitierte Judiths Eifer, allerdings mit strahlender Begeisterung versetzt, und kurz hatte Christina die seltsame Vorstellung, dass sie selbst die weniger prächtige Helferin im Hintergrund widerspiegeln könnte. Für ein paar Sekunden also befand sich der verblüffte Holofernes in den Fängen von vier Frauen, zwei innerhalb und zwei außerhalb des Bilderrahmens.

»Zu ihrer Zeit war Artemisia Gentileschi eine große Malerin«, murmelte Elena, ohne ihren Blick von dem Gemälde zu lösen. »Heute ist sie natürlich vergessen.«

»Warum natürlich?«, fragte Christina. Elena zog die Augenbrauen hoch und gab einen Laut von sich, der wie ein Auflachen und gleichzeitig wie ein Ausspucken klang.

»Das ist einfach so«, sagte sie, »Frauen werden vergessen, wenn sie sterben. Manchmal auch davor.«

Christina musste zugeben, dass sie nicht viele Malerinnen

kannte. Frida Kahlo fiel ihr ein, und wenn sie ganz ehrlich war, wusste sie auch von dieser nicht viel mehr, als dass ihre Augenbrauen zusammengewachsen waren.

»Und natürlich«, sprach Elena weiter, und das »natürlich« betonte sie jetzt besonders hart, »ist Artemisia Gentileschi vergewaltigt worden. Von ihrem Kunstlehrer, Agostino Tassi.« Sie ließ ihren Blick währenddessen über das Gemälde wandern, als wollte sie sich alles ganz genau einprägen, um es später aus der Erinnerung heraus nachzumalen.

»Und?«, fragte Christina, nachdem Elena keine Anstalten machte, weiterzusprechen.

»Was, und?«, gab diese harsch zurück. »Man hat Gentileschi unter Folter verhört, aber sie ist nicht von der Wahrheit abgewichen. Letztendlich wurde Tassi verurteilt, allerdings vor allem, weil er Bilder gestohlen hatte. Er musste die Strafe nie antreten. Zu gute Kontakte zum Papst.« Bei ihrem letzten Satz war Elena laut geworden, die Museumsaufseherin, die bisher wie eine Wachspuppe auf ihrem Stuhl in der Ecke gehockt hatte, hob drohend den Zeigefinger.

»Nur einer der vielen Gründe, warum ich nicht katholisch bin«, fügte Elena nun wieder mit leiserer Stimme hinzu.

»Und Artemisia?«, fragte Christina.

»Und Artemisia ... hat dieses Bild gemalt.«

Elena holte tief Luft, als wollte sie nun etwas sagen, das ihr nicht leichtfiel, sehr aufrecht stand sie da, die Hände geradezu andächtig gefaltet, und nur sehr langsam öffnete sie den Mund: »Weißt du, Christina, wir ...«, aber in diesem Moment begann ihr Täschchen zu klingeln. Laut schrillte es wie ein alter Wecker, einige Museumsbesucher blickten verwirrt zur Decke hinauf, wo sie einen Rauchmelder vermuteten, eine Gruppe Japaner verließ fluchtartig den Raum. Die Aufseherin erhob erneut den Zeigefinger und zischte ein langgezogenes »Pssst!«

Sofort wich jede Feierlichkeit aus Elenas Körper. Hektisch kramte sie in der Tasche, in der sich ja gar nicht so viel Zeug befinden konnte, endlich zog sie ihr tobendes Handy hervor. Der kurze Blick aufs Display ließ ihre Nasenflügel flattern, kleine Falten bildeten sich um ihre Mundwinkel. Nur einen Augenblick lang zögerte sie, dann nahm sie den Anruf mit einem strengen »Sì?« entgegen.

Die Aufseherin zischte wieder. Elena warf ihr einen entnervten Blick zu, während sie immer wieder in voller Lautstärke »Sì, sì« ins Telefon sagte. Ihr Gesichtsausdruck wurde noch angespannter, schließlich stieß sie ihr »sì, sì« nur noch zwischen fest aufeinandergepressten Zahnreihen hervor. Mit einem kaum mehr verständlichen »Ciao, a presto!« beendete sie ihr Telefonat und ließ das Handy zurück in die Handtasche gleiten. Die Aufseherin, die sich eben unter offensichtlich großer Kraftanstrengung von ihrem Stühlchen hatte erheben wollen, lehnte sich mit befriedigtem Lächeln zurück.

Christina hatte in der Zwischenzeit versucht, die anderen Bilder im Ausstellungsraum (es waren ausschließlich Enthauptungsszenen) zu betrachten. Es war ihr aber nicht gelungen, den Blick länger als einige Sekunden von Elena abzuwenden, sie hatte schon etwas Einnehmendes, das selbst zwischen den Kunstwerken nicht verblasste, ganz im Gegenteil. Elena, eine postmoderne Skulptur inmitten von all dem Barock.

»Ich muss weg«, sagte Elena, während sie abermals in ihrem Täschchen kramte und diesmal eine Packung Zigaretten hervorzauberte, »die haben da ein Fotoshooting für Unterwäsche, in einem Hotel, hier in Florenz. Eigentlich bin ich gar nicht ihr Typ, sagen sie, aber da das ursprünglich gebuchte Model unerwartet ausgefallen ist ...« Schon hatte sie sich eine ihrer langen, dünnen Zigaretten zwischen die Lippen geschoben und war an der nun völlig entsetzten Aufseherin vorbei aus dem Raum gestürmt, Christina wieder einmal im Laufschritt hinterher. »Wer sind ›die‹?«, rief sie einige Male, aber Elena antwortete nicht, folgte nur wortlos den Pfeilen auf den Schildern mit der Aufschrift »Uscita«.

»Und ... was ist jetzt mit mir?«, versuchte Christina es noch einmal, mittlerweile keuchend.

Das Wort »Fotoshooting« schien, seit es am Telefon gefallen war, alles andere aus Elenas Kopf verdrängt zu haben, nichts an ihrem Gesicht erinnerte mehr an die entschlossene Judith. Sie kaute an der Zigarette herum, während ihr Blick unablässig umherwanderte, als würde sie gierig nach irgendetwas suchen.

»Also«, sagte sie, ohne stehen zu bleiben, »um neun beginnt der Polterabend, wir treffen uns also um sechs Uhr am Parkplatz wieder. Du findest dort allein hin?«

Christina war sich nicht sicher. Elena verzog ihre Mundwinkel, was vielleicht so etwas wie ein Lächeln darstellen sollte, dann manövrierte sie sich durch eine gelangweilte Schülergruppe und verschwand irgendwo am Ende des Ganges wie ein Reiter am Horizont.

15. ELENA

Elena war nicht immer groß gewesen. Als Kind war sie sogar ausgesprochen klein, kleiner als alle anderen Kinder in ihrer Klasse und viel kleiner, als es Marietta in ihrem Alter gewesen war. Deswegen packte Ada sie irgendwann auf die Rückbank ihres Wagens und brachte sie zu einem Spezialisten nach Florenz. Dort wurde Elena gewogen und vermessen, mit einem Lineal bestimmten die Arzthelferinnen die Länge ihrer Gliedmaßen, ihres Rückens vom Po bis zum Nacken, ihrer Ohren. Elena ließ sich wortlos von den fremden Frauen biegen und strecken, innerlich aber betete sie, völlig normal zu sein, nicht krank, nicht behindert, einfach nur ein bisschen klein. Ada schüttelte sorgenvoll ihren Kopf, langsam, langsam, aber beständig. Schließlich kam der Arzt, ein noch junger Mann mit bereits ergrauten Schläfen, er blätterte in den Unterlagen seiner Helferinnen und urteilte, dass Elena nichts fehlte: »Manche Kinder wachsen einfach später. Das ist ganz normal.« Dann holte er ein Bonbon aus dem Glas auf seinem Schreibtisch. Elena lutschte es auf der Heimfahrt, es schmeckte nach nicht näher bestimmbaren Beeren und färbte ihre Zunge rosa. Ada redete die ganze Fahrt über, aber ihr Reden war ohne Inhalt, sie sagte Dinge wie »Bei der nächsten Kreuzung müssen wir rechts abbiegen« oder »Diese Ampel ist auch immer rot«, dabei sprach sie mit sich selbst und ausschließlich Deutsch. Ada sprach immer dann ihre Muttersprache, wenn sie etwas aus der Fassung brachte. Elena wurde unwohl, sie spuckte das Bonbon aus dem Fenster und sah zu, wie es am Straßenrand kleben blieb. Sie war nichts Besonderes, nichts Aufregendes, sie war einfach nur ein wenig klein. Die Ampel schaltete auf Grün. »Auch ein Arzt kann sich einmal irren«, sagte Elena mitten in das mütterliche Gemurmel hinein und Ada vergaß ganz und gar, aufs Gas zu steigen. Sie schaute Elena an, hinter ihnen dröhnten die Hupen der stehenden Autos.

Von da an verbrachte Elena beinahe jeden Nachmittag in einem anderen Wartezimmer, auf anderen Liegen, in anderen Röntgenapparaten. Jeder Zentimeter ihres winzigen Körpers wurde unter die Lupe genommen. Ada stand die ganze Zeit über daneben, ihr Gesichtsausdruck schwankte zwischen Sorge und Stolz. Die Ärzte hielten sie immer für eine hingebungsvolle Mutter, wollten ihr gefallen und konnten doch nie etwas anderes sagen als: »Das Kind ist völlig normal, es wird schon noch wachsen.« Dann verzog Ada ihren Mund und sagte angewidert etwas wie »Gott sei Dank«. Elena hingegen war von dieser Diagnose nur anfangs enttäuscht, bald fürchtete sie sogar, irgendjemand würde eines Tages tatsächlich auf die Ursache ihres Wuchses stoßen und sie womöglich auch noch davon »heilen«. Sie genoss die Nachmittage mit Ada im Auto, sie liebte es, die Villa mitsamt Marietta hinter sich zu lassen, an solchen Nachmittagen gab es keine große, schöne Schwester, es gab nur Elena. Sie liebte die Aufmerksamkeit, die ihr und nur ihr bei diesen Arztbesuchen zukam: Ihr Körper wurde zum Forschungsobjekt, zum Mittelpunkt der Welt, er warf Rätsel auf, an denen die klügsten Männer und Frauen zerbrachen, ihr »Alles normal!« war eine Kapitulation. Und Ada war stolz, das spürte Elena deutlich, sie war zu Adas liebstem Projekt geworden, wie einst Marietta und früher die Pferde und noch viel früher die Villa. Elena war jetzt Adas »Sorgenkind«, aber sie sprach es wie einen Kosenamen aus, und aus diesem Grund ertrug Elena jede noch so unangenehme Behandlung. Ihr viel zu kleiner Körper war ihr großes Kapital. Und es war wirklich nicht ihre Schuld, dass ihre Mutter trotzdem irgendwann das Interesse an ihr verlor. Es wäre so oder so einmal geschehen, Jordie war nur der Katalysator. Ada hatte also wieder ein Baby, ein noch viel kleineres Wesen, das ihre Zuwendung noch viel dringender benötigte als die völlig gesunde, nur etwas zu kurz geratene Tochter. Das Baby blieb, während die Mädchen älter wurden und wuchsen.

Ja, auch Elena wuchs. Im Sommer vor ihrem dreizehnten Geburtstag schoss sie derart in die Höhe, dass ihr die Blusenärmel rissen und die alten Kleider kaum mehr über die Hüften reichten. Ihre Beine streckten sich weiter und weiter, bis sie schließlich über allen thronte, größer war als Marietta, als Ada und sogar als Tonio, größer als alle Lehrerinnen und alle, die sie kannte. Etwa zur gleichen Zeit begann ihr Haar zu wuchern, am Kopf und auch sonst überall, es bildete sich erst sanfter und dann immer dichterer Flaum unter ihren Armen und zwischen ihren Beinen. Auf ihre Beine drückte ihr Marietta im verschlossenen Badezimmer das lauwarme Wachs und Elena kreischte, als sie es mit einem Ruck herunterzog: »Wer schön sein will, muss leiden!«

Während Elenas Körper immer größer und haariger wurde, blieb er doch irgendwie der eines Kindes, er nahm nur an Höhe, nicht an Masse zu, sodass keine Ressourcen blieben für Spielereien wie runde Brüste oder Pobacken. Als sie im Herbst wieder in die Schule gehen musste, fühlte sie sich hässlich wie nie.

Elena war überall im Weg, duckte sich, wann auch immer sie konnte und bekam davon Rückenschmerzen. Als sie das erste Mal ihre Regel hatte, sprach sie mit niemandem darüber. Aus dem Biologieunterricht wusste sie ungefähr, was es damit auf sich hatte, sie saß auf der Toilette und beobachtete fasziniert, wie viel Blut ihr dünner Körper fasste und wie viel er davon verlieren konnte, ohne Schaden zu nehmen. Während dieser Zeit war sie noch angespannter als ohnehin. Sie glaubte, jeder müsste ihr von weitem ansehen, dass sie menstruierte, und würde es ihr zum Vorwurf machen: »Jetzt ist sie schon so lang geraten, und jetzt auch das noch …« Jenes »völlig normal« in den Biologiebüchern war eine Lüge, oder es galt nur für völlig normale Mädchen, nicht für Elena, die immer überall herausstach, egal, was die Ärzte sagten. Auch wenn das Bluten immer nach einigen Tagen wieder vorbei war, blieb die Scham, und blieb für immer. Egal was Elena auch tat, wie sie aussah: Es war ihr peinlich.

Entdeckt wurde Elena dann eigentlich wie Amerika: unfreiwillig, zufällig, und nie wurde sie das Gefühl ganz los, dass auch hier eine Verwechslung stattgefunden hatte. Denn ursprünglich hatte Marietta gemeinsam mit Ada in die Stadt fahren wollen, es sich dann aber doch noch anders überlegt und so musste Elena in letzter Sekunde die Rolle als Einkaufsberaterin ihrer Mutter übernehmen. Wäre es anders gewesen, hätte die Agentin Marietta auf dieser Bank sitzend vorgefunden, und Elena hegte keinen Zweifel, dass sie von deren Aussehen überwältigt gewesen wäre, während sie ihr selbst nur im Vorbeigehen eine Visitenkarte zusteckte: »Du bist schön groß! Komm mal vorbei, Probeaufnahmen machen, wenn du Lust hast!« Auf der Karte stand der Name einer Modelagentur.

Für einen einzigen Abend war Elena wieder Adas Projekt, und das fühlte sich gut an: Gemeinsam saßen sie vor Tonios Computerbildschirm und durchstöberten die Website der

Agentur, klickten kantige Gesichter an, lasen Namen, die sie schon einmal irgendwo gehört hatten, und schließlich stand fest, dass Elena sich dort vorstellen gehen würde. Dann verlor Ada ihr Interesse so plötzlich, wie es gekommen war, sie setzte sich vor den Fernseher und tätschelte geistesabwesend Jordies Kopf.

Nach der sehr kleinen und der sehr großen Elena begann nun die Zeit der sehr schönen Elena. Denn was sie selbst für hässlich gehalten hatte, ihre langen Gliedmaßen, ihre knochigen Hüften, die flache Brust, das alles war in Wahrheit begehrenswert, anzustreben, auszubauen: Die Dame in der Agentur verzog missgünstig ihre Mundwinkel, als sie Elenas Hüftumfang maß. »Ein wenig auf die Ernährung achten, junge Dame!«

Trotzdem: Von ihrem ersten Termin bei der Agentur ging Elena mit drei Castingterminen nach Hause und in ihrem Kopf drehte sich alles.

Ja, sagten die sportlichen, braungebrannten Männer und Frauen immer, sie hätte alles, was ein Model haben musste, sie könnte es bis ganz nach oben schaffen. Sie sagten nicht, was sich dort befand, »ganz oben«, sie zwinkerten Elena zu, als müsste sie das schon selber wissen. »Nur«, sagte der Mann mit der Designerbrille, »der Kunde hat sich ein sehr dünnes Mädchen vorgestellt. Na, kriegst du das hin?« Und Elena, die sich bisher für zu dünn gehalten hatte, nickte begeistert.

Alles lief hervorragend. Sie war ein Naturtalent im Gehen auf hohen Schuhen, sogar dann, wenn die Schuhe nicht passten, und sie passten nie. Sie wurde für große Shows gebucht, marschierte zackigen Schrittes auf schnurgeraden Wegen, drehte sich, präsentierte sich von allen Seiten wie ein Brathuhn am Spieß, wurde interessiert betrachtet. Und dabei erinnerte sie sich an die Zeit, als sie noch klein gewesen war und durch die Arztpraxen wanderte, nur dass statt Adas stolzer Augen nun die Fotoapparate blitzten. Dafür sah Elena auch großzügig über das Chaos hinter der Bühne hinweg, wo sie herumgeschoben wurde wie die Kleiderstangen, wo ihr das Haar zerrupft und die Haut zugekleistert wurde, wo alle schrien. Sie dachte an die Fotoapparate und lächelte.

»Hey du, Vogelscheuche! Los jetzt, Schuhe an, hopp, hopp, hopp!«

Elena brach die Schule ab, sobald sie konnte, ihre Eltern hatten nichts dagegen, nur Marietta sagte irgendetwas Spöttisches, Elena hörte nicht hin. Sie verdiente nun ihr eigenes Geld, das machte sie erwachsen und viel älter als Marietta, die nicht arbeitete, und, seit sie mit dem Tanzen aufgehört hatte, ständig an Gewicht zulegte. Dass sie trotzdem immer noch schön war, sah Elena nicht mehr, sie blickte nur noch auf die Wölbung an Mariettas Hüften, den immer größer werdenden Hintern, das Fett an ihren Armen. Dick sein hieß hässlich sein und dick waren alle, das hatte Elena schnell verstanden. Sie fastete ständig. Das Hungergefühl wurde zu einer Säule in ihrem Körper, hart wie ein Knochen hielt es sie aufrecht, war eine Stütze. Die Arme und Beine wurden zu Spaghetti und fühlten sich manchmal weichgekocht an, Schwächeanfälle kamen überall: im Flieger, im Hotelzimmer, in der Garderobe, aber nie am Laufsteg, nie.

In den ersten Fotografen, mit dem sie schlief, war sie noch verliebt gewesen, auch beim zweiten redete sie sich das ein, und bei dem Manager aus Hollywood, der auch eine Oscargewinnerin unter Vertrag hatte, das hatte er zumindest behauptet. Danach machte sie sich die Mühe nicht mehr. Ihr Körper und ihre Karriere waren eines. Manchmal stellte sich ihr Einsatz als Fehlinvestition heraus, gut, das ließ sich nicht vermeiden. Sie spürte kein Verlangen nach Männern, auch nicht nach Frauen, nicht nach Essen. Sie verlangte nichts mehr als das Blitzlicht und den Hunger.

Mit Anfang zwanzig war Elena kaputtgegangen wie eine Puppe, mit der man zu viel gespielt hatte: Ihr Haar war brüchig vom Haarspray, ihr Gesicht faltig, der Hunger fraß sich durch ihre Organe. Dass sie ihre Regel nicht mehr bekam, sah sie als Glücksfall an, eine potentielle Peinlichkeit weniger. Unter dem Haarwuchs litt sie immer noch, sie rasierte sich täglich Achsel-, Scham- und Beinbehaarung ab, manchmal sogar mehrmals, bis die Haut gereizt war und sich mit blutigen Kratzern rächte. Bloß keine Narben, dachte sie, bloß das nicht.

»Hallo Elena, montags steht ein wichtiges Casting an, könntest du dich übers Wochenende bitte nur von Wasser ernähren?«

Sie wohnte eine Zeit lang in Paris, hätte aber genauso gut in New York oder Berlin leben können, hätte nirgends leben müssen, so oft war sie auf Reisen. Mit ihrer Familie hatte sie kaum noch Kontakt, von ihrem Vater erhielt sie jeden Monat eine größere Summe überwiesen, sie fand das lächerlich, sie verdiente ja gut. Aber es war auch kein Nachteil, einen reichen Vater zu haben. Irgendjemand hatte in der Szene das Gerücht gestreut, Tonio Esposito wäre ein Mafioso, und Elena war das nur recht. So wurde sie zum Beispiel niemals so grob angefasst wie die blassen, verängstigten Russinnen, die kein Wort Englisch und auch sonst nicht viel sprachen.

Wieder war es nicht Elenas Schuld, dass man irgendwann das Interesse an ihr verlor: Sie war immer noch groß, dünn, androgyn und befolgte jede Anweisung soldatenhaft. Vielleicht war sie einfach zu alt, vielleicht hatte man sich auch schon einfach satt gefressen an ihrem mageren Gesicht, ihrem leeren

Blick, ihren leicht abstehenden Ohren. Zu Castings ging sie immer noch regelmäßig, konnte allerdings immer weniger Aufträge an Land ziehen, begann zu rauchen und verlor ein halbes Kilo, es half nichts. Irgendwann war sie auf das Geld ihrer Familie angewiesen. Niemand sagte mehr, dass sie es ganz nach oben schaffen könnte. War sie schon dort? War es das? Oder war es wie damals, als die Arztbesuche mit ihrer Mutter plötzlich aufhörten: Zufall? Schicksal? Da musste sie an Jordie denken und vermisste ihn plötzlich furchtbar, meinte, seine ganze Kindheit verpasst zu haben, dabei hätte sie selbst an seiner Seite stehen und ihn nicht der gedankenlosen Ada überlassen sollen, die sich so schnell langweilte. Es war ein romantischer Gedanke, ein Kind zu haben, bedingungslos geliebt zu werden, selbst wenn man dick war.

Diese Möglichkeit aber hatte sie sich mit ihren Blutungen weggehungert. Sie versuchte mehr zu essen, rauchte weniger, kaufte sich einen riesigen Vorrat an Lebensmitteln und packte hin und wieder einen Schokoriegel aus, öffnete eine Dose. Aber sie brachte es nicht über sich, mehr als einen Bissen davon zu essen. Wenn der Hunger einmal nicht mehr da war, dachte sie, würde sie in sich zusammenfallen wie ein zerstochener Luftballon. Sie suchte alle Bilder heraus, die sie von Jordie hatte. Es waren nicht viele und auf den meisten war er noch ganz klein, ein Baby. Sie weinte ein wenig und nahm den nächsten Flieger nach Italien.

An diesem Tag glaubte sie, das Modelbusiness endgültig aufgegeben zu haben. Von ihrer Familie wurde sie herzlich aufgenommen, viel herzlicher, als sie es erwartet hätte, sogar Marietta war liebenswürdig: »Es ist so gut, dass du wieder da bist!«, und da schwang kein bisschen Spott mit in ihrer Stimme, in ihrer langen Umarmung. Ada und Tonio waren gerührt, für einen Abend spielten sie großzügig die Provinzeltern, ließen sich Geschichten aus dem »Showbusiness« erzählen und schüttelten ungläubig die Köpfe: »Nein, wie gut, dass du das aufgegeben hast.« Sie ließen sich Kaffee bringen und zum ersten Mal sah Elena, wie stark das Hauspersonal während ihrer Abwesenheit angewachsen war: Jede Tasse wurde einzeln und feierlich serviert, die Hände militärisch zu unsichtbaren Mützenschirmen erhoben, und obwohl das alles lächerlich wirkte, kam es ihr viel natürlicher vor als das Gehabe in den Garderoben der großen Fashionshows. Sie fühlte sich wohl und aß sogar. Jordie war größer, als sie ihn in Erinnerung gehabt hatte, aber immer noch zuckersüß: Mit riesigen Augen und roten Ohren saß er zwischen den Eltern, eine kleine rotgetigerte Katze streifte zwischen seinen Füßen umher. So sollte es sein, dachte Elena, das war die Wirklichkeit, das war sie selbst.

Sie schaltete ihr Handy aus und spielte mit Jordie und seiner Katze oder lag einfach auf dem Bett, blätterte in einer Zeitschrift oder einem Buch, manchmal steckte Marietta den Kopf herein und fing irgendein Gespräch an, oder Ada nahm sie wie früher zum Einkaufen mit. Zu ihrem Geburtstag schenkte Tonio ihr den roten Sportwagen, sie benutzte ihn selten. Mit den Wochen wurde sie aber immer reizbarer, was die Bediensteten mehr als einmal zu spüren bekamen, manchmal auch die Eltern, manchmal auch Marietta, niemals Jordie. Ihr war einmal kalt, einmal heiß, sie sah Schatten an den Wänden tanzen, wie zufällig ging sie an Tonios Zimmer vorbei: der einzige Bereich im Haus, in dem man Zugang zum Internet hatte. Sie schaltete ihr Handy ein und rief die E-Mails ab. Die Agentur hatte ihr eine Einladung zu einem Laufstegcasting in Mailand geschickt. Mailand, dachte Elena, das war immerhin etwas anderes, als durch die halbe Welt zu fliegen. Sie würde es doch versuchen, mehr so aus Spaß, sagte sie sich, während sie sich eine Zigarette anzündete. Auch Rom war nicht aus der Welt. Oder London. Oder Tokio.

Jetzt stand sie bis zu den Knien im Wasser eines stinkenden Swimmingpools und trug nichts als ein Negligé, während Scheinwerfer sie blendeten und ein übelgelaunter Fotograf immer wieder rief: »Sie ist zu blass! Sie sieht zu müde aus! Ihre Haut glänzt zu stark!«, immer »sie«, als wäre Elena selbst gar nicht hier, nur die stöhnenden Stylistinnen mit ihren großen Haarspraydosen und Puderquasten, die sich nun an ihr zu schaffen machten. Das Wasser war zu kalt, die Luft zu heiß, Elena sah scharf aus in dem Nachthemdchen und fragte gar nicht mehr, weshalb sie damit im Wasser stehen musste, ob vor ihr schon irgendjemand mit einem Negligé in einem Pool gestanden hatte, ob es wirklich das war, was die Kunden sehen wollten. Während Christina in irgendeinem Florentiner Kaffeehaus einen riesigen Eisbecher verzehrte, bohrten sich Elenas Hüftknochen durch den seidigen Stoff, das war sie und das war die Wirklichkeit, und Marietta würde nichts dagegen unternehmen können, egal, welche perfiden Pläne sie auch aushecke.

»Scheiße Elena, was soll das, seh ich da etwa ein Achselhaar?«

16. DAS FOTO

Zuerst einmal duschen. Sobald Nino gegangen war und Christina die Dachzimmertür hinter sich geschlossen hatte, zog sie sich aus. Der florentinische Staub stob von ihrem T-Shirt, auf den Hosenbeinen waren noch die Schlammspuren vom Vortag zu sehen. Erst einmal duschen, alles abwaschen, abkühlen.

Auf der Rückfahrt hatte Elena kein Wort gesprochen und die Soundanlage voll aufgedreht. Christina hatte versucht, trotz der Musik ein wenig zu schlafen, aber kaum waren ihr die Augen zugefallen, sah sie das Blut des Holofernes vor sich, wie es in Rinnsalen über die weiße Bettwäsche floss, danach war sie wieder hellwach gewesen.

Christina drehte die Dusche so stark auf, dass das Rauschen des Wassers die Frauenstimme, die erneut aus dem Nebenzimmer herüberschallte, vollständig übertönte. Sie wollte sich jetzt vorstellen, sie wäre alleine in diesem Haus und das Haus wäre eigentlich gar keines, sondern eine kleine Wohnung in Florenz, und vor den Fenstern schoben sich die schlecht gekleideten Touristenmassen vorbei. Nach diesem Ausflug kam Christina das Leben in der Villa noch unwirklicher vor. Ihre Cousinen schienen ihr wie Schauspielerinnen, die dunkelblauen Dienstleute wie Statisten, die Wände und Möbel um sie herum waren eine Kulisse, ein Studio vielleicht. Sie musste an diesen Film denken, in dem sich das gesamte Leben eines Mannes letztendlich nur als Fernsehshow entpuppte. Ob es ihr wohl auch gerade so erging wie diesem Truman? Der Gedanke brachte sie zum Lachen, sie verschluckte sich dabei am Wasserstrahl und hustete lange.

Als Christina die Dusche verließ, war auch die Stimme nebenan verstummt. Die Stille war angenehm, Christina griff nach dem Handtuch und tappte über den feuchten Boden hinüber zum Spiegel über dem Waschbecken. Ihr nasses Haar reichte so schwer und schwarz schon knapp über die Schultern. Vielleicht sollte sie doch nicht zum Frisör gehen, sie hatte noch nie so richtig langes Haar gehabt. Der Reiseföhn lag zusammengeklappt im Schminkköfferchen, sie holte ihn nicht heraus. Eine Zeit lang betrachtete sie sich so im Spiegel und fühlte sich verwegen und mutig, als wäre es ein gefährliches Abenteuer, ungeschminkt auf einer Party zu erscheinen. Dann legte sie doch noch ein wenig Wimperntusche auf. Man musste es ja nicht gleich übertreiben.

Später stand sie nackt, mit immer noch tropfendem Haar vor dem Kleiderschrank und begutachtete ihr Cocktailkleid, das ihr nun wie ein unförmiges Nachthemd vorkam. Vielleicht hätte sie in Florenz doch shoppen gehen sollen, anstatt andächtig auf irgendwelche Bilder zu starren und so zu tun, als ob sie etwas davon verstünde. Hatte sie überhaupt ein Lieblingsbild wie Elena? Verärgert drehte Christina das Kleid in ihren Händen hin und her, als würde es sich dadurch in etwas Schickeres verwandeln, schließlich drückte sie den dunklen Stoff seufzend an ihre Brust und wandte sich um. Zwei grüne Augen starrten sie an.

Auf ihrem Bett saß Paola.

Der kurze Aufschrei, gefolgt von einem mit Inbrunst ausgestoßenen »Mistvieh«, musste auch im Nebenzimmer zu hören gewesen sein, denn die unheimliche Stimme reagierte prompt:

Schnell und aufgeregt sprach sie jetzt wieder in das Telefon oder sonst wohin, Christina glaubte, ihren eigenen Namen gehört zu haben, aber das konnte natürlich auch Einbildung gewesen sein. »Mistvieh«, setzte sie noch einmal, diesmal etwas leiser, nach. Paola aber regte sich nicht, der Lattenrost bog sich unter ihrem Gewicht. Christina hatte keine Lust, das Tier aufzuheben und an ihre nackte Haut zu drücken, vielleicht log Jordie doch nicht und Paola kratzte. Ein paar Mal machte Christina eine Scheuchbewegung mit den Händen, »Husch-husch«, aber die Katze demonstrierte ihr Desinteresse, indem sie sich langgestreckt niederlegte, so fast die gesamte Länge des Bettes für sich in Anspruch nahm. »Gut, dann bleibst du eben hier!« Die Zimmertür war immer noch geschlossen. Wenn jemand sie in der Zwischenzeit geöffnet hatte, so musste er es sehr leise getan haben oder aber genau in jenen Minuten, in denen Christina unter der rauschenden Dusche gestanden hatte. Auch von den Fenstern stand keines offen. So schnell sie konnte, schlüpfte Christina in die frische Unterwäsche und das schwarze Nachthemd-Kleid. Auf einmal hatte sie wieder das große Bedürfnis, mit jemandem zu sprechen. Mit jemandem von zu Hause, aus ihrem früheren Leben, das bis vor zwei Tagen noch ihr einziges gewesen war, oder mit einem der vielen Touristen vom Ponte Vecchio, ganz egal. Das Handy lag am Boden, halb aus der Tasche ihrer schmutzigen Jeans gerutscht. Sie bückte sich danach, hob es auf und legte es auf das Nachtkästchen, ohne einen Blick auf den Bildschirm zu werfen. Stattdessen nahm sie die Kamera in die Hand. Sie drückte den Einschaltknopf und alles, was sie sah, war Blanca.

Blanca war hier in der Villa ein und ausgegangen, als Kind schon und als Erwachsene wieder. Ob die Polizei heute erneut dagewesen war, noch mehr Fragen gestellt hatte, vielleicht mit etwas mehr Nachdruck? Christina versuchte wieder, sich Blancas Gesicht vorzustellen, sich auszumalen, wie es einmal ausgesehen haben könnte, aber auch diesmal wollte es ihr nicht gelingen. Nur dass es jetzt nicht mehr die entstellte Totenfratze war, in der jeder Rekonstruktionsversuch endete, sondern Marietta. Tatsächlich mussten sich die beiden Frauen sehr ähnlich gesehen haben, zumindest was das Haar und die Figur betraf, viel mehr war von Blanca ja nicht übriggeblieben zum Vergleich. Aber Blanca war jetzt tot und Marietta heiratete, als hätte das eine nichts mit dem anderen tun, die eine nichts mit der anderen. Blancas Gesicht konnte Christina sich also nicht vorstellen, aber sie sah das Foto an, blickte auf das, was man dort noch erkennen konnte: das helle Haar, der dunkle, nasse Kleiderstoff, die bereits aufgequollenen Gliedmaßen. Das Einschussloch. Jemand hatte Blancas Tod gewollt und es musste einen Grund dafür gegeben haben. »Ein nettes Mädchen«, hatte Nino gesagt, und so hatte Christina sie sich auch immer vorgestellt. Nett, hübsch, ein bisschen unscheinbar vielleicht, geradezu dazu prädestiniert, die beste Freundin von einer wie Marietta zu sein.

Vielleicht aber war genau diese Nettigkeit nur eine Maske gewesen und Blanca eine Täterin, bevor sie zum Opfer geworden war. Verräterin, hatten Elena und Marietta gesagt. Und deshalb trauerte niemand.

Oder aber es war alles nur Zufall gewesen. Ein Raubmord vielleicht, Blanca war immerhin ohne ihre Brieftasche gefunden worden, oder ein perverser Sexualstraftäter, und morgen schon würden sie das nächste Mädchen aus einem Bach fischen, aber nicht hier, nicht in Italien, und die Familie Esposito hätte rein gar nichts damit zu tun. Christina blickte das Foto auf ihrem Kamerabildschirm an und murmelte: »Ich werde es herausfinden.« Sie würde herausfinden, was Blanca verbrochen hatte, warum sie so hatte sterben müssen und wer dafür verantwortlich war. Paola schnurrte, es hörte sich wie eine Zustimmung an. Dann ging die Tür auf und diesmal war es nicht Nino.

Christina fragte sich, warum sie das Klingeln der Armreifen nicht schon von weitem gehört hatte. »Hallöööööchen!« Tante Ada zwitscherte wie eine Operettendiva und sah aus, als hätte man sie in flüssiges Gold getaucht. Die festen, breiten Goldreifen stapelten sich von ihrem Handgelenk bis zum Ellbogen, wo sie fließend in den ebenfalls goldfarbenen Ärmel des Kleides übergingen. Der glänzende Stoff spannte an Adas Brust und Bauch und floss unter ihren Hüften weit und weich auseinander. Am Kopf trug sie eine Art Turban, selbstverständlich ebenfalls golden, und sogar die Wangen hatte sie noch mit einem goldig schimmernden Puder bedeckt. Sie sah aus wie ein Preis, der irgendjemandem verliehen werden sollte. »Hier bist du also«, rief sie und klatschte dabei klingelnd die Hände zusammen. Warum war sie so erfreut darüber, wo sollte Christina denn sonst sein? »Jordie hat dich schon überall gesucht!«

Natürlich hatte Ada nicht mit ihr, sondern mit der Katze gesprochen, die sich nun träge vom Bett gleiten ließ und durch den Türspalt hinter Adas Rücken quetschte. Aber dieser Sekundenbruchteil, in dem Christina gedacht hatte, Jordie könnte *sie* gesucht haben, hinterließ eine seltsame Unruhe in ihr, nervös zupfte sie sich die Haare zurecht, sie waren immer noch ein wenig feucht. Ada blickte der Katze hinterher, dann wandte sie sich lächelnd wieder Christina zu. »Du bist schon angezogen«, sagte sie und hob bei der letzten Silbe die Stimme, sodass es ein wenig wie eine Frage klang. Christina nickte.

Mit ihren kurzen Beinen und hohen Schuhen legte Tante Ada ein angenehmes Tempo vor, und zum ersten Mal, seit sie in die Villa Esposito gekommen war, konnte Christina mit jemandem ohne Mühe Schritt halten, ja, sie hatte sogar Zeit, sich in den Gängen umzusehen wie bei einem Schaufensterbummel. Langsam, ganz langsam wurde ihr dieses Haus vertraut, sie erkannte einige Kästen und Kunstwerke, aber auch schon Türen und Treppenaufgänge wieder, und bald würde sie nicht mehr so hilflos durch dieses Labyrinth stolpern müssen, bald hätte sie einen genauen Plan im Kopf. Schade beinahe, dass die Hochzeit schon übermorgen stattfand. Über Christinas Abreise war allerdings immer noch keine Vereinbarung getroffen worden, vielleicht konnte sie noch ein paar Tage herausschlagen. Dann könnte sie nämlich mit den Nachforschungen über Blancas Tod beginnen, auch wenn sie jetzt noch nicht genau wusste, wie diese aussehen sollten.

»War es schön?«, fragte Ada. Christina musste sich sogar ein wenig umwenden, sie hatte schlendernd ihre Tante überholt.

»Wie bitte?«

»Der Ausflug mit Elena.«

»Ach so. Ja! Florenz ist eine tolle Stadt.«

»Ja, das stimmt.«

Tante Ada wurde noch etwas langsamer. Plötzlich wirkte sie besorgt, auf ihrer Stirn bildeten sich Falten, die Mundwinkel zuckten. Diese Sorge passte so gar nicht zu ihrer grotesk-goldenen Erscheinung, und zum ersten Mal kam Christina der Gedanke, dass diese übertriebene Aufmachung auch eine Art Verkleidung sein könnte.

»Worüber habt ihr gesprochen?«, fragte Ada. Sie sprach jetzt sehr leise, auch das passte nicht zu ihr.

»Nicht viel«, antwortete Christina wahrheitsgemäß, »nur über die Hochzeit. Dass Marietta sich einen Pool wünscht. Solche Sachen.«

»Einen Pool …«, wiederholte Ada. Sie war mittlerweile stehen geblieben. An den Wänden zeigten Gemälde triefäugige Herren und Damen mit steifen Krägen.

»… und über Judith«, fügte Christina hinzu.

»Judith? Welche Judith?«

»Judith und Holofernes.«

»Ach das!« Das schien ein leidiges Thema zu sein, kurz verdrehte Ada die Augen. »Und sonst?«, fragte sie dann.

»Sonst hat Elena nicht viel gesagt. Es ist dann auch ein Shooting dazwischengekommen«, antwortete Christina, und ihr fiel auf, dass ihnen bisher kein einziger Dienstbote entgegengekommen war, auch sonst niemand.

»Ein Shooting!« Ada spuckte das Wort aus wie ein verdorbenes Stück Fleisch. Kurz verharrte sie noch in Gedanken, Christina beobachtete ihre Lippen, die sich öffneten und schlossen, als wollte sie etwas sagen und hätte es im selben Moment schon wieder vergessen. Dann setzte Ada sich langsam wieder in Bewegung, Christina folgte.

Schweigend betraten sie den Audienzraum, der das Vorzimmer zur Dachterrasse bildete. Stimmengewirr und Musik drangen von draußen herein, ließen die altehrwürdigen Tapeten beben, die Feier musste schon in vollem Gang sein. Als sie den biedermeierlichen Schreibtisch passierten, blieb Ada noch einmal kurz stehen. Sie legte ihre Hand auf die Tischfläche, die selbstverständlich golden lackierten Fingernägel klackerten einige Male auf dem Holz. »Vielleicht ist es gut, dass sie noch nicht alles gesagt hat. Es wäre noch zu früh gewesen.«

Dann lächelte sie Christina an, ihr Mund wurde unglaublich breit und die Zähne glänzten aus all dem Gold heraus wie poliertes Elfenbein.

17. DAS FEST

Im ersten Moment war es draußen stockdunkel. Die paar blassen Sterne am Himmel leuchteten wie hinter Milchglas, es musste Neumond sein und viel später, als Christina gedacht hatte. Die Terrasse war voller Menschen, deren Stimmen sich über die laute Popmusik hinweg zu Lärm steigerten, »You're simply the best!« tönte es in unverkennbar italienischem Akzent aus den Lautsprechern. Zuerst musste Christina sich an diese Lautstärke gewöhnen, dann nahm sie die rötlichen Lampen wahr, die erst wie Grablichter aussahen und sich schließlich als Laternen entpuppten. In regelmäßigen Abständen standen sie auf runde Stehtische verteilt und warfen ihr schummriges Licht hier auf ein Gesicht, dort auf eine Schulter, da auf einen Hinterkopf. Die Umgebung war so schwarz, als läge die Terrasse inmitten eines finsteren Meeres. Bevor Christina irgendwelche Fragen stellen konnte, hatte sie Tante Ada bereits aus den Augen verloren. Wozu war es zu früh gewesen, was hatte Elena bezweckt? Christina wusste, dass es etwas mit Blanca zu tun haben musste. Die Luft kam ihr nun heiß und stickig vor, als ob sie sich gar nicht unter freiem Himmel, sondern in einer verrauchten Kellerbar befände. Dazu der Lärm. Am Terrassenrand, an der gläsernen Umzäunung, durch die man tagsüber auf die malerischen Weingärten hinunterblicken konnte, musste es angenehmer sein. Aber kaum hatte sich Christina in Bewegung gesetzt, stieß sie mit einem der

Dienstleute zusammen, der Wein schwappte bedrohlich in den Gläsern auf seinem Tablett, Christina murmelte eine Entschuldigung. Anstatt zu antworten, drückte der Dunkelblaue ihr ein Weinglas in die Hand, dann hastete er weiter. Sie leerte es mit wenigen Schlucken und drückte sich an mehreren Schultern und Ellbogen vorbei zu einem der Tischchen, das sich am anderen Ende der Terrasse befand. Ihre Augen hatten sich mittlerweile ein wenig an die Dunkelheit gewöhnt: Neben dem Lärm und dem Licht nahm sie nun auch die Gestalten wahr. Mindestens die Hälfte der Leute hier, vermutete Christina, waren Bedienstete der Familie Esposito. Überall lauerten sie mit Tabletts voller Gläser und Häppchen, tauschten die niedergebrannten Kerzen in den Laternen aus oder fegten Scherben zusammen. In einer Ecke erspähte Christina die Band, die eng um das Schlagzeug gruppiert gerade ein Beatles-Medley anstimmte. Auch die Musiker trugen blaue Uniformen, eine sehr eintönige Lonely-Hearts-Club-Band.

In Christinas unmittelbarer Nähe hatten sich einige junge Männer zusammengerottet, offensichtlich Festgäste, sie alle trugen die gleiche, zurückgegelte Frisur und rochen stark nach Rasierwasser. Ihre Anzüge saßen perfekt, ein paar von ihnen trugen trotz der Lichtverhältnisse Sonnenbrillen. So etwa musste Onkel Tonio ausgesehen haben, als er jünger war, dachte Christina. Die Männer waren gut gelaunt und lachten viel, sie bedienten sich an jedem Tablett, das vorbeigetragen wurde, tranken Wein, Bier, Champagner und schlürften große, glitschige Muscheln, deren glänzende Schalen sie einfach fallen ließen, eine Dunkelblaue fegte sie auf, wenn sie sich bückte, johlten die Männer. Mit Geld kann man sich Anzüge, aber keine guten Manieren kaufen, dachte Christina. Ebenso wenig wie guten Geschmack, und da fiel ihr Blick wieder auf Tante

Ada. Auch sie lehnte an einem der Stehtische, das Licht der Laterne spiegelte sich in ihrem glänzenden Turban. An ihrer Seite stand Jordie. Er trug dieselbe Kleidung, die er auch beim Dinner getragen hatte: dunkle Hose, weißes Hemd und Hosenträger, die anscheinend dafür verantwortlich waren, aus seiner Alltagskleidung eine festliche Aufmachung zu machen. Zu Christinas Überraschung hielt er ein Glas Rotwein in der Hand. Sie konnte sich nicht mehr daran erinnern, ob er beim Dinner auch getrunken hatte. Alt genug war er ja. Wieder einmal fiel Christina Onkel Tonios Abwesenheit auf, vielleicht aber hatte sie ihn im Gedränge auch einfach übersehen. Plötzlich hörte die Band auf zu spielen und im selben Moment blickte Ada zu Christina herüber, hob ihren reichgeschmückten Arm und schwenkte ihn über dem Kopf hin und her. Christina hatte keine rechte Lust, sich mit Ada zu unterhalten, noch konnte sie so tun, als ob sie nichts gesehen hätte. Nun hob auch Jordie seinen Arm.

Ada drückte Christina an sich, als hätten sie einander seit Jahren nicht gesehen. »Jetzt geht es los«, schrie sie ihr aufgeregt ins Ohr. Jordie lächelte. Ein Dienstmädchen servierte Champagner.

Dann gingen die Scheinwerfer an. Das weiße, grelle Licht flutete die Terrasse, die in der Dunkelheit weit gewordenen Pupillen schmerzten kurz, dann schwenkten die Scheinwerfer zusammen und wie bei einer Broadwayshow fokussierten sie auf zwei Personen, die nun jede für sich in einem hellen Lichtkegel standen. Marietta und Marcello.

Das Schlagzeug spielte einen Trommelwirbel, der aber im Jubel der Gäste unterging. Was für ein Theater, dachte Christina, und das bei einem Polterabend. Wie würde das wohl erst bei der Hochzeit werden? Da fiel ihr ein, dass sie ihre Kamera gar nicht bei sich hatte. Das Blut stieg ihr heiß in den Kopf, pulsierte in ihren Schläfen, »Psst, psst!«, machte Ada neben ihr, obwohl sie gar keinen Laut von sich gegeben hatte.

Marietta hatte sich inzwischen ein Mikrofon bringen lassen und klopfte nun testend mit den Fingern darauf, das Klackern war trotz des Lärms laut und klar zu hören. Das Publikum verstummte. »Buona sera!«, hauchte Marietta in das Mikrofon.

Sie sah, natürlich, atemberaubend aus. Ihr Kleid war bodenlang und so leicht, dass es trotz der Windstille zu flattern schien. Ihr helles Haar trug sie nur locker aufgesteckt, einige Locken hatten sich bereits gelöst und umrahmten ihr kaum geschminktes und umso anziehender wirkendes Gesicht. Ein Engel, dachte Christina, oder eine Göttin. Marcello hingegen wirkte neben ihr geradezu unscheinbar, obwohl er ansonsten ein außergewöhnlich schöner Mann sein musste: groß, breitschultrig, und sicherlich versteckte er auch noch einen Sixpack unter seinem Maßanzug. Auf seinem ausgeprägten Kinn spross ein gepflegter, wohl mit großem Aufwand so zwanglos gehaltener Dreitagebart, und auch er trug das Haar mit Gel zurückfrisiert. Während Marietta unablässig lächelte, blickte er ernst drein, geradezu finster, seine Arme hielt er steif an den Körper gedrückt, ein wenig wie ein Soldat. Vielleicht war das seine Vorstellung von Feierlichkeit.

Marietta hielt eine Begrüßungsrede in jenem betörenden Singsang, der dem Italienischen im Allgemeinen und Mariettas Stimme im Speziellen eigen war. Ihr Blick wanderte zufrieden über die Köpfe der Staunenden.

»Sie bedankt sich dafür, dass wir alle gekommen sind. Sie sagt, dass es ein rauschendes Fest wird, das alle Freunde und Bekannte für die eigentliche Hochzeit entschädigen soll, weil die ja nur im allerintimsten Kreis stattfinden wird«, flüsterte

Jordie. Christina selbst wäre gar nicht auf die Idee gekommen, um eine Übersetzung zu bitten, so sehr hatte sie sich schon daran gewöhnt, nichts zu verstehen. Es war das erste Mal seit jenen verhängnisvollen Stunden am Bach, dass Jordie mit ihr redete.

Marietta machte nun eine theatralische Sprechpause, Marcello bewegte sich kein bisschen, stand in seinem Scheinwerferspot wie eine Wachsfigur. Warum rückten die beiden nicht näher aneinander, warum musste ein Streifen Dunkelheit ihre beiden Lichtkegel voneinander trennen wie eine dünne, aber undurchdringbare Wand? Marietta begann wieder zu sprechen, leiser diesmal, das Mikrofon führte sie ganz nah an ihren Mund.

»Sie sagt, ein Polterabend ist auch immer ein Abschied. Ein Abschied vom Junggesellenleben. Ein Abschied vom Leben, wie man es bisher gekannt hat. Sie sagt ... warte ...« Jordie hörte einen Augenblick lang zu, dann flüsterte er wieder: »... dass es ein Abschied für immer sein wird.« Irgendwie klang das eher nach einer Trauerfeier. »Ein Abschied, den man nicht beweinen muss, weil er neue Chancen eröffnet. Bessere Chancen ... Sie sagt ...« Wieder lauschte er, diesmal aber übersetzte er nicht, sondern schüttelte nur langsam den Kopf: »Ich verstehe nicht ganz, was sie meint.« Auch die anderen Gäste wirkten verwirrt, manche tuschelten miteinander, die Dienstboten blickten peinlich berührt auf ihre Tabletts. Nur Tante Ada war ganz bei der Sache, nach jedem Satz nickte sie euphorisch, ihr Turban wackelte wild.

Christina und Jordie schauten Marietta stumm dabei zu, wie sie die offensichtlich letzten Worte ihrer Ansprache formulierte: Ihre Lippen bewegten sich nun langsamer, platzierten die Silben behutsam ins Mikrofon, sodass man auch ohne jedes Sprachverständnis ihre Bedeutungsschwere erahnen konnte.

Erleichtert erhoben die Gäste ihre Hände zum Applaus. Da kam plötzlich Leben in Marcello. Mit einer ruckartigen Bewegung verließ er den ihm zugedachten Spot und drang in Mariettas Lichtkegel ein, sie wich erschrocken zurück, verschwand vollständig in der Dunkelheit hinter seinem breiten Rücken. Einen Moment lang sah es aus, als hätte er sie verschluckt. Jetzt hatte auch er ein Mikrofon in der Hand, oder aber er hatte die kollektive Überraschung genutzt und es Marietta unbeobachtet aus den Händen gerissen. Er wandte sich dem Publikum zu. Sein Blick war unverändert starr und düster. Seine Stimme hallte tief und rau über die Begrenzung der Terrasse hinweg bis in die Finsternis der Landschaft hinein.

»Er sagt …«, flüsterte Jordie, »man sollte bei all der Feierlichkeit nicht auf Blanca vergessen.«

Christina hörte, wie Tante Ada auf der anderen Seite des Tisches laut hörbar die Luft ausstieß.

»Er sagt, dass man nicht vergessen soll, dass ein unschuldiger Mensch zu Tode gekommen ist. Aber dieses Opfer sei nicht umsonst gewesen, Opfer seien nie umsonst, denn …« An dieser Stelle wurde nicht nur Jordie in seiner Dolmeschertätigkeit, sondern auch Marcello bei seiner Rede unterbrochen: Die beiden Scheinwerfer begannen, wie betrunken hin und her zu schwenken, warfen ihr Licht dort und da ins Publikum, blendeten in den Augen und ließen einem schwindelig werden. Mit einigen Sekunden Verspätung setzte auch die Band ein, spielte nun in mindestens doppelter Lautstärke als zuvor ein schlagzeugträchtiges Stück, das Christina noch nie zuvor gehört hatte. Sofort gingen weitere Scheinwerfer an und tauchten die ganze Terrasse nun in warmes, endlich angenehmes

Licht. Ein paar Leute klatschten. Tante Ada stand da wie versteinert, das Champagnerglas drohte zwischen ihren verkrampften Fingern zu zerspringen.

Dunkelblaue Dienstleute schoben Essenswägelchen heraus, die schwer beladen waren mit silbernem Geschirr. Bewegung kam in die Menge: Einerseits musste man Platz schaffen für die Gefährte, sich andererseits aber auch selbst einen guten Ausgangspunkt sichern für den Moment, in dem die Deckel und Glocken gelüftet werden sollten. Marietta und Marcello waren im Gedränge verschwunden.

18. DER TANZ

»Es ist eine Frechheit, an einem Tag wie diesem von Blanca zu sprechen«, murmelte Ada aufgebracht. Die Band hatte sich mittlerweile auf eine angenehme Lautstärke eingepegelt und spielte »Que sera, sera«, obwohl niemand dazu tanzte. Wo Elena plötzlich hergekommen war, ob sie sich schon die ganze Zeit über auf der Terrasse befunden und das ganze Theater mitbekommen hatte, konnte Christina nicht sagen. Jetzt aber stand sie hinter Jordie, ihre Finger fest in sein Hemd gebohrt, als wäre sie nie irgendwo anders gewesen, als wäre sie mit den Händen an seinen Schultern geboren. Sie trug ihren Vogelnest-Dutt und ein riesiges Hemdkleid, das wie ein Malermantel aussah. Vermutlich hatte sie lange darüber nachgedacht, welches Outfit ihr Desinteresse an dieser Veranstaltung am besten unterstrich. »Vieni con me!«, raunte sie Jordie zu, und sie tat es auf Italienisch, wie um Christina zu signalisieren, dass sie das alles nichts anginge. Jordie lächelte entschuldigend und ließ sich von seiner Schwester abführen, die ihm die Hand jetzt in den Nacken legte, als befände sich dort ein geheimer Steuerknopf. Tante Ada stolperte verstört hinterher, immer noch ungläubig den Kopf schüttelnd: »Was das wohl sollte ...«

Christina blieb allein an dem Tisch zurück. Sie ließ sich noch ein Glas Rotwein geben und aß ein paar der winzigen Brötchen, die an ihr vorbeigetragen wurden. Genaues Beobachten wäre das Wichtigste für einen guten Fotografen, hatte der Leiter jenes Kurses an der Volkshochschule gesagt, an dem außer Christina nur Seniorinnen teilgenommen hatten. Wenn sie schon ihre Kamera vergessen hatte, wollte sie zumindest die verbesserten Lichtverhältnisse nutzen und diese Übung praktizieren. Sie nahm ein weiteres Glas Wein von einem der vorbeigetragenen Tabletts und begab sich auf Wanderung.

Schnell hatte sie herausgefunden, dass es unter den Gästen zwei Lager gab, die nichts miteinander zu tun hatten: die Männer und die Frauen. Und während die Männer ausnahmslos Marcello ähnlich sahen und in ihren Anzügen so uniform wirkten wie das Dienstpersonal, war die Gruppe der Frauen sehr viel heterogener. Es waren ältere und jüngere dabei, dunkelhäutige und Frauen mit Kopftüchern, manche waren sehr dick, andere hatten Pickel im Gesicht oder einen Damenbart. Wieder andere waren ausgesprochen hübsch, aber keine von ihnen erinnerte auch nur im Entferntesten an Marietta. Sie trugen allesamt Kleider, denen man auf den ersten Blick ansah, dass sie einerseits mit Liebe ausgewählt worden waren und andererseits nicht viel gekostet hatten. Ein bestimmtes Blumenmuster wiederholte sich immer wieder auf den Röcken und Christina glaubte sich daran zu erinnern, dieses zum ersten Mal bei jenem Discounter gesehen zu haben, bei dem sie auch ihre Großpackung T-Shirts gekauft hatte. Das sollten die Freundinnen von Marietta Esposito sein? Sie schienen es selbst nicht ganz glauben zu können, standen schüchtern in Grüppchen beieinander und blickten nervös um sich, als hätten sie in Wahrheit gar keine Einladung erhalten und sich nur zufällig hierher verirrt. Keine von ihnen wagte sich zu den Wägelchen mit den Speisen vor, wo sich die Herren bereits lauthals scherzend bedienten, ihre Teller vollluden, bis irgendetwas über den Rand hinausschwappte, dann lachten sie. Ihr Lachen klang immer obszön, sogar, wenn es sich beim Auslöser nur um eine zu Boden gefallene Erbse handelte.

Zwischen diesen beiden Gästefronten bewegten sich die Bewohner der Villa, die Einheimischen sozusagen, ungezwungen hin und her. Das Personal machte keinen Unterschied zwischen Designeranzügen und Discounterkleidern: Mit der immer gleichen professionellen Gleichgültigkeit boten sie Häppchen und Getränke an, und hier wagten dann selbst die Damen den einen oder anderen Bissen. Kurz erblickte Christina auch Angelina in der Menge, unverändert mit Pferdeschwanz und im Hosenanzug hetzte sie irgendwohin, ihre Stirn glänzte schweißnass. Marcellos Mikrofonübernahme war auch ihr Versagen gewesen, ein Schwachpunkt in der Planung. Das war schon der zweite Fehler nach … ja, was genau eigentlich war Angelinas erster Fehler gewesen? Christina war sich sicher, dass Marietta Angelina auch heute wieder anschreien würde, wie an jenem Tag, an dem Blancas Leiche gefunden worden war. Wo auch immer Blanca auftauchte, physisch oder auch nur in Marcellos Ansprache, schien es Angelinas persönliches Versagen zu sein.

Überrascht stellte Christina fest, dass ihr Glas schon wieder leer war. Sie wusste gar nicht mehr, wann sie das letzte Mal so viel getrunken hatte. Es musste mit David gewesen sein oder mit Miri, vielleicht sogar mit beiden gemeinsam. Sie schüttelte die Erinnerungen ab und griff zum nächsten Glas.

»Alles in Ordnung?«

Die vertraute, vor allem aber verständliche Stimme in dem italienischen Stimmengewirr ließ in Christina sofort eine angenehme Wärme aufsteigen. Vielleicht aber war es auch nur die einsetzende Wirkung des Alkohols.

»Ja, Nino, alles in Ordnung. Und bei dir?«

Mit dem Silbertablett voll filigraner Sektflöten in den Händen sah Nino noch riesenhafter aus.

»Gefällt dir die Feier?«, fragte er, anstatt zu antworten.

»Geht so.«

Er lachte. »Das klingt nicht sehr überzeugt.«

»Aber wenigstens schmeckt mir der Wein.«

»Das merkt man.«

»Hey!« Christina zog ihre Unterlippe nach vorn zu einem Schmollmund und Nino lachte noch lauter. Wie zur Entschuldigung hielt er ihr dabei das Tablett unter die Nase, sie nahm ein Glas Champagner herunter, »Das letzte!«, rief sie dabei und erhob zwei Finger zum Schwur.

Das erste Gedränge am Buffet hatte bereits nachgelassen, nun könnte auch sie sich vorwagen, gemeinsam mit den etwas mutigeren der verschreckten Frauen, die um die Wägelchen herumschlichen wie übervorsichtige Raubtiere.

»Eine eigenartige Mischung«, bemerkte sie.

»Champagner auf Wein?«

»Nein, ich meine die Gäste. Kennst du sie?«

Nino schüttelte den Kopf und sagte: »Arbeitskollegen von Marcello, Arbeitskolleginnen von Marietta.«

»Aber arbeitet Marietta denn nicht auch in Marcellos Bank?«

»Doch«, antwortete Nino.

»Und warum haben sie dann so unterschiedliche Arbeitskollegen?« Nino blickte sich nervös um, wie er es auch in Christinas Zimmer getan hatte, als sie über Jordies mögliche Erkrankung sprachen. Alles, was das private Leben der Espositos betraf, schien eine potentielle Gefahrenquelle darzustellen und durfte nicht in falsche Ohren geraten. Offensichtlich schien Nino sich aber momentan in Sicherheit zu wiegen, denn er antwortete mit gedämpfter Stimme: »Marietta arbeitet dort als Reinigungskraft.«

Christina spuckte den Schluck Champagner, den sie gerade im Mund hatte, wieder aus. Der edle Tropfen landete zwischen ihren glänzenden Zehn-Euro-Schuhen.

»Marietta ist Putzfrau?!« Sie sprach lauter, als sie wollte, aber sie hatte keine Kontrolle mehr über ihre Stimmbänder. In diesem Moment drehte sich ein Mann nach ihr um, blickte sie mit funkelnden, ja, hasserfüllten Augen an. Es war Marcello. Hatte er sie gehört? Aber dazu stand er doch viel zu weit von ihr entfernt, und die Musik war so laut und auch das Lachen der Kollegen, die ihn umringten. Und doch starrte er sie an, als wollte er sie aufspießen mit seinem Blick, als wäre sie Ungeziefer und eine Gefahr zugleich, und irgendwie hatte Christina das Gefühl, dass das überhaupt nichts mit Marietta oder ihrem eigenen Ausruf zu tun hatte, dass dieser Hass tiefer saß. Nur einen Moment lang starrte er so, dann wandte Marcello sich wieder seinen Freunden zu und Nino zischte: »Schrei doch nicht so laut!«

Schuldbewusst senkte Christina den Kopf. Sie wusste, wie ihr überraschter Ausruf für Nino geklungen haben musste. Im Grunde war auch er eine Reinigungskraft.

»Es ist ja auch nichts dabei ... Ich meinte nur, weil sie doch so reich ist ...«

»Auch wenn man reich ist, braucht man eine Beschäftigung«, rechtfertigte sich Nino, als wäre es allein seine Schuld, dass Marietta Fußböden wischte und Klomuscheln putzte.

»Außer man ist Tante Ada. Oder Onkel Tonio. Oder Jordie«, fügte Christina hinzu.

»Ja ... Dann vielleicht nicht ...«, murmelte Nino.

Dann standen sie stumm nebeneinander und hingen jeder

seinen eigenen Gedanken nach. Nino hatte das Tablett mittlerweile auf einem der Tischchen abgestellt, die roten Laternen, vormals einzige Lichtquellen, waren nun zum Großteil unbemerkt ausgegangen, nur einige wenige flackerten noch. Christina suchte in der Menge Marcellos Blick, wollte ihn deuten können, das Missverständnis aufklären, aber den Gefallen tat er ihr nicht, sie musste sich mit seinem glattgekämmten Hinterkopf begnügen. Wenn Marietta seine Büroräume saugte und seine Schreibtische entstaubte, so tat sie das weder fürs Geld noch aus Freude an der Arbeit, so viel stand fest. Vielleicht wegen Marcello selbst? Um ihm nahezukommen? Sollte das wirklich ihre Motivation gewesen sein, so war diese offenichtlich schon lange verflogen, denn auch jetzt befand sich Marietta nicht an seiner Seite. Kein anderes Paar hatte je so wenig verliebt gewirkt wie diese Braut und dieser Bräutigam. Und wenn es doch die alte Geschichte gewesen war: die beste Freundin und der Verlobte? Hatten Blanca und Marcello eine Affäre miteinander gehabt, die nur durch ihren Tod so abrupt beendet worden war? Und plötzlich fühlte sich Christina mit Marietta, dieser unberührbaren, wunderschönen Frau, schwesterlich verbunden. Kein hübsches Gesicht, kein wohlgeformter Körper und nicht einmal eine Menge Geld konnten eine vor dem Betrug bewahren. Nur hatte Christina David natürlich sofort abserviert (zumindest erzählte sie es lieber so als umgekehrt), während Marietta ihren Fremdgänger auch noch heiratete. Vielleicht liebte sie ihn doch und ließ sich nur aus Stolz nichts anmerken.

»Wo wohnt Marcello eigentlich?«, fragte Christina plötzlich.

Nino verzog missgünstig das Gesicht. Sie hatte ihn wohl mit ihrer Frage aus erfreulicheren Gedanken gerissen.

»Woher soll ich das wissen? In Florenz, nehme ich an«, antwortete er.

»Warum nicht hier, in der Villa?«

Nino lachte, aber es klang weniger amüsiert als angewidert. Auch er schien Mariettas Bräutigam nicht unbedingt zu mögen.

»Warum nicht in Tadschikistan?«, gab er sarkastisch zurück.

Christina aber blieb hartnäckig: »Dann wäre die Anreise zu seiner Geliebten wohl ein wenig lang, findest du nicht? Und in der Villa herrscht doch wirklich kein Platzmangel.«

Nino zögerte kurz, seine kleinen Augen wanderten aufmerksam in ihren Höhlen hin und her, und als er sich abermals versichert hatte, dass sich keiner seiner Arbeitgeber in unmittelbarer Nähe befand, griff er selbst nach einem Champagnerglas. Nachdenklich nippte er daran, während er sagte: »Von heute bis zur Hochzeit übermorgen ist er, soweit ich weiß, in Malvita untergebracht. Im ehemaligen Hotel. So ist es ihm lieber, sagt Marietta. Und mir soll das nur recht sein.« Dann kippte Nino sich den Champagner die Kehle hinunter und stellte das Glas ordentlich auf sein Tablett zurück, als hätte es irgendein Gast geleert und er selbst nur gehorsam saubergemacht.

»Du kennst Marcello also näher?«, hakte Christina unbeirrt nach. Nino schüttelte den Kopf.

»Aber er ist dir nicht sonderlich sympathisch?«

»Ist er irgendjemandem sonderlich sympathisch?«, fragte Nino zurück, und jetzt grinste er plötzlich. Auch Christina musste lächeln.

»Marietta zumindest muss ihn ganz annehmbar finden…«, fügte sie hinzu. Nino antwortete nicht.

Die Terrasse lichtete sich langsam. Zuerst gingen die Frauen: Nach und nach rafften sie ihre billigen Röcke zusammen und huschten davon wie die Schatten in der Nacht, die sie waren. Aber auch ein paar der Männer schienen genug zu haben von der Feierei, sie tranken noch einen letzten Espresso, einen letzten Bourbon, ließen ihr obszönes Lachen noch einmal über die Terrasse hallen und verabschiedeten sich nicht, bevor sie verschwanden. Die Band spielte jetzt »Dancing Queen«, und das schien Christina seltsam: Den ganzen Abend lang hatte sie noch niemanden tanzen gesehen. Wozu denn überhaupt Musik, wenn dann doch alle nur herumstanden, und plötzlich hatte Christina eine Idee.

»Tanz mit mir!«

»Wie bitte?« Nino sah sie an, als wäre sie gerade mit einem lauten »Buh!« auf den Lippen aus einem Kasten gesprungen. Aber der Alkohol in ihrem Blut machte Christina stur. »Tanz mit mir!«, wiederholte sie etwas lauter und stieß neckisch ihren Kopf gegen seinen Oberarm, denn bis zur Schulter reichte sie nicht.

»Ich soll was?«

»Stell dich nicht so blöd! Tanzen!«

Jetzt ergriff sie seine beiden Pratzenhände und versuchte sie im Rhythmus der Musik hin und her zu bewegen, er aber schüttelte sie nur ab: »Das geht nicht …«, seine Stimme klang geradezu panisch, als wäre es ein Todesurteil, mit Christina zu tanzen. Sie hatte noch nicht viele Männer kennengelernt, die gerne das Tanzbein schwangen, aber diese Reaktion schien ihr dann doch stark übertrieben. Wahrscheinlich waren es wieder irgendwelche Standesdünkel, die ihm die Espositos eingeimpft hatten.

»Na schön«, sagte sie und zog wieder ihren Schmollmund, »dann tanze ich eben alleine!« Flink, aber schon heftiger schwankend, als sie gedacht hätte, bahnte sie sich ihren Weg an Nino vorbei zur Band. Sie war betrunken und es fühlte sich gut an.

»You're the dancing queen, young and sweet, only seventeen ...« Genau das wollte sie jetzt sein. Sie hob die Arme über den Kopf wie eine Ballerina und drehte sich, wurde immer schneller, nahm die Gesichter rundherum, die sich ihr nach und nach zuwandten, nur noch verschwommen wahr, ein buntes Band aus Gesichtern, sich jetzt einfach fallen lassen können ...

Ein greller Schrei zerschnitt die Nacht.

Der Sänger und die Gitarren verstummten sofort, das Schlagzeug klopfte noch einige Takte. Dann war nichts mehr zu hören als dieser Schrei, der nicht nur in den Ohren, sondern im ganzen Körper schmerzte. Christina war nicht gefallen, sondern stehen geblieben, während sich alles um sie herum weiterdrehte, immer weiter. Von einer Seite kam Nino auf sie zugestürzt, das konnte sie aus den Augenwinkeln erkennen, auf der anderen aber war nichts als der schrille Ton. Plötzlich tauchte Tante Ada in ihrem Blickfeld auf: »Nicht doch, Marietta, nicht doch!« Und jetzt konnte Christina dort, wo zuerst nur Schreien gewesen war, schemenhaft auch Marietta erkennen. Die Verkörperung des Lautes: Sie kniete zitternd inmitten ihres zerknüllten Kleiderstoffs, Tränen schossen aus ihren Augen und liefen in wilden Bahnen über ihr dunkelrotes Gesicht. Ihre Frisur hatte sich vollständig aufgelöst und die Locken standen kreuz und quer, alles an ihr war verschwommen, nur der Schrei blieb glasklar und zielte auf Christina ab. Nicht nur Ada, auch Elena und die Bediensteten stürzten jetzt von allen Seiten auf Marietta zu, versuchten sie zu beruhigen und versperrten den Blick auf sie mit ihren Rücken und Hinterteilen. Die verbliebenen Gäste, ausschließlich Männer, schienen verwirrt, aber auch ein wenig amüsiert zu sein, war da nicht unter dem Schrei irgendwo ein verhaltenes Lachen zu hören? Im nächsten Moment hatte Nino Christina gepackt und drückte sie mühelos so fest an sich, dass sie sich nicht mehr rühren konnte. Jetzt wollte auch sie schreien, aber er presste ihr Gesicht an seine Uniformbrust, sie bekam kaum noch Luft und biss zu, er schien es nicht zu spüren. Jetzt, da Christina verwahrt war, ging Mariettas Angriffsschrei in ein Schluchzen über: »Vattene, vattene!«

Nino schleifte Christina quer über die Terrasse, durch den Vorraum, die Gänge entlang. Sie hatte keine Kraft mehr, sich zu wehren, hing in seinen Armen wie ein leerer Sack, während nun auch über ihr Gesicht Tränen liefen. Was hatte sie verbrochen, wofür hatte Marietta sie bestraft? Und warum war das in Ordnung, warum durfte Marietta so schreien, während man sie, die ein bisschen betrunken getanzt hatte, wie eine Verrückte in Zwangsjacke abführte?

Im Dachbodenzimmer angekommen setzte Nino sie auf dem Bett ab. Er wollte noch etwas sagen, aber sie verkroch sich sofort in dem Winkel unter der Dachschräge, klemmte sich ein zwischen Wand und Bett und zog die Decke über ihren Kopf. Nur noch ein ungemachtes Bett, mehr würde man hier morgen nicht mehr vorfinden. Morgen würde sie abreisen, nach Hause fahren, zu ihrer Mutter. Scheiß auf die Abmachung, scheiß auf das Honorar. Scheiß auf das Versprechen, dass sie Blancas Foto gegeben hatte. Sie wollte nicht mehr hier sein in diesem Haus, in dem ihr alle Regeln fremd waren, in dem sie nichts kapierte, scheiß auf das alles, und am liebsten hätte sie in diesem Moment ihren Fotoapparat zerschlagen. Stattdessen aber lag sie ganz ruhig da und ließ die Tränen fließen, fließen wie einen Bach, ein Bächlein, das an der Sonne herrlich glitzern würde.

»Schlaf dich erst einmal aus«, sagte Nino, und Christina hörte, wie die Tür ins Schloss fiel.

Und einige Minuten später wieder geöffnet wurde.

19. COCCODRILLO

Leise wie eine Katze war er hereingekommen, wie seine Katze, nur dass diese die verräterisch klackende Türschnalle nicht betätigen musste. Aber ansonsten genauso: Auch unter Jordies Schritten knarrten die Holzdielen nicht. Nur einen Augenblick lang drehte Christina ihren Kopf, um sich zu versichern, dass es wirklich er war, dann verkroch sie sich wieder in ihre Ecke. Sie wollte nicht sprechen, auch mit ihm nicht.

»Du kannst nichts dafür«, sagte er.

Er wartete einen Moment lang, aber Christina schwieg.

»Darf ich mich setzen?«, fragte er. Sie schüttelte unter der Bettdecke den Kopf. Geräuschlos setzte er sich auf den Fußboden, sie hörte nur, wie er den Kopf an das Bettgestell lehnte, ein leises »Tack«. Er musste also mit dem Rücken zu ihr sitzen. Rücken an Rücken.

»Marietta kann auch nichts dafür. Es ist nur ... Sie liebt die Musik, aber sie hasst das Tanzen. Sie hat geradezu Angst davor, eine Art Phobie, weißt du? Und als sie dich gesehen hat, wie du dich da gedreht hast, und deine Arme ... Sie hat ihre Gründe, weißt du? ... Man hätte es dir sagen sollen. Ich hätte es dir sagen sollen.«

Christina schwieg immer noch, aber ihre Augen beruhigten sich langsam, ein paar letzte Tränentropfen irrten über ihre Wangen und versickerten im Leintuch. Jetzt starrte sie die Wand an, betrachtete die winzigen Auskerbungen im Gips, während sie Jordies Stimme hinter sich sagen hörte: »Aber jetzt werde ich dir alles erzählen. Alles, was ich weiß. Ich habe noch niemandem davon erzählt. Sie glauben, dass ich mich an nichts erinnern kann. Es stimmt, ich weiß nicht mehr viel. Aber das zumindest will ich dir erzählen.«

Und dann erzählte er.

Das ist die erste Erinnerung. Ich bin noch sehr klein, drei oder vier Jahre alt. Ich sitze am Fußboden von Mariettas Zimmer und spiele mit einer Lokomotive, schubse sie zwischen meinen Händen hin und her. Um mich herum springen zwei kleine, blonde Dutts wie Gummibälle auf und ab, unter den Haarknoten die roten Gesichter von zwei Mädchen, die Zwillinge sein könnten, aber Freundinnen sind. Die beiden stecken in glänzenden Trikots, Blancas ist rosa, Mariettas himmelblau, sie wölben sich ein wenig an der Brust. Aus Tüllresten haben die Mädchen Tutus gebastelt und sie tragen lustige Schuhe: weiße Bänder bis zu den Knien hinauf, immer übers Kreuz gebunden. Aus dem Kinderkassettenrekorder kommt Klaviermusik, darüber sehr streng Mariettas Stimme: »Geh aus dem Weg, Jordie, wir müssen jetzt üben!«

Die zweite Erinnerung ist nur ein Wort: Coccodrillo. Das ist ein lustiges Wort, es gibt ein Kinderlied, »Il Coccodrillo come fa?«, das heißt: Wie macht das Krokodil? Coccodrillo aber ist kein Tier, er ist ein Tänzer aus Florenz und heißt in Wirklichkeit ganz anders. Es ist sein Künstlername, sagt Marietta, er ist so berühmt, dass er einen zweiten Namen braucht, dass einer allein nicht mehr ausreicht, um ihn zu erfassen. Ich habe mir nur Coccodrillo gemerkt, den anderen Namen habe ich vergessen. Gut möglich, dass ich ihn gar nie gewusst habe. Coccodrillo leitet eine Ballettakademie, an der nur die Besten aufgenommen werden, sagt Marietta. Ein Krokodil im Ballettrock, ich glaube, das habe ich mir lustig vorgestellt. Blanca hat bei ihm vorgetanzt und er hat sie aufgenommen. Jetzt will Marietta auch. Ich weiß nicht mehr, ob die Eltern gleich dafür waren oder erst dagegen, eine dafür, einer dagegen, ich weiß nur noch von den vielen Diskussionen mit dem Namen Coccodrillo, Coccodrillo, Coccodrillo. Und zwischendurch schaltet Marietta den Kassettenrekorder ein, hebt die Arme über den Kopf und dreht Pirouetten.

Die dritte Erinnerung ist viel klarer als die vorigen zwei, sie ist wie ein Film, den ich immer wieder abspielen kann, vor- und zurückspule, Standbilder ansehe, und doch bleibt mir alles unverständlich.

Wir befinden uns in der Tanzschule, in Coccodrillos Akademie, ein kühler alter Bau aus grauem Stein. Wir sind zu früh, Mama und ich, Marietta ist noch nicht fertig mit dem Unterricht. Wir müssen am Gang warten. Von irgendwoher kommt Klaviermusik, ganz andere als aus dem Kassettenrekorder. Ich sitze wieder am Fußboden, der hier sehr kalt ist, wieder mit meiner Lokomotive in den Händen, und Mama liest eine Zeitschrift. Auf dem Cover ist eine Frau mit roten Haaren, sogar das weiß ich noch. Mama ist schon ein wenig genervt, das merke ich an der Art, wie sie die Seiten umblättert, jedes Mal macht es »ratsch«, als wollte sie die Zeitschrift zerreißen. Ich spiele mit meiner Lokomotive und frage mich, wo Marietta bleibt. Vielleicht wäre es gut, wenn ich sie holen gehe, denke ich, denn ich habe Hunger und Durst und will nach Hause, und Mama offensichtlich auch. Wenn ich mich nicht zu weit fortbewege, immer in Mamas Sichtfeld bleibe, ist nichts dabei, überlege ich, dann stehe ich auf und klemme mir die Lokomotive unter den Arm. Ich folge der Musik, und heute weiß ich, dass das Stück »Clair de Lune« heißt und eigentlich gar keine Tanzmusik ist, ich kann es immer noch nachsummen. Ich folge der Musik bis zu einer großen Holztür, die schwer aussieht. Hinter dieser Tür also tanzt Marietta. Wenn ich mich auf die Zehenspitzen stelle, erreiche ich die Türschnalle. Einmal noch schaue ich mich nach Mama um, sie ist immer noch in die Zeitschrift vertieft, ratsch-ratsch. Dann drücke ich die Schnalle hinunter, die Tür springt auf.

Zuerst sehe ich nicht Marietta.

Zuerst sehe ich das Krokodil.

Ich sehe den glänzenden, haarlosen Hinterkopf und den nackten Oberkörper, den muskulösen Rücken. Ich sehe die locker sitzende Trainingshose, die gar nicht nach Ballett aussieht. Ich sehe, wie er die Hände zurückzieht, als hätte er etwas Heißes berührt. Er hat die Tür gehört und dreht sich nach mir um, sein Gesicht ist verzerrt wie eine Maske.

Er brüllt: »Vattene!« – Hau ab. Noch nie zuvor hat mich jemand angebrüllt. Vor Schreck lasse ich die Lokomotive fallen, sie schlägt eine Schramme ins Parkett, ich beginne zu weinen.

»Lass Jordie in Ruhe!«

Durch den Tränenschleier erkenne ich Marietta. Sie trägt ihr blaues Trikot, aber es sitzt nicht richtig, als ob es zu groß wäre oder zu klein, alles daran scheint verzogen zu sein, sie bemerkt meinen Blick, zupft es zurecht. Sie sieht viel älter aus als sonst, denke ich, wie eine Erwachsene.

»Alles ist gut, Jordie!«, sagt sie, aber ihre Augen sind ganz wässrig. Mit zittriger Hand hebt sie die Lokomotive auf und drückt sie mir wieder in die Arme. Sie ist ganz heil geblieben. Und zu Coccodrillo sagt Marietta: »Du bist ein Arschloch.«

Später, im Auto, sieht sie wieder normal aus, die Kleidung passt und die Augen sind trocken, nur das Alter hat sie im

Gesicht behalten. Ich lasse meine Lokomotive über die Rückbank rollen, aber es scheint mir, als hinterließe sie dort ekelhafte, schleimige Spuren. Als wir aussteigen, sagt Marietta zu Mama: »Ich will nie wieder tanzen.« Und noch am selben Abend vergrabe ich die Lokomotive zwischen den Weinreben. Das ist die dritte Erinnerung.

Ein wenig später, glaube ich, hat auch Blanca mit dem Ballett aufgehört. Sie ist auch nicht mehr so häufig hierher auf Besuch gekommen, eigentlich bis vor Kurzem gar nicht mehr. Und Marietta hat tatsächlich nie wieder getanzt. Das bloße Zusehen bereitet ihr Schmerzen, du hast es ja gesehen. Deswegen geht sie auch kaum noch aus, sie fährt nur morgens zur Arbeit und abends wieder zurück. Sie sagt, wenn sie ausgeht, hat sie immer das Gefühl, alles um sie herum tanze. Deswegen stand es ja auch in der Einladung: »Die Braut bittet, aus persönlichen Gründen, vom Tanzen abzusehen.« Nur dir haben wir es vergessen zu sagen. Es tut mir so leid.

Er hatte sehr schnell gesprochen und war dabei ein wenig außer Atem gekommen. Nun hörte man ihn leise schnaufen. Christina war während seiner Erzählung immer weiter unter der Bettdecke hervorgekrochen, jetzt drehte sie sich zu ihm um. Er saß zusammengekauert mit eingezogenen Beinen am Fußboden, den Kopf immer noch an die Bettkante gelehnt, ein Hosenträger war ihm über die Schulter gerutscht und baumelte jetzt schlaff an seiner Seite.

»Ich wollte nur, dass du es weißt«, murmelte er. Mit einem plötzlichen Ruck raffte er sich auf, blickte im Stehen auf Christina hinunter und sie war sicher, dass sein Gesicht anders war als zuvor. Wie hatte er es bei Marietta genannt: älter?

»Gute Nacht«, sagte Jordie.

20. VATTENE

Kurz blieb sie noch liegen und starrte dorthin, wo Jordie eben noch gestanden hatte. Sie könnte jetzt einfach einschlafen und alles vergessen, verlockend winkte von der Ferne ein traumloser Schlaf. Dann stand sie auf.

Vor dem Zimmer lagen die Gänge still und finster. Christina dachte nicht darüber nach, wohin sie ging, sie versuchte nicht, sich an Ninos Routen zu erinnern, tastete nicht nach markanten Stellen. Es gab einfach keinen anderen Weg mehr, keine Ausweichmöglichkeit. Der Rotwein lag schwer in ihrem Kopf, der Champagner prickelte noch. Unter einer der zahlreichen Türen blickte frech ein Lichtstrahl hervor, malte einen dünnen, gelben Strich in die Dunkelheit. Ohne nachzudenken ging Christina hinein.

Jordie stand mit dem Rücken zu ihr. Die Hosenträger hatte er nun beide abgestreift, sie baumelten an seinen Seiten herab. Eben hatte er das Hemd aufknöpfen wollen, er war nur bis zum Nabel gekommen und die hochgerutschten Ärmel legten wieder den Blick auf die Narbenlandschaft frei. Christina schloss die Tür hinter sich mit einem leisen Klacken, und Jordie drehte sich zu ihr um. Sein Oberkörper war weiß, verunreinigt allerdings durch einige zartrosa Kratzer, wie lose Fäden zogen sie sich über seine Brust. Christina ging auf ihn zu, wie sie die Villa durchschritten hatte, zielstrebig und ziellos zugleich, sie blieb erst stehen, als die Spitzen ihrer Schuhe seine

Socken berührten. Nur im allerersten Moment wirkte er überrascht. Er wollte etwas sagen, sagte aber nichts. Und dann küsste sie ihn.

Er wich erschrocken zurück und stieß mit den Kniekehlen gegen das hinter ihm stehende Bett. Nur um nicht zu fallen, umklammerte er Christinas Hüften, und plötzlich schien er zu verstehen. Er presste ihren Körper an seinen, seine Lippen an ihre, seine Zunge spaltete ihren Kussmund, sein Speichel schmeckte nach Rotwein, und durch die Anzugshose und den Kleiderstoff hindurch spürte sie deutlich seine Erregung. Warum nicht, dachte sie, warum eigentlich nicht? Er gefiel ihr, sie ihm offensichtlich ebenso, und sie hatte mit ihm in wenigen Tagen mehr durchgemacht als mit ihrem Exfreund in all den Jahren, sie hatten immerhin eine Leiche gefunden, verdammt noch einmal, und wenn das sie nicht zusammenschweißte, dann war es das Coccodrillo-Geheimnis, von dem er niemandem außer ihr erzählt hatte, und wenn es das auch nicht war, dann war es der Wein.

Christina nahm Jordies Hand und führte sie unter ihr Kleid, hielt sein Handgelenk fest, während seine Finger sich an ihren Schenkeln hinauftasteten, dann erst öffnete sie den Reißverschluss, der Stoff fiel von ihr ab wie eine ungenießbare Schale. Jetzt stand sie vor ihm, der weiche, nackte Kern, und spürte das Narbengewebe seiner Arme rau auf ihrem Rücken. Nun begann auch Jordie, sich auszuziehen, zuerst und sehr schnell legte er das Hemd ab, dann langsamer die Hose, schließlich die Boxershorts. Einen Augenblick lang war er Porzellan, weiß und zerbrechlich, die Schrammen an Brust und Armen traten noch deutlicher hervor, Bruchware, behelfsmäßig gekittet. Nur das Glied war etwas dunkler und ganz unversehrt, hier noch konnte er berührt werden, ohne zu brechen. Und sie berührte ihn, er war all den Verletzungen zum Trotz ein Mensch, ein Mann, unzerbrechlich in ihren Händen. Sein Körper war warm, noch wärmer sein schwerer Atem auf ihrer Haut, er war wieder Fleisch und Blut, Schweiß und Speichel, Christina vergrub ihre Finger in seinem Haar, während er nun ganz ohne ihre Anleitung den Weg fand. Und ein paar Minuten lang war alles schön, weil er so schön war, weil alles sich so schön anfühlte auf ihr, in ihr, um sie herum, ein paar Minuten lang waren die Tote und die Tränen nur eine Brücke zu dieser Schönheit gewesen, und über all dem lag schwer und duftend der Geruch von Rotwein.

Als Christina erwachte, wusste sie nicht, wie spät es war. Sie hatten das Licht nie abgedreht, künstlich-gelb kitzelte es an ihren Lidern, so lange, bis sie die Augen endlich aufschlug. Sie spürte seine heiße Haut an ihrem Rücken. Rücken an Rücken, so lagen sie da. Christina wollte sich gerne umwenden, Jordie ansehen, wenn auch nur von hinten, seinen Nacken und sein Haar betrachten, aber sie wollte ihn auch nicht wecken. Das Bett war eng, zu eng eigentlich für zwei Personen. Platzsparend stand es in diese Nische gedrängt und somit aller Illusionen beraubt, eines Tages vielleicht doch noch zu einem Doppelbett auszuwachsen. Überhaupt war das Zimmer sehr klein, fand Christina. Nicht kleiner als ihr Zimmer zu Hause, das nicht, aber im Verhältnis zur Größe der Villa hauste Jordie in einer Abstellkammer. Womöglich aber wirkte der Raum nur deshalb so beengt, weil sich an den Wänden Regale aneinanderreihten, in denen sich wiederum Kisten stapelten, die zum Bersten gefüllt waren. Dort und da blickte ein Kuscheltier, ein Modellbootmast oder ein Matchboxauto frech hervor. Am Fußboden lag ein Teppich, auf dem das Straßennetz einer Kleinstadt abgebildet war, an den aschgrauen Kreuzungen standen fröhlich winkende Marktfrauen und lustige Polizisten. Jordies Zimmer war ein Kinderzimmer, und Christina fühlte sich auf seltsame Art und Weise betroffen.

Er war jünger als sie, aber nur etwa drei Jahre, das war nicht viel. An die Tatsache, dass ihre Mütter Schwestern waren, dachte Christina jetzt gar nicht, denn nichts an den Espositos fühlte sich nach Familie an. Vielleicht war es gar nicht das Zimmer, auch nicht Jordie selbst, sondern ganz etwas anderes, das diesen bitteren Nachgeschmack in ihr hinterlassen hatte. Sie hatte sich immer viel darauf eingebildet, nicht leicht zu haben zu sein, wobei sie insgeheim der Meinung gewesen war, dass sie ohnehin keiner so wirklich haben wollte. Sie hatte sich zu dick gefühlt, zu klein, zu schlecht gekleidet in ihrem schwarzen Billigeinheitsbrei. Ihr erstes Mal hatte sie mit David erlebt, da war sie nicht viel jünger gewesen als Jordie jetzt. Genossen hatte sie daran vor allem die Gewissheit, dass sie ihn hatte zappeln lassen, dass sie sich erst nach vielen Monaten voller Liebesbeweise hergegeben hatte. Denn so fühlte es sich auch an: Wie ein Hergeben, ein unwiederbringliches Weggeben ihres Körpers. Ein teures Geschenk im Vergleich zu den paar Mal Eisessen und den Kinobesuchen. Sie war stolz darauf gewesen, so großzügig zu sein, und hatte sich gleichzeitig dafür geschämt, nicht noch mehr bieten zu können. Wenn David ihr sagte, wie schön sie doch wäre, fühlte sie jedes Mal die Wut über seine vermeintliche Unehrlichkeit in sich aufsteigen. Oft fing sie kurz darauf irgendeinen bedeutungslosen Streit an und David strauchelte hilflos in ihren Launen wie ein Segelboot im Sturm. In den Jahren der Beziehung, bei den vielen weiteren Malen, war stets ein leichter Ekel geblieben, weniger vor Davids Nacktheit als vor ihrer eigenen. Ihr war es schließlich sogar lieber gewesen, sein Glied in den Mund zu nehmen, da sie selbst dabei angezogen bleiben konnte. Später, als das mit Miri geschehen war und sie ihre endlos gleichen Alpträume hatte, wachte sie immer mit der Gewissheit auf, dass Miri ganz anders war, dass sie sich selbstbewusst die Kleider vom Körper streifte und David nicht nur machen ließ, sondern ihn genoss. Und diese Vorstellung war beinahe schlimmer als der eigentliche Betrug.

Jetzt lag sie da in diesem fremden Bett, spürte Jordies Körper hinter sich und alles war anders. Sie konnte nicht sagen, woran es lag, ob an ihm oder am Alkohol, vielleicht lag es aber auch an ihr. Sie war leicht zu haben gewesen, er auch, na und? Und plötzlich verflüchtigte sich das seltsam unangenehme Gefühl, eine große Freiheit machte sich in ihr breit und sie hatte Lust, Jordie zu wecken und sich mit ihm zu wälzen auf der freundlichen kleinen Stadt seines Teppichs, noch einmal und noch einmal, sie malte sich Szenarien aus, in denen sie nicht allein am Bahnhof stand, sondern mit ihm an ihrer Seite, seine wichtigsten Besitztümer in ihrer schwarzen Reisetasche.

Vielleicht hatte sie sich doch bewegt, ein wenig gezuckt in ihrem Wohlbehagen, vielleicht war Jordie auch von selbst munter geworden. Mühevoll rappelte er sich hoch. Die Enge des Raumes, die ihm zwischen der Wand und Christina blieb, war für ihn offensichtlich ungewohnt. Er konnte sich nicht gleich zurechtfinden in seinem Bett, das heute so viel voller war als sonst, mit seinem Knie stieß er Christina hart gegen die Bettkante, sie verkniff sich jeden Schmerzenslaut. Irgendwie schaffte er es schließlich doch, ins Sitzen zu gelangen. Christina wandte sich zu ihm um. Jetzt saß er da, verstört und zerzaust, und blickte an sich selbst herab, als besäße er diesen Körper erst seit gestern. Seine Blässe hatte eine grünliche

Tönung angenommen, mit den Fingern fuhr er die Narben ab, die verkrusteten auf den Armen und die frischeren auf der Brust. »Guten Morgen«, sagte Christina.

Da erst blickte Jordie sie an.

»Was ist geschehen?«, murmelte er. Seine Stimme klang brüchig. Christina wusste nicht, welche Antwort er erwartete. So betrunken war er nicht gewesen, dass ihm der Film gerissen sein könnte. Sie lächelte ihn an. Aber Jordie schien das nicht zu beruhigen, »Merda«, murmelte er mehrere Male, dazwischen Unverständliches. Die Aufregung ließ ihn nicht seine eigentliche Muttersprache, sondern die Sprache seiner Kindheit, seiner Umgebung sprechen. Auch Elena hatte auf Italienisch geflucht.

»Was ist denn los?«, fragte Christina, während er die Bettdecke an sich zog, seinen Körper verhüllte und den ihren freigab, jetzt spürte sie es wieder, das unbehagliche Nacktsein. Ihr Kleid lag dort auf dem Teppich, unerreichbar. Jordie hörte nicht auf zu fluchen, dabei zuckte er, spannte und entspannte die Muskeln, als wüsste er nicht, wohin mit sich selbst. In seinem Blick erkannte Christina eine selten auftretende Familienähnlichkeit, er spiegelte Elenas Verschlossenheit und Mariettas Hass gleichermaßen wider. Dem Impuls, ihn mit einer Ohrfeige zur Vernunft zu bringen, widerstand Christina gerade noch, stattdessen packte sie ihn an den Schultern und brüllte: »Was ist denn los?« Da wurde er ruhig. Still und regungslos schaute er sie an, und nun erkannte Christina neben Verschlossenheit und Hass auch noch etwas ganz anderes in seinem Gesicht: Es war Angst. Seine ureigene Angst, bei niemandem abgeschaut, an niemanden erinnernd. Jordies Angst, die er selbst geboren und gepflegt hatte, die nicht nur in seinen Augen wohnte, sondern auch um seine Mundwinkel herumzuckte, in die sich verkrampfenden Muskeln kroch und schwer auf seinen Schultern lag. Dann sagte er ein Wort, das Christina bereits kannte: »Vattene!« Er schluchzte es nicht wie Marietta, er schrie es nicht einmal, er sagte es ihr einfach ins Gesicht: »Hau ab!«

Christina stand auf. Barfuß schritt sie über den Kinderteppich, wo zwischen den gemalten Bäumchen ihre Unterwäsche lag. Sie zog sie an, das Kleid darüber, den Reißverschluss am Rücken aber konnte sie nicht ganz hinaufziehen, er klemmte. Sie versuchte, ruhig zu wirken, gleichgültig, nur nicht hektisch. Ihre Schuhe nahm sie in die Hand. Bevor sie das Kinderzimmer verließ, warf sie noch einen letzten Blick hinter sich. Jordie saß zusammengekauert auf dem Bett, das Gesicht in den Händen vergraben, seine Schultern bebten. Weinte er? Scheiß drauf, dachte Christina, die konnten sie alle mal, Marietta und Elena und Jordie und einfach alle, sie würde heute abreisen, allein. Sie knallte die Tür hinter sich zu, ihr war egal, ob es jemand hörte, ihr würde schon eine Lüge einfallen, oder sie würde einfach die Wahrheit sagen, alles egal. Aber die einzige, die den Knall gehört hatte, war Paola gewesen, die von ihrem Schlafplätzchen neben der Zimmertür aufschreckte und davonjagte, als hätte sie den leibhaftigen Teufel gesehen.

21. JORDIE

Das erste Mal war es geschehen, da war er etwa zwölf gewesen. Hinterher wusste er nicht mehr, wovon er eigentlich geträumt hatte, er erinnerte sich nur noch an das aufreibende Zerren, die wachsende Aufregung im Bauch und die große Entspannung, als es vorbei war. Und an den Ekel.

Danach zog er die Pyjamahose aus und betrachtete eingehend den großen, feuchten Fleck, diesen Verräter, der dem mit der Wäsche beauftragten Dienstmädchen etwas über ihn, Jordie, erzählen würde, das er ja selbst nicht wusste, nur ahnen konnte: Ein Körperteil hatte sich selbstständig gemacht, ausgerechnet jenes hässliche Geschlechtsteil, das man aus gutem Grund stets verpackt hielt. Wer es berührte, musste sich waschen – so hatte er es bereits als Kind gelernt. Hier sah man ja, welche Sauerei es anrichten konnte: In vollendeter Fleckenform hatte sich der geschlechtliche Dreck in den karierten Flanellstoff gefressen. Immer schon war Jordie dazu angehalten worden, seine Kleidung sauber zu halten. Jede noch so kleine Spur des Lebens auf den ausnahmslos hellen Hemden wurde von der Mutter ausgiebig beklagt. »Zieh die Schuhe aus, sonst bringst du noch den Schmutz herein!« Das war eine feststehende Phrase, die die Mutter etabliert hatte und die von den Dienstmädchen eifrig übernommen wurde. Wer von draußen kam, brachte den Schmutz herein in das stets blitzblanke Haus. Dann musste man stundenlang schrubben und wischen, bis die Spuren verwischt waren, bis es endlich wieder heimelig rein war in den geliebten Innenräumen. Draußen der Dreck, drinnen die Sauberkeit, so war es bis jetzt immer gewesen.

Jordie betrachtete die Pyjamahose, betastete den Fleck, der klebrig war und Schlieren zog zwischen Fingern und Stoff. Statt die Hose in den Wäschekorb zu werfen, begrub er sie im Mistkübel, schichtete gewissenhaft benutzte Taschentücher und zerfetztes Verpackungsmaterial darauf, bis nichts mehr zu sehen war von dem besudelten Flanell.

Jordie war nie in eine Schule gegangen. Er kannte das Schulgebäude nur aus den Erzählungen seiner Schwestern, in welchen es allerdings zu einem unheimlichen Zauberschloss wurde, in dessen dunklen Ecken stets böse Hexen und Magier lauerten. Morgens legten die Schwestern ihre Schuluniformen an wie Rüstungen, mit großer Ernsthaftigkeit knöpften sie die Strickjacken zu, streiften die Stutzen über die Knie, flochten das Haar zu starren, festen Zöpfen. »Du bist nicht wie wir«, sagten sie, »du würdest zerbrechen in so einer Schule. Die Mädchen sind fies und die Buben brutal. Sie würden dir dein gutes Herz herausreißen, Jordie, einfach nur so zum Spaß.« Die Mutter war ebenfalls dieser Meinung, und auch Jordie wusste insgeheim, dass sie recht hatten, dass er nicht umgehen könnte mit den schmutzigen Fäusten der Buben und den dreckigen Lachern der Mädchen, dass er nur in den strahlend sauberen Zimmern der Villa Esposito leben konnte. Und doch beneidete er seine Schwestern, wenn sie morgens so uniformiert abmarschierten wie kleine Soldatinnen. Er beneidete sie nicht um den Unterricht, den er sich trocken vorstellte wie seine eigenen Privatlektionen, sondern gerade um das, wovor sie ihn warnten: die anderen. Er versuchte sich selbst im Kreise der bösen Mitschüler vorzustellen, ihren Gemeinheiten ganz und gar ausgesetzt. Ein zartes Gefühl machte sich in ihm breit, ein leichter Vorgeschmack nur auf dieses große, süße, dreckige. Jordie blieb stets zu Hause mit dem Dottore, diesem uralten Mann, der ihm Rechtschreibung, Grammatik und Mathematik beibrachte, gigantische Landkarten ausbreitete und die glorreiche Geschichte Italiens dozierte. Jordie mochte den Dottore, aber manchmal hatte er das Gefühl, dass sie nicht das Geringste miteinander zu tun hatten, in dem engen Kinderzimmer zusammensaßen wie zwei Fremde in einem Bus. Alles, was der Dottore sagte, war wichtig und gänzlich uninteressant. Manchmal trieben Jordies Gedanken ab und landeten bei den Schwestern, die jetzt in einem vermutlich kahlen Klassenraum saßen in ihren karierten Röcken und den Blusen, vielleicht gerade angeschrien wurden von einem der Lehrer, die so viel schändlicher waren als der gutmütige Dottore. Manchmal kam es da schon vor, dass sich in seiner Hose etwas regte, das Geschlecht seinen Status als Mittelpunkt des Körpers energisch klarmachte. Dann konzentrierte Jordie sich schnell wieder auf den Unterricht, auf die knochigen Hände des alten Hauslehrers und die Speichelfäden zwischen dessen Zähnen, das half immer.

Über den Menschen hatte der Dottore nie gesprochen. Die Biologie bestand für ihn aus Flora und Fauna. Und während Blumensamen von Insekten verbreitet werden und in der Erde sprießen mussten, bevor daraus Pflanzen entstanden, waren Menschen plötzlich da, lagen irgendwann wie zugestellte Pakete in den Armen ihrer Mütter. Der Menschenkörper hatte keinerlei Funktion als die Selbsterhaltung. Nur wenn Jordie bei einem seiner seltenen Ausflüge nach draußen, von der sicheren Mutterhand geleitet, in irgendeinem Geschäft oder Café zufällig den geschwollenen Bauch einer schwangeren Frau erblickte, fühlte er sich vom Dottore seltsam betrogen.

Ein einziges Mal wagte er, seine Mutter danach zu fragen, sie lachte: »Das hat dich noch nicht zu interessieren!« Und es hatte ihn nie zu interessieren und irgendwie interessierte es ihn auch nicht mehr bis zu jener Nacht, in der die Pyjamahose im Mistkübel landete.

Die Träume kamen wieder. Und sie wurden konkreter, nahmen die Gestalt von Frauenkörpern an, die er irgendwo einmal gesehen hatte, häufig waren es die Umrisse junger Dienstmädchen in ihren blauen Kostümen. Sobald er eingeschlafen war, näherten sie sich ihm leise auf ihren langen, schlanken Beinen, sodass er sie erst so richtig wahrnahm, als es zu spät war, als sie sich längst auf ihn geworfen, über ihn gestülpt hatten, kein Ausweichen möglich. Der Genuss, heftig und kurz, entschädigte nicht für die darauffolgende Blamage. Er sah bald ein, dass er nicht jede Pyjamahose entsorgen konnte, so stand er also häufig früh im Badezimmer und rubbelte den Fleck mit flüssiger Seife heraus.

Nach einiger Zeit aber begannen die Träume, in die Tage hineinzuwuchern, sich hemmungslos in die Wirklichkeit zu mischen und sich an dieser zu bedienen. Die Berührungen seiner Schwestern wurden Jordie zunehmend unangenehm – und angenehm zugleich. Sie umarmten ihn wie eh und je, drückten ihn an sich und griffen ihn ab, wie Verheißungen wanderten ihre Hände nun über seinen Rücken, seine Arme, durch sein Haar. Ihre Lippen waren keine Schwesternlippen mehr, wenn sie an seinen Wangen entlangglitten, sondern Teil seiner Traumwelt: Hier ein Schwesternkuss, da eine Schwesternhand zwischen all den halbbekannten, beinahe anonymen Frauengestalten, die ihm kurze Lust und langes Leid bereiteten.

Der Dottore, im Grunde von jeher ein Fremder, rückte nun in weite Ferne. Der Unterricht plätscherte im Hintergrund, ein

Rauschen nur in Jordies Ohren, und selbst die wenig ansprechende Physiognomie des Dottores bot keine Zuflucht mehr vor den lodernden Gedanken. Der ungeschickte Handgriff eines Dienstmädchens nach einer Teekanne, welche hoch auf einem Kasten stehend keck zum Strecken aufforderte, schien Jordie plötzlich beachtenswerter als die ruhmreiche Geschichte seines Landes. Die Schöne reckte sich in seinen Gedanken so lange, bis die Teekanne verschwand und es plötzlich er war, nach dem sie verlangte, sein Glied es war, nach dem sie griff. Dem Dottore entging alles, das von Bedeutung war, nicht aber Jordies Unaufmerksamkeit. Er musste sich bei den Eltern darüber beschwert haben, denn anders war es nicht zu erklären, warum eines Abends, das Dinner war bereits eingenommen worden, Jordies Vater sein Zimmer betrat, unschlüssig mitten auf dem Städtchen-Teppich stehen blieb. Jordie konnte sich nicht daran erinnern, dass der Vater davor schon einmal dieses Zimmer betreten hatte. Die Mutter hingegen häufig, wenn sie in einem Anfall überbordender Energie dem Personal hinterherputzte, oder einfach nur so hereintänzelte, um »nach dem Rechten zu sehen«, wie sie es nannte. Die Mutter war eine stete Gefahr für alle Geheimnisse, daran hatte er sich gewöhnt, der Vater aber war neu. Jordie trug bereits seinen erst heute Morgen frisch gereinigten Pyjama. Der Vater wirkte in dem Zimmerchen gleich umso imposanter mit seinen breiten Schultern und dem eleganten Anzug, dabei aber auch so verloren, als befänden sich die schützenden Wände in ungreifbarer Entfernung. Jordie setzte sich im Bett auf und sah den Vater fragend an. Dieser räusperte sich.

»Der Dottore … auch deine Mutter … Sie sind der Meinung …«, murmelte er, beschloss dann aber, dass dies kein guter Anfang war. »Der Pyjama ist dir zu kurz an den Ärmeln, deine Mutter soll dir neue Sachen kaufen«, dann schwieg er. Jordie blickte immer noch seinen Vater an und konnte sich nicht vorstellen, jemals auch so auszusehen. Zwar schoss er in letzter Zeit tatsächlich geradezu hektisch in die Höhe, an Breite aber fehlte es ihm, und sein Haar würde mit keinem Gel der Welt so glatt am Hinterkopf kleben bleiben. »Jordie, wir ... Wir müssen etwas besprechen. Wir sollten dafür ... Komm mit ...«

Jordie lief nicht gerne im Pyjama durch die Villa, denn überall konnten die Dienstmädchen lauern oder, schlimmer noch, die Schwestern, und in der dicken Anzugshose war die Erregung leichter zu verbergen als unter leichtem Pyjamastoff. Aber der Vater ließ ihm keine Zeit, sich umzuziehen, denn kaum hatte er ausgesprochen, machte er auf den Fersen kehrt, sichtlich heilfroh, dieses ihm völlig fremde Zimmer zu verlassen und wieder bekannte Gefilde zu betreten, über die er selbst Herr war, Jordie folgte ihm. Sie steuerten auf das Badezimmer zu, nicht Jordies Badezimmer, welches sich gleich gegenüber befand, sondern das geheimnisvolle Elternbadezimmer, im hintersten Winkel der Villa versteckt und den Kindern verboten, sobald sie nicht mehr gewickelt werden mussten. Jordie hatte nur noch vernebelte Erinnerungen an diesen Raum mit seinen weinroten Fliesen, einer in den Boden eingelassenen Badewanne und zahlreichen Spiegeln und Spiegelkästchen. Als er das Zimmer nach so vielen Jahren erstmals wieder betrat, schien ihm jedoch der Geruch am eindrücklichsten zu sein. Schwerer Blumenduft mischte sich mit der Frische von Menthol, orientalisches Gewürz mit rauem Holz, Süßliches und Bitteres, Frauen- und Männergeruch vereint in der tropisch feuchten Luft. Benommen folgte Jordie seinem Vater zum Waschbecken. Der Vater wies Jordie an, in den Spiegel zu blicken. Jetzt schwebten ihre Gesichter dort direkt nebeneinander, und Jordie konnte doch noch eine gewisse Ähnlichkeit ausmachen, die vor allem an der Augenpartie zu erkennen war. Er begann an sich selbst das zarte Sprießen der Tränensäcke wahrzunehmen, ein leichter Schatten erst, aber in vielen oder vielleicht gar nicht so vielen Jahren würden sie ihn einmal als Tonios Sohn, als einen Esposito, brandmarken.

»Du bist nun ... na ja ... fast erwachsen«, sagte der Vater und strich sich dabei über das Kinn. Er tat es sehr langsam, es war mehr als eine unbedachte Geste, es war ein Hinweis. Aber Jordie verstand nicht. Das plötzliche Eingreifen des sonst so passiven Vaters wurde ihm verdächtig. Wenn es hier um eine Rüge wegen der schulischen Fehlleistungen ging, wie er zuerst vermutet hatte, wäre diese schon längst abgehandelt gewesen. Sollte er am Ende aufgeflogen sein, waren die schmutzigen Hosen irgendwo aufgetaucht, war er beobachtet worden beim Fleckenputzen oder gar in einem der schwachen Momente, in denen er sich für gänzlich unbeobachtet gehalten hatte? In denen er es nicht mehr ertragen und seine Hand hatte hinunterwandern lassen an seinem Körper, um den aufdringlichen Tagträumen ein schnelles Ende zu bereiten, um sich möglichst schnell wieder säubern zu können und Ruhe zu haben? Ihm wurde übel, der Vater räusperte sich.

»Also«, sagte er, fast klang es feierlich, »ich werde dir also zeigen, wie man sich rasiert.«

Noch war nicht viel vorhanden, was man an Jordies Gesicht hätte wegrasieren können, ein paar vereinzelt stehende, aber umso borstigere Härchen, die sich durch ihre dunkle Farbe auf der blassen Haut hervortaten. Jordie imitierte eifrig den alten Mann im Spiegel: Er wusch sein Gesicht und rieb es mit schäumender Creme ein, er spannte die Rasierklinge in den Rasierer und fuhr, aus den Augenwinkeln immer dem väterlichen Vorbild folgend, gewissenhaft von der Nase über die Wangen bis zum Kinn hinunter. Dabei war er erleichtert, dass sein Körper nur dort besprochen und gemaßregelt wurde, wo er unverfänglich war und vor allem: sauber. Jordie wurde direkt übermütig, vergaß die anfängliche Gewissenhaftigkeit und drückte fester, strich schneller, der Rasierer hüpfte vor Freude und da geschah unabwendbar das Missgeschick: Er zog einen langen Schnitt vom Mundwinkel bis zum rechten Ohr hinauf. Im ersten Augenblick war es nur eine rote Linie, dann begann das Blut hervorzubrechen, spülte den Schaum herunter und machte aus dem Schnitt einen tropfenden Fleck, warm und klebrig, aber nicht schmutzig. Jordie spürte das Blut und spürte, dass er selbst dieses Blut war, spürte sich selbst ganz ohne Scham, ohne Reue. Der Schmerz war kurz, das Blut blieb. »Sowas kann passieren, keine Sorge«, sagte der Vater tröstend, während er Jordies Wange mit einem Taschentuch abtupfte. Die Wunde war nicht tief, nur spektakulär anzusehen, Jordie musste sie desinfizieren und mit Ringelblumensalbe einreiben. Danach war er entlassen, »Du weißt jetzt ja im Grunde, wie es geht«, sagte der Vater und verabschiedete ihn an der Badezimmertür mit kumpelhaftem Schulterklopfen, das weder zu der majestätischen Erscheinung des Vaters noch zur zarten Gestalt des Sohnes so recht passen wollte. Dann lief Jordie allein über den langen Gang zurück in sein Zimmer, in den Händen noch der Rasierer und die Klingen, unter dem Arm die Dose mit dem Schaum geklemmt, alles Geschenke des Vaters. Immer noch trug Jordie seinen bereits etwas kurz geratenen Pyjama, aber das war ihm nicht mehr peinlich. Er fürchtete gar nichts mehr, er hatte das Zuviel an Gefühlen und Gedanken bereits aus sich herausgegossen, sauber ins Waschbecken sickern lassen, diesmal war es nämlich zu Blut und nicht zu Schmutz geworden. Er fühlte sich zum ersten Mal seit langem aufgeräumt. In dieser Nacht schlief er tief und traumlos.

Das Rasieren verfolgte Jordie nur nachlässig: Zu mickrig war sein Bartwuchs, als dass er daraus eine Routine hätte machen können. Wenn sich irgendwo doch ein schüchternes Härchen hervorwagte, eliminierte er es gezielt, ohne sich davor der Prozedur des Waschens und Schäumens zu unterziehen. Das Schneiden aber wurde ihm zur Leidenschaft. Er wusste, dass es nicht mehr sein Gesicht sein durfte, denn die Mutter hatte schon dieser einen vermeintlichen Narbe wegen eine Szene gemacht: »Mein armes, armes Baby!« Aber die Arme, tagsüber und selbst bei größter Hitze gewissenhaft in den Hemdsärmeln verborgen, boten sich an. Sie mussten jetzt büßen für ihre nächsten Vertrauten, die Hände, die sich nicht hatten zusammenreißen können, die unbedingt Komplizen hatten werden müssen des ungehobelten Geschlechts. Die Arme waren die Bauernopfer seiner Sauberkeit, und als sie keinen Platz mehr boten für weitere Verletzungen, nahm er die Brust in Angriff. Da stand er jetzt noch ganz am Anfang, so viel Haut, die es zu opfern galt. Solange er nur blutete, begehrte Jordie nichts anderes, und das liebte er.

Er sagte sich, dass es der Dreck war, den er verabscheute, der unvermeidliche Fleck in der Hose, im Leintuch, im Taschentuch, wo auch immer, er hasste das Verstecken und das Saubermachen.

Er sagte sich, dass er den Kontrollverlust fürchtete, die Selbstständigkeit der Körperteile, die im Gegensatz stand zum absichtsvoll herbeigeführten Bluten.

Aber es war noch etwas. Etwas, das er sich nicht sagen konnte, das er sofort von sich drängte, sobald es sein Bewusstsein zu streifen drohte, und doch den Hauptgrund seines Ekels darstellte. Denn immer kurz bevor seine Erregung den Höhepunkt erreichte, das Glied sich bereitmachte, seine üble Flüssigkeit auszuspucken, verschwanden all die Frauenkörper, die Mädchenhände, die roten Lippen. Dann sah er nichts mehr vor sich als einen kargen Ballettschulraum, in welchem sich ein nackter Oberkörper, ein glänzend-kahler Hinterkopf über blondes Haar und himmelblauen Trikotstoff legten.

Coccodrillo.

22. DER GROSSVATER

Jetzt war Christina wieder nüchtern, viel zu nüchtern. Während sie sich in der Nacht hatte treiben lassen, musste sie nun navigieren. Ihr Blick tastete die Umgebung nach bekannten Gegenständen ab: eine Vase, die ihr schon einmal ins Auge gestochen war oder ein Gemälde, auf das Nino sie hingewiesen hatte. Dass sie dafür ihre ganze Konzentration aufwenden musste, war ihr nur recht. Es lenkte sie von der Wut ab.

Noch war niemand sonst in der Villa unterwegs, im Dienstbotentrakt allerdings erklang hinter verschlossenen Türen bereits verhaltener Lärm: Wecker klingelten, Wasserhähne wurden aufgedreht, irgendwo pfiff eine Teekanne. Hier machten sich die Arbeiter bereit für ihren Arbeitstag, während Christina mit den Schuhen in der Hand zurück in ihren Unterschlupf schlich wie eine Hure am Heimweg. Jetzt war es wieder da, dieses Gefühl der Scham, ohne welches offensichtlich keine sexuelle Handlung vonstattengehen konnte. »Vattene« hatte er zu ihr gesagt, wie Marietta es getan hatte. Wie Coccodrillo es getan hatte.

Christina bog falsch ab, drang vor in ihr völlig unbekanntes Gebiet und musste kehrtmachen. Sie ermahnte sich erneut zu größtmöglicher Konzentration. Heute würde sie ohnehin abreisen. Kein Grund, auch nur einen einzigen Gedanken an Jordie zu verschwenden. Endlich fand sie das richtige Treppenhaus und stieg zu ihrer Dachkammer hinauf.

Das ungemachte Bett erinnerte an den vorangegangenen Abend und dessen zahlreiche Wendungen. Einen Moment lang stand Christina etwas unschlüssig davor. Am liebsten hätte sie sofort ihre Tasche gepackt und sich auf den Weg zum Bahnhof gemacht, aber natürlich war sie darauf angewiesen, dass jemand sie dorthin brachte. Der Weg war weit, und dass man ihr nach ihrem letzten Ausflug mit Jordie wieder ein Auto zur Verfügung stellen würde, war mehr als unwahrscheinlich. Außerdem war sie müde. Und sie stank. Ihr Schweiß roch säuerlich und fremd. Dieser Geruch, wie damals in dem Café, später in den Alpträumen, erst David und Miri, jetzt Jordie und sie ... Erst einmal alles abwaschen, dachte Christina. Sie duschte noch ausgiebiger als nach dem Florenzbesuch, ließ das Duschgel mehrmals auf der nassen Haut aufschäumen und den Abfluss hinunterrinnen, bis sie nichts mehr riechen konnte als chemische Pfingstrosen. Danach kämmte sie ihr feuchtes Haar grob und band den Pferdeschwanz so fest, dass die Kopfhaut spannte. Sie zog sich frische Kleidung an, ein schwarzes T-Shirt zu schwarzen Jeans, wie immer. Dann blickte sie noch einmal in den Spiegel, betrachtete ihre kleinen, müden Augen, die breite Nase, die unreine Haut. Dabei musste sie daran denken, dass man niemals herausfinden würde, ob Blanca Lucchesi bei ihrem Tod geschminkt gewesen war oder nicht. Der Gedanke beunruhigte sie, als ob er von Bedeutung wäre. Erst als sie es an der Tür klopfen hörte, trat sie hinter der Trennwand hervor.

Nino wirkte heute viel kleiner als sonst, und sein müdes »Gute Morgen« drang kaum zu Christina vor, versickerte auf halbem Weg zwischen den Bodendielen. Hatte Marietta ihn wieder büßen lassen für Christinas Verfehlungen?

»Konntest du schlafen?« Der Tonfall, in dem er die Frage stellte, implizierte, dass dies bei ihm nicht der Fall gewesen war. Einen Moment lang hatte Christina Lust, Nino alles zu erzählen, sie war dazu bereit, ihr Kavaliersdelikt der betrunkenen Leichtfertigkeit gegen Jordies Vergehen der Verachtung aufzuwiegen, denn diesen Prozess würde sie gewinnen. Stattdessen lächelte sie nur: »Ganz gut!« Nino hätte sich ja doch nur jeder Logik zum Trotz auf die Seite seines zukünftigen Arbeitgebers geschlagen und sie hätte es ihm nicht einmal übelnehmen können. Ihre letzten Stunden in der Villa wollte sie, wenn möglich, in Frieden verbringen. »Frühstück im kleinen Salon?«, fragte sie lächelnd. Nino nickte.

Christina versuchte den ganzen Weg über, möglichst nett und fröhlich zu wirken, sie hielt diesmal sogar Schritt mit dem Riesen und plapperte über das Wetter und die meisterhaften Bilder, die sie in den Uffizien gesehen hatte. Nino antwortete einsilbig, schließlich gar nicht mehr, sie musste sich mit seinem minimalen Kopfnicken zufriedengeben.

»Da fällt mir ein ... ich kann nicht mehr bis morgen bleiben. Ich möchte heute schon abreisen.« Ganz nebenher ließ Christina diesen Satz fallen, so, als hätte ihre An- oder Abwesenheit keine größere Bedeutung für die Hochzeit, und das stimmte schließlich auch. Elena kannte genügend »echte« Fotografen, Starfotografen, und bei dem potentiellen Honorar würde sich doch wohl der eine oder andere erweichen lassen. Am Ende des Ganges glänzte bereits silbern die Tür zum kleinen Salon. Nino blieb abrupt stehen.

»Du willst ... was?«

»Ich habe Heimweh«, log Christina, ihre Mundwinkel verkrampften sich etwas beim Lächeln, »außerdem bin ich keine echte Fotografin ...«

»Blanca war auch keine ›echte‹ Fotografin.«

So, wie Nino den Satz aussprach, klang er wie eine Drohung.

Dieses »auch« implizierte einen Zusammenhang zwischen Christina und der Toten im Bach, eine Ähnlichkeit, die sich über die fotografischen Unkenntnisse hinaus noch ausdehnen ließe ... Plötzlich war Nino wieder groß und stark und kein bisschen gebrochen.

»Bitte ... ich muss abreisen ... ich muss ...«, stieß Christina nervös hervor. Jetzt machte sie keine Anstalten mehr, ein Lächeln vorzutäuschen, Tränen stiegen ihr in die Augen und verwässerten ihren Blick. Nino seufzte.

»Weißt du was«, sagte er schließlich in versöhnlichem Tonfall, »du gehst jetzt einmal vor in den kleinen Salon und machst dir einen schönen, starken Kaffee, und ich schaue inzwischen, was sich da machen lässt.«

Christina nickte, obwohl alles in ihr »Falle« schrie. Allerdings hätte sie im Ernstfall ohnehin keine Chance gehabt, Nino zu entkommen. Er war größer, stärker und noch wichtiger: Er kannte die Villa. Wie schlafwandelnd steuerte sie jetzt auf die silberne Tür zu. Sie drehte sich nicht um, wusste aber, dass Nino ihr mit seinen Huskeyaugen nachblickte, bis er sie sicher verwahrt wusste in dem kleinen Käfig aus Chrom.

Zu ihrer angenehmen Überraschung war sie im kleinen Salon allein. Vielleicht hatten Marietta und Elena ihren Kaffee in einem der zahlreichen anderen Räume eingenommen, womöglich schliefen sie auch noch. Christina stellte eine Tasse in die futuristische Kaffeemaschine und drückte den Espresso-Knopf.

Tante Ada kam heute ohne das für sie typische Geklimper, ohne säuselnde Grußworte oder klappernde Stöckelschuhe, ganz geisterhaft geräuschlos herein. Zum ersten Mal sah Christina sie mit offenem Haar, glatt und seidig reichte es beinahe bis über die Hüfte. So bekam man einen Eindruck davon, wie schwer der Haarturm sein musste, den Ada üblicherweise mit sich herumtrug. Gekleidet war sie in einem für ihre Verhältnisse einfachen Sommerkleid mit großen Flügelärmeln, das außer einigen kindskopfgroßen Sonnenblumenblüten wenige Hingucker bot. Ada war eine weise und gütige Hippie-Göttin.

»Nino hat mir alles erzählt«, sagte sie, sogar ihre Stimme klang heute weich und machte Christina sofort ein schlechtes Gewissen.

»Na ja …«, murmelte Christina in ihre Tasse hinein, »ich habe nun einmal … Heimweh …«

»Es ist wegen Marietta«, stellte Ada klar, während sie sich auf einen der Barhocker hievte, »Marietta kann eine Tyrannin sein. Weißt du, sie hat viel mitgemacht. Dabei vergisst sie leider manchmal, dass auch andere ihr Paket mit sich herumzutragen haben.« Einen Moment lang spielte sie gedankenverloren mit ihrem auch für sie ungewohnt wallenden Haar. Dann sagte sie unvermittelt: »Du siehst deiner Mutter sehr ähnlich.«

Das hatte Christina schon des Öfteren gehört, und obwohl ihre Mutter im herkömmlichen Sinne sicher nicht unattraktiv war, wollte Christina doch nicht aussehen wie eine Mittvierzigerin, die ihre Abende immer nur zu Hause verbrachte.

»Danke«, murmelte sie.

»Ich war siebzehn, als ich von zu Hause abgehauen bin«, erzählte Ada, »ich habe nichts vermisst, außer Anne. Ihr geht es gut, sagst du? Ich habe mir lange Vorwürfe gemacht, dass ich sie nicht mitgenommen habe. Na ja, mitgenommen. Sie hätte es ohnehin nicht gewagt. Anne war immer ängstlich. Die mutige Adelheid und die feige Annemarie. Nun, unser Vater hätte gesagt: die freche Adelheid. Die unanständige, die ehrlose Adelheid.« Ada lachte freudlos und strich ihr Haar hinter die Schulter zurück.

»Erinnerst du dich an deinen Großvater?«, fragte sie.

Natürlich erinnerte Christina sich, er war erst vor zwei oder drei Jahren gestorben. Trotzdem hätte sie nicht viele konkrete Begebenheiten aufzählen können, an die sie sich erinnerte: Zu Weihnachten und an seinem Geburtstag hatte sie ihn gemeinsam mit ihrer Mutter in seinem Haus besucht, dann hatten sie in der engen, immer zu kalten oder zu heißen Bauernküche zusammengesessen und der Großvater hatte Weißwein aus einem Saftglas getrunken. Die Gespräche waren völlig belanglos gewesen, sie drehten sich um die Mühen des Alltags und um das Wetter. Trotzdem glaubte Christina sich jetzt daran erinnern zu können, dass die Mutter ihr Elternhaus stets mit einer gewissen Erleichterung hinter sich gelassen hatte, ähnlich wie Christina selbst ihren Vater in den McDonald's-Filialen.

»Er hat mir meine Kamera geschenkt«, antwortete Christina mangels anderer nennenswerter Erinnerungen an ihren Großvater. Ada lächelte schief: »Anne und mir hat er nie etwas geschenkt.« Dann schwieg sie. Es schien Christina unpassend, der Tante in deren eigenem Haus Kaffee anzubieten, aber trotzdem hätte sie ihr jetzt am liebsten eine tröstende Tasse in die Hand gedrückt und etwas gesagt wie: »Es wird schon wieder.« Dabei war das natürlich Blödsinn, denn wenn etwas nie wieder wird, dann ist es eine vermurkste Kindheit, die bleibt einem wie eine hässliche Narbe. Mit ihrer Mutter hatte Christina nie über deren Vergangenheit gesprochen. Aus der Jugendzeit war nur der Name »Ada« überliefert, sie wurde als Schwester bezeichnet, aber es gab keine Geschichten, keine Anekdoten, die diesen Terminus rechtfertigten. Viel lieber erzählte die Mutter davon, wie es Ada später ergangen war, als sie bereits Gattin eines mehrfachen Millionärs, eine Märchenprinzessin geworden war. Wenn sie überhaupt von Ada sprach, es kam nur selten vor.

Ada räusperte sich. »Um ehrlich zu sein«, sagte sie, »ich habe eigentlich zuerst Anne eingeladen. Wir haben in den letzten Jahren selten miteinander gesprochen, aber sie ist mir häufig in den Sinn gekommen, meine kleine Schwester. Ich dachte, dass ihr diese Hochzeit ... gefallen könnte. Und dass ihr die Luftveränderung guttäte. Aber leider ist sie immer noch die ängstliche Annemarie, die sie immer schon gewesen ist. Sie sagt, sie sei zu alt für Luftveränderungen, ihr Zug sei abgefahren. Und dann hat sie mir von dir erzählt. Und dass du fotografierst.« Ada lächelte Christina an. »Ich finde es traurig, dass Anne nicht gekommen ist, aber umso mehr freue ich mich, dass sie mir dich geschickt hat. Du siehst aus, wie sie in deinem Alter ausgesehen haben muss. Aber du bist natürlich mutig.«

Christina verstand nicht, was die Tante damit meinte. Es gehörte wohl kaum Mut dazu, eine Hochzeit zu besuchen. Ob Ada von dem Mordfall sprach? Aber davon hatten weder sie noch Christinas Mutter im Vorfeld wissen können. Warum also hatte die Mutter die Einladung zur Hochzeit abgelehnt und Christina sozusagen als Vertretung geschickt? Unter dem Deckmantel eines Fotografenjobs, weil Christina sich ansonsten womöglich geweigert hätte, zu den fremden Verwandten in die Toskana zu fahren?

»Also, möchtest du immer noch abreisen?«, fragte Tante Ada mit einem breiten Lächeln und ließ sich, diesmal wieder in alter Pracht geräuschvoll, vom Barhocker gleiten.

Plötzlich waren von draußen her Stimmen zu hören. Zuerst nur eine einzige, männliche: Laut und aufgebracht brüllte sie etwas, dann erklang hektisches Getrampel. Andere Stimmen mischten sich hinzu, hohe und tiefe, noch mehr Getrampel, man hörte Lappen in Wassereimer platschen und das Verrücken von Möbeln. Der Tumult hatte sich innerhalb weniger

Sekunden aufgebaut und musste direkt vor der geschlossenen Tür des kleinen Salons stattfinden. Natürlich verstand Christina kein Wort, allerdings kam ihr die erste, die alles auslösende Stimme bekannt vor. Ihr Verdacht wurde von Tante Ada bestätigt, die sich aufrichtete wie ein Feldhase, der Gefahr witterte: »Ich ... ich muss kurz nach Jordie sehen!« Da war sie auch schon mit fliegendem Haar aus dem Zimmer gelaufen, die Tür knallte zu hinter ihrem Rücken. Unter anderen Umständen wäre Christina Ada wohl gefolgt. Vielleicht warf die Schreierei da draußen nur ein weiteres Rätsel auf, womöglich aber bot es auch eine Lösung. Jedoch war Christina momentan nicht wirklich scharf darauf, Jordie gegenüberzutreten. Und nun fiel ihr ein, dass dieses ganze Theater überhaupt etwas mit ihrer Person zu tun haben könnte. Zwar wusste sie nicht, was er davon gehabt hätte, die ganze Wahrheit hinauszubrüllen, aber sie verstand ja ohnehin nichts. Sie lauschte also und wartete nur darauf, dass ihr Name fiel. Mittlerweile jedoch hatte dort draußen Adas schrille Stimme das Ruder übernommen, sie bellte Befehle und beinahe klang es so, als hätte sich ein alter deutscher Akzent in ihr Italienisch geschlichen. Ansonsten hörte man nichts mehr als die sich entfernenden Schritte und Staubsauger, die wieder in Betrieb genommen wurden. Jordie war verstummt.

Als Ada zurückkam, war sie ein wenig blasser als zuvor, zwischen ihren Augenbrauen hatte sich eine tiefe, senkrechte Falte gebildet.

»Paola ist verschwunden!«, berichtete sie knapp.

Christina wunderte sich. Lange konnte das Vieh noch nicht fort sein, sie hatte es ja heute Morgen erst zum letzten Mal gesehen. Außerdem war die Villa Esposito unfassbar groß und verwinkelt, ein Paradies für eine Katze, die eine Zeit lang untertauchen wollte, spätestens zur Fütterung würde sie schon wieder antanzen. Die momentane Unauffindbarkeit des Tieres war also weder ein Grund für eine Sorgenfalte noch eine Entschuldigung dafür, dass Jordie seine Bediensteten anschrie.

»Hat man denn wirklich schon überall gesucht?«, fragte Christina.

»Natürlich nicht«, antwortete Ada, »ich habe Gebiete abgesteckt und Suchtrupps losgeschickt.« Das klang, als wäre die Villa ein Gebirge und Paola eine vermisste Bergsteigerin. Ada rieb sich nervös die Schläfen.

»Verschwindet sie denn öfter?«, fragte Christina.

»Andauernd«, antwortete Ada, »und für gewöhnlich taucht sie immer wieder bald auf. Aber weißt du, Jordie ist sehr sensibel, er hat so etwas wie einen sechsten Sinn für dieses Tier. Und er spürt, dass diesmal irgendetwas ganz und gar nicht in Ordnung ist. Elena kümmert sich jetzt um ihn, er ist völlig fertig mit den Nerven ...« Tante Ada schien den Tränen nahe vor Sorge um ihren überempfindlichen Sohn und dessen verwöhntes Haustier.

Vor wenigen Stunden noch hatte Christina die Katze eigenhändig verjagt durch das Zuschlagen von Jordies Zimmertür. Nur war es unmöglich, Ada davon zu erzählen, ohne gleich alles zu berichten. Christina fiel auch keine brauchbare Lüge ein, warum sie sich sonst am frühen Morgen vor Jordies Zimmer herumgedrückt haben sollte, und überhaupt war es gar nicht relevant, Paola lag ja nicht mehr dort. Da hatte Christina eine Idee.

»Ich weiß, wo sie sein könnte!«

Putzende und suchende Dienstboten drehten die Köpfe nach ihr um, als Christina aus dem kleinen Salon geschossen und die Gänge entlanggejagt kam wie eine Besessene. Denn Adas Sorge hatte einen ganz eigenartigen Ehrgeiz in ihr geweckt: Sie wollte Jordie seine blöde Katze zurückbringen. Sie wollte sie ihm eigenhändig in die Arme drücken, seine Aufregung lächerlich machen: Da war es ja, sein dummes Haustier, mit kühlem und klarem Verstand innerhalb weniger Minuten gefunden! Er sollte sich schämen für seine Hysterie, er sollte sich schämen für sein hässliches »Vattene«, sie wollte ihm mit der Katze auch die Scham retournieren. Denn sie hatte nichts falsch gemacht, wirklich nicht.

23. PAOLA

Dass Paola sich im Dachbodenzimmer befinden könnte, war nur so eine Idee gewesen. Natürlich hätte sie ihr Lager auch ganz wo anders aufschlagen können, in einem der zahllosen kaum genutzten Zimmer und Salons, ebenso gut könnte sie gerade durch die Weingärten streichen oder aber die Villa samt Hügel vollständig hinter sich gelassen haben, um das zweite ihrer neun Katzenleben in der Wildnis zu verbringen.

Für das Dachbodenzimmer sprach eigentlich nur der Umstand, dass Paola dort schon zweimal unerwartet aufgetaucht war, immer ohne ersichtlichen Grund und ohne dass Jordie sich in der Nähe befunden hätte. Abermals stieg Christina die Treppen zu ihrem Zimmer hinauf, ein wenig außer Atem öffnete sie die Tür.

Nicht liegend diesmal, sondern aufrecht sitzend und aufmerksam, nicht im Bett, sondern mitten im Raum wie eine ausgestellte Skulptur, wartete Paola geduldig auf ihre Entdeckung. Mit einem leisen »Miau« würdigte sie Christina Columbus und bewegte sich nicht vom Fleck. Aus irgendeinem Grund war Christina überrascht, Paola hier zu sehen. Ihre Intuition hatte sie gegen alle Wahrscheinlichkeiten diesmal also nicht betrogen. Zögernd näherte sie sich jetzt dem Tier, als bestünde die Möglichkeit, dass es sich doch noch als etwas ganz anderes entpuppte. Aber Paola war keine Fata Morgana, fett und fellig saß sie auf dem Parkett und regte sich auch nicht, als Christina sich zu ihr hinunterbeugte. Erst als diese die Arme ausstreckte und zupacken wollte, ergriff Paola die Flucht. Sie fauchte und rannte davon, nicht an Christina vorbei durch die offenstehende Zimmertür, sondern zielsicher auf den Kleiderschrank zu. Dann zog sie sich lang, machte sich dünn und verschwand im kaum vorhandenen Spalt zwischen Schrank und Zimmerwand. Weg war sie, verschwunden wie ein Kaninchen im Zauberzylinder. Christina musste lachen. Das Erwartete war also nur eingetreten, um solch eine absurde Wendung zu nehmen. Einen Moment lang wartete sie, aber Paola kam nicht mehr zurück.

Die Villa war rätselhaft, aber kein Wunderland. Christina war keine Alice, die zum Schluss aus einem Traum erwachen würde, und Katzen, die hinter Kästen verschwanden, mussten irgendwo wieder herauskommen. Christina ging zum Schrank und versuchte durch den Spalt zu blicken, aber es war nichts zu erkennen. Sie ruckelte ein wenig an dem Möbelstück, es war nicht so schwer, wie sie gedacht hätte. Mit einem Ruck zog sie es etwas näher an sich heran, weg von der Wand, mit einem zweiten war der Spalt zu einem regelrechten Durchgang ausgewachsen. Und da war es schon zu erkennen: das Loch. Seltsam ordentlich war es in die Wand geschnitten worden, die Ränder waren nicht ausgefranst, sondern säuberlich verputzt, am Fußboden lagen weder Gipsbrocken noch Dämmmaterial. Das Loch sah nicht aus, als hätte es jemand im Affekt hineingeschlagen, sondern eher wie eine bauliche Maßnahme. Es reichte vom Boden hinauf bis etwas über Christinas Knie. Vielleicht war hier einmal ein Kamin gewesen, den man entfernt hatte. Auf jeden Fall erklärte dieses Loch die Hellhörigkeit dem Nachbarzimmer gegenüber. Christina lauschte. Von drüben war nichts zu hören. Was war dabei? Sie hatte nichts zu verlieren und eine Katze zu gewinnen. Und nun fühlte sie sich doch noch ein wenig wie Alice im Wunderland, während sie sich zusammenkrümmte und sich durch das magische Portal in der Wand zwängte.

Christina hatte sich dieses Nachbarzimmer immer als Zwillingsschwester ihres eigenen Zimmers vorgestellt, ganz gleich, nur eben spiegelverkehrt mit billigen Pensionsmöbeln sowie einem unelegant in den Raum integrierten Badezimmer ausgestattet. Tatsächlich aber tat sich hinter dem Loch ein chaotischer Büroraum auf, der nur durch die gegenüberliegende Dachschräge entfernt an Christinas Unterbringung erinnerte. Direkt an die aufrechte Mittelwand geschoben, dort, wo sich auf der anderen Seite Christinas Kasten befand, stand ein Schreibtisch und bildete so etwas wie ein Vordach zu dem Loch. Auf diesem befanden sich mehrere Bildschirme unterschiedlicher Größe, keiner davon war eingeschaltet. Auf einem anderen Tisch, etwa dort, wo im Zimmer gegenüber Christinas Toilette angebracht war, lag ein dicker Aktenordner, daneben verstreut einige Stifte, auf halbem Weg zwischen Bildschirmen und Akten gestrandet ein Drehsessel aus dunkelbraunem Leder. Das alles beachtete Christina aber nicht. Sie starrte die Wände an.

Klassenkolleginnen von ihr hatten gelegentlich bei der Referats- oder Prüfungsvorbereitung ähnliche Collagen erstellt, ausgeschnittene Bilder aneinandergeklebt und mit handschriftlichen Texten versehen, zusammengehörige Themenkomplexe in derselben Leuchtstiftfarbe markiert und so weiter, bis der unübersichtliche Lernstoff zu einem einzigen, quietschbunten Plakat zusammengeschrumpft war. Hier aber handelte es sich um ein Projekt ganz anderen Ausmaßes. Die gesamte Dachschrägenwand war beklebt und beschrieben, wobei sich niemand die Mühe gemacht hatte, erst ein Papierplakat oder eine Tafel aufzuhängen. Stattdessen klebten die Bilder und Zeitungsausschnitte direkt an dem Gipsverputz, dazwischen prangte nachlässig Handgeschriebenes in verschiedenen Farben und Größen wie in einer öffentlichen Klokabine. Auf den ersten Blick war keine Ordnung darin zu erkennen. Aus irgendeinem Versteck heraus erklang Paolas sanftes Schnurren, während Christina sich ein paar Schritte näher wagte, um die beklebte und bekritzelte Wand genauer zu betrachten. Ihre besondere Aufmerksamkeit galt einigen Fotografien, die in ihrer unmittelbaren Augenhöhe angebracht waren. Von der Ferne hatte Christina sie noch für groteske Masken gehalten, als sie näherkam, erkannte sie aber, dass es Bilder echter, jedoch entstellter Gesichter waren. Frauengesichter. Die meisten trugen dunkles Haar oder bunte Tücher über den verätzten Stirnen, den leeren Augenhöhlen, den verzogenen Mündern. Einige lächelten tapfer, andere hielten den Blick gesenkt, versuchten ihre Gesichter hinter den Händen zu verstecken, das Ausmaß der Versehrung zu kaschieren. Vielen dieser Bilder war ein Zeitungsartikel zugeordnet, meistens nur wenige Zeilen auf Italienisch, aber es waren auch einige in deutscher Sprache dabei. Christina überflog einen dieser kurzen Texte, augenscheinlich aus dem Internet ausgedruckt. Er handelte von einem britischen Model, dem ein verschmähter Liebhaber aus Rache Säure ins Gesicht geschüttet hatte. »Rache« stand mit Kugelschreiber an die Wand gekritzelt, darunter »Säure«. Ein anderer Artikel sprang Christina ins Auge, weil er mit knallpinken Leuchtstiftstrichen eingerahmt war. Es war ein Ausschnitt aus einer deutschen Frauenzeitschrift, der von dem Fall einer jungen Iranerin handelte, die nach einem Säureangriff erblindet war und nun vor Gericht dieselbe Prozedur als Strafe für den

Täter erkämpft hatte. Dieser sollte nun auf richterliche Anordnung hin ebenfalls Säure in die Augen getropft bekommen, als Vollstreckerin stellte sich die Mutter des Opfers zu Verfügung. Der Artikel war schlecht und reißerisch geschrieben, schien aber die Schöpferin dieser Wandcollage in helle Aufregung versetzt zu haben: Zusätzlich zur Einrahmung hatte sie drei leuchtend pinke Rufzeichen danebengesetzt. Um diesen Ausschnitt herum waren einige Textkopien und Notizen angeordnet, die meisten davon auf Italienisch, auf einem der Zettel standen ein paar unzusammenhängende deutsche Sätze über biologische Kriegsführung. Zwischendurch hatte jemand mathematische und chemische Formeln an die Wand geschrieben, die Zahlen und Buchstaben waren groß und bunt wie Graffitis. Dann, plötzlich, wurde das Konzept der assoziativ aneinandergereihten Artikel, Bilder und Schriften durch eine mit sauberem Bleistiftstrich gefertigte technische Zeichnung durchbrochen, »Mariettas Hochzeit« stand darauf geschrieben. Sie zeigte die Abmessungen eines rechteckigen, nicht besonders tiefen Schwimmbeckens, darunter das Fassungsvermögen berechnet, fünfundvierzigtausend Liter. Um diese kleine Insel der Genauigkeit herum setzte sich allerdings das kreative Chaos wieder fort: Mehrmals war der Schriftzug »Coccodrillo« an die Wand gemalt worden, offensichtlich in großer Hektik, die vielen c des Wortes sahen aus wie grobe Haken. Und dann war da noch eine Fotografie. Sie zeigte kein verletztes Frauengesicht. Sie zeigte Marcello. Es musste sein offizielles Firmenfoto sein, er trug Anzug und Krawatte und blickte mit ernstem, aber freundlichem Blick auf Christina herab. Er sah besser aus als in natura. Allerdings hatte jemand mit Kugelschreiber feine Striche über sein Gesicht gezogen, ihn durchgestrichen wie einen fehlerhaften Satz bei der Deutschschularbeit. Christina wich zurück und stieß mit dem Hintern an ein Tischchen. Der Aktenordner. Irgendwo hörte sie Paola maunzen, es klang wie von ferne, vielleicht war die Katze durch das Loch zurückgekrochen und hatte es sich bereits auf ihrem Bett gemütlich gemacht. Christina nahm den Aktenordner in die Hand und öffnete ihn. Auch er war voller Zeitungsartikel. Diese hatten nichts mit Säuren zu tun, sondern handelten vor allem von Schießereien, zumindest, soweit Christina das beurteilen konnte, denn alle Texte waren auf Italienisch verfasst und sie so bei deren Deutung auf die wenigen Abbildungen angewiesen. Das Bild einer Pistole mit der Überschrift »l'arma del delitto«, ein blutiger Fleck am Asphalt, die Phantomzeichnung einer Frau mit auffällig geschwungener Nase und dicken Lippen.

Dann waren da Schritte. Das bedrohliche Klackern extrem hoher Absätze auf hölzernen Stufen. Christina erinnerte sich an ihren ersten Tag in der Villa, als sie sich in einem der ungenutzten Zimmer versteckt und an die Göttliche Komödie geklammert hatte, schon damals hatte sie diese Schritte gefürchtet, und jetzt erst wusste sie, warum. Der Ordner lag immer noch aufgeschlagen vor ihr, ihre Finger klebten schweißnass an einer der Klarsichtfolien. Darunter ein Text, eine knallrote Überschrift: »Sexy Schrecken des Südens«. Vertraute Wörter der deutschen Sprache, auch wenn sie in Kombination keinen Sinn ergaben. Immer kürzer wurde das Intervall zwischen den einzelnen Schritten, wie bei einem sich nähernden Gewitter zwischen Blitz und Donner, jemand beeilte sich. Christina riss die Klarsichtfolie mit dem deutschsprachigen Artikel heraus und steckte sie zusammengefaltet in ihren BH. Dann schloss sie den Ordner. Alles sollte aussehen, als wäre sie nie hier gewesen. Sie hastete auf den Schreibtisch zu und schlüpfte unterhalb hindurch. Laut und bedrohlich dröhnte das »Klack-Klack« der Schritte in ihren Ohren. Auf der anderen Seite, in der Sicherheit ihres eigenen Zimmers, packte Christina den Schrank und hievte ihn mit aller Kraft gegen die Wand, so dicht, dass nicht einmal Paola sich mehr hätte hindurchquetschen können. Im selben Moment ging auch die Tür des Nachbarzimmers auf. Keine Stimme. Noch ein paar hallende Schritte, dann musste sich die High-Heels-Trägerin ihrer Schuhe entledigt haben, auf jeden Fall war nichts mehr zu hören.

Christina setzte sich zitternd aufs Bett.

Paola war wieder verschwunden.

24. ANGELINA

Erstens: Die Bewohnerin des Nebenzimmers hatte Blanca auf dem Gewissen.

Zweitens: Sie wollte Marcello dasselbe antun.

Drittens: Das alles hatte irgendetwas mit Coccodrillo zu tun.

Christina griff nach dem Mobiltelefon und wählte die Nummer ihrer Mutter. Hell leuchteten die Buchstaben auf dem Bildschirm: MAMA ANRUFEN. Anstatt die Freischaltetaste zu drücken, zog Christina die Klarsichtfolie aus ihrem BH.

Der Artikel darin entstammte einem deutschen Boulevardblatt und war etwas mehr als zehn Jahre alt. Die fettgedruckte Überschrift und ein direkt darunter platziertes Foto nahmen mehr als die Hälfte der Seite ein. Das Bild zeigte etwas unscharf eine junge Frau mit langen schwarzen Haaren. Ein großer Teil ihres Gesichtes war durch eine riesige Sonnenbrille verdeckt, gut zu erkennen allerdings blieben die eindrucksvolle Hakennase sowie die sinnlichen Lippen. Unverkennbar handelte es sich bei dieser Frau um eine deutlich jüngere Version von Angelina. Atemlos überflog Christina den Bericht. Er zeichnete in kurzen und alliterationsreichen Sätzen das Leben der Angelika Küßmann nach.

Angelika Küßmann wurde als Tochter einer mutmaßlichen RAF-Terroristin in Hamburg geboren. Mitte der achtziger

Jahre dürfte der Mutter die deutsche Luft etwas zu dünn geworden sein, sie tauchte unter – und mit ihr das Töchterchen. Und verschwunden wären sie auch geblieben, hätte nicht um die Jahrtausendwende herum eine Mordserie in Süditalien für Aufregung gesorgt, bei der vor allem wohlsituierte Männer mittleren Alters ums Leben kamen. Die Spuren führten schnell zur damals erst zwanzigjährigen Angelika Küßmann – oder Angelina Bacio, wie sie sich jetzt nannte. »Bacio«, so erklärte die Boulevardpresse ihren Lesern, wäre einerseits das italienische Wort für »Kuss« und somit eine teilweise Übersetzung ihres tatsächlichen Nachnamens, könnte aber genauso gut für den Kuss des Todes stehen, denn wo auch immer der Name Angelina Bacio genannt wurde, war ein brutales Verbrechen im Spiel. Und doch konnte sie nie gefasst werden. Tatsächlich, so rühmte sich die Zeitung selbst, wäre die hier gezeigte Abbildung der schönen Serienkillerin ein rares Dokument und bis vor Kurzem nicht einmal den italienischen Behörden bekannt gewesen. Nicht ohne Stolz wurde in dem Artikel immer wieder mehr oder weniger subtil darauf hingewiesen, dass der »Schrecken des Südens«, die attraktive und geniale Bacio, eine gebürtige Deutsche war, als würde dieser Umstand irgendeine deutsche Überlegenheit den Italienern gegenüber beweisen. Ihr Aufenthaltsort wurde nie geklärt. Allerdings wäre es in letzter Zeit auch wieder etwas ruhiger geworden in Kampanien, sodass die Vermutung nahelag, dass Bacio sich zur Ruhe gesetzt hatte oder, was noch wahrscheinlicher schien, selbst einem Gewaltverbrechen zum Opfer gefallen war. Nichtsdestoweniger blieben viele Fragen ungeklärt. Wenn Bacio wirklich tot war – wo befand sich ihre Leiche? Und wo war ihre Mutter geblieben? Vor allem aber, und das war laut Boulevardblatt die größte aller Fragen: Was war ihr Motiv gewesen? Darüber könne man nur spekulieren, hieß es in dem Artikel, und das wurde nun auch getan: Hatte Bacio sich etwa der neapolitanischen Mafia angeschlossen? War sie eine Auftragsmörderin gewesen? Eine verrückte Männerhasserin? Oder hatte sie das links-terroristische Erbe ihrer Mutter weiterführen wollen? Aus den Formulierungen konnte man schließen, dass der Autor des Artikels letztere zwei Motive für besonders verwerflich hielt. Der Text endet mit einigen wenig komischen Witzeleien über die allgemein berühmt-berüchtigte Gefahr, die von erotischen Frauen wie Angelina Bacio, geborene Angelika Küßmann, geradezu natürlicherweise ausging.

Christina legte die Klarsichtfolie mit dem Artikel neben sich ab. Wie eine eitle Schauspielerin hatte Angelina also die Berichterstattung über ihre Person verfolgt, akribisch ihre Untaten in den Ordner zusammengetragen. Diese Würdigung des deutschen Boulevardblatts musste der krönende Abschluss einer blutigen Karriere sein. Nein, kein Abschluss. Christina hatte ja alles gesehen.

Regungslos saß sie auf dem Bett, aber in ihrem Kopf hämmerte es. Ob Marietta wusste, dass eine Mörderin ihre Hochzeit plante? Blödsinn, natürlich wusste sie es. Darum hatte sie Angelina überhaupt erst engagiert. Elena wusste es auch. Sie wussten genau, dass Marcello sterben sollte. Wahrscheinlich wünschten sie es sich sogar. Ob Ada davon wusste? Da war Christina sich nicht sicher. Jordie wusste garantiert nichts. Und Tonio? Im Grunde war es doch egal. Klar war nur, dass Christina verschwinden musste. So schnell wie möglich. Sie griff wieder nach dem Handy. Dann kam ihr ein Gedanke. Angelina war gebürtige Deutsche. Natürlich verstand sie jedes Wort, das Christina sprach, hatte schon immer jedes Wort verstanden. Sie hatte sich hinter der italienischen Sprache versteckt, um jede mögliche Unterhaltung, jedes von Christinas Telefonaten ganz ungezwungen belauschen zu können. Vielleicht befand sich das Loch überhaupt nur zu diesem Zweck in der Wand. Christina schob das Handy von sich, als wäre es ein giftiger Köder. Sie musste ruhig bleiben, einen Plan fassen. Aber alles, woran sie denken konnte, war Blanca.

War es ihr genauso ergangen? Hatte sie durch das Loch in der Wand oder anderswie von dem geplanten Mord an Marcello erfahren? Ihn warnen wollen? Hastig begann Christina, ihre wenigen Kleidungsstücke aus dem Schrank zu räumen und sie in die Reisetasche zu werfen. Dann stockte sie. Wenn sie so mit der Tasche in der Hand durch die Villa marschierte, musste jemand Verdacht schöpfen und Marietta oder gar gleich Angelina von der bevorstehenden Flucht in Kenntnis setzen. Die Kamera allein wäre okay. Christina könnte sagen, sie wollte irgendwelche Aufnahmen von dem Haus oder von der Landschaft machen, das hatte sie ja früher auch schon getan. Vorsichtshalber löschte sie das Bild der getöteten Blanca. Ganz unscheinbare Schnappschüsse sollte jeder zu Gesicht bekommen, der sich durch ihre Fotosammlung klickte. Das Handy ließ sie absichtlich liegen. Sie lauschte, ob irgendetwas aus Angelinas Zimmer zu hören war. Nichts. Dann ging sie los.

Gerade jetzt schien das ganze Haus vor Menschen zu wimmeln. Schon im Stiegenhaus vor dem Zimmer traf Christina auf Dunkelblaue, die auf den Stufen herumkrochen und Paolas Namen schrien. Kein potentieller Unterschlupf durfte undurchsucht bleiben. In den Gängen wurden Möbel verrückt, Statuen umgestellt und mangels sinnvollerer Ideen sogar Bilder abgehängt. Die Putzarbeit war für diesen Tag offensichtlich eingestellt worden, alle vorhandenen Kräfte wurden auf die Katze konzentriert.

Christina ging langsam, langsamer als sonst. Einerseits wollte sie kein Aufsehen erregen, immerhin war sie auf der Flucht. Eine derartige Suchaktion würde sie im Gegensatz zu Paola nicht lange unbemerkt überstehen. Andererseits aber wusste sie auch gar nicht, wohin sie gehen sollte. Weit weg von Angelina Bacio, von Angelika Küßmann, der auferstandenen Serienmörderin. Es musste doch noch ein Loch geben, eine unversperrte Tür, ein Leck im System, aber bis sie dieses gefunden hätte, könnte es schon zu spät sein. Und wenn sie es doch schaffte? Wenn sie wider Erwarten ausbrechen konnte und irgendwie zum Bahnhof gelangte? Morgen Nachmittag schon würde sie mit ihrer Mutter in der kleinen Wohnung sitzen, die sie ihr Zuhause nannten, und Tee trinken. Marcello wäre dann tot, dümpelte mit verätztem Gesicht in irgendeinem Gewässer. Vielleicht in einem Swimmingpool.

Die Zimmertüren standen jetzt fast alle offen und gaben den Blick auf sinnlose Möbel frei, Bedienstete schoben Ziergegenstände hin und her, öffneten Schränke und lüfteten Tischtücher. Wenn ihnen das alles selbst lächerlich vorkam, so ließen sie es sich zumindest nicht anmerken. In einem der halbeingerichteten Wohnzimmer war Nino gerade dabei, gemeinsam mit einigen anderen Männern ein purpurnes Kanapee anzuheben. Erst wollte Christina an ihm vorbeischleichen, dann überlegte sie es sich anders. Nachdem Jordie ganz offensichtlich den Verstand verloren hatte, hatte sie hier keinen Verbündeten mehr. Und einen Verbündeten würde sie brauchen, wie auch immer sie die Sache zu Ende bringen wollte. Sie atmete einmal tief durch. Dann rief sie Ninos Namen.

Nino ließ das Kanapee augenblicklich los. Seine Mitarbeiter keuchten unter der plötzlichen Schwere, die mit dem Wegfall seiner Kräfte nun allein auf ihnen lastete. Er beachtete sie nicht und lief sofort zu Christina hinaus, seine eisblauen Augen funkelten misstrauisch.

»Was gibt's?«, fragte er, und die gespielte Lässigkeit in seiner Stimme konnte nicht darüber hinwegtäuschen, dass Christinas Auftritt ihn nervös machte. Bisher hatte er sie immer nur abgeholt oder abgegeben, noch nie hatte sie sich eigenständig auf die Suche nach ihm gemacht, der Umstand sprach für einen Notfall.

»Ich muss mit dir reden«, antwortete Christina und lächelte. Auch sie versuchte, entspannt zu wirken, aber der Gedanke, dass Angelina jeden Moment um die Ecke kommen könnte, machte ihr das nicht unbedingt einfach.

»Bitte, dann sprich!«

»Nicht hier«, sagte Christina. Ihr war plötzlich unglaublich heiß, Schweiß drang durch alle Poren, ihr Gesicht war so nass, als hätte sie es eben in Wasser getaucht. Hörte sie da nicht irgendwo Stöckelschuhe klappern?

Nino zögerte. Er blickte sich um. Seine Kollegen hatten das Kanapee wieder in die richtige Position gebracht, jetzt durchsuchten sie das Bücherregal, zogen wahllos dicke lederne Bände heraus. Von den Espositos war weit und breit niemand zu sehen.

»Dann gehen wir in dein Zimmer«, schlug Nino vor. In Christinas Zimmer, nur eine durchlöcherte Wand entfernt von Angelina. Christina hätte gleichzeitig lachen und weinen wollen über diesen Vorschlag, von dessen Unmöglichkeit Nino natürlich nicht wissen konnte. Also schüttelte sie nur den Kopf: »Besser nicht!« Der Schweiß brannte ihr in den Augen, rann zwischen ihren Lippen hindurch die Kehle hinunter und machte ihre Stimme brüchig. Nino blickte sich noch ein zweites Mal um. »Gut, dann gehen wir zu mir«, brummte er.

25. NINO

Noch ein letztes Mal ließ er seinen misstrauischen Blick umherschweifen, dann steckte Nino den Schlüssel ins Schloss. Auch hier im Dienstbotentrakt wurde nach Paola gesucht, allerdings nicht ganz so fieberhaft. Die Dunkelblauen plauderten und lachten, während sie mit ihren Taschenlampen in die dunklen Ecken zielten. Aus einem Radioapparat drang das aufgeregte Gebrüll irgendeines Sportkommentators. Nino öffnete die Tür und ließ Christina eintreten. Keiner hatte sie bemerkt.

Sein Zimmer war kein Dienstbotenzimmer, wie Christina es sich vorgestellt hatte, viel mehr sah es aus wie eine kleine Wohnung irgendwo auf den billigeren Etagen eines gewöhnlichen Miethauses. Durch einen winzigen Flur hindurch zwängte man sich an Schuhen und Jacken vorbei in ein Wohnzimmer, das auch nicht viel größer war, jedoch gemütlich eingerichtet: ein etwas abgewetztes Sofa hinter einem hölzernen Couchtisch, an der Wand ein Flachbildfernseher, davor ein flauschiger Teppich, darauf Legosteine und Wachsmalstifte. Nino hatte Kinder.

»Bitte, setz dich«, sagte Nino, »Vittoria hat heute noch nicht gekocht, aber ich kann dir die Reste von gestern anbieten.« Gehorsam ließ Christina sich auf dem Sofa nieder, den Blick auf eines der Legomännchen gerichtet, das sie von seinem Teppichbett aus anzustarren schien. Vittoria musste Ninos Frau sein oder seine Lebensgefährtin, die Mutter jener Kinder, die hier mit ihrem Spielzeug Spuren hinterlassen hatten. Christina wusste nicht mehr, ob es eine gute Idee gewesen war, Nino in die Sache hineinzuziehen. Sie hatte nie daran gedacht, dass er noch ein anderes Leben haben könnte neben dem eines Esposito'schen Vasallen. Jetzt fragte sie sich, ob Ninos Kinder bei dem Fußballspiel dabei gewesen waren und ob die Frau, die die Kleinen vom Platz gerufen hatte, Vittoria hieß. Sie lehnte das Angebot eines aufgewärmten Essens dankend ab, auch wenn sich ihr Magen schon vor Hunger schmerzhaft zusammenzog. Nino ließ es sich nicht nehmen, ihr wenigstens ein Glas Wasser zu geben. Danach ließ auch er sich auf das Sofa sinken, aufgrund der ungleichen Gewichtsverteilung hob es Christina ein wenig in die Höhe.

»Was gibt's?«, fragte er noch einmal.

Sie könnte sagen, dass es gar nichts gäbe, dass sie sich einen Scherz erlaubt hätte, haha, und danke für das Glas Wasser.

»Was ... weißt du über ... Angelina?«, fragte sie vorsichtig. Nino rieb sich das Kinn.

»Nicht viel«, entgegnete er, »warum?«

»Seit wann ist sie hier?«

»Was weiß ich ... Seit ein paar Wochen. Ich habe nicht viel mit ihr zu tun. Außer wenn es ...« Er unterbrach sich mit einem nervösen Hüsteln und blickte Christina an.

»Außer wenn es um mich geht?«, führte sie seinen Satz zu Ende. Er zögerte einen Augenblick, dann nickte er langsam.

»Und was hat sie dir über mich gesagt?«

»Ach, nicht viel mehr als Elena auch. Dass ich auf dich aufpassen soll, damit du nicht verloren gehst in diesem unübersichtlichen Haus. Dass ich persönlich für dich verantwortlich bin. Und dass ich immer ein Auge auf dich haben sollte, wenn

Angelina anderwärtig beschäftigt ist.« Es war keine Einbildung gewesen. Angelina hatte sie also beschattet.

»Ein Auge auf mich haben?«, wiederholte Christina.

»Ja«, sagte Nino, »aber davon, dass Marietta dich ihr Auto fahren lässt, war ja nie die Rede gewesen. Das war weder mit mir noch mit Angelina abgesprochen.« Er kniff seine kleinen Augen noch schmaler zusammen, seine Nasenflügel flatterten zornig. Das war also Angelinas und sein Fehler gewesen. Sie hatten Christina aus den Augen verloren.

»Es war ja auch eigentlich Tante Adas Einfall gewesen …«, sagte Christina verteidigend, wobei sie selber nicht wusste, wen sie damit eigentlich entlasten wollte.

»Ja … Ada und ihre spontanen Einfälle … Sie will immer nur das Beste für jeden und stürzt damit alle ins Chaos.« Nino seufzte und lehnte sich zurück. Er war viel zu groß für die Rückenlehne dieses Sofas, sie endete weit unter seinen Schulterblättern.

»Und darüber wolltest du mit mir sprechen?«, fragte er.

»Nino, ich …« Christina dachte an Vittoria und die Kinder. Sie dachte an das Leid, dass Angelina ihnen antun könnte, wenn sie von dieser Unterredung erfahren sollte. Einen Augenblick lang dachte Christina aber auch an die Möglichkeit, dass Nino einer von ihnen war. Einer der »Eingeweihten«. Ein Mörder. Und dann begann sie zu sprechen.

Unzusammenhängend sprudelten die Sätze aus ihr hervor: Sie begann bei den Kugelschreiberstrichen auf Marcellos Gesicht, sprang zurück zum Loch in der Wand, rollte Angelinas Leben von hinten auf und zwischendurch kam sie immer wieder auf Blanca und die Säure zu sprechen. Dabei ignorierte sie hartnäckig sämtliche Regeln der englischen Grammatik und streute deutsche Wörter ein, wo ihr die Vokabeln entfallen waren. Schweigend hörte Nino ihr zu. Er hielt den Blick gesenkt, seine Augen schienen ganz in den engen Höhlen versunken zu sein. Manchmal nickte er. Christina hatte bereits alles erzählt, was sie wusste, verlor sich in Endlosschleifen und hörte erst auf zu sprechen, als sie nicht mehr anders konnte. Ihr Mund war trocken, die Zunge klebte kraftlos an ihrem Gaumen. Zitternd griff sie nach dem Wasserglas.

Da blickte Nino sie an. Seine Augen waren nicht mehr eisblau, sondern seltsam farblos, als hätte jemand einen grauen Schleier darübergelegt. Nach Christinas Sprachlawine war die Stille zwischen ihnen jetzt beinahe unerträglich. Nervös nippte sie an ihrem Glas, ohne zu schlucken.

»Wir haben ... nur Gerüchte gehört ...«, murmelte Nino endlich. Auch seine Stimme klang, als könnte er Wasser gebrauchen. »Ich meine ... Gerüchte über Angelina Bacio. Aber ... das war doch nicht wirklich glaubhaft, oder? Laut Zeitungen war die Bacio tot. Ich meine ... nicht einmal die Carabineri haben sie erkannt, oder? Außerdem ist es lächerlich. Eine Serienmörderin als Hochzeitsplanerin. Das habe ich auch zu Vittoria gesagt. Das ist doch Stoff für eine Seifenoper. Ich persönlich habe auf diese Gerüchte nie viel gegeben. Und Marietta ... ist verrückt. Das hast du doch selbst gesehen. Auch ihr Wort zählt nicht viel ...« Er schwieg. Christina hielt das Wasserglas immer noch fest umklammert, als ob es ihr Halt geben könnte.

»Marietta hat euch also von dem Plan erzählt?«, fragte sie.

»Uns? Wen meinst du mit ›uns‹?«, gab Nino aufbrausend zurück, jetzt konnte er sich nicht mehr auf dem Sofa halten, sondern sprang auf und ging rastlos auf und ab, wie ein Schlafwandler wich er dabei den Legosteinen und Malstiften aus.

»Dir hat Marietta es also erzählt?«, fragte Christina.

»Sie hat ein paar Bediensteten ... ich glaube, es war eher

Zufall, wen sie da ... Sie hat gesagt, dass sie wie sonst auch auf unsere Loyalität vertraut. Das ist nämlich unser Job, weißt du? Ich bin kein Scheißprivatdetektiv, ich bin einfach nur ein Angestellter der Familie Esposito ... Außerdem hat Marcello es verdient«, setzte er trotzig nach, »ich habe selbst zwei Töchter, und darum habe ich wirklich kein Mitleid mit so einem Schwein.«

»Meinst du damit, Marcello hat Marietta ...?«

Marcello konnte nicht Coccodrillo sein, das war schon rein rechnerisch nicht möglich. Coccodrillo musste ja um einiges älter sein als Marietta, und er hatte eine Glatze gehabt, und Jordie hätte ihn erkennen müssen ... Und trotzdem war Christina sich jetzt nicht mehr sicher. Überhaupt nichts war mehr sicher.

»Hat er?«, fragte sie noch einmal. Nino blieb stehen.

»Ich weiß es nicht«, antwortete er, »Marietta hat uns doch nicht alles erzählt. Aber es war genug, um zu wissen, dass es nicht schade ist um Marcello. Ich für meinen Teil serviere bei der Hochzeit einfach nur den Wein, wie ich es sonst auch tue. Das ist alles.« Ob Nino überhaupt auffiel, wie sehr er sich widersprach? Einerseits hielt er Marietta für verrückt und unglaubwürdig, andererseits gab er ihr in Bezug auf Marcellos verworfenen Charakter ganz bedenkenlos recht. Trotzdem hatte Christina keineswegs das Gefühl, dass er sie anlog. Er belog sich selbst. Mariettas blutigen Plänen zum Trotz wollte er der harmlose Familienvater, der verlässliche Mitarbeiter und treue Untergebene bleiben. Um jede Verantwortung von sich zu schieben, bog er die Geschichte zurecht, wie er sie brauchte. Aber konnte sie ihm das wirklich übelnehmen? Nino hatte eine Familie, die angewiesen war auf seinen und Vittorias Arbeitsplatz, auf das Geld der Espositos, die kleine Dienstbotenwohnung. Außerdem hatte man ja gesehen, was Angelina (da war sich Christina mittlerweile sicher) mit Blanca gemacht hatte.

»Und was ist mit Blanca? Hat sie es auch verdient?«

Nino blieb abrupt stehen und starrte sie an. Wütend sah er aus und doch verletzt, wie ein Tier, das in die Falle gegangen war. Bevor er allerdings etwas sagen konnte, wurde an der Türschnalle gerüttelt und einen Augenblick später stand eine junge Frau im Wohnzimmer, bepackt mit Einkäufen und einem etwa dreijährigen Mädchen, das um ihren Hals geklammert hing wie ein Äffchen. Das zweite Mädchen, schon etwas älter, sechs oder sieben, lief mit ausgebreiteten Armen auf Nino zu. Vielleicht nur zufällig trugen auch die Kinder dunkelblaue Kleider. Die Frau stellte die Einkaufstaschen ab. Sie war das genaue Gegenteil von Nino: zart und sehr dunkel, mit sogar auffallend großen, schwarzen Augen, die Töchter waren mehr nach ihr als nach dem Vater geraten. Die Ältere umklammerte nun Ninos Bein, hing daran wie ein Klotz, während ihre Mutter argwöhnisch zwischen Nino und Christina hin und her blickte, als hätte sie die beiden gerade in flagranti erwischt. Oder war auch sie darüber unterrichtet, was in der Villa vor sich ging und hatte nun Sorge, Christina könnte ihrem Mann Schwierigkeiten bereiten? Nino sagte einige Worte auf Italienisch, die Frau blieb regungslos stehen, sogar das strampelnde Kind an ihrem Hals erstarrte. Christina stand auf, Nino fasste ihren Oberarm.

»Also, wenn du wirklich heute abreisen willst, dann musst du mit Ada sprechen. Mehr kann ich nicht für dich tun.« Mit diesen Worten brachte er sie zur Tür, wobei er wegen des Kindes am Bein komisch hinkte, und schob sie mit seiner Pratzenhand hinaus auf den Gang. Dort blieb Christina einfach stehen, weil sie nicht wusste, was sie sonst tun sollte, und aus Ninos Wohnung tönte Kindergeschrei und zwischendurch das schrille Zetern von Vittoria.

26. TONIO

Entweder war Paola in der Zwischenzeit gefunden worden und befand sich wieder in Jordies Obhut, oder aber man hatte die Suche bereits vollkommen aufgegeben. Die verbliebenen Bediensteten, es waren nicht viele, standen jetzt um das Radio herum und lauschten gespannt dem Gebrüll des Sportkommentators, in den Händen hielten sie bereits wieder ihre Besen und Staubsauger, niemand trug mehr eine Taschenlampe bei sich.

Christina lehnte an der Wand neben Ninos Tür, lauschte den aufgeregten Stimmen, die aus seiner Wohnung drangen, und versuchte, klar zu denken. Natürlich hatte Nino recht. Er konnte nichts für sie tun, sie musste mit Ada sprechen, Ada einweihen. Und plötzlich fiel Christina das seltsame Gespräch wieder ein, welches sie mit ihrer Tante auf dem Weg zum Polterabend geführt hatte. Worüber Elena in Florenz gesprochen hatte, hatte diese wissen wollen, und dann diese eigenartige Anmerkung fallen gelassen, dass es für die Wahrheit ohnehin noch zu früh gewesen wäre. War das die Wahrheit: Angelina Bacio und Marcellos Tod? Ein erneuter Schweißausbruch bahnte sich an, Christina öffnete den strengen Pferdeschwanz und schüttelte ihr Haar, sie musste den Kopf frei kriegen und logisch denken, die nächsten Schritte vorsichtig planen. Gut, Tante Ada war eine von ihnen, ein Teil der Verschwörung: Angelina, Marietta, Elena, Ada – diese vier. Und die Bediensteten, in gewisser Weise. Zu Jordie konnte sie nicht gehen. Also blieb nur Onkel Tonio übrig. Natürlich war es immer noch möglich, stattdessen doch Ada aufzusuchen und ihr zu sagen, dass sie ihre Meinung nicht geändert hatte und abreisen wollte, unbedingt heute. Christina müsste kein Wort darüber verlieren, was sie wusste. Marcello war ihr ja nicht einmal sympathisch.

Etwas abseits des Radios stand ein sehr junges Mädchen. Es konnte noch nicht lange hier arbeiten, die Uniform saß etwas locker, als müsste es erst noch hineinwachsen. Verträumt blickte es aus dem Fenster, das Radio schien nur einen allgemein akzeptierten Anlass zum Verweilen zu bieten, der Übertragung schenkte es keinerlei Aufmerksamkeit. Das Mädchen war jünger als Christina und hatte ein rundes, vertrauensseliges Gesicht.

»Scusi!«, damit war Christinas Italienisch auch schon erschöpft. Das Mädchen starrte sie erschrocken an. Tatsächlich war Christina auf es zugestürzt wie ein Raubtier, und dass die anderen keine Notiz davon genommen hatten, lag allein daran, dass das Spiel oder Rennen im Radio sich gerade dem offensichtlich spannenden Ende zuneigte. Gut so, Christina wollte kein Aufsehen erregen, je weniger Menschen sie hinzuzog, desto besser. Das Mädchen konnte zwar kein Englisch, schien aber aus Christinas verzweifeltem Gestammel die richtigen Schlüsse zu ziehen.

»Signore Esposito?«, fragte es verwirrt, als gäbe es im ganzen Haus keinen Mann dieses Namens.

»Sì, sì!«, antwortete Christina aufgeregt.

Ob die Bediensteten Anweisungen darüber erhalten hatten, wie mit der Fremden umzugehen wäre? Würde das Mädchen gleich zu Angelina laufen oder zumindest Nino informieren?

»Sì, Signore Esposito«, wiederholte das Mädchen langsam, »vieni!«

Dann wandte es sich um und ging los.

Den ganzen Weg über rechnete Christina damit, dass Angelina erscheinen würde, ja, erscheinen wie ein Geist, dass sie einfach plötzlich vor ihnen stehen würde als unüberwindbares Hindernis, die Pistole schussbereit. Nino war ja in der Wohnung und stritt mit seiner Frau, also war es offensichtlich nicht er, der momentan für die Beaufsichtigung Christinas verantwortlich war. Vielleicht aber hielt man sie mittlerweile auch schon für zu harmlos, um ihr ständig auf den Fersen zu sein, und Angelina hatte laut Elena ja noch in der Fabrik einiges vorzubereiten. An diese Hoffnung klammerte Christina sich, während sie dem wippenden Pferdeschwanz des Dienstmädchens folgte, und tatsächlich kam ihnen niemand entgegen als die üblichen Dunkelblauen, die ihre alltägliche Arbeit wiederaufgenommen hatten und nun freudlos die endlos scheinenden Fußböden schrubbten.

Das Mädchen führte sie weit weg vom Dienstbotentrakt in einen Teil der Villa, der sehr alt und, obwohl vorbildlich sauber, ein wenig heruntergekommen wirkte. Christina hatte nach vielen Treppenauf- und -abstiegen wieder einmal die Orientierung verloren, aber von den kalten, feuchten Steinmauern her schloss sie darauf, dass sie sich in einem Keller befanden. Hier zierten weder Bilder noch Möbel die Wände, der Gang war kahl und grau wie ein Tunnel. Von der Decke fiel unangenehmes Neonlicht, manchmal flackerte es theatralisch. An einer Eisentür, die auch das Ende des Ganges markierte, blieben sie stehen. Das Mädchen klopfte. Christina glaubte nicht, dass das zarte Pochen das dicke Eisen durchdringen konnte, aber irgendwie musste es funktioniert haben, denn einen Augenblick später wurde die Tür geöffnet und Onkel Tonio streckte seinen Kopf heraus.

»Che cosa succede?«, fragte er mit donnernder Stimme, wobei er die letzte Silbe verschluckte, als er Christina erblickte. Tonio sah schlechter aus, als sie ihn in Erinnerung gehabt hatte. Bei dem Abendessen, bei dem sie ihn das erste und bisher letzte Mal getroffen hatte, hatte er zwar einen müden, jedoch zumindest einigermaßen gesunden Eindruck gemacht. Jetzt hingegen sah sein Gesicht aus wie durch einen konvexen Spiegel in die Länge gezogen. Seine Haut war grau und fahl und auch sein Haar schien seit damals an Farbe verloren zu haben, nur die Augenringe waren in den wenigen Tagen dunkler und sogar noch größer geworden. Er musterte Christina eindringlich.

Das Dienstmädchen hielt die ganze Zeit über zwei Finger stramm an die Schläfe gepresst und dabei den Kopf gesenkt, als wollte es pantomimisch einen Selbstmord darstellen.

»Christina, welche Freude!«, sagte Tonio in seinem akzentfreien und doch etwas fremdartig klingenden Deutsch, dazu rang er sich ein Lächeln ab. Selbst seine Zähne schienen die gräuliche Färbung seiner ganzen Erscheinung übernommen zu haben. Er machte eine Handbewegung, ähnlich jener Elenas, mit der er der Bediensteten symbolisierte, dass sie hier nicht mehr gebraucht wurde, und gehorsam verschwand sie in den Untiefen des Tunnels. Dann bat er Christina herein.

Auch das Zimmer hatte graue Wände und Steinböden, erinnerte aber nicht so sehr an ein Kellerabteil wie an die Gemächer einer Ritterburg, obwohl es eigentlich über nicht viel mehr als ein Feldbett, einen Schreibtisch mit zwei Stühlen sowie ein paar gut gefüllte Bücherregale verfügte. Hinter dem Schreibtisch jedoch hing ein Bild. Dieses Bild war es, das dem im Grunde spartanischen Raum Noblesse verlieh, ihn viel edler wirken ließ als die feuchten Kellergänge. Im ersten Moment hielt Christina es für eine Fotografie, erst als sie nähertrat, erkannte sie, dass es sich dabei um eine kolorierte Zeichnung handelte. Sie zeigte das Gesicht einer jungen Frau, die mit großen, trüben Augen in die Ferne blickte, als kümmerten sie die Dinge dieser Welt schon lange nicht mehr. Etwas geisterhaft Zartes haftete an ihren Zügen, wie hingehaucht wirkten die Bleistiftstriche, die ihre Nase, ihre Lippen, ihre Augenbrauen zogen. Glattes schwarzes Haar bildete dazu die Umrahmung, einzelne Strähnen jedoch hatten sich aus der Frisur gelöst und kreuzten das Gesicht wie Schnitte.

»Gefällt es dir?«, fragte Tonio. Christina musste auffällig hinaufgestarrt haben zu dem Bild, sie nickte.

»Das ist deine Tante Ada«, sagte Tonio, »aber bitte, setz dich doch!« Er selbst nahm hinter dem Schreibtisch Platz, die wunderschöne Ada schwebte nun über seinem Kopf wie ein Schutzengel. Christina wies er den Stuhl davor zu, da saß sie jetzt wie eine Arbeitslose beim Bewerbungsgespräch, eine Bittstellerin. Verlegen zupfte sie an ihrem T-Shirt herum.

»Wie kann ich dir helfen?«, fragte Tonio, nachdem Christina immer noch nicht das Wort ergriff. Ja, aber wie sollte er ihr denn wirklich helfen können, dieser alte, kranke Mann?

Christina seufzte, dann kam sie, ganz anders als bei Nino vorhin, unverzüglich auf den Punkt: »Marcello soll ermordet werden.« Sie berichtete karg, nur auf das Notwendigste reduziert, von ihren Beobachtungen in Angelinas Zimmer. Dabei fühlte sie sich, als hätte sie nichts davon mit eigenen Augen gesehen, sondern nur in irgendeinem Buch gelesen, sie sprach wie bei einer mündlichen Prüfung. Mit wenigen Sätzen hatte sie die Situation klar umrissen, alle Unwahrscheinlichkeiten waren zu Fakten geworden. Tonio schwieg. Auch als Christina schon lange fertig gesprochen hatte und abwartend die Lippen aneinanderpresste, sagte er noch nichts. Jetzt erst wagte sie, ihm in die Augen zu blicken. Zu ihrer Überraschung sah sie darin Tränen glitzern. Über Tonios ganzes Gesicht hatte sich eine Rührseligkeit gelegt, die ihn noch blasser, noch kränklicher erscheinen ließ, weich und schlaff hingen seine Züge, und hätte er sich nicht an der Schreibtischkante festgeklammert, wäre er womöglich ganz in sich zusammengefallen.

»Möchtest du auch wissen, wer das Bild gezeichnet hat?«, fragte er. Krächzend klang sein sonst so eindrucksvoller Bass. Christina wusste nicht, wie das etwas mit Marcello zu tun haben konnte, aber sie blieb sitzen und nickte.

»Ebenfalls Ada. Es ist ein Selbstportrait. Sie war eine so talentierte Zeichnerin ... So talentiert in vielen Dingen. Soll ich dir erzählen, wie wir uns kennengelernt haben?«

Und dann erzählte er.

27. ADELAIDA

Ich habe sie vom Straßenrand aufgelesen wie eine Muschel oder einen schönen Stein, eines Morgens auf der Fahrt zur Fabrik, mein Auto war brandneu und ich soeben dreißig geworden.

Sie sah aus wie auf dieser Zeichnung. Haargenau so.

Als ich sie fand, saß sie auf einem Wanderrucksack, die dünnen Beine übergeschlagen, die Hände andächtig gefaltet, in ihrer ganzen Haltung lag eine madonnenhafte Schicksalsergebenheit. Hinter ihr, ich sah ihn erst spät, stand ein junger Mann in abgewetzter Kleidung und hielt ein Pappschild in die Höhe: »Romma«, Roma mit Doppel-m. Ich hielt den Wagen an und kurbelte das Fenster herunter. Der Mann kam sofort angelaufen, sie aber blieb sitzen und beachtete mich nicht im Geringsten.

»Roma, Roma!«, rief der Mann und deutete immer wieder hin und her zwischen ihr und sich selbst, wohl um anzuzeigen, dass sie gemeinsam reisten. Ich sagte etwas zu ihm, aber er verstand kein Italienisch. Auch mit Englisch und Französisch kam ich nicht weit, er blickte mich an mit seinem stupiden Gesicht und wiederholte händewedelnd: »Roma, Roma«, als wäre ich hier der, der nichts verstand. Von einem längeren Studienaufenthalt in München her sprach ich noch ganz leidlich Deutsch, also versuchte ich es damit.

»Du musst hierbleiben, aber das Mädchen nehm ich mit«,

sagte ich zu ihm und lachte. Er verstand immer noch nicht, wedelte nur noch hektischer mit den Armen herum und sprach sein »Roma« jetzt ganz langsam aus, als wäre ich wirklich schwer von Begriff. Da erhob sie sich plötzlich. Langsam, geradezu majestätisch, kam sie auf mich zu, den Rucksack lässig über eine Schulter geschwungen schritt sie vorbei an ihrem verdutzten Begleiter.

»Bitte sehr«, sagte sie, nachdem sie auf dem Beifahrersitz Platz genommen hatte, als hätte sie mir damit einen Gefallen erwiesen. Ich stieg fest aufs Gaspedal, mit quietschenden Reifen fuhren wir davon. Der Mann blieb zurück, ich konnte ihm durch den Rückspiegel noch dabei zusehen, wie er das Pappschild fallen ließ und sich das ungewaschene Haar raufte. Die junge Frau an meiner Seite würdigte ihn aber keines Blickes mehr, sie strich sich mit langsamen Bewegungen das Haar aus dem Gesicht und faltete die Hände anschließend wieder im Schoß wie zum Gebet. Sie trug ein helles T-Shirt mit irgendeiner Werbeaufschrift darauf und dazu Bluejeans, die sie über den Knien abgeschnitten hatte.

»Wie heißt du?«, fragte ich nach einiger Zeit.

»Adelheid«, antwortete sie. Ein furchtbarer Name.

»In Italien sagen wir ›Adelaida‹. Gefällt dir das?«

Sie nickte. Während der ganzen Fahrt verlor sie nicht einmal ihren geistesabwesenden, die Ferne absuchenden Blick, nie sah sie mich direkt an und ihre Stimme war leise.

»Wo kommst du her, Adelaida?«

»Aus Österreich.«

»Und was suchst du hier?«

Sie zuckte mit den Schultern.

»Bist du per Anhalter hergekommen?«

Sie nickte.

»Wie alt bist du?«

»Siebzehn.«

Diese Frage bereute ich sofort. Es war nicht so, dass sie etwa viel älter ausgesehen und mich ihre Antwort deswegen überrascht hätte. Im Grunde hatte ich gewusst, dass sie zu jung war für mich, nun aber gab es eine Zahl, die diesen Umstand bezifferte. Meine dreißig Lebensjahre fühlten sich auf einmal an wie unnötiger Ballast.

»Bist du ... von zu Hause weggelaufen?«, fragte ich.

Sie zuckte wieder mit den Schultern. Dann schwieg auch ich. Immer wieder streifte mein Blick ihr unbewegtes Profil. Ich hatte seit jeher eine Vorliebe für mädchenhafte, ich würde sagen, elfenhafte Frauen, Zerbrechlichkeit schien mir damals als die höchste Form der Erotik. Adelaida aber war geradezu sphärisch. Der Wanderrucksack auf ihren Knien war prallgefüllt und schwer, sie selbst jedoch sah aus, als könnte sie sich jeden Moment in Luft auflösen, einfach in Schall und Rauch verpuffen. Ich war entzückt und ratlos. Irgendwann sah ich in der Ferne die roten Ziegeldächer der Fabrik aufblitzen.

»Ich fahre gar nicht nach Rom«, gestand ich.

»Das habe ich mir bereits gedacht«, antwortete Adelaida.

Damals gab es in Malvita noch ein Hotel, ein paar Geschäfte und Restaurants, am Bahnhof hielt jede Viertelstunde ein Zug. Statt bei der Fabrik zu halten, bog ich ab und Adelaida ließ sich fahren, ohne Fragen zu stellen. Auf diese Art und Weise musste sie auch hergekommen sein, dachte ich, im Wagen eines anderen, der sie aus irgendeinem Grund oder auch einfach nur so am Straßenrand abgesetzt hatte, dort, wo ich sie später fand.

Nur stockend kamen wir auf Malvitas Hauptstraße voran, damals herrschte dort noch Verkehr, viele Menschen drängten sich auf den Bürgersteigen, Schaufenster lockten. Adelaida aber blickte weder nach links noch nach rechts. Es schien ihr egal zu sein, ob ich sie zum Bahnhof fuhr oder einfach irgendwo auslud wie Sperrmüll. Das Hotel verfügte über einen Hinterhof, in dem eigentlich nur Zulieferer halten durften. Aber der Hotelbesitzer kannte meinen Wagen. So musste ich mir um die Parkplatzsuche keine Sorgen machen und irgendwie war ich ja auch ein Zulieferer, überlegte ich mir: Ich würde der hübschen Österreicherin ein oder zwei Übernachtungen in einem der Zimmerchen bezahlen und danach wäre sie nicht mehr mein Problem. Natürlich hätte ich ihr genauso gut ein Zugticket nach Rom schenken können oder zurück nach Österreich, das wäre für sie vielleicht das Beste gewesen. Stattdessen aber bog ich von der Hauptstraße ab und parkte meinen Wagen zwischen zwei Mistkübeln. Der Hotelhinterhof war selbst am helllichten Vormittag düster. Dort saßen wir also nebeneinander im stehenden Auto. Adelaida blickte mich immer noch nicht an, aber ihre Finger begannen plötzlich, meinen Hosenbund entlangzuwandern, als hätten sie sich losgelöst von dem Geisterkörper, als wären sie zu selbstständigen Wesen geworden, die nichts zu tun hatten mit Adelaidas Rest. Mit Leichtigkeit überwanden sie Gürtelschnalle und Hosenknöpfe, krochen in meine Unterhose hinein und zupften am Gummibund. Viele Jahre lang habe ich mir eingeredet, dass ich in diesem Moment stumm vor Schreck gewesen wäre. Aber natürlich stimmt das nicht. Als Adelaida ihren Kopf über meinen Schoß senkte, ließ ich es zu, widerstandslos, hielt es vielleicht sogar für mein gutes Recht. Sie hatte es angeboten, ich sie zu nichts gedrängt, und es ist ein eisernes Gesetz der Wirtschaft, dass niemand bezahlt, wofür er nichts bekommt.

Hinterher fragte Adelaida: »Darf ich jetzt aussteigen?«, und blickte mich nun endlich an, zum ersten Mal sah ich ihr direkt in die Augen, die braun-grün gescheckt waren wie ein schlecht gegossener Rasen, enttäuschend unverzaubert, und ihre Wangen waren rot. Ich begleitete sie noch hinein ins Hotel, an den Mülltonnen vorbei durch den Hintereingang, das Zimmer bezahlte ich gleich für eine Woche im Voraus. Dabei war ich sicher, dass sie nicht so lange bleiben würde. Vielleicht läuft sie gleich zu ihrem schmuddeligen Begleiter zurück, sobald ich gegangen bin, dachte ich, oder sie schlüpft ins nächste Auto, zum nächsten Kerl. Zum Abschied schüttelten wir einander die Hände wie Geschäftspartner, dann verschwand Adelaida im Treppenaufgang und das Letzte, das ich von ihr sah, war der moosgrüne Wanderrucksack. Ich machte mich auf den Weg zur Fabrik.

Den Rest des Tages habe ich kaum noch an Adelaida gedacht. Eine anrüchige Anekdote, denn für mehr hielt ich unser Zusammentreffen noch nicht, hatte auf der Arbeit nichts zu suchen. Damals hatte ich den Betrieb noch nicht lange von meinem Vater übernommen und große Lust, alles in Frage zu stellen, verkrustete Strukturen aufzureißen und Neues aufzubauen, gleichzeitig kämpfte ich noch um die nötige Autorität. Mein Arbeitstag war nervenaufreibend wie jeder andere, die Sitzung dauerte ewig und so war es schon dunkel, als ich abends wieder ins Auto stieg. Meine müden Gedanken hingen fest in endlosen Zahlenreihen, und dass ich den falschen Weg eingeschlagen hatte und gar nicht nach Hause, auf die Villa zusteuerte, merkte ich erst, als vor mir die Umrisse Malvitas erschienen. Der Rezeptionist grinste unverschämt, rückte aber widerstandslos mit der Zimmernummer heraus. »Sie bezahlen ja dafür«, konnte er sich nicht verkneifen anzumerken, und ich war nicht sicher, ob er damit das Zimmer meinte.

Adelaida öffnete die Tür nur mit einem übergroßen Herren-T-Shirt bekleidet, ihre Beine waren nackt, ihr Haar zu einem dicken Zopf geflochten. Sie sah aus, als hätte sie geweint, vielleicht aber hatte sie auch nur schon geschlafen, ihre Augen waren gerötet, trotzdem lächelte sie, als sie mich sah. Ich fragte sie, ob ich hereinkommen dürfte, und sie nickte.

Von da an besuchte ich sie jeden Abend in ihrem Hotelzimmer, und wenn ich es, manchmal erst im Morgengrauen, wieder verließ, hinterlegte ich an der Rezeption das Geld für eine weitere Nacht. Das war natürlich ein im Grunde idiotisches Vorgehen, immerhin lebte ich, seit meine Eltern sich zur Ruhe gesetzt und ein Häuschen am Meer als ihren Alterswohnsitz erstanden hatten, ganz alleine in der riesigen Villa. Genauer gesagt bewohnte ich darin nur drei oder vier Zimmer, der Rest verfiel. Nichts hätte dagegen gesprochen, Adelaida bei mir wohnen zu lassen. Aber sie war für mich nun einmal das gute Glas Bourbon, das man sich nach getaner Arbeit in irgendeinem Pub genehmigt, und das Pub ist von Bedeutung, denn in den eigenen vier Wänden schmeckt alles irgendwann schal. Und wenn ich wieder alleine sein wollte, setzte ich mich einfach ins Auto und fuhr damit zu meiner großen, stillen Villa wie zu einer zweiten Geliebten. Beinahe ein halbes Jahr lang lebten wir auf diese Art und nie fragte ich mich, was Adelaida tagsüber trieb. Sie bat mich nie um Geld und wovon sie eigentlich lebte, wusste ich nicht. Manchmal brachte ich ihr Schokolade mit, die aß sie dann in winzigen Bissen, als würde sie es nur mir zuliebe tun.

Eines Abends erwartete Adelaida mich auf ihrem grünen Wanderrucksack sitzend und ich bemerkte sofort, wie leergeräumt das Zimmerchen wirkte: Die Schmutzwäsche war vom Fußboden verschwunden, ebenso der Kamm, der sonst immer am Nachtkästchen lag, selbst die Zahnbürste befand sich nicht mehr an ihrem gewohnten Platz neben dem Waschbecken. Adelaida sprach sehr ruhig, aber dabei liefen unentwegt dicke Tränen über ihre Wangen, ich saß am Bettrand und hörte zu. Dass meine Adelaida nicht nur abends und nicht nur in diesem Zimmer existierte, dass sie auch tagsüber einen Körper hatte, einen überraschend funktionstüchtigen sogar, erschien mir eigenartig. Und dann stellte ich mir vor, wie dieser zur Apotheke lief und ohne jegliche Italienischkenntnisse, nur durch Pantomime vermutlich, einen Schwangerschaftstest bestellte. Das war ein komischer Gedanke, ich musste grinsen. Irritiert verstummte Adelaida und schaute mich mit großen, erwartungsvollen Augen an. Der Tränenfluss versiegte sofort. Was hätte ich tun sollen? Vielleicht hätte es eine Menge Möglichkeiten gegeben, die klüger gewesen wären, mir aber fiel in diesem Moment nichts anderes ein: Ich ging auf die Knie und hielt um ihre Hand an.

28. DER AUSGESETZTE

Noch am selben Abend zog Adelaida bei mir ein, den Rucksack hatte sie ja bereits reisefertig gepackt. Sie war begeistert von den vielen Zimmern, wollte alles verändern und gestalten und entwarf am Papier mit viel Liebe ein himmelblaues Kinderzimmer mit Schaukelpferden und Puppenküche.

Meine Eltern hätten freilich lieber eine Italienerin an meiner Seite gesehen, aber das ließen sie Adelaida nicht allzu sehr spüren. Adelaida ihrerseits gab sich Mühe und sprach nach nur wenigen Monaten ein annehmbares Konversationsitalienisch, was meine Eltern zumindest einigermaßen beruhigte: Das Enkelkind würde Italiener sein, ein echter Esposito.

Auch ich begann, mich zunehmend auf das Kind zu freuen. Als Sprössling einer derart traditionsreichen Familie hatte ich die ersten dreißig Jahre meines Lebens vor allem als Nachkomme, als Sohn verbracht und hielt es für eine willkommene Abwechslung (aber ich gestehe: auch nicht viel mehr als das), endlich selbst der Vater zu sein. Solche Gedanken machte ich mir freilich ausschließlich in den frühen Morgen- und späten Abendstunden, denn sobald ich das Fabrikgebäude betreten hatte, verschwand Adelaida aus meinem Kopf, wie sie es von jeher getan hatte, und mit ihr das in ihr heranwachsende Kind. Dieses wurde schon bald so schwer, dass Adelaida sich nur noch mit Mühe fortbewegen konnte. Die vielen Veränderungen, die sie im Haus hatte vornehmen wollen, blieben unvollendet, und wenn ich abends nach Hause kam, lag sie meist müde auf einem der Sofas, die geschwollenen Beine hochgelagert auf teuren Zierkissen. Nichts erinnerte mehr an die Elfe, die sie einst gewesen war, und ich wünschte mir die Geburt, und damit meine alte Adelaida, immer sehnlicher herbei, ihr dürfte es ähnlich gegangen sein.

Marietta kam kurz vor Weihnachten auf die Welt, sie war ein gesundes und, soweit man das über Säuglinge sagen kann, hübsches Mädchen. Lange dachten wir über den Namen nach: Ein Sohn hätte natürlich nach mir und vielen seiner Vorfahren Antonio geheißen, eine Antonella aber wäre gleichbedeutend gewesen mit Aufgeben. Das war Ende der achtziger Jahre, damals war es noch ungewöhnlich, nicht aber unmöglich, dass Töchter Betriebe übernahmen. Und doch stellte sich irgendetwas in mir quer, ich wollte gar nicht erst so weit denken, außerdem stand ich ja erst am Anfang meiner Ehe mit Adelaida. Der Name Marietta war dann ihr Vorschlag, sie hatte ihn wohl irgendeinem Roman entnommen, ich stimmte sofort zu.

In der ersten Zeit kümmerte Adelaida sich rührend um das Kind, zumindest, soweit ich das beurteilen kann, denn ich sah die beiden immer erst spätabends. Da plapperte Adelaida dann in ihrem schlechten Italienisch ohne Punkt und Komma auf die Kleine ein, nahm sie an die Brust oder schob sie im Kinderwagen durch die endlosen Korridore. Als Marietta etwa ein halbes Jahr alt war, wollte Adelaida unbedingt den Führerschein machen. Um »selbstständig« und »nicht mehr eingesperrt zu sein«, wie sie sagte. Ich bezahlte die Fahrstunden und zur bestandenen Prüfung schenkte ich ihr ein Auto. Adelaida war überglücklich und Marietta lag bei all den Ausfahrten, erst übungshalber mit dem Fahrlehrer, später auf ausgedehnten Shoppingtouren, stets neben ihr in der Babyschale.

Eines Abends jedoch kam ich nach Hause und fand eine fremde Frau in meinem Wohnzimmer vor, die der heulenden Marietta in ihren Armen den Schnuller hinhielt.

»Na und, ich habe ein Kindermädchen eingestellt, ich habe einfach nicht genug Zeit für mich!«, antwortete Adelaida so bissig auf meine Frage, als hätte ich, der ihr von Anfang an eine Haushaltshilfe angeboten hatte (sie hatte stets mit dem Argument, dass es auch ihr Haus wäre und daher ihr Haushalt, abgelehnt), ihr deswegen einen Vorwurf gemacht.

An diesem Tag kam ich das erste Mal in Berührung mit Adelaidas Sprunghaftigkeit. Alles konnte sie eine Zeit lang faszinieren, sie ganz und gar beanspruchen, nichts aber konnte sie halten. Als sie zum Beispiel genug hatte vom Mutterglück, wurde sie Künstlerin, sie zeichnete das Bild hinter mir und noch viele andere. Aber nach wenigen Wochen schon vernichtete sie die meisten ihrer Werke, nur dieses hier konnte ich retten. Dann bettelte sie, dass sie Pferde haben müsste, »wegen der Bewegung«. Ich ließ einen alten Stall, der von jeher zum Grundstück der Villa gehört hatte, erneuern und schenkte ihr zwei Stuten, die ich kurze Zeit später halbverhungert und zum halben Preis weiterverkaufen musste, weil Adelaida sich inzwischen voll und ganz ihrer Porzellansammlung widmete. Währenddessen fuhr das Kindermädchen ganz alleine unsere kleine Marietta spazieren. Die eheliche Kommunikation war zu einem Wunschäußern Adelaidas und einem Wunscherfüllen meinerseits reduziert worden. Ich hielt das für gut so, denn auf diese Art und Weise stritten wir nie. Elena war dann ein Wunschkind oder, sagen wir vielleicht, ein Launenkind, denn irgendwann erinnerte ich mich doch noch an die schöne erste Zeit, die Adelaida mit Marietta erlebt hatte, und ihr musste es da ganz ähnlich gegangen sein. Aber Elena schaffte es ebenfalls nur eine Zeit lang, ihre Mutter für sich zu begeistern, schließlich wurde auch sie an das Kindermädchen übergeben und Adelaida ging über zu ihrer früheren Rastlosigkeit. Anders als nach Mariettas Geburt schaffte sie es nun nicht mehr, die Schwangerschaftskilos zu verlieren, Hungerkuren und Intensivsport wurden ihre neuen Leidenschaften, im Wechsel natürlich mit Fressattacken und körperlicher Lethargie, sodass sie immer unförmig blieb, nicht mehr zurückfand in den einstigen Elfenkörper. Sie kaufte sich viel neue Kleidung, das meiste davon war so exzentrisch, als wollte sie ablenken von ihrer wahren Gestalt, und mit Mitte zwanzig sah sie aus wie eine überdrehte Kunstlehrerin mittleren Alters. Ich blieb während dieser ganzen Zeit, während Mariettas und Elenas Aufwachsen, ein unbeteiligter Beobachter dieser Familie. Was auch immer Adelaida mit den Kindern anstellte, würde schon in Ordnung sein, sagte ich mir, ich vertraute auf ihre sogenannte »weibliche Intuition«, im Grunde aber war ich einfach faul.

Und dann kam Jordie.

Marietta war zehn Jahre alt und Elena feierte gerade ihren siebenten Geburtstag. Eigentlich hatte ich mir damals schon angewöhnt, auch die Sonn- und Feiertage hinter dem Schreibtisch in meinem ins Fabrikgebäude eingegliederten Büroraum zu verbringen. Die Mädchen sah ich ohnehin jeden Abend, dann überschütteten sie mich mit den Erlebnissen des Tages, erzählten atemlos, wo sie mit dem Kindermädchen hinspaziert wären und welches neue Gedicht sie auswendig gelernt hätten. Zwischendurch tauchte Adelaida auf und traktierte mich mit irgendwelchen neuen Wünschen.

Die Fabrik hingegen war, vor allem am Wochenende, eine Oase der Ruhe, und ich gebe zu, dass ich an so manchem Sonntagnachmittag im Schreibtischsessel zurückgelehnt gemütlich eine Zigarre nach der anderen gepafft habe, ohne auch nur den Computer einzuschalten.

An diesem außergewöhnlichen Sonntag aber war ich zu Hause, da Elena eben ihren Geburtstag feierte und Adelaida zu diesem Anlass Tee und Kuchen servierte. Die Kinder waren sehr andächtig, das Kindermädchen aufgebrezelt, Adelaida schweigsam, ich fühlte mich wohl. Da läutete es an der Tür. Damals hatten wir außer dem Kindermädchen noch kein Hauspersonal, manchmal übernahm jenes aber ungefragt Dienstbotenpflichten wie das Entgegennehmen von Anrufen oder eben das Öffnen der Tür. Auch diesmal hatte sich die Gute schon von ihrem Stuhl erhoben, als ich plötzlich auf die Beine sprang und schrie: »Ich mache das schon!«

Ich glaube nicht ans Schicksal oder Prophezeiungen, in Wahrheit vertraue ich nicht einmal dem Bauchgefühl, aber ich schwöre, dass ich in diesem Moment, als ich aus dem Zimmer hinaus und zur Tür eilte, an nichts anderes denken konnte als an Cal.

Calpurnia Prudence Waters – einen derart prätentiösen Namen können auch nur Amerikanerinnen tragen. Ich hatte schon seit längerem immer wieder telefonisch mit ihr zu tun gehabt, sie war Salesmanagerin bei einem unserer amerikanischen Vertriebspartner. Sie hatte eine ungewöhnlich tiefe Stimme und ihre Vokale hatten selbst dann noch eine langgezogene Südstaatenfärbung, wenn sie Italienisch sprach. Ich fragte sie einmal, woher sie unsere Sprache so gut konnte, denn die meisten meiner amerikanischen Kollegen konnten nicht ein Wort von ihrem verunstalteten Englisch abweichen. Calpurnia antwortete, um ein paar Italienischstunden käme man wohl nicht herum, wenn man so hieße wie die Gattin des großen Cäsar. Das beeindruckte mich. Natürlich war es ein Scherz gewesen, aber es war diese Art von Scherz, die Adeleida niemals machte. Ich lachte mit Calpurnia am Telefon häufiger als in den zehn Jahren Ehe mit meiner Frau. Dabei ging es in den Telefonaten eigentlich immer nur um staubtrockene Materie, um Verkaufszahlen und Marketingstrategien, Calpurnia wusste genau, wovon sie sprach, und konnte stur und unnachgiebig sein. Mehr als einmal knallte ich nach unserem Gespräch den Hörer auf die Gabel und brüllte irgendeinen Mitarbeiter an, der das Pech hatte, nach diesem Telefonat als Erster mein Büro zu betreten. Beim nächsten Anruf aber war der ganze Zorn schon vergessen, wir lachten wieder, »Work is work and life is life«, pflegte Calpurnia zu sagen.

Einmal erzählte sie beiläufig, dass sie demnächst einen Vortrag in Florenz zu halten hätte und noch nicht wüsste, wie sie ihren freien Abend danach verbringen sollte. Mehr brauchte es nicht – ich erzählte Adelaida von einem Geschäftstermin und fuhr hin. Übrigens weiß ich gar nicht, warum ich mir überhaupt die Mühe gemacht habe, einen Vorwand zu erfinden, Adelaida fragte nie, wo ich mich aufgehalten oder was ich getrieben hatte, wenn ich außer Haus gewesen war.

Ich betrat das vereinbarte Lokal voll freudiger Erwartungen und sie alle wurden enttäuscht: Calpurnia Prudence Waters war in meinen Augen völlig unattraktiv. Erstens war sie sehr groß, überragte mich sogar in ihren flachen Schuhen um ein paar Zentimeter, was mir bei Frauen noch nie gefallen hatte, ich ließ mich nicht gerne von oben herab betrachten. Zweitens trug sie ihr schwarzes Haar sehr kurz, fast schon militärisch geschoren, auch das gefiel mir nicht. Ihr Gesicht war breit, Stirn, Kinn und Wangen flächig, im Vergleich dazu schienen Augen, Nase und Mund zu klein geraten, und auch wenn sie nicht direkt dick war, war sie doch breit gebaut, mit kräftigen Armen und ausladenden Schultern, die sie durch eine auch damals schon lange nicht mehr moderne Schulterpolsterung in der Bluse noch unnötig betonte. Kurzum, sie war von meinem zarten Frauenideal noch weiter entfernt als meine übergewichtige Adelaida. Und dafür war ich extra nach Florenz gefahren.

Calpurnia begrüßte mich mit festem Händedruck, dann nahmen wir Platz an einem der weißgedeckten Tische. Ich hatte selbstverständlich ein sehr feines, sehr teures Lokal ausgesucht, Calpurnia ließ sich sofort die Weinkarte zeigen und wählte tatsächlich einen ausgezeichneten. Natürlich sprachen wir hauptsächlich über die Arbeit, nur hin und wieder streuten wir Anekdoten aus unserem Leben dazwischen, Calpurnia hatte die halbe Welt bereist und wusste viel zu erzählen, und wie erwartet lachten wir viel. Nach dem dritten Glas Wein waren wir füreinander »Tony« und »Cal«. Zwischendurch jedoch wurden wir ernst, erörterten die Zukunft der Lederindustrie und der Weltwirtschaft, auch solche Gespräche waren möglich, und Cals Gesicht, das ich zu Anfang für unproportioniert gehalten hatte, begann sich plötzlich gerade durch seine vermeintlichen Fehler auszuzeichnen: Das zu Kleine und das zu Große darin harmonierten miteinander und schufen eine ganz neue, von mir noch ganz unentdeckte Form der Schönheit. Nach dem Dessert wechselte Cal ganz unvermittelt das Thema. Sie wäre, sagte sie, momentan völlig ungebunden und in ihrem Hotelzimmer stände ein Doppelbett. Dann lachte sie wieder und verlangte nach der Rechnung.

Somit wiederholte sich in gewisser Weise eine Episode meiner Jugend, allerdings unter ganz anderen Vorzeichen. Wann immer Cal nach Europa kam, reichte ein Anruf und ich reiste ihr unverzüglich hinterher, verkroch mich mit ihr in den Hotelbettlaken immer anderer Städte. Während ich Adelaida jedoch stets vergessen hatte, sobald sie meinem Blickfeld entschwunden war, blieb Calpurnia allgegenwärtig. Selbst in meinem Büro, das mich ansonsten von allem Privatleben abschirmte, war sie präsent, immer noch rief sie häufig an, meistens rein geschäftlich, und hinterher knallte ich wieder den Hörer auf die Gabel. Dann aber schloss ich die Augen und stellte sie mir vor, dachte an ihren nackten Körper in meinen Armen, der so viel geschmeidiger sein konnte, als man es von ihrer Erscheinung her vermutete. Vielleicht war ich sogar verliebt.

Unsere Beziehung endete jedoch völlig unspektakulär. Ich hatte damals schon länger nichts mehr von Cal gehört, was nichts zu heißen hatte, womöglich wurde sie momentan dringend in Amerika gebraucht und konnte deshalb nicht verreisen. Eine Zeit lang war ich zu stolz, um sie anzurufen, immerhin war es bisher jedes Mal sie gewesen, die sich bei mir gemeldet hatte. Allerdings kam ich nun immer noch früher ins Büro und ging abends noch später, um ja keinen Anruf zu verpassen, denn Privatnummern hatten wir nie ausgetauscht. Aber Cal rief nicht an. Irgendwann hielt ich es einfach nicht mehr aus, ich vermisste ihre Stimme, ja, ihre Stimme am allermeisten, und ihr Lachen, also überlegte ich mir irgendeinen Vorwand und wählte die Nummer ihres Büros. Lange tat sich nichts, das aufreibende Tuten im Hörer signalisierte jedoch, dass die Leitung frei wäre, also blieb ich hartnäckig. Irgendwann meldete sich eine junge Männerstimme, fast noch stimmbrüchig schrill, das genaue Gegenteil vom vibrierenden Alt meiner Cal. »Miss Waters?«, wiederholte die Stimme krächzend, ja, eine Miss Calpurnia Waters hätte einmal hier gearbeitet, jetzt aber nicht mehr, sie hätte gekündigt, er wüsste nicht, wann genau. Nein, er wüsste auch nicht, wo sie sich jetzt befände, er könnte auch niemanden fragen, niemand wüsste das so genau, da wäre er ganz sicher. Ich drängte ihn, mich sofort zurückzurufen, sollte er doch noch etwas in Erfahrung bringen, er versprach es und meldete sich nie wieder. Übrigens wurde das ganze Amerikageschäft bald darauf eingestellt. Das hatte nichts mit Cal zu tun,» work is work and life is life«, es erwies sich einfach als nicht mehr rentabel.

Anfangs litt ich. Natürlich vermisste ich sie, andererseits hatte sie aber auch meinen Stolz gekränkt, indem sie so wortlos verschwunden war, und ich wusste nicht, was mehr schmerzte. Ich stürzte mich wieder in die Arbeit, wie immer, wenn mich irgendein Gefühl zu übermannen drohte, verbrachte ganze Nächte am Schreibtisch, und Adelaida fragte nie nach.

Als ich an diesem Sonntag, an Elenas siebentem Geburtstag, zur Haustür eilte, hatte ich eigentlich gedacht, die Geschichte mit Cal schon längst archiviert zu haben bei all den anderen, den bedeutungslosen Affären, von denen es vor meiner Heirat so viele gegeben hatte und zu denen ich, ursprünglich, auch Adelaida hatte legen wollen. Jetzt aber erschien Cal plötzlich so plastisch in meinen Gedanken, als stünde sie vor mir: Sie hatte eine ihrer furchtbar gepolsterten Blusen an und ihre kleinen Augen blitzten, weil ihr gerade wieder irgendeine witzige Geschichte eingefallen war, das Lachen zuckte bereits auf ihren Lippen, schlug Grübchen in die weiten Wangen. Genauso, war ich mir sicher, würde sie gerade jetzt vor meiner Haustür stehen. Natürlich fehlte dieser Vorstellung jede Logik, Cal kannte meine Adresse nicht und selbst wenn sie diese irgendwie herausgefunden haben sollte, hätte sie immer noch keinen Grund, nach den vielen Monaten plötzlich bei mir aufzutauchen. Was sollte sie schon von mir wollen, was man nicht genauso gut auch am Telefon hätte besprechen können, aber seitdem ich die Hausglocke hatte schrillen hören, war ich wie im

Traum, träumte von Calpurnia und konnte nicht einmal sagen, ob es ein Wunsch- oder ein Angsttraum war.

Als ich die Haustür erreicht hatte, war ich verschwitzt und atemlos, obwohl mein Weg dorthin nicht mehr als einige Sekunden in Anspruch genommen haben konnte. Ich öffnete sie. Die Sonne strahlte am wolkenlosen Himmel, die Weinreben rundum standen in voller Frucht und weit und breit war keine Menschenseele zu sehen. Ich atmete auf, enttäuscht und erleichtert. Dann, plötzlich, ein Babyschrei.

Er lag zu meinen Füßen in seinem Bastkörbchen und hatte nichts bei sich als die Windel am Körper und eine alte Ausgabe der *New York Times*, die ihm als Decke diente. Am Korbhenkel klebte ein Zettel: »HIS NAME IS JORDAN«, in krakeligen Großbuchstaben handgeschrieben. Sofort versuchte ich, in meiner Erinnerung eine Schriftprobe Calpurnias abzurufen, es gelang mir nicht. War es überhaupt möglich, dass eine Geschäftsfrau wie sie so ungelenk schrieb, in Schriftbild wie in Formulierung: HIS NAME IS JORDAN, sonst nichts, und warum auf Englisch, wir hatten doch fast ausschließlich Italienisch miteinander gesprochen … Ich starrte ratlos auf den Zettel und währenddessen plärrte sich das Kind in dem Körbchen die Seele aus dem Leib.

Dass man das Schreien bis ins Esszimmer hinein hören konnte, hätte mir eigentlich klar sein sollen, dennoch ließ ich die Haustür offenstehen, dachte gar nicht daran, sie zu schließen. HIS NAME IS JORDAN. Plötzlich stand Adelaida hinter mir, in der Hand hielt sie noch die halbvolle Teetasse. »Was soll …?«, fragte sie und verstummte. Drinnen sang das Kindermädchen zum wiederholten Male »Happy Birthday«, wohl um Elena und Marietta von dem Lärm abzulenken, aber keiner der beiden sang mit. Adelaida beugte sich über den Korb, ihr

Gesicht wurde blass. Das Baby hörte augenblicklich auf zu schreien, es betrachtete sie, fast schon neugierig. Adelaida stellte die Tasse vorsichtig neben dem Körbchen ab, wozu sie sich hinunterbücken musste. Das Baby streckte seine Arme in die Höhe und ihr entgegen.

»Das ist unser Sohn, Ada«, hörte ich mich sagen, sehr laut, sehr kräftig, die Konsonanten übertrieben hart von mir stoßend, »hörst du? Unser Kind wie Marietta und Elena, unser gemeinsamer Sohn Jordan.«

In diesem Moment, glaube ich, hatte Adelaida alles verstanden. Niemals werde ich ihren Blick vergessen: Er klagte an, verurteilte und richtete im Schnellverfahren, dann wurden ihre Pupillen eng, als wäre sie eben erst ins Licht getreten. Sie wandte sich von mir ab und dem Kleinen zu: »Na, kleiner Jordie, was hat man dir denn angetan?«, auf Deutsch sagte sie es, das erste Mal seit Langem hörte ich sie Deutsch sprechen, dann befreite sie ihn vom Zeitungspapier, »Na, na, na, kleiner Jordie«, das fremde Kind streckte immer noch die Ärmchen nach ihr aus, sie hob es heraus und drückte es an ihre Brust. Dann drehte sie sich wortlos um und ging mit Jordie zurück ins Haus, ich folgte ihr zögernd.

Ich weiß nicht, was Marietta und Elena damals schon wussten, aber dass Kinder nicht vom Himmel fielen und Brüder nicht im Bastkörbchen frei Haus geliefert wurden, dürfte ihnen damals schon bewusst gewesen sein. Die Freude jedoch war so groß über dieses unerwartete »Geburtstagsgeschenk«, die beste aller Puppen, dass sie nicht allzu lange fragten. Das Findelkind wurde von ihnen umgehend zum Bruder ernannt und sie waren ihm von Anfang an verfallen, Adelaida sowieso. Statt wie bisher von einem Vorhaben zum anderen zu springen, verwendete sie nun all ihre Energie auf sein Wohlergehen, und die Mädchen taten es ihr nach. Es ist wohl nicht übertrieben zu sagen, dass Jordie der Kitt war, der unsere Familie zusammenhielt, über all die Jahre hinweg, sein Glück war unsere gemeinsame Aufgabe, unser höchstes Ziel. Nur seinetwegen hat Adelaida mich nie verlassen, nur seinetwegen habe ich bei der erstbesten Gelegenheit die Fabrik aufgegeben, meine Arbeit niedergelegt. Jordie, der Ausgesetzte, war die letzte Chance auf eine Zukunft der Familie Esposito.

Ich habe ihn oft eingehend betrachtet. Er sieht Cal nicht im Geringsten ähnlich, sondern stellt sogar eher ihr Gegenteil dar mit seinen schmalen Schultern, dem zarten Gesicht, den großen Augen. Auch von mir kann ich nichts an ihm erkennen. Ich habe oft darüber nachgedacht und am wahrscheinlichsten ist es so abgelaufen: Irgendein unglücklich geschwängertes Mädchen aus dem Dorf hat wie auch immer von meiner Affäre mit einer Amerikanerin erfahren und sofort eine Chance für ihr Kindchen gewittert. Darum dieses ungelenke, englische Geschreibsel, darum die aufdringlich amerikanische *New York Times*. Als vermeintlich »echter« Esposito, musste die arme Schwangere gedacht haben, erwartete den Buben ein angenehmes Leben, und so war es dann ja auch. Und den Namen Jordan hatte sie wahrscheinlich aus irgendeinem Hollywoodfilm. Ganz genau so ist es abgelaufen.

Aber hin und wieder betrachte ich Jordie, beobachte, wie er sich ans Kinn fasst, wenn er nachdenkt oder wie er beim Lachen seinen Kopf zur Seite neigt, wie er einen Löffel zum Mund führt oder eine Zeitschrift umblättert, und plötzlich sehe ich sie wieder vor mir, ganz genau so, wie ich sie vor fast zwanzig Jahren vor mir gesehen habe: Calpurnia Prudence Waters.

29. DIE FLUCHT

Tonio hustete. Während seines Vortrages war er immer wieder aufgestanden, hatte einige Schritte quer durchs Zimmer gemacht und sich zu der Bleistiftzeichnung hinter ihm umgedreht, auf diese Weise hatte er ganze Passagen seiner ewig jungen Gattin erzählt. Dann aber hatte er jedes Mal wieder plötzlich innegehalten und Christinas Blick gesucht, auf irgendein Nicken oder Zwinkern gewartet, welches er als Aufforderung zum Weitersprechen deuten konnte. An der kunstfertigen Gestaltung seiner Sätze war ersichtlich, dass er die Geschichte schon sehr oft erzählt hatte, nur eben noch nicht laut, noch nicht jemand anderem, aber die Worte hatten in seinem Kopf bereits festgestanden, als wären sie dort niedergeschrieben. Jetzt saß Tonio wieder auf seinem Schreibtischstuhl, schwenkte in der rechten Hand ein unsichtbares Kognakglas und imitierte schweigend den in die Ferne schweifenden Blick der gezeichneten Schönen hinter ihm. An irgendeinem Punkt der Erzählung, dachte Christina, mussten Tonio und sie selbst, ohne es zu merken, die Rollen vertauscht haben, denn nun war er der Bittsteller, der ermattete Prüfling, und sie selbst kam sich vor, als säße sie weit über ihm und blickte nun von dort auf sein grau meliertes Haar herunter.

Das Husten kam trocken über Tonios Lippen, ohne dass es den Rest seines Körpers in Anspruch nahm, ein letzter Verteidigungsschlag seiner müden Stimmbänder. Warum hatte er

Christina das alles erzählt? Sie hatte um Hilfe für Marcello gebeten und eine Lebensbeichte erhalten. Ein schlechtes Geschäft.

»Du siehst, ich war nicht gut zu meiner Frau. Zu keiner meiner Frauen«, sagte Tonio plötzlich, sein Blick war nach wie vor auf unsichtbare Weiten gerichtet. »Ich habe mir lange etwas darauf eingebildet, dass ich ihnen nichts … getan habe. Als wäre es eine Leistung, nichts zu tun. Adelaida ist mir immer egal gewesen. Meine Töchter sowieso. Im Grunde habe ich mich auch um Cal nicht bemüht. Die Idee, ihren Namen in eine Internetsuchmaschine einzugeben, Informationen zu ihrem Verbleib zu ermitteln, ist mir in den letzten Jahren oft gekommen und nie habe ich es getan. Aber hier geht es nicht um Cal. Es geht um mich.«

Nun blickte er Christina in die Augen, immer noch hielt er seine rechte Handfläche seltsam nach oben gedreht, auch wenn er sie jetzt nicht mehr schwenkte. Es sah aus, als ob er etwas empfing oder hoffte, etwas zu empfangen.

»Ich weiß nicht, was Marietta zugestoßen ist«, sagte er, »das ist meine Schuld. Es hat mich nie interessiert. Sie hat mir nie etwas erzählt, und wenn sie es getan hätte, hätte ich nicht zugehört. Ich habe nie zugehört. Vielleicht ist ihr auch gar nichts zugestoßen, und allein der Umstand, dass sie mich zum Vater hat, erfüllt sie mit … Sie spricht nicht darüber, aber man spürt ihn: den Hass. Man spürt ihn in jedem ihrer Worte und in jedem ihrer Blicke. Ich wusste von Anfang an, dass Marcello ein toter Mann ist. Dann holte sie die Bacio ins Haus. An den Tod der Bacio habe ich für meinen Teil niemals geglaubt, auch wenn manche Zeitungen davon zu berichten wussten. Bei meinen Kollegen im Süden ist Angelina Bacio früher ein Schreckgespenst gewesen, von einem jener Kollegen, der jung verstorben ist, sagte man sich gar, dass sie ihn ›erwischt‹ hätte, aber was weiß man schon sicher. Ich jedenfalls lachte über die Angst, die man im Süden vor einem so jungen Mädchen hatte, ich hatte sie nicht. Aber jetzt, jetzt habe ich sie, die Angst! Ich fürchte Adelaida, ich fürchte Marietta, ich fürchte die Bacio! Ich erkannte sie sofort, ein solches Gesicht vergisst man selbst dann nicht, wenn man es nur von Phantomzeichnungen kennt. Ich erkannte die Bacio und alles ergab einen Sinn. Mariettas Hochzeit, Mariettas Rache.« Er verstummte wieder. Christina wartete darauf, dass er weitersprach, er aber blickte sie an und durch sie hindurch, als liefe hinter ihrem Rücken ein Film ab, der alles erklärte und den nur sie nicht sehen konnte.

»Was hat Marcello getan?«, fragte Christina schließlich. Tonio zog überrascht die Augenbrauen hoch.

»Marcello? Nichts«, antwortete er, und klang nun fast ein wenig ärgerlich: »An mir rächen sie sich, verstehst du das denn nicht, an mir und an niemandem sonst?« Und plötzlich erhob er sich wieder, war groß und kräftig wie eh und je, die Krankheit schien für einige Sekunden aus seinem Körper zu weichen, seine Stimme donnerte ein letztes Mal durch das steinerne Zimmer: »Sie hassen mich und hassen mich zu recht, aber was bringt es ihnen, einen alten Mann um die Ecke zu bringen, der jede Macht verloren hat in dieser Welt und ein Wurm sein wird in der nächsten? Sie töten den jungen, den noch nicht Vater, sie verhindern die Wiederholung der Geschichte, die Wiederholung der Ignoranz, die Wiederholung des Betruges, verstehst du denn nicht, Marietta wird nicht Adelaida sein und alles stillschweigend ertragen, niemand mehr wird Adelaida sein, denn niemand wird mehr Tonio sein, und das ist gut so, gut, verstehst du?« Bei den letzten Worten hatte er Christina an den Schultern gepackt und sie von ihrem Stuhl gerissen in seine luftigen Höhen, wo er sie jetzt schüttelte, als würde so ein verständnisvolles Wort aus ihr herausfallen können, aber Christina verstand nichts, sie kreischte nur und strampelte wie ein Säugling mit den Beinen. Da ließ er sie fallen, hart landete sie auf ihren Knien. Trotz des Schmerzes schrie sie jetzt nicht mehr, und auch Onkel Tonio war plötzlich ganz still. Sein Mund aber stand immer noch weit offen, als wäre da noch etwas, das er sagen wollte, ein Wort, zu dem er keine Stimme mehr hatte. Sein Körper wankte, hin und her, vor und zurück, dabei war er nebelgrau, überall, sein Gesicht, die Hände, selbst der Anzug – alles hatte wieder dieselbe oder gar keine Farbe angenommen, dann fiel er, steif wie ein Brett, vornüber, nur knapp an Christina vorbei, prallte mit dumpfem Donnern auf dem kalten Steinboden auf. Dort blieb er liegen, regungslos.

Christina rappelte sich auf. Ihre Knie taten weh, aber das war jetzt nicht wichtig. Mehrmals rief sie Tonios Namen, versuchte, ihn vom Bauch auf die Seite zu drehen, eine stabile Seitenlage herzustellen, wie sie es beim Erste-Hilfe-Kurs gelernt hatte, aber es war vergebens, er war zu schwer. Onkel Tonio lag da wie ein Stein, aus der Mauer dieses Hauses herausgebrochen, nur noch ein Stück baufällige Villa.

Christina rannte los.

Einen Moment lang tappte sie in vollkommener Dunkelheit, dann reagierte der Bewegungsmelder, die Deckenbeleuchtung flackerte auf. Hier wenigstens konnte sie sich nicht verirren, es gab nur einen einzigen Weg, den Gang entlang zurück, dorthin, wo sie hergekommen war, zurück zu Vittoria und Nino, sie würden den Ernst der Lage verstehen müssen. Am Ende des Gangs führten Treppen nach oben, drei dunkelblaue Frauen waren dabei, im Zwischenstock die Läufer abzuklopfen, unter ihnen die junge Rundgesichtige von vorhin.

Christina stürmte auf das Grüppchen zu, die Frauen stoben erschrocken auseinander. »Tonio ...!«, rief sie und gestikulierte hektisch, mit der Handkante am Hals deutete sie den drohenden Tod an, die Frauen schienen zu verstehen. Eine lief sofort die Treppen hinunter und schlug den Weg zu Tonios Zimmer ein. Die beiden anderen, darunter auch die Junge, rannten in die entgegengesetzte Richtung, immer weiter die Treppen hinauf. Christina folgte ihnen, etwas Besseres fiel ihr nicht ein. Zwar bestand nach wie vor die Gefahr, dass Marietta oder Angelina irgendwo auf sie lauerten, im Pulk der Bediensteten aber war sie wenigstens leicht zu übersehen. Denn Dunkelblaue kamen nun aus allen Zimmern gelaufen, sie mussten die eiligen Schritte gehört haben und neugierig geworden sein, die beiden Frauen erklärten alles notdürftig im Vorbeilaufen, manche schlossen sich ihnen an oder machten sich ihrerseits auf den Weg in den Keller. Jetzt erst kam irgendjemand auf die Idee, ein Handy aus der Uniformtasche zu ziehen, vermutlich wählte er den Notruf. Langsam hatte Christina das Gefühl, dass niemand das Ziel dieser Prozession kannte, dass alle sich nur vor Aufregung die Beine vertraten. Trotzdem ließ sie den Pferdeschwanz der Jungen nicht aus den Augen und folgte stur seinem fast schon fröhlich wirkenden Hüpfen. Gemeinsam hasteten sie die Marmorstufen hinunter, traten achtlos den purpurnen Teppich in Falten und am Treppenende plätscherte fröhlich ein Zimmerspringbrunnen. Wie eindrucksvoll war Christina die Pallas Athene an ihrem ersten Tag vorgekommen, wie nutzlos stand sie nun im Weg herum, nur ein Hindernis, auf das man durch das erzwungene Ausweichen wertvolle Zeit verschwendete. Und jetzt erst wurde Christina bewusst, wo sie sich eigentlich befanden. Da hörte sie auch schon das Klimpern des großen Haustorschlüssels.

Wieder schlug ihnen Hitze entgegen, die tiefstehende Sonne blendete, irgendwo war bereits die Sirene eines Krankenwagens zu hören. Die Bediensteten hoben die Hände zur Stirn, ausnahmsweise nicht zum Gruß, sondern als Lichtschutz, sie suchten die Hügel nach dem Rettungswagen ab, das junge Mädchen mit dem Pferdeschwanz lächelte sogar, wahrscheinlich kam es sonst tagsüber eher selten an die frische Luft. Christina blickte sich um. Die Dunkelblauen schenkten ihr keine Beachtung. Hinter ihren Rücken stand die Haustür noch offen, in der menschenleeren Marmorhalle umklammerte Athene einsam ihre Eule.

Für Tonio war gesorgt, dachte Christina, die Rettung war am Weg, die Dienstboten bei ihm. Marcello hatte noch etwa vierundzwanzig Stunden. Laut Nino war er irgendwo im Dorf Malvita untergebracht worden, zu Fuß war es kaum erreichbar, vor allem, wenn man den Weg nicht kannte. Aber sie musste es versuchen, weil sie es sich vorgenommen hatte und auch, weil sie nicht wusste, was sie sonst tun sollte. Der Bahnhof lag mindestens genauso weit weg wie das Dorf, wenn nicht sogar noch weiter.

Ganz ruhig, nicht wie eine Fliehende, sondern schlendernd, als wollte sie nur einen kleinen Spaziergang machen, entfernte Christina sich vom dunkelblauen Grüppchen. Keiner kümmerte sich um sie. Erst als sie endgültig außer Sichtweite geraten war, rannte sie los. Wegen der Katzensuchaktion am Morgen hatte man im Weingarten alle Arbeiten eingestellt, und noch waren die Bediensteten nicht zu ihren Reben zurückgekehrt. Vermutlich gab es dort auch nicht viel zu tun, die Trauben waren noch nicht reif. Trotzdem riss Christina im Vorbeilaufen eine Handvoll ab, als Wegzehrung. Die Trauben waren naturgemäß sauer und regten den Appetit eher an, als dass sie sättigten. Als Christina eine Schotterstraße erreichte (sie vermutete, dass es dieselbe war, die sie in Elenas Sportwagen entlanggeschossen waren, sicher war sie sich aber nicht), zügelte sie ihr Tempo. Schiffbrüchige sollten nicht schwimmen, sondern sich treiben lassen und Kräfte sparen, so wollte Christina es jetzt auch machen. Der Hunger und die Hitze arbeiteten gegen sie, auf ihr bekannt vorkommende Stellen folgten völlig unbekannte, und erst als ihr der Rettungswagen entgegenraste, wusste sie, dass sie zumindest die richtige Richtung eingeschlagen hatte, denn ob die Rettung nun von Florenz kam oder anderswoher: Von jedem größeren Ort aus musste sie an Malvita vorbeigekommen sein. Diese Gewissheit gab Kraft für ein oder zwei Stunden, aber als es zu dämmern begann, war Christinas Mut vollkommen verschwunden. Was ging sie dieser Marcello eigentlich an? Er war ihr nicht einmal sympathisch gewesen. Ihr fiel wieder dieser Blick ein, den er ihr beim Polterabend zugeworfen hatte. Marcello hasste sie, ohne auch nur ein Wort mit ihr gesprochen zu haben, und dafür rettete sie sein Leben. Mittlerweile waren Christinas Bewegungen so langsam geworden, dass es aussah, als wollte sie sich tatsächlich vom Abendwind treiben lassen auf dieser menschenleeren Landstraße, seit dem Krankenwagen war ihr niemand mehr begegnet. Innerlich aber brodelte sie vor Wut. Zuerst war sie nur wütend auf Marcello, wegen dem sie jetzt durch diese verdammte Toskana irrte, die in ihren Augen bereits jede Schönheit verloren hatte und öde geworden war, eine Wüste. Dann aber machte sie sich bewusst, dass nicht er es gewesen war, der sie in diese Lage gebracht hatte. Marietta, Elena, Angelina, auch Ada, warum nicht – Christina sah ihre Gesichter als verzogene Fratzen vor sich aufblitzen, in Flammen aufgehen, Hexenweiber, verdammte Teufelinnen. Und dann war da wieder dieser Geruch.

Miri erschien ihr nicht als Fratze, auch nicht in dem unheimlich-schönen Glanz der Alpträume, sondern ganz klar und natürlich: Die rotblonden Locken glänzten, die hellen Augen schauten fröhlich in die Welt hinaus und gerade öffnete sie die Lippen, um irgendetwas Lustiges zu sagen, das Lachen bahnte sich schon an in ihrem Blick.

Da nahm Christina noch einmal ihre ganze Kraft zusammen und rannte los. Sie konnte selbst nicht sagen, welche Verbindung Miri zu den Espositofrauen hatte, aber es gab eine, das spürte sie jetzt deutlich. Auch wenn sie einander nicht kannten, war da eine Verwandtschaft, die noch viel enger war als Christinas Blutsverwandtschaft. Und sie allesamt waren so hassenswert, dass Marcello daneben zum Heiligen wurde, an dessen Leben alles hing. So kämpfte Christina sich weiter, Miri und die anderen Frauen laut verfluchend, immer die Straße entlang.

Erst als sie selbst schon lange nicht mehr daran glaubte und ihr Schimpfen einem Schluchzen gewichen war, erreichte sie Malvita.

Da war es bereits dunkel, die schmale Mondsichel am Himmel gab kaum Licht, aber genug, dass Christina das Aquädukt erkennen konnte, das das Dorf wie eine Stadtmauer umzog. Die Gassen waren finster, vorsichtig setzte sie nun einen Fuß vor den anderen, die Hände wie ein Schlafwandler nach vorne gestreckt. Sie hatte keine Ahnung, in welchem der Gebäude Marcello untergebracht war, und in keinem Fenster brannte Licht. Vielleicht hatte er sich schon schlafen gelegt, träumte nun in freudiger Erwartung von seiner morgendlichen Hochzeit. Christina erreichte den Hauptplatz, betastete den moosigen Rand des trockengelegten Brunnens und versuchte, einen klaren Gedanken zu fassen. Besser wäre es, irgendwo ein Nachtlager aufzuschlagen und die Suche morgen fortzusetzen. Die Sonne ging zu dieser Jahreszeit früh auf, vor acht würde Marcello sich nicht auf den Weg zur Villa machen, eher sogar noch später. Christina war müde. Die Kameratasche, die bisher unbemerkt an ihrer Schulter gebaumelt hatte, wog auf einmal zentnerschwer. Hinter Christinas Rücken erhob sich die Kirche. In dem fahlen Licht wirkte diese direkt majestätisch: Die kleinen Baufälligkeiten, die abgeblätterte Farbe und die fehlenden Dachschindeln blieben in der Dunkelheit verborgen, während die für das eher kleine Bauwerk mächtige Kuppel silbrig glänzte, das Türmchen erstrahlte. Ein Dach über dem Kopf wäre besser als keines, dachte Christina, und drinnen könnte sie zumindest eine Kerze anzünden. Sie ergriff die Kameratasche, die sie zwischenzeitlich am Brunnenrand abgestellt hatte, und betrat die Kirche.

30. MARCELLO

Christina stand auf der Schwelle und blickte durch einen langen, finsteren Tunnel hinein in das Licht: Altarkerzen flackerten feierlich und beleuchteten einen vor Pomade fettig glänzenden Hinterkopf. Dieser verharrte in leicht geneigter Position und bewegte sich auch nicht, als Christinas Schritte durch den Mittelgang schallten, die vollkommene Stille zerrissen, den Gummisohlen zum Trotz. Sie nahm in der vordersten Bankreihe Platz, setzte sich direkt neben Marcello. Die beinahe schon niedergebrannten Kerzen erhellten tapfer den Flügelaltar, viel mehr war nicht zu erkennen. Die Goldverzierungen schimmerten matt, hier hatte lange niemand poliert. Soweit Christina das beurteilen konnte, war der ganze Altar samt Altarbild nicht unbedingt mit großer Meisterschaft gefertigt worden: Unnatürlich verbogen wirkten die Haltungen der trauernden Frauen, die sich um das Kreuz Jesu eingefunden hatten, und Jesus selbst hatte einen unproportional großen Kopf, darauf wuchtete noch größer der Dornenkranz. Christina warf einen Blick auf Marcello, er lächelte jetzt.

»Marietta wird dich töten«, sagte Christina auf Englisch.

»Ich weiß«, antwortete er.

Dann schwiegen sie. Die Kerzenstümpfe flackerten, bald würden sie ausgehen und die Kirche in vollkommene Finsternis tauchen, zumindest müsste man dann den großköpfigen Jesus nicht mehr ertragen. Christina spürte die Müdigkeit in den Knochen, am liebsten hätte sie sich hier und jetzt auf der harten Kirchenbank ausgestreckt und die Augen geschlossen. Alles umsonst. Marcello hatte es gewusst.

»Ich halte nichts vom Christentum«, sagte Marcello plötzlich, »die Jungfrauengeburt und das Leben nach dem Tod, das ist doch alles lächerlich«, sein Englisch war ganz anders als das von Nino, er sprach fehlerfrei und mit stark britischer Färbung, »aber ich halte viel vom Martyrium.« Er stand auf und nahm einen der Kerzenstümpfe in die Hand, das heiße, tropfende Wachs auf seiner Haut schien ihm nichts auszumachen. Jetzt stand er vor dem Altar wie ein Priester.

»Wie heißt du noch einmal?«, fragte er, und Christina sagte es ihm.

»Die Heilige Christina«, wiederholte er, und ein schalkhaftes Grinsen huschte über seinen Mund, »eine meiner Lieblinge. Man hat sie auspeitschen lassen und an einen Mühlstein gebunden im Meer versenkt, sie im Ofen verbrannt und giftige Schlangen auf sie losgelassen. Gestorben ist sie schließlich an zwei Pfeilen, von denen der eine ihr Herz durchbohrt hat. Ein langweiliges Ende einer guten Geschichte, nicht wahr?« Er lachte laut auf, mehrmals echote seine Stimme durch den Kirchenraum, und etwas daran erinnerte Christina an Marietta. Ihr wurde kalt, sie schlang die Arme um den Oberkörper.

»Schade um die vielen guten Ideen. Schade auch um Christina. Das Christentum ist kein guter Grund, um zu sterben«, sagte Marcello.

»Was ist denn ein guter Grund?«, fragte Christina.

Marcello schien diese Frage, die er im Grunde selbst aufgelegt hatte, zu überraschen. Zwar wusste er die Antwort augenscheinlich, schien sie aber nicht sofort in Worte fassen zu können, nachdenklich presste er die Lippen zusammen. Dabei hielt er die Kerze direkt unter sein Kinn. Sein Gesicht erinnerte an jenes eines Kindes, das am Lagerfeuer Gruselgeschichten zum Besten gab. Dann lächelte er wieder.

»Emily Davison«, sagte er, als wäre damit alles geklärt, und als Christina nicht reagierte, fügte er hinzu: »Diese Frauenrechtlerin, die sich vor das Pferd des englischen Königs warf.« Und weil Christina immer noch nichts sagte, erzählte er ihr die ganze Geschichte der »dicken, hässlichen« Engländerin, die sich Anfang des 20. Jahrhunderts mit anderen »Weibern ihres Formates« zusammengetan hatte, um das Frauenwahlrecht durchzusetzen. Zu diesem Zwecke hätte sie sich also bei einem Pferderennen, »very British«, vor das Ross des Königs geworfen und wäre so »zu Brei zertreten« worden, wobei auch Tier und Reiter zu Fall kamen, letzterer sogar das Bewusstsein verlor, »aber davon hörte man nichts, die Zeitungen schrieben über die fette Suffragette, die für eine Idee ihr Leben gab.« Marcello sprach süffisant lächelnd und in einem Tonfall, als handle es sich tatsächlich um eine Gruselgeschichte, aber eine der ekelhaftesten Art, voll von Blut und Schleim.

Christina hatte Marcello nicht für einen gehalten, der sich besonders für Geschichte interessierte, der sich überhaupt für irgendetwas anderes interessierte als seine eigenen Geschäfte. Bei der Polterabendfeier hatte er wortkarg gewirkt und auch seine kleine Rede war nicht unbedingt von klassischer Bildung durchsetzt gewesen, zumindest soweit Jordie sie ihr übersetzt hatte. Hier in der finsteren Kirche aber stand Christina ein ganz anderer Mann gegenüber, ein Geschichtensammler und -erzähler, ein Weiser, der düsteres Wissen mit sich herumschleppte und daran eines Tages zu Grunde gehen würde. Der Anzug und die aalglatte Frisur waren nur Verkleidung, um diese Abgründe zu verschleiern.

»Emily Davison ist gestorben, aber gewonnen hat sie doch. In allen Kulturen, zu allen Zeiten sind die Frauen die Untergebenen des Mannes gewesen, da hat selbst das sonst so blinde Huhn Christentum einmal ein Körnchen gefunden. Aber heute wird die natürliche Ordnung, der Frieden bekämpft mit schwerem Geschütz. Denn überall steigen sie nach oben wie Kletterpflanzen, die Frauen, sie wählen und lassen sich wählen, schleichen sich ein in die Zentren der Macht und des Geldes und nutzen die Naivität der sexbesessenen Männer. Hinter jeder erfolgreichen Frau ein naiver Mann, und hinterher will niemand gewusst haben, dass sie uns in den Untergang stürzen.«

»Die erfolgreichen Frauen?«, fragte Christina spöttisch, aber Marcello antwortete todernst: »Die Frauen.« Der Kerzenstummel in seiner Hand ging aus, seine Finger waren über und über mit Wachs begossen, sein Gesicht lag nun im Finstern. Alles, was Christina noch sehen konnte, war die Dornenkrone auf dem Kürbiskopf Jesu und die grotesk verbogenen Jüngerinnen.

»Emily Davison starb 1913. Neunzehnhundertdreizehn! Und was ist 1914 geschehen, nur ein Jahr darauf?«

»Der Erste Weltkrieg«, antwortete Christina wie automatisch, als säße sie in der Schule. Im nächsten Moment ärgerte sie sich darüber, sie wollte Marcellos Spiel nicht mitspielen, sich nicht hineinziehen lassen in seine Verschwörungstheorien. Für Tonio war es seine eigene Ignoranz gewesen, die in einem Kind gipfelte, das er vielleicht oder vielleicht auch nicht mit einer anderen gezeugt und seiner Frau untergeschoben hatte, die einen Mord rechtfertigte. Für Marcello war es Emily Davison, und alles war Unsinn.

»Der Erste Weltkrieg«, wiederholte Marcello, man hörte seiner Stimme die Befriedigung an, »der große Weltenbrand, der Zerfall der alten Welt! Zigtausende Männer verreckten in den Schützengräben und die englischen Frauen feierten, dass sie nun zur Wahl gehen durften. 1928 wurde in England das Frauenwahlrecht endgültig durchgesetzt, aber was geschah ein Jahr darauf?«

Diesmal biss sich Christina auf die Lippen und sagte nichts.

»Der Schwarze Freitag!«, beantwortete Marcello triumphierend seine eigene Frage. »Noch einen Weltkrieg hat es gebraucht, um sie wieder hinunterzuputzen, die schädlichen Emanzen. Wie brav und still sind sie gewesen in den Fünfzigern und Sechzigern, und so hätte es bleiben sollen. Aber jetzt steht der nächste Untergang ins Haus. Die Frauen drängen in alle Positionen, noch sind es nicht viele, das stimmt. Aber wenn es erst viele geworden sind, dann ist es zu spät! Dann wird es wieder eine Emily Davison brauchen, um das Schlimmste zu verhindern, aber diesmal: eine männliche!«

Wie plötzlich ermattet ließ er sich auf die Kirchenbank neben Christina fallen, das Holz knarrte. Am Altar brannte nun auch die letzte Kerze herunter und ersoff zischend im eigenen Wachs. Es war stockfinster.

»Als Marietta in mein Büro kam«, hörte Christina wieder Marcellos Stimme sagen, nun aber klang sie rau und aufgebracht wie die von Tonio, kurz bevor er zu Boden gestürzt war, »wusste ich sofort, dass sie nicht hier ist, um meinen Dreck wegzuputzen. Sie war nicht die erste Putzfrau, die ich beschäftigte. Ich kenne diesen Frauenschlag, die meisten von ihnen sind brav. Aber Marietta war anders, von der ersten Sekunde an. Eine wunderschöne Frau, aber leider so eine schlechte Schauspielerin. Die Putzfrau hat sie schon nicht glaubhaft hinbekommen, und wie viel schlechter gelang ihr noch die Liebende! Manchmal hätte ich lachen mögen, wenn sie mir gegenüber ihre Zuneigung mimte, die reine Schmierenkomödie!

Und doch habe ich mich auf sie eingelassen, denn erstens ist sie wie gesagt eine Augenweide und dagegen ist nichts einzuwenden, zweitens aber habe ich von Anfang an gespürt, dass da etwas Großes im Busch ist, so groß sogar, dass es den Lauf der Welt beeinflussen könnte. Und dann ist Blanca zu mir gekommen. Die arme, süße Blanca, ganz verzweifelt ist sie vor mir gestanden, mit ihrer Kamera in den nervösen Händen, und hat mir etwas vorgefaselt von einem gewissen Krokodil und von Mariettas Männerhass. Schade um das Mädchen, ebenfalls hübsch anzusehen, eine Schande, aber was sein muss, muss sein, das sieht Marietta wohl nicht anders. Auf jeden Fall war die Sache nun klar. Ich werde die Emily Davison sein, die diese Welt wieder ins Gleichgewicht bringt. Die Menschen werden die Bilder meines zu Brei zermatschten Körpers sehen und ihren Fehler begreifen. Darum sind die Fotos von Bedeutung! Dass ein Fotograf anwesend sein muss bei unserer ›Hochzeit‹, habe ich Marietta abgerungen, nein, eigentlich war sie sofort dafür, mit nur einem einzigen Einwand: ›Eine Fotografin!‹ Bitte sehr, auch das war mir recht. Ich jedenfalls habe meine Männer beauftragt, sich nach dem Fest der Fotos zu bemächtigen. Die Bilder meines entstellten Leichnams werden in jeder Zeitung Europas und noch darüber hinaus erscheinen, die Kontaktadressen liegen bereit. Dann wird man endlich sehen, schwarz auf weiß, wohin die zu Macht gelangten Frauen streben, sie werden die Erde mit Grauen überziehen, ich bin nur der Anfang und mein Körper das Exempel!«

Zum Schluss war seine Stimme leise geworden, fast war es ein Flüstern, gar nicht mehr für Christinas Ohren ausgesprochen. Sie hörte die Worte doch und, ohne ihn anzusehen, wusste sie, dass sich wieder ein Lächeln auf sein Gesicht gelegt hatte. Nicht Marietta war in Wahrheit die Drahtzieherin – sondern er. Sein Plan war es gewesen, den Blanca durchkreuzt hatte, und er hatte sie dafür getötet. Was geschah, würde geschehen, weil er es so wollte. Beim Polterabend hatte er Marietta das Mikrofon entrissen, und genau wie damals würde sein Wort, so krude es auch war, das letzte sein. Und Christina war ebenfalls nur hier, weil er es ihr erlaubte. Vielleicht war es ihm sogar recht, dass sie zu ihm gekommen war, wem sonst hätte er seine bevorstehende Heldentat schildern können? Nun musste sie wieder an Onkel Tonio denken, wie klein wirkte er nun, wehmütig in die eigene Vergangenheit verstrickt, während Marcello fleißig die Fäden zog. Und vielleicht hatte er sogar recht und hinter dem Mordplan stand keine private Rache, weder an ihm noch an Tonio noch an Coccodrillo, sondern etwas viel Größeres, Weitreichenderes, weniger Fassbares. Die blutigen Hände der Judith sah Christina jetzt so deutlich vor Augen, als stände sie immer noch vor dem Bild in den Uffizien.

»Ich will mit all dem nichts zu tun haben!«

Die Festigkeit ihrer eigenen Stimme überraschte sie. Sie hatte den ganzen Tag über wenig gesagt und viel zugehört. Man hatte sie direkt zugeschüttet mit Rechtfertigungen, Geständnissen, Ideen, ihre Fragen wurden nur beantwortet, um weitere aufzuwerfen. Die durchwegs tiefen Stimmen von Nino, Tonio und Marcello brummten in ihr nach, vermengten sich zu einem Dröhnen, das ihr Kopfweh machte. Sie wollte nichts damit zu tun haben, sie hatte damit doch von Anfang an nichts zu tun gehabt, was machte sie hier überhaupt? Sie kannte diese Leute nicht, die sich hier gegenseitig die Köpfe einschlagen wollten, sollten sie doch, sie hatte eigene Probleme! Es tat gut, in diesem Chaos eine Aussage zu treffen, ein Rufzeichen statt einem Fragezeichen zu setzen, keine Fragen mehr, Euer Ehren.

Marcello stand wieder auf, Christina bemerkte es am

Knarren der Bank und am leichten Absinken der schon leicht durchhängenden Sitzfläche.

»Das habe ich mir bereits gedacht«, sagte er, seine Stimme klang, als käme sie von ganz weit oben, »schade, wirklich schade.« Dann plötzlich erschien sein Gesicht, silbrig in der Dunkelheit schwebend im fahlen Schein des Handydisplays.

Ewiger Schlaf war nicht das Schlimmste, was einem passieren konnte, da hatte Marcello ganz recht. Christina gab sich zwar nicht der Illusion hin, dass sie für irgendetwas Großes, eine Idee, einen Glauben sterben würde wie die Heilige Christina oder Emily Davison, nein, sie würde sinnlos und unbedeutend in einem Bachbett verrotten wie Blanca. Aber auch das schien ihr im Moment ein annehmbares Schicksal zu sein. Sie folgte dem Bildschirmlicht geradezu willenlos durch den Mittelgang hinaus. Nur einen Augenblick lang dachte sie daran, auszureißen und sich irgendwo in der Kirche zu verstecken. Allzu viel Licht gab Marcellos Handy nicht, und wenn es hell würde, wäre sie schon längst verschwunden, über alle Berge. Dann aber dachte sie an den Kraftaufwand, den dieses Vorgehen bereiten würde, und plötzlich klang das Wort »ewiger Schlaf« wie eine Verheißung. So also folgte sie der Lichtquelle wie eine Motte ins Verderben. Marcello leuchtete sich den Weg quer über den Hauptplatz, an dem Brunnen vorbei und durch einen kleinen Durchgang in eine Art Hinterhof hinein, und kurz musste Christina an Onkel Tonio und Tante Ada denken, wie sie dort nebeneinander im Auto gesessen hatten, am ersten Tag ihrer Bekanntschaft. Ob das Gebäude hier jenes Hotel gewesen war, in dem die junge Adelaida schluchzend auf ihrem Wanderrucksack gehockt hatte, im Bauch eine ungewisse Zukunft? Zwei Autoscheinwerfer leuchteten auf und erloschen sofort wieder, Marcello hatte den Aufsperrknopf am Funkschlüssel gedrückt. Er öffnete die Beifahrertür seines Wagens und schubbste Christina unsanft hinein, obwohl sie sich gar nicht gewehrt hatte, dann nahm er auf der Fahrerseite Platz und startete den Motor.

Der Wagen war luxuriöser als Mariettas Auto und praktischer als Elenas, sanft federte er die Unwegsamkeiten der holprigen Straßen ab, das Leder der Sitze war weich und duftete betörend. Christina war es egal, wo sie hinfuhren, sie genoss den Komfort und die Stille, denn Marcello sagte die ganze Fahrt über kein Wort. Sie könnte jetzt einschlafen, und wenn sie die Augen wieder aufmachte, würde das alles nur ein Traum gewesen sein, haha, nie wieder Fernsehen vor dem Zubettgehen. Aber noch bevor sie in die andere, die ruhigere Welt hinübergleiten konnte, blieb der Wagen auch schon stehen. Marcello knurrte: »Aussteigen!« Christina dachte daran, einfach sitzen zu bleiben, denn ob er sie hier erschoss oder draußen, war auch schon egal, und das Leder war so herrlich weich. Dann aber fiel ihr wieder Blancas entstelltes Gesicht ein, und sie wollte ihn doch nicht unnötig reizen.

»Warte! Die bleibt hier!« Christina hatte bereits einen Fuß auf den Boden gesetzt, aber Marcello umklammerte den Riemen der Kameratasche. Wo sie hinging, würde sie diese nicht brauchen, dachte sie und ließ den Riemen kampflos über ihre Schulter rutschen. Da ging er hin, ihr wertvollster Besitz. Jetzt hatte sie nur noch die Kleidung, die sie trug. Auch egal. Sie wartete darauf, dass Marcello nun ebenfalls ausstieg, aber er schien einen anderen Plan zu verfolgen: Er ließ den Motor aufheulen, es klang nach sterbendem Tier, dann raste er davon, in die Dunkelheit hinein, aus der er gekommen war. Nur die beiden Rücklichter waren noch lange zu sehen, sie tanzten feuerrot die Hügel entlang und verglühten irgendwann in der Ferne.

Christina brauchte lange, um zu begreifen, dass sie sich am Bahnhof von Malvita befand. Das Schild war selbstverständlich nicht zu lesen, aber die Umrisse konnte man erkennen, ebenso die des alten Bahnhofhäuschens und wenn man die Augen zusammenkniff, sah man sogar das Mondlicht auf den Gleisen blitzen. Marcello hatte Blanca nicht umgebracht. Ihm war es ja egal, wenn sie alles in die Welt hinausplärrte, was sie wusste, er wünschte es sogar. Eine mehr, die die Gefahr der Frauen bezeugen konnte. Es war Marietta gewesen, Marietta und die Bacio, und sie waren es auch, die Christina töten würden. Ewiger Schlaf.

Christina konnte sich nicht mehr daran erinnern, ob es am Bahnsteig eine Sitzgelegenheit gegeben hatte, in der Dunkelheit konnte sie jedenfalls keine ausmachen, also ließ sie sich auf den Boden sinken, zog die Beine an ihren Körper heran und ließ den Kopf hängen. Noch bevor ihre Stirn die Knie berührte, war sie eingeschlafen.

Als sie die Augen wieder öffnete, waren zwei Scheinwerfer auf sie gerichtet. Im ersten Moment dachte Christina, Marcello wäre zurückgekehrt, vielleicht hatte er sich umentschieden und wollte sie doch noch aus dem Weg räumen, vorsorglich, man konnte ja nie wissen. Aber dieses Licht war doch irgendwie anders, grell und gelb, nicht fließend und milchig weiß wie jenes aus den Scheinwerfern von Marcellos Luxuskarosse. Das Auto hier war außerdem viereckig, und, wie Christina vermutete, sandfarben. Die Fahrertür ging auf und heraus stieg Angelina, ihre einprägsame Silhouette war selbst im Mondlicht gut erkennbar, »Steig ein!«, sagte sie, und sie sagte es auf Deutsch, selbst bei diesen zwei Worten hörte man deutlich die norddeutsche Färbung.

31. MARIETTA

Diesmal wurde Christina auf den Rücksitz bugsiert, wieder leistete sie keinen Widerstand. Aus dem Autoradio kam leise Musik, Charts, seltsam belangloses Getöne, das so gar nicht in diese Nacht passen wollte. Auf dem Sitz neben Christina saß bereits Marietta, und sie sah zum Lachen aus: Ihr Haar war auf riesige Lockenwickler gedreht, es sah aus wie ein Hut aus Schaumrollen. Der übergroße Parka, den sie trug, täuschte nur schlecht über den lachsfarbenen Pyjama hinweg, welchen sie darunter anhatte, und vielleicht hatte sie bis eben auch noch Gurkenscheiben auf den Augen kleben gehabt. Marietta sagte kein Wort, sie blickte Christina nicht einmal an, sondern stur aus dem Fenster, als gäbe es dort irgendetwas anderes zu sehen als endloses Schwarz. Angelina war wieder eingestiegen, sie war herausgeputzt wie immer, hoher Pferdeschwanz und Hosenanzug. Eine wie sie schlief nicht und wenn doch, immer mit einem geöffneten Auge. Das Auto setzte sich holpernd in Bewegung, im Radio lief eine Schnulze, Angelina summte leise mit. So fuhr Angelina Bacio also zu ihren Verbrechen, mit einem Ed-Sheeran-Song auf den Lippen.

»Was weißt du?«, fragte Marietta plötzlich. Sie saß immer noch dem Fenster zugewandt und zeigte Christina nur den, durch die Lockenwickler monströs angewachsenen, Hinterkopf, Christina musste wieder an die Dornenkrone denken.

»Alles«, antwortete sie.

»Was genau ist ›alles‹?«, hakte Marietta nach, ihre Stimme drohte sich wieder zu überschlagen, aber noch konnte sie sich beherrschen, noch kündigte sich kein Ausbruch an.

»Du ... ihr ... ihr werdet Marcello ermorden«, antwortete Christina. Marietta nickte, die Schaumrollen wackelten.

»Was noch?«

Christina wusste nicht, wie viel sie verraten sollte, durfte, musste, ob es überhaupt noch eine Rolle spielte.

»Jordie ist nicht wirklich der Bruder von Elena und dir.«

Nun wandte Marietta ihr das Gesicht zu, auf ihren Wangen waren trotz schlechter Beleuchtung die hellen Spuren von noch nicht eingezogener Hautcreme zu erkennen.

»Was hat das damit zu tun?«, rief sie und ihre Stimme wurde schrill, als hätte Christina ihr gerade eine Beleidigung ins Gesicht gesagt. Angelina hatte aufgehört zu summen.

»Ich weiß es nicht«, antwortete Christina, sie stotterte ein wenig, »aber dein Vater, Onkel Tonio, also er glaubt, dass alles damit zu tun hat ...«

Marietta ließ ein Lachen ertönen, das wie ein Kreischen klang und an Kettensägen erinnerte. Dass selbst Angelina erschrak, merkte man an dem kleinen Schlenker, den sie mit dem Lenkrad machte.

»Mein Vater glaubt immer, dass alles mit ihm zu tun haben muss«, sagte Marietta, nun wieder mit gefasster, kühler Stimme, »wenn man ihn fragen würde, würde er sagen, die Sonne ginge jeden Morgen nur seinetwegen auf.« Wieder lachte sie, diesmal aber ernsthaft amüsiert, als wäre Tonio tatsächlich eine höchst lächerliche Figur. Christina war das unangenehm, sie fand, dass Onkel Tonio, so viele Fehler er auch gemacht hatte, diesen Spott nicht verdient hatte.

»Er fühlt sich schuldig deswegen ...«, versuchte sie ihn zu

verteidigen, aber Marietta fiel ihr ins Wort: »Mein Vater erträgt es einfach nicht, nicht im Zentrum der Welt zu stehen. Was er Schuld nennt, ist in Wahrheit Macht. Er glaubt, es hätte in seiner Macht gestanden, den Lauf der Dinge zu ändern, mich zu ändern, und nur seine persönlichen Fehlentscheidungen haben ihn und uns hierhergeführt. Dabei ist das doch alles scheiße. Wir wissen alle, dass er Mama betrogen hat und Jordie ein unkonventionelles Kuckuckskind ist, der Mutter fälschlich untergeschoben. Na und? Hätte er es nicht getan, hätte Marcello trotzdem sterben müssen. Es liegt eben nicht alles in seiner Macht.«

Es begann bereits zu dämmern, bald würde die Sonne hervorsteigen, alles in ein unwirkliches Rosa tauchen und mit ihrem Strahlen den Hochzeitstag einläuten, wieder ein einwandfreier Sommertag, nicht die kleinste Trübung am Himmel.

»Er hat auch gesagt, dass er nicht weiß, was dir zugestoßen ist, weil er nie zugehört hat«, versuchte Christina es noch einmal, und als Marietta nicht darauf antwortete, sagte sie vorsichtig: »Aber ich weiß es. Ich weiß, was Coccodrillo getan hat.«

Christina hatte eine große Reaktion erwartet. Ihr Geblödel am Polterabend, die dumme Ballett-Parodie, hatte Marietta schon zur Explosion gebracht, um wie viel schlimmer musste es sein, Coccodrillos Namen zu nennen, und hätte Christina nicht an einer gewissen Lebensmüdigkeit gelitten, hätte sie es bestimmt nicht gewagt. Marietta blieb jedoch ruhig, sie starrte wieder aus dem Fenster und schwieg. Stattdessen drang nun Angelinas Stimme nach hinten: »Dafür hat sie mich ursprünglich ja auch engagiert. Coccodrillo ermorden, den großen, notgeilen Tänzer, der sich an den kleinen Mädchen in den engen Kostümen vergreift. So etwas ist nämlich sozusagen mein Kerngeschäft. Ich schneide den Schweinen die Eier ab. Manchmal auch nur metaphorisch, aber auf jeden Fall sind sie hinterher tot.«

»Sie ist ein moderner Robin Hood«, murmelte Marietta gegen die Glasscheibe, »sie gibt den Schwachen und nimmt den Präpotenten, nicht wahr, Angelina?«

»Ich lebe schon lange genug auf dieser Welt, um erkannt zu haben, dass Verwarnungen, Geldstrafen, Gerichtsbeschlüsse einen Dreck wert sind. So lange man junge Frauen vor dunklen Gassen warnt, werden Männer wie Könige durch die Straßen marschieren und sich nehmen, was sie wollen. Ich sorge nur für Gerechtigkeit und verbreite ein wenig Angst unter jenen Herren, die das Gefühl bis dahin nicht kannten«, erklärte Angelina.

»Blanca und ich haben schon lange etwas ausrichten wollen gegen den, der unsere Jugend zerstört hat, unser halbes Leben. Ich habe mit dem Tanzen aufgehört, mit der Schule, beinahe mit dem Atmen, lag auf meinem Bett und habe die Zimmerdecke angestarrt, während andere auf Partys gingen und erste Dates hatten und herumknutschten. Mir hingegen wurde schon beim Gedanken daran schlecht, sofort spürte ich die Krokodilzunge in meinem Mund und die knorrigen Hände an meinem Hintern. Am schlimmsten aber war das Tanzen, dieses Winden und Drehen der Körper, ich konnte es nicht einmal mehr im Fernsehen ertragen und kann es bis heute nicht. So ist mein Leben einfach, habe ich gedacht, grau und ekelhaft, bis ich mir eines Tages eine ganze Packung Schlaftabletten einverleibe oder den Kopf ins Backrohr stecke. Aber dann stößt Blanca im Internet auf diese Angelina Bacio und schafft es, ihre Spur aufzunehmen. Dann war die Sache klar.«

Marietta blies laut hörbar die Luft aus, als würde sie den Lauf einer Waffe kühlen, dann lächelte sie Christina an, aber ihr Lächeln sah traurig und, vor allem, unendlich müde aus. Jetzt, da die Sonne sich endgültig im Aufgehen befand und die ersten Strahlen durch die staubigen Fensterscheiben drangen, waren die Augenringe gut zu erkennen, und ihr Gesicht schien über und über mit einem Netz aus feinen Falten überzogen zu sein. Dabei war sie doch noch nicht einmal über dreißig.

»Und dann?«, fragte Christina.

Da Marietta keine Anstalten machte, weiterzusprechen, übernahm wieder Angelina das Erklären: »Sie haben Kontakt mit mir aufgenommen, und wie gesagt, solche Fälle sind mein Kerngeschäft, keine große Sache. Zuallererst musste ich ihn allerdings ausfindig machen. Sein Ballettstudio, das Marietta und Blanca besucht hatten, gab es schon lange nicht mehr, und niemand schien zu wissen, wohin es das Schweinskrokodil verschlagen hat.«

»Wir haben es uns ausgemalt«, unterbrach Marietta abermals und es wirkte, als hätte sie gar nicht wirklich zugehört, sondern würde einfach nur ihren eigenen, abgerissenen Erzählfaden wieder aufnehmen: »Blanca und ich, in bunten Farben! Ich, ja, ich habe nach den grauen Jahren wieder bunte Farben gesehen! Wir sahen Coccodrillo blutüberströmt alle Stationen des Infernos abgrasen, sahen ihn gekocht, gegrillt, im Höllensturm der Wolllüstigen zerrissen. Blanca und ich lagen nebeneinander auf dem Bett, hielten uns an den Händen und kicherten, wie wir es als kleine Mädchen getan hatten und dann lange nicht mehr. Wir schritten durch die Weingärten und schilderten einander, wie Angelina sich jetzt in diesem Moment über ihn beugte und das Messer ansetzte, aber nicht am Hals, den schnellen Tod eines Holofernes verdiente er nicht, und das Blut spritzte in herrlichstem Dunkelrot! Es kam ein Leben in mich, wie ich es gar nicht mehr kannte, und wenn Blanca nicht bei mir war, musste ich mich anderweitig beschäftigen, so quirlig war ich geworden. Ich las wieder Bücher und manchmal, wenn ich gar nicht mehr stillsitzen konnte, putzte ich das Haus. Ja, wirklich, ich schloss mich unseren Angestellten an und schrubbte Fenster im Akkord. Das war für mich der beste Sport und ich begann, mir wieder eine Zukunft auszudenken, vielleicht, dachte ich, könnte man auch aus dem Schrubben eine Karriere machen, eine Reinigungsfirma gründen oder Ähnliches, zuerst aber wollte ich vor allem eines: putzen, putzen, putzen, alles wieder sauber machen, so sauber, wie es vor Langem einmal gewesen war. Bald war mir die Villa nicht mehr genug, ich wollte hinauskommen, endlich wieder neue Menschen treffen, und so bewarb ich mich als Reinigungskraft bei der Bank. Dort habe ich Marcello kennengelernt.«

Die Radiomusik, Christina hatte sie kaum noch wahrgenommen, wich einem sphärischen Rauschen, die magische Grenze war überschritten, der Esposito'sche Einflussbereich wieder erreicht. Angelina schaltete das Radio aus, dann erklärte sie: »Coccodrillo war aus gutem Grund nirgendwo zu finden: Er war tot, seit vielen Jahren schon. Ein ›natürlicher‹ Tod, wie man so schön sagt, Hodenkrebs. Wenigstens das. So hat er seine Eier doch noch verloren.«

»Aber ohne Grund!«, kreischte Marietta. Ganz plötzlich war ihre Stimmung wieder gekippt, sie malträtierte mit den Fäusten ihre eigenen Oberschenkel, die Lockenwickler wackelten bedrohlich auf ihrem Haupt. »Er hat nie die Angst gespürt vor dem Mädchen, das er so bedenkenlos abgegriffen hatte wie Spielzeug, bis es alt und kaputt war! Kein Schicksalsschlag, sondern die menschengemachte Strafe seiner Mädchen hätte ihn treffen sollen, so wäre es gerecht gewesen, nur so!« Ihre Stimme war schrill, überschlug sich mehrere Male wie bei einem stimmbrüchigen Jüngling und Angelina drosselte instinktiv das Tempo. Unberechenbares war nun zu erwarten, ein unbedachter Schlag hätte auch die Fahrerin treffen können. Aber Marietta fasste sich diesmal schnell, sie hörte sofort auf zu schreien und, statt mit den Fäusten zu hämmern, strich sie sich die Pyjamahose glatt. Dann zog sie den Parka enger, schien ganz verschwinden zu wollen in seinem camouflagegrünen Stoff. Ihr Gesicht hatte einen so entspannten Ausdruck angenommen, wie Christina ihn an ihr noch überhaupt nie gesehen hatte, und jetzt erst fiel ihr auf, wie nervös Marietta eigentlich immer wirkte, sogar, wenn sie scheinbar ruhig war, sich amüsierte, wenn sie lachte. Es war gar nicht ihre Schönheit, die alle Blicke auf sich zog, sondern die ständige Spannung des Körpers, die Intensität ihrer Erscheinung, die man deutlich spüren konnte, sobald sie einen Raum betrat.

»Ein zweites Mal wäre meine Welt beinahe auseinandergebröckelt«, sagte Marietta, und auch ihre Stimme hatte jede Spannung verloren, lasch kamen die Worte über ihre Lippen: »Aber dann habe ich zu Marcello gefunden. Aus reinem Zufall bin ich hinzugestoßen, als er einer jungen Muslimin den Arsch tätschelte, während sie sich nach seinem überfüllten Papierkorb bückte. Sie sagte nichts, ich sagte nichts, er lachte. Dabei schien sie ihm nicht einmal besonders zu gefallen, er tat es, weil er es konnte, weil er ihr und mir zeigen wollte, dass er es konnte. Und hinterher räumte sie seinen Müll weg. Von da an ließ ich mir meinen Dienstplan immer so gestalten, dass ich allein für Marcellos Büro verantwortlich war, und dass die anderen Frauen da nichts dagegen hatten, erklärt sich von selbst. Wenn ich nach der Arbeit nach Hause kam, setzte ich mich mit Blanca und Angelina, später auch mit Elena, die sich in der beschissenen Modewelt ihre ganz eigenen Wunden zugezogen hatte, zusammen auf einen Espresso in den kleinen Salon und wir malten uns aus, wie wir Marcello den Garaus machen.«

»Es sollte etwas ganz Spezielles werden«, mischte Angelina sich ein, »ich würde beinahe sagen: ein Kunstwerk. Etwas, dessen Strahlkraft weit über die üblichen Grenzen der Betroffenheit hinausgeht. Ein Mord, den man in den Uffizien ausstellen könnte, so beispielhaft sollte er sein. Wir haben viel recherchiert, zahlreiche Brainstorming-Sitzungen veranstaltet und so kamen wir irgendwann auf die Hochzeit und die Säure.«

»Zwei Dinge, mit denen Männer von jeher das Leben von uns Frauen versaut haben, auf einmal auf ihn angewendet«, erklärte Marietta mit bitterem Lächeln, »und es wird ein paar grausige Bilder geben, bis sein Körper vollständig aufgelöst und von der Erde getilgt ist. Ein großer Spaß und eine große Warnung. Aber dann ist uns Blanca in die Quere gekommen.«

In Mariettas Stimme war keine Veränderung zu hören. Immer noch saß sie vollständig entspannt in ihrem Parkazelt, die Arme hatte sie bereits aus den Ärmeln und an die Brust herangezogen, nur der riesige Kopf blickte noch oben heraus. Blancas Name schien keinerlei Reue in ihr zu erzeugen, nicht einmal Wehmut. Angelina hingegen klang, wenn schon nicht reumütig, so doch zumindest defensiv, verständnisheischend: »Was hätte ich denn machen sollen? Die Vorbereitungen waren in vollem Gange, alles war gefährdet, alles! Wir haben ja versucht, vernünftig mit ihr zu reden, aber da war nichts zu machen, sie wollte unbedingt aussteigen und außerdem zur Polizei! Also musste Marietta ein Machtwort sprechen. Aber ich habe Blanca zuerst erschossen und dann erst, weil es sich eben anbot, die Säuren an ihr ausprobiert, gestorben ist sie ganz schnell und schmerzlos, das schwöre ich.«

Angelina schwieg einen Moment lang, schien sich wieder ganz aufs Fahren zu konzentrieren und auch Marietta sagte nichts. Blanca tot im Bach, vom Wasser schon leicht aufgedunsen, das Gesicht so entstellt, dass nicht einmal Jordie, der sie von Kindheit an kannte, sie hatte identifizieren können. Christina sehnte sich zurück nach der Zeit, als sie noch nichts gewusst hatte und Jordie sie noch nicht hasste, sie im Auto und am Wasser herumalberten und sie glaubte, das Beste, was ihr jetzt passieren könnte, wäre David zu vergessen. Aber da war nichts zu machen, jetzt waren sie alle wieder in ihrem Kopf: Blanca, die Verräterin, Miri, die Verräterin, Coccodrillo, der Mädchenschänder, Marcello, der Frauenverachter, und Marietta, die Rächerin, sie alle tanzten einen wilden Reigen, Christina kam unter ihre Füße und wurde zertreten wie Emily Davison. Diesmal aber sagte sie nicht, dass sie mit all dem nichts zu tun haben wollte, diesmal klammerte sie sich nicht an das Rufzeichen. Es wäre auch nicht mehr ehrlich gewesen. Denn irgendetwas an der ganzen Geschichte betraf sie ganz persönlich, das spürte Christina, auch wenn sie nicht sagen konnte, was genau es war.

»Woher wusstet ihr, dass Blanca zur Polizei gehen wollte?«

»Marcello hat angerufen und es uns gesagt. So wie jetzt auch. Wie, glaubst du, sind wir sonst auf dich gestoßen?«

»Marcello benutzt euch.«

»Ich weiß«, sagte Marietta, »und wir ihn.«

Der Weg wurde kurvig, sie fuhren nun die breiten Serpentinen den Hügel hinauf, am Straßenrand reckten sich Mohnblumen dem Morgenlicht entgegen und sogar das Monstrum von Villa wirkte von der Ferne zumindest ein wenig pittoresk.

»Er will die Fotos seiner Ermordung veröffentlichen lassen«, erklärte Christina.

»Das wollen wir auch«, antwortete Marietta. Christina wusste nicht, was sie darauf sagen sollte. Plötzlich überkam sie wieder die alte Müdigkeit: Schlaf, ewiger Schlaf, warum nicht? Sie lehnte den Kopf gegen die Scheibe.

»Er will den Leuten Angst machen und wir wollen den Leuten Angst machen«, sprach Marietta weiter. »Er glaubt, dass Angst Hass erzeugt, dass man die von ihm gefürchteten Frauen schließlich aus Hass vertreiben und vernichten wird. Dabei ist das alles Blödsinn. Angst erzeugt keinen Hass, sondern Respekt. Solange ich Coccodrillo fürchtete, habe ich ihn respektiert. Kein Wort habe ich gesagt, weder zu den Eltern noch zu sonst wem, und erst als die Angst gewichen war, konnte ich ihn hassen. Man wird uns fürchten und man wird uns respektieren. Nie mehr wird jemand ein Mädchen oder eine Frau anfassen gegen ihren Willen, weil ihm sofort die Bilder einfallen werden, von dem von der Säure zerstörten Körper und von Marcellos schmerzverzerrtem Gesicht. Die Männer werden endlich wissen, was ihnen blüht.« Marietta strahlte. Das Faltennetz war aus ihrem Gesicht verschwunden, die Haut spannte sich glänzend über ihre Wangenknochen und ihre Augen leuchteten in reinstem Himmelblau, der Farbe der Madonna. Anders als Elena blieb Angelina nicht einfach irgendwo stehen, sondern kutschierte ihre Mitfahrerinnen direkt zum Eingang und hielt genau vor der Tür, als handle es sich um einen Notarzteinsatz. Kurz dachte Christina an Onkel Tonio und wo er sich wohl im Augenblick gerade befand, aber er begann bereits in ihrer Erinnerung zu verblassen. Er hatte, im Gegensatz zu ihr, tatsächlich nichts mehr mit all dem zu tun.

»Aber wie hängt Ada da mit drin?« Eine letzte Frage, die Christina stellen konnte, Antwort erhielt sie keine mehr, denn die Haustür wurde geöffnet und Ada selbst trat heraus, sie trug

Hausschlapfen, einen bunten Morgenmantel und in den Händen den Hörer eines Schnurlostelefons. Marietta und Angelina stiegen aus, Christina tat es ihnen gleich.

Anstatt einer Begrüßung sagte Ada nur: »Es ist Anne«, und hielt Christina den Hörer hin, »sie will mit dir sprechen.«

32. MAMA

»Mama?«
 Rauschen.
»Ja?«
 Rauschen, darin schwamm leise und wie ganz weit weg die Stimme der Mutter: »Ich hätte es dir sagen sollen.«
»Ja.«
»Aber wärst du dann gefahren?«
»Ich weiß nicht.«
 Rauschen.
»Ada hat mir alles gesagt.«
»Was alles?«
»Alles. Dass ihre Töchter mit einer gesuchten Auftragsmörderin im Salon sitzen und die rituelle Hinrichtung irgendeines Mannes planen, aus Rache und als Warnung. Dass sie sich Respekt verschaffen wollen durch möglichst medientaugliche Brutalität, das alles eben. Ada war, verständlicherweise, außer sich. Sie wusste nicht, an wen sie sich sonst wenden sollte, und wollte deswegen meinen Rat hören. Den Rat der kleinen, feigen Schwester, daran sieht man ja schon, wie verzweifelt sie war.«
»Und was hast du gesagt?«
»Ich? Nichts Wichtiges. Ich habe ihr einfach von früher erzählt. Von der Kindheit auf dem Bauernhof und von unserem Vater. Ich habe so etwas gesagt wie: ›Weißt du noch, als wir gemeinsam das kranke Huhn gesundgepflegt haben?‹, und sie

antwortete: ›Und weißt du noch, wie dir der Vati so eine heruntergehauen hat, dass du minutenlang regungslos am Boden lagst und ich schon dachte, du wärst tot?‹ So verlief das Gespräch in etwa, und tatsächlich, ich erinnerte mich wieder.«

Rauschen.

»Und dann?«

»Dann haben wir über dich gesprochen, Christina. Über deinen Vater, der dich nie geschlagen, dir aber auch nie Gutes getan hat, und Ada sagte, bei ihr wäre es ganz ähnlich. Tonio sei ein großzügiger Sponsor gewesen, immerhin, mehr aber auch nicht. Sie wollte ihn verlassen, seit Jahren schon.«

»Und warum hat sie es nicht getan? Wegen des Geldes?«

»Sie hat es nicht getan, weil sie nicht so mutig ist, wie sie es sein möchte. Wo hätte sie hingehen sollen, ohne einen Beruf, ohne Ausbildung, ja, auch ohne Geld? Zum Vater zurück? Sie lebt in diesem Luxus und ist doch immer noch die Letzte in der Nahrungskette.«

»Sie hätte ihr Leben in die Hand nehmen können, wenn sie es wirklich gewollt hätte.«

»Das tut sie jetzt.«

Rauschen.

»Und der Junge ist nicht ihr Sohn.«

»Auch das weißt du?«

»Auch das.«

Rauschen.

»Und dann haben wir über David gesprochen.«

»Warum über David?«

»Zu dieser Zeit bist du nur noch apathisch auf der Couch gelegen, Christina, und hast geweint, den ganzen Tag über und auch in der Nacht.«

»›Diese Zeit‹ ist noch keine zwei Wochen her.«

»Weißt du, wie das für eine Mutter ist, das eigene Kind so sehen zu müssen? Ada weiß es.«

Rauschen.

»Es war Miris Schuld.«

»Warum sagst du das, Christina?«

Rauschen.

»David hat nie etwas gesagt, nie etwas getan. Habe ich recht, Christina? Das Treffen im Kaffeehaus war doch Miris Idee? Und nur Miri hat mit dir gesprochen?«

»Miri hat gesprochen, aber ...«

»Und plötzlich ist mir klar geworden, welche Chance sich da für dich auftut. Du könntest es allen zeigen, die dich verletzt haben, dem Großvater, dem Vater, dem Freund, allen. Ich habe dich noch einmal betrachtet, wie du da lagst mit wirrem Haar und tränenroten Augen, du hast mich an einen geprügelten Hund erinnert, dem vielleicht schon ein paar Zähne fehlten, aber weitaus noch nicht alle. Und da habe ich Ada den Vorschlag gemacht.«

»Und das mit den Fotos?«

»Ein Zufall. Ada sagte, dass eine Freundin von Marietta die Fotos hätte machen sollen, diese sei aber im letzten Moment doch noch ausgestiegen, na ja, so war der Köder schnell gefunden.«

»Sie ist tot. Die Fotografin. Ermordet von Mariettas Auftragskillerin.«

Rauschen.

»Das habe ich nicht gewusst.«

Rauschen.

»Und dann? Nach dem Mord? Was soll danach aus mir werden, habt ihr euch darüber auch schon Gedanken gemacht, Tante Ada und du?«

»Danach wird dir keiner mehr wehtun können. Sie werden euch fürchten, und Furcht ist Respekt.«

»Das hat Marietta auch gesagt.«

»Ich weiß.«

Rauschen.

»Mama, ich habe in den letzten Tagen oft daran gedacht, nach Hause zu fahren, in die ›normale‹ Welt. Aber je länger ich mit dir rede, desto mehr glaube ich, dass es die gar nicht mehr gibt, auch außerhalb der Villa nicht, dass alles nur noch Kampf und Krieg ist.«

»Es hat sie nie gegeben, deine ›normale‹ Welt, sie war früher einmal nur besser getarnt.«

Rauschen.

»Was soll ich jetzt tun?«

»Du kannst jetzt tun, was du willst, Christina. Du kannst noch heute nach Hause kommen, sie werden dich nicht verfolgen. Dann wird für dich alles weitergehen wie bisher.«

»Oder?«

»Oder aber du bleibst und es wird anders.«

33. SHOWDOWN

Jordie lag auf seinem Bett. Er wusste, dass es noch sehr früh war und dass er schlafen sollte. Paola war immer noch nicht aufgetaucht. Das war die Strafe für den ganzen Schmutz, der jetzt nicht mehr auszuwaschen war, der für immer stinkend an ihren Körpern kleben würde, an seinem und an dem der Österreicherin. Paola hatte eine feine Nase, und darum war sie fortgelaufen. Jordie fühlte sich einsam. Schon seit gestern Nachmittag lag er hier, ohne sich zu bewegen. Einmal hatte er Blaulichtsirenen gehört, sie waren von unter seinem Fenster hergekommen, aber er war nicht aufgestanden, um nachzusehen. Insgeheim hoffte er, der Österreicherin wäre etwas passiert. Solange sie hier im Haus war, konnte er nicht ruhig sein, er würde sich die ganze Brust zerkratzen und nichts würde es bringen. Wenn er die Augen schloss, sah er ihren nackten Körper, und es waren keine Tagträume mehr, sondern Erinnerungen, real und dadurch noch widerwärtiger, ekelhaft wie die Erinnerung an Marietta im verzogenen Balletttrikot. Also versuchte Jordie, die Augen geöffnet zu halten, und wenn er doch einmal einnickte, schreckte er immer sofort wieder auf, weil er ihre feuchten Lippen auf seiner zerkratzten Haut zu spüren glaubte. Dann starrte er die Decke an und versuchte, sich Sorgen um Paola zu machen. Wo sie sich jetzt wohl befand, ob sie noch lebte? Aber wieder einmal arbeitete sein Körper gegen ihn. Sein Kopf konnte vergessen, sein Geschlecht konnte es nicht, das altbekannte Ziehen marterte ihn und dehnte sich aus bis in die Magengrube, ihm war übel. Er dachte darüber nach, ins Badezimmer zu gehen, aber ein kleiner Schnitt würde diesmal keine Abhilfe leisten, höchstens vielleicht ein tiefer, ein alles durchtrennender.

Als Jordie hörte, wie jemand die Türschnalle hinunterdrückte, zog er die Bettdecke über seine Hüften und zupfte die Hemdsärmel zurecht, wie immer feinsäuberlich hinunter über die Handgelenke.

Es war die Braut.

Im hautfarbenen Seidenpyjama sah sie aus, als trüge sie nichts am Körper als ein leichtes Schimmern, ihr Haar war in tausend großen Wicklern an den Kopf gepinnt. Jordie dachte an die Medusa und wie der Dottore ihm damals mit feuchter Aussprache die griechischen Mythen vorgetragen hatte. Der Gedanke an seinen alten Lehrer entspannte ihn wieder ein wenig, er setzte sich auf.

»Guten Morgen«, sagte Marietta. Sie hielt eine große Tasse in der Hand. Das war nicht der Espresso, den sie sonst immer trank. Ihr Gesicht war blass, nur die Äderchen unter ihren Augen schimmerten dunkel. Sie lächelte. Das gute Porzellan, stellte Jordie fest, eine Tasse aus der Sammlung seiner Mutter. Aber immerhin war es auch ein besonderer Tag. Jordie konnte sich nicht daran erinnern, dass Marietta jemals zuvor sein Zimmer betreten hatte. Plötzlich überkam ihn eine dunkle Vorahnung, eine weitere Strafe für sein Vergehen.

»Ich habe Sirenen gehört«, sagte er, »gestern Nachmittag. Was ist denn geschehen?«

»Nichts«, antwortete Marietta mit ruhiger Stimme, »Papa hatte einen kleinen ... Zusammenbruch. Aber es geht ihm schon wieder besser.«

»Kann ich zu ihm?«

Marietta schüttelte den Kopf, ganz langsam, als wollte sie die Schlangen darauf nicht wecken.

»Er ist jetzt im Krankenhaus, Jordie.«

»Aber ...«

»Aber es geht ihm gut!«

Das Lächeln hatte sich festgesetzt auf ihren Lippen und haftete daran wie ein Parasit. Sie streckte die Arme aus und hielt Jordie die Tasse hin.

»Ich habe dir heiße Schokolade gemacht!«

»Was ist mit Papa?«, fragte er noch einmal.

Marietta seufzte, dann ließ sie sich am Bettrand nieder. Die plötzliche Nähe war Jordie unangenehm, noch nie hatte sich jemand außer ihm in seinem Bett befunden, nie bis zu der verhängnisvollen Nacht, die noch zu riechen war, in seinen Laken, an seinem Körper. Aber Marietta schien nichts zu bemerken, er spürte ihre Wärme durch den Pyjamastoff, durch den Hemdstoff hindurch, ihr Oberarm drückte weich gegen seinen. In Jordie zog sich alles zusammen, sein Magen schmerzte wieder.

»Es ist alles in Ordnung«, sagte Marietta, »jetzt trink schon!« Und obwohl in ihrer Stimme bereits schrille Ungeduld mitklang, wurde ihr Lächeln noch breiter. Sie war viel zu nah, auch ihre Stimme viel zu nah, viel zu laut in seinem Ohr.

»Mir ist schlecht«, sagte Jordie.

»Dann wird dir etwas im Magen guttun«, antwortete Marietta und hielt ihm die Tasse direkt unter die Nase, ein bittersüßer Geruch stieg auf aus der dickflüssigen Masse und legte sich über Jordies Gesicht wie ein Schleier, deckte ihn zu. Mit ihrer freien Hand strich Marietta ihm durchs Haar, ordnete die flachgedrückten Locken. »Na, mein Kleiner, wie siehst du denn heute wieder aus, lass mich dich sauber machen!« Ihr

Säuseln imitierte die jüngere Version ihrer selbst, die sich über das Babybrüderchen im Puppenwagen beugte, und Jordie schien das eine weitere Erinnerung zu sein, aber diesmal keine böse, ekelhafte, »lass mich dich sauber machen«, das wollte er doch: die Sauberkeit von früher zurück und in den Armen seiner Schwestern nichts als Geborgenheit finden. Er gab jeden Widerstand auf, ließ sich fallen und landete an Mariettas Brust, er schmiegte sich in die Pyjamaseide, während ihre Hand immer weiter über seine Haare, seine Wangen strich. »Brav bist du«, mit der anderen drückte sie die Tasse an seine Lippen, flößte ihm wie eine Krankenschwester Schluck für Schluck die Schokolade ein, und er ließ es geschehen, selbst wenn die süße Masse seinen Mund zu verkleben drohte, er manchmal kaum Luft bekam und laut gluckste. »Psst, mein Baby, ganz ruhig!« Er hustete und schluckte tapfer, bis die Tasse leer war. Als Letztes brannte sich der Schokoladensatz seinen Hals hinunter, so süß, dass es wehtat.

»Und jetzt schlaf ein bisschen«, flüsterte Marietta, und ihre Stimme klang genau so, wie der letzte Schluck schmeckte, »zur Hochzeit werden wir dich wecken.«

Aus Jordies Mundwinkel tropfte noch ein wenig Schokolade, die ihm beim Husten ausgekommen war, sie bildete ein dünnes Rinnsal über seine Wange hinunter und machte einen großen, braunen Fleck auf Mariettas Brust. Es gab keine Sauberkeit mehr, nirgends.

Christina wurde gegen elf Uhr durch das Klopfen einer Bediensteten geweckt. Dass es diesmal nicht Nino war, verwunderte sie nur im ersten Moment, immerhin gab es ja auch nichts mehr zu besprechen. Sie stand auf und zog sich das zerknitterte Cocktailkleid an, dann schminkte sie sich ausgiebig, das erste Mal seit Langem wieder, sie trug mehrere Schichten auf, ihre Haut war eine Leinwand. Die Bedienstete wartete geduldig vor der Tür. Aus dem Spiegel blickte Christina ein fremdes, ein neues Gesicht entgegen, kriegsbemalt. Es sah gut aus.

Gefrühstückt wurde auf der Terrasse. An der großen gedeckten Tafel hatte Marietta bereits den Vorsitz eingenommen. Sie trug ein weißes Kleid mit ausladendem Rock. Die unzähligen Schlaufen, Maschen und Rüschen waren daran so willkürlich angebracht, als wäre dieser, der Villa Esposito ähnlich, über die Jahrhunderte hinweg gewachsen. Das Oberteil hingegen war schlicht und eng, sodass es Mariettas Figur überbetonte. Auf ihrem Kopf thronte ein Kranz aus Klatschmohnblüten, darunter floss das Haar in großen, festen Wellen, die Schaumrollen hatten ganze Arbeit geleistet. Marietta lächelte, als sie Christina erblickte, und mit einer gebieterischen Geste wies sie ihr den Platz an ihrer Linken an. Rechts saß bereits Elena, daneben Ada, beide trugen sie Schwarz. Der Tisch war reich gedeckt, niemand aß. Die zuständigen Bediensteten, es waren nur zwei, standen in Habtachtstellung.

Christina nahm grußlos Platz. Sie fragte sich, warum Marcello noch nicht hier war, ob sein Fehlen zur Inszenierung gehörte. Auch Angelina konnte sie nirgends entdecken. Das Begrüßungslächeln war sehr schnell wieder aus Mariettas Gesicht verschwunden, sie hatte eine Blüte aus dem Kranz gezupft und betrachtete diese nun mit stillem Ernst, und Elena saß so angespannt auf der Vorderkante des Stuhls, als würde sie für ein Highfashionmagazin posieren, ihre Lippen sahen aus wie mit dem Lineal gezogen. Christinas Anwesenheit schien die Schwestern weder besonders zu freuen noch zu stören, Ada aber lehnte sich quer über den Tisch und flüsterte ihr zu: »Du bist also doch geblieben.« Dabei lächelte sie mit mütterlichem Stolz und ergriff über alle Croissants und Kuchen hinweg

Christinas Hände. Ihre Finger waren warm und feucht, statt der üblichen Parfumwolke lag ein Geruch von nasser Erde in der Luft. Christina fiel auf, dass Ada heute weder Schmuck noch Make-up trug, sie sah jünger aus und der Zeichnung in Tonios Zimmer beinahe schon ähnlich, nur der verträumte Blick fehlte. Wozu auch in die Ferne schweifen, wenn das Ziel so nah lag? Adas Augen blitzten verschwörerisch, und Christina zuckte mit den Schultern.

»Du weißt, dass du jederzeit gehen kannst«, flüsterte Ada weiter, warum flüsterte sie eigentlich, alles, was von Bedeutung war, war bereits laut ausgesprochen worden, es gab keine Geheimnisse mehr, »nur ein Wort und jemand bringt dich zum Bahnhof.« Christina lag die Frage auf der Zunge, wohin sie denn fahren sollte, wenn doch selbst ihre Mutter ein Teil der Espositos war und die Villa sich bis ins ferne Österreich erstreckte. Stattdessen aber drückte sie Adas Hände wie zum Zugeständnis.

»Anne hat dich überzeugt, nicht wahr«, sagte Ada, »mich hat sie auch überzeugt. Wenn wir schon nicht das Richtige tun, dann doch zumindest das Gerechte.«

Die feige Annemarie, das stubenhockende Hausmütterchen, war hintenherum eine ganz schön gewiefte Intrigantin, und es hätte Christina nicht gewundert, wenn sie von Anfang an der Floh in Mariettas Ohr gewesen wäre. Obwohl sie nur wenige Stunden geschlafen hatte, fühlte Christina sich zum ersten Mal seit langem nicht im Geringsten müde. Gerne hätte sie auf Adas Worte angestoßen, aber die Gläser und Tassen waren immer noch leer.

Marietta hatte sich inzwischen die Mohnblume wieder zurück ins Haar gesteckt und blickte nun nervös umher, als würde sie etwas oder viel eher jemanden suchen. Manchmal fragte sie auf Italienisch nach der Uhrzeit, was Christina nur deshalb verstehen konnte, weil einer der Bediensteten daraufhin den linken Uniformärmel lüftete und nach einem Blick aufs Handgelenk zackig Meldung machte. Harmlose Schäfchenwolken wanderten am Horizont und lösten sich auf, es wurde Mittag und Marietta immer nervöser.

Irgendwann sprangen die Flügeltüren auf.

»Finalmente!«, rief Marietta.

Zuvorderst schritt Angelina, gekleidet wie immer, nur dass sie die Pistole heute ganz offen am Gürtelbund trug. Sie zumindest sah augenscheinlich keinen Anlass mehr zur Geheimnistuerei. Dahinter schlurfte, inmitten von zwei sehr großen Dunkelblauen, einer davon war Nino, Marcello. Die beiden Diener hielten ihn an den Ellbogen (so also sah Ninos »Weinausschenken wie immer« aus), jedoch war es weniger ein Festhalten als ein Stützen. Denn trotz seines teuren Anzugs und der zurückgekämmten Haare wirkte Marcello irgendwie zerpflückt, als hätte man ihn eben erst überraschend aus dem Schlaf gerissen. Christina sah ihn jetzt mit einem dritten Gesicht: Nach dem hasserfüllten Macho des Polterabends und dem düsteren Propheten der Kirche war er nun zu einer Gestalt verkommen, die in ihrer Grauheit Onkel Tonio sehr ähnlich sah.

»Ave Marietta, morituri te salutant«, sagte er zur Begrüßung und seine feste Stimme stand im seltsamen Widerspruch zu seiner schwächlichen Erscheinung. Marietta hatte sich erhoben, Elena und Ada taten es ihr gleich, also stand auch Christina auf. Ein seltsames Empfangskomitee waren sie, und Marcello war der lang erwartete und zugleich ungebetene Gast.

»Moriturus«, verbesserte ihn Marietta.

»Wenn es nach euch geht, wird es wohl nicht bei einem Todgeweihten bleiben«, antwortete Marcello in seinem lupenreinen Londoner Englisch, und obwohl er Christina gar nicht anblickte, hatte sie das Gefühl, dass er zwinkerte. Da sie entgegen all ihren Vorsätzen immer noch hier war, musste er sie für seine Verbündete halten, zumindest war sie die einzige Mitwisserin seines Plans, von der auch er wusste.

Marcello hatte sich, mithilfe von oder trotz seiner dunkelblauen Wärter, bis zu Marietta vorgeschleppt, nun zog auch er eine Blüte aus ihrem Kranz und steckte sie ins eigene Knopfloch.

»Die Mohnblume«, sagte er, »in England das Zeichen der gefallenen Soldaten.«

»Ich weiß, wie sehr du dem Vereinigten Königreich verbunden bist«, antwortete Marietta, nun ebenfalls in überraschend gutem Englisch, »besonders seiner Geschichte und seinen Frauen, den Suffragetten.«

Die Mohnblume purzelte aus Marcellos Sakko und landete auf Mariettas leerem Frühstücksteller. Marietta hatte bereits wieder ihr übliches, kühles Lächeln aufgesetzt, und obwohl sie nur wenige Zentimeter vor ihm stand, war sie unberührbar geworden, er starrte sie einfach nur an.

Plötzlich sagte Elena, die bisher stillgestanden hatte mit so abwesendem Blick, als würde sie weder hören noch sehen: »Du hast deinen Plan und wir haben unseren. Die Zukunft wird zeigen, welcher davon aufgeht«, und da sie Deutsch sprach, waren diese Sätze mehr an alle anderen als an den Bräutigam gerichtet.

Nino und der zweite Riese schleiften Marcello, der zwar keinen Widerstand leistete, aber von einer Sekunde auf die andere den aufrechten Gang verlernt zu haben schien, zu seinem Platz am anderen Ende des Tisches, Marietta gegenüber. Dort setzten sie ihn ab und Angelina zog ihre Waffe. Marietta eröffnete die Tafel, die Dunkelblauen schenkten Kaffee und Wein aus, währenddessen blieb Angelinas Pistolenlauf stets auf Marcellos Nacken gerichtet.

Christina trank drei Tassen starken Kaffee, dabei blickte sie immer wieder zu Marcello hinüber, der seine ganze Kraft darauf zu verwenden schien, dem Metall im Nacken keine Aufmerksamkeit zu schenken. Sie blickte ihn an und hasste ihn so, wie er sie damals beim Polterabend gehasst hatte: aus Prinzip, weil er eben alles verkörperte, was sie hasste, er war David, er war Coccodrillo, er war der Vater, der Großvater. Alle Enttäuschungen, alle Ungerechtigkeiten der Welt fanden sich wieder in diesem armseligen Gesicht, das sich noch im Tod für etwas Großartiges halten würde. Aber es war angenehm, dass die Wut nun kein alptraumhafter Geruch mehr war, gegen den man nichts ausrichten konnte, sondern ein greifbares Gesicht hatte, das man hätte einschlagen können, wenn man wollte.

Was Marcello dachte, war unmöglich zu sagen, mechanisch nippte er an der immer selben Tasse, die nie nachgefüllt wurde, verbiss sich im Porzellan. Als hätte er Elena genau verstanden, schien nun auch er dazu entschlossen, es darauf ankommen zu lassen: Die Zukunft würde entscheiden.

Dann gab Marietta das Zeichen zum Aufbruch. Man erhob sich, Nino und der andere nahmen Marcello erneut in ihre Mitte, diesmal jedoch ohne ihn halten zu müssen. Angelina ließ die Pistole sinken, hielt sie aber immer noch fest in der Hand und sich selbst in Marcellos Nähe. Diese fünf bildeten die Vorhut, dahinter schritten die anderen wie im Trauerzug. So durchquerten sie die Villa, wandelten die langen, eklektisch gestalteten Gänge entlang, an der Ahnengalerie vorbei bis zur griechischen Marmorgöttin, die Krieg und Klugheit zu vereinen wusste, hier hob Marietta kurz ihren Blick. Das Wasser plätscherte in alter Heiterkeit im Springbrunnen, und als die Türen geöffnet wurden, blendete die Sonne wie immer. Niemand erhob die Hand zur Stirn, alle blinzelten dem Licht entgegen wie gerade erst geboren.

Marcello wurde zum sandgelben Wagen gebracht, der immer noch direkt vor dem Eingang stand, am Rücksitz drohte er zwischen den breiten Schultern der Diener erdrückt zu werden, durch die Heckscheibe war er schon gar nicht mehr zu sehen. Angelina steckte die Pistole weg und übernahm das Steuer. Die Übrigen marschierten weiter zu Elenas Wagen, der wie immer etwas abseits in der Schräge stand. Mit ihrem ausladenden Rock nahm Marietta beinahe die gesamte Fläche der Rückbank ein, Christina saß ganz in die Ecke gedrängt, die Rüschen überwucherten ihre nackten Knie. Elena fuhr, und Ada, deren üppige Figur auch nicht gerade gemacht war für das sportlich-schmale Wagendesign, saß wie eingeklemmt am Beifahrersitz. Ein Clownsauto, dachte Christina. Kein Radio diesmal, man hörte nur das Surren des Motors und manchmal ein Krachen, wenn Elena wieder einmal achtlos über eine Unebenheit hinwegrauschte. Die langen, engen Ärmel ihres Kleides waren beim Lenken ein wenig nach oben gerutscht und offenbarten die astdünnen, goldgebräunten Unterarme.

»Wo ist eigentlich Jordie?«, fragte Christina.

»Er schläft«, antwortete Marietta, »wenn du es genau wissen willst, ich habe ihm ein Schlafmittel gegeben. Er ist zu sensibel, immer schon gewesen. Er wird morgen aufwachen und nicht wissen, was geschehen ist, welche drastischen Schritte notwendig waren für das bisschen Gerechtigkeit.«

Elena bremste unvermittelt. Christina konnte nicht sagen, wo der sandgelbe Wagen so schnell hergekommen war. Sie hatte nicht mitbekommen, dass er sie überholt hätte, jetzt aber fuhr er dicht vor ihnen und gab Richtung wie Tempo vor. Elena musste den Sportwagen zügeln wie ein aufbrausendes Rennpferd, sie fluchte auf Italienisch.

»Vattene«, hatte Jordie zu Christina gesagt, »Hau ab«, mit dieser fremden, hasserfüllten Stimme. Christina wusste, dass er kein sensibles Kind war, dass er nur eine Rolle spielte, aber darüber konnte sie nicht sprechen, immer noch nicht, so offen die anderen Karten auch schon lagen. Über Mord ließ sich diskutieren, nicht aber über Sex, der blieb ein großes Geheimnis. Und plötzlich schien auch Jordie ein Teil Marcellos zu sein, und umgekehrt, Marcello war nicht zu ermorden, solange Jordie lebte.

Christina atmete durch und lehnte sich zurück. Die Zukunft würde schon entscheiden.

Wieder einmal war Jordies Körper klüger als er selbst. Noch bevor er die Augen schließen konnte, überkam ihn ein heftiger Würgereiz, er schaffte es gerade noch aus dem Bett, dann erbrach er sich auf das lustige Städtchen des Teppichs, die freundlichen Marktfrauen und Polizisten verschwanden unter der dunkelbraunen Lawine aus halbverdauter Schokolade. Das letzte Mal übergeben hatte er sich an jenem Tag, an dem sie Blanca gefunden hatten. Damals wie heute fühlte er sich danach erleichtert, sein Blick war klar. Blanca war tot. Paola war tot. Sein Vater war tot. Auch ihn, Jordie, hatten sie töten wollen. Das Gift war die Strafe für seine Vergehen, das begangene und mehr noch für die vielen, vielen nur in Gedanken durchgespielten, an denen Marietta und Elena oft genug beteiligt gewesen waren, und das war ihre Rache dafür.

Jordie wusste, dass er fortmusste, aber nicht, wohin. In der alten Fabrikhalle wurde gerade lustig Hochzeit gefeiert, dort stieß man an auf die saubere Verbindung zwischen Marietta und Marcello, und ihn, Jordie, verhöhnte man dort, so, wie er es verdiente.

Jordie versuchte, die Zimmertür zu öffnen, natürlich war sie versperrt. Einen Augenblick lang glaubte er zusammenbrechen zu müssen unter der Überlegenheit seiner Hexenschwestern. Vor dem Bett standen seine Schuhe, feinsäuberlich geputzt nebeneinander. Er nahm sie in die Hände, öffnete das Fenster und stieg hinauf aufs Fensterbrett.

Nino und der andere Diener waren im Auto zurückgeblieben, offenbar bestand bei Marcello keine Fluchtgefahr mehr. Christina blickte durch die Scheibe in den Wagen hinein, betrachtete noch einmal Ninos Wolfsgesicht. Sie war sicher, dass sie es heute zum letzten Mal sehen würde, und fragte sich, ob er zu seiner Vittoria oder sonst wem auch einmal ein solches »Vattene« gesagt hatte, ob er sie einmal mit irgendeiner anderen hintergangen oder seine natürliche Überlegenheit an Körperkraft gegen sie ausgespielt hatte. Vorstellbar war alles. Nino winkte, Christina drehte sich um.

Am Eingang der Fabrik verteilte Angelina Schutzbrillen und Atemmasken. Wer beides anlegte, wurde zum Insekt. Hier draußen war der Säuregeruch nur zu erahnen, er biss noch nicht, sondern lag fremdartig in den Nasen wie exotisches Parfum. Zu Christinas Überraschung bekam auch Marcello Brille wie Maske angeboten, er verweigerte beides mit stolzer Miene. Angelina überdrehte nur die Augen und wandte sich Christina zu: »Für dich habe ich noch etwas!« Aus der Schachtel mit den Brillen und Masken zog sie die Kameratasche hervor.

Christinas erstes Fotomotiv war Marcellos eingebildetes, niederträchtiges und doch schon beinahe entrücktes Grinsen.

Dann fotografierte sie Angelina, die die fast leere Schachtel achtlos weggeworfen hatte und die Pistole in den Händen streichelte wie ein kleines Tier, die für Marcello bestimmte Ausrüstung lag neben ihr im Gras, auch sie trug weder Maske noch Brille, Elena hingegen war zur schwarzen Gottesanbeterin geworden und Ada zur dicken Spinne, zwei Weibchen, die nach der Paarung das Männchen verschlingen. Marietta stand in der prallen Sonne, Haut und Haar strahlten weiß wie das Kleid, nur die Maske am Mund machte ein tiefes, schwarzes Loch in ihr Gesicht. Die Bilder waren schaurig schön, und Marietta sagte: »Pronti, attenti e via«, und Marcello antwortete mit: »Finalmente!«

In Christinas Ohren klang das wie ein Eheschwur.

Ihre Arbeit war getan.

Als ihr das bewusstwurde, bemerkte Angelina in sich eine überraschende Erleichterung. Überraschend deswegen, weil sie eigentlich nie am Gelingen der Mission gezweifelt hatte, nicht einmal, als Blanca die Polizei einzuschalten drohte. Die Neue, die Österreicherin, hatte natürlich wieder einen gewissen Unsicherheitsfaktor dargestellt, aber letztendlich war auch sie keine ernsthafte Bedrohung gewesen. Das größte Risiko bestand in Wahrheit wohl von Anfang an in der technischen Umsetzung. Dabei hätten sie es sich ja auch viel leichter machen können. Elena zum Beispiel hatte von einem blutigen Gemetzel geschwafelt, sie wollte Marcello die Halsschlagader durchtrennen wie Judith dem Holofernes. Aber das wäre kein Kunstwerk gewesen, sondern Gnade. Marietta hingegen hatte an einen Brunnen oder Schacht gedacht, in den man Marcello werfen und dann mit gebrochenen Knochen verhungern lassen könnte, eine Anspielung auf Timokleia, die sich zu Zeiten Alexanders des Großen auf diese Art und Weise eines Hauptmanns entledigte, der sie vergewaltigt hatte. Aber ihr, Angelina, schien das alles von Anfang an zu weit hergeholt, zu bildungsbürgerlich. Hier ging es doch nicht darum, ein paar alte Lateinprofessoren zu beeindrucken. Angelina interessierte sich nicht für die Antike und nicht für Renaissancemalerei, sie suchte nach Bildern, die den heutigen, den durch die Medien an ein gewisses Maß an Grausamkeit gewöhnten Menschen in Aufruhr versetzen konnten. Sie suchte nach Fotomotiven. Und eines Tages erzählte Elena zufällig von einer britischen Modelkollegin, deren Karriere mithilfe von Säure verfrüht beendet worden war. Ein verschmähter Liebhaber, oder genauer gesagt ein Kumpel von diesem, hätte der jungen Frau die Flüssigkeit ins Gesicht gespritzt, ein paar Tropfen auf der Haut und Narben für immer. Elena erzählte es trocken, ohne jeden Hintergedanken, Angelina jedoch begann zu recherchieren, stieß im Internet auf eine Reihe von entstellten Frauengesichtern und bald war sie geradezu besessen davon, Marcello in Säure aufzulösen wie eine Perle. Das war einfach in der Theorie und kaum umsetzbar in der Praxis. Die Säure musste zwar einen erwachsenen Mann vernichten können, nicht aber das Material des Beckens, in dem sie lagerte, sie musste tödlich, aber nicht sofort tödlich sein, sodass das Leid noch lange genug sichtbar blieb, um es auf Fotografien zu bannen. Alles schien von Anfang an sehr kompliziert, aber Angelina glaubte an ihre Idee. Sie arbeitete wie noch nie in ihrem Leben, stürzte sich von einem Chemiebuch ins nächste, grübelte, rechnete, bestellte und schickte zurück, stand wie eine Bauherrin in der Fabrikhalle und delegierte Arbeiter von dort nach da. Heute würde ihr Kunstwerk endlich vollendet. Schade eigentlich, dass sie es selbst gar nicht zu sehen bekommen würde und letztendlich auf die Fotos angewiesen wäre wie der Rest der Welt.

Angelina spazierte vor dem Fabrikgebäude auf und ab, das Gras kitzelte feucht an ihren Knöcheln, eine leichte Sommerbrise fuhr ihr durchs Haar. Sie hatte Marietta versprochen, die Pistole zu keiner Zeit aus der Hand zu legen, und daran hielt sie sich. Dabei hätte sie persönlich es für klüger gehalten, stets an Marcellos Seite zu bleiben. So sehr er auch den mutigen Märtyrer markierte, vertrauenswürdig war er nicht. Angelina könnte erst auf ihn schießen, sobald er das Fabriktor durchschritt, besser aber wäre es doch, ihn gar nicht erst so weit kommen zu lassen. Das hatte Angelina auch Marietta gesagt, aber diese war stur geblieben: Angelina sollte draußen bleiben, basta. Jetzt stand sie hier ganz alleine und bewachte Grashalme. Von der Fabrik her war kein Laut zu vernehmen. Ob Marcello schon tot war? Angelina konnte es nicht einmal erahnen. Als sie den Auftrag angenommen, den Mord geplant hatte, hatte sie an Solidarität gedacht, die sogenannte »weibliche Solidarität«, dafür hatte sie sich schon immer begeistern können. Im Moment aber beschlich sie das Gefühl, dass es in Wahrheit niemals darum gegangen war. Es ging um die Espositos, nur um die Espositos, und um etwas, zu dem sie als Außenstehende, als Angelika Küßmann, keinen Zutritt hatte. Ganz plötzlich machte sich in Angelina das seltsame Gefühl breit, dass sie betrogen worden war, und beinahe zeitgleich erhielt sie einen kräftigen Schlag auf den Hinterkopf.

Allein vom dumpfen Geräusch her, mit dem der Gegenstand auf ihren Schädel traf, konnte sie erkennen, dass es sich dabei um einen Schuh handelte, der Größe nach vermutlich ein Herrenschuh, ausgerechnet. So banal wurde sie letztendlich also außer Gefecht gesetzt: Zwar verlor sie nicht das Bewusstsein, wohl aber die Pistole, beim ersten Straucheln schon glitt sie ihr aus den Händen, als hätte sie nur darauf gewartet, die Flucht zu ergreifen. Angelina war entwaffnet und wusste, dass dies das Ende bedeutete. Schade, dachte sie, während sie fiel, wirklich schade, da hätte sie am Anfang von etwas Großem stehen können und eine kleine Unachtsamkeit, oder aber auch ein großer Betrug, was wusste sie schon, setzte ihrem Leben gerade jetzt ein Ende. Es ist besser, im Kampf erschossen zu werden, als sich in einem deutschen Gefängnis zu erhängen, hatte ihre Mutter einmal gesagt.

Angelinas Arbeit hier war getan. Vielleicht war auch das von Anfang an Teil des Plans gewesen.

Sie lag am Boden und das Letzte, was sie sah, waren die schwarzen Socken des jungen Esposito, der ihr mit seinen zarten Kinderhänden ihre eigene Pistole in den Rücken drückte.

Durch die staubigen Fenster fiel nur wenig Licht. Man durchschritt die leeren Hallen wie im Nebel, dort und da erkannte man an den Wänden die Umrisse der alten Gerätschaften. Marietta hatte diese niemals in Betrieb gesehen, aber sie wusste, dass die meisten davon zum Häuten getöteter Tiere bestimmt waren. Marcello ging neben ihr, er hatte ihren Arm bei sich untergehakt und sie ließ es widerstandslos geschehen. Ein letztes Mal noch sollte er den Mann markieren, der seine Braut voll Zuversicht ins Verderben führen durfte, sie beide wussten ja, wie es wirklich war. Marietta blickte sich um und bedauerte, dass alle in Schwarz gekommen waren, als ob dies ein trauriger Anlass wäre, das würde sich auch auf den Bildern nicht gut machen. Sie selbst fühlte sich wohl in ihrem Weiß: Mit dem breiten Rock konnte sie sich alles vom Leib halten, das Oberteil machte aus ihrem eigenen Leib eine Drohung. Nur die Atemschutzmaske fand sie ärgerlich, ihr wäre es lieber gewesen, Marcello und die ganze Welt könnten ihr Gesicht sehen, wenn es geschah, ihr langgeprobtes Lachen. Aber Angelina zu Folge war es zu gefährlich, sich den Dämpfen der Säure auszusetzen, und Mariettas Gesundheit ging vor, sie würde ihre Kräfte noch brauchen.

Dass sie sich dem Säurepool näherten, bemerkte Marietta an den immer röteren Augen Marcellos, schließlich flossen sogar Tränen über sein Gesicht, die er hastig mit dem Ärmel abwischte. Außerdem hustete er. Marietta fragte sich, ob es eine gute Idee gewesen war, ihn ohne Ausrüstung gehen zu lassen. Wenn er schon im Vorfeld kollabierte, wäre die ganze Sache natürlich so gut wie gelaufen. Die Welt musste erfahren von seinem Schmerz, und das war natürlich nur möglich, wenn er ihn auch spürte. Noch aber hielt Marcello sich aufrecht, der Ärmel seines Sakkos glänzte schleimig.

Sie betraten den letzten Raum der langen Halle. Auf den ersten Blick war er nicht anders als die anderen: Alte Maschinen rosteten gemächlich vor sich hin im staubgedämpften Sonnenlicht. In der Mitte jedoch befand sich das Becken. Es war in den Boden eingelassen worden, fast unauffällig lag es da, ein unachtsamer Schritt genügte. Marcello verzog das Gesicht: Schon allein der Geruch schien ihn zu quälen, seine Nasenflügel färbten sich dunkelrot, Christina machte ein Foto. Marietta blickte durch die dicken Brillengläser auf die braune Flüssigkeit hinunter und lächelte. Wie lange hatte sie darauf gewartet, wie schlicht und einfach lag jetzt die Säure vor ihr wie ein brauner Teppich. Der Augenblick kam ihr so bedeutsam vor, dass sie etwas sagen wollte, allerdings hatte sie nichts vorbereitet und durch die Maske wäre sie wohl auch kaum zu verstehen gewesen. Also blickte sie sich nur stumm zu ihrer Mutter, zu ihrer Schwester, zu ihrer Cousine um, und hoffte, dass diese ihre Rührung und gleichzeitige Entschlossenheit wahrnahmen, durch alle Brillen und Masken hindurch. Irgendwo draußen ertönte ein Knall. Und dann fiel Marietta auf, dass sie gerade das Wichtigste niemals im Detail besprochen hatten: Wie würde es aussehen, das große Finale? Sie hatten sich so sehr mit der Idee, dem Konzept und seiner technischen Umsetzung beschäftigt, dass sie niemals zum Ritual selbst vorgedrungen waren. Überhaupt war es ihr immer vorgekommen, als würde sich das alles irgendwie von selbst ergeben. Jetzt aber musste sie nachdenken: Sollte sie ihm einen Schubs geben, sodass er stolperte und fast versehentlich in dem Pool versank? Der Gedanke gefiel ihr gar nicht. Marcellos Ende musste bedeutungsvoll sein und durfte nicht den leisesten Anschein eines Unfalls erregen. Ob er springen würde, von seinen eigenen Motiven getrieben? Auch danach sah es nicht aus. Marcello stand am Beckenrand und zitterte heftig, während jetzt die Tränen wie wild aus seinen entzündeten Augen schossen, er machte sich nicht einmal mehr die Arbeit, sie fortzuwischen. Ein weinendes Häufchen Elend, das nur deswegen nicht davonlief, weil ihm die Knie zu weich waren, dachte Marietta. Irgendwie hatte sie sich den Anblick schöner vorgestellt. Sie fühlte kein Mitleid, aber Enttäuschung. Seine verehrte und verhasste Emily Davison (ja, Marietta hatte seine Obsessionen ausgeforscht, wozu sonst putzte man schon den Dreck anderer Leute weg) hatte sich aus eigenem Antrieb unter die Hufe des königlichen Pferdes begeben, ihn aber würden keine sieben Pferde in sein Martyrium bringen, so sah es doch aus.

Elena und Ada standen abwartend etwas abseits, als wollten sie zu verstehen geben, dass die letztendliche Entscheidung, der alles verändernde Schritt ausschließlich bei Marietta lag. Christina schoss ein Foto nach dem anderen, fünfhundertmal Marcellos elendes Gesicht.

»Wir ... können über alles reden!«, presste er hervor, im selben Moment aber waren Schritte zu hören, nicht Angelinas Stöckel, dumpfe Schritte. Christina ließ den Fotoapparat sinken, Marcello ging in die Knie.

Alle Blicke richteten sich auf Jordie.

Er sah furchteinflößend aus. Seine Kleidung war voller Blut, strahlend rot am hellen Hemd, feucht und schwarz auf der Hose. In der einen Hand hielt er einen Schuh, in der anderen eine Pistole. Ein Hemdsärmel war ihm bis zum Ellbogen hinaufgerutscht, seine Narben schienen purpurfarben, fast schon bläulich. Wo war der andere Schuh geblieben und wo kam die Waffe her, was wollte er hier und warum schlief er nicht, eingelullt vom Schlafmittel in der heißen Schokolade? Vermutlich fragten sie sich alle dasselbe und doch brachte niemand die Kraft dazu auf, sich von der Maske zu befreien. Adas Schultern bebten ein wenig, wie in einem stillen Heulkrampf. Jordie selbst schien im ersten Augenblick von allen am verwirrtesten zu sein, als hätte ihn ein Wirbelsturm aus dem Bett gehoben und hier wieder fallen lassen, um ihn herum die Hexen von Oz. Er fuchtelte hektisch mit der Pistole, auch mit dem Schuh, wollte alle und niemanden abwehren, da ja keiner den Angriff versuchte. Dabei bewegte er sich rückwärts durch den Raum, kam dem Becken immer näher, Ada bebte heftiger. Nun, endlich, nahm Marietta die Maske ab.

»Marietta«, sagte er, als würde er sie erst jetzt erkennen. Sofort richtete er die Waffe auf sie, aber zumindest blieb er jetzt stehen, der Beckenrand gefährlich dicht an seinen Fersen. Marietta hielt die Hände in die Höhe, zeigte ihm ihre leeren Handflächen und er ließ den Arm ein wenig sinken. Die Pistole zeigte nun auf ihre unter Massen von weißem Stoff verborgenen Beine.

»Du solltest doch schlafen«, sagte Marietta in ruhigem Tonfall, auch wenn ihr die Dämpfe sofort in Mund und Nase brannten.

»Ich kann nicht mehr schlafen«, brüllte Jordie, auch seine Stimme war schon angeschlagen, die Worte rieben wie Schleifpapier in den Ohren, »ich habe etwas Schlimmes getan!«

Mehr sagte er nicht, aber Marietta konnte eins und eins zusammenzählen, die ihr bekannte Pistole und das Blut auf seiner Kleidung erzählten die ganze Geschichte. Er, das kleine, süße Kindchen, hatte die große Bacio außer Gefecht gesetzt. Marietta wollte einen Schritt auf ihn zu machen, aber sofort erhob er wieder die Waffe, Marietta blieb stehen.

»Du hast Angelina die Pistole weggenommen«, flüsterte sie, »du hast sie oder dich oder euch beide verletzt dabei. Vielleicht hast du Angelina sogar getötet, das hat viel Blut gemacht, eine Sauerei, aber das wolltest du nicht, nicht wahr? Es war ein Missverständnis. Ja, du kannst das alles hier noch nicht verstehen und von Herzen wünsche ich dir, dass du es niemals verstehen wirst. Geh zurück nach Hause, Jordie, die Bediensteten sollen einen Arzt kommen lassen, der kümmert sich dann um dich, und morgen scheint die Sonne wieder und du wirst nicht mehr zurückdenken müssen ans dreckige Heute.«

Einen Moment lang schien es, als hätte sie ihn mit diesen Worten tatsächlich besänftigt. Sein Gesicht entspannte sich, seine Arme sanken herab, es schien, als wollte er die Pistole fallen lassen oder sich selbst, einfach hier am kalten Fabrikboden liegen und schlafen wie früher in ihren Armen.

»Brav bist du, Jordie«, flüsterte sie.

Plötzlich aber flog der Schuh, den er bis jetzt immer noch in der Hand gehalten hatte, durch die Luft, und mit voller Wucht in Christinas Richtung. Jordie hatte ihn unter Aufwendung ungeahnter Kräfte dorthin geschleudert. Zwar traf er Christina nur an der Schulter, das aber fest, sie taumelte zurück und gegen die Wand, ihr Schrei klang seltsam fern in der Atemschutzmaske. Die Kamera rutschte aus ihren Händen, prallte am Boden auf und zerfiel in ihre Einzelteile. Tausend unsichtbare Bilder entwichen und blieben nun für immer ungesehen.

»Es war ihre Schuld«, schrie Jordie, »ich wollte doch nie, und wenn ich es doch wollte, so kann ich nichts dafür, ich habe alles getan, um es nicht zu wollen, aber alles war nicht genug, der Schmutz ist stark und lässt sich nicht mehr hinauswaschen aus meinem Kopf, aus meinen Hosen, auch aus ihr nicht ...«

»Um Gottes Willen, Jordie, was redest du ...?«, aber Mariettas Stimme versagte, nur noch Krächzen kam heraus, durch einen Tränenschleier betrachtete sie Christina, die sich an der Wand krümmte und die getroffene Schulter rieb, sie betrachtete Ada, die in die Knie gegangen war und immer noch lautlos bebte, sie betrachtete Elena, die Schaufensterpuppe, in unnatürlich verbogener Haltung erstarrt. Und sie betrachtete Jordie, dessen rote Augen plötzlich aufleuchteten, als brannte darin eine Idee, nein, eine Gewissheit, eine himmlische Offenbarung, vom baufälligen Fabrikdach eben auf ihn herabgeregnet, lächelte er nicht sogar?

»Ich will nicht so sein«, sagte er, »ich ... ich bin nicht Coccodrillo.«

Das Wort schallte durch den Raum, echote in der langen Halle, immer wieder »Coccodrillo ... drillo ... drillo ...«, Coccodrillo war jetzt überall. »Woher ...«, ächzte Marietta, an der Wand versuchte Christina sich aufzurappeln, fiel wieder hin, Ada erhob sich und bebte gar nicht mehr, und Elena begann zu laufen, rannte auf ihren Bruder, ihren Halbbruder, Nichtbruder zu, die langen Arme nach ihm ausgestreckt: »Lass uns das alles vergessen, mein Kind, mein Süßer, mein Ein und Alles«, aber bevor sie ihn noch fassen konnte, hatte er die Waffe bereits gegen die eigene Stirn gerichtet, hinter ihm zischte und stank in ihrem Becken die kackbraune Flüssigkeit.

Marcello war verschwunden. Wie lange schon, vermochte niemand mehr zu sagen.

Aus dem verrotteten Laubhaufen vom letzten Jahr wagte sich die Maus erst in der Dämmerung hervor. Sie streckte das Näschen heraus, schnüffelte, befand die Luft als rein genug und sauste dann wie aufgezogen durch das hohe Gras auf der Suche nach Nahrung. Tatsächlich stieß sie bald auf eine Wurzel oder Ähnliches, und die Maus dachte daran, wie praktisch es war, ein Nagetier zu sein. Sie schlug ihre scharfen Zähne in die harte Rinde und bemerkte nicht, wie sich über ihr eine große, rote Tatze erhob. Fett war die Katze, sie hatte es nicht nötig, ein armes, halbverhungertes Mäuschen zu fressen. Aber die Welt war nicht gerecht, und die Tatze raste hinunter auf die in Frieden fressende Maus. Der erste Schlag schon verletzte sie schwer, ein Zahn war in der Wurzelrinde stecken geblieben. Dennoch wollte sie die Flucht ergreifen, abermals schlug die Tatze nach ihr, die Verletzungen machten sie langsam und die Katze war riesig, von allen Seiten bohrten sich Krallen in das Mäusefell. Da näherte sich auch schon das stinkende Maul, die Maus verfluchte die verlockende Wurzel. Plötzlich flog ein Schuh durch die Luft. Ein lederner Herrenschuh flog und schlug hart gegen die Katzenfratze, fauchend wich das Monster zurück und rannte davon, so schnell die Beine den fetten Körper tragen konnten.

Christina beugte sich über die Maus, welche Paola halbtot hatte liegen lassen. Vorsichtig nahm sie das Tier auf die Hand, noch bewegte es sich und blutete nicht allzu stark, es könnte durchkommen. Sie legte die Maus sanft in ihre leere Kameratasche.

Sie war auf dem Weg zum Bahnhof, aber sie wusste nicht, wohin sie fahren sollte. Es war auch gar nicht so wichtig. Die Luft roch bereits nach Herbst und irgendwo aus dem Gebüsch drang noch lange Paolas beleidigtes Maunzen.

Bernhard Jaumann
Die Augen der Medusa

BERNHARD JAUMANN wurde 1957 in Augsburg geboren. Er studierte in München und hat u. a. Italienisch in Bad Aibling unterrichtet. Nach längeren Aufenthalten in Italien, Australien und Mexiko-Stadt lebt er in Namibia sowie einem italienischen Bergdorf. Bisher erschienen von ihm die Kriminalromane »Hörsturz«, »Sehschlachten«, »Handstreich«, »Duftfallen« und »Saltimbocca«, für den er den Friedrich-Glauser-Krimipreis erhielt. 2005 erschien der Roman »Die Vipern von Montesecco«, 2007 »Die Drachen von Montesecco«. »Die Augen der Medusa« (2008) wurde mit dem Deutschen Krimipreis ausgezeichnet.

Frost liegt auf den Feldern von Montesecco. Doch eine Explosion zerstört die friedliche Winterlandschaft: Die Limousine von Staatsanwalt Malavoglia wurde von einer Granate getroffen. Am nächsten Tag kesselt eine Spezialeinheit der italienischen Polizei ganz Montesecco ein und arbeitet sich zum Haus des vermeintlichen Attentäters vor, der vier Geiseln in seiner Gewalt hält. Binnen kurzem belagern Journalisten das kleine Bergdorf in der Mitte Italiens. Nach Gutdünken drehen sie den Einwohnern das Wort im Mund um. Schnell wird Montesecco zum kriminellsten Ort des Landes, wo aus einem übersensiblen Jungen ein Killer wird. Es dauert lange, bis die Bewohner aus ihrer Agonie erwachen. Montesecco ist in Gefahr.

„Ein faszinierender Kriminalroman, der alle Vorurteile über dieses Genre im besten Sinne Lügen straft."
Die Welt über *Die Vipern von Montesecco*

Bernhard Jaumann

Die Augen der Medusa

Ein Montesecco-Roman

aufbau taschenbuch

ISBN 978-3-7466-2619-2

Aufbau Taschenbuch ist eine Marke der
Aufbau Verlag GmbH & Co. KG

1. Auflage 2010
© Aufbau Verlag GmbH & Co. KG, Berlin 2010
Umschlaggestaltung Originalcover
Gundula Hißmann und Andreas Heilmann, Hamburg
unter Verwendung eines Fotos von
mauritius images/imagebroker/Alfred Schauhuber
grafische Adaption Mediabureau Di Stefano, Berlin
Druck und Binden Druckerei C. H. Beck, Nördlingen
Printed in Germany

www.aufbau-verlag.de

(...) Da siegreich jener sich fortschwang,
tröpfelten blutige Tropfen vom Haupt der Gorgo Medusa,
welche die Erd' aufnehmend in mancherlei Schlangen beseelte:
Darum wimmelt das Land von der Brut feindseliger Würmer.

(Ovid: Metamorphosen, Fünftes Buch)

1
Lunedì, 14 gennaio

Der rote Balken wanderte durch einen stahlblauen Himmel, der wie gefroren aussah. Nur über die Hügel im Osten zog sich ein dünner Wolkenschleier, durch den die Wintersonne milchig schimmerte. Die Kuppen waren dünn mit Raureif überzuckert, doch über die Nordhänge reichte eine fast geschlossene Schneedecke bis ins Tal. Auf ihr stumpfes Weiß schien der Lehm der darunter begrabenen Äcker abgefärbt zu haben. Das Waldstück, das sich an die Felder anschloss, wirkte wie aus Glas. Als ob man nur fest darauf starren müsste, um die kahlen Bäume klirrend zerspringen zu lassen. Vom Waldrand führte eine Spur quer über die weiße Fläche in Richtung des kleinen Orts Montesecco. Der rote Balken folgte ihr. Soweit man das auf die Entfernung beurteilen konnte, war der Rand der Fußstapfen eingefallen, die Spur selbst schon einige Tage alt.

Der Frost biss in die Lippen. Die Atemluft kondensierte zu einer grauen Wolke, wenn man sie ausstieß. Die Finger in den dünnen Lederhandschuhen fühlten sich klamm an.

Immerhin waren die Lichtverhältnisse nahezu optimal. Die Silhouette Monteseccos auf dem Hügelrücken gegenüber war klar auszumachen. Dünne Rauchfahnen standen über einem Gewirr von Natursteinmauern und verwaschenen Ziegelflächen. Auf den Dächern lagen Reste schmutzigen Schnees. Das Dorf wirkte grau und trostlos, auch wenn sich seine Häuser aneinanderdrückten, als wollten sie sich gegenseitig wärmen. Etwas rechts vom höchsten Punkt ragte der Kirchturm Monteseccos ein paar Meter aus dem Schutz der verwinkelten Dächer hervor. In ihm öffneten sich mannshohe fensterlose Luken, durch die man gewiss eine ausgezeichnete Sicht in alle Richtungen hatte.

Doch ebenso sicher war es dort kalt und zugig. Nichts rührte sich, und es gab keinen Grund anzunehmen, dass gerade jetzt jemand von dort oben Beobachtungen anstellte.

Am Dorfeingang stachen ein paar Zypressen schwarz hervor, aber die meisten Bäume unterhalb der Häuser hatten ihre Blätter längst verloren. Durch die kahlen Äste glänzte der Asphalt der Ortszufahrt. Der rote Balken glitt auf ihr durch zwei enge Kurven den Hang hinab, bis er die Straße nach Pergola erreichte. Diese zog sich in sanftem, nur leicht abfallendem Schwung durch die gefrorenen Äcker, ging bei dem Rustico an der Abzweigung nach Madonna del Piano in eine lange Gerade über, um dann wieder anzusteigen und zwischen bewaldeten Hügeln zu verschwinden. Fünfzig Meter vor dem Dorf stand am Straßenrand ein hölzernes Patriarchenkreuz. Die Längsachse verschwand hinter dem roten Balken, nur die zweifachen Querarme ragten seitlich hervor. Die oberen waren ein wenig kürzer, ihre Kanten gestochen scharf. Man glaubte fast, an ihnen entlang streichen zu können, doch sie waren zweihundert Meter Luftlinie entfernt. Plus/minus fünfundzwanzig Meter. Genauer konnte man die Entfernung nicht justieren.

Als der schwarze Wagen zwischen den kahlen Bäumen auftauchte, war von seinem Motor nichts zu hören. Nicht einmal das leise Surren, das man von einer kraftvollen Sechs-Zylinder-Maschine erwartete. Langsam glitt die Limousine die Straße entlang. Wahrscheinlich war die Fahrbahn in den Serpentinen des Waldstücks glatt gewesen. Und der Fahrer blieb nun vorsichtig, weil er die Strecke nicht kannte. Noch vierzig Meter bis zum Kreuz mit den beiden Querbalken.

Die Limousine kam aus der letzten Kurve, drehte auf 12 Uhr ein. Man konnte nun das Nummernschild lesen. Alles war in Ordnung. In den durchbrechenden Sonnenstrahlen glänzte der Kühler silbern. Aluminium. Es hätte auch zehn Millimeter dicker Stahl sein können. Das hätte nichts ausgemacht. Nicht auf lächerliche zweihundert Meter Entfernung. Der rote Balken lief knapp vor dem Kühler her. Noch zwanzig Meter.

Im Graben längs der Straße lagen klumpige Schneehaufen mit einer schwärzlichen Kruste. Das Patriarchenkreuz stand ein klein wenig schräg. Die Limousine schien nun zu beschleunigen. Noch ein paar Wagenlängen.

Der rote Balken in der Optik des OEG-Spezialvisiers zitterte nicht. Er lag senkrecht und genau mittig über Kühlergrill, Motorhaube und Frontscheibe. Die Schulterstütze war kaum zu spüren. Der schwarze Wagen würde nun gleich das Kreuz passieren.

Nein, das würde er nicht. Nicht immer lief alles so, wie es vorgezeichnet schien. Das galt für fahrende Autos wie für das Leben. Der rote Balken lag genau im Ziel. Die Entfernung war justiert. Der Drall würde automatisch korrigiert werden. Den Abzug des MGL-MK 1 durchzuziehen war auch mit klammen Fingern überhaupt kein Problem.

Als der schwarze Wagen genau auf der Höhe des Kreuzes angelangt war, schlug die Vierzig-Millimeter-Granate in seiner vorderen Hälfte ein und hob sie ein wenig an. Es wirkte so unwirklich wie eine Filmszene in Zeitlupe und ohne Ton. Lautlos brach unter der Motorhaube ein Vulkan aus, blähte das Blech und zerriss es wie dünnes Papier. Die ausgefransten Fetzen stellten sich auf, und in einem Feuerball fegte eine ungeheure unterirdische Kraft die Eingeweide aus dem Motorraum, Schlauchteile, abgesprengte Ventile, schmelzende Plastikabdeckungen, zerfaserte Kabelenden, verkrümmte Metallstücke, während die Frontscheibe wie von allein in Tausende von Splittern zersprang, die unter zuckenden Blitzen in den Fahrgastraum prasselten. Der Wagen selbst schlitterte auf die Böschung zu. Noch bevor der Explosionsknall ankam, war die zweite Granate im Ziel. Als sei sie enttäuscht, zu spät gekommen zu sein, kippte sie den Wagen halb über die Böschung, zerfetzte grimmig die Fetzen, die die erste gelassen hatte, zerstörte schon Zerstörtes, legte Feuer ans Feuer. Ein Rad drehte leer durch, der Kühlergrill schoss unsinnig rotierend durch die Luft, hoch und höher, weit und weiter, schien auf dem Weg in eine Erdumlaufbahn, bis er sich doch wieder senkte, die Kronen der Bäume durchbrach und auf dem gefrorenen Boden aufschlug. Äste prasselten herab, und dann flimmerte die Luft zwischen den Stämmen vor Schneekristallen, die im Sonnenlicht glänzten und langsam nach unten schwebten.

Der rote Balken wanderte zurück. Splitterregen und Qualm erschwerten nun die Sicht. Dennoch konnte man erkennen, wie die Flammen meterhoch aus dem Motorraum schlugen und die Benzindämpfe in weißlich-blauen Explosionen verpufften. Ein dritter Schuss war wohl nicht mehr nötig, doch sicher war sicher, und es war so einfach, mit dem Granatwerfer zu treffen. Man musste nur den roten Balken übers Ziel legen, auch wenn es eigentlich kein Ziel mehr gab. Es gab nur noch eine gewaltige lodernde Fackel in einer klirrenden Winterlandschaft.

Ein wenig höher halten, den Druckpunkt nehmen, durchziehen. Man sah die Granate nicht einschlagen, sah nur, wie die Druckwelle die Feuersbrunst auseinanderwischte, so dass der dunkle Rahmen des Wagens einen Wimpernschlag lang von einem wilden Heiligenschein umgeben schien, bevor sich die Flammen wieder schlossen und mit doppelter und dreifacher Gewalt auf alles einstürmten, was sich zu Asche machen ließ.

In weitem Umkreis lagen undefinierbare brennende Teile, die die Explosion auf die Äcker gestreut hatte. Wie Lagerfeuer, die überstürzt verlassen worden waren. Auch das Patriarchenkreuz hatte Feuer gefangen. Gierig leckten die Flammen an den beiden Querbalken. Der Schnee am Fuß des Kreuzes war noch nicht geschmolzen. Doch das abzuwarten, dazu blieb nun wirklich keine Zeit.

Die Schulterstütze war im Nu eingeklappt, und dann maß die Waffe nur noch sechsundfünfzig Zentimeter. Sie passte problemlos in einen mittelgroßen Rucksack. Schnell waren die Verschlüsse zugeklickt. Ein letzter Blick auf die Feuerwand, die um das dunkle Skelett des Wagens toste. Wer sich da drinnen befand, war hundertprozentig tot, und wenn er sieben Leben besessen hätte.

Meist gehen Welten langsam unter. Manchmal so unmerklich, dass sich selbst ihre Bewohner erstaunt fragen, wann ihnen eigentlich der Boden unter den Füßen weggebrochen ist. In Montesecco begann das Ende vielleicht in den sechziger Jahren des vergangenen Jahrhunderts, als die Mine von Cabernardi dichtgemacht hatte. Damals wohnten an die achthundert Menschen in Montesecco, doch jedes Jahr wurden es weniger. Den Anfang machten die Mutigen, die in der Fremde ihr Glück erzwingen wollten, und die Verzweifelten, die nicht wussten, wie sie die hungrigen Mäuler ihrer vielköpfigen Familien stopfen sollten.

Zuerst gingen nur die Männer. Mit dem Pappkoffer in der einen Hand und dem Dritte-Klasse-Billet in der anderen stapften sie ins Tal hinab, wo sie den Bus zum Bahnhof in Fano nahmen. Sie brachen nach Mailand und Turin auf, in die Schweiz, nach Deutschland, Belgien, und einen verschlug es sogar nach Amerika. Wann immer es möglich war, kamen sie für ein paar Tage in die Heimat zurück, zuerst mit dem Zug, später mit dem Fiat Cinquecento, den sie von den hart erarbeiteten Mark oder Franken angeschafft hatten.

Sie beteuerten, dass es nirgends so schön wie in Montesecco sei und dass sie nur noch zwei, drei Jahre bräuchten, bis sie genug Geld zusammen hätten, um endgültig zurückzukehren und sich hier eine Existenz aufzubauen. Doch auch zwei, drei Jahre sind lang, wenn man einsam ist, und so holte, wer irgend konnte, seine Familie nach. Aus zwei, drei Jahren wurden fünf, sechs, zwölf, zwanzig. Kinder wurden in Berlin oder Bern geboren, wuchsen dort auf, sie sprachen lieber Deutsch als Italienisch, kannten

Kreuzberg besser als San Vito drüben auf der anderen Seite des Cesano-Tals.

Immer mehr Häuser in Montesecco standen das Jahr über leer. Man verkaufte sie nicht, denn erstens hätte es sowieso keine Interessenten gegeben, und zweitens würde man ja zurückkehren. Irgendwann. Noch Jahre und Jahrzehnte verbrachte man den Sommerurlaub im Heimatdorf, öffnete die Fenster des Geburtshauses, lüftete die Zimmer durch und ging auf die Piazza, um alte Freunde zu treffen, um Neuigkeiten und Erinnerungen auszutauschen.

Dann schien alles fast wie früher zu sein, nur dass jedesmal ein bisschen weniger von dem übrig war, was Montesecco ausgemacht hatte. Zuerst wurde die Schule geschlossen. Als Don Igino starb, wurde die Pfarrstelle nicht mehr besetzt. Die ursprünglich drei Läden Monteseccos gaben einer nach dem anderen auf, weil das Geschäft elf Monate im Jahr nicht lohnte, und mit dem Mähdrescher, den Vater und Sohn Lucarelli angeschafft hatten, konnten sie zu zweit erledigen, wozu einst dreißig Erntehelfer angeheuert worden waren.

Selbst wer hier sein Auskommen hatte, geriet irgendwann ins Grübeln. Unten in Pergola gab es Geschäfte aller Art, einen günstigen Supermarkt, Ärzte, ein Krankenhaus, Schulen, Banken, Restaurants, und wenn man wollte, ging man am Samstagabend mal schnell ins Capitol und sah sich einen Film mit Marcello Mastroianni an. Das Geld, das man brauchte, um die alten Häuser Monteseccos instand zu halten, konnte man genauso gut in die Raten für eine Neubauwohnung im Tal stecken, die wenigstens ordentlich beheizbar war. Wenn der kalte Januarwind durch die Gassen pfiff und man an den verrammelten Häusern längst weggezogener Nachbarn vorbeiging, entschloss sich mancher, den nächsten Winter auch nicht mehr in Montesecco zu verbringen.

Geblieben waren fünfundzwanzig Menschen, meist verstockte Alte, die sich allen praktischen Erwägungen zum

Trotz nicht verpflanzen lassen wollten. Ein paar andere sprachen immer wieder vom Fortgehen, konnten sich aber schlicht nicht aufraffen, den ersten Schritt zu tun. Einzelne waren zufällig hier gestrandet wie Mamadou Thiam, ein Senegalese, der seinen Aufenthalt in Italien durch die Heirat mit der neun Jahre älteren Milena Angiolini legalisiert hatte. Wieder andere meinten, soviel mitgemacht zu haben, dass es für ein paar Leben reichte. An der Steinbrüstung auf der Piazzetta zu stehen und übers Land zu schauen war ihnen Aufregung genug. Wenn jemand sie fragte, was sie in diesem toten Kaff halte, zuckten sie nur die Achseln und dachten, dass alles und jeder irgendwann sterben müsse. Umso besser, wenn Montesecco es schon hinter sich hatte.

Aber vielleicht stimmte das gar nicht. Vielleicht hatte Montesecco das Schlimmste noch vor sich, und vielleicht würde der Weltuntergang doch mit einem großen Knall eingeleitet werden. Genauer gesagt mit drei gewaltigen Detonationen, die an diesem Vormittag im Januar die Fensterscheiben des ganzen Orts erklirren ließen.

Zu diesem Zeitpunkt befand sich Franco Marcantoni wie fast jeden Morgen in der Bar an der Piazzetta, um seinen Cappuccino zu schlürfen. Gegenüber Ivan Garzone, dem Wirt, erregte er sich gerade über die Schonzeit für Wildschweine, die am Tag zuvor begonnen hatte. Mit seinen achtzig Jahren ging das verschrumpelte Männchen zwar nicht mehr zur Jagd auf die Felder, er würde jedoch – Schonzeit hin oder her – keineswegs zögern, zur Flinte zu greifen, wenn die Wildschweine in seinen Gemüsegarten unterhalb des Dorfs einbrächen. Die würden nämlich die Beete so gründlich verwüsten, dass das ganze Jahr nichts mehr ordentlich wachsen würde. Jetzt, im Winter, wenn Schnee läge, kämen sie gleich rudelweise aus den Bergtälern, und vielleicht auch, so vermutete Franco, weil sie um die Schonzeit wussten und sie gnadenlos ausnutzten.

»Das sind Tiere, Franco, die kennen doch keinen Kalender!« Ivan Garzone wischte mit einem Tuch über die Theke.

»Instinkt! Die spüren das«, trumpfte Franco auf. Er wischte sich den Cappuccinoschaum aus dem weißen Schnauzbart. Das Wildschwein dürfe man nicht unterschätzen. Es sei schlau. Gefährlich sowieso. Die einzigen Worte, auf die es höre, seien rund und aus Blei, und wenn jemand … Franco brach im Satz ab und zog unwillkürlich den Kopf ein, weil genau in diesem Moment die Schallwellen der ersten Detonation durch die Bar jagten.

»Was war denn das?«, konnte Ivan noch fragen, bevor der zweite und dritte Knall über sie hereinbrachen.

Franco stellte seine Cappuccinotasse vorsichtig auf der Theke ab und blickte den Wirt an. Stumm horchten beide, ob noch weiteres Gedonner folgte. Endlich fragte Franco: »Eine Gasexplosion?«

Noch kochten einige Einwohner Monteseccos mit Gas aus großen Flaschen, die bei einem Leck oder Defekt fürchterliche Zerstörungen anrichten konnten. Franco hatte mal die Auswirkungen gesehen, als in Pergola die gesamte Außenmauer einer Küche im zweiten Stock weggeblasen wurde. Der Druck war so stark gewesen, dass ein Fensterflügel quer über den Corso geschleudert worden war und sich dort ebenfalls im zweiten Stock in einer Wäscheleine verfangen hatte.

Ivan schüttelte den Kopf. »Dreimal kurz hintereinander? Nein!«

Er warf sein Wischtuch neben die Kasse und lief, gefolgt von Franco, aus der Bar. Auf der Piazzetta vor der Kirche stand Francos Schwester Lidia mit einem großen Schlüsselbund in der Hand. Sie trug die Schlüssel für Kirche und ehemaliges Pfarrhaus, die ihr vom Pfarrer in Pergola anvertraut worden waren, immer bei sich. Angeblich, um jederzeit nach dem Rechten sehen zu können, in Wahrheit wohl eher aus angeborenem Misstrauen und vielleicht auch, um die Bedeutung der ihr übertragenen Aufgabe zu unterstreichen. Das Kirchenportal klaffte sperrangelweit auf. Lidia machte keine Anstalten, es zu schließen.

»Im Ort war es nicht«, sagte sie. »Der Knall kam von weiter weg.«

Die Luft war kalt und klar. Nach Osten und Süden hatte man freien Blick über die schneebedeckten Hänge und die Kuppen, an die sich die Dörfer duckten. Sie wirkten tot und verlassen. Nur über dem Industriegebiet unten in San Lorenzo standen weiße Rauchfahnen. Ein Lastwagen fuhr längs des Flusstals Richtung Küste. Das Meer selbst konnte man am Horizont als dünnes graues Band erahnen. Alles war wie gewohnt, nur der Knall der Explosionen schien immer noch durch Montesecco zu hallen.

Ivan Garzone fasste sich als Erster. Er ging zu Lidia, nahm ihr den Schlüsselbund aus den zitternden Händen und fragte: »Welcher ist es?«

»Was?«

»Der für den Kirchturm?«

Lidia zeigte auf einen der Schlüssel. Im Laufschritt zog Ivan los. Er sperrte die Tür zum Kirchturm auf und hastete die steile Holztreppe hinauf. Aus einer breiten Luke, hinter der die Glocken zu erkennen waren, flatterten zwei Tauben auf. Sie flogen hangabwärts, hielten schnurstracks auf den Friedhof zu, der zweihundert Meter außerhalb Monteseccos lag. Mit halb zusammengekniffenen Augen beobachtete Lidia Marcantoni, wie die Vögel zwischen den Zypressen durchsegelten und sich innerhalb des Mauergevierts niederließen. Wenn Lidia nicht alles täuschte, auf einem Sims unterhalb des schneebedeckten Dachs der Friedhofskapelle.

»Das ist ein ganz schlechtes Omen«, murmelte sie.

Normalerweise hätte es sich ihr Bruder Franco nicht nehmen lassen, ihren Aberglauben zu bespötteln, um bei dem zu erwartenden Widerspruch seinen Angriff auf zentrale Doktrinen der katholischen Kirche auszuweiten. Jemanden wie Lidia, die an eine jungfräuliche Empfängnis glaubte und selbige noch dazu für eine Sache hielt, über die sich auch der gehörnte Josef freuen sollte, musste Franco ab und zu in die Schranken weisen. Doch diesmal schien er Lidias Bemerkung gar nicht vernommen zu haben. Er hatte den Kopf in den Nacken gelegt und schaute nach oben. Mit der rechten Hand hielt er das Berretto fest, das ihm von den weißen Haaren zu rutschen drohte.

»Was ist?«, rief er, als Ivans Kopf endlich in der Turmluke auftauchte.

»Ruft die Feuerwehr! Die von Pergola, die von San Lorenzo und die von Arcevia auch!«, schrie Ivan herab. Dann hängte er sich an die Seile. Im Nu läuteten die Glocken der Kirche Sturm. Jeder in Montesecco wusste, dass das nichts Gutes bedeutete. Schon bei dem dreifachen Explosionsknall hatten die Meisten alles stehen und liegen gelassen, Marisa Curzio Teig und Nudelmaschine, Matteo Vannoni das Schnitzmesser, Marta Garzone die Buchführung, aus der sowieso nur hervorgehen würde, dass die Einkünfte der Bar nicht einmal zum Sterben reichten. Jetzt stürzten sie und die Sgreccias und Milena Angiolini und alle anderen, die sich im Dorf aufhielten, aus ihren Häusern und eilten zur Kirche.

Ivan ließ die Seile los und brüllte herab, dass draußen auf der Landstraße ein Wagen in Flammen stehe. Während die Glockenschläge leiser wurden und ihren Rhythmus stetig verlangsamten, begann auf der Piazzetta ein wildes Durcheinander. Die Einwohner Monteseccos zogen ihre Handys hervor, rissen Autotüren auf, starteten die Motoren, riefen einander zu, dass man die Erste-Hilfe-Kästen nicht vergessen solle. Und schon gar nicht die Handfeuerlöscher.

Keine drei Minuten später war fast das ganze Dorf auf dem Weg zum Unglücksort. Zuletzt trafen Ivan und Marta Garzone ein, die noch ein paar Damigiane mit Wasser eingeladen hatten. Sie parkten hinter dem Renault der Sgreccias, schleppten die schweren Kanister nach vorn und gesellten sich zu den anderen. Die standen etwa fünfzehn Meter vom brennenden Wagen entfernt und blickten auf meterhoch lodernde Flammen, hinter denen kaum etwas von der Karosserie zu erkennen war. Das Feuer war beängstigend laut, der Ton, den es ausstieß, eine Mischung aus dem Heulen von Sturmböen und dem tausendfachen Gesumme eines riesigen Bienenschwarms. Es stank beißend nach verschmortem Kunststoff.

»Nun tu doch endlich was!«, schrie Catia Vannoni ihren Vater an. Matteo Vannoni zog den Sicherungsstift aus seinem Handfeuerlöscher. Er ging an undefinierbaren rauchenden Trümmern vorbei auf den Brand zu. Bevor er nahe genug war, schlug eine Explosion mit dumpfem Knall aus dem aufgerissenen Motorraum. Die Flammen zuckten noch zwei Meter höher auf und verdichteten sich zu einem unregelmäßigen Feuerball, der gleich wieder verpuffte. Vannoni zog den Kopf ein und wich langsam zurück.

»Sprüh los!«, rief Catia. Vannoni richtete den Feuerlöscher aus. Der Schaumstrahl schoss heraus, erreichte den brennenden Wagen aber nicht. Ein dünner Streifen weißen Teppichs legte sich auf den Asphalt. Im Vergleich zu dem brausenden Inferno dahinter sah er lächerlich, ja grotesk aus. Vannoni kehrte zu den anderen zurück.

»Gib her!«, sagte Catia. Sie streckte die Hand nach dem Feuerlöscher aus.

»Es ist zu gefährlich«, sagte Vannoni.

»Gib schon her!« Catias Lippen zitterten. Vielleicht aus Erregung, vielleicht aus Verachtung gegenüber ihrem Vater und den anderen Feiglingen, die tatenlos um sie herumstanden. Catia war vierunddreißig Jahre alt. Man kannte sie lange genug, um zu wissen, dass sie in Extremsituationen impulsiv reagierte. Doch das war wirklich nicht der Moment, die Heldin zu spielen.

»Nicht, solange der ganze Wagen in die Luft gehen könnte«, sagte Marta Garzone.

Catia strich sich mit dem Handrücken über die Stirn und sagte: »Da sind Menschen drin!«

Keiner antwortete. Natürlich war der Wagen nicht von selbst hierher gefahren. Und dass jemand es geschafft hatte, rechtzeitig herauszukommen, schien äußerst unwahrscheinlich, wenn man an die drei gewaltigen Detonationen dachte, die so kurz nacheinander erfolgt waren. Im Übrigen war außer den Dorfbewohnern weit und breit niemand zu sehen.

Catia Vannoni bückte sich nach dem Feuerlöscher, den ihr Vater auf der nassen Straße abgestellt hatte.

»Nein, Catia!« Vannoni fiel ihr in den Arm.

Mit einer schnellen Bewegung riss sie sich los und zischte: »Du hast mir gar nichts zu befehlen!«

»Wir können jetzt nichts tun«, sagte Marta Garzone. Sie fasste Catia an der Schulter, und diesmal ließ Vannonis Tochter es zu.

»Es würde sowieso nichts nützen«, sagte Marta. Wer da im Auto gesessen hatte, der hatte nicht überlebt. Das konnte man nicht rückgängig machen, auch wenn man sich selbst in Gefahr brachte. Wieder barsten die Flammen mit einem dumpfen Knall aus dem brennenden Wrack hervor, diesmal fast waagerecht von der Stelle aus, an der sich einmal der Kühlergrill befunden haben musste. Catia schlug die Hände vor dem Gesicht zusammen.

»Es ist wie im Krieg!«, murmelte der alte Franco Marcantoni. Lidia und Costanza, seine beiden Schwestern, nickten dazu. Als Jugendliche hatten sie miterlebt, wie sich Deutsche und Amerikaner gegenseitig mit Artillerie beschossen hatten. Die einen hatten sich in Montesecco verschanzt, die anderen drüben auf den Hügeln bei San Pietro. Das war vor genau vierundsechzig Jahren gewesen. Die jüngeren Dorfbewohner kannten die Erzählungen, doch sie hätten gern darauf verzichtet, die alten Geschichten auf diese Weise lebendig werden zu sehen.

Der Löschwagen aus Pergola traf bereits zehn Minuten später ein, gefolgt von zwei Einsatzwagen der Vigili. Die Polizisten scheuchten die Dorfbewohner zurück, doch konnte man noch beobachten, wie die Feuerwehr die Flammen erstickte. Wie viele Opfer zu beklagen waren, blieb weiter unklar. Obwohl alle Scheiben des Wagens zerborsten waren, vermochte man auf die Entfernung nur unförmige, dunkle, von Asche und Löschschaum bedeckte Gebilde zu erkennen, die sowohl zerfetzte Autositze als auch verstümmelte menschliche Körper sein konnten.

Sobald es möglich war, näherten sich die Vigili dem ausgebrannten Wrack, schauten hinein, machten aber keine Anstalten, die Leichen herauszuziehen. Das wäre doch die natürlichste Reaktion gewesen! Stattdessen wurden die Fensterhöhlungen abgedeckt und man telefonierte hektisch in der Gegend herum. Dann kamen zwei der Vigili auf die Gruppe der Dorfbewohner zu und befahlen, die Autos wegzuschaffen. Die Straße müsse komplett geräumt werden, denn bald sei hier der Teufel los.

Wie viele denn im Wagen gewesen seien, fragte Franco. Und ob man schon wisse, um wen es sich handle.

»Macht die Straße frei, und zwar sofort!«, befahl der Polizist. Die jeweiligen Fahrer stiegen ein und rollten im Rückwärtsgang bis zur Abzweigung nach Madonna del Piano, wo sie wenden konnten. Nachdem sie ihre Autos auf der Piazza in Montesecco abgestellt hatten, kehrten sie zu Fuß zurück. Schon auf dem Weg wurden sie von ein paar Streifenwagen passiert, die aus Richtung San Lorenzo kamen. Die Absperrung war inzwischen nach hinten verlegt und die Dorfbewohner so weit zurückgejagt worden, dass sie nicht mehr genau erkennen konnten, was sich am Unglücksort abspielte.

Das Heulen der Martinshörner hörte nun gar nicht mehr auf. Carabinieri rückten an, Vigili urbani, Polizia di Stato, sogar ein Fahrzeug der Guardia di Finanza. Alles, was in der Provinz Pesaro-Urbino eine Uniform trug, schien sich einzufinden und lief um die ausgebrannte Limousine herum. Wahrscheinlich nahm dort die Spurensicherung gerade ihre Arbeit auf. Dann ertönten Kommandos, die auf die Entfernung nicht zu verstehen waren. Ein Trupp Uniformierter schwärmte aus und suchte in größer werdenden Kreisen die Umgebung ab. Insgesamt waren schon an die fünfzig Beamte im Einsatz, und es wurden immer mehr.

Die Dorfbewohner standen stumm hinter der Absperrung am Straßenrand. Sie sahen erst einen, dann einen zweiten Hubschrauber von Süden anfliegen. Knapp oberhalb der Baumwipfel drehten die beiden laut knatternden Maschinen ein, schüttelten mit ihrem Rotorenwind den Schnee aus den Zweigen und landeten im Feld neben der schmalen Straße. Unter den drehenden Rotorblättern liefen Männer mit gebückten Oberkörpern auf den ausgebrannten Wagen zu.

Normal war dieser ganze Aufwand nicht. Als Carlo Lucarelli vor vielen Jahren mit dem Motorrad tödlich verunglückt war, hatten sich gerade mal zwei Streifenwagen und die Sanitäter herbequemt. Man begann zu begreifen, dass sich dort vorn mehr als ein tragischer Unfall ereignet hatte. Und dass Personen davon betroffen waren, die hundertmal wichtiger waren als Carlo Lucarelli und sie alle zusammen. Aber wer mochte das sein?

Die Dorfbewohner vergruben die kalten Finger in den Hosentaschen und versuchten vergeblich, von den Vigili hinter dem rotweißen Band irgendwelche Informationen zu erhalten. Auch die Kriminalpolizisten, die bald darauf ihre Personalien aufnahmen, gaben keine Auskünfte, sondern wollten nur selbst welche. Doch was konnten die Leute aus Montesecco schon aussagen? Drei Explosionen hatten sie gehört, kurz hintereinander, und als sie hier angelangt waren, hatten sie ein brennendes Auto im Straßengraben vorgefunden.

»Sind jemandem fremde Personen aufgefallen? Oder sonst etwas Verdächtiges?«

»Etwas Verdächtiges? Nein.«
»Denken Sie nach!«
»Was wäre denn zum Beispiel verdächtig?«
»Ist Ihnen etwas aufgefallen oder nicht?«, fragte der Polizist. Ein paar schüttelten stumm den Kopf.

Mit der Zeit trafen Schaulustige aus anderen Ortschaften ein, die, weiß der Himmel wie, von den Geschehnissen erfahren hatten. Sie drängten sich an die Absperrung vor und stellten genau die Fragen, auf die auch die Dorfbewohner gern eine Antwort gehört hätten. Doch hier bekam man gar nichts mit, und außerdem war es bitterkalt. Irgendwann hatte man genug und machte sich auf den Weg zurück nach Montesecco.

»Da muss man sich vor den Fernseher setzen, um zu erfahren, was im eigenen Dorf passiert ist«, knurrte Ivan Garzone und lud die anderen in seine Bar ein. Mit der Hilfe Matteo Vannonis stellte er sein privates Fernsehgerät in den Gastraum, und dann schalteten sie die Nachrichtensendung von Rai Due an.

»*... wurde bei Montesecco in der Provinz Pesaro-Urbino ein Sprengstoffanschlag auf den Dienstwagen des Oberstaatsanwalts Umberto Malavoglia verübt. Sowohl Malavoglia als auch sein Fahrer kamen dabei ums Leben. Über Urheber und Hintergründe des Attentats konnte die Polizei noch keine Angaben machen. Mit Umberto Malavoglia verliert Italien einen seiner profiliertesten Strafverfolger. Seit drei Jahren war er mit der Leitung der Staatsanwaltschaft Rom betraut. Einer größeren Öffentlichkeit bekannt wurde er durch seine Ermittlungen gegen die Roten Brigaden und im Italsat-Skandal, als er ...*«

Der Sender hatte noch keine Bilder anzubieten, aber die Informationen passten durchaus zu dem, was man selbst beobachtet hatte. Der gewaltige Polizeiaufmarsch hatte Ähnliches vermuten lassen. Dennoch schien den Dorfbewohnern kaum glaubhaft, was sie hörten. Ein Attentat auf den bekanntesten Staatsanwalt Italiens? Das konnte nicht stimmen, und wenn doch, musste es irgendwo anders passiert sein.

Sicher, die Nachrichtensprecherin hatte eindeutig von Montesecco gesprochen, aber selbst der so vertraute Ortsname klang seltsam fremd, wenn er aus den Lautsprechern des Fernsehers tönte. Mailand, Rom, New York, das waren die Städte, die man aus dem Telegiornale kannte. Dort spielte sich das Wichtige und Interessante ab, dort handelten die Reichen und Berühmten, dort wurden Entscheidungen getroffen und vielleicht auch Attentate verübt. Nicht in Montesecco.

»Oberstaatsanwalt Malavoglia? Was wollte der denn bei uns?«, fragte Marta Garzone. Montesecco war keine Insel der Seligen. Auch hier hatte es schon Verbrechen gegeben, schreckliche sogar, doch das war lange her, und für keines davon wäre ein Oberstaatsanwalt aus Rom angereist.

»Vielleicht war er privat unterwegs«, sagte Milena Angiolini.

»Im Dienstwagen?«

»Das machen die doch alle!«

»Genau, er hatte eine Geliebte in Montesecco und ...«

»Milena vielleicht?«

» ... und deren gehörnter Ehemann ist ihm auf die Schliche gekommen und hat beschlossen, ihn ...«

»Das ist nicht witzig!«, protestierte Milena.

» ... wohl mit einer halben Tonne TNT, die ja jeder von uns Tag für Tag mit sich herumträgt, was?«

Die Nachrichtensprecherin war bei den Börsennotierungen angelangt, und die Dorfbewohner plapperten wild durcheinander. Es war, als wollten sie so das Grauen bannen, das ihnen draußen auf der Landstraße in die Glieder gefahren war. Man ahnte, dass ein Moment der Stille unerträglich wäre. Wie von selbst würde in ihm wieder die Hilflosigkeit wuchern, die sie vor dem brennenden Wagen empfunden hatten. Und so begann Franco Marcantoni von neuem: »Ein Sprengstoffattentat! Ich habe sofort gewusst, dass das kein normaler Unfall war, so hoch wie die Flammen schlugen.«

»Die Flammen schlugen hoch, weil das Benzin ausgelaufen ist«, sagte Ivan Garzone. »Das kann bei einem normalen Unfall genauso passieren.«

»Ach ja? Weil du ja schon so viele Unfälle gesehen hast!« Franco griff nach einer Tüte Kartoffelchips im Ständer auf der Theke.

»Nein, weil ich ein wenig technisches Verständnis habe und ...«

Franco brauste auf. »Ich habe schon Attentate miterlebt, als noch nicht mal deine Eltern mit Bauklötzchen gespielt haben. Im Herbst 44 zum Beispiel sprengten die von der Resistenza drüben bei Bellisio einen Lastwagen der Deutschen in die Luft. Die halbe Straße ging mit hoch, und der Wagen brannte, sage ich dir, dagegen war das heute gar nichts. Habe ich recht, Costanza?«

»Das ist der Krieg!« Francos Schwester Costanza nickte heftig.

»Trotzdem«, sagte Ivan, »was da brannte, war Benzin und ...«

»Still!«, rief Catia Vannoni. »Der Kommentar auf Rai Uno!«

»*... Die Liste der illustren Opfer reicht von Carabinieri-General Dalla Chiesa über Untersuchungsrichter Giovanni Falcone, der genauso von der Cosa Nostra in die Luft gejagt wurde wie kurz darauf Staatsanwalt Paolo Borsellino, bis hin zu Francesco Fortugno, der der 'Ndrangheta im Weg stand. Jetzt setzt sich die Blutspur fort. Es ist müßig zu fragen, ob wir uns im Krieg mit der organisierten Kriminalität befinden. In Frage steht allerdings, ob wir diesen Krieg noch gewinnen können, wenn der Staat nicht in der Lage ist, seine entschlossensten Strafverfolger zu schützen. In der Vergangenheit soll es bereits mehrfach Morddrohungen gegen Oberstaatsanwalt Malavoglia gegeben haben. Unverständlich ist, wieso er nicht in ein Personenschutzprogramm aufge-*

nommen wurde. Ein diesbezüglicher Antrag sei wegen Personalmangels und einer zu geringen Gefährdungsstufe abgelehnt worden, verlautete aus dem näheren Umkreis des Ermordeten. Ein Sprecher des Innenministeriums erklärte dagegen, keine Kenntnis von einem solchen Antrag zu haben ...«

Es mochte ja sein, dass Malavoglia der Mafia zu sehr auf die Füße getreten war. Doch hätten sich die Killer dann nicht eine andere Gelegenheit ausgesucht? Alle genannten Attentate hatten in Süditalien stattgefunden, wo die Clans ihre Netzwerke, Waffenlager, Verstecke hatten, wo sie auf die Verschwiegenheit möglicher Zeugen zählen konnten und die Fluchtwege im Schlaf kannten. In Montesecco gab es keine Mafia. Wozu hätte sie auch herkommen sollen? Es existierte ja nicht einmal ein Lebensmittelladen, von dem man Schutzgeld hätte erpressen können. Und das bisschen, das Ivan Garzones Bar abwarf, würde kaum die Benzinkosten decken, die nötig wären, um es einzutreiben.

Man musste sich nur einmal umsehen. Die Dorfbewohner saßen auf klapprigen Stühlen und fröstelten trotz des Heizstrahlers unter der Decke. Von den Tischplatten löste sich das Kunststofffurnier. An die ehemals gelb gestrichenen Wände waren Fotos von längst vergessenen Dorffesten und ein Kalender der Banca delle Marche genagelt. Der Fernseher stand auf einem Tisch links neben dem Kicker, bei dem zwei Spieler der blauen Mannschaft kopflos auf den nächsten Einsatz warteten. Dahinter blinkten die Lichter der beiden zehn Jahre alten Glücksspielautomaten an der Wand.

Hier traf man sich auf eine Partie Settebello am Samstagabend oder auf einen Plausch, wenn es draußen auf der Piazzetta zu kalt war. Etwas Besseres gab es in Montesecco nicht, und auch wenn die Dorfbewohner manchmal darüber klagten, genügte ihnen Ivans Bar eigentlich vollkommen.

»Die Mafia, ich glaube es einfach nicht!«, sagte Marta Garzone, als sie einen Topf mit Glühwein aus der kleinen Küche neben der Theke brachte. Mit einem Schöpflöffel füllte sie ein Dutzend Wassergläser und verteilte sie. Esskastanien hätten gut zum Vin brûlé gepasst, doch zu essen gab es bei den Garzones schon lange nichts mehr. Das sei eine Bar und kein Restaurant, pflegte Ivan auf diesbezügliche Vorstöße zu erwidern, und wer es vor Hunger gar nicht mehr aushalte, solle sich halt ein paar Tüten Chips oder Erdnüsse leisten.

Man wärmte die klammen Finger an den Gläsern, nippte kurz am heißen Glühwein und wartete auf die Nachrichten der anderen Kanäle. Der Lokalsender TV Marche brachte die ersten Bilder vom Tatort. Außer einem Schwenk über die Felder, die Schaulustigen vor der Absperrung und ein paar Polizisten, die sich dort wichtig machten, gab es nicht viel zu sehen. Dann schob sich der Kopf des Reporters ins Bild. Er trug eine Pelzmütze, als wäre er auf dem Roten Platz in Moskau, und raunte ins Mikrofon:

»... Das Gelände ist weiträumig abgesperrt. Noch untersuchen die Spezialisten der Spurensicherung das ausgebrannte Autowrack. Die Menschen hier harren aus, obwohl von der Absperrung aus nichts zu sehen ist. Immer wieder schütteln sie den Kopf, verstehen nicht, wie solch eine Tragödie gerade hier im beschaulichen Hinterland der adriatischen Küste geschehen konnte. Bei aller Bestürzung wurden wir Zeugen eines erhebenden Moments, als der Leichenwagen die beiden Toten abtransportierte. Langsam wich die Menge zur Seite, bildete ein Spalier für den Wagen. Jemand begann zögernd zu klatschen, und alle fielen ein, applaudierten den beiden Männern, die für Recht und Gerechtigkeit ihr Leben gelassen hatten ...«

»Im beschaulichen Hinterland der adriatischen Küste«, äffte Franco Marcantoni den Sprecher nach.

»Ja, und?«

»Kein Wort von Montesecco«, murrte Franco.

»Sei doch froh, wenn sie uns unsere Ruhe lassen!«, sagte Marta Garzone.

Franco knurrte irgendetwas, gab dann aber Ruhe, weil er keine neue Auseinandersetzung vom Zaun brechen wollte.

»Mal sehen, was die Berlusconi-Sender bringen«, sagte Ivan. Er nahm die Fernbedienung und zappte durchs Abendprogramm.

»... *Wie aus Polizeikreisen durchsickerte, wurde das Attentat höchstwahrscheinlich mit einem schultergestützten, sechsschüssigen Granatwerfer südafrikanischen Fabrikats durchgeführt. Mit einer Waffe also, die weltweit bei Terrorgruppen und paramilitärischen Banden äußerst beliebt ist. Ist der Terrorismus nun auch in der italienischen Provinz angelangt? Noch hat sich niemand zu dem Anschlag bekannt, doch ...*«

»... *Entsetzen, Wut und Verzweiflung schlagen uns in Pietralata entgegen. Giuseppe Jacopino hinterlässt eine junge Ehefrau und zwei Mädchen im Alter von sieben und fünf Jahren. Erst vor drei Monaten nahm er die Stelle als Fahrer bei der Staatsanwaltschaft Rom an. Hier bei mir steht Frau Rosalia D'Abruzzo, eine Nachbarin der Familie Jacopino. Frau D'Abruzzo, was für ein Mensch war Giuseppe Jacopino? ›Er kam mit allen gut aus, ein ernsthafter, eher zurückhaltender ...‹ Ein allseits beliebter Nachbar also. Fühlte er sich gefährdet? Ahnte er, dass er im Visier rücksichtsloser Krimineller war? ›Ich weiß nicht, vielleicht, aber irgendwie musste er doch seine Familie ernähren‹ ...*«

»... *hat Innenminister De Sanctis den Hinterbliebenen Malavoglias und seines Fahrers Jacopino sein tief empfundenes Beileid ausgesprochen. Ganz Italien fühle mit ihnen. Er versprach, dass die Behörden alles daransetzen würden, dieses schreckliche Verbrechen aufzuklären und zu sühnen. Den Tätern werde es nicht gelingen, den Rechtsstaat, für den Malavoglia und Jacopino eingestanden hätten, zu unterminieren ...*«

Die Dorfbewohner waren zunehmend schweigsamer geworden. Sie tranken, aßen Erdnüsse oder Kartoffelchips und ließen die Flut der Bilder und Kommentare über sich zusammenschwappen. Vielleicht hofften sie, dass sich das Geschehene so in eine der vielen Schreckensnachrichten verwandeln würde, die man jeden zweiten Abend im Telegiornale vorgesetzt bekam. Doch die Eindrücke, die sich in ihre Köpfe gebrannt hatten, wollten nicht vergehen. Im Gegenteil, je routinierter die Redakteure den Fall aufarbeiteten, desto lebendiger kehrte die Erinnerung wieder. Über den Fernsehton legte sich der von prasselnden Flammen, und über die Bilder tropfte schmutziges Löschwasser von ausgeglühtem Blech. Auf der Mattscheibe schienen leere Fensterhöhlungen auf und dahinter leblose graue Schatten, die vielleicht kurz zuvor noch Menschen gewesen waren.

Die Sgreccias machten kurz nach 20 Uhr den Anfang. In den nächsten Stunden murmelte einer nach dem anderen einen kurzen Gruß und zog nach Hause ab. Gegen Mitternacht befand sich außer dem Wirtsehepaar nur noch Catia Vannoni in der Bar. Auch sie hatte sich zwei Mal entfernt, war aber pünktlich zur nächsten Nachrichtensendung wieder zurück gewesen. Dann hatte sie ihre Augen nicht vom Bildschirm gelöst. Es war, als wolle sie jede Einstellung speichern, jede noch so nebensächliche Information und jeden noch so gewagten Erklärungsansatz aufsaugen.

Ivan hatte den Heizstrahler schon vor einer halben Stunde abgestellt, doch das schien Catia Vannoni gar nicht wahrgenommen zu haben. Nun hatte er genug. Er schaltete den Fernsehapparat aus, legte die Fernbedienung auf die Theke und fuhr sich mit dem Handrücken über die Augen.

»Um ein Uhr kommen Spätnachrichten auf Rai Due«, sagte Catia Vannoni.

»Heute bringen die nichts Neues mehr«, sagte Marta Garzone.

»Wahrscheinlich nicht«, sagte Catia.

»Wie sollten sie auch?«, fragte Ivan. »Du glaubst doch nicht, dass irgendwer bei der Polizei um diese Uhrzeit noch arbeitet?«

»Nein«, sagte Catia. Auf den Tischen standen Bier- und Weingläser zwischen zerknüllten Kartoffelchips-Tüten. Die Stühle waren leer. Catia starrte auf den Fernseher. Es war ein Sony mit 72-Zentimeter-Bildschirm. Er war dunkel.

»Geh nach Hause, Catia!«, sagte Marta. »Ein wenig Schlaf können wir alle brauchen.«

»Ja«, sagte Catia. Sie blieb sitzen. Ihre Unterarme lagen schwer auf dem Tisch. Den Anorak hatte sie den ganzen Abend nicht ausgezogen. Eigentlich hatte sie ihn schon fast den ganzen Tag an. Zumindest, seit sie mit den anderen zu Malavoglias Limousine hinausgefahren war, dort ihren Vater angebellt hatte und nur mit Mühe davon abgehalten werden konnte, sich in die Flammen zu stürzen. Marta bückte sich, holte hinter der Theke ein Tablett hervor und drückte es Ivan in die Hand.

»Schalt nochmal kurz ein, Ivan!«, sagte Catia.

»Du hast doch selbst einen Fernseher zu Hause«, sagte Ivan. Er begann, die Gläser abzuräumen.

»Mach mir noch einen Caffè!«, sagte Catia.

»Ich muss ins Bett.« Ivan trug das Tablett zur Spüle, stellte es dort ab und kam mit einem feuchten Lappen zurück. Schnell wischte er über die Tischplatten. Catia nahm die Arme nicht hoch, als er bei ihr anlangte.

»Catia!«, zischte Ivan.

Sie rührte sich nicht. Marta kam hinter der Theke hervor.

»Du kannst bei uns schlafen, wenn du willst«, sagte sie.

Catia zuckte zusammen und sah sie von unten herauf an. »Nein, nein, ich muss nach Hause zu Minh.«

»Dein Sohn ist siebzehn Jahre alt«, sagte Marta.

»Trotzdem«, sagte Catia. Sie blieb sitzen.

»Ich gehe schon mal vor.« Ivan warf den Lappen in die Spüle, wischte sich die Hände an der Hose ab und wartete ein paar Sekunden. Als sich seine Frau zu Catia an den Tisch setzte, schüttelte er den Kopf und ging.

»Was ist los, Catia?«, fragte Marta.

Catia holte die Fernbedienung von der Theke und schaltete den Fernsehapparat wieder ein. Es lief irgendeine Rateshow, deren Moderator einem johlenden Publikum irgendetwas entgegenkreischte. Catia wechselte den Kanal. Die Nachrichten auf Rai Due hatten noch nicht begonnen.

»Ein scheußliches Gefühl, dass das hier bei uns passiert ist«, sagte Marta, »doch das ist Zufall. Es hätte genauso anderswo geschehen können. Da geht es um Politik und Justiz, um Mafia, Terrorismus oder was weiß ich. Jedenfalls nicht um gewöhnliche Leute, wie wir es sind. Montesecco hat damit nichts zu tun, und die Täter sind garantiert längst über alle Berge. Du brauchst dir keine Sorgen zu machen.«

»Wahrscheinlich nicht.« Catia lächelte verkniffen.

»Wenn du Angst hast, kannst du gern hier bleiben. Wir können Minh ja herholen.«

»Nein, nein, ich gehe gleich.« Catias Finger spielten mit der Fernbedienung.

»Irgendwelche Wahnsinnigen haben ein Attentat verübt. Das ist schrecklich, aber wir können es nicht ungeschehen machen. Da nützt es auch nichts, wenn du wieder und wieder ...«

»Psst!«, machte Catia und stellte den Ton lauter. Die Nachrichten begannen. Natürlich war der Anschlag auf Oberstaatsanwalt Malavoglia der Aufmacher, und natürlich wurde kein Bild ausgestrahlt, das Catia nicht schon mindestens drei Mal gesehen hatte. Vielleicht in den 3-Uhr-Nachrichten.

2
Martedì, 15 gennaio

Sicut nox silentes. Lautlos wie die Nacht, das war das Motto des Nucleo Operativo Centrale di Sicurezza, und tatsächlich schlug die Spezialeinheit der italienischen Staatspolizei fast immer spätnachts los. Das hatte nicht nur den Vorteil, dass man im Schutz der Dunkelheit leichter an das Zielobjekt herankam und deutlich weniger Unbeteiligte im Weg standen. Entscheidend war, dass Aufmerksamkeit und Reaktionsfähigkeit in den frühen Morgenstunden stark nachließen. Das galt zumindest, wenn der Gegner nicht ähnlich professionell trainiert war wie die Mitglieder des NOCS.

Enrico Munì war exzellent ausgebildet. Er hatte die medizinischen und psychologischen Tests gemeistert, die sechsmonatige Grundausbildung überstanden, in der neun von zehn Bewerbern scheiterten, und er hatte die zweijährige Schulung in Abbasanta auf Sardinien mit Auszeichnung abgeschlossen. Er lief die hundert Meter in 12,5 Sekunden, er konnte Fallschirm springen, sich von Hochhäusern abseilen und eine Sprengladung unter Wasser anbringen. Es gab kein Waffensystem im Besitz der italienischen Staatspolizei, das er nicht im Schlaf beherrschte. Er war taktisch auf jede denkbare Situation vorbereitet, hatte Stressbewältigungsseminare absolviert und wusste, dass er sich auf die Kameraden seiner Sturmeinheit verlassen konnte. Und doch spürte Enrico Munì das Adrenalin durch seinen Körper jagen. Es war sein erster Einsatz. Der Ernstfall ließ sich mit keiner noch so realistischen Übung vergleichen.

Munìs Sturmeinheit bestand aus vier Mann, die sich den Nordhang hochgearbeitet hatten und im Schutz der letzten Bäume auf das Kommando zum Vorrücken warteten.

Eine zweite, gleich starke Gruppe würde von Westen kommen, die dritte musste sich jetzt an der Friedhofsmauer unterhalb von Montesecco befinden. Es war 3 Uhr 42.

Von seinem Standpunkt aus konnte Munì kein direktes Laternenlicht sehen, nur ein schwacher gelber Schein lag über den Dächern von Montesecco. Bis zu den ersten Häusern an der Nordseite des Hügelkamms hatten sie noch circa zehn Meter Aufstieg zu bewältigen. Über eine Fläche fast ohne Schutz, die im Schein des verdammten Mondes hell glänzte. Sie trugen dunkle Kampfanzüge, hatten die Gesichter geschwärzt, und selbst die Helme mit integriertem Headset waren finster wie die Nacht. Die Fenster der flachen Häuser konnte man nur erahnen. Nirgends brannte Licht. Es war 3 Uhr 44.

»Move!«, flüsterte die heisere Stimme des Einsatzleiters aus dem Kopfhörer. »Move!«

Munì warf die Maschinenpistole auf den Rücken und kletterte auf allen vieren den Hang hoch. Der Einsatzleiter würde sich wieder melden, wenn alle Gruppen ihre Position erreicht hatten und die Lage genau eingeschätzt werden konnte. Unschuldige Opfer waren unbedingt zu vermeiden, und sobald der Zugriff eingeleitet war, musste man ihn durchziehen. Da gab es kein Zurück mehr.

»Go, go, go«, wäre dann das Kommando, und sie würden losstürmen, gleichzeitig durch Türen und Fenster eindringen, blitzschnell, schwarz wie die Nacht, bis die Blendgranaten zündeten. Munì und seine Kameraden würden den überraschten Gegner überwältigen, bevor er auch nur den Finger krümmen konnte. Sie würden die Situation unter Kontrolle bringen und die Geiseln befreien, wie sie es gelernt hatten.

Munì drückte sich neben Nummer 3 an die Hauswand. Sie lauschten, sahen auf die vier Spuren zurück, die sich durch die Schneefläche nach oben zogen. Kein verdächtiges Geräusch war zu hören. Vorsichtig brachten sie ihre Waffen in Anschlag. Nummer 1 nickte. Sie glitten an der

Wand entlang bis zum Hauseck. Munì überstieg den hüfthohen Maschendrahtzaun als Erster und durchquerte den verschneiten Gemüsegarten bis zu einem kleinen Schuppen. Er kauerte sich in dessen Schatten, spähte auf die Straße hinaus. Die Laternen standen im Abstand von ungefähr vierzig Metern. Sie leuchteten mattgelb. Nichts bewegte sich.

Nummer 2 war hinter ihm. Munì spürte ihn mehr, als dass er ihn kommen gehört hätte. Lautlos wie die Nacht. Nummer 3 zog vorbei, überwand blitzschnell das Türchen zur Straße hin. Lächerliche achtzig Zentimeter hohe Holzlatten. Munì fragte sich, wieso jemand einen Zaun setzte, der nicht das geringste Hindernis darstellte. Auf der anderen Straßenseite verschmolz Nummer 3 mit einem Hochspannungsmast.

Nummer 2 ging links vor, ein dunkler Schatten, der dicht an den Büschen entlang durch das Laternenlicht huschte. Munì und Nummer 1 folgten. Noch waren sie am Ortsrand. Die geduckten Häuser standen einzeln, unterbrochen von kleinen Gärten mit vereisten Obstbäumen und dürren Heckenrosen, doch bald senkte sich die Straße in den Ortskern hinab. Links waren nun graue Felsen, aus denen der Kirchturm gedrungen hervorwuchs. Rechts schloss sich die Häuserreihe. Irgendwo kläffte ein Hund. Drei, vier Mal, dann hörte er wieder auf.

An der Biegung stoppten sie. Zur Seite hin öffnete sich die Piazzetta vor der Kirche. Die Tür der Bar war geschlossen. Im Spalt über der Schwelle schimmerte ein dünner Streifen Licht auf. Munì glaubte leise Stimmen zu hören, doch er war sich nicht sicher. Die beiden Bäume auf der Piazzetta waren geschnitten worden. Was von den Ästen noch übrig war, ragte wie verstümmelte Gliedmaßen nach oben. Auf der Steinbank darunter lag verkrusteter Schnee.

Nummer 1 ging voran. Sie mieden die offene Piazzetta, blieben im Schatten der Mauern und tauchten in eine abfallende Gasse ein. Die Häuser waren nun zweistöckig und lehnten sich aneinander. Munì sicherte nach oben zu den dunklen Fenstern hin. Die Gasse war so eng, dass man sich über sie hinweg die Hände hätte reichen können. Der Mond stand zu tief, doch im schmalen Band zwischen den Dächern blinkten ein paar Sterne auf. Deckung gab es kaum. Sie huschten von Hauseingang zu Hauseingang, sicherten, ließen die anderen vorbei, drückten sich hinter Regenrinnen, sicherten. Alles klar. Weiter!

Eine Lücke tat sich zwischen den Häusern auf, und da war schon die Treppe. Steinstufen, die um ein paar Ecken hinunter zur Piazza führten, von deren anderem Ende sich gerade die dritte Einsatzgruppe nähern musste. Nummer 1 gab ein Handzeichen. Sie schlichen zum ersten Treppenabsatz hinab und kauerten sich in den Schatten der Steinbrüstung. Das Zielobjekt war im Licht der Laterne auf der Piazza klar zu erkennen. Das unscheinbare Haus war an den Hang gebaut, über den Stufen zur Eingangstür im Obergeschoss führten. Das hatte früher einen Laden beherbergt, hatte dann lange leer gestanden, diente seit kurzem einer kleinen Softwarefirma als Büro und, wenn die erhaltenen Informationen stimmten, diese Nacht einem Terroristen und Geiselnehmer als Schlupfwinkel. Ein Raum von circa fünfundzwanzig Quadratmetern unter einer Dachterrasse, die vom dahinterliegenden Haus erreichbar war. Von dort würde die zweite Sturmeinheit kommen. Über das schmiedeeiserne Geländer und an Seilen durch die Fenster, die jetzt dunkel waren. Das ganze Haus wirkte verlassen, doch das würde sich ändern. Spätestens, wenn Munìs Einheit quer zum Hang vorstieß und die Eingangstür sprengte.

»Einsatzgruppe 1 bereit«, flüsterte Nummer 1 ins Mikrofon. Der Mond war blass. Er hing über dem Palazzo Civico an der Stirnseite der Piazza. Im Glockenturm hatte sich ein Scharfschütze postieren sollen. Von ihm war genauso wenig zu sehen wie von den anderen Männern der dritten Einheit, die sich um das Untergeschoss kümmern würden. Sie steckten wahrscheinlich hinter den parkenden Autos am gegenüberliegenden Ende der Piazza.

Die Uhr am Palazzo Civico zeigte 20 nach 8, doch das war falsch. Es war 3 Uhr 56, und die Nacht war totenstill. Sicut nox silentes. Sie waren die Besten. Die Elite der italienischen Polizei. Munì fieberte darauf, dass es endlich losging. Nur das Warten zerrte an den Nerven. Und diese eisige Stille. Als ob die Welt den Atem anhielt, bis sie zu ersticken drohte. Munì konnte sein Herz klopfen hören. Tok ... tok ... tok. Es schlug langsam, regelmäßig, fast wie ...

»Freeze!«, hauchte Nummer 1.

... fast wie ein Spazierstock, der auf Pflastersteinen aufgesetzt wird. Jemand ging die Gasse entlang, auf der Munì und die anderen gerade vorgerückt waren! Die Treppe hinab fliehen? Zum Zielobjekt hin? Noch hatten sie keinen Einsatzbefehl erhalten. Freeze! Sie waren dunkel gekleidet, sie waren eins mit dem Schatten der Steinbrüstung, sie rührten keinen Muskel, sie waren kalt, kaltblütig, sie erstarrten zu schwarzem Eis. Niemand würde sie sehen, auch wenn er in drei Metern Entfernung vorüberging. Nicht einmal, wenn er über die paar Stufen zum Treppenabsatz hinabblickte.

Tok ... tok. Dann war es still. Wer immer da gekommen war, er stand nun am oberen Ende der Treppe.

Einen Spazierstock benutzt nur, wer schlecht zu Fuß ist, dachte Munì. Und so einer sollte keine Treppen steigen. Schon gar nicht nach unten. Und vor allem nicht diese Treppe. Das lag in seinem ureigenen Interesse.

Im Gegensatz zu vielen alten Leuten schlief Costanza Marcantoni keineswegs schlecht, doch wenn sie erwachte, stand sie unverzüglich auf, mochte es 9 Uhr morgens, 19 Uhr abends oder 3 Uhr nachts sein. Ob es draußen hell oder dunkel war, interessierte sie nicht. Sie fütterte ihre Katzen, machte sich einen Milchkaffee, in den sie trockene

Biscotti stippte, wusch die Tasse sorgfältig aus, band sich ein schwarzes Kopftuch um, griff nach ihrem Gehstock und ging einkaufen. Wer immer ihr zuerst begegnete, wies sie sanft darauf hin, dass es schon seit Jahrzehnten keinen Laden mehr in Montesecco gebe.

»So?«, fragte Costanza Marcantoni dann misstrauisch, ließ sich widerwillig nach Hause führen und in ihren Sessel setzen. Das Türschloss war vor Jahren ausgebaut worden, nachdem sich Costanza mehrmals ein- oder ausgesperrt hatte und der Schlüssel jedes Mal unauffindbar gewesen war. Wer sollte in Montesecco und noch dazu bei einer mittellosen Fünfundachtzigjährigen schon einbrechen?

Tagsüber hatte man Costanza recht gut unter Kontrolle. Wenn sie sich aber nachts auf ihre Streifzüge begab, konnte es durchaus passieren, dass sie stundenlang durch die Gassen irrte, bis sie vergessen hatte, warum sie eigentlich aufgebrochen war. Doch Montesecco war ein kleines Dorf, und noch jedes Mal hatte sie bisher zurückgefunden.

In einem Altersheim würde Costanza binnen einer Woche eingehen, davon waren alle überzeugt, mal abgesehen davon, dass sich ihre Geschwister Franco und Lidia die Kosten nie hätten leisten können. Sie mussten selbst schauen, wie sie über die Runden kamen, und andere Verwandtschaft hatte Costanza nicht. Für das bisschen an Lebensmitteln und Haushaltsgütern, das sie benötigte, legte das ganze Dorf zusammen. Marisa Curzio hatte sich bereit erklärt, jeden Dienstag und Freitag auch für Costanza in Pergola einzukaufen. Wenn sie ihr Kühlschrank und Vorratsschrank füllte, stand Costanza mit verschlossener Miene daneben und lief, sobald Marisa gegangen war, auf die Straße, um den Nächstbesten zu fragen, wer die Person gewesen sei, die gerade in ihr Haus eingedrungen war.

»Das ist Marisa Curzio. Die kennst du doch, Costanza!«
»Marisa Curzio?«

»Die Tochter von Gianmaria Curzio, der vor acht Jahren verstorben ist.«

»Aha«, sagte Costanza, doch ihr war anzusehen, dass sie kein Wort davon glaubte.

Man wusste nicht genau, ob Costanza die Gesichter, die sie ein Leben lang begleitet hatten, noch vertraut vorkamen. Sicher war, dass sie Namen und Zeiten wild durcheinanderwarf. Ob jemand neben ihr wohnte, seit Jahrzehnten tot war oder vielleicht überhaupt nur in ihrer Phantasie existierte, war für sie vom gleichen zweifelhaften Realitätsgehalt, war ebenso gegenwärtig wie austauschbar. Man musste sich damit abfinden, mal für den eigenen Großvater, mal für einen völlig Fremden gehalten, mal Giorgio und zehn Minuten später Carlo oder Michele genannt zu werden. Eine leise Ahnung, dass dabei vielleicht manches nicht stimmte, war Costanza geblieben. Das äußerte sich in einem permanenten Misstrauen allem und jedem gegenüber.

Diese Nacht um 3 Uhr 58 stand Costanza Marcantoni mit Einkaufstasche und Gehstock am oberen Ende der Treppe, die zur Piazza hinabführte, und überlegte, ob der Ladenbesitzer, dessen Name ihr gerade entfallen war, sie nicht kürzlich beim Abwiegen von Mehl betrogen habe. Doch, das hatte er ganz gewiss, dieser Kerl mit dem schiefen Grinsen, der immer so freundlich tat, es in Wahrheit aber faustdick hinter den Ohren hatte. Keinesfalls würde sie dem ihr sauer verdientes Geld in den Rachen werfen.

Costanza setzte den Stock auf und tat einen kleinen Schritt nach vorn. Andererseits, der Rest war ja keinen Deut besser, und bei Rapanotti – genau, so hieß der mit dem schiefen Grinsen –, bei Rapanotti konnte man wenigstens anschreiben. Das war ja auch nicht selbstverständlich heutzutage, da keiner wusste, wie es weitergehen würde und ob das Geld morgen überhaupt noch etwas wert war.

Costanza musste sich Vorräte anlegen, denn die Zeiten waren schlecht. Zwar hatte der Krieg Montesecco bisher verschont, doch das schien nun auch vorbei. Costanza wusste nicht, ob die Deutschen oder die Amerikaner das Auto in die Luft gesprengt hatten. Es war ihr auch egal, ihr konntet beide gestohlen bleiben. Die sollten ihre eigenen Länder in Brand setzen, nicht Italien, und schon gar nicht Montesecco! Wie die Flammen hochgeschlagen waren, entsetzlich!

Vorräte. Costanza brauchte unbedingt Mehl, Reis, Zucker, Kaffee. Sie würde zu dem Kerl mit dem schiefen Grinsen gehen. Der ließ anschreiben. Sie drehte um, machte einen Tippelschritt zurück, wandte sich nach links, stemmte den Stock auf die erste Stufe und keifte leise vor sich hin, dass man die Treppe auch weniger steil hätte bauen können. Sie setzte einen Fuß nach unten, zog den anderen nach. Der Stock, die zweite, die dritte Stufe. Costanza ächzte. Ein ordentlicher Handlauf würde nicht schaden. Statt dieser Steinbrüstung, an der sich niemand richtig festhalten konnte und die anscheinend nur dazu diente, das Laternenlicht von der Piazza abzuschirmen. Man sah ja kaum, wohin man den Fuß setzte. Noch ein paar Stufen bis zum Absatz. Dort machte Costanza kurz Pause. Sie blickte über den Hang zum Laden hinüber. Wie hieß doch gleich der mit dem schiefen Grinsen? Der einen immer übers Ohr haute? Das Brot, das Costanza kürzlich gekauft hatte, war auch nicht gut gewesen. Wahrscheinlich mit Sägemehl gestreckt. Auch wenn Krieg herrschte, musste einem so etwas wenigstens gesagt werden.

Costanza stocherte mit dem Stock nach unten, glaubte seitwärts eine flüchtige Bewegung wahrzunehmen und wurde herumgewirbelt wie ein welkes Blatt im Wintersturm. Ein Arm umklammerte ihren Oberkörper, eine Hand presste sich so fest auf ihren Mund, als wolle sie den ganzen Kiefer zermalmen. Costanza blieb der Atem weg, und aus schreckgeweiteten Augen sah sie, wie die Steinbrüstung am Treppenabsatz lebendig wurde. Ein dunkler Schatten wuchs hoch, dann noch einer und noch einer, als gebäre die Nacht dort ihre Ungeheuer, fremde, gesichtslose, schwarze Wesen, die ihre Waffen auf Costanza richteten.

Sie wollte schreien, hätte aber auch keinen Ton hervorgebracht, wenn ihr der Mund nicht zugepresst worden wäre. Eine Gewehrmündung lag an ihrer Kehle, und direkt vor sich sah sie das Weiß um zwei dunkle Pupillen. Die Ungeheuer besaßen doch ein Gesicht, schwarz bemalt zwar, aber sonst fast menschlich. Sie hatten Augen, eine Nase, gespitzte Lippen, über die sich nun senkrecht ein Zeigefinger legte, zum Zeichen, dass Costanza still sein sollte. Sie deutete ein Nicken an, doch der doppelte Griff um ihren Körper und ihren Mund lockerte sich nicht.

Schwarze Uniformen! Die SS, das sind die Deutschen!, dachte Costanza. Die Deutschen waren gerade dabei, Montesecco zu besetzen! Fieberhaft überlegte sie, wie man »bitte nicht schießen!« auf Deutsch sagte, doch ihr fiel nur »guten Tag«, »Volkswagen« und der Name des Führers, Franz Beckenbauer, ein.

Herr im Himmel!, dachte Costanza, die Deutschen marschieren ein, und keiner bemerkt es. Niemand befand sich auf der Piazza, die Fenster des Ladens waren dunkel, die Tür geschlossen. Vielleicht hatten sie dort schon geplündert. Vielleicht lag der Ladenbesitzer schon mit eingeschlagenem Schädel zwischen leeren Mehlsäcken. Was wollten die Soldaten sonst hier? Es war Krieg, sie würden Haus für Haus durchsuchen und danach in Brand setzen. Sie würden die jungen Männer inhaftieren oder gleich an die Wand stellen, Carlo Lucarelli und Benito Sgreccia und Gianmaria Curzio, den Ladenbesitzer mit dem schiefen Lächeln. Sie würden die Frauen zum Arbeitseinsatz abtransportieren, würden Kinder und Alte hinaus in die Wälder jagen. Und wenn sie nichts mehr zu essen hatten, würden sie Costanzas Katzen schlachten.

Sie musste etwas tun. Sie konnte nicht einfach zusehen, wie die Deutschen Montesecco dem Erdboden gleichmachten. Sie musste die anderen warnen. Aber wie? Costanza konnte die Lippen nicht bewegen. Sie versuchte sich aus dem Griff des Soldaten zu winden, merkte aber gleich, dass das ein hoffnungsloses Unterfangen war. Sie schaffte es gerade, ihre Hand zu öffnen und den Stock fallen zu lassen. Mit dumpfem Ton schlug er auf die Steinstufen. Dann entspannte Costanza all ihre Muskeln. Ihre Knie wurden weich, ihr Kopf sank zur Seite, ihr Körper hing schlaff im Arm des Deutschen. Costanza Marcantoni war fünfundachtzig Jahre alt. Da konnte man leicht an einem Herzinfarkt sterben, wenn man hinterrücks und brutal von ausländischen Truppen überfallen wurde.

Enrico Munì fragte sich, was plötzlich mit der Alten war. Er hatte sie doch nur ganz zart angefasst, gerade fest genug, um zu verhindern, dass sie irgendwelchen Unsinn anstellte. Wahrscheinlich war sie vor Schreck in Ohnmacht gefallen. Munì kniete nieder, ließ den leblosen Körper langsam auf die Steinstufen sinken und nahm dann zögernd die Hand vom Mund der Alten. Als er seine Taschenlampe anknipste, achtete er darauf, den Lichtschein mit der Hand gegen das Zielobjekt abzuschirmen. Trotzdem zischte ihn Nummer 1 an, ob er verrückt geworden sei.

Der Griff von Munìs Fingern zeichnete sich auf dem runzligen Gesicht der Alten ab. Ihre Augen waren geschlossen. Ihre Lippen auch. Die Luft war eiskalt, doch man sah ihren Atem nicht. Sie war doch nicht etwa … Munì schaltete die Taschenlampe aus.

»Schaff sie weg!«, flüsterte Nummer 1.

»Die atmet nicht mehr«, flüsterte Munì zurück. Zivile Verluste waren unbedingt zu vermeiden, lautete die Anweisung, und jetzt lag da eine alte Frau wie tot vor ihm. Er schüttelte den Kopf. Er konnte nichts dafür. Er hatte ihr nur den Mund zugehalten. Wenn sie geschrien hätte, wäre der ganze Einsatz geplatzt. Was hätte Munì denn verdammt nochmal tun sollen? Wieso musste sie auch mitten in der

Nacht draußen in der Kälte herumlaufen? Eine alte Frau, die Munìs Großmutter sein könnte. Er hatte keine Großmutter mehr. Sie waren beide gestorben, die eine bei einem Autounfall, die andere an Krebs.

»Bereit machen für den Zugriff!«, sagte die Stimme des Einsatzleiters aus dem Kopfhörer.

»Fort mit ihr!«, flüsterte Nummer 1.

Wieso fort? Wohin denn? Man musste augenblicklich Wiederbelebungsmaßnahmen einleiten. Die Sanitätseinheit stand viel zu weit entfernt, noch hinter dem Friedhof. Munì sah nicht die geringste Möglichkeit, die Frau rechtzeitig dorthin zu schaffen. Er begann, ihr beidseitig Klapse auf die Wangen zu geben. Das Gesicht kippte willenlos von links nach rechts und zurück. Sie konnte doch nicht einfach so gestorben sein, nur weil Munì …

»Bist du total durchgedreht?«, zischte Nummer 1. »Du wirfst sie dir über die Schulter und bringst sie hier heraus! Sofort!«

Über die Schulter? Wie einen Sack Kartoffeln? Wie einen verfluchten Granatwerfer?

»Das ist ein Befehl!«, zischte Nummer 1.

Munì schob einen Arm unter der Achsel der Alten durch, den anderen unter den Kniekehlen. Dann hob er sie an, hielt sie waagerecht vor seiner Brust. Sie war federleicht, nur Haut und dünne Knochen, als sei das Leben und alles, was in ihm Gewicht hatte, schon längst in ihr erloschen. Munì hätte gern gewusst, ob das stimmte, doch mit Sicherheit konnte er nur sagen, dass sie vor wenigen Minuten noch grummelnd durch die Gassen ihres Dorfes gegangen war. Bis er zugepackt hatte. Er hätte sie nur am Schreien hindern sollen, doch er hatte ihre Lippen ein für allemal versiegelt. Er hatte sie umgebracht.

Der Mond stand höhnisch grinsend im eisigen Nachthimmel. Munì blickte auf seine Kameraden, die noch einmal ihre Waffen prüften. Gleich würden sie losschlagen. Go, go, go. Munì wandte sich ab. Er würde die tote Alte durch die Gassen tragen, hinauf zu der Bar, in der noch Licht gewesen war. Dort würde er sie aufbahren, und während hier der Sturm losbräche, Fenster klirrten, Türen aus den Angeln geblasen würden, Blendgranaten blitzten, Maschinenpistolensalven durch die Nacht peitschten, würde er sich einen Stuhl heranziehen und vor der Leiche einer fremden alten Frau zu trauern versuchen.

Munì tat einen Schritt, trat auf den Gehstock, den die Alte verloren hatte. Einen Moment hielt Munì inne und überlegte, ob er ihn mitnehmen solle, dann stieg er die Treppe hoch. Der Kopf der Alten hing nach unten. Bei jedem Schritt schlug er sacht gegen Munìs Oberarm. Das Laternenlicht aus der Gasse fiel nun auf ihr Gesicht. Die weißen Haare schlängelten sich unter dem Kopftuch hervor. An der Wange hatte ein großer Leberfleck die Haut überwuchert. Quer durch die Stirn schnitten Falten, die runzligen Lider lagen tief in den Augenhöhlen und …

Sie klappten auf! Die Alte öffnete einfach so die Augen, sperrangelweit, und starrte Munì aus zwanzig Zentimetern Entfernung an. Er blieb auf der obersten Treppenstufe stehen. Ihm fiel ein Stein vom Herzen. Sie war nicht tot. Sie murmelte ein paar Worte, die Munì nicht verstand. Es hörte sich nach einer fremden Sprache an. Deutsch vielleicht.

»Was?«, fragte Munì leise. Er lächelte. Sie lebte, konnte sprechen! Sie rief sogar, ja, schrie aus vollem Hals los.

»Alarm!«, kreischte sie.

»Zu Hilfe!« Ihre Stimme überschlug sich.

»Die Soldaten!«, japste sie und holte neu Luft. »Ein Überfall deutscher Soldaten!«

Die Alte lebte, hatte immer gelebt, eine Untote, ein hässliches Monstrum aus längst vergangenen Zeiten, das aus lauter Verzweiflung, nicht sterben zu können, Unheil stiften musste, wo immer es sich sehen ließ. Munì hätte die alte Hexe beim ersten Laut fallen lassen, sich auf sie stürzen, ihr die Kehle zudrücken, ihr den Kopf abreißen sollen, doch er konnte nicht. Er war wie gelähmt. Als wäre er in dem Moment, da diese Augen zu ihm aufblickten, zu Stein erstarrt.

»Verdammt, stell sie ruhig!«, rief Nummer 1 mit unterdrückter Stimme herauf. Brüllend hing die Alte in Munìs Armen.

»Mach sie endlich kalt!«, rief irgendeiner der Kameraden so laut, dass auch die Alte es hören musste.

»Zu Hil…« Sie verstummte mitten im Wort, doch es war zu spät. Schon ging in einem Fenster auf der anderen Seite der Piazza das Licht an. Auf der Dachterrasse des Zielobjekts huschten graue Schatten vom Geländer zurück. Das Gezeter der Alten schien immer noch durch die Nacht zu hallen, und dazwischen mengte sich das hektische Flüstern von Nummer 1, der ins Mikrofon flehte, losschlagen zu dürfen. Jetzt oder nie. Noch könnten sie es schaffen, noch, aber sie dürften keine Sekunde mehr verlieren, sonst …

Im Zielobjekt zehn Meter weiter wurde ein Fenster aufgerissen. Der Raum dahinter blieb dunkel, nur ein schwarzer Schatten schob sich in die Fensteröffnung. Eine schemenhafte Gestalt, deren Gesicht nicht auszumachen war. Umso weniger konnte man die Männerstimme überhören, die schrill vor Panik über die Piazza kreischte: »Zurück! Sonst bringt er uns alle um. Wer immer ihr da draußen seid, haut sofort ab!«

Weitere Fenster wurden hell. Das ganze Dorf schien aufgewacht zu sein. Auf der Piazza rührte sich nichts, von den Kameraden der dritten Einheit war keiner zu sehen. Auch die Dachterrasse über dem Fenster wirkte völlig verlassen.

»Verschwindet! Der meint es ernst«, schrie die Geisel in Todesangst aus dem Fenster.

»Abbruch!«, sagte der Einsatzleiter aus dem Kopfhörer. »Kein Zugriff. Alle Einheiten ziehen sich zurück. Weitere Befehle abwarten!«

Erst jetzt wurde sich Munì bewusst, dass er die Alte immer noch in den Armen hielt. Vorsichtig setzte er sie auf ihren Füßen ab, richtete sich auf, blickte wieder auf das Zielobjekt. Neben dem Mann am Fenster schob sich etwas Längliches aus dem Dunkel. Bevor Munì genau erkennen konnte, ob es das war, was er befürchtete, spuckte das Rohr Blitz und Donner. Der weiße Fiat Uno am anderen Ende der Piazza wurde durch die Granate fast in zwei Hälften zerrissen. Unwillkürlich zuckte Munì zusammen, als der Hall der Explosion zurückschwappte und durch die enge Gasse rollte. Über dem Wagen schlugen Flammen hoch, setzten die Fassaden der Häuser in gespenstisch flackerndes Licht.

»Siehst du, Deutscher«, sagte die Alte neben Munì zufrieden, »wir können uns wehren.«

Lange vor Tagesanbruch waren alle Häuser an der Piazza geräumt. Ihre Bewohner konnten gerade mal eine Jacke überwerfen und in die Stiefel schlüpfen, doch wer begann, nach Sparbuch und Wertgegenständen zu kramen, wurde erbarmungslos hinausgejagt. Zwei Agenten der Spezialeinheit trugen Elena Sgreccia, die sich strikt weigerte, ihr Haus zu verlassen, zwangsweise ins Freie und in Sicherheit. Auch Donato musste mit sanfter Gewalt von seinem brennenden Fiat weggezerrt werden. Die Vertriebenen sammelten sich vorläufig in Ivan Garzones Bar. Dort fanden sich nach und nach auch die übrigen Dorfbewohner ein, die durch die Hilferufe Costanza Marcantonis und die Explosion der Granate aufgeschreckt worden waren.

Was eigentlich geschehen war, wusste niemand so genau, und noch weniger hatte man irgendeine Erklärung dafür. Es war, als sei man gerade aus einem Albtraum erwacht, der einen nicht loslassen wollte. Und so, wie man dann barfüßig in die Küche tappte, um die Schrecken des Traums mit einem Glas Leitungswasser hinunterzuspülen, versuchten die Dorfbewohner, dem Notstand auf praktische

Weise zu begegnen. Marta Garzone kochte Tee, und zusammen organisierten sie, wer bei wem ein Bett zur Verfügung gestellt bekam. Erstaunlich schnell waren alle Zwangsevakuierten untergebracht, aber niemand machte sich auf den Weg. Man hätte ja doch nicht schlafen können.

So bekamen alle mit, wie im ersten Morgenlicht eine halbe Hundertschaft Staatspolizisten in schusssicheren Westen einrückte. Sie schwärmten aus und riegelten die gesamte untere Hälfte Monteseccos ab. Etwa auf Höhe des Hauses von Lidia Marcantoni wurden alle Gassen und Treppen gesperrt, die zur Piazza hinabführten. Hinter rasch aufgestellten Gittern zogen Doppelposten auf. Es sei einfach zu gefährlich, ließ die Einsatzleitung verlauten, dort unten könne der Granatwerfer jedes Haus in Schutt und Asche legen.

Dass wenigstens der hangaufwärts liegende Teil Monteseccos noch passierbar blieb, lag an der Position des ehemaligen Ladens, in dem sich der Geiselnehmer verschanzt hatte. Nach Norden hin grenzte das Gebäude an ein anderes, höheres Haus, das Deckung bot und das Schussfeld beträchtlich einschränkte.

»Gott sei Dank ist der Zugang zur Kirche noch frei«, sagte Lidia Marcantoni. Trotz heftigster Gegenwehr hatte sie nicht verhindern können, dass die Staatspolizei das ehemalige Pfarrhaus als vorläufiges Lagezentrum requiriert hatte. Das alte Gemäuer stehe doch sowieso leer, hatte der Einsatzleiter gesagt, und als sie dagegenhielt, dass sie ohne Erlaubnis des Eigentümers, nämlich der Diözese, den Schlüssel keinesfalls aus der Hand gebe, hatte er doch tatsächlich telefonisch die Einwilligung des bischöflichen Sekretariats eingeholt. Lidia stellte vor der Muttergottesstatue eine Kerze auf, betete einen Rosenkranz und wünschte die Polizisten möglichst bald zum Teufel. Mehr konnte sie beim besten Willen nicht tun.

Die anderen Dorfbewohner versuchten im Laufe des Morgens, sich über den Stand der Dinge klar zu werden.

Offensichtlich befand sich ein Terrorist, der Geiseln genommen hatte, mitten in Montesecco. Dass es sich dabei um denselben handelte, der Oberstaatsanwalt Malavoglia auf dem Gewissen hatte, war schon wegen des Granatwerferschusses mehr als wahrscheinlich.

Wie der Täter unbemerkt in den Ort gelangt war, konnte man sich noch erklären. Er musste ausgenutzt haben, dass fast alle Dorfbewohner unmittelbar nach dem Anschlag zu Malavoglias brennendem Wagen hinausgefahren waren. Aber warum versteckte er sich überhaupt in Montesecco? Wieso ausgerechnet in dem ehemaligen Laden oberhalb der Piazza, wo sich Catia Vannonis Sohn Minh vor drei Monaten ein Büro eingerichtet hatte? Und was war mit Minh?

Der Junge schien spurlos verschwunden zu sein, und zwar schon eine ganze Weile. Im Trubel der vergangenen vierundzwanzig Stunden war sein Fehlen zunächst nicht aufgefallen, doch jetzt dachte man genauer zurück. Weder abends in der Bar, als sie alle vor dem Fernseher saßen, noch draußen auf der Landstraße noch auf der Piazzetta nach Ivans Glockengeläute war Minh gesehen worden. Zuletzt hatte Franco Marcantoni mit ihm gesprochen. Um circa 9 Uhr hatte er ihn in seinem Büro aufgesucht, um ihn um einen Gefallen zu bitten.

Es ging dabei um eine drei Jahre alte Wasserrechnung, die von MEGAS hartnäckig angemahnt wurde, obwohl Franco sie längst bezahlt hatte. Er hatte ein paar Mal telefoniert, doch die Bürokraten in der Rechnungsstelle des Wasserversorgers konnten ohne den Einzahlungsbeleg angeblich nichts machen. Franco hatte sich aufgeregt. Er würde mindestens einen halben Tag verlieren, wenn er extra deswegen nach Pergola zur Post fahren müsse. Der MEGAS-Mensch hatte ihn gefragt, ob er nicht Zugang zu einem Faxgerät habe, und Franco hatte zurückgebellt, dass er in Montesecco lebe, das sei wohl Antwort genug. Doch nach dem Telefonat hatte er sich besonnen.

Für so etwas war Minh zuständig. Er war zwar erst siebzehn Jahre alt, hatte aber schon seine eigene Ein-Mann-Firma gegründet. Softwareentwicklung, Webdesign und andere Dinge, von denen weder Catia, auf die das Unternehmen offiziell eingetragen war, noch irgendein anderer Dorfbewohner die geringste Ahnung hatte. Auch Minh, wenn man ihn überhaupt zu Gesicht bekam, sprach nicht über seine Arbeit. Man wusste nur, dass in seinem Büro drei Computer standen, vor denen er oft tage- und nächtelang saß.

Wie sich herausstellte, besaß auch er kein Faxgerät, aber eine Art Kopierer, mit dem man – wie Franco anerkennend feststellte – einen Zahlungsbeleg ruck, zuck in den Computer holen und elektronisch versenden konnte. Minh und er hätten noch ein wenig gequatscht und dann gemeinsam das Büro verlassen. Das sei gegen halb 10 Uhr gewesen, also etwa zwei Stunden vor dem Attentat.

»Ich habe ihn noch aufgezogen«, sagte Franco, »habe ihn gefragt, ob er auf dem Weg zu seiner Verlobten sei, aber darauf ist er natürlich nicht eingegangen. Ihr kennt ihn ja!«

Minh war ein hübscher Junge, der mit seinen leicht asiatischen Gesichtszügen sicher auf manches Mädchen interessant wirkte. Eine Freundin hatte er trotzdem nicht. Vielleicht war er ein wenig zu schüchtern, vielleicht zu ernsthaft oder auch nur ein Spätentwickler, bei dem der Knoten schon noch irgendwann platzen würde. Besser so, als dass er jede Nacht durch die ganze Provinz von Disco zu Disco zog, um Mädchen aufzureißen, und dabei womöglich in schlechte Gesellschaft geriet. Verrückte Mutproben, Schlägereien, Drogenkonsum, Autounfälle unter Alkoholeinfluss – wovon las man nicht jede Woche von neuem im *Corriere Adriatico*!

»Minh wurde rot wie eine Tomate«, sagte Franco, »und als ich ihm zuzwinkerte und fragte, wie sie denn heiße und ob sie hübsch sei, schüttelte er bloß den Kopf. Er habe noch jede Menge zu tun und wolle sich nur mal kurz die Beine vertreten.«

»Also ist er wieder ins Büro zurückgekehrt?«, fragte Matteo Vannoni. Franco konnte das genauso wenig wie alle anderen beantworten. Zu Hause hatte Minh sich jedenfalls nicht sehen lassen. Das hatte seine Mutter Catia bestätigt, bevor sie zum Pfarrhaus hinübergegangen war, um der Einsatzleitung der Polizei mitzuteilen, dass ihr Sohn nirgends aufzufinden sei. Bei den wenigen Freunden, die er während der Schulzeit und seiner kurzzeitigen Mitgliedschaft im Lenkdrachenverein von Urbino gewonnen hatte, hatte Catia schon vorher angerufen, doch keiner hatte weiterhelfen können. Deshalb ging man davon aus, dass Minh die Wahrheit gesagt und sich wirklich gleich wieder an die Arbeit gemacht hatte.

Und wenn das so war, hatte er sich wohl ganz allein im Dorf aufgehalten, als der Attentäter hier Zuflucht suchte. Vielleicht hatte er ihn bemerkt, einen Mann mit einem Granatwerfer, kurz nach drei Granateinschlägen, die wirklich nicht zu überhören gewesen waren. Minh hatte eins und eins zusammengezählt und sich aus dem Staub gemacht. Das könnte erklären, warum er nun nirgends zu finden war. An diese Theorie hätte man zumindest gern geglaubt, aber es blieben einfach zu viele Ungereimtheiten.

Wäre Minh denn nicht über die Landstraße zu seinen Verwandten und Nachbarn geflohen? Und wenn er sich irgendwo versteckt hätte, wäre er dann nicht spätestens am Abend in der Bar oder sonstwo aufgetaucht? Zumindest hätte er doch angerufen! Und konnte man sich wirklich vorstellen, dass der Attentäter mit dem Granatwerfer unter dem Arm durch Montesecco gelaufen war? Den dreifachen Knall hatte auch keiner der anderen Dorfbewohner sofort richtig eingeordnet. Wieso hätte Minh Verdacht schöpfen, warum hätte er fliehen sollen?

Nein, ob der Attentäter nun Minh entdeckt hatte oder

umgekehrt, Minh hätte keinen Grund gehabt, panisch zu reagieren. Er nicht, wohl aber der Killer. Minh war ein Zeuge, hatte sein Gesicht gesehen, hätte es den Polizisten beschreiben können, die von überall her in Anmarsch waren. Der Killer konnte ihn nicht einfach laufen lassen. Vielleicht hatte er sogar von Anfang an vor, Geiseln zu nehmen, weil er befürchtete, nicht rechtzeitig untertauchen zu können. Nach dem Anschlag zog er sich nach Montesecco zurück und durchkämmte Haus für Haus, doch er fand niemanden, außer Minh, der in seinem Büro sitzen geblieben war, weil er sich nur für seine Computer interessierte. Tatsache war, dass sich der Täter dort eingenistet hatte. Und zwar nicht allein. Wen sonst sollte er als Geisel festhalten, wenn nicht Minh?

»Nein, das kann nicht sein«, sagte Matteo Vannoni. Minh war sein einziger Enkel. Als er geboren wurde, war seine Mutter selbst noch ein halbes Kind gewesen, gerade siebzehn Jahre alt, und sie stand noch dazu ohne Mann da. Vannoni hatte sich eher als Vater denn als Großvater gesehen, auch wenn er das Catia gegenüber natürlich nie zugegeben hätte. Sie hätte sich sonst maßlos aufgeregt und wäre imstande gewesen, ihm den Umgang mit dem Kind zu verbieten. Jedenfalls hatte sich Vannoni für Minh immer verantwortlich gefühlt, nicht erst nach den grauenvollen Geschehnissen vor neun Jahren.

Die Erinnerung daran schwebte noch wie eine düstere Wolke über Montesecco. Sie würde sich nicht auflösen, nur weil man nicht davon sprach. Dennoch hütete sich jeder, auch nur anzudeuten, dass Minh schon einmal Opfer eines Verbrechens geworden war. Das wussten sowieso alle, da brauchte man nicht neues Unglück herbeizureden, indem man altes beschwor und so den Eindruck entstehen ließ, der Junge zöge zwangsläufig das Böse auf sich.

»Minh kann nicht die Geisel sein«, wiederholte Matteo Vannoni. »Sag du es, Franco, sag allen, warum es nicht Minh ist!«

Franco nickte, stand auf, räusperte sich und sagte: »Wegen der Stimme der Geisel, die nachts aus dem Fenster gebrüllt hat. Das war nicht die von Minh. Hundertprozentig nicht.«

Man konnte sich vorstellen, wie der Attentäter dem verängstigten Mann eine Pistole an die Stirn gepresst hatte. Wie er ihm zugeflüstert hatte, dass es nicht genüge, keine falsche Bewegung zu machen. Dass er so gut wie tot sei und nur eine einzige Chance habe, noch ein wenig weiterzuatmen. Wenn er nämlich dafür sorge, dass sich die Polizisten draußen zurückzögen. Und zwar augenblicklich. Er solle beten, dass ihm das gelänge. Nein, er solle nicht beten, sondern um sein bisschen Leben schreien, was seine Lungen hergäben. Und dann hatte der Killer den Hahn der Pistole gespannt.

In der Stimme der Geisel war die Todesangst fast zu greifen gewesen. Schrill und verzerrt hatte sie sich angehört. Vielleicht hatte sie deswegen so gar nicht nach Minh geklungen. Auch die Sgreccias und andere Dorfbewohner, die um die Piazza wohnten, hätten anfangs schwören können, dass es nicht Minhs Stimme gewesen war, aber vielleicht täuschte man sich ja. Das war doch möglich. Das war sogar zu hoffen. Jeder verstand, dass Matteo Vannoni seinen Enkel nicht gern in der Gewalt eines brutalen Mörders sah, aber was war denn die Alternative? Wenn Minh für den Täter eine Gefahr darstellte und wenn er nicht die Geisel war, aber unauffindbar blieb, dann blieb doch nur eine Möglichkeit. Dann hatte ihn der Killer vielleicht …

»Nein!« Franco Marcantoni schüttelte den Kopf. »Es gibt überhaupt keinen Grund, so schwarz zu sehen. Ich habe jedes Wort der Geisel genau gehört. *Uns*, hat sie gebrüllt, er bringt *uns* alle um, wenn ihr nicht abhaut. Uns, das ist mehr als einer, uns alle, das sind sogar mehr als zwei oder drei. Der Attentäter hält nicht Minh gefangen, sondern irgendwelche anderen Geiseln.«

»Welche anderen Geiseln?«, fragte Marisa Curzio. Sie hatten noch einmal nachkontrolliert. So lange brauchte man dafür bei fünfundzwanzig Einwohnern ja nicht. Außer Minh wurde niemand im Dorf vermisst.

»Was weiß denn ich?«, raunzte Franco. »Vielleicht hat der Täter selbst welche mitgebracht.«

Marisa Curzio nippte an ihrem Tee. Francos Erklärung war schwachsinnig, doch keiner widersprach.

»Er könnte nach dem Attentat welche aufgelesen haben«, sagte Franco. »X-beliebige Leute, die zufällig vorbeikamen.«

In Montesecco kam niemand zufällig vorbei, schon gar nicht an einem klirrend kalten Januarvormittag. Außer, man hatte einen sehr guten Grund dafür. Worin der allerdings bestehen sollte, hätte keiner zu sagen gewusst.

»Es war Minhs Stimme«, sagte Marisa Curzio. »Wir sind aus dem Schlaf gerissen worden. Da kommt einem erst einmal alles fremd vor, sogar ...«

»Die Geisel hat nicht gesagt: Er bringt mich um«, zischte Matteo Vannoni. »Sie hat die Mehrzahl benutzt. Hört ihr alle schlecht?«

»Vielleicht hat Minh sich und uns gemeint. Der Täter könnte gedroht haben, alle in Montesecco umzubringen. Er schoss dann ja auch mit dem Granatwerfer ...«

»Es war nicht Minhs Stimme!« Franco beharrte auf seiner Meinung, doch wie man es auch drehte und wendete, die Informationen, die man hatte, wollten einfach nicht so zueinander passen, dass sich ein stimmiges Bild ergab. Sicher schien nur, dass Minh nicht da war, wo er jetzt sein sollte. Nämlich hier bei ihnen allen.

»Ist Catia eigentlich noch nicht zurück?«, fragte Marta Garzone.

Seit Catia Vannoni die Einsatzleitung aufgesucht hatte, waren schon mehr als zwei Stunden vergangen. So lange brauchte man doch nicht für eine Vermisstenmeldung, zumal anzunehmen war, dass die Polizei anderes zu tun hatte als einer besorgten Mutter zuzuhören. Marta Garzone berichtete, dass Catia den Abend zuvor nicht nach Hause gegangen war. Bis 4 Uhr morgens hatte sie in der Bar gesessen, hatte in den Fernseher gestarrt und beteuert, dass alles in Ordnung sei und sie gleich gehen werde. Wenn draußen nicht die Hölle losgebrochen wäre, säße sie wohl immer noch da.

»Was willst du damit sagen?«, fragte Matteo Vannoni.

»Als ob sie Vorahnungen gehabt hätte«, sagte Marta.

Ivan Garzone schlug vor, Catia zu suchen, und alle schlossen sich an. Sie brauchten nicht weit zu gehen. Mit verschränkten Armen und hochgezogenen Schultern saß sie draußen auf der Steinbrüstung, die die Piazzetta vom steil abfallenden Hang abgrenzte. Es hatte leicht zu schneien begonnen. Die Flocken tanzten durch die Luft, schienen unwillig, auf den Boden zu sinken. In der Ferne verwoben sie sich zu einem körnigen Vorhang, der den Feldern und Hügeln jegliche Farbe nahm. Die Linie der Häuser von San Pietro auf dem Kamm gegenüber war noch zu erahnen, doch weiter links, ins Tal hinein, verschwammen Himmel und Erde in trostlosem Grau.

»Komm rein, Catia!«, sagte Marta Garzone. »Es ist viel zu kalt hier draußen.«

Catia hatte die Kapuze ihres Anoraks hochgeschlagen, aber über ihr Gesicht perlten Tropfen von geschmolzenen Schneeflocken. Sie schien es nicht zu bemerken. Ihre Lippen waren verkniffen. Müde sah sie aus. Und alt. Viel älter als ihre vierunddreißig Jahre.

»Minh …«, sagte sie.

»Komm endlich rein!«, wiederholte Marta.

»Willst du dir den Tod holen?«, fragte Matteo Vannoni barscher, als er eigentlich wollte. Mit Catia hatte er noch nie gut umgehen können, obwohl er sich bemühte. Er traf einfach nicht den richtigen Ton.

Catia sagte: »Minh hat mir am Morgen vor dem Anschlag auf Malavoglia erzählt, dass er heute etwas sehr Wichtiges erledigen müsse. Es wäre gut möglich, dass ich ihn bald in den Fernsehnachrichten sehen könnte.«

»Was?«, fragte Ivan Garzone.

»Genaueres hat er nicht gesagt. Nur, dass ich staunen würde. Als wir vom Ort des Attentats zurückkehrten, habe ich nach ihm gesucht, und später noch zwei Mal. Sein Büro war abgeschlossen. Es blieb dunkel, als die Dämmerung hereinbrach. Auch auf mein Klopfen rührte sich nichts, aber ich hatte von Anfang an das Gefühl, dass jemand da drin war. So etwas spürt man doch irgendwie.« Catia breitete die Arme aus.

»Minh war nicht allein in seinem Büro«, sagte Marisa Curzio. »Er konnte nicht aufmachen, weil ihn der Geiselnehmer in seiner Gewalt hatte.«

Die Finger von Catias rechter Hand strichen durch den Schnee auf der Steinbrüstung. Das Weiß schmolz zu nassen Strichen. Fünf eng aneinander liegende Linien, die auf Catia zuführten.

»Ja«, sagte sie, »natürlich! Der Geiselnehmer!«

Im ersten Stock des Pfarrhauses gegenüber flammte Licht auf. Dabei war dort der Strom seit vielen Jahren abgestellt. Selbst wenn die Polizei den ENEL-Leuten eine Behandlung wie in Guantanamo angedroht hätte, war es angesichts jahrzehntelanger Erfahrungen mit der Bürokratie des Unternehmens äußerst unwahrscheinlich, dass sie die Leitungen so schnell freigeschaltet hatten. Vielleicht hatten die Techniker der Staatspolizei die Verbindungstür zur Kirche aufgebrochen und dort den Strom abgezapft.

Catia rührte sich nicht von der Brüstung weg, und die Dorfbewohner sahen zu, wie sich zwei schwer beladene Kleinbusse der Polizia di Stato über die einzige Straße, die den unbesetzten Teil Monteseccos noch mit der Außenwelt verband, näherten. Sie hielten vor dem Pfarrhaus, aus dessen Tür ein halbes Dutzend Uniformierte eilte, um Kisten und Koffer nach drinnen zu schleppen. Zwischen ihnen drückte sich ein Vice-Ispettore durch. Er kam geradewegs auf Catia zu.

»Würden Sie bitte kommen, Frau Vannoni?«

»Sie haben Kontakt?«, fragte Catia.

»Vielleicht sollten wir nicht in aller Öffentlichkeit ...« Der Vice-Ispettore brach ab.

»Natürlich.« Catia stand auf. Der Polizist ließ sie vorangehen und hielt sich dicht hinter ihr, als müsste er sie vor den Blicken der anderen abschirmen. Als sie an der Pfarrhaustür anlangten, war der erste Kleinbus schon entladen. Der Fahrer rangierte auf der engen Piazzetta, um den Wagen zu wenden. Langsam wich das Häufchen der Dorfbewohner Richtung Bar zurück.

Sie fragten sich, warum Catia zu einem vertraulichen Gespräch gebeten wurde. Hatte die Polizei etwa mit Minh Kontakt aufnehmen können? Doch wohl eher mit dem Geiselnehmer. Aber wozu wurde dann Catia gebraucht? Man mochte in Montesecco ja etwas rückständig sein, wusste jedoch durchaus, dass sich ein Terrorist und Doppelmörder nicht vom Flehen einer Mutter erweichen ließ. Oder etwa doch? Bestand zumindest die Chance, dass Catia etwas erreichen könnte?

In der Bar war es trotz des Heizstrahlers nicht viel wärmer als draußen. Franco Marcantoni schlug vor, den alten Kachelofen wieder in Betrieb zu nehmen. Der brauche zwar Stunden, bis er den Raum aufheize, aber so wie die Dinge in Montesecco lägen, würden sie sich in nächster Zeit ja doch dauernd hier aufhalten. Statt über den Preis von Brennholz, den Dreck und die zusätzliche Arbeit zu lamentieren, ging Ivan Garzone hinter die Theke, griff nach einem Lappen und wischte gedankenverloren auf der Oberfläche herum. Die Brandspuren, die von Glut und Zigarettenkippen in den seligen Zeiten hinterlassen worden waren, als man in Galsträumen noch rauchen durfte, würde er so nicht beseitigen.

»Kann mir einer erklären, warum Minh glaubte, dass er bald im Fernsehen wäre?«, fragte Ivan.

»Geschwätz«, sagte Lidia Marcantoni. »Die jungen Leute haben doch alle nichts anderes im Kopf.«

»Er sagte, er habe etwas Wichtiges vor.«

»Zu erledigen, das waren Catias Worte. Er hatte etwas Wichtiges zu erledigen.«

»Kurz vor dem Attentat auf Malavoglia!«

Einen Moment herrschte Stille. Dann fragte Ivan Garzone so leise, als wolle er gar nicht verstanden werden: »Es kann doch nicht sein, dass Minh damit etwas zu tun hat, oder?«

»Nein«, sagte Marisa Curzio.

»Das ist völlig unmöglich«, sagte Matteo Vannoni bestimmt.

»Wieso sollte er denn einen Oberstaatsanwalt ...?«

Sicher, sie kannten Minh als einen verschlossenen Einzelgänger. Das war er immer gewesen, und noch mehr, seit er als Kind so Schreckliches durchlebt hatte, wie man es seinem ärgsten Feind nicht wünschte. Jahrelang war er psychologisch betreut worden, doch aggressiv hatte er sich nie gezeigt. Ganz im Gegenteil, keiner Kreatur konnte er etwas zuleide tun. Als er bei Luigi, dem Schäfer, miterlebt hatte, wie ein Lamm geschlachtet wurde, kam er kreidebleich nach Hause, und da war er schon zwölf Jahre alt gewesen. Seit dem Tag aß er kein Fleisch mehr, keine Wurst, nicht einmal Fisch, obwohl ihm Lidia Marcantoni zugeredet hatte, dass Letzteres von der Kirche sogar an Fastentagen erlaubt werde. Und als Ivan Garzone in einem heißen Sommer vor seiner Bar einen dieser bläulich schimmernden Elektroroste aufgestellt hatte, um der Moskitoplage Herr zu werden, protestierte Minh gegen die »Exekutionsanlage«, wie er sie nannte. Zwei Abende brauchte er, bis er seinen Willen durchgesetzt hatte. Bei jedem Nachtfalter, der prasselnd verglühte, zählte er laut mit. Beim hundertzweiundzwanzigsten unschuldig getöteten Tier gab Ivan entnervt auf und baute tags darauf den Apparat wieder ab.

Ja, etwas eigen war Minh schon, aber wer war das nicht? Und in letzter Zeit schien er sich sowieso gefangen zu haben. Auch wenn er immer noch wenig sprach, wirkte er zufriedener, seit er mit Computer und Internet seine Welt gefunden hatte. Er stürzte sich in die Arbeit, lebte nur noch für sie. Vielleicht spielte er insgeheim irgendwelche Ballerspiele auf dem Computer, das mochte man nicht ausschließen, aber selbst wenn man für einen Moment das Unmögliche annehmen wollte, wie sollte der Junge denn an einen echten Granatwerfer kommen? Und ihn auch noch zu bedienen wissen, wenn er doch keinen Nagel gerade in die Wand schlagen konnte. Mal abgesehen davon, dass auch sonst nichts zusammenpasste. Woher kamen die Geiseln? Woher sollte Minh wissen, dass Malavoglia hier auftauchte? Und wann? Und überhaupt, er war ein siebzehnjähriger Junge, den alle von klein auf kannten.

»Das ist lächerlich«, sagte Marisa Curzio.

»Kein Wort mehr davon!«, schnaufte Matteo Vannoni. »Wer Minh so etwas unterstellt, bekommt es mit mir zu tun.«

Niemand widersprach. Franco Marcantoni murmelte, dass man sich wundern müsse, warum der Wein nicht in den Gläsern gefriere, so kalt, wie es hier sei. Er ging zum Kachelofen, bückte sich umständlich und machte die Klappe auf. Der Aschenkasten war bis zum Rand voll. Franco zog ihn heraus.

»Holst du wenigstens Holz, Ivan?«, fragte er.

»Was mir die ganze Zeit im Kopf herumgeht«, sagte Ivan, »diese Spezialeinheit, die Minhs Büro stürmen wollte, die war schon mitten im Ort, die stand doch bereits in den Startlöchern, die hatte das Haus eingekreist.«

»Ja und?«

»Woher wussten die denn, dass der Terrorist nach Montesecco geflohen ist? Dass er sich in Minhs Büro versteckt hat? Wer hat ihnen gesagt, wo Minhs Büro überhaupt liegt? Und wer hat ihnen die Örtlichkeiten so genau beschrieben, dass sie einen solchen Nachteinsatz planen und einleiten konnten?«

Marisa Curzio schüttelte den Kopf. »Das konnten die nicht wissen. Nur einer von uns hätte sie gut genug informieren können, aber wir hatten ja selbst keine Ahnung. Wir saßen vor dem Fernseher und konnten kaum glauben, was sie da über das Attentat berichteten. Wer hätte denn im Traum daran gedacht, dass sich der Killer ausgerechnet in Minhs Büro verschanzen würde?«

Man hätte es nicht einmal vermutet, wenn man hingegangen wäre und geklopft hätte. Selbst wenn man gespürt hätte, dass jemand drin war, der nicht aufmachen wollte. Man hätte höchstens Verdacht geschöpft, wenn man gewusst hätte, dass Minh kurz vor dem Attentat aus dem Haus gegangen war, um etwas Wichtiges zu erledigen. Etwas, das ihn und Montesecco in die Fernsehnachrichten bringen würde.

»Catia?«, fragte Marisa Curzio. Es gab keine andere Erklärung. Catia Vannoni musste die Polizei informiert und die Spezialeinheit eingewiesen haben. Sie war überzeugt gewesen, dass sich der Terrorist in Minhs Büro aufhielt. Und sie hatte ihre Schlüsse aus dem gezogen, was ihr Sohn gesagt hatte.

»Seine eigene Mutter?«, fragte Franco Marcantoni. »Seine eigene Mutter hält Minh für einen Killer?«

»Sie selbst hat ihm eine Spezialeinheit auf den Hals gehetzt?«, fragte Marisa Curzio ungläubig.

»Hört auf!«, schrie Matteo Vannoni. Er presste die Handflächen auf seine Ohren.

Die Tür der Bar öffnete sich. Ein Schwall eisiger Luft wehte ein paar Schneeflocken mit herein. Sie taumelten auf den Steinfußboden hinab und vergingen. Am Türrahmen klopfte sich ein etwa fünfundvierzigjähriger Mann die Stiefel ab. Er trug einen dunklen Pelzmantel, eine Hornbrille und Lederhandschuhe, die er abstreifte, während er zur Theke ging. Der Mann hinter ihm war jünger. Unter seiner Pudelmütze sahen lange schwarze Locken hervor. Mit geübtem Griff schwang er die Fernsehkamera von seiner rechten Schulter und stellte sie auf dem Tisch vor dem Kicker ab. Daneben fand eine Umhängetasche mit der Aufschrift *Rai TV* Platz. Endlich schloss er die Tür der Bar. Der ältere Mann knöpfte seinen Mantel auf, fummelte ein Tuch hervor, nahm die Brille ab und putzte an den beschlagenen Gläsern herum. Dann fragte er: »Kann man hier vielleicht einen Caffè bekommen?«

Von: »Minh« *minhvannoni@yahoo.it*
An: »Polizia di Stato«
mail@questure.poliziadistato.it/pesaro
Kommuniqué: Gestern um 11 Uhr 30 hat das revolutionäre Kommando »16. März« die erbärmliche Existenz Umberto Malavoglias beendet. Malavoglia war der Sohn eines Industriellen und ehemaligen DC-Funktionärs. Er begnügte sich nicht damit, in die Fußstapfen seines Vaters zu treten und als Charaktermaske eines wild gewordenen Kapitalismus zu fungieren. Als Oberstaatsanwalt machte er sich bewusst zu einem der eifrigsten Handlanger des staatlichen Repressionsapparats gegen das um Freiheit und Gerechtigkeit kämpfende Proletariat. Das Volk hat seine elende Rolle im Prozess gegen die Genossen aus Pisa genauso wenig vergessen wie sein öffentliches Eintreten für die sogenannte Kronzeugenregelung, auf Grund derer Dutzende von Genossen ohne den Schatten eines Beweises verurteilt wurden.

In einer Situation, in der unter dem Deckmantel der Globalisierung die ganze Welt in das System der Ausbeutung eingepasst wird, in der der US-Imperialismus seine Fratze unverschämter denn je zeigt, in der sich die herrschenden Cliquen Italiens des Erfolgs ihrer jahrzehntelangen Verdummungspolitik sicher zu sein glauben, heißt es, Partei zu ergreifen. Ob man Schwein oder Mensch sein will, muss jeder für sich entscheiden. Malavoglia hat die Quittung für seine Verbrechen gegen das Volk erhalten. Er wird nicht der Letzte sein.

Den Widerstand organisieren!
Die Revolution machen!
Wir werden siegen!

Von: »Polizia di Stato«
mail@questure.poliziadistato.it/pesaro
An: »Minh« *minhvannoni@yahoo.it*
Herr Vannoni, wir bestätigen den Eingang Ihres Kommuniqués. Von der politischen Dimension werden die zuständigen Stellen umgehend in Kenntnis gesetzt. Unser polizeiliches Interesse geht dahin, weitere Opfer zu vermeiden. Lassen Sie uns persönlich in Kontakt treten, um uns über ein gemeinsames Vorgehen zu verständigen!

Von: »Minh« *minhvannoni@yahoo.it*
An: »Polizia di Stato«
mail@questure.poliziadistato.it/pesaro
Ich warne Sie. Ziehen Sie Ihre Agenten sofort zurück! Wenn ich einen einzigen sehe, sind die Geiseln tot.

Von: »Polizia di Stato«
opseg@questure.poliziadistato.it/pesaro
An: »Minh« *minhvannoni@yahoo.it*
Wir haben großräumig abgesperrt. Kein Mensch kommt in Ihre Nähe. Bleiben Sie ruhig! Begehen Sie keine unüberlegten Handlungen! Nehmen Sie das Telefon ab, oder rufen Sie uns unter 333-7206150 an, damit wir gemeinsam versuchen können, die Situation zu klären.

Von: »Minh« *minhvannoni@yahoo.it*
An: »Polizia di Stato«
mail@questure.poliziadistato.it/pesaro
Ich werde einen Dreck tun und Sie anrufen. Sie haben vielleicht noch nicht verstanden, wer hier das Sagen hat. Ich gebe die Befehle und sonst keiner.

Von: »Polizia di Stato«
opseg@questure.poliziadistato.it/pesaro
An: »Minh« *minhvannoni@yahoo.it*
Ein direkter Kontakt würde die Verhandlungen erleichtern. Im Moment kommunizieren Sie über eine Netzwerk-Mailadresse, auf die jede Polizeidienststelle der Provinz zugreifen kann. Sie werden verstehen, dass damit unser Handlungsspielraum eingeschränkt wird.

Von: »Minh« *minhvannoni@yahoo.it*
An: »Polizia di Stato«
mail@questure.poliziadistato.it/pesaro
Nein, das verstehe ich nicht. Hören Sie auf herumzulabern!

Von: »Polizia di Stato«
opseg@questure.poliziadistato.it/pesaro
An: »Minh« *minhvannoni@yahoo.it*
Die Geheimhaltung ist so nicht zu gewährleisten. Jedes unserer Worte müsste demzufolge öffentlichkeitstauglich sein. Rufen Sie uns bitte an! Oder antworten Sie wenigstens an die Mailadresse, die wir verwenden.

Von: »Minh« *minhvannoni@yahoo.it*
An: »Polizia di Stato«
opseg@questure.poliziadistato.it/pesaro
Sie haben doch nichts zu verbergen, oder? Aber gut, nehmen wir Ihre Geheimadresse.

Im offenen Kamin des Raums brannte das Feuer hoch, doch die Mauern des alten Pfarrhauses strahlten eisige Kälte aus. Auf der rechten Seite des großen Tisches saßen drei Polizisten nebeneinander an Laptops. Da offensichtlich nicht genug Stühle vorhanden waren, hatte man links eine Kirchenbank aufgestellt. Ein paar Uniformierte lehnten an dem leicht geneigten Brett, auf das der Hintermann beim Knien die Arme stützen kann. Sie gehörten zu einer Gruppe um den Questore aus Pesaro.

Das Gespräch zwischen ihnen verstummte, als sie merkten, dass Catia Vannoni den Raum betreten hatte. Auch der Ispettore am Fenster beeilte sich zu sagen, dass er zurückrufen werde, und nahm sein Handy vom Ohr. Man hörte jetzt nur noch das Feuer im Kamin und die Kaffeemaschine, die auf dem Dielenboden vor sich hin blubberte.

An der Stirnseite des Raums stand ein Flipboard, an dem eine große Luftaufnahme von Montesecco angepinnt war. Etwa zehn blaue Nadeln kennzeichneten die Position der Polizeiposten an den Ortszufahrten und rund um die Piazza. Dazwischen steckten ein paar schwarze Nadeln, und ziemlich in der Mitte eine einzelne rote. Sie stand für das Zielobjekt einer Operation, zu der die Antiterroreinheit der Polizia di Stato und jede Menge Hilfsmannschaften ausgerückt waren. Für ein bescheidenes Büro, auf das sich das Medieninteresse ganz Italiens konzentrierte. Für Vorwürfe, die so ungeheuerlich waren, dass sie eine Mutter zweifeln ließen, ob sie ihren eigenen Sohn kannte. Sie stand für Minh. Eine kleine Stecknadel mit rotem Kopf.

»Frau Vannoni«, sagte der Questore, »wir wissen, wie Ihnen zumute ist, aber wir brauchen Ihre Hilfe. Wir haben nämlich ein Problem. Er weigert sich, mit uns zu sprechen. Er will nur per E-Mail verhandeln. Wir wollten Sie bitten, auf Ihren Jungen einzuwirken, damit er wenigstens mit uns telefoniert.«

Catia zögerte. Irgendetwas sagte ihr, dass sie aufpassen musste. Natürlich wollte sie mit Minh sprechen. Er war ihr Junge, gewiss, aber eben ganz allein ihrer. Da mochten die Polizisten noch so verständnisvoll tun. Der Questore stellte eine der beiden Frauen in der Runde als Polizeipsychologin vor und gab an sie ab.

»Monica della Valle. Sehr angenehm, Frau Vannoni.« Die Psychologin deutete ein Lächeln an. »Es geht uns darum, die Situation und den Gemütszustand Ihres Sohnes besser einzuschätzen. Es würde uns sehr helfen, wenn wir wüssten, wie er spricht, ob er ruhig oder nervös ist, ob er bereit ist, uns zuzuhören, ob er spontan reagiert oder auf einem vorher festgelegten Plan beharrt.«

Catia vermochte den Blick nicht von der Luftaufnahme zu wenden. Sie wusste, dass Minh für die Polizisten nur eine rote Stecknadel war, die man aus Montesecco zu entfernen hatte. Ein Problem, das zu beseitigen war.

»Sie dürfen ihn nicht umbringen«, sagte Catia. »Nur deswegen arbeite ich mit Ihnen zusammen. Damit Sie meinen Sohn am Leben lassen.«

»Genau das wollen wir auch. Wir müssen die Sache friedlich zu Ende bringen.« Die Psychologin nickte.

»Es war absolut richtig, uns zu informieren«, sagte der Questore. »Wenn diese alte Frau nicht dazwischengekommen wäre, hätten unsere Leute ihn schon längst ohne jedes Blutvergießen überwältigt.«

Vielleicht, dachte Catia, vielleicht auch nicht. Was wusste sie schon, wie so ein Zugriff ablief und was dabei schiefgehen konnte? Doch auch wenn sie sich verweigerte, würde die Polizei ja nicht einfach abziehen. Es ging nur darum, das Schlimmste zu verhüten. Catia blieb gar nichts anderes übrig, als zu kooperieren. Sie blickte auf die rote Stecknadel und fragte: »Was soll ich Minh sagen?«

»Die Wahrheit«, erwiderte die Psychologin. »Wir wollen die Geiseln freibekommen und weitere Opfer vermeiden, er wird Forderungen stellen, die er erfüllt haben will. Wir haben unser Interesse, er seines. Irgendwie müssen wir zu einer Lösung finden. Dazu muss man verhandeln und ein Minimum an gegenseitigem Vertrauen aufbauen. Das geht nicht, wenn man nicht miteinander spricht.«

»Außerdem brauchen wir ein Lebenszeichen von den Geiseln«, sagte der Questore.

»Machen Sie ihm keine Vorwürfe!«, sagte die Psychologin. »Er muss merken, dass Sie auf seiner Seite stehen und ihn auf keinen Fall verlieren wollen. Versuchen Sie, ihn zum Sprechen zu bringen!«

»Wir mailen ihm, dass Sie ihn in fünf Minuten anrufen«, sagte der Questore. Er nickte einem der Uniformierten an den Laptops zu und lud Catia ein, auf der Kirchenbank Platz zu nehmen. Sie schüttelte den Kopf, als ihr ein Kaffee angeboten wurde. Ein Polizist schob ihr die Telefonanlage zu, die mit einem Aufnahmegerät verkabelt war. Jedes Wort Minhs würde aufgezeichnet und nachher zig Mal analysiert werden. Catia hatte nicht damit gerechnet, ungestört mit ihrem Sohn sprechen zu können, doch nun fragte sie sich, ob sie nicht dabei war, ihn zu verraten. Sie verschränkte die Arme vor der Brust. Die Psychologin legte ihr die Hand auf die Schulter. Im Kamin prasselte das Feuer.

»Jetzt!«, sagte der Questore. Er hielt Catia den Telefonhörer entgegen. »Nehmen Sie die Festnetznummer!«

Catia zögerte. Sie sollte das nicht tun. Sie sollte augenblicklich aufstehen und in die Kälte hinauslaufen. Sich in den Schnee setzen und warten, bis … Ja, worauf denn? Minh war ihr Kind. Sie musste ihm helfen. Nur weil auch die Polizisten das forderten, konnte es doch nicht falsch sein, mit Minh zu reden. Catia wählte, hörte das Tuten in der Leitung. Ihr Blick suchte die Luftbildaufnahme am Flipboard. Die schwarzen Nadeln rund um die rote mussten die Positionen der Spezialeinheit bezeichnen. Catia hatte die Männer in den schwarzen Kampfanzügen gesehen. Auch Scharfschützen waren darunter gewesen, die nun mit ihren Präzisionsgewehren auf der Lauer lagen. Catia wollte nicht wissen, was sie tun würden, wenn sie die Möglichkeit zu einem sicheren Schuss hätten.

Im Hörer tutete es zum fünften Mal. Catia sah das Telefon in Minhs Büro fast greifbar vor sich. Ein mattschwarzes Gerät, das vorn im Zimmer auf dem Schreibtisch stand. Direkt neben dem Fenster zur Piazza! Catia konnte sich nicht erinnern, ob sie das Telefon erwähnt hatte, als sie dem Einsatzleiter der Spezialeinheit Minhs Büro beschrieben hatte. Doch warum, um Himmels willen, sollte sie ihren Sohn nicht auf dem Handy, sondern übers Festnetz anrufen?

Weil sie wussten, wo er sich befand, wenn er jetzt abnahm! Sicher sahen sie durch ihre Zielfernrohre einen grauen Schatten, der sich hinter der Fensterscheibe den Hörer ans Ohr drückte. Sie mussten nur noch warten, bis er sich meldete, bis Catia durch ihre Reaktion bestätigte, dass Minh und nicht eine der Geiseln dort stand. Sobald sie sicher waren, würden sie abdrücken, die Kugeln würden durchs Fensterglas schlagen, von gegenüber, von schräg oben, von allen Seiten, und Catia müsste am Telefon mit anhören, wie ihr einziger Sohn vielfach getroffen zusammenbräche. Vielleicht brächte er nur noch ein ersticktes Gurgeln hervor, würde nicht einmal mehr ihren Namen stammeln können, weil ihm die Kugeln …

Catia warf den Hörer auf die Gabel, als wäre er mit Blut befleckt.

»Was ist?«, fragte der Questore. Er hatte buschige Augenbrauen und eine Halbglatze, die im Schein der Glühbirne rosig schimmerte. Seine Lippen waren ein wenig verkniffen, doch wie ein Mörder sah er nicht aus. Nicht einmal wie ein skrupelloser, heimtückischer, machtgieriger, über Leichen gehender Provinzpolizeichef.

»Er geht nicht ran«, sagte Catia so ruhig, dass sie sich selbst dabei fremd vorkam.

»Vielleicht hat er die Mail noch nicht gelesen«, sagte die Psychologin.

Wenn Minh nicht ans Telefon ging, wussten sie gar nichts. Er konnte am Schreibtisch sitzen oder die Innentreppe ins Untergeschoss hinabsteigen, er konnte am Computer tippen oder die Geiseln fesseln und sich in irgendein Eck schlafen legen. Sie hatten keine Chance, ihn einfach so zu erschießen. Catia lächelte.

»Doch«, sagte der Polizist am Laptop. »Er hat die Mail gelesen. Gerade hat er geantwortet.«

Der Drucker unter dem Pfarrhaustisch begann zu summen. Der Polizist beugte sich hinab und zog ein Blatt Papier hervor, kaum dass es durchgelaufen war. Er reichte es dem Questore. Der überflog die ersten Zeilen und las dann halblaut: »Massimiliano Amedei, Roberto Bò, Tita Buzzola, Ernesto Evangelisti, Rosanna Gadda ...«

»Wer ist das?«, fragte Catia.

»Brigate rosse«, sagte der Questore. »Ihr Sohn verlangt die Freilassung von zwölf inhaftierten Terroristen der Roten Brigaden.«

»Verdammt!« Der Polizist am Laptop wies auf den Bildschirm.

»Was?«

»Er hat die Forderung nicht nur an uns geschickt, sondern auch an *Rai TV, Mediaset, Corriere della Sera, La Repubblica, La Stampa* und noch ein paar andere große Zeitungen.«

»Hängt euch ans Telefon!«, bellte der Questore. »Die sollen bloß das Maul halten! Wenn ein Wort davon in den Medien erscheint, mache ich die Verantwortlichen höchstpersönlich fertig. Und jetzt brauche ich eine Leitung zum Innenminister. Sofort!«

Auf dem Bildschirm war zum wer weiß wie vielten Mal die ausgebrannte Limousine von Oberstaatsanwalt Malavoglia zu sehen. Den Worten des Nachrichtensprechers hörte Donato nicht zu. Dass Marta ihn als herzlos wie einen 1,6-Liter-Motor bezeichnet hatte, machte ihm immer noch zu schaffen. Er hielt es doch auch für schrecklich, dass zwei Menschen auf entsetzliche Art umgekommen waren. Aber durfte man deswegen nicht mal erwähnen, dass auch der eigene Wagen von einer Granate völlig zerstört worden war? Donatos Fiat Uno hatte knappe zwanzigtausend Kilometer auf dem Buckel gehabt, er war noch keine zwei Jahre alt und nicht einmal völlig abbezahlt gewesen. Die letzten drei Raten standen noch aus. Und nun? Ein Wrack. Totalschaden.

»Marisa ...«, sagte Donato.

»Ich würde gern zuhören«, sagte Marisa, ohne die Augen vom Bildschirm zu wenden.

»... *schalten wir nun direkt zu Anna-Maria Guglielmi nach Montesecco*«, sagte der Nachrichtensprecher.

Die Fernsehbilder zeigten eine junge Reporterin ein paar Meter vor einer Polizeiabsperrung. Auf der linken Seite der Gasse war der Eingang von Lidia Marcantonis Haus zu erkennen. Neben der Tür stand ein Blumentopf. Ein paar blattlose, verdorrte Stängel ragten aus der gefrorenen Erde. Wenn man Bescheid wusste, erahnte man am Ende der Gasse die Piazza. Das Haus, in dem sich Minhs Büro befand, lag allerdings viel weiter rechts und konnte von der Kamera nicht erfasst werden. Dennoch raunte die Reporterin ins Mikrofon:

»*Kaum dreißig Meter hinter mir hat sich der Geiselnehmer verschanzt. Es soll sich um einen siebzehnjährigen Jungen hier aus dem Ort Montesecco handeln, der vier Agenten der Polizia di Stato in seiner Gewalt hat. Noch fehlt die Bestätigung seitens der Behörden, doch nach Recherchen von Canale 5 scheint festzustehen, dass sich der siebzehnjährige M. vor drei Tagen mit Oberstaatsanwalt Malavoglia in Verbindung gesetzt hat. Angeblich hatte er brisante Informationen, über deren genaue Natur noch nichts bekannt ist. Die Staatsanwaltschaft leitete jedenfalls geheime Vorermittlungen in die Wege, die unter dem Decknamen ›Operation Medusa‹ liefen. Wie es dem Jungen gelang, Malavoglia zu einer Fahrt nach Montesecco zu überreden und so in den tödlichen Hinterhalt zu locken, bleibt bis zur Stunde unklar.*

Im Zuge der ersten Ermittlungen nach dem Attentat suchten die vier Polizisten den Siebzehnjährigen in seinem Büro auf. Man hätte sich natürlich fragen können, woher er sein Wissen hat, wenn er nicht selbst in verbrecherische Kreise verstrickt war, doch anscheinend bestand zu diesem Zeitpunkt kein Tatverdacht gegen ihn. Er sollte nach unseren Informationen nur als Zeuge befragt werden, um den Grund für Malavoglias Reise zu erfahren. Wohl deshalb ließen sich vier erfahrene Agenten überrumpeln und gerieten so in die Gewalt des mutmaßlichen Täters. Erst als sich die Polizisten auch Stunden später noch nicht zurückgemeldet hatten, erkannten die Verantwortlichen die wahren Zusammenhänge. Es muss nun davon ausgegangen werden, dass der Siebzehnjährige auch den Anschlag auf Malavoglia begangen hat oder zumindest daran beteiligt war.

Ein nächtlicher Überraschungsangriff der Spezialeinheit NOCS schlug fehl, die Geiseln konnten nicht befreit werden. Über ihr Befinden ist zur Stunde genauso wenig bekannt wie über Motiv und eventuelle Forderungen des Geiselnehmers. In den Gassen und Häusern Montesecos herrscht gespannte Ruhe. Der gesamte Ort ist im Belagerungszustand. Das war Anna-Maria Guglielmi für Canale 5 aus Montesecco.«

Der Sprecher im Studio bedankte sich, versprach, die Zuschauer auf dem Laufenden zu halten, und fuhr mit weiteren Nachrichten fort.

»Das ist doch unglaublich!«, sagte Marisa.

Donato nickte.

»Donato?«, fragte Marisa.

»Ja«, sagte Donato.

»Ist das alles, was du dazu zu sagen hast? Ja?«

Donato blickte seine Frau an. Was sollte er denn groß sagen? Dass die Welt verrückt war? Dafür konnte er doch nichts. Und daran vermochte er auch nichts zu ändern. Er drückte Marisa die Fernbedienung in die Hand und stand auf. Dann ging er aus dem Salotto und stieg die Treppe hoch. Seine wichtigen Unterlagen bewahrte er im Schlafzimmerschrank auf. Da er alles in verschiedenen Ordnern säuberlich sortiert hatte, fand er gleich, was er suchte. Deutlich länger dauerte es, bis er sich durch das Kleingedruckte der Versicherungspolice gearbeitet hatte. Es war so, wie er befürchtet hatte. Bei Schäden durch Kriegsereignisse, Unruhen, höhere Gewalt und Kernenergie war die

KFZ-Versicherung von der Leistungspflicht befreit. Donato würde auf dem verschmorten Gerippe seines Fiat Uno sitzen bleiben, ohne den geringsten Ausgleich zu erhalten.

Er ließ sich aufs Bett herab. Bei Marisas Reaktion war ihm mehr als deutlich geworden, dass er nicht einmal bei irgendwem Luft ablassen konnte. Die Zerstörung seines Wagens kümmerte keinen. Ja, schlimmer, es schien fast ein Verbrechen geworden zu sein, von irgendetwas anderem zu sprechen, als dass der kleine Vannoni offensichtlich durchgedreht war. Attentate, Geiselnahmen, Sondersendungen im Fernsehen, das war alles schön und gut, aber selbst wenn es jetzt nicht so aussah, würde sich der Alltag bald zurückmelden.

Wie sollte Donato zum Beispiel zur Arbeit kommen? Acht Kilometer nach Pergola bei Schnee und Kälte zu Fuß gehen? Und nachmittags den gleichen Weg wieder zurück? Einen neuen Wagen konnte sich Donato im Moment keinesfalls leisten, nicht einmal einen klapprigen gebrauchten. Die anderen taten sich leicht. Es war ja nicht ihr Auto, das ausgebombt auf der Piazza stand.

Donato erhob sich und ging zum Schlafzimmerfenster. Die Scheiben beschlugen unter seinem Atem. Er wischte mit der Hand darüber. Dort unten, verdeckt vom Haus der Sgreccias, befand sich das Wrack seines Autos. Er hatte den Wagen am selben Platz wie immer abgestellt. So, wie die anderen auch. Außer vielleicht noch vor der Bar konnte man in Montesecco nur auf der Piazza parken, weil die Gassen zu schmal waren, um bis zur eigenen Haustür vorzufahren. Etwa zehn Autos hatten in der Nacht dort gestanden. Wieso musste es gerade Donatos fast neuen Fiat erwischen?

Er blickte nach rechts hinüber. Auf der Dachterrasse über Minhs Büro war ein Gewirr von Fußspuren zu erkennen. Der leichte morgendliche Schneefall hatte sie nicht zudecken können. Wegen des spitzen Winkels wirkten die

Fenster fast undurchsichtig, aber die Treppenstufen, die von der Piazza emporführten, konnte man so gut einsehen wie den Eingang zum Büro. Die Tür war geschlossen. Es war noch die des ehemaligen Ladens. Minh hatte sie renovieren lassen. Donato fragte sich, ob der Junge mit Absicht auf seinen Wagen gezielt hatte.

Es klingelte an der Haustür. Von unten rief Marisa: »Gehst du?«

Donato stellte den Versicherungsordner in den Schrank zurück und stieg die Treppe hinab. Bevor er die Tür aufschloss, fragte er, wer draußen sei.

»Anna-Maria Guglielmi von Canale 5.«

Es war tatsächlich die Reporterin, die Donato vor wenigen Minuten im Fernsehen gesehen hatte. Hinter ihr standen der Kameramann und noch einer, der einen Haufen Taschen trug und jämmerlich zu frieren schien.

»Können wir mal kurz hereinkommen?«, fragte die Reporterin. Sie war kleiner, als sie im Fernsehen gewirkt hatte.

»Worum geht es?«, fragte Donato.

»Von Ihrem Haus aus müsste man doch eigentlich eine gute Sicht auf den Ort der Geiselnahme haben.«

»Nur vom Schlafzimmer.« Donato schob die Tür bis auf einen handspannenbreiten Spalt zu. Im Flur wurde es sowieso nie recht warm.

»Das italienische Volk hat ein Recht darauf, zu wissen, was im Land geschieht«, sagte die Reporterin. »Deswegen gibt es Fernsehnachrichten. Aber Fernsehen braucht Bilder, und unsere Aufgabe ist es, diese Bilder zu liefern.«

»Es ist unser Schlafzimmer!«, sagte Donato.

»Ich könnte Ihnen hundert Euro zahlen.«

»Wie bitte?«

»Ich miete das Zimmer«, sagte die Reporterin, »solange das hier dauert. Für die damit verbundenen Unannehmlichkeiten bekommen Sie hundert Euro pro Tag.«

Hundert Euro pro Tag konnte Donato gut gebrauchen. Gerade jetzt. Vielleicht waren sogar hundertfünfzig herauszuschlagen, wenn er geschickt verhandelte. Doch was Marisa dazu sagen würde, konnte er sich lebhaft vorstellen. Das eigene Schlafzimmer an ein Fernsehteam vermieten! Mit ihrem Doppelbett und ihrem Kleiderschrank darin. Und wo sollten Marisa und er schlafen? Nein, das ging nicht. Das ging unter keinen Umständen.

»Dreihundert Euro pro Tag!«, sagte Donato.

»Einverstanden«, sagte die Reporterin. Sie drückte die Haustür auf und schob sich an Donato vorbei.

»Sie können hier nicht durch«, sagte der Mann mit der dicken Weste, über der eine Maschinenpistole hing. Costanza Marcantoni hörte keinen fremdländischen Akzent aus seinen Worten heraus. Kollaborateure! dachte sie. Ihre Hand krallte sich fester um den Knauf des Gehstocks. Wer mit dem Feind gemeinsame Sache machte, würde nach dem Krieg dafür bezahlen müssen. Costanza prägte sich die Gesichtszüge des Verräters genau ein. Eigentlich sah er eher harmlos aus, doch sie ließ sich nicht täuschen. Sie wusste schon, was sie von einem zu halten hatte, der ihr im Auftrag der Deutschen mit Waffengewalt den Weg versperrte.

»Wollt ihr uns aushungern?«, fragte Costanza. Sie musste dringend Katzenfutter einkaufen. Und auch für sich selbst so dies und das. Sie kramte in ihren Taschen nach dem Einkaufszettel, konnte ihn aber genauso wenig finden wie die Geldbörse. Wahrscheinlich lag beides bei ihr zu Hause auf dem Küchentisch. Gott sei Dank konnte man anschreiben lassen im Laden von, na, wie hieß er gleich? Der unten an der Piazza jedenfalls. Costanza setzte den Stock auf und machte einen Schritt auf die rotweiße Absperrung zu. Der Kerl mit der Maschinenpistole stellte sich ihr in den Weg.

»Unterstehen Sie sich, junger Mann!«, sagte sie.

»Gehen Sie zurück! Es ist zu Ihrer eigenen Sicherheit«, sagte der Uniformierte.

Costanza starrte auf seine Maschinenpistole. Seine Drohungen machten ihr keine Angst, aber im Moment konnte sie wohl nicht viel ausrichten. Sie drehte um und trippelte die Gasse entlang. Ihr Atem ging schwer, weiße Wölkchen bildeten sich in der eisigen Luft. Gerade begann es wieder zu schneien. Natürlich hatten die Deutschen Montesecco im tiefsten Winter besetzt! Sie waren die Kälte von zu Hause gewohnt, und hier konnten sie die Dorfbewohner leichter unter Kontrolle halten. Im Sommer hätte man sich in den Wäldern verstecken können, aber jetzt überlegte es sich jeder zwei Mal, die eigenen vier Wände zu verlassen, und wenn er doch musste, um zum Beispiel Katzenfutter zu kaufen, kehrte er so schnell wie möglich zum Kaminfeuer zurück.

Costanza fror. Müsste hier nicht irgendwo der Weg zu ihrem Haus abzweigen? Der senfgelbe Anstrich des zweistöckigen Baus links sah fremd aus. So eine Farbe gab es auf Monteseccos Mauern nicht, hatte es nie gegeben. Costanza fragte sich, ob sie sich anderswo befand, konnte sich aber nicht vorstellen, wie sie da hingekommen sein sollte. Oder hatten die Deutschen etwa …?

Sie erschrak, als ein Mann von hinten zu ihr aufschloss. Er grüßte sie mit Namen, fragte, wohin sie wolle. Sie kniff die Augen zusammen und sah zu ihm auf. Irgendwie kam er ihr bekannt vor. Ja, ja, das war jemand aus dem Dorf, ihr fiel nur der Name gerade nicht ein. Sie fasste den Mann am Arm und flüsterte: »Die meinen, sie könnten alles mit uns machen, aber die werden sich noch wundern!«

»Schreckliche Geschichte, nicht?«, sagte der Mann. »Doch du solltest nicht allein hier draußen herumlaufen.«

»Wir müssen etwas tun«, zischte Costanza ihm zu. Sie hakte sich bei ihm unter. Sie war gewohnt, ihr Leben allein zu meistern, doch in Kriegszeiten war das etwas anderes. Da mussten alle zusammenhalten. Keine Besatzungsmacht der Welt konnte sich auf Dauer behaupten, wenn ihr das Volk geschlossen gegenübertrat.

Costanza schlurfte neben dem Mann her, dessen Name ihr gerade nicht einfiel, und plötzlich hatte sie eine Vision: Ganz Italien würde aufstehen und sich gegen die Deutschen wehren! In Rom, Mailand, Pergola, in jeder Stadt und in jedem Dorf würden die Männer ihre Waffen verstecken, um sie im entscheidenden Moment hervorzuholen. In den Klöstern würden von den Deutschen Verfolgte unter Mönchskutten versteckt werden. Die Kinder würden stumm in die falsche Richtung weisen, wenn sie vom Fahrer eines Militärlastwagens nach dem Weg gefragt würden. Die Gefängniswärter würden vergessen, die Zellen berufsmäßiger Taschendiebe abzuschließen, wenn diese Lust verspürten, ihre Kunstfertigkeit an Wehrmachtsoffizieren zu erproben. Auf wichtigen Eisenbahnstrecken würden sich unerklärlicherweise die Pannen häufen. Die Mechaniker würden sich als unfähig erweisen, liegengebliebene Lokomotiven wieder flott zu bekommen. In mancher Reinigung gerieten deutsche Uniformen versehentlich unter die Kochwäsche und kämen blitzsauber, doch deutlich geschrumpft aus der Maschine. Dolmetschern würden folgenreiche Missverständnisse unterlaufen, Gerüchte über eine flächendeckende Verteilung von Volksempfängern würden für alles blockierende Aufläufe vor den Kommandanturen sorgen, und selbst die Nutten würden ihre Dienste so ausdauernd leisten, dass ihre ausländische Kundschaft den Zapfenstreich darüber völlig vergaß.

Schlamperei würde sich mit Übereifer paaren, chaotische Organisation mit irrwitzigen Improvisationen, kurz, Italien würde das tun, was es am besten konnte, nämlich mit Enthusiasmus daran arbeiten, dass nichts funktionierte, wie es sollte. So lange, bis die Deutschen den Tag verfluchten, an dem sie zum ersten Mal einen Fuß in dieses Land gesetzt hatten. Costanza würde dann vielleicht nicht mehr sein, doch sie wusste so genau, als hätte sie es schon einmal erlebt, dass der Widerstand letztlich erfolgreich sein würde.

Widerstand, ja, Resistenza, so müsste man die Bewegung taufen! Unter diesem Namen würde sie in die Geschichtsbücher eingehen. Und hier hätte sie begonnen, hier im kleinen Montesecco, wo sich eine alte Frau von den Deutschen nicht verbieten lassen wollte, Futter für ihre Katzen zu kaufen.

»Evviva la Resistenza!«, flüsterte Costanza dem Mann neben sich zu.

Der nickte entschlossen und sagte: »Jetzt wärmen wir uns erst einmal auf, und dann bringe ich dich heim.«

Er führte Costanza an der Sebastianskapelle vorbei und öffnete die Tür zur Bar, aus der ihnen Stimmengewirr, dampfende Wärme und der Geruch von feuchten Ledermänteln entgegendrang. Im Ofen brannte das Feuer hoch, unter der Decke glühten die Spiralen eines Heizstrahlers. Auf dem Kicker stand ein Fernseher. Er lief, doch die Leute, die an der Theke lehnten oder an einem der kleinen Tische saßen, sahen nicht hin.

»Wer sind die alle?«, fragte Costanza.

Der Mann, der sie begleitet hatte, rief Richtung Theke: »Machst du mal einen Tee für Costanza, Ivan?«

Costanza stand dicht neben der Tür. Spione konnten überall lauern. Sie musste sich genau überlegen, wen sie ins Vertrauen ziehen sollte. Da hinten, war das nicht Paolo? Auf ihn hatte man sich immer verlassen können. Costanza knöpfte sich den Mantel auf. Dann ging sie betont unschlüssig durch den Gastraum und tat so, als ob sie rein zufällig an Paolos Tisch einen Platz fände. Sie setzte sich mit dem Rücken zur Wand, lächelte ihrem Nebenmann zu und sagte: »Schönes Wetter heute, nicht?«

»Außer, dass es eiskalt ist und bald so schneien wird, dass man auf zwei Meter keine Katze mehr sieht.«

»Das liegt am Winter«, sagte Costanza.

»Gut möglich.«

»Aber sonst ist es ein wunderbarer Tag«, sagte Costanza.

»Abgesehen davon, dass es eiskalt und Winter ist«, antwortete Paolo, und Costanza nickte.

Sie beide hatten sich immer gut verstanden. Costanza wartete, bis der Wirt den Tee vor ihr abgestellt und sich wieder entfernt hatte. Sie rührte in der Tasse, beobachtete die anderen Gäste. Als sie sicher war, dass keiner auf sie achtete, beugte sie sich ihrem Nebenmann zu und murmelte: »Hör zu, Paolo, wir müssen ...«

»Paolo ist seit langem tot, Costanza. Ich bin Franco, dein Bruder Franco.«

»Ach ja?« Costanza musterte ihn. Hatte sie sich so getäuscht? Ihr Bruder sah doch ganz anders aus. Der war jung und stark, war er immer gewesen! Sie erinnerte sich genau, wie er auf den Bock gesprungen war, als unten auf der Piazza die Pferde durchgingen. Letzten Sommer musste das gewesen sein, kurz nach Ferragosto. Der Mann hier neben ihr hätte das Fuhrwerk nie unter Kontrolle gebracht, der war ja fast so alt wie sie selbst. Das schüttere Haar, die tief eingesunkenen Augen, der weiße Schnauzbart, der zahnlose Mund – nein, das war eindeutig Paolo. So sicher, wie die Deutschen Montesecco besetzt hatten.

Und dann begriff sie. In schwierigen Zeiten wie diesen war es wohl angebracht, sich als jemand anderer auszugeben. Zumindest für einen, der Grund hatte, sich vor Spionen und Verrätern in Acht zu nehmen. Paolo war schlau. Und vorsichtig. Costanza hatte gleich gewusst, dass er für die Resistenza unentbehrlich sein würde.

Sie legte den Teelöffel auf der Untertasse ab, zwinkerte Paolo zu und raunte: »Hör zu, Pao..., äh, Franco, wir müssen kleine Zellen bilden, die unabhängig voneinander operieren. Es dürfen möglichst wenig andere gefährdet werden, wenn einer auffliegt. Nur drei, vier Leute, die sich gut kennen und einander bedingungslos vertrauen, schließen sich zusammen. Jede Gruppe schlägt zu, wo und wann sie es für richtig hält. Es muss nicht immer eine großartige Aktion sein, auch kleine Nadelstiche zeigen Wirkung. Die

Deutschen hier dürfen nie zur Ruhe kommen, zu keiner Tages- oder Nachtzeit dürfen sie sich sicher fühlen und ...«

»Costanza?«, fragte Paolo.

»Ja?«

»Sprichst du von der Resistenza?«

»Psst!«, zischte Costanza. Sie sah sich um. Niemand schien aufmerksam geworden zu sein, doch wusste man, wer hier die Ohren spitzte?

»Costanza«, sagte Paolo, »wir schreiben das Jahr 2008. Der Krieg war 1945 vorbei. Also vor dreiundsechzig Jahren. In Montesecco gibt es seit damals keinen deutschen Soldaten mehr. Da draußen hast du Polizisten gesehen, italienische Polizisten. Die sind hier, weil ein Verbrechen geschehen ist und weitere verhindert werden müssen. Die wollen dich beschützen. Verstehst du das, Costanza?«

»Natürlich, ... Franco«, sagte Costanza. Sie war ja nicht dumm. Paolo hatte recht. Man konnte niemandem trauen. Gerade jetzt am Anfang konnte die Resistenza nur Erfolg haben, wenn sie streng geheim agierte. Kein Deutscher durfte für möglich halten, dass es sie überhaupt gab.

Catia Vannoni hatte beharrlich geschwiegen. Dennoch war binnen Kurzem in ganz Montesecco durchgesickert, dass ihr Sohn Minh die Freilassung von zwölf verurteilten Terroristen forderte. Zwar hatte noch kein Fernsehsender die Meldung ausgestrahlt, doch die vor Ort befindlichen Reporter waren von ihren Redaktionen unverzüglich informiert worden. Wie eine Meute hungriger Wölfe stürzten sie sich auf jeden Dorfbewohner, dessen sie habhaft werden konnten, um ihn nach Kontakten Minhs zur linksradikalen Szene auszufragen. Aber die existierten nicht. Genauso wenig wie irgendeine andere Art von politischem Engagement oder Interesse. Zumindest hatte niemand den Jungen auch nur eine diesbezügliche Bemerkung machen hören.

»Und wie erklären Sie sich dann seine Forderung?«, fragte der Reporter von *La Stampa*. Catia Vannoni zuckte nicht einmal die Achseln. Sie ging mit seltsam ungelenken Schritten vom Tisch zum Fenster. Matteo Vannoni bezweifelte, dass seine Tochter die Frage überhaupt vernommen hatte. Er hatte sich angeboten, bei ihr zu bleiben, bis das alles vorüber wäre. Von seiner Seite aus schien ihm das selbstverständlich, doch dass sie nicht rundweg abgelehnt hatte, beunruhigte ihn. Gerade wenn es hart auf hart ging, hatte Catia nie jemanden an sich herangelassen. Schon gar nicht ihren Vater. Die Mauern, die sie um sich errichtete, gaben ihr wohl den Halt, solche Situationen durchzustehen. Doch jetzt schien ihr alles egal zu sein. Sogar den Reporter hatte sie widerspruchslos ins Haus gelassen.

Matteo Vannoni lehnte am Sims des Küchenfensters. Er blickte hinaus. Es hatte heftig zu schneien begonnen. Die Flocken wurden schräg durch die Gasse gepeitscht. In ein paar Metern Entfernung verdeckte der flirrende weiße Vorhang schon die Stufen, die nach unten führten. Als ob die Treppe im Bodenlosen endete. Bald würden sich auch die Hausmauern auflösen, und dann gäbe es nur noch wildes Gestöber, in dem jeder Blick, der sich vergewissern wollte, wo oben und unten war, hilflos ertränke.

»Ich denke, es ist besser, Sie gehen jetzt«, sagte Vannoni.
»Sie sind der Großvater, nicht?«, fragte der Reporter. »Ich habe schon von Ihnen gehört.«
»Wir haben der Presse nichts mitzuteilen«, sagte Vannoni.
»Sind Sie der gleichen Auffassung, Frau Vannoni?«
»Sie drehen dir jedes Wort im Mund um, Catia, bis du es nicht mehr wiedererkennst. Fett, fremd und hässlich springt es dir dann von den Titelseiten entgegen.« Vannoni wusste, wovon er sprach. Nicht nur einen Schmutzkübel würden sie über Minh ausleeren. Davor würde Vannoni seine Tochter nicht bewahren können. Aber wenigstens sollte sie dann nicht das Gefühl haben, selbst zu dem Dreck beigetragen zu haben.

Catia wandte sich vom Fenster ab. Sie ging drei Schritte bis zum Tisch, machte kehrt, ging die drei Schritte zurück.

Mit der Handfläche wischte sie über die Fensterscheibe. Die Schneeflocken, die außen aufprallten, schmolzen und rannen als dünne Fäden herab. Der Reporter sagte: »Das ist ein Fall von nationalem Interesse, über den sowieso berichtet wird. Das können Sie nicht verhindern, und ich auch nicht. Uns sollte es darum gehen, Verzerrungen zu vermeiden. Auf Spekulationen verfällt die Presse, wenn sie keine Fakten hat.«

Die Fakten waren, dass Vannonis Enkel sich mit vier Geiseln in seinem Büro verbarrikadiert hatte, zwölf Terroristen freipressen wollte und mit demselben Granatwerfer, mit dem Oberstaatsanwalt Malavoglia getötet worden war, Autos auf der Piazza in Brand schoss. Die Fakten waren Irrsinn. Sie konnten einfach nicht stimmen, auch wenn sie noch so sehr Fakten waren.

Vannoni sah seiner Tochter zu, wie sie vom Fenster zum Tisch lief, vom Tisch zum Fenster. Irgendwann würden sich Spuren in die Bodenplatten graben. Wie in den Zookäfigen, an deren Gittern die Raubkatzen mit stumpfem Blick entlangtrotteten. Auf und ab, hin und her. Vannoni sagte: »Wir geben keine Stellungnahme ab. Zu gar nichts.«

Der Reporter fragte: »Stimmt es, dass Sie in den siebziger Jahren der linksradikalen Lotta Continua angehört haben?«

»Kein Kommentar.«

»Und dass Sie als Mitglied dieser Gruppe an politisch motivierten Anschlägen beteiligt waren?«

Vannoni hatte Mollis geworfen. Genau zwei. Gegen den faschistischen MSI. Der erste verpuffte folgenlos vor der Stahltür ihres Parteibüros in Pergola, der zweite brannte einen Zeitungskiosk nieder, in dem hauptsächlich Schriften angeboten wurden, die Mussolini verherrlichten. Sie waren zu viert gewesen. Vannoni und drei Genossen, die er längst aus den Augen verloren hatte. Nachts um 2 Uhr waren sie losgezogen. Zu Fuß. Der Kiosk hatte am Corso in Pergola gestanden, nicht weit von der Gedenktafel entfernt, die an die Gefallenen der Resistenza erinnerte. Vannoni hatte das als unerträgliche Provokation empfunden, doch emotional zu handeln galt damals als eskapistisch. Jedes Tun hatte der revolutionären Strategie zu nützen, und deswegen waren die Rechtfertigungen, die sie sich zurechtgelegt hatten, politischer Natur gewesen. Einen Faschisten treffen, hundert dadurch erziehen, hatte einer der Slogans gelautet. Eine proletarische Gegenmacht galt es aufzubauen und durch beispielhafte Aktionen zu zeigen, dass der Bewegung das Gewaltmonopol des Staates herzlich egal war und sie keine Angst davor hatte, das Heft selbst in die Hand zu nehmen.

Nichtsdestotrotz hatte Vannonis Herz bis zum Hals geschlagen, als er mit einem Rucksack auf den Schultern den verlassenen Corso entlanggegangen war. Bei jedem Schritt hatte das Benzin in der Flasche leise gegluckst. Wenn er sich jetzt daran zurückerinnerte, hörte er das Geräusch wieder so deutlich wie in jener Nacht. Unter den Arkaden war einer der Genossen zurückgeblieben, um Schmiere zu stehen. Die ersten Takte von »Avanti popolo« sollte er pfeifen, falls sich ihnen jemand näherte. Hinter der verglasten Seitenwand des Kiosks waren Hefte und billige Bildbände mit Titeln wie »Die Helden von Salò«, »Die Reden des Duce« oder »Italienische Infanteriewaffen« ausgestellt.

Für den Molotow-Cocktail hatten sie eine Rotweinflasche verwendet, die sie vorher zusammen geleert hatten. Vannoni hatte sie aus seinem Rucksack geholt, die beiden anderen hatten die Scheibe des Kiosks eingeschlagen, und während sie zurückgesprungen waren, hatte Vannoni die primitive Lunte angesteckt. Dann hatte er geworfen. Die Flasche war geplatzt, und der ganze Papierkram hatte sofort in Flammen gestanden. Sie waren in die vereinbarte Richtung weggerannt, um zwei, drei Ecken in das Gassengewirr oberhalb des Corsos. In ihren Adern war reines Adrenalin geflossen. Vannoni hätte laut losbrüllen wollen:

»Tod den Faschisten!« Vielleicht hatte er sogar gebrüllt, er wusste es nicht mehr genau.

Das war 1975 gewesen, vor mehr als dreißig Jahren. Vannoni hatte damals geglaubt, das Richtige zu tun. Was er heute glaubte, war unerheblich. Die Vergangenheit war nie vergangen. Jahre, Jahrzehnte mochte man sich einbilden, dass sie tot wäre, und eines Tages schüttelte sie kurz das Haupt und war lebendiger denn je. Vannoni sagte zu dem Reporter: »Raus jetzt!«

»Bekanntermaßen haben die Roten Brigaden einige Ex-Mitglieder von Lotta Continua rekrutiert, unter anderem Tita Buzzola, die später wegen zweifachen Mordes zu lebenslanger Haft verurteilt wurde und nun auf der Liste steht, die Ihr Enkel ...«

»Was wollen Sie damit sagen?«

»Kennen Sie Tita Buzzola?«

»Nein«, sagte Vannoni. «Nie gesehen, nie ein Wort mit ihr gesprochen.«

»Und wie steht es mit den anderen elf?«

»Nein!« Vannoni wusste gar nicht, wer auf der Liste stand. Er schüttelte den Kopf. Gerade noch hatte er seiner Tochter klarzumachen versucht, wie so etwas lief, und jetzt ließ er sich von einem Reporter in die Enge treiben, als wäre er selbst mit einem Granatwerfer am Tatort ertappt worden.

»Hätte ja sein können.« Der Reporter lächelte dünn.

Und wenn es so wäre? Wenn Vannoni tatsächlich einen der Terroristen kannte? Ganz auszuschließen war nicht, dass ihm mal einer bei einem Lotta-Continua-Kongress über den Weg gelaufen war. Hatte er deshalb dreißig Jahre später seinen Enkel so indoktriniert, dass dieser Amok lief? Es war Irrsinn.

Catia blieb vor dem Küchentisch stehen, stützte die Hände auf und fragte den Reporter: »Haben Sie Kinder?«

»Ich mache nur meinen Job.« Der Reporter verzog keine Miene.

»Wenn Sie welche haben«, sagte Catia, »wissen Sie, was Ihre Kinder gerade tun? Jetzt, in dieser Minute?«

Die Sondersendung begann mit den üblichen Bildern vom Ort des Attentats an der Straße nach Pergola. Das ausgebrannte Auto war abtransportiert worden, dafür flackerten neben Blumensträußen eine Menge Kerzen am Fuß des Holzkreuzes. Nach einer Totalen auf Montesecco wurden die grauen Häuser herangezoomt. Sie schienen so noch gedrängter als in Wirklichkeit zu stehen. Ein Schnitt. Die Kamera befand sich nun am höchsten Punkt des Dorfes, schwenkte langsam den Kirchturm herab, über schneebedeckte Dächer. Dann wagte sie sich die menschenleere Gasse entlang. Costanza Marcantoni steckte ihren Kopf aus der Tür und zog ihn sofort wieder zurück, wohl, weil sie das TV-Team bemerkt hatte. Der Kameramann hielt ein wenig zu lang auf die verschlossene Tür mit dem verblichenen blauen Anstrich.

»Wann kommen wir endlich, Mamma?«, fragte Davide.

»Gleich«, sagte Milena Angiolini. Sie vergewisserte sich, dass der Videorekorder unter dem Fernseher lief. Auch ihr Mann Mamadou sollte die Sendung sehen, wenn er von der Arbeit kam.

Die Reporterstimme aus dem Fernsehen sagte: »*Viele sind weggezogen, doch wer es hier sein Leben lang ausgehalten hat, misstraut allem Fremden. So wortkarg man sich nach außen gibt, im Inneren hat sich eine enge Gemeinschaft herausgebildet, von der jeder wohl oder übel abhängig ist. Dem enormen sozialen Druck ist kaum auszuweichen. Kein leichtes Los für einen Heranwachsenden, der sich erst ausprobieren und finden muss. Doch wird allein deswegen ein Siebzehnjähriger zum mutmaßlichen Mörder und Geiselnehmer? Auf der Suche nach Erklärungen stoßen wir auf Ablehnung und Achselzucken. Nur wenige Dorfbewohner sind bereit, die Mauer des Schweigens zu durchbrechen. Den tieferen Grund dafür offenbart uns Frau Angiolini, eine*

Nachbarin, die den mutmaßlichen Täter seit seiner Geburt kennt ...«

Im Fernseher sah Milena Angiolini ihren eigenen Salotto. Und sich selbst, wie sie mit ihren drei Kindern auf dem Sofa saß. Genau wie jetzt. Nur dass sich Jennifer im Fernsehbild ängstlich an sie schmiegte, während sie nun mit ausgestrecktem Arm auf den Apparat zeigte. Für einen Moment stellte sich Milena vor, dass der Bildschirm ein Spiegel wäre, der einen eigenen Willen besaß und manchmal keine Lust hatte, alles exakt wiederzugeben. Das war natürlich Unsinn. Das Interview war vor ein paar Stunden aufgezeichnet worden. Wo sonst hätte Milena es geben sollen als hier im Salotto? Und von wo sonst sollte sie es nun ansehen als vom Sofa aus?

Milena konnte nicht umhin, ihr Abbild im Fernsehen kritisch zu betrachten. Immer noch war sie eine attraktive Frau, auch wenn sich die Jahre nicht mehr verleugnen ließen. Ein, zwei Pfunde weniger um die Hüften würden allerdings nicht schaden. Ihre Frisur war passabel, aber der Sweater über der grauen Hose sah ein wenig schäbig aus.

Milena hatte mit dem Gedanken gespielt, etwas Eleganteres anzuziehen, doch konnte sie schlecht das Fernsehteam im Wohnzimmer mit den Kindern warten lassen, während sie oben im Kleiderschrank wühlte. Außerdem wollte sie sich von den anderen im Dorf später unter keinen Umständen vorwerfen lassen, dass sie nur sich selbst im Fernsehen produzieren wollte. Es ging schließlich nicht um eine Modenschau, sondern darum, für Minh um Verständnis zu werben. Der Junge war kein Monster, das musste doch einmal laut und deutlich gesagt werden!

Milena hatte das auch laut und deutlich gesagt, mehrfach sogar, aber offensichtlich waren diese Passagen in der Redaktion des Fernsehsenders herausgeschnitten worden. Kein Wort davon, dass Minh die Scuola media mit Bravour abgeschlossen und sich selbst zum Computerexperten weitergebildet hatte. Kein Wort davon, dass er als Kind wunderbare Papierdrachen gebastelt hatte, die sogar Preise gewonnen hatten. Kein Wort davon, wie tapfer er den Schicksalsschlägen des Lebens entgegengetreten war.

»Welchen Schicksalsschlägen?«, hatte der Reporter gefragt.

»*Der Junge ist als Achtjähriger entführt und wochenlang gefangen gehalten worden*«, hatte Milena geantwortet, und dieser Satz war der erste, den sie sich nun aus dem Fernsehlautsprecher sagen hörte. Ihre Stimme kam Milena fremd vor. Rau, kehlig und irgendwie verlegen.

»*Sind die Täter damals gefasst worden?*«

Milena hörte sich stammeln, dass eine junge Frau aus Montesecco angeklagt, aber aus Mangel an Beweisen freigesprochen worden sei.

»*Das muss ein Trauma für den Jungen gewesen sein*«, sagte der Reporter.

»*Er war jahrelang in psychologischer Behandlung, aber ...*«

»*Lebt die Entführerin noch in Montesecco?*«

»*Man darf sie nicht Entführerin nennen, weil ...*«

»*Natürlich*«, sagte der Reporter. »*Lebt diese Frau noch hier?*«

»*Nein, sie ist nach dem Prozess ...*«

»*Aber ihre Verwandtschaft?*«

Milena sah sich zögerlich nicken. So, als fühle sie sich schuldig, die Lucarelli-Sippe damals nicht höchstpersönlich aus dem Dorf gejagt zu haben.

»*Wie hat das Umfeld des Jungen reagiert?*«

»*Seine Mutter hat ihn immer unterstützt.*«

»*Und der Vater?*«

»*Der Vater ist unbekannt.*«

»*Unbekannt?*«

Man wusste, dass Catia vor achtzehn Jahren, als sie selbst noch ein halbes Kind gewesen war, eine Nacht mit einem Vietnamesen verbracht hatte, den sie danach nie mehr gesehen hatte. Wahrscheinlich ahnte der Vater gar nicht, dass er einen Sohn gezeugt hatte. Es war nicht einmal sicher, ob Catia überhaupt seinen Namen kannte. Sie redete nicht darüber.

»*Ja, unbekannt.*« Milena hatte auch nicht darüber reden wollen. Sie sah, wie sie im Fernsehbild Jennifer und Joel näher an sich zog.

»*Aufzuwachsen, ohne den eigenen Vater zu kennen, ist in einem Dorf wie Montesecco sicher nicht leicht*«, sagte die Reporterstimme.

»*Nein*«, hörte sich Milena sagen. Da der Rest des Satzes wie des gesamten Interviews abgeschnitten worden war, klang es wie eine Zustimmung.

Das Fernsehbild zeigte nun den Reporter draußen vor dem Haus. Im Hintergrund war eine der Polizeiabsperrungen zu erkennen. Zwei Uniformierte in Schutzwesten taten so, als bekämen sie von der Aufnahme nichts mit. Der Reporter sagte: »*Hätte man die Tragödie verhindern können? Wurden die schrecklichen Erfahrungen, die der Tatverdächtige als Kind durchlebt hatte, zu wenig ernst genommen? Manch einer in Montesecco scheint sich zu fragen, ob wirklich nicht rechtzeitig zu erkennen war, in welch dunkle Fahrwasser der Junge steuerte. Man sollte sich davor hüten, vorschnell Schuldzuweisungen vorzunehmen, denn noch längst sind nicht alle Fragen geklärt. Die Betroffenheit, die in Montesecco allerorts herrscht, ist jedoch nur allzu verständlich.*«

Die Sendung war noch nicht zu Ende, aber Milena schaltete den Fernseher aus. Davide bettelte, einen Zeichentrickfilm anschauen zu dürfen, gab aber überraschend schnell auf, als Milena sagte, dass das überhaupt nicht in Frage komme. Jennifer wollte wissen, was das Wort Betroffenheit bedeute.

»Wenn du dich fühlst, als ob du gleich weinen musst.«

»Weil ich mir weh getan habe?«

»Nein«, sagte Milena, »eher, weil etwas Schlimmes passiert ist.«

»Wenn zum Beispiel jemand gestorben ist?«, fragte Jennifer.

Davide und Joel schoben auf dem Fußboden ihre Spielzeugautos umher. Davide hatte einen Polizeiwagen ausgewählt. Er ließ ihn um die Ecke des Sofas kurven und machte laut den Ton der Sirene nach.

»Geh spielen!«, sagte Milena zu Jennifer. Sie stand auf und holte die Videokassette aus dem Rekorder. Sie legte sie auf den Fernseher, ging in die Küche, setzte Teewasser auf, ging wieder zurück in den Salotto, nahm die Kassette und trug sie ins Schlafzimmer hoch. Als sie den Kleiderschrank öffnete, läutete zum ersten Mal das Telefon.

Es war Franco Marcantoni, der fragte, ob sie wahnsinnig geworden sei. Sie könne doch nicht im Fernsehen verbreiten, dass Montesecco schuld sei, wenn Minh durchdrehe. Dann rief Matteo Vannoni an und erkundigte sich, wer Milena das Recht gegeben habe, Catias Familienverhältnisse in die Welt hinauszuposaunen. Angelo Sgreccia klärte sie darüber auf, dass Minh überall sonst schon längst kaputtgegangen wäre. Ob sie sich vorstellen könne, wie eine alleinerziehende Mutter ihren Sohn unter vergleichbaren Umständen in einer anonymen Großstadt aufziehen sollte? Statt eines leiblichen Vaters habe der Junge hier jede Menge Ersatzväter gehabt, ihn, Angelo Sgreccia, eingeschlossen, und die hätten sich wie alle anderen Bewohner Monteseccos immer um Minh gekümmert. Als ein Zeitungsreporter anrief, Milena zu ihren offenen Worten beglückwünschte und um genauere Informationen über die Hintergründe des damaligen Entführungsfalls nachsuchte, legte Milena auf und hängte das Telefon aus.

Das Teewasser auf dem Herd war fast verkocht. Jennifer weinte im Salotto, und Davide beteuerte ungefragt, überhaupt nichts gemacht zu haben. Milena hatte die Kinder gerade beruhigt, als ihr Mann Mamadou nach Hause kam. Seiner finsteren Miene nach zu schließen, wusste er schon von Milenas Fernsehauftritt. Jennifer krähte, dass gar nichts Schlimmes passiert sei und dass sie nur geweint habe, weil es weh tat, als sie sich den Finger einklemmte.

»Ich will die Sendung selbst sehen«, sagte Mamadou.
Milena schüttelte den Kopf.
»Du hast sie doch aufgenommen?«, fragte Mamadou.
»Nein«, sagte Milena.

Von: »Minh« *minhvannoni@yahoo.it*
An: »Krisenstab« *opseg@questure.poliziadistato.it/pesaro*
Warum wird meine Forderung nach Freilassung der Genossen nicht im Fernsehen gebracht? Was soll das?

Von: »Krisenstab« *opseg@questure.poliziadistato.it/pesaro*
An: »Minh« *minhvannoni@yahoo.it*
Die Medien haben darauf verzichtet, nachdem ihnen der Innenminister die Sachlage verdeutlicht hat. Eine eventuelle Freilassung von Terroristen ist politischer Zündstoff. Um den Erfolg der Verhandlungen nicht zu gefährden, sollten diese nicht zum Gegenstand öffentlicher Auseinandersetzungen werden. Wir arbeiten hinter den Kulissen fieberhaft, um alle Möglichkeiten auszuloten.

Von: »Minh« *minhvannoni@yahoo.it*
An: »Krisenstab« *opseg@questure.poliziadistato.it/pesaro*
Der Innenminister kann mich mal! Sie lassen jetzt meine Forderung ausstrahlen! Und zwar auf allen Kanälen. Wörtlich und unverändert.

Von: »Krisenstab« *opseg@questure.poliziadistato.it/pesaro*
An: »Minh« *minhvannoni@yahoo.it*
Nach Rücksprache mit dem Minister können wir Ihnen folgendes Angebot machen: Als Geste des guten Willens lassen Sie eine der Geiseln frei. Der Minister wird sich im Gegenzug bei den TV-Sendern dafür einsetzen, dass Ihrem Wunsch entsprochen wird.

Von: »Minh« *minhvannoni@yahoo.it*
An: »Krisenstab« *opseg@questure.poliziadistato.it/pesaro*
Sie wollen feilschen? Ich kann Ihnen auch ein Angebot machen. Ich gebe erst einmal eine halbe Geisel heraus. Vielleicht die untere Hälfte. Das wird unappetitlich werden, aber wenn Sie es nicht anders wollen, von mir aus.

Von: »Krisenstab« *opseg@questure.poliziadistato.it/pesaro*
An: »Minh« *minhvannoni@yahoo.it*
Bleiben Sie besonnen! Wir werden Ihre Forderung unverzüglich an die Sender weiterleiten.

Von: »Minh« *minhvannoni@yahoo.it*
An: »Krisenstab« *opseg@questure.poliziadistato.it/pesaro*
Was ist nun? Soll ich schon mal zu sägen beginnen?

Von: »Krisenstab« *opseg@questure.poliziadistato.it/pesaro*
An: »Minh« *minhvannoni@yahoo.it*
Wie Sie wissen, sind die Medien bei uns frei und unabhängig. Weder der Minister noch sonst irgendwer ist ihnen gegenüber weisungsbefugt. Wir haben auf eine schnelle Entscheidung in Ihrem Sinne gedrängt, aber die Intendanten beharren darauf, sich untereinander abzustimmen. Für morgen Nachmittag ist eine außerordentliche Konferenz einberufen. Wir bitten Sie, bis dahin Geduld zu zeigen und für die Verzögerung nicht unschuldige Geiseln verantwortlich zu machen.

»… und natürlich zahlt die KFZ-Versicherung bei höherer Gewalt keinen Cent«, sagte Donato.
»Natürlich nicht«, sagte der Kameramann. Er starrte zum Fenster hinaus. Sollte er verpassen, wenn es da unten losginge, wäre er die längste Zeit Kameramann gewesen, hatte die Reporterin gedroht. Dann war sie losgezogen, um irgendeinen der Polizisten vom Krisenstab bei den Eiern zu packen. Donato mochte ihre Ausdrucksweise

nicht, aber er musste zugeben, dass sie die ersten dreihundert Euro ohne Umstände herausgerückt hatte. Der Kameramann dagegen war ein höflicher Mensch, der zuhören konnte. Er hatte sich sogar dafür entschuldigt, Donato nicht in die Augen sehen zu können, während er sich mit ihm unterhielt.

Donato saß auf seiner Seite des Ehebetts. Marisas Seite war mit dem Kram der Fernsehleute belegt. Als seine Frau erfahren hatte, dass ihr gemeinsames Schlafzimmer für eine Weile an Canale 5 vermietet war, hatte sie ein paar Sachen in einen Koffer geworfen und war gegangen. Wohin, wusste Donato nicht. Sie werde schon etwas finden, hatte sie gesagt. Etwas Besseres, als die Nacht mit einem Fernsehteam und einem geldgeilen Ehemann zu verbringen. Donato könne von ihr aus auch in der Badewanne schlafen und sich mit seinen verdammten drei Hundertern zudecken, aber für sie sei das nichts.

»Frauen!«, hatte der Kameramann geseufzt, als sie weg war. Donato hatte dazu genickt, auch wenn ihm schwante, dass er zu weit gegangen war. Doch was konnte er jetzt noch tun? Er hatte in das Geschäft eingewilligt. Ein Mann, ein Wort. Wie sähe das aus, wenn er jetzt einen Rückzieher machte?

Er stand auf und trat hinter den Kameramann. Die Nacht war hereingebrochen, doch die beiden Laternen erleuchteten die Piazza. Ob das Licht für Fernsehaufnahmen reichte, wusste Donato nicht. Die Piazza war sowieso menschenleer und wirkte irgendwie fremd. Donato brauchte eine Weile, bis er begriff, dass das an der weißen Decke lag, die der nachmittägliche Schneesturm über sie gebreitet hatte. Keine einzige Fußspur zog sich durch die im Laternenlicht glitzernde Fläche. Es sah eigentlich ganz schön aus.

Der Kameramann stimmte ihm zu. Er sagte, dass er während seines Studiums an der DAMS in Bologna mal einen Film in einem Hinterhofgarten gedreht habe. Anderthalb Stunden nur Schneetreiben, den Tanz der Flocken, und wie sie sanft, aber unerbittlich alles bedeckten. Am Schluss seien die Konturen unter dem Weiß wie zerflossen gewesen.

»Interessant«, sagte Donato.

»Kam nicht besonders gut an«, sagte der Kameramann.

»Ihr Job, meine ich«, sagte Donato.

Der Kameramann starrte nach draußen. Der Schein der Laternen lag auf Minhs Büro. Die Tür war geschlossen, die Fenster dunkel. Nichts rührte sich hinter ihnen. Donato wandte sich ab und legte sich aufs Bett. Auf seine Seite. Der Kameramann schwieg, und Donato überlegte sich, ob er vielleicht wirklich in der Badewanne schlafen konnte, wenn er sie gut auspolsterte. Wo Marisa wohl die Nacht verbrachte? Donato sollte mal bei den Garzones anrufen. Oder besser selbst in der Bar vorbeischauen. Irgendwer wusste dort sicher Bescheid. Gleich würde er aufbrechen. Nur noch eine Minute wollte er liegen bleiben, hier auf seinem Bett neben den Taschen und Kabeln der Fernsehleute, und dann würde er gehen.

Vielleicht war Donato kurz eingenickt. Jedenfalls schreckte er hoch, als die Schlafzimmertür aufgestoßen wurde. Die Reporterin stürmte herein, lief – ohne ihm auch nur einen Blick zu gönnen – zum Fenster, riss es auf und zischte: »Jetzt geht es los!«

»Einer der Polizisten hat geplaudert?«, fragte der Kameramann, während er die Einstellungen seiner Kamera überprüfte.

Die Reporterin machte eine abschätzige Handbewegung. »Viel besser! Die Einsatzleitung hat Pizza bestellt. Ich habe mit dem Fahrer gesprochen, der sie von der *Piccolo Ranch* ausgeliefert hat. Drei Mal Pizza Regina und zwei Quattro Stagioni.«

Donato verstand nicht. Die hatten eben Hunger. Auch er selbst könnte ein paar Bissen vertragen. Normalerweise würde Marisa um diese Uhrzeit …

»Fünf Pizze!«, sagte die Reporterin. »Fünf gleich ein Geiselnehmer plus vier Geiseln. Und wenn es darum geht, den Täter bei Laune zu halten, sollten ihm die Bullen das Zeug servieren, bevor es eiskalt ist.«

Donato stand vom Bett auf und schlich hinter den Kameramann. Auf der Piazza war nichts zu sehen. Außer einer geschlossenen Schneedecke.

Die Reporterin flüsterte: »Na kommt schon, kommt schon!«

Es dauerte ein paar Minuten, und es kam nur einer. Ein junger Kerl in der Uniform der Polizia di Stato. Einer von denen, die »hier« schreien, wenn ein Freiwilliger gesucht wird, noch bevor sie wissen, worum es überhaupt geht. Mit der rechten Hand balancierte er fünf Pizzakartons, in der linken trug er zwei durchsichtige Plastiktüten. Auf der Höhe des Lucarelli-Hauses blieb er stehen, knapp zehn Meter von den Stufen unterhalb des Eingangs von Minhs Büro entfernt.

»Hast du ihn? Hast du sein Gesicht?«, flüsterte die Reporterin.

Der Polizist stellte die beiden Tüten in den Schnee und legte die Pizzakartons obenauf. Dann streckte er beide Arme seitwärts aus, wie um zu signalisieren, dass er unbewaffnet sei. Die Tür von Minhs Büro öffnete sich eine Handspanne weit. Ein kurzes Kommando war zu hören. Donato konnte die Worte nicht verstehen, doch er glaubte, Minhs Stimme zu erkennen. Wenn die Männer der Spezialeinheit zugreifen wollten, wäre jetzt der richtige Moment. Minh befand sich direkt hinter der offenen Tür, könnte überwältigt werden, ohne Zeit zu finden, den Geiseln etwas anzutun.

Donatos Augen suchten die Umgebung ab. Soweit er die Treppe zum oberen Teil des Dorfs einsehen konnte, huschten keine dunklen Gestalten hinab. Auf dem Flachdach von Minhs Büro kroch niemand durch den Schnee, und auch an der Fassade des Palazzo Civico bewegte sich nichts. Die Piazza war menschenleer, bis auf den Polizisten, der immer noch mit ausgebreiteten Armen im Weiß

stand. Es sah aus, als rufe er einen Gott an und bitte um
… Donato wusste nicht, worum.

»Wird's bald?«, rief es aus dem Türspalt. Es war unverkennbar Minhs Stimme.

Der Polizist ließ die Arme sinken und fasste sich dann an den Kragen. Von oben her knöpfte er seine Uniformjacke auf. Er streifte sie langsam ab, ließ sie neben sich in den Schnee fallen. Danach kam das blaue Hemd an die Reihe. Der Polizist bemühte sich sichtlich, jede Bewegung zu vermeiden, die von Geiselnehmern mit nervösem Zeigefinger missverstanden werden könnte. Als er das Unterhemd über den Kopf zog und der nackte Oberkörper sichtbar wurde, flüsterte die Reporterin: »Geh ganz drauf, ich will jedes einzelne Härchen zittern sehen!«

Stiefel, Socken, Uniformhose. Der Kleiderhaufen am Boden wuchs. Die Boxershorts des Polizisten waren rotweiß gestreift. Als er sie ausgezogen hatte, bückte er sich fast wie in Zeitlupe. Er nahm die Pizzakartons und die beiden Plastiktüten auf. Dann ging er ganz langsam auf Minhs Büro zu. Donato fröstelte schon beim Zusehen. Barfuß durch den Schnee! Nackt durch diese Januarkälte! Die Pobacken des Polizisten glänzten im Laternenlicht weiß.

»Ziemlich knackig«, sagte die Reporterin. Sie beugte sich nach vorn. Der Kameramann filmte, als gäbe es auf dieser Welt nichts, was man sonst tun könnte. Donato rieb sich die Oberarme. Warum dauerte das so lange? Ihn machte es fast wahnsinnig, dass sich der Polizist wie eine schlafwandelnde Schildkröte fortbewegte. Wer fror, versuchte doch, schnell zu laufen. Um warm zu werden. Um es hinter sich zu bringen. Noch dazu, wenn man verwundbar wie ein Neugeborenes auf eine unberechenbare Situation zusteuerte.

Jetzt stieg der nackte Polizist die Treppe hinauf. Langsam, Stufe für Stufe. Es waren zwölf. Donato zählte stumm mit. Oben war eine kleine Plattform, auf der sich der Polizist nach rechts wandte, auf ein paar weitere Stufen zu. Vor ihnen blieb er stehen, nicht einmal zwei Meter von der Tür zu Minhs Büro entfernt. Er bewegte sich nicht, wirkte wie festgefroren. Das war nicht in Ordnung. Es sollte aufhören. Sofort. Donato hoffte inständig, dass irgendetwas geschähe, was das Eis brechen, den Schnee zum Schmelzen bringen und diesen vor Kälte klirrenden, gefrorenen Moment zerfetzen würde.

Aus dem Türspalt sagte jemand halblaut etwas Unverständliches. Vielleicht war es doch nicht Minhs Stimme. Mit aufrechtem Oberkörper kniete sich der Polizist nieder, fast wie in der Sonntagsmesse, nur dass er nackt war und da keine Kirchenbank war, sondern eine schneebedeckte Treppenstufe, und kein Priester, sondern ein …

Der Polizist beugte sich nach vorn und legte die Pizzakartons auf der Türschwelle ab. Dahinter stellte er die Plastiktüten. Für einen Moment lag er fast auf den Treppenstufen. Der Kameramann filmte. Die Reporterin sagte ausnahmsweise nichts.

»Verschwinde!«, rief es aus Minhs Büro. Der nackte Polizist rappelte sich auf und ging zurück. Er tastete sich rückwärts die Treppe hinab und durch den Schnee auf die Piazza hinaus, die Hände erhoben, das Gesicht immer der Tür zugewandt, die sich erst weiter öffnete, als er bei seinen Kleidern angelangt war und begann, sich hastig anzuziehen. Zwei Hände hoben die Pizzakartons aus dem Schnee über die Türschwelle. Die Plastiktüten waren zu weit entfernt. Ein Oberkörper tauchte aus dem Dunkel auf, das Licht der Laternen fiel kurz auf ein Gesicht – es war nicht Minh, keinesfalls war es Minh –, und die Tüten wurden nach drinnen gezogen.

Dann schloss sich die Tür. Hinter dem ersten Fenster war ein schwacher Lichtschein zu erahnen. Wie von einer Kerze. Oder vom reflektierten Licht einer Taschenlampe, die in eine andere Richtung leuchtete. Draußen auf der Piazza war der Polizist in die Stiefel geschlüpft. Das Hemd knöpfte er nicht zu. Die Jacke warf er über die Schulter.

Er drehte sich um, lief los, verschwand hinter der Hausecke.

»Eine Wahnsinns-Show!«, sagte die Reporterin.

Der Kameramann filmte.

»Das muss noch in die Prime-Time-Nachrichten«, sagte die Reporterin.

Der Kameramann filmte noch immer, obwohl alles vorbei war. Niemand befand sich mehr auf der Piazza.

»Miguel?«, fragte die Reporterin.

Der Kameramann hörte sie nicht. Er filmte. Nichts war draußen zu sehen. Nur ein paar Spuren im Schnee. Die Abdrücke von Polizeistiefeln, die auf eine zertrampelte Stelle mitten auf der Piazza zu- und wieder von ihr wegführten. Nach der anderen Seite schienen dagegen zwei Personen barfuß nebeneinander gelaufen zu sein. Die Sohlenabdrücke rechts waren teilweise verwischt, die links dagegen klar und schwer. Alle fünf Zehen hatten sich bei jedem Schritt deutlich abgezeichnet. Die Spuren führten die Treppe hoch und hörten dann plötzlich auf, als wären ihre Urheber davongeflogen. In den Nachthimmel aufgestiegen und auf Nimmerwiedersehen verschwunden. Donato spürte, dass ihm trotz seines Pullovers kalt wurde. Das Fenster stand immer noch offen. Der Kameramann filmte weiter. Spuren im Schnee.

»Miguel!«, zischte die Reporterin. Dann wandte sie sich an Donato: »Raus jetzt! Wir haben zu arbeiten.«

Auch wenn sie ein nettes Sümmchen springen ließen, es war immer noch sein Haus, in dem sie sich befanden. Doch Donato sagte nichts. Er stapfte die Treppe hinab, legte ein paar dicke Scheite aufs Kaminfeuer, warf den Wintermantel um und zog seine Wollmütze über. Der Schnee draußen knirschte unter seinen Schritten, wie er es nur tut, wenn deutliche Minusgrade herrschen. In den vergangenen Wintern war es doch nie so kalt geworden! Oder konnte sich Donato nur nicht daran erinnern, weil er keine Veranlassung gehabt hatte, abends das warme

Wohnzimmer zu verlassen? Irgendwie war früher sowieso alles anders gewesen.

In der Bar hielt sich kein einziger Dorfbewohner auf, und doch herrschte ein Riesenbetrieb. Die Presseleute schienen sich alle untereinander zu kennen. Sie duzten sich, diskutierten quer durch den Gastraum und soffen, dass Ivan und Marta Garzone kaum mit dem Einschenken nachkamen. Donato entschuldigte sich nach allen Seiten und kämpfte sich mit Mühe bis zur Theke durch. Er hätte die Szene von gerade eben erzählen sollen, aber irgendetwas hielt ihn davon ab. Vielleicht, weil sie ihn verwirrt hatte und er nicht recht wusste, worauf es dabei ankam. Vielleicht störte ihn auch nur, dass so viele Fremde in der Bar waren. Außerdem konnten sich ja eh bald alle im Fernsehen anschauen, was sich abgespielt hatte. Donato sagte: »Mordsgeschäft heute, was?«

»Mmh.« Marta Garzone sah nicht von den Schnapsgläsern auf, die sie eng aufgereiht hatte und füllte, ohne die Flasche dazwischen abzusetzen. »Aber dreihundert Euro Reingewinn pro Tag bleiben trotzdem nicht hängen.«

Marisa war also hier gewesen und hatte sich bei Marta Luft verschafft. Ob die Presseleute davon etwas mitbekommen hatten? Donato sah sich um. Niemand beachtete ihn. Er fragte: »Weißt du, wo meine Frau ist?«

»Bei Catia Vannoni«, sagte Marta, »aber das hast du nicht von mir. Es würde sowieso nicht schaden, wenn du zumindest so tust, als ob du sie stundenlang gesucht hättest.«

Donato ging auf schnellstem Weg zu Catia. Auf sein Klopfen öffnete Matteo Vannoni. Marisa saß neben Catia vor dem Fernseher. Donato tat, als sei alles ganz normal, auch wenn er merkte, dass er störte. Als sei er ein Fremdkörper, der wieder verschwinden würde, wenn man ihn nur geflissentlich genug übersah. Donato spürte, dass er sein Hereinplatzen rechtfertigen sollte.

»Ihr solltet nachher auf Canale 5 umschalten«, sagte er und berichtete, was er vom Schlafzimmerfenster beobachtet hatte. Marisa starrte stur aufs Fernsehbild. Matteo Vannoni fragte, ob Donato Minhs Stimme sicher erkannt habe.

»Ja«, sagte Donato.

Wie sie denn geklungen habe?

»Wie immer«, sagte Donato.

Was das heißen solle? Wie immer? Eine Stimme klinge jedesmal anders, je nachdem, ob man sich gut fühle oder schlecht, ob man verzweifelt sei oder entschlossen oder vielleicht kurz vor dem Durchdrehen stehe. Das schlage doch auf die Lautstärke, die Stimmhöhe, die Modulation durch. Solche Unterschiede könne man keinesfalls überhören. Habe sich Minhs Stimme vielleicht überschlagen? Habe er sich geräuspert, habe er Pausen gemacht, gestottert?

»Nein«, sagte Donato. »Er redete ganz normal.«

Matteo Vannoni schüttelte den Kopf. Im Fernsehen lief Werbung für einen Weichspüler. Donato stand neben der Tür, da ihm niemand einen Platz angeboten hatte. Im Raum war es warm. Donato nahm die Hände aus den Manteltaschen und steckte sie, nachdem er nicht wusste, was er mit ihnen anfangen sollte, wieder hinein. Er fragte: »Marisa?«

Im Fernseher fütterte eine entspannte Mutter ihre glücklichen Kinder mit dem gesündesten Joghurt, den es je gab.

»Ich habe es schön warm gemacht«, sagte Donato. »Komm nach Hause, Marisa!«

Eines der glücklichen Fernsehkinder sagte: »Mmmmh, lecker!!«

»Wir könnten Decken ins Wohnzimmer legen und vor dem Feuer schlafen«, sagte Donato.

Die Fernsehmutter lächelte, als ihre Kinder johlend in den Sommersonnengarten hinaustobten.

»Wenigstens du könntest dort schlafen«, sagte Donato. Er hatte ja noch die Badewanne.

Der Cavaliere wollte nicht. Punktum.

Dabei war das Bildmaterial aus Montesecco reines Dynamit. Ein gut aussehender junger Polizist, der einem terroristischen Geiselnehmer nackt und unter Lebensgefahr Pizza lieferte. Das hatte es in sich, das bot alles, Hochspannung, politische Relevanz, identifikationsfördernde Alltagsnähe bei gleichzeitig sensationellem kriminellem Hintergrund, eine für die Abendnachrichten vertretbare Prise Sex und genau das Maß an Irrwitz, das die Zuschauer vergessen ließ, dass man mit einer Fernbedienung zappen konnte. Die Szene würde Männer wie Frauen ansprechen, dumpfe Voyeure, Hobbykriminalisten und Verschwörungstheoretiker, ja selbst abgehobene Kulturkritiker. Und das Beste war, dass Canale 5 die Bilder exklusiv hatte. Doch der Sender war Teil der Mediaset-Gruppe, die sich wiederum mehrheitlich im Besitz der Fininvest-Holding befand. Wie undurchsichtig die Beteiligungen bei Fininvest auch sein mochten, für niemanden stand in Frage, dass der Konzern dem Cavaliere gehörte. Und der wollte nicht. Punktum.

Wahrscheinlich hatten sie zu gut gearbeitet. Die Bilder waren gestochen scharf. Die Geisel, die die Pizzakartons ins Haus geholt hatte, war schnell identifiziert gewesen. Ein gewisser Roberto Russo, Ispettore der Polizia di Stato, der von seiner Dienststelle in Catania direkt ins Innenministerium abgeordnet worden war, weil er – so munkelte man in Rom – aus demselben Kaff wie der Minister selbst stammte. Natürlich roch das nach Vetternwirtschaft, aber im Grunde erwartete man doch nichts anderes von einem, der etwas zu sagen hatte. Und dem Cavaliere konnte der Ruf von Minister De Sanctis nun wirklich nicht am Herzen liegen. Schließlich waren sie beide bekanntermaßen erbitterte Feinde.

Politische Konkurrenten, hatte der Vertraute des Cavaliere am Telefon verbessert und angefügt, dass in Zeiten wie diesen die Staatsräson über allem stünde, auf jeden Fall aber über vergleichsweise unerheblichen Meinungsverschiedenheiten zwischen aufrechten Demokraten. Selbst der Vorschlag, die Identität der Geisel geheim zu halten und ihr Gesicht auf den Aufnahmen unkenntlich zu machen, war abgelehnt worden. Einmalige Quoten seien nicht alles. Man müsse langfristig denken. Irgendwann sei man sicher um einen guten Draht zum Ministerium froh. Kurz, Canale 5 werde keinen Alleingang unternehmen. Die Bilder aus Montesecco müssten bis auf Weiteres unter Verschluss bleiben. Punktum.

Dahinter mochte stecken, was wollte. Fakt war, dass der Sender schon bis zur Schmerzgrenze kooperierte. Der Bitte des Innenministers, die politischen Forderungen des Geiselnehmers zu verschweigen, war entsprochen worden. Genau wie von allen anderen Medien, die auf dem Laufenden waren. Doch lange würde das nicht mehr so gehen, der Druck stieg von Stunde zu Stunde. Es war sowieso kaum zu glauben, dass einen ganzen langen Tag über nichts in die Öffentlichkeit durchgedrungen war. Man konnte nicht ewig über ein Attentat und eine Geiselnahme berichten, ohne darauf einzugehen, was der Täter wollte. Wenn einer damit herausrückte, würden alle Dämme brechen. Dann könnte sich auch der Cavaliere nicht mehr gegen die Ausstrahlung stemmen. Er müsste mit dem Strom schwimmen, wenn er nicht absaufen wollte.

Es durfte sich nur nicht allzu lang verzögern. Bildmaterial für die Nachrichten war wie aufgeschnittenes Weißbrot. Ließ man es herumliegen, wurde es in Tagesfrist altbacken, auch wenn es noch so frisch auf den Tisch gekommen war. Heute Nacht würde sich nichts mehr tun, aber spätestens morgen Nachmittag musste die Sache gegessen sein. Spätestens.

Hinter dem Fenster des Büros in der Safa Palatina erstreckte sich das Lichtermeer des nächtlichen Rom. Vom obersten Stock des Gebäudes hatte man einen guten Blick auf die Ruinen am Hang des Palatin. Riesige Ziegelgrotten, die der Nacht bedurften, um die Dramen erahnen zu lassen, die sich einst in ihnen abgespielt hatten. Auf der Via di San Gregorio zogen die Scheinwerfer der Autos helle Spuren von Kolosseum und Konstantinsbogen zum Circus Maximus. Der Clivo di Scauro, der an ausgegrabenen antiken Wohn- und Geschäftshäusern vorbei den Celio-Hügel heraufführte, war eine der ältesten Straßen Roms. Jeder Stein atmete hier Geschichte. Doch Geschichte geschah nicht von selbst. Hatten die Römer nicht schon vor zweitausend Jahren gewusst, dass man sie machen musste?

Auf der Schreibtischplatte stand das Telefon. Pagliucci nahm sofort ab. Der Mann hatte begriffen, dass man es bei Canale 5 zu nichts bringen würde, wenn man auf einem Acht-Stunden-Tag beharrte.

»Wissen Sie, was mir zu schaffen macht, Pagliucci?«

»Die Montesecco-Sache, Chef?« Pagliucci war einer der wenigen, die ein Gespür dafür hatten, worauf es ankam.

»Warum hat der Geiselnehmer nur die etablierten Medien über seine Forderung informiert? Die linken hätten sich doch einen Dreck darum geschert, ob der Innenminister ihnen das Wort verbietet. Die wären sofort ganz groß damit herausgekommen, dass zwölf Brigadisten freigepresst werden sollen. Mit Namen, Biographien und allem Pipapo.«

»Ja, seltsam«, sagte Pagliucci.

»*Il Manifesto* zum Beispiel.«

»*Il Manifesto*?«, fragte Pagliucci.

»Die würden jetzt noch ihre Titelseite für morgen umwerfen, wenn sie die Information bekämen.«

»Ich verstehe«, sagte Pagliucci. Der Mann war gut. Unten, hinter der Porta Capena, lag das Oval des Circus Maximus in trostlosem Halbdunkel. Es sah aus, als wäre es seit zweitausend Jahren verlassen. Dabei hatte sich kaum etwas verändert seit damals. Brot und Spiele, das galt mehr denn je.

Pagliucci sagte: »Vielleicht eher *Radio Radicale*. Die von *Il Manifesto* sind vorsichtig geworden, seit sie damals John Kerry zum Sieger der US-Präsidentschaftswahl erklärt hatten. Und beim Radio geht es sowieso schneller.«

»Wie Sie meinen, Pagliucci. Ganz, wie Sie meinen. Gehen Sie jetzt nach Hause! Oder in eine Kneipe. In ein Internetcafé. Sie haben auch mal das Recht auf ein Privatleben. Tun Sie, was Ihnen Spaß macht!«

»Ja, Chef«, sagte Pagliucci. »Sie können sich auf mich verlassen.«

Das war zu hoffen. Genauso, wie zu hoffen war, dass die geschätzten Kolleginnen und Kollegen von Radio Radicale professionell genug reagierten. Aber schließlich gehörte ziviler Ungehorsam zu den wichtigsten Tugenden der Möchtegern-Bürgerrechtler vom Verein des Marco Pannella. Solange es bei Worten blieb, konnte man damit leben. Die Bilder, die Dynamit waren, besaß ja Canale 5. Es müsste schon mit dem Teufel zugehen, wenn sie nicht morgen mit dem 17-Uhr-Telegiornale in jedem Wohnzimmer einschlugen wie eine Bombe.

3
Mercoledì, 16 gennaio

Es war 4 Uhr 45, als Costanza Marcantoni aufstand. Sie füllte die Näpfe mit dem letzten Rest Katzenfutter, den sie gefunden hatte, heizte den Kamin an und stellte die Caffettiera über die Gasflamme auf der rechten Seite des Herds. Sobald der Caffè brodelte, nahm sie die Kanne weg und schob über dieselbe Flamme einen Blechtopf, in den sie eine abgemessene Tasse Milch kippte. Sie prüfte die Temperatur mehrmals mit dem kleinen Finger. Als die Milch trinkwarm war, goss sie sie bis auf einen kleinen Rest in die Tasse zurück und füllte mit Espresso auf. Die Cantuccini, die sie hineinstippte, nahm sie direkt aus der Dose.

Nach dem Frühstück machte sich Costanza wie gewohnt ausgehfertig. Sie stieg in ihre Gummistiefel, knöpfte den Mantel zu und legte das schwarze Tuch über die Haare. Erst an der Tür fiel ihr ein, dass ja Krieg herrschte. Sie öffnete einen Spalt und horchte nach draußen in die Dunkelheit. Alles schien ruhig, aber Costanza ließ sich nicht täuschen. Wenn die Deutschen ein fremdes Land besetzten, machten sie das so ordentlich wie alles andere auch. Dann schliefen sie nicht, sondern patrouillierten durch die Gassen, sperrten die Piazza aus wer weiß welch finsteren Gründen und nahmen alle Zivilisten fest, die sich irgendwie verdächtig machten.

Es lebe die Resistenza!, dachte Costanza. Doch es galt, vorsichtig zu sein. Wenn es nicht unbedingt nötig war, würde sie heute aufs Einkaufen verzichten. Sie legte ihr Tuch ab und hängte den Mantel an die Tür. Die Gummistiefel ließ sie vorerst an. Man kam leicht in sie hinein, aber schwer wieder heraus, und vielleicht würde Costanza ja doch aus dem Haus müssen.

In der Vorratskammer war es noch kälter als in den anderen Zimmern. Deswegen befand sich hier ja auch der Kühlschrank, den Costanza mal von Paolo oder Franco oder sonst wem geschenkt bekommen hatte. Seine Tür stand weit offen. Während der Wintermonate schaltete Costanza ihn aus, um Strom zu sparen. Früher war man ganz ohne solche Geräte ausgekommen und hatte trotzdem überlebt. Na ja, im Sommer war es ganz angenehm.

In den Kühlschrankfächern lagerten Zucchini, Stangensellerie, Karotten, Tomaten. Wenn noch irgendwo Kartoffeln zu finden waren, konnte Costanza ein schönes Gemüsesüppchen kochen. Knoblauch wäre auch nicht schlecht. Und ein wenig Peperoncino, damit das Ganze Pepp bekam. Costanza wandte sich zum Regal hin. Da war noch einiges, was sie brauchen konnte. Zwiebeln, Blumenkohl und Erbsen. Nur keine Kartoffeln.

Costanza tastete sich weiter nach hinten und stieß mit dem Fuß gegen etwas am Boden. Ein großer Sack. Wie kam denn der dahin? Sie bückte sich ächzend. Katzenfutter! Gott sei Dank, für die Tiere war gesorgt. Costanza schob den Sack beiseite. Im untersten Regalbrett hatte sie schon seit Ewigkeiten nicht mehr gekramt. Es war voll mit Kanistern, Dosen, Flaschen, deren Aufkleber kaum mehr zu entziffern waren. Costanza drehte einen Verschluss auf. Das roch nach Petroleum. Für die Lampe wahrscheinlich, die sie früher in der Küche stehen hatte. Wo war die eigentlich geblieben? Egal, Petroleum konnte man immer gebrauchen. Zum Beispiel für …, nun, für alles Mögliche. Daneben fanden sich weitere Schätze: Terpentin zum Flecken entfernen, eine Sprühdose Rostlöser, Rizinusöl, destilliertes Wasser fürs Bügeleisen, ein Fläschchen Jod und ein paar andere Tinkturen, die sie auf Anhieb nicht zu bestimmen wusste. Irgendwann würde sie schon dahinterkommen.

Erst einmal wollte Costanza die Suppe kochen. Sie räumte alle Vorräte in die Küche. Neben der Spüle lag noch eine unberührte Zwei-Kilo-Packung Kartoffeln, die sie wahrscheinlich eingekauft hatte, kurz bevor die Deutschen die Zugänge zu den Läden Monteseccos abgeriegelt hatten. Costanza schnitt das Plastik auf und schälte Kartoffeln, die sie dann würfelte. Nicht zu groß und nicht zu klein, so dass sie später gleichzeitig mit den restlichen Zutaten gar würden, ohne an Biss zu verlieren. Bis dahin lagerte sie die Würfel in kaltem Wasser. Sie sollten nicht unansehnlich werden. Das Auge aß schließlich mit.

Karotten und Zucchini wurden in Scheiben geschnitten, der Sellerie in feine Streifen. Die Erbsen palte Costanza sorgfältig aus. Den Blumenkohl teilte sie in einzelne Röschen. Gekochten Reis hatte sie noch von gestern.

Die Jungen meinten, für eine Minestrone müsse man nur irgendwelches Gemüse irgendwie zusammenwerfen, aber was wussten die schon? Eine Minestrone, die diesen Namen verdiente, war ein Kunstwerk. Da kam es auf die Zutaten selbst genauso an wie auf ihr abgewogenes Verhältnis. Nicht zuletzt mussten Konsistenz und Formen für Abwechslung sorgen. Rundes und Eckiges war nötig, Knackiges und am Gaumen Zergehendes. Bei den Lucarellis – oder war das bei den Rapanottis gewesen? – hatte Costanza mal eine Minestrone mit klein gehackten Zwiebeln vorgesetzt bekommen! Da war sie natürlich nie mehr hingegangen. Zwiebeln durften nur geviertelt und dann nicht zu dünn aufgeschnitten werden. Genau so, wie Costanza es machte. Alles andere war ein Verbrechen.

Costanza blanchierte die Tomaten und häutete sie. Für einen Sugo konnte man eventuell Pelati aus der Dose nehmen, nicht jedoch für Minestrone. Dafür waren sie viel zu weich. Selbst frische Tomaten durfte man erst ganz am Ende der Kochzeit zugeben.

So, jetzt noch vier Liter Brühe aufsetzen, den Speck würfeln und in einer heißen Pfanne auslassen, den gehackten Knoblauch und die Zwiebel darin anschwitzen, dann war alles vorbereitet.

»Kscht!«, sagte Costanza, als eine der Katzen an ihren Gummistiefeln entlangstrich. Jetzt durfte man sie nicht stören. Sie stellte ihren größten Topf auf die Gasflamme und zerließ darin ein Viertelpfund Butter. Keinesfalls sollte man Olivenöl verwenden. Wenn man ein gutes kaltgepresstes hatte, konnte man am Ende einen Schuss über die fertige Suppe geben, aber erst, wenn sie schon serviert wurde. Vorher nur Butter! Als sie flüssig war, ließ Costanza das Gemüse zwei Minuten angehen und rührte dabei fleißig.

Das Allerwichtigste bei einer Minestrone, das, worauf es wirklich ankam, was den Unterschied ausmachte und den Genuss zu einem unvergesslichen Erlebnis werden ließ, war jedoch die Brühe. Costanza arbeitete auf der Grundlage von Hühnerbrühe, doch natürlich musste diese verfeinert werden. Costanza warf ein Lorbeerblatt und ein wenig Petersilie in die sanft brodelnde Flüssigkeit. Dann kippte sie aus dem kleinen braunen Fläschchen einen Spritzer Jod dazu. Na, vielleicht noch einen zweiten! Jod wirkte schließlich desinfizierend, war also gesund. Auf das destillierte Wasser verzichtete Costanza und nahm dafür etwas mehr Fleckenentferner. Vom Petroleum rührte sie ein halbes Tässchen ein. Sie hatte doch gewusst, dass man das gut gebrauchen konnte! Die Flüssigkeit in der Flasche mit dem verblassten Totenkopf auf dem Etikett schien ziemlich würzig zu sein. Also lieber nur ein paar Tropfen zugeben. Hoppla! Na ja, es war ja auch eine Riesenportion Suppe. Am Schluss kam die Hauptsache, das Rizinusöl. Eine halbe Flasche davon musste Costanza schon nehmen. Sie wollte nicht am falschen Fleck sparen.

Sie schüttete die Brühe zum Gemüse und drehte das Gas kleiner. Zwanzig Minuten köchelte das Ganze bei halb geöffnetem Deckel, dann gab Costanza Reis, Tomaten, Zwiebeln, Knoblauch und Pancetta zu. Ein paar Mal rührte sie vorsichtig um und ließ die Mischung fünf Minuten weiterköcheln. Jetzt war es an der Zeit abzuschmecken. Costanza nahm einen Suppenlöffel und kostete.

Kartoffelwürfel und Zucchini waren perfekt, die Brühe schmeckte etwas eigen. Nicht schlecht, nur ein wenig streng. Nach Rizinus. Da musste nachgewürzt werden. Mit Chilipulver, Pfeffer und so vielen zerstoßenen Peperoncinoschoten, bis die Geschmacksnerven im Mund taub wurden. Ja, so war es besser. Viel besser. Costanzas Zunge brannte. Mit tränenden Augen sah sie in den Topf. Irgendeine Kleinigkeit stimmte immer noch nicht. Costanza fuhr sich mit dem Ärmel über die Augen. Natürlich, das Lorbeerblatt! Das war ja ungenießbar. Sie fischte es heraus, rührte noch einmal um und drehte das Gas ab.

Der Transport gestaltete sich schwierig. Costanza hätte einen Helfer gebrauchen können, doch draußen war niemand zu sehen, den sie kannte. Außerdem hätte sie sowieso nicht gewusst, wem sie in Zeiten wie diesen trauen konnte. Sie würde eben mehrmals gehen müssen. Einen Teil der Suppe füllte sie in eine alte Milchkanne mit Henkel. Tiefe Teller und Löffel packte sie in einen Korb. Auf die erste Straßensperre traf sie beim Haus von …, na, wie hieß er doch gleich? An der Sperre standen zwei uniformierte Deutsche. In ihren Panzerwesten sahen sie wie Schildkröten aus, die sich mit Mühe aufgerichtet hatten.

»Verstehen Sie mich?«, fragte Costanza vorsichtig. Die Deutschen hatten Maschinenpistolen umhängen.

»Signora?«, fragte einer der beiden zurück.

»Das war eine lange Nacht, was?«, fragte Costanza.

Der zweite Deutsche nickte.

»Ihr werdet hungrig sein.« Costanza nahm den Deckel der Milchkanne ab. Sie schöpfte zwei Teller bis zum Rand voll Gemüsesuppe und reichte sie den Soldaten. Das Olivenöl, mit dem sie die Portionen beim Servieren verfeinern wollte, hatte sie vergessen. Dann musste es eben ohne gehen. Wer Sauerkraut gewohnt war, würde wohl nicht so pingelig sein.

»Sehr freundlich von Ihnen, Signora.« Auch der zweite Deutsche sprach Italienisch. Die beiden begannen zu essen.

»Schmeckt es?«, fragte Costanza.
»Ganz schön scharf!«
»Wir nennen das Minestrone, hier bei uns in Italien.«
»Ich weiß«, stöhnte der Deutsche, »aber so scharf ...«
»Uns Südländern schmeckt es so. Vielleicht wegen unseres feurigen Temperaments«, sagte Costanza.

Der zweite Deutsche weinte. Das hätte er sich überlegen sollen, bevor er fremde Länder überfiel.

»Ich warte, bis ihr fertig seid. Die leeren Teller nehme ich dann gleich wieder mit«, sagte Costanza. Zwei, drei Stunden würde es wohl dauern, bis das Rizinusöl wirkte. Zeit genug, um auch den anderen Posten der Deutschen einen Besuch abzustatten. Costanza wäre längst wieder zu Hause, wenn die Rennerei losging. Wer scheißt, schießt nicht, dachte sie und kicherte, weil man so einen Kraftausdruck eigentlich nicht einmal denken sollte. Schon gar nicht in so einem historischen Moment. Lang lebe die Resistenza!

Fast alle Autos der Einwohner Montesseccos standen im Sperrgebiet auf der Piazza. Zwar waren sie nicht ausgebrannt wie Donatos Wagen, aber im Moment genauso wenig benutzbar. Die Einsatzleitung weigerte sich, irgendjemanden dorthin durchzulassen. Der Geiselnehmer sei unberechenbar. Man könne nicht wissen, ob er sich nicht bedroht fühle, wenn ein Auto direkt unter seinem Fenster vorbeifahre. Wie die Leute zur Arbeit oder zum Einkaufen kommen sollten, interessierte die Polizisten nicht.

Aber selbst wenn sie den Zugang zur Piazza gestattet hätten, wäre es unmöglich gewesen, Montesecco mit dem Auto zu verlassen. Die Hauptzufahrtsstraße war weit über das Ortsschild hinaus von den Übertragungswagen der verschiedenen Fernsehsender und vom Fuhrpark der Printmedien zugeparkt. Gleiches galt für den Weg durch das enge Tor, das als letzter Rest des mittelalterlichen Castello erhalten geblieben war. Theoretisch passierbar blieb der Feldweg, der vom Holzkreuz über die verschneiten Äcker zu den höchstgelegenen Häusern Monteseccos führte.

Ihn hatten die Vigili schon gestern Mittag im Abstand von fünfzig Metern mit tragbaren Halteverbotsschildern gesäumt. Obwohl diese kaum zu übersehen waren, hatten die Presseleute sie im Bemühen, möglichst nahe an der Bar zu parken, beharrlich ignoriert. Nachdem sich das Abschleppen wegen der engen Biegungen schwierig gestaltete und noch dazu von heftigen Protesten der über die Behinderung ihrer Arbeit klagenden Medienvertreter begleitet wurde, sperrten die offiziellen Stellen den Feldweg kurzerhand. Außer natürlich für den dienstlichen Verkehr, dessen Volumen sich als beachtlich erwies und bisher ungefähr dem Verkehrsaufkommen entsprach, das Montesecco sonst während eines ganzen Jahres verzeichnete.

Schon die Versorgung der Polizisten von NOCS, regulärer Polizia di Stato und Vigili urbani stellte eine logistische Herausforderung ersten Ranges dar. Wie viele insgesamt im Einsatz waren, unterlag der Geheimhaltung, es handelte sich jedenfalls um ziemlich viele. Die Kirche war zum Massenlager umfunktioniert und von den Staatspolizisten bezogen worden, die nach zwölfstündigem Wachdienst von der Tagschicht abgelöst worden waren. Im halb verfallenen Untergeschoss des Pfarrhauses richtete man eine Feldküche ein. Darüber arbeiteten Einsatzleitung und technische Abteilung. Die Sebastianskapelle neben der Bar hatten sich die Sanitäter unter den Nagel gerissen.

Wo sie nun bitte schön beten solle, hatte Lidia Marcantoni gefragt. Sie wusste schon, dass Gott einen überall hörte, aber für sie war es doch nicht das Gleiche. Wozu gab es sonst Kirchen? Außerdem wollte sie gern vor dem Muttergottesaltar eine Kerze anzünden. Das wurde ihr nach einigem Hin und Her gestattet. Voll böser Vorahnungen trat sie ein. Die Kirchenbänke waren umgestellt und als Raumteiler missbraucht worden. Auf dem vordersten Matratzenlager kauerten fünf Polizisten wie bei einem Trinkgelage im alten Rom. Sie spielten Karten. Lidia erlaubte sich, daran zu erinnern, dass Jesus schon in jungen Jahren alle aus dem Tempel gejagt hatte, die den heiligen Ort entweiht hatten.

»Wir spielen doch nur ein paar Runden Poker«, sagte ein Polizist.

»Wir haben zwölf Stunden Wache geschoben«, sagte der zweite.

»Nun zünden Sie Ihre Kerze schon an!«, sagte der dritte.

Lidia verzichtete. Sie würde das erst wieder tun, wenn sie nicht befürchten musste, dass sich ein Polizist daran seine Zigarette ansteckte. Kaum zu Hause angekommen, beschwerte sie sich telefonisch bei der Diözesanleitung. Dort verstand man ihre Bedenken, gab aber vor, nichts tun zu können. Unter den gegebenen Umständen müsse man die amtlichen Stellen vorbehaltlos unterstützen.

Schwerer hatten es die Medienvertreter. Die ehemalige Schule lag in der Sperrzone an der Piazza, und sonst gab es keine öffentlichen Gebäude, in denen sie unterkommen konnten. Wollten sie vor Ort bleiben, waren sie auf Privatquartiere angewiesen. Doch außer Donatos Schlafzimmer, das sich Canale 5 exklusiv gesichert hatte, konnte bisher kaum ein weiteres Objekt angemietet werden. Trotz sehr anständiger Angebote weigerten sich einige Hausbesitzer schlicht, andere sahen keine Möglichkeit, weil ihre Zimmer mit ausquartierten Piazza-Anliegern schon überbelegt waren.

Die besten Chancen boten noch die verrammelten Häuser, deren Besitzer allenfalls in den Sommerferien in ihren Heimatort zurückkehrten, doch auch das gestaltete sich schwieriger als vermutet. Oft gelang es nicht einmal, mit den Hauseigentümern Kontakt aufzunehmen, auch weil diejenigen von ihnen, die es irgendwie ermöglichen konnten, aus Deutschland oder Belgien aufgebrochen waren und gerade über schneeglatte Alpenpässe schlitterten. Wenn

Montesecco schon einmal europaweit in den Schlagzeilen war, wollten sie auch dabei sein.

Einige Mietverhandlungen waren noch nicht abgeschlossen, doch einen greifbaren Erfolg konnte nur die Rai vorweisen. Ihr war allerdings ein Mediencoup gelungen, dem die Konkurrenz neidvoll Beifall klatschen musste. Der staatliche Sender hatte seine strukturellen Vorteile ausgenutzt und seinen USA-Korrespondenten von Washington nach Detroit geschickt, wo ein Sohn Monteseccos, der von allen nur Americano genannt wurde, zwei Pizzerie betrieb. Der Rai-Korrespondent, der aus der Nachbarregion Umbrien stammte und des marchigianischen Dialekts einigermaßen mächtig war, brauchte keine halbe Stunde, um sich mit dem Americano zu verbrüdern. Zehn Minuten darauf hatte er ausgerechnet den am weitesten von seiner Heimat Versprengten dazu überredet, sein Haus in Montesecco der Rai zur Verfügung zu stellen. Noch dazu unentgeltlich.

»Frage nicht, was dein Land für dich tun kann, frage, was du für dein Land tun kannst«, hatte der Americano gesagt. Dann hatte er mitgeteilt, wo der Zweitschlüssel abzuholen sei, und mit dem Korrespondenten ein paar Grappe gekippt. Die Medienleute vor Ort nannten das Haus des Americano inzwischen den Rai-Palast. Für hiesige Verhältnisse war es ein stattliches Gebäude, das nur den Nachteil hatte, keinerlei Sicht auf die Piazza oder den Schlupfwinkel des Geiselnehmers zu gewähren. Dafür war die Bar gleich um die Ecke.

Dort hingen außer den Presseleuten die Schaulustigen herum. Was sollten sie sonst tun? Aus der ganzen Provinz Pesaro-Urbino und darüber hinaus waren sie angereist, nur um in Eiseskälte vor Polizeiabsperrungen zu stehen, an denen nichts geschah und hinter denen nichts zu erkennen war. Bevor sie zu ihren weit draußen geparkten Autos zurückmarschierten, wollten sie sich wenigstens einen Caffè gönnen und vielleicht ein paar Worte mit einem Reporter wechseln, dessen Gesicht sie aus dem Fernsehen kannten.

Aus Montesecco selbst verirrte sich kaum mehr einer in die Bar. Dass die Stammplätze, auf denen man sich seit Jahren oder Jahrzehnten niederließ, immer schon besetzt waren, hätte man noch verschmerzen können, aber man fühlte sich auch sonst nicht mehr wohl. Der ganze Raum schien auf einmal fremd geworden, die wackeligen Tische, die beiden blinkenden Spielautomaten, die Fotos vom Dorffest 1996, die früher nie jemand beachtet hatte, ja selbst das Licht der nackten Leuchtstoffröhren wirkte irgendwie verändert.

Die Inhaber der Bar, Marta und Ivan Garzone, fanden keine Zeit, auf solche Kleinigkeiten zu achten. Sie machten das Geschäft ihres Lebens. Marta lernte gerade eine Schankhilfe an, einen entfernten Verwandten aus Senigallia, der dort während der Saison als Bademeister arbeitete und im Winter sowieso nicht wusste, was er mit sich anfangen sollte. Ivan entwarf eine Cocktailkarte, da schon mehrfach nach einer Bloody Mary oder einem Tequila Sunrise verlangt worden war. Der Kunde war König, vor allem, solange er großzügig bezahlte.

Problematisch gestaltete sich allenfalls, den Nachschub an Getränken zu organisieren. Die Lieferanten waren zwar in der Lage, der vielfach erhöhten Nachfrage zu entsprechen, konnten aber auf Grund der misslichen Verkehrssituation nicht bis zur Bar durchkommen. So wurde die Ware außerhalb des Dorfs, nämlich unten an der Hauptstraße, entladen. Für den Transport zur Piazzetta herauf sorgten auf Vorschlag eines altgedienten Journalisten des *Corriere della Sera* die Kabelträger, Hilfskräfte und Kameraassistenten der diversen Fernsehteams. Es gab sowieso nicht viel anderes für sie zu tun.

Vom Geiselnehmer war nichts zu sehen und zu hören, der Krisenstab hielt zwei Mal am Tag eine Pressekonferenz ab, bei der sich die Teilnehmer darin überboten, mit vielen Worten nichts zu sagen, und die Bewohner Monteseccos machten den Mund überhaupt nicht mehr auf.

Dazu beigetragen hatte sicher der Artikel, mit dem *La Voce del Mezzogiorno* auf Seite drei herausgekommen war. Normalerweise las kaum einer nördlich von Rom dieses Blatt, schon gar nicht die Bewohner von Montesecco, und selbst wenn sie gewollt hätten, wäre das schwierig gewesen. Man hätte dafür eigentlich bis Pesaro oder Ancona fahren müssen, wenn nicht Signora Lazzarini, die Besitzerin der Edicola gegenüber der Stadtverwaltung von Pergola, unternehmerischen Wagemut und bemerkenswerte Weitsicht bewiesen hätte. Gleich nach dem Mord an Oberstaatsanwalt Malavoglia hatte sie ihre Bestellungen auf alle halbwegs wichtigen Zeitungen Italiens vom Südtiroler *L'Adige* bis zur sizilianischen *Gazzetta del Sud* ausgeweitet, und zwar in einer Stückzahl, die das Vertriebsunternehmen nachfragen ließ, ob das wirklich ernst gemeint sei.

Das sei es, hatte Frau Lazzarini bestätigt, und tatsächlich ging ihr Kalkül auf. Die Horde von Reportern, die sich in Montesecco eingenistet hatte, interessierte sich brennend dafür, was die Konkurrenz aus den wenigen verfügbaren Informationen herausgeholt hatte. Jedenfalls wurden Frau Lazzarinis Sohn, der mit voll bepacktem Motorino aus Pergola kam, die Zeitungen aus den Händen gerissen. Selbst die Bewohner von Montesecco ließen sich anstecken. Schließlich war es zum ersten Mal seit über vierzig Jahren wieder möglich, im Dorf eine Tageszeitung zu kaufen. Und zwar nicht nur den *Corriere Adriatico*, sondern alles, was Italiens Presselandschaft zu bieten hatte.

Dass jemand aus Montesecco ausgerechnet *La Voce del Mezzogiorno* erwerben würde, war dennoch äußerst unwahrscheinlich. Im Nachhinein konnte nicht sicher ermittelt werden, wer das erste Exemplar in Umlauf gebracht hatte. Böse Zungen behaupteten, es sei der Reporter, der den Artikel verbrochen hatte, selbst gewesen, auch wenn es unlogisch erschien, dass er die gesamte Einwohnerschaft absichtlich gegen sich aufbringen wollte. Damit verbaute er sich schließlich jede Möglichkeit, an weitere Informationen zu gelangen.

»Welche weiteren Informationen?«, fragte Marta Garzone. »Er hat doch eh schon alles ausgegraben.«

Alles, was stank. Alles, was in den letzten Jahrzehnten an Tragödien über Montesecco hereingebrochen war. An Verbrechen, Tod und nie geklärten Ungeheuerlichkeiten. Und der Reporter hatte es nicht nur ausgegraben, er hatte es mit beiden Händen gepackt, durchgeknetet, zu einer kleinen stinkenden Kugel zusammengepresst, die rollte und rollte und rollte, bis sie, wie beim Roulette, so zufällig wie zwangsläufig in eine ganz bestimmte Kammer fiel, nur dass diese nicht mit einer Zahl gekennzeichnet war, sondern mit einer Schlagzeile. Auf der dritten Seite. Unter der Rubrik *Hintergrund*. Vier harmlose stinkende Worte in dicken Lettern: *Die Saat der Gewalt*. Die etwas kleinere Überschrift darunter lautete: *Montesecco – das kriminellste Dorf Italiens*. Und dann ging der Artikel los.

Wer in Neapel abends durchs Quartiere Spagnolo spaziert, weiß, was er riskiert. Als Ladenbesitzer in Palermo hat man die Wahl, Schutzgelder zu zahlen oder bald einen Laden besessen zu haben, und im kalabresischen San Luca schlachten sich die verfeindeten 'Ndrangheta-Familien gegenseitig ab. Doch der gefährlichste Ort Italiens ist anderswo. Er liegt nicht im desolaten Mezzogiorno und ist nicht für seine Mafia-Clans bekannt. Das kriminellste Dorf Italiens befindet sich in der marchigianischen Provinz.

Montesecco hat sicher einmal bessere Zeiten gesehen. Nun fällt der Putz von den Mauern der meist längst verlassenen Häuser. Fünfundzwanzig Einwohner sind übrig geblieben. Nur selten huscht einer von ihnen schweigsam und misstrauisch durch die Gassen, um sich schnell wieder in den eigenen vier Wänden zu verbarrikadieren. Und er hat allen Grund dazu. Nicht erst, seit ein in Montesecco geborener und aufgewachsener Geiselnehmer ganz Italien in Atem hält. Nicht erst, seit Oberstaatsanwalt Malavoglia und sein Fahrer hier ermordet wurden.

In Montesecco regiert die Gewalt seit langem. Eine blutige Spur zieht sich durch die Generationen, und jede schreckliche Tat scheint unweigerlich eine noch schrecklichere zu gebären. Allein in den letzten siebzehn Jahren mussten hier sieben Menschen ihr Leben lassen, teils unter höchst mysteriösen Umständen, teils durch eindeutige Morde. Das sind achtundzwanzig Prozent der durchschnittlichen Einwohnerzahl! Hochgerechnet hätte Neapel mit seiner Million Einwohner im gleichen Zeitraum zweihundertachtzigtausend Opfer von Bluttaten verzeichnen müssen. Dass Montesecco ein quasi rechtsfreier Raum ist, zeigt auch ein anderes beunruhigendes Faktum: Die Aufklärungsquote liegt bei null Prozent. Für kein einziges Kapitalverbrechen konnte ein Täter rechtskräftig verurteilt werden. Doch die Bilanz Monteseccos im Einzelnen:

In den frühen neunziger Jahren des letzten Jahrhunderts starb Giorgio L. anscheinend an den Folgen eines Vipernbisses. Die zuständigen Stellen taten anfangs mit einem Achselzucken ab, dass der kräftige Mann stundenlang nicht versucht hatte, Hilfe zu finden, und dass seine Leiche fern vom Unglücksort aufgefunden wurde. Nur der Vater des Toten, Carlo L., prangerte zwei Tage lang ununterbrochen den Mord an seinem Sohn an. Dann kam er selbst ums Leben. Die Polizei konstatierte einen Motorradunfall. Ob jemand Carlo L. zum Schweigen bringen wollte, konnte nicht herausgefunden werden. Die viel zu zögerlich angelaufenen Ermittlungen wurden von einigen Dorfbewohnern massiv behindert. Selbst mit dem Gebrauch von Schusswaffen soll dabei gedroht worden sein. Als endlich Paolo G. ins Visier der Polizei geriet, konnte er nicht mehr vernommen werden, da er – welch ein Zufall – kurz zuvor ebenfalls an Viperngift gestorben war. Die damaligen Ermittler vermuteten einen Racheakt, vermochten aber nichts nachzuweisen. Der Fall wurde zu den Akten gelegt. Doch in Montesecco ver-

gaß man nicht. Man wartete nur auf eine günstige Gelegenheit.

Die ergab sich Jahre später. Der zweiundachtzigjährige Benito S. starb angeblich eines natürlichen Todes. Seltsam nur, dass das geschah, als er gerade begonnen hatte, sein heimlich angehäuftes Vermögen mit vollen Händen auszugeben. Um das Erbe entbrannten jedenfalls erbitterte Auseinandersetzungen, in die Ivan G., ein Cousin des Jahre zuvor so passend verstorbenen Paolo G., maßgeblich verstrickt war. Der Streit gipfelte in der Entführung eines achtjährigen Jungen. Ein von Ivan G. deswegen engagierter Privatdetektiv wurde mit durchschnittener Kehle aufgefunden. Leiche Nummer fünf. Die Polizei verhaftete als mutmaßliche Täterin Sabrina L., die später aus Mangel an Beweisen freigesprochen wurde. Es handelte sich um niemand anderen als die älteste Tochter von Giorgio L., dem ersten Vipernopfer. Ein Schelm, wer Böses dabei denkt!

Montesecco im Jahr 2008. Ganz Italien wird Zeuge des dritten Akts der Tragödie. Die Gespenster der Vergangenheit kehren zurück und fordern mit Malavoglia und seinem Fahrer ihre vorläufig letzten Opfer. Wen wundert es, dass der Geiselnehmer und mutmaßliche Attentäter Minh V. identisch mit dem Jungen ist, der vor neun Jahren entführt worden war? Auch wenn die genauen Zusammenhänge noch im Dunkeln liegen, dürfte die Polizei gut beraten sein, die blutige Chronik dieses Dorfs nicht außer Acht zu lassen. Mord verjährt nicht. Vielleicht wird sich doch endlich jemand für die Taten verantworten müssen, die aus Montesecco den lebensgefährlichsten Ort Italiens machten.

»Völlig richtig«, sagte Ivan Garzone zum Verfasser des Artikels, als er ihn unter seinen Gästen ausfindig gemacht hatte. »Hier ist wirklich der gefährlichste Ort Italiens. Zumindest für Sie! Und jetzt raus aus meiner Bar!«

Der Journalist protestierte, berief sich auf die Pressefreiheit und versuchte zu argumentieren. Was sei denn falsch an seinem Artikel?

»Alles«, sagte Ivan.

Wenn ihm ein sachlicher Fehler nachgewiesen werden könne, nur ein einziger, werde er freiwillig gehen, meinte der Journalist. Sonst nicht. Das sähe er gar nicht ein.

»Ich erteile Ihnen hiermit Hausverbot«, sagte Ivan.

»Weil ich die Wahrheit geschrieben habe?«, fragte der Journalist. Seine Kollegen murrten. Einer sagte, dass für ein Hausverbot handfeste Gründe nötig seien. Etwa, wenn jemand die Zeche geprellt oder eine Schlägerei angezettelt habe. Aber selbst der Hausherr könne keinen aus einer öffentlichen Bar verweisen, nur weil ihm dessen Nase nicht passe. Oder dessen Meinung. Das verstoße gegen die Grundrechte. Man könne ja auch niemanden hinauswerfen, nur weil er Jude oder Moslem oder schwul sei. Wenn dagegen Klage eingereicht würde, gäbe es kein Gericht in der zivilisierten Welt, das nicht …

»Hinaus!« Ivan schubste den Reporter von *La Voce del Mezzogiorno* Richtung Tür.

»Wenn er gehen muss, gehen wir auch«, sagte einer der anderen Medienleute.

»Das trifft sich gut«, sagte Marta Garzone. »Wir wollten sowieso gerade dichtmachen.«

Eine Viertelstunde später war die Bar leer. Ivan sperrte von außen ab, und Marta hängte einen Zettel an die Tür, der besagte, dass wegen eines Trauerfalls bis auf Weiteres geschlossen sei. Das war nicht einmal völlig gelogen. Der Zeitungsartikel hatte die Garzones so fassungslos wie der plötzliche Verlust eines nahen Verwandten zurückgelassen. Geschäft hin oder her, man konnte nicht zur Tagesordnung übergehen, bevor man nicht einigermaßen begriffen hatte, was eigentlich geschehen war.

Die anderen Bewohner Monteseccos reagierten ähnlich. Der alte Franco Marcantoni ging von Haus zu Haus und erklärte allen, ob sie es hören wollten oder nicht, dass der Schreiberling eine Milchmädchenrechnung aufgemacht habe. Unredlich sei schon mal, den Mord an Malavoglia und seinem Fahrer einzubeziehen. So tragisch das Verbrechen sei, es habe sich ja nicht einmal innerhalb des Dorfs ereignet. Im Übrigen könne man die Todesfälle nicht auf die Einwohnerzahl hochrechnen. Wenn zum Beispiel einmal eines der wenigen Autos, die von hier ins Nevola-Tal hinabfuhren, aus einer Kurve rutschte, würde doch auch niemand behaupten, dass dieser Feldweg gefährlicher als die Autostrada del Sole sei, nur weil sich dort nicht jeden Tag zehntausend Autos überschlugen. Man müsse sich nur vorstellen, dass Person A täglich von Montesecco nach Madonna del Piano fahre und Person B zum Beispiel von Bologna nach Florenz. Letztere habe statistisch jeden zweiten oder dritten Tag die Chance, in einen Unfall zu geraten, Erstere vielleicht einmal in zehn Jahren. Wenn überhaupt. Franco Marcantoni fuchtelte mit dem Zeigefinger. Ob jeder verstanden habe, was er meine?

»Natürlich«, sagte Angelo Sgreccia. »Und außerdem ist mein Vater wirklich eines natürlichen Todes gestorben.«

Franco nickte.

»An Altersschwäche«, sagte Angelo Sgreccia. »Er war zweiundachtzig Jahre alt. Da ist es doch kein Wunder, wenn ...«

»Nein«, sagte Franco.

»Er ist ja auch untersucht worden. Oben habe ich den Totenschein«, sagte Angelo.

Franco nickte.

»Und wenn Gianmaria Curzio damals etwas anderes behauptet hat,« sagte Angelo, »dann nur, weil er sich nicht damit abfinden konnte, dass sein Kumpel tot war.«

»Das wissen wir doch alle«, sagte Franco.

»Weil immer einer schuld sein muss«, sagte Angelo, »weil verdammt noch mal niemand akzeptieren kann, dass etwas ist, wie es ist.«

In der Tat war das schwierig. Vor allem, wenn man sich, seine Verstorbenen, die Verwandten und Nachbarn als

Hauptdarsteller einer Horrorgeschichte wiederfand. Dass die Nachnamen abgekürzt waren, änderte nichts. So viele Ivan G.s und Minh V.s gab es nicht unter den fünfundzwanzig Einwohnern Montiseccos.

»Ob es Milena war, die dem Reporter das alles verraten hat?«, fragte Matteo Vannoni.

Antonietta Lucarelli schüttelte den Kopf. »Das ist doch jetzt egal.«

Zu ändern war daran freilich nichts mehr. Matteo Vannoni schnitzte an einem Wurzelstück herum. Antonietta saß neben ihm am Tisch. Sie starrte in die Zeitung, obwohl sie mit dem Artikel durch war. Sie hatte ihn laut vorgelesen, konzentriert und langsam, als dürfe kein Wort davon verlorengehen.

Das Holz im Ofen knackte. Es war ein alter gusseiserner Ofen, der gut heizte, wenn er mal auf Touren war. Zu gut sogar. Diese Öfen hielten nie die richtige Temperatur. Man konnte nur zwischen Eiseskälte und Affenhitze wählen.

»Matteo?«, fragte Antonietta, ohne Vannoni anzusehen. »Glaubst du, dass etwas Wahres dran ist?«

»Woran?«

»Dass jede schreckliche Tat unweigerlich eine noch schrecklichere hervorbringt?«

Es war Antoniettas Tochter Sabrina gewesen, die Minh vor neun Jahren entführt hatte. Davon war Vannoni fest überzeugt, auch wenn Sabrina im Prozess nicht verurteilt worden war. Sie hatte das Gerichtsgebäude als freier Mensch verlassen und war nie mehr nach Montesecco zurückgekehrt. Angeblich hatte sie in Mailand ihr Studium beendet und arbeitete dort irgendwo als Betriebspsychologin.

Antonietta hatte lange gezögert, ob sie ihrer eigenen Tochter eine brutale Kindesentführung zutrauen sollte. Ohne dass es einen äußeren Anlass oder gar neue Erkenntnisse gab, hatte sie sich irgendwann dagegen entschieden. Wider besseres Wissen, vermutete Vannoni, obwohl er ihren Sinneswandel nie offen angesprochen hatte. Eine Mutter musste wohl so denken. Sie konnte schlecht härter reagieren als der Rechtsstaat, für den eben unschuldig war, wer nicht überführt werden konnte. Vannoni verstand das, und doch war etwas zwischen ihnen zerbrochen, als er kapiert hatte, dass sie ihre neu gefasste Überzeugung nicht mehr in Frage stellen würde.

Vannoni war erst ein paar Monate vor der Entführung bei Antonietta eingezogen, und trotz gelegentlicher Anfeindungen seitens ihrer Familie war es zwischen ihnen gut gelaufen. Eine vertraute, unaufgeregte Liebe, wie sie ihrem Alter angemessen war. Sie waren sparsam damit umgegangen, so dass sie sich vorstellen konnten, dass sie reichen würde, bis der Tod sie schied. Doch dann war es plötzlich vorbei gewesen. Auch Antonietta hatte es gespürt. Eine Weile hatten sie aneinander vorbeigelebt, und irgendwann war Vannoni wieder ausgezogen. Ohne Drama. Es hatte eben nicht sein sollen.

Zu Catia und Minh, denen er sein eigenes Haus überlassen hatte, wollte Vannoni nicht zurück. Seit Jahren wohnte er nun am Ortsrand in einem Zwei-Zimmer-Häuschen, das ihn die Rapanotti-Erben kostenlos benutzen ließen, solange er für sie den väterlichen Hof auf halbem Weg nach Magnoni in Schuss hielt. Als Antonietta ihr Haus an der Piazza räumen musste, hatte er sie selbstverständlich bei sich aufgenommen. Irgendwelche Hintergedanken waren dabei nicht im Spiel gewesen. Außerdem hatte er danach sowieso Tag und Nacht bei seiner Tochter Catia verbracht. Zum ersten Mal seit Langem saß er nun mit Antonietta allein zusammen.

»Matteo?«, fragte sie.

»Nein«, sagte Vannoni. Er legte das Schnitzmesser zur Seite. »Ich glaube nicht, dass ein Verbrechen zwangsläufig zum nächsten führt. Ich glaube, dass sich jeder entscheiden kann. Vielleicht nicht völlig frei, aber doch so, dass er zu dem, was ihn treibt, nein sagen könnte.«

Zumindest hoffte Vannoni das. Er dachte an seinen Enkel Minh, der jahrelang in psychologischer Behandlung gewesen war, aber das Trauma seiner Entführung nie wirklich überwinden konnte. Auch seinen Entführer hatte er nie genannt. Wenn überhaupt, sprach er von einem Unbekannten mit den Zügen einer bösen Märchenfigur. Selbst als er schon fast erwachsen war. Kurz nach Minhs sechzehntem Geburtstag hatte Vannoni das Thema letztmals angesprochen. Von einem Moment zum anderen war Minh wieder in die Situation von damals zurückgefallen. Nicht nur, dass er exakt die gleichen Formulierungen verwendet hatte, auch Tonfall und Sprechweise waren die eines verstörten Kinds gewesen. Vielleicht hätte man sich denken können, dass all das einmal gewaltsam aus ihm herausbrechen würde. Im Nachhinein war man immer schlauer. Vannoni sagte: »Mir ist heiß. Stört es dich, wenn ich kurz durchlüfte?«

»Ich frage mich ...«, sagte Antonietta.

»Was?« Vannoni ging zum Fenster und riss es auf. Kalte Luft strömte herein. Wenn man tief einatmete, meinte man, dass kleine, scharfkantige Eiskristalle die Nasenwände verletzten.

»Glaubst du, dass wir alle Monster sind?«, fragte Antonietta. Sie faltete die Zeitungsblätter sorgsam zusammen.

Vannoni setzte sich und legte seine Hand auf ihren linken Unterarm. Durch den Stoff spürte er die Körperwärme. Er ließ seine Finger bis zu ihrem Handgelenk vorgleiten. Antoniettas Haut fühlte sich vertraut an. Nach so langer Zeit war das ein seltsames Gefühl. Vannoni zog seine Hand zurück. Im Wurzelstück vor sich auf dem Tisch glaubte er nun ein Gesicht zu erkennen, das ihm vorher nicht aufgefallen war. Die Fratze einer alten Hexe, deren Züge von Holzgeschwüren überwachsen schienen. Vannoni griff nach dem Schnitzmesser.

Von: »Krisenstab« *opseg@questure.poliziadistato.it/pesaro*
An: »Minh« *minhvannoni@yahoo.it*
Die Brigadisten lehnen eine Freipressung ab. Begründung: Es handle sich bei Ihrer Aktion um politisches Abenteurertum, und zudem gebe es keine sicheren Aufnahmeländer.

Von: »Minh« *minhvannoni@yahoo.it*
An: »Krisenstab« *opseg@questure.poliziadistato.it/pesaro*
Was ist mit den Palästinensern? Kuba? Venezuela? Simbabwe? Nordkorea? Haben Sie mit den Regierungen Kontakt aufgenommen?

Von: »Krisenstab« *opseg@questure.poliziadistato.it/pesaro*
An: »Minh« *minhvannoni@yahoo.it*
Kontakte auf Regierungsebene herzustellen ist sinnlos, wenn die Grundlage dafür nicht gegeben ist. Die inhaftierten Brigadisten wollen nicht ausgeflogen werden.

Von: »Minh« *minhvannoni@yahoo.it*
An: »Krisenstab« *opseg@questure.poliziadistato.it/pesaro*
Glauben Sie, Sie können mich verarschen? Sie machen jetzt Folgendes: 1) Zusammenlegung aller gefangenen Genossen. 2) Aufzeichnung einer Erklärung der Gefangenen, in der sie ihren Willen selbst formulieren. 3) Ausstrahlung dieser Erklärung in den Nachrichtensendungen von Rai Uno, Rai Due, Rai Tre und Canale 5. Ich gebe Ihnen bis morgen Abend um 22 Uhr Zeit.

Von: »Krisenstab« *opseg@questure.poliziadistato.it/pesaro*
An: »Minh« *minhvannoni@yahoo.it*
Schon Ihre erste Forderung ist in der Kürze der Zeit nicht erfüllbar. Der Justizminister befindet sich in Brüssel. Die Strafvollzugsbehörden der betroffenen Regionen müssen zustimmen. Ein geeigneter Ort für eine eventuelle Zusammenlegung muss ausfindig gemacht und entsprechend ausgestattet werden.

Von: »Minh« *minhvannoni@yahoo.it*
An: »Krisenstab« *opseg@questure.poliziadistato.it/pesaro*
 Was wollen Sie denn? Sie haben dreißig Stunden! Ich schwöre Ihnen, Sie kriegen keine Minute länger! Die Zeit läuft.

Von: »Krisenstab« *opseg@questure.poliziadistato.it/pesaro*
An: »Minh« *minhvannoni@yahoo.it*
 Die rechtsstaatlichen Abläufe können wir nicht ändern. Es nützt Ihnen nichts, wenn wir Zusagen geben, die nicht einzuhalten sind. Wir versichern Ihnen, dass wir Sie sehr ernst nehmen und Ihnen nichts vormachen. Deshalb wollen wir Ihnen unsere Befürchtung nicht verschweigen, dass die politischen Entscheidungsträger kaum zu Zugeständnissen bereit sein werden, wenn kein aktuelles Lebenszeichen von den Geiseln vorliegt. Lassen Sie sie mit uns telefonieren!

Von: »Minh« *minhvannoni@yahoo.it*
An: »Krisenstab« *opseg@questure.poliziadistato.it/pesaro*
 Als Erster wird Ispettore Russo hingerichtet werden. Vielleicht schaffen Sie es in dreißig Stunden wenigstens, seine Familie darauf vorzubereiten.

Zu zweit hätten sie sich Montesecco aufteilen können. Dann wäre es schneller gegangen, aber Ivan hatte sich zu sehr in den Vordergrund gespielt. Deshalb schien es den Garzones unauffälliger, wenn Marta allein von Haus zu Haus ging. Sie klopfte an den Türen und ließ sich trotz ihrer Eile hereinbitten. Die Medienleute, die auf der Suche nach Berichtenswertem durch die Gassen streunten, mussten nicht mitbekommen, dass eine Dorfversammlung einberufen wurde. Im Laufe der nächsten Stunde sollten sich alle in der Bar einfinden. Man müsse etwas tun.

Marta schärfte ihnen ein, einzeln zu erscheinen und den Seiteneingang zu den privaten Wohnräumen der Garzones zu benutzen. Von dort führte eine interne Verbindung über die Küche zum Gastraum der Bar. Die Haupttür zur Piazzetta hin blieb verschlossen. Um 16 Uhr waren nicht alle da, aber viele. Sogar die Sgreccias, die seit dem Streit um Benitos Erbe auf Ivan Garzone nicht besonders gut zu sprechen waren. Marisa Curzio hatte Catia Vannoni mit sanfter Gewalt mitgeschleppt. Auch Milena Angiolini saß in einer Ecke, obwohl sie nicht eingeladen worden war. Weiß der Himmel, wie sie von dem Treffen Wind bekommen hatte.

Ivan Garzone sah sie demonstrativ an, als er damit begann, dass eins klar sein müsse: Was hier besprochen werde, dürfe nicht nach draußen dringen. Wer jetzt noch nicht kapiert habe, dass das nur zu Katastrophen führe, dem sei nicht mehr zu helfen. Ivan drückte auf den Lichtschalter und wartete, bis die Leuchtstoffröhren flackernd angesprungen waren. Dann schloss er die Läden des einzigen Fensters. Er sagte: »Wenn du den Mund nicht halten kannst, Milena, wäre es wohl besser ...«

Milena unterbrach ihn. »Ich war es nicht. Mit dem Kerl von *La Voce del Mezzogiorno* habe ich kein einziges Wort gewechselt. Mir hat gereicht, was sie aus meinem Fernsehinterview gemacht haben.«

Die anderen schwiegen. Man hatte mitbekommen, wie Milenas Kinder am Abend nach der Sendung aus dem Haus gelaufen waren. Viel zu leicht angezogen und ziemlich durcheinander, weil sich Mama und Papa die ganze Zeit stritten. Sie hatten Lidia Marcantoni gefragt, ob Papa wirklich zurück in den Senegal gehe, weil Mama alles tue, um ihn hier fremd bleiben zu lassen. Vielleicht tat man Milena Unrecht. Niemand machte denselben Fehler zwei Mal.

»Der Zeitungsreporter war wahrscheinlich schon vorher informiert worden«, sagte Ivan. »Der Artikel musste ja erst geschrieben und gedruckt werden.«

»Ihr habt das Interview doch alle selbst gesehen. Ich habe nicht ein Zehntel von dem gesagt, was in der Zeitung stand. Wieso hätte ich mich denn im Fernsehen zurückhalten sollen, wenn ich alles schon dem Reporter verraten hätte?« Milenas Argument war nicht unbedingt zwingend, aber die Art, wie sie es vorbrachte, ließ einen fast glauben, dass sie die Wahrheit sagte. Man spürte in ihrem Ton, wie sehr sie von der Unterstellung Ivans verletzt worden war. Wenn sie das nur spielte, war sie für einen Oscar reif!

Vielleicht wollte man ihr auch vertrauen, obwohl damit nichts gewonnen war. Ganz im Gegenteil. Denn wenn Milena nicht geplaudert hatte, wer dann? Jemand, der nicht in der Bar aufgetaucht war? Matteo Vannoni, Antonietta Lucarelli? Vielleicht gar Costanza Marcantoni, die möglicherweise nicht so verwirrt war, wie sie immer vorgab? Oder es war doch einer von ihnen hier im Raum gewesen? Einer, der eifrig genickt hatte, als es hieß, dass man etwas gegen diese böswilligen Unterstellungen unternehmen müsse.

»Wenn jemand etwas zu sagen hat ...« Ivan beendete seinen Satz nicht. Jeder wusste, dass der Informant gestehen sollte, und ebenso, dass niemand Ivans Aufforderung nachkommen würde. Man saß eine Weile herum und fragte sich im Stillen, ob es so aussah, als habe man etwas zu verbergen, wenn man die eigenen Fingernägel musterte. Sollte man lieber den Kopf heben und dem Gegenüber in die Augen sehen? Oder würde einem das gleich als Anschuldigung ausgelegt werden? Und doch hätte man gern beobachtet, wie sich die anderen verhielten. Ob sie den Blick abwandten oder sich sonst irgendwie verrieten.

Der alte Franco Marcantoni war der Erste, der das Schweigen nicht mehr aushielt. Er sagte: »Vielleicht hat der Reporter ja nur Pressemeldungen von damals nachgelesen.«

»Vielleicht«, sagte Elena Sgreccia. Über den Entführungsprozess war natürlich berichtet worden, doch den Streit um Benitos Erbe hatte öffentlich niemand damit in Verbindung gebracht. Und schon gar nicht andere Vorfälle, die Jahre zurücklagen.

»Möglich wäre es«, sagte Marisa Curzio. Die tödlichen Schlangenbisse hatte der *Corriere Adriatico* damals als tragische Unglücksfälle verbucht. Ohne einen Zweifel daran anzudeuten und ohne einen Namen zu nennen. Dafür hatten die Dorfbewohner schon gesorgt. Aber selbst wenn man zwischen den Zeilen mehr herauslesen konnte, blieb Francos Erklärung äußerst unwahrscheinlich. War es wirklich vorstellbar, dass sich der Reporter von *La Voce del Mezzogiorno* durch das Archiv einer anderen Tageszeitung gewühlt hatte? Dass er die Ausgaben der letzten siebzehn Jahre durchgeblättert hatte, ohne zu wissen, wonach er suchen sollte?

»Es wird wohl so gewesen sein«, sagte Lidia Marcantoni. Die anderen nickten zögernd. Man würde einander weiterhin misstrauisch beobachten, doch es hatte keinen Sinn, sich zu zerfleischen. Wenn eine windige Theorie nötig war, um überhaupt gemeinsam beraten zu können, dann tat man eben so, als ob man sie akzeptierte. Denn irgendetwas musste unternommen werden. Nur was?

Angelo Sgreccia behauptete, eine Idee zu haben, wollte aber erst damit herausrücken, wenn der Fernseher angestellt und der Ton so laut gedreht würde, dass man von draußen nichts anderes verstehen könne. Er befürchte, dass der Feind mithöre. Ivan tat ihm den Gefallen, doch Angelos Vorschlag erwies sich nach diesen vielversprechenden Vorbereitungen als eher enttäuschend. Er regte eine Gegendarstellung an, in der alle Verzerrungen des Artikels entlarvt würden. Nach dem Presserecht müsse *La Voce del Mezzogiorno* das abdrucken.

Marisa Curzio bezweifelte, dass dieses Recht ohne anwaltlichen Beistand durchgesetzt werden könne. Einige andere hielten es sogar für kontraproduktiv, die Vorwürfe noch einmal auf den Tisch zu bringen, selbst wenn man sie entkräftete. Etwas bleibe doch immer hängen, und die Diskussion um Montesecco würde dadurch nur neu angefacht. Angelo widersprach, Marisa beharrte darauf, dass ein Recht in der Praxis noch lange nicht gelte, nur weil es auf dem Papier stehe, Ivan Garzone sprach sich strikt gegen jede Art der Gegendarstellung aus, worauf Angelo ihn lautstark aufforderte, einen besseren Vorschlag zu machen, und Donato schnappte sich die Fernbedienung. Er schaltete auf seinen Haussender Canale 5 um, in dem bald die Nachrichten beginnen mussten.

Catia Vannoni nickte. Die anderen hatten recht. Man konnte die Sache nicht einfach so weiterlaufen lassen. Nur, dass Catia der Ruf Monteseccos genauso egal war wie die richtige Darstellung längst vergangener Ereignisse. Ihr ging es ums Jetzt. Um ihren Sohn Minh. Und darum, ob er vielleicht noch ein klein wenig Zukunft haben würde. Man musste etwas tun.

Wenn Catia nur mit Minh sprechen könnte! Sie würde ihn überreden, die Geiseln freizulassen und aufzugeben. Sie würde ihm sagen, dass sie ihn mehr als alles andere liebte. Viel zu selten hatte sie ihm das gesagt, aber das würde sie alles nachholen, wenn sich die Möglichkeit dazu noch bieten sollte. Catia blickte um sich. Die anderen stritten wegen irgendwelcher Belanglosigkeiten. Keiner achtete auf sie. Sie zog ihr Handy hervor und wählte Minhs Nummer an.

Sie hatte nicht mitgezählt, aber in den letzten beiden Tagen hatte sie sicher schon fünfzig Mal versucht, Minh zu erreichen. Fünfzig Mal hatte sie auf das Freizeichen gewartet und war dabei überzeugt gewesen, dass Minh spüren müsse, wer am Apparat war. Ich bin es, ich, hatte sie so intensiv wie möglich gedacht und die Finger fest um das Handy gedrückt, als könne sie damit das Signal verstärken. Fünfzig Mal hatte sie dem Tuten gelauscht, fünfzig Mal war ihre Erleichterung, dass Minh nicht abgeschaltet hatte, einer wachsenden Bangigkeit gewichen, einem engen Gefühl in der Brust, das sich ungefähr ab dem sechsten Klingeln langsam aufzulösen begann und nur dumpfe Leere zurückließ. So wie jetzt. Minh antwortete nicht.

Irgendwann nahm Catia das Handy vom Ohr und dachte, dass das nichts zu bedeuten habe. Wahrscheinlich befand sich Minh gerade im Untergeschoss. Vielleicht hörte er das Klingeln nicht, weil auch bei ihm der Fernseher zu laut lief. Oder er musste am Computer etwas Wichtiges erledigen. Hunderte von ganz banalen Gründen waren denkbar, warum er gerade nicht antworten konnte. Catia musste es eben später noch einmal versuchen. In einer halben Stunde. Oder besser in zehn Minuten. Sie steckte das Handy ein.

Plötzlich war in der Bar nur noch eine fremde Stimme zu hören. Catia hatte nicht bemerkt, wann die Diskussion abgebrochen worden war. Erst als sie Marisa Curzio wie gebannt auf den Fernseher in der Ecke starren sah, wurde ihr klar, dass die 17-Uhr-Nachrichten schon liefen. Die Sprecherin stand hinter ihrem Pult und bewegte die Lippen. Allmählich formten sich für Catia die Laute zu verständlichen Worten.

»... *fordert der Geiselnehmer nach Angaben von Radio Radicale die Freilassung von zwölf verurteilten Terroristen der Roten Brigaden. Polizeiliche Stellen wollten diese Meldung nicht kommentieren. Sie verwiesen auf eine Presseerklärung des Innenministers, die in wenigen Minuten erwartet wird. Canale 5 wird im Anschluss an die Nachrichten live in den Viminale schalten. Doch zuerst zum Schauplatz der Geiselnahme nach Montesecco. Anna-Maria Guglielmi, wie ist bei Ihnen die Lage?*«

Im Fernseher war Minhs Büro von schräg oben zu sehen. Der Schnee auf dem Flachdach schien unberührt. Die feine weiße Linie auf dem Geländer war an einer Stelle unterbrochen, als hätte jemand achtlos über den Handlauf gewischt. Bestimmt hatte sich dort nur ein Vogel kurz niedergesetzt. Die Fenster unterhalb des Dachs waren geschlossen. Hinter den Scheiben lag ein stumpfes Dunkelgrau, das eventuelle Bewegungen spurlos verschluckte.

Die Konturen des Hauses verschwammen nun im Hintergrund. Der Oberkörper der Reporterin kam ins Bild. Sie stand im Pelzmantel vor einem offenen Fenster und flüsterte etwas von einer trügerischen Ruhe, die jederzeit explodieren könne. Dann kündigte sie dramatische Aufnahmen vom vergangenen Abend an. Ein Polizist, der kaum älter als Minh sein konnte, stellte ein paar Pizzakartons in den Schnee. Als er begann, sich auszuziehen, stand Catia auf. Es war nicht auszuhalten.

Niemand schien zu bemerken, dass sie im Durchgang hinter der Theke verschwand. Sie verließ die Bar auf demselben Weg, den sie gekommen war. Der graue Himmel draußen riss im Osten etwas auf. Catia empfand die eisige Luft als angenehm kühl und merkte erst daran, wie heiß ihre Schläfen waren. Dennoch zog sie den Reißverschluss ihres Anoraks zu. Zwei Presseleute, die aus dem Haus des Americano traten, musterten Catia neugierig, sprachen sie aber nicht an. Ob man ihr etwas ansah? Sie ging langsam weiter, ohne sich umzudrehen.

Es gab ein paar ihrer Nachbarn, die in Frage kamen, doch Catia wollte es zuerst bei Franco Marcantoni versuchen. Wie erwartet, war dort die Haustür nicht abgesperrt. Der schmale Waffenschrank stand im Flur neben der Garderobe. Catia ertastete eine Handbreit hinter der oberen Kante den Schlüssel. Sie drehte ihn zwei Mal im Schloss. Franco besaß keine Pistole, und so wählte Catia eines der beiden Gewehre. Das schwere, mit dem Franco früher auf Wildschweinjagd gegangen war. Sie schlug es notdürftig in einen blauen Arbeitskittel, den sie vom Garderobenhaken genommen hatte. Bevor sie Francos Haus verließ, vergewisserte sie sich, dass draußen niemand zu sehen war. Dann lief sie los. Ihr war weder kalt noch heiß. Sie war ruhig. Man musste etwas tun.

Hinter dem Absperrgitter standen zwei Polizisten. Sie hatten ihre Maschinenpistolen locker umhängen. Ihre Hände waren in den Hosentaschen vergraben. Wohl um seinen Kreislauf in Schwung zu bringen, hüpfte der eine Polizist auf der Stelle. Das hätte er wahrscheinlich nicht getan, wenn seine Waffe entsichert gewesen wäre. Catia trat näher heran. Der Polizist hörte auf zu hüpfen. Er fragte: »Sie wünschen?«

Catia holte das blaue Bündel hinter dem Rücken hervor, zog das Gewehr heraus und hielt dem Polizisten die Mündung vors Gesicht. Aus seinem Mund kam ein leises Zischen, als hätte man einen Reifen angestochen. Der Polizist riss die Augen weit auf. Ihre Farbe war in der Dämmerung nicht klar zu erkennen. Minh hatte braune Augen. Dunkelbraune, in denen man beim richtigen Licht goldene Einsprengsel zu erkennen glaubte. Catia sagte in Richtung des zweiten Polizisten: »Die Waffe runter! Und zwar schön langsam! Nur mit einer Hand!«

Eigentlich hätte der Polizist nun etwas stammeln müssen. Irgendetwas, was Catia sowieso schon wusste. Dass sie einen großen Fehler machte. Dass sie im Begriff war, eine Straftat zu begehen. Dass sie nicht den Hauch einer Chance hatte, ungeschoren davonzukommen. Aber der Polizist schluckte nur und hob mit der linken Hand den Gurt der Maschinenpistole über den Kopf. Er legte sie vor sich in den Schnee. Der andere tat es ihm unaufgefordert nach.

»Das Gitter zur Seite!«, hörte sich Catia sagen. Ihre Stimme klang ruhig. Niemand ist zu stoppen, wenn ihm die Konsequenzen egal sind. Die beiden Polizisten hoben das Absperrgitter an. Sie mussten Catia ansehen, dass sie es ernst meinte. Matteo hatte nicht recht, wenn er behauptete, dass es immer eine Wahl gäbe. Manchmal gab es eben keine. Jetzt zum Beispiel.

»Und nun verschwindet!«, befahl Catia. Die Polizisten setzten sich zögernd in Bewegung. Sie gingen erst rückwärts, drehten sich nach ein paar Metern um und begannen zu laufen. Catia schlüpfte durch die Lücke in der Absperrung und stieg die Stufen zur Piazza hinab. Unten lehnte sie Francos Gewehr an die Mauer, die den Abhang begrenzte. Auf der Piazza lag Schnee. Die Spuren von vier nackten Füßen zogen sich zu Minhs Büro hin.

»Hat etwa einer von euch verlangt, den Fernseher auszuschalten? Hat jemand auch nur eine Sekunde weggesehen?« Donatos Stimme zitterte. Sein Gesicht war hochrot.

Freilich hatte keiner den Blick abgewandt, als der nackte Polizist die Pizzakartons an Minhs Tür abgeliefert hatte, doch einen Nachrichtenbeitrag anzuschauen und das eigene Schlafzimmer an ein sensationsgieriges Fernsehteam zu vermieten, das waren zwei Paar Stiefel. Noch dazu, wenn Donato so tat, als wäre es ihm nie um Geld gegangen, sondern um Höheres. Ohne ihn würde keiner ahnen, was sich auf der Piazza wirklich abspielte, behauptete er. Und nur wer gut informiert sei, könne sinnvolle Entscheidungen treffen.

»Und deswegen hast du deine Frau gegen einen Kameramann eingetauscht?«, fragte Ivan Garzone spöttisch.

»Mein Schlafzimmer ist nun mal der einzig mögliche Beobachtungsort. Soll ich selbst Tag und Nacht am Fenster stehen?« Donato schlug sich theatralisch mit beiden Händen gegen die Brust. Er stand schräg vor dem Fernsehapparat. Das TG 5 berichtete von Überschwemmungen in Bangladesch, die vermutlich Hunderte von Menschenleben gekostet hatten.

»Dein Schlafzimmer?«, fragte Marisa. »Es war einmal unseres!«

»Informiert zu sein ist ja schön und recht«, sagte Ivan, »aber was nützt es uns, wenn wir wissen, dass Minh Pizza bestellt hat?«

»Nun …« Donato breitete die Arme aus. »Es waren fünf Pizze. Zwei Quattro Stagioni und drei Regine. Eine Pizza pro Person. Zumindest ist damit bestätigt, dass Minh vier Geiseln gefangen hält.«

Einige schüttelten den Kopf. Ob zwei oder vier oder sechs Geiseln, was änderte das? So oder so blieb Montesecco für die Medien die Brutstätte des Bösen und seine Bewohner die Hauptverantwortlichen für die Tragödie, die sich unten an der Piazza abspielte. Genau dem wollte man aber entgegenwirken. Sie waren doch nicht anders als alle anderen. Sie gaben sich Mühe, mit dem Leben klarzukommen, und wenn sie Fehler machten, geschah das nicht aus bösem Willen. Dass Minh durchgedreht war, konnte man ihnen nicht anlasten. Oder?

Das Telegiornale war bei den Sportnachrichten angelangt. Irgendein Skilangläufer brach mit Schaum vor dem Mund im Zieleinlauf zusammen. Franco Marcantoni beugte sich nach vorn, stützte die Ellenbogen auf die Tischplatte und fragte: »Was hast du gesagt, Donato?«

»Dass es wahrscheinlich vier Geiseln sind und ...«

»Die Pizze. Es waren zwei Quattro Stagioni und drei Regine?«

Donato nickte. Der Sprecher im Fernsehen sagte, dass das Ergebnis der Dopingprobe noch nicht vorläge.

»Auf beiden ist gekochter Schinken«, sagte Franco, »und Minh ist doch Vegetarier!«

Einen Moment herrschte Stille, dann stimmte Marta Garzone zu. Beim Dorffest an Ferragosto hatte sich der Junge nur von Bratkartoffeln und Salat ernährt. Nicht nur das Lamm hatte er verschmäht, sondern vorher auch die Spaghetti Panna e Prosciutto ausgelassen. Elena Sgreccia wusste von einer anderen Gelegenheit, bei der der Junge den Schinken vollständig aus seinem Toast gekratzt hatte. Doch bevor man irgendwelche Schlüsse zog, musste erst der Sachverhalt zweifelsfrei feststehen. Auf die Aussage einer Reporterin von Canale 5 wollte man sich keineswegs verlassen.

Da Ivan den Wirt der Piccolo Ranch gut kannte, rief er dort an und verlangte Pizzabäcker und Fahrer zu sprechen. Beide traten erst abends ihren Dienst an, und so ließ er sich die Telefonnummern geben. Der Pizzabäcker reagierte unwirsch. Wenn man mehr als fünfzig Pizze pro

Abend in den Ofen schiebe, könne man sich beim besten Willen nicht daran erinnern, wer was bestellt habe. Den Fahrer, der die Pizze nach Montesecco gebracht hatte, übernahm Milena Angiolini. Der Mann war sich ganz sicher. Er überprüfe höchstpersönlich vor der Abfahrt jeden Karton, weil er nichts mehr hasse, als wegen einer falschen Lieferung den Weg doppelt machen zu müssen.

»Es waren also zwei Quattro Stagioni und drei Regine?«, fragte Milena.

»So ist es, Schätzchen.«

»Ohne irgendwelche Sonderwünsche?«

»Genau.«

»Also mit Schinken?«

»Natürlich.«

Als Milena auflegte, verkündete die Fernsehsprecherin gerade, dass die Presseerklärung des Ministers auf 14 Uhr am nächsten Tag verschoben worden sei. Gründe seien dafür nicht genannt worden. Wahrscheinlich wussten die Politiker auch nicht genau, was sie von der Sache halten sollten. Bei den Bewohnern Montesseccos jedenfalls wuchs die Überzeugung, dass hier einiges ganz gewaltig stank.

Marisa Curzio gab zu bedenken, dass ein Junge seine Essgewohnheiten doch mal ändern könne. Schließlich fiele es sogar gestandenen Männern urplötzlich ein, das eheliche Schlafzimmer in ein Fernsehstudio umzuwandeln. Aber ihr ging es wohl um anderes. Nein, Minh war Vegetarier aus Überzeugung. Sie hatten ihn oft genug zu überreden versucht, eine Scheibe selbst gemachter Salami oder einen Bissen Bistecca wenigstens mal zu probieren. Minh hatte immer abgewehrt. Schon bei dem Gedanken, ein totes Tier zu essen, sei ihm speiübel geworden. So etwas änderte sich nicht von heute auf morgen! Und so blieb die Frage, warum sich ein Geiselnehmer etwas zu essen bringen ließ, was er verabscheute. So sehr sie auch nachdachten, sie fanden keine befriedigende Antwort. Außer der, dass etwas an der Frage nicht stimmte. Vielleicht schmeckte dem Geiselnehmer Schinken sehr wohl. Nur Minh mochte ihn nicht. Und das bedeutete, dass nicht er, sondern ein anderer sich in seinem Büro verschanzt hatte.

»Aber es war doch Minhs Stimme«, sagte Angelo Sgreccia.

Ja, sie hatten die Stimme zu erkennen geglaubt. Jetzt waren sie sich nicht mehr so sicher. Sie waren doch ein ganzes Stück entfernt gewesen. Möglicherweise hatte die Stimme nur so ähnlich geklungen. Vielleicht hatten sie nur deswegen Minh zu hören gemeint, weil sie überzeugt gewesen waren, dass er sich dort befinden müsse. Doch wenn das gar nicht stimmte? Jetzt verstand man auch, warum der Geiselnehmer jeden telefonischen Kontakt vermied. Niemand sollte merken, dass er sich nur für Minh ausgab. Und zwar, weil er die Polizei auf eine falsche Fährte locken wollte! Man wusste von Catia, dass unter den Ermittlern Psychologen waren. Die arbeiteten an einem Täterprofil, um Schwachpunkte zu finden, wo sie bei den Verhandlungen ansetzen konnten. Sie wollten die Reaktionen des Täters vorher wissen, ihn verunsichern, manipulieren, weich klopfen. Doch wenn man es mit einer völlig anderen Person zu tun hatte, als man meinte, nützten auch die genauesten Charakteranalysen gar nichts. Ganz nebenbei erklärte das, wie Minh in die Sache hineingeraten war. Rein zufällig nämlich. Dem Täter ging es gar nicht darum, speziell den Jungen zu belasten. Er wollte nur als jemand anderer gelten. Genauso gut hätte es Ivan oder Angelo oder sonstwen treffen können.

Ein Argument fügte sich zum anderen, die Puzzlesteinchen schienen perfekt zu passen, und das Bild, das sich ergab, leuchtete in helleren Farben, als man es zu hoffen gewagt hatte. Der Geiselnehmer war ein Fremder, Minh unschuldig, und man selbst war ebenfalls aus dem Schneider. In Montesecco vererbten sich Verbrechen eben nicht unweigerlich von Generation zu Generation. Was früher einmal geschehen war, bedeutete für heute gar nichts. Niemand musste sich noch fragen, inwieweit er mitverantwortlich für die jüngsten Schreckenstaten war.

»Seht ihr!«, sagte Donato triumphierend. »Wenn ich nicht das Zimmer vermietet hätte, wären wir nie darauf gekommen, dass ...«

»Du bist so etwas von erbärmlich!«, zischte Marisa. Sie warf sich den Mantel um und stürmte aus dem Gastraum.

»Habe ich vielleicht nicht recht?« Donato grinste verkniffen. Dann machte er eine wegwerfende Handbewegung. »Die kommt schon wieder zurück.«

»Geh ihr nach und entschuldige dich!«, sagte Marta Garzone.

»Ich?«, stieß Donato hervor. Er versuchte, empört zu klingen, doch man sah ihm an, dass er nicht wusste, wie er sich verhalten sollte. Immer noch stand er mit verkrampftem Gesicht schräg vor dem Fernseher. Sekunde für Sekunde verging, und jede schien ein wenig länger zu dauern als die vorhergehende, während Donato mit sich und den stummen Vorwürfen kämpfte, die von allen Seiten auf ihn einprasselten. Die Gesichter um ihn herum forderten ihn auf, den ersten Schritt zu tun und wenigstens zuzugeben, dass er einen Fehler begangen haben könnte, doch das schien ihm nicht zu gelingen. Vielleicht hätte er Hilfe gebraucht, und vielleicht wären sie ihm sogar entgegengekommen, wenn sie nicht durch den Fernseher abgelenkt worden wären.

In der Stille, die zwischen ihnen herrschte, wurde fast gewaltsam spürbar, wie die Stimme der Moderatorin plötzlich einen erregten Unterton annahm. Sie sagte: »*... schalten wir live nach Montesecco zu Anna-Maria Guglielmi. Wie es scheint, hat die Mutter des mutmaßlichen Attentäters die Polizeisperren durchbrochen und geht gerade auf das Haus zu, in dem sich ihr Sohn verschanzt hat.*«

Seit gestern war der Schnee schon ein wenig zusammengesunken. So wunderte sich Catia Vannoni nicht, dass durch die weiße Decke Erinnerungen brachen, die im Pflaster der Piazza wurzelten. Sie sah Minh, als er eben erst laufen gelernt hatte und trotzdem schon hinter Lidia Marcantonis kleinem Hund her war. Er bekam ihn nie zu fassen, jagte aber unverdrossen weiter, in jenem wackeligen Kleinkindergang, der seine Mutter bei jedem Schritt einen Sturz befürchten ließ. Erst Jahre später jedoch verletzte sich Minh einmal ernstlich, als er nach einer Vollbremsung über den Lenker seines Fahrrads flog. Das Blut lief ihm herab, die Platzwunde an der Stirn musste mit vier Stichen genäht werden.

Ein anderes Bild schob sich darüber. Der siebenjährige Minh saß am Fuß des Mäuerchens, die Beine übereinandergeschlagen und den Blick fest auf einen grünen Papierdrachen gerichtet, der vor ihm auf den Pflastersteinen lag. Eine sanfte Brise wehte von den Bergen herab, gerade stark genug, um die Bespannung des Drachens leicht zittern zu lassen. Niemand anderer befand sich auf der Piazza, nur ein dunkles Lachen drang aus irgendeinem Fenster, und plötzlich wurde Catias Gefühl von damals wieder lebendig.

Denn obwohl eigentlich gar nichts passiert war, hatte sie, als die Dämmerung über den reglosen Minh hereingebrochen war, gespürt, nein, gewusst, dass sie und ihr Sohn Montesecco verlassen sollten. Voll unerklärlicher Angst war sie zu ihm gelaufen und hatte ihn ins Haus geholt. Sie hatte schon begonnen, die Koffer zu packen, doch am nächsten Morgen waren die Schatten verflogen, und sie selbst hatte nur den Kopf darüber geschüttelt, wie sie zu so einem lächerlichen Entschluss hatte kommen können. Sie waren geblieben.

Genau dort drüben hatte Minh gesessen. Es war ein warmer Spätsommerabend gewesen. Damals. Jetzt knirschte unter Catias Sohlen der Schnee. Es klang fast so, als ob er sich ächzend über etwas beklagen wollte. Vielleicht, weil er über kurz oder lang schmelzen würde? Catia konnte sich schwer vorstellen, dass hier irgendwann wieder glühende Hitze aus dem Pflaster steigen sollte. Sie blieb stehen.

Nach Westen zu schloss der Palazzo Civico die Piazza ab. In der Luke des Türmchens saßen zwei Tauben dicht nebeneinander. Die Uhr darunter war seit Jahrzehnten defekt. Seit sich Catia erinnern konnte, standen die Zeiger auf 20 nach 8. Ob das etwas bedeutete? Ob es einen Grund gab, warum die Uhr gerade zu diesem Zeitpunkt stehen geblieben war? Catia wusste nicht einmal, ob es morgens oder abends geschehen war. Sie hatte sich das auch nie gefragt. Es gab vieles, was sie sich noch nie gefragt hatte, aber warum manchmal die Zeit stehen blieb, das war doch wichtig!

Am Haus der Lucarellis waren die Fensterläden geschlossen. Davor parkte der Renault von Angelo Sgreccia. Die Schneedecke auf der Windschutzscheibe war ein wenig abgerutscht. Begann es doch schon zu tauen? Der Himmel war grau. Catias Wangen brannten. Hinter den Scheiben von Minhs Büro war nichts zu erkennen. Er war so stolz gewesen, als er es eingerichtet hatte, obwohl er das nie zugegeben hätte. Catia hatte sich auf die Zehenspitzen gestellt, ihn auf die Stirn geküsst und gefragt, ob er wisse, dass seit einem halben Jahrhundert in Montesecco kein Geschäftsunternehmen mehr eröffnet habe. Minh hatte genickt. Ganz ernsthaft, als sei das eine besondere Verpflichtung für ihn.

Catia fragte sich, was sie Minh nun als Erstes sagen sollte. Etwas Alltägliches vielleicht? Dass es zu tauen begann? Unsinn, sie würde ihn einfach in den Arm nehmen, ihm übers Haar streichen und warten, bis er zu sprechen begann. Er war ihr Sohn. Wie konnte sie sich nur fragen, was sie sagen sollte! Catia machte einen Schritt in Richtung der Stufen.

Als sie noch fünfzehn Meter entfernt war, öffnete sich die Tür über dem oberen Treppenabsatz. Sie schwang nur einen Spalt weit auf, so dass der Lauf einer Pistole hindurchpasste. Catia hatte nichts anderes erwartet. Natürlich musste Minh misstrauisch sein. Bei Hunderten von Polizisten, die nur darauf lauerten, dass er sich eine Blöße gab, blieb ihm keine andere Wahl. Wenn er auf Catia zielte, würde er ja erkennen, wer sie war. Sie ging ruhig weiter.

Und dann sah sie das Mündungsfeuer aus dem kleinen schwarzen Loch vorn am Pistolenlauf schlagen. Der Knall des Schusses schwappte über sie hinweg und brandete gedämpft von den Hauswänden zurück. Mit heftigem Flügelschlag flohen die beiden Tauben über das Hausdach der Lucarellis Richtung Süden. Vom Rand der Turmluke, in die sie sich zurückgezogen hatten, stäubte Schnee herab.

Es war ein Missverständnis. Ein Irrtum. Sicher hatte Minh Catia gar nicht richtig gesehen. Er hatte gespürt, dass sich auf der Piazza etwas bewegte, hatte die Tür geöffnet, Schritte gehört und einen Warnschuss in die Luft abgegeben. Das war alles. Mehr war nicht geschehen. Catia musste nur deutlich machen, dass sie es war. Sie musste nur einmal Minhs Namen rufen, doch sie rief nicht. Das war gar nicht nötig. Gleich würde ihr Sohn sie erkennen. Sie ging langsam weiter, hörte ihren Atem, hörte den Schnee unter ihren Füßen ächzen, hörte das Klicken, mit dem die Pistole wieder gespannt wurde.

Catia dachte, dass sie es mochte, wenn Schnee lag. Zumindest, solange er frisch und weiß und unberührt war. Auch die Kälte machte ihr nichts aus. Viel weniger jedenfalls als die gnadenlose Hitze, die einen in manchen Sommern kaum atmen ließ. Es gab Sonnenmenschen und Schneemenschen. Catia zählte sich zur zweiten Kategorie. Immer schon war das so gewesen. Vielleicht existierten ja auch Herbststurm- und Frühlingsknospenmenschen, obwohl Catia niemanden kannte, den sie auf diese Weise beschreiben würde. Sie vermochte sich nicht einmal vorzustellen, wie so jemand aussehen oder sich verhalten könnte. Catia näherte sich der untersten Stufe der Treppe. Aus dem Türspalt war ein Pistolenlauf auf sie gerichtet.

Die zweite Kugel glaubte Catia an ihrem Ohr vorbeizischen zu spüren. Wahrscheinlich knallte der Schuss genauso laut wie der erste, doch Catia hörte nur ein Splittern, ihr Kopf flog herum, und sie sah das Einschussloch im unteren Drittel der Seitenscheibe von Angelos Renault. Die Bruchlinien im Glas zogen sich strahlenförmig bis zur Umrahmung des Fensters. Sie wirkten fast echt, aber das konnte nicht sein. Die letzten Tage hatten Catia doch mehr zugesetzt, als sie wahrhaben wollte. Jetzt begann sie schon zu halluzinieren! Es war kein Schuss gefallen. Sie hatte ihn ja nicht einmal gehört. Und selbst wenn es geknallt hätte, selbst wenn ihr eine Kugel ins Fleisch gedrungen wäre, selbst wenn das Blut in Strömen aus der Wunde quellen würde und Catia röchelnd zusammenbräche, wäre es trotzdem unmöglich. Ihr Sohn schoss doch nicht auf sie. Auf seine eigene Mutter! Das war völlig ausgeschlossen. Lachhaft geradezu.

Catia zögerte kurz. Sie überlegte, ob sie zu Angelos Auto gehen und sich davon überzeugen sollte, dass das Seitenfenster unversehrt war, dass nur eine ungewöhnliche Lichtspiegelung die Splitterlinien in der Scheibe vortäuschte. Aber das war nicht nötig. Sie musste sich keine Selbstverständlichkeiten beweisen. Sie kannte doch ihren Sohn. Catia wandte den Kopf zurück. Die Pistole war auf sie gerichtet. Der Lauf lag am Türrahmen an. In dem schmalen Spalt, um den die Tür geöffnet worden war, herrschte Dunkel.

»Ich komme jetzt rein, Minh«, sagte Catia mit fester Stimme. Sie tat einen Schritt nach vorn.

»Nein, Catia!«, rief Franco Marcantoni, doch Catia reagierte nicht. Sie war nur ein Bild in einer Sondersendung von Canale 5. Menschen im Fernsehen hörten nicht, wenn man sie warnte. Sie liefen in Großaufnahme ihrem Unheil entgegen, als könnten sie nicht erwarten, es bis zum Ende auszukosten. Aber die Bewohner von Montesecco wussten, dass es sich anders verhielt. Catia hatte ja keine Ahnung, dass in Minhs Büro nicht ihr Sohn, sondern ein Killer auf sie wartete, dem ihr Leben genauso egal war wie das jedes anderen Menschen. Man hätte Catia nicht gehen lassen dürfen. Man hätte sie sofort suchen müssen, als man bemerkte, dass sie sich davongeschlichen hatte. Spätestens, als man kapiert hatte, dass ein Gewaltverbrecher Minhs Stelle eingenommen hatte. Es war doch abzusehen gewesen, dass Catia versuchen würde, zu ihm durchzubrechen.

»Wir müssen zur Piazza hinab!«, sagte Ivan Garzone. Er rührte sich genauso wenig wie alle anderen. Sie starrten auf den Fernseher neben dem Kicker. Es war sowieso zu spät. Catia nahm gerade die erste Treppenstufe vor Minhs Büro. Sie war nun von schräg hinten zu sehen. Eine schmale Frau in Jeans und blauem Anorak. Zwölf Stufen, ein Treppenabsatz und noch einmal ein paar Stufen trennten sie von der Tür. Fünf Meter vielleicht. Aus dieser Entfernung war es schwer vorbeizuschießen.

Die Reporterin flüsterte aus dem Off: »*Ist es Mut, Wahnsinn oder Verzweiflung, was diese Frau dazu bewegt, sich den Schüssen ihres eigenen Sohns auszusetzen? Sie alle an den Bildschirmen zu Hause werden mir einen persönlichen Stoßseufzer verzeihen: Hoffentlich endet das nicht in einer Katastrophe! Hoffentlich geht das gut!*«

Lidia Marcantoni murmelte ein Ave Maria. Die anderen sagten nichts dazu. Beten schadete wahrscheinlich nicht, aber es würde auch nichts nützen. Der Killer konnte nicht zulassen, dass seine Strategie, sich hinter einem anderen Namen zu verstecken, aufgedeckt wurde. Sollte er Catia etwa durchs Haus führen, um ihr zu beweisen, dass Minh nicht da war? Und sie dann mit der Bitte zurückschicken, keinem zu verraten, dass er ihren Sohn als Attentäter ausgegeben hatte? Nein, ein solches Wunder würde niemand bewirken, auch nicht die Gottesmutter.

Die Reporterin im Fernsehen fragte: »*Kann Catia V. ihren Sohn davon überzeugen, die Waffen zu strecken und sich den Behörden zu ergeben?*«

Lidia Marcantoni begann von vorn, kaum dass sie das erste Ave Maria beendet hatte. Sie fand nun in den leiernden Rosenkranzrhythmus, der einem Zuhörer die Gewissheit vermittelt, dass das ewig so weitergehen wird. »Gegrüßet seist du, Maria, voll der Gnade. Der Herr ist mit dir ...«

Jeden Moment erwartete man den Schuss. Aus irgendwelchen Gründen war man überzeugt, dass es nur noch einer sein würde. Der Schnee würde sich rot färben, und keiner von ihnen brächte ein Wort hervor, außer Lidia Marcantoni, die ein Ave Maria nach dem anderen aufsagen würde.

»Du bist gebenedeit unter den Frauen, und gebenedeit ist die Frucht deines Leibes ...«

Vielleicht sprach Lidia weiter, vielleicht auch nicht. Keiner achtete darauf, ob sie ins Stocken geriet, als der dritte Schuss aufbellte. Catia hielt in der Bewegung inne. Den Blick nach oben auf die Tür gerichtet, den linken Fuß schon eine Stufe höher als den rechten gesetzt, stand sie wie erstarrt, unendliche Sekundenbruchteile lang, in denen gar nichts passierte. Keine Wunde war zu sehen, kein Blut, und man fragte sich, ob die Pistolenkugel ihr Ziel doch verfehlt hatte und woanders eingeschlagen war oder ob sie noch durch die Luft zischte oder ob man sich den dritten Schuss vielleicht nur eingebildet hatte, weil man so sehr mit ihm gerechnet hatte, und dann lief ein Zittern durch Catias Körper, von unten nach oben, als hätte der Boden ihr einen Stromstoß versetzt. Sie schwankte, als sie das Gewicht auf den linken Fuß verlagerte, die Hand auf den Oberschenkel stemmte und mit sichtbarer Mühe den anderen Fuß auf die nächsthöhere Stufe nachzog. Sie richtete sich noch einmal gerade, dann knickten ihr die Knie weg.

Catia sank in sich zusammen, schien einen Moment auf der Treppe zu kauern, bevor ihr Oberkörper nach hinten wegsackte, ihr Rücken an den Kanten der Stufen entlangschrammte und der Hinterkopf auf dem schneebedeckten Pflaster der Piazza aufschlug. Catia lag da, ihre Beine auf den Stufen, als hätte sie sie hochgelegt. Ihre rechte Hand krampfte sich in den Schnee und hob sich dann mühsam. Langsam glitt sie über den Anorak auf die Stelle zu, wo sich das Blau dunkel färbte.

»Heilige Maria, Mutter Gottes, bitte für uns Sünder, jetzt und in der Stunde unseres Todes ...«

Catia war getroffen worden. Schwer verletzt lag sie auf der Piazza, konnte kaum mehr die Hand rühren, um nach der Wunde zu greifen. Als halte selbst das Fernsehbild den schrecklichen Anblick nicht aus, wechselte es schnell zur Tür, die gerade geschlossen wurde. Die Kamera hielt starr darauf. Es war noch die alte Massivholztür von Rapanottis Laden. Matteo Vannoni hatte sie abgeschliffen, restauriert und neu eingelassen, als sich Minh das Büro eingerichtet hatte. Makellos sah sie aus. Wuchtig und schwer. Klinke und Beschläge glänzten messingfarben. Matteo Vannoni hatte das Schloss bei der Restaurierung ersetzt. Das alte wäre vielleicht noch zu retten gewesen, aber man konnte es mit jedem Schraubenzieher knacken, und Minh besaß doch elektronische Geräte von einigem Wert. Im Büro war zwar nicht eingebrochen worden, aber dass sich ein Killer dort eingenistet hatte, hatte das neue Schloss auch nicht verhindern können. Niemand konnte etwas verhindern. Manche konnten wenigstens beten.

»... Maria voll der Gnade. Der Herr ist mit dir ...«

Dann fuhr die Kamera wieder auf Catia zurück, die im Schnee lag und sich nun gar nicht mehr rührte, als wäre sie ...

»*Warum kommt ihr denn keiner zu Hilfe?*«, schrie die Stimme der Reporterin aus dem Fernseher. »*Wo bleiben die Sanitäter? Wo ist der Notarzt? Uns ist in den letzten Tagen mehrfach versichert worden, dass man auf alle Eventu-*

alitäten vorbereitet sei. Und nun? Die Frau verblutet doch, wenn nicht sofort ...«

Catia drehte langsam den Kopf zur Seite. Die Kamera ging näher heran, man sah den Schmerz in den bleichen Zügen, sah, wie Catia die Lippen bewegte, als versuche sie zu beten oder einen Namen auszusprechen oder einfach nur um Hilfe zu rufen, nach Franco und Lidia, nach Ivan und Marta, nach den Sgreccias und Milena Angiolini, doch keiner von ihnen kam, keiner würde kommen, es ging eben nicht. Schon die Polizeisperren würden sie nicht überwinden können. Außerdem war keiner von ihnen Arzt. Woher sollten sie wissen, was zu tun war? Sie würden versuchen, Catia aus der Gefahrenzone zu schleppen, aber vielleicht war genau das verkehrt. Wahrscheinlich durfte sie gar nicht oder nur in ganz bestimmter Weise bewegt werden, damit ihr Leben nicht gefährdet wurde. Und schließlich, was half es Catia, wenn auf einen oder zwei oder drei andere ebenfalls geschossen würde? Wenn sie tot neben ihr in den Schnee sänken?

Eine Mischung aus Entsetzen, Hilflosigkeit und Angst ums eigene Leben fesselte die Dorfbewohner auf die Stühle in Ivans Bar. Wie gebannt, ja fast wie in Stein verwandelt, starrten sie auf das Fernsehbild. So, als könne nur das, was ihnen das Grauen vorgeführt hatte, auch Rettung bringen. Catia hatte die Augen geschlossen, doch ihr Mund formte immer noch unentzifferbare Worte. Die Reporterin sagte irgendetwas, Lidia betete, aber niemand hörte anderes als die Stille, die aus Catias Lippen über die Kamera und die Sendeanlagen des Übertragungswagens, über Studios, Satelliten, Antennen bis in die Bar drang und dort vorwurfsvoll widerhallte. Es war kaum auszuhalten. Irgendwann musste das alles doch vorüber sein!

Endlich tauchten zwei Sanitäter mit einer Bahre auf. Geduckt liefen sie über die Piazza, um ein möglichst kleines Ziel abzugeben. Sie vergewisserten sich nicht einmal, ob Catia noch lebte. Der eine packte sie unter den Achseln, der andere in den Kniekehlen. Ein schneller Blick über die Schulter: Die Tür von Minhs Büro blieb geschlossen. Die beiden hoben an, legten Catia auf die Bahre und trugen sie aus dem Bild. Die Piazza war menschenleer. Im Schnee zeigte sich nun ein Gewirr von Spuren. Ihre Herkunft zu bestimmen oder einer einzelnen mit dem Auge zu folgen war ein hoffnungsloses Unterfangen.

Die Stimme der Reporterin sagte: »*Jetzt, meine Damen und Herren, heißt es beten und auf die ärztliche Kunst hoffen. Nur sie kann einer Frau das Leben retten, das ihr eigener Sohn ihr zu nehmen versuchte. Sobald sich neue Entwicklungen ergeben, werden wir sofort wieder für Sie nach Montesecco schalten. Damit zurück ins Studio. Das war Anna-Maria Guglielmi für Canale 5.*«

Matteo Vannoni hatte den Fernseher nicht eingeschaltet gehabt. Auf Dauerwerbesendungen, die von Kurzauftritten hysterischer Showmoderatoren unterbrochen wurden, hatte er genauso wenig Lust wie auf Teleshopping oder die Selbstdarstellung wichtigtuerischer Politiker. Vannoni hatte es vorgezogen zu lesen. »Gomorrha«, ein Buch von Roberto Saviano über die neapolitanische Camorra. Er war auf Seite 135 angelangt, wo die Zahl der von den Clans Ermordeten Jahr für Jahr penibel aufgeführt wurde. Dreiundachtzig Opfer 2003, hundertzweiundvierzig 2004, neunzig 2005. Seit 1980 insgesamt dreitausendfünfhundert Tote, mehr als die Terrorkriege der ETA in Spanien und der IRA in Irland gefordert hatten.

Vannoni überlegte gerade, ob man das miteinander vergleichen könne, als das Telefon klingelte. Es war Marta Garzone. Schon an der Art, wie sie sich meldete, begriff Vannoni, dass eine Katastrophe geschehen war.

»Ist etwa Minh …?«, fragte er und merkte, wie ihm die Angst die Kehle zuschnürte.

»Catia«, sagte Marta. Sie berichtete, was auf der Piazza vorgefallen war.

Vannoni starrte auf das Tastenfeld des Telefons vor sich. Die Zahlen von eins bis neun waren in einem Quadrat angeordnet. Die Null stand darunter. So, als gehöre sie nicht wirklich dazu. Vannoni war nicht in der Lage zu fragen, ob seine Tochter noch lebte. Mit Mühe krächzte er hervor: »Wo ist sie?«

Marta wusste es nicht. Sie vermutete, dass die Sanitäter sie zur provisorischen Erste-Hilfe-Station in der Sebastianskapelle getragen hatten. Vannoni nahm sich nicht die Zeit, den Telefonhörer aufzulegen. Er stürmte aus der Tür und lief Richtung Piazzetta. Schon nach zwanzig Metern hörte er die Sirene, und gleich darauf sah er das Blaulicht der Ambulanza in der Serpentine vor dem Kirchturm auftauchen. Gott sei Dank, Catia war nicht tot! Noch lebte sie, sonst würde man sie nicht ... Der weiße Wagen beschleunigte aus der Kurve heraus, hielt auf Vannoni zu. Der winkte verzweifelt. Er musste mit. Er musste sie zumindest sehen! Mit unverminderter Geschwindigkeit fuhr der Krankenwagen an ihm vorbei auf den Ortsausgang zu. Vannoni rannte hinterher.

Wo die Teerstraße in den steil abfallenden Feldweg überging, sah Vannoni, dass die Ambulanz zwar unten die Polizeisperre passiert hatte, aber jetzt nicht weiterkam. Ein weißer Fiat war die Zufahrtsstraße nach Montesecco hochgekrochen und konnte nicht ausweichen, weil beide Straßenränder von den Pressefahrzeugen zugeparkt waren. Mit langen Schritten hetzte Vannoni den Berg hinab. Er stolperte, rutschte, schlitterte auf dem Schnee, wäre fast gestürzt, fing sich gerade noch an einem der dort aufgestellten Halteverbotsschilder, rannte weiter. Hundert Meter unter ihm rollte der Fiat nun langsam zurück. Der Krankenwagen stieß mit ungeduldig rotierendem Blaulicht nach. Die Sirene war ausgeschaltet worden, stattdessen hörte Vannoni nun ein lautes Knattern, und als er keuchend am Polizeiposten anlangte, drehte ein Hubschrauber über den Dächern von Montesecco ein, ging tiefer, hielt auf ein

Flachstück an der Straße nach Pergola zu. Vannoni sah, dass der Fiat nun eine Lücke fand, in die er ausweichen konnte, der Fahrer der Ambulanz gab Gas, Vannoni rannte, und der Hubschrauber landete unweit der Stelle, wo es links nach Madonna del Piano abging. Das war fast einen Kilometer entfernt. Vannoni würde es nicht schaffen.

Hinter ihm hupte es. Er blieb stehen, drehte sich um. Ein Wagen mit Presseleuten. Vannoni ging zur Fahrerseite und klopfte ans Fenster, das sich einen Spalt öffnete.

»Nehmt mich mit!« Vannoni schnappte nach Luft.

»Wir sind voll«, sagte der Fahrer. Neben ihm saß eine Reporterin, hinten zwei andere. Einer hatte einen Fotoapparat umhängen.

»Ich bin ihr Vater!«, stieß Vannoni hervor. Er rüttelte an der Autotür. Sie war verschlossen. Der Fahrer gab Gas, und Vannoni musste loslassen, um nicht mitgeschleift zu werden. Er rannte weiter bergab, kümmerte sich nicht um die Stiche, die er in der Seite spürte. Der weiße Fiat! Vannoni erkannte nun, dass es der von Luigi, dem Schäfer, war. Unten bei der Abzweigung nach Madonna del Piano hielt die Ambulanz mitten auf der Straße. Zwei Sanitäter sprangen heraus und öffneten die hintere Klappe des Wagens. Der Motor des Hubschraubers lief weiter. Als die Sanitäter eine Bahre auf den Einstieg zutrugen, flatterten ihre Kittel im Wind der Rotorblätter.

Luigi fragte nicht lange und ließ Vannoni einsteigen, doch bis er endlich gewendet hatte, war es zu spät. Als sie auf die Hauptstraße einbogen, hob der Rettungshubschrauber gerade ab. Die Presseleute waren schon längst an Ort und Stelle. Der Fotograf knipste ein letztes Bild und steckte den Apparat weg. Vannoni ließ Luigi neben dem Krankenwagen anhalten. Einer der Sanitäter schloss gerade die Heckklappe.

»Hat sie etwas gesagt?«, fragte Vannoni.

Der Sanitäter zögerte einen Moment. Irgendetwas in Vannonis Blick schien ihn jedoch zu überzeugen, dass er die Auskunft nicht verweigern sollte. Er sagte: »Sie ist nicht ansprechbar, hat immer nur einen Namen vor sich hin gemurmelt.«

»Welchen Namen?«

»Minh«, sagte der Sanitäter. »Minh, Minh, Minh.«

»Wohin wird sie gebracht?«

»In die Chirurgie der Uniklinik von Ancona.«

»Danke!«, sagte Vannoni. Er bat Luigi, ihm das Auto zu leihen. Der bestand darauf, ihn zu chauffieren. Er fuhr, so schnell es ging, aber sie brauchten dennoch eine geschlagene Stunde, bis sie in der Via Baccarani ankamen. Und eine weitere halbe Stunde, bis sie in dem verdammten Krankenhaus jemanden auftrieben, der Bescheid wusste. Eine junge Assistenzärztin, die sagte, dass Catia sofort in den OP gebracht worden sei. Der Dienst habende Oberarzt operiere. Nein, wie lange das dauere, könne man nicht abschätzen. Vannoni fragte, ob ihr irgendetwas im Leben heilig sei. Sie antwortete nicht. Was auch immer es sei, sagte Vannoni, er schwöre ihr darauf, dass er hier im Krankenhaus Amok laufen würde, falls er nicht unmittelbar nach Abschluss der Operation über den Ausgang unterrichtet würde. Die Assistenzärztin sah ihm in die Augen. Dann versprach sie, es auszurichten.

Weitere zwei Stunden später kam der Oberarzt tatsächlich. Er sagte: »Leberdurchschuss mit inneren Blutungen. Beträchtliche Gewebezerstörung um den Schusskanal herum. Dazu sehr beunruhigende Panik- und Schockreaktionen. Ihr Zustand ist kritisch. Fragen Sie mich nicht, wie die Chancen stehen!«

»Ich will zu ihr«, sagte Vannoni.

»Kommt überhaupt nicht in Frage! Sie ist auch nicht ansprechbar. Wir haben sie an den Tropf gehängt. Langzeitnarkose.«

»Langzeitnarkose?«, fragte Vannoni.

»Künstliches Koma«, sagte der Arzt. »Ein Mix aus Sedativa, Schlafmitteln, Schmerzmitteln, Neuroleptika.«

»Sie können doch nicht …!«, stieß Vannoni hervor.

»Doch«, sagte der Arzt. »Oder wäre es Ihnen lieber, dass sie an den eigenen Stressreaktionen stirbt?«

Sie standen in einem Gang der Uniklinik von Ancona, der genauso aussah wie ein Gang in irgendeinem anderen Krankenhaus Italiens. Vannoni wandte sich zum Fenster. Draußen wallte der Nebel vom Meer her. Ein wenig entfernt waren die Konturen irgendwelcher Häuser zu erkennen. Über die Schulter fragte Vannoni: »Wie lange?«

»Solange es nötig ist«, sagte der Arzt.

Vannoni nickte. Er fragte: »Hat sie etwas gesagt?«

»Nein«, sagte der Arzt. »Nur einen Namen. Minh, oder so ähnlich.«

Vannoni nickte erneut. Es war eine Verpflichtung. Nein, es war seine Verpflichtung. Catia trug ihm auf, sich um Minh zu kümmern. Es war das Einzige, was er tun konnte, und er würde es auch tun. Gleich morgen. Diese Nacht würde er hier im Krankenhaus verbringen. So nah an der Intensivstation, wie man ihn heranlassen würde. Vannoni wandte sich an Luigi und trug ihm auf, allein nach Montesecco zurückzufahren. Er selbst würde sich später ein Taxi nehmen.

Als Marisa Curzio nach der Auseinandersetzung mit ihrem Mann die Bar verlassen hatte, war sie schnurstracks zu Catia Vannonis Haus gelaufen. In ihr eigenes wollte sie auf keinen Fall zurückkehren, solange sich ein Fernsehteam darin breitmachte. Und danach erst recht nicht. Sie hätte es nicht ausgehalten, allein mit Donato im selben Raum zu sitzen. Schon der Gedanke daran war ihr unangenehm. Wie konnte Donato nur so völlig gefühllos sein! Was war das für ein Mensch, der aus dem Unglück von Freunden ein Geschäft machte? Und dann noch so tat, als geschähe es ihnen zuliebe!

Marisa verstand ihn nicht mehr, und sie wollte ihn auch nicht verstehen. Es war, als sei seit dem Attentat etwas zwischen ihnen zerbrochen, und wenn sie ehrlich war, wusste sie nicht, wie man das noch reparieren sollte. Wahrscheinlich hatten sich vorher schon tiefe Risse durch ihre Beziehung gezogen, die Marisa nur nicht hatte sehen wollen. Das war auch ihr Fehler gewesen. Wohl deswegen fühlte sie sich für Donatos Verhalten in gewisser Weise mitverantwortlich. Trotz aller Missbilligung gelang es ihr einfach nicht, sich davon zu distanzieren und zu denken, dass jeder das Recht habe, sich so zu blamieren, wie er wollte.

Nein, Marisa litt unter jedem einzelnen von Donatos Sprüchen, sie schämte sich für die Denkungsart, die in ihnen zum Ausdruck kam, und fühlte sich aufgefordert, doppelt und dreifach gutzumachen, was er angerichtet hatte. Viel war ihr dazu allerdings nicht eingefallen. Sie hatte sich ein wenig um Catia gekümmert, nachdem sie aus ihrem besetzten Zuhause geflüchtet war. Im Wesentlichen hatte sie jedoch vor dem Fernseher gesessen, hatte durch die Programme gezappt und alles eingesogen, was mit den Geschehnissen in Montesecco zu tun hatte.

Als sie nun an Catias Tür klopfte, antwortete niemand. Marisa drückte die Klinke herab. Es war nicht abgeschlossen. Sie ging ins Wohnzimmer, schaltete gewohnheitsmäßig den Fernseher an und bekam live mit, wie Catia nach dem Schuss des Geiselnehmers fiel und abtransportiert wurde. Nach dem Ende der Sendung ließ Marisa den Fernseher weiterlaufen, stand auf, ging zum Fenster, schaute hinaus, drehte sich wieder um und starrte das Sofa an. Es war ein tiefes, mit weichem braunem Kunstleder bezogenes Stück, aus dem man schwer herauskam, wenn man einmal darin versunken war. Auf ihm hatte sie die letzte Nacht mehr schlecht als recht geschlafen. Dort, auf der linken Seite, hatte Catia gesessen, als sie Stunden über Stunden die Nachrichtensendungen verfolgt hatten. Diesen Abend würde Marisa allein da sitzen. Irgendwann würde sie sich zwei Wolldecken überwerfen und vor dem laufenden Fernseher einschlafen. Catia würde stundenlang operiert werden und – wenn alles gut ging – auf einer Intensivstation liegen. Ihr Bett im oberen Zimmer würde unberührt bleiben. Marisa ging in die Küche und goss sich ein Glas Wasser ein.

Die Leere im Haus war fast körperlich zu spüren. Tisch und Stühle strahlten sie aus, die gestapelten Teller im Geschirrschrank, die Kacheln, Wände und die alten Kinderzeichnungen von Minh, die neben dem Fenster hingen. Selbst das unbarmherzige Ticken der alten Uhr über der Tür und der gedämpfte, nicht verständliche Ton des Fernsehers aus dem Salotto konnten daran nichts ändern. Marisa war versucht, sich zu räuspern und sich laut vorzusagen, dass sie sich nicht so anstellen solle, ein leeres Haus war eben ein leeres Haus, doch sie wusste, dass es nichts helfen würde. Selbst wenn sie staubsaugte, Geschirr auf den Fliesen zersplittern ließ oder sonst irgendwie Krach machte, würde das beklemmende Gefühl bleiben, weil es nicht in der Stille seinen Ursprung hatte. Fast schien es Marisa, als wünschten diese Räume, leer zu stehen und langsam zu verfallen. Erst war Minh aus ihnen verschwunden und jetzt Catia. Es war, als hätte dieses Haus, das die beiden eigentlich beherbergen und beschützen sollte, sie böswillig hinausgespien in eine feindliche Welt, der sie hilflos ausgeliefert waren.

Aber war es den anderen Bewohnern Montiseccos – wenn auch in harmloserem Ausmaß – nicht ähnlich ergangen? Waren sie nicht Hals über Kopf evakuiert worden? Wurden ihnen nicht von den Reportern die Türen eingerannt? Waren ihnen nicht die blutigen Schatten der Vergangenheit in die innersten Winkel hineingehetzt worden, wo sie noch lange umhergeistern würden? Auch Marisa hätte ihr Zuhause nicht ohne äußeren Anstoß aufgegeben, doch immerhin hatte sie im Gegensatz zu den anderen selbst die Entscheidung getroffen, so nicht weitermachen zu wollen. Jetzt befand sie sich hier, und sie würde sich von der unheimlichen Atmosphäre nicht ängstigen lassen.

Sie würde bleiben, gerade weil die Leere sonst überhandnähme. Marisa musste ihr entgegentreten. Das war sie Minh schuldig. Und Catia. Und nicht zuletzt sich selbst. Marisa nahm ihr Glas Wasser mit in den Salotto. Sie setzte sich auf die Seite des Sofas, auf der Catia immer gesessen hatte, sie streifte die Schuhe ab, nahm die Beine hoch und winkelte sie an. Auf Canale 5 lief die hundertundachte Folge von »Tempesta d'amore«. Marisa schaltete durch die anderen Programme, fand aber nirgends eine Sendung über Montesecco. Also kehrte sie zu der Soap zurück, in der ein gewisser Werner in den Besitz eines ihn belastenden Dokuments gelangte. Zusammen mit Laura, die großherzig darauf verzichtete, ihn anzuzeigen, vernichtete er das Beweisstück. Aber natürlich gab es eine Kopie davon, die ebenso natürlich der erbitterten Rivalin Cora zugespielt wurde. Und so weiter.

Marisa kannte sich aus. Bevor sie ihren Mann kennen gelernt hatte, hatte sie ein paar Serien regelmäßig verfolgt. Nicht nur, weil Donato sich überhaupt nicht dafür interessierte, war ihr die Lust daran vergangen. Es hatte sie geärgert, dass das Strickmuster immer gleich blieb. Von der Mimik der Schauspieler über die Dialoge bis hin zur Entwicklung der Geschichte war trotz der oberflächlichen Dramatik alles vorhersehbar. Vielleicht wirkte es deswegen so falsch, ohne dass Marisa genau hätte sagen können, was nicht stimmte. Es lohnte sich auch gar nicht, sich darüber Gedanken zu machen. So funktionierten diese Telenovelas eben. Egal, was geschah, am Schluss würden sich die kriegen, die das Drehbuch füreinander bestimmt hatte.

Nur im Leben gab es keine Drehbücher. Man konnte Pläne schmieden, aber dann lief doch alles ganz anders, als man es sich vorgestellt hatte. Wenn irgendwer Marisa vor ein paar Tagen gesagt hätte, dass sie ausziehen und Donato am liebsten zum Teufel jagen würde, hätte sie laut aufgelacht. Und dass ein Attentäter hier einen Oberstaatsanwalt ermordete, dass er sich in Montesecco verschanzte, um verurteilte Brigadisten freizupressen, dass er neben vier Polizisten auch Minh in seine Gewalt brachte und auf Catia schoss, so etwas hätte sich doch keiner ausdenken können.

Oder etwa doch? Wenn Marisa jetzt auf die Ereignisse der letzten Tage zurückblickte, kamen sie ihr ähnlich falsch vor wie die hundertundachte Folge von »Tempesta d'amore«. So, als hätte jemand ein auf hohe Einschaltquoten zielendes Drehbuch verfasst, das er bloß nicht mit zweitklassigen Schauspielern, sondern im wirklichen Leben umsetzte. Nur war nicht vorhersehbar, wie es weiterging. Würde der Innenminister die Forderungen erfüllen, oder würde der Geiselnehmer vorher aufgeben? Würden die Geiseln durch einen Angriff der Spezialeinheit befreit werden, oder würde alles in einem Blutbad enden? Vielleicht stand das Ende aber doch schon fest, und Marisa hatte bloß die Logik des Drehbuchs noch nicht begriffen.

Nein, das war Quatsch! Hier in Montesecco handelten Menschen aus Fleisch und Blut. Sie hatten ihre Interessen, wollten ihre eigenen Ziele erreichen, sagten und taten, was sie wollten, und nicht, was ihnen irgendein Drehbuch vorschrieb. Sie waren doch keine Schachfiguren, die man hin- und herschob! Andererseits war nicht schwer vorauszusehen, was jemand sagte und tat, wenn man ihm eine Pistole auf die Brust setzte. Er würde die Hände heben und »Bitte nicht schießen!« stammeln. Man konnte Menschen unter Druck setzen, man konnte sie zwingen, in eine ganz bestimmte Richtung zu gehen, und wenn man es nur geschickt genug anstellte, konnte man sie sogar glauben machen, dass sie sich freiwillig dafür entschieden hatten. Hatte Marisa nicht selbst das beste Beispiel dafür geliefert, als sie von zu Hause ausgezogen war?

Im Fernsehen ging der Abspann der Serie nahtlos in Werbung für die folgenden Events über. Marisa hatte nicht mitbekommen, wie die Folge geendet hatte. Wahrscheinlich auf dem Höhepunkt einer Auseinandersetzung oder als

Herr X in einer Schublade Briefe entdeckte, die seine Frau von ihrem Geliebten erhalten hatte. Marisa schaltete den Apparat aus und hörte auf die Stille, die sich augenblicklich im Salotto breitmachte. Die Idee, die sich in ihrem Kopf herausgebildet hatte, blieb. Vielleicht, weil es sich in diesem leeren Haus mitten in einem besetzten Dorf so anfühlte, als hätten Marisa und die anderen wirklich nur Nebenrollen inne, in die sie jemand ohne ihren Willen hineingedrängt hatte. Dann torkelten sie genauso von dramatischem Ereignis zu dramatischem Ereignis wie die Figuren einer Telenovela. Sie litten und lachten, sie intrigierten und strampelten sich ab und waren doch nur Teil einer gigantischen Inszenierung, die sie verwirklichten, ohne es zu ahnen.

Mal angenommen, es gäbe wirklich ein Drehbuch, dann sollte es doch möglich sein, herauszufinden, worauf das Ganze hinauslief. Man musste nur aufhören mitzuspielen und stattdessen genau zusehen, was geschah. Wie bei jeder TV-Soap durfte man sich nicht von der Geschichte einfangen lassen. Wer mitheulte, hatte schon verloren. Doch Marisa wusste, wie man das vermied. Bei romantischen Fernsehkomödien wurde ihr die eigene Rührseligkeit manchmal zu peinlich, vor allem wenn Donato neben ihr saß und sich über ihre feuchten Augen lustig zu machen drohte. Dann sagte sie sich vor, dass das ja nur ein Film sei. Wenn sie darauf achtete, auf welche Weise Drehbuchschreiber und Regisseur ihre Emotionen hervorriefen, wirkten sie schon nicht mehr.

Wie? Warum? Zu welchem Zweck? Das waren die Fragen, die man nüchtern klären sollte, statt sich von dem fesseln zu lassen, was passiert war und noch passierte. Marisa nippte an ihrem Wasser. Seit dem Attentat hatte sie keine einschlägige Fernsehsendung verpasst und jeden Zeitungsbericht verschlungen, den sie bekommen konnte. Was über die Geschehnisse in Montesecco an die Öffentlichkeit gedrungen war, wusste sie, und dazu noch einiges mehr. Doch diese Informationen nützten gar nichts, wenn sie sich nicht mit ganz simplen Fragen klarmachte, was all das bedeutete. Von Anfang an. Warum hatte ein Terrorist Oberstaatsanwalt Malavoglia ermordet? Weil er ihn für einen Volksfeind hielt, der für die Strafverfolgung von Linksradikalen mit dem Tode bestraft werden musste. Und zu welchem Zweck hatte der Täter dann Geiseln genommen? Natürlich, um seine gefangenen Gesinnungsgenossen freizupressen.

Beides klang logisch. Marisa nahm noch einen Schluck Wasser und schüttelte den Kopf. Jede Begründung für sich hätte logisch geklungen, der Zusammenhang blieb jedoch unklar. Es handelte sich schließlich um zwei grundverschiedene Taten mit unterschiedlichen Zielen. Warum hatten sich der oder die Terroristen nicht auf eine davon konzentriert, sie durchgezogen und in Ruhe die nächste anvisiert? Und wenn man schon unbedingt beides verbinden wollte, hätte es dann nicht nahegelegen, Malavoglia als Geisel zu nehmen? Vier namenlose Polizisten waren als Austauschobjekt sicher nicht so wertvoll wie ein berühmter Oberstaatsanwalt. Bei Aldo Moro damals erschossen die Brigadisten ja auch die Männer der Leibwache, um den Politiker entführen zu können, und nicht umgekehrt. Malavoglias Wagen auf der einsamen Landstraße zu stoppen und einen Mann, der nur mit seinem Chauffeur unterwegs war, lebend herauszuholen, hätte entschlossenen Terroristen nicht gerade unmöglich erscheinen sollen.

Gab es also gar keinen Zusammenhang zwischen den Taten? Waren etwa zwei unterschiedliche Gruppen am Werk gewesen? Dagegen sprach die zeitliche Nähe, und mehr noch, dass beides in unmittelbarer Nachbarschaft geschehen war. Nicht einmal in der billigsten Fernsehserie wäre durchgegangen, dass Terroristen, die nichts voneinander wussten, zufällig zur gleichen Zeit in einem abgeschiedenen Dorf wie Montesecco losschlugen.

Überhaupt, warum hier in Montesecco? Weil der Oberstaatsanwalt hierher unterwegs gewesen war. Weil ihn Minh hergelockt hatte. Hätte man Malavoglia auf den dreihundert Kilometern von Rom nach Montesecco nicht irgendwo anders auflauern können? Nein, zumindest nicht, wenn Minh der Täter war. Denn der wohnte hier und besaß noch nicht einmal einen Führerschein. Er würde ja kaum mit einem Granatwerfer über der Schulter erst den Bus nach Fabriano und dann den Zug nach Rom nehmen. Außerdem konnte er sich nach dem Attentat in seinem Büro verkriechen und hoffen, dass er ungeschoren davonkam. Doch das hatte nicht geklappt. Ein paar Polizisten hatten ihn befragt und mussten irgendwie Verdacht geschöpft haben. Da hatte er sie gefangen genommen. Die Geiselnahme war also gar nicht geplant gewesen, sondern aus der Not geboren. Erst später war Minh auf die Idee gekommen, die verfahrene Situation auszunutzen, um die Freilassung der Brigadisten zu fordern. Am Anfang stand der Mord. Das musste Marisa immer im Auge behalten.

Unzufrieden machte sie, dass ihr Zwischenergebnis stark der Vorstellung ähnelte, der Polizei, Krisenstab und Medien anhingen. Die hatte aber einen entscheidenden Fehler. Sie setzte voraus, dass Minh der Täter war. Wie alle anderen in Montesecco war Marisa von den Ereignissen so überrollt worden, dass sie das anfangs nicht völlig ausgeschlossen hatte, doch dann waren die Zweifel immer stärker geworden. Minh ein Linksradikaler, ein Terrorist, einer, der mit Granatwerfern Menschen ermordete? Die Sache mit der Pizza hatte gezeigt, dass das nicht stimmen konnte, und wenn es eines letzten Beweises bedurfte, war das der Schuss auf Catia. Minh würde nie und nimmer seine Mutter umbringen wollen! War er jedoch unschuldig, machte das ganze Szenario keinen Sinn. Marisa fing noch einmal von vorn zu überlegen an, doch wie sie es auch drehte und wendete, sie kam zu keinem anderen Ergebnis.

Sie schlug die Decke zurück, die sie sich über die Beine gelegt hatte, und ging in die Küche. Dort setzte sie Wasser für einen Pfefferminztee auf. Sie durchsuchte alle

Schränke nach Süßstoff, fand aber nur eine Zuckerdose. Ein oder zwei Löffelchen würden sie schon nicht gleich umbringen! Als sie den Deckel abnahm, stellte sie sich vor, wie die Szene in einer Soap Opera wirken würde. Eine nicht mehr junge, etwas übergewichtige Frau wartete allein in einer fremden Küche, bis ihr Pfefferminztee gezogen hatte, und kippte sich zu viel Zucker in die Tasse. Trostlos! Welches Schicksal konnte ein Drehbuch für so eine Frau vorsehen?

Und da begriff Marisa, dass sie nur ein ganz klein wenig anders hinsehen musste. Alles schien zu beweisen, dass Minh ein Mörder und Terrorist war. Das sollte es auch! Genau so wollte es das Drehbuch! Deswegen musste Malavoglia in Montesecco ermordet werden. Deswegen musste die Geiselnahme auf dem Fuß folgen, und deswegen musste sich der Täter in Minhs Büro verschanzen. In Wahrheit war es umgekehrt. Jemand hatte all das bewusst so inszeniert, nur um Minh zu belasten. Die Puzzleteilchen bewiesen gar nichts, sie waren bloß zu diesem Zweck in dieser Form zugeschnitten worden.

Aber wer konnte so etwas tun? Und warum hatte er gerade einen siebzehnjährigen Jungen aus Montesecco ausgewählt, wenn er einen Sündenbock brauchte? Warum nicht jemanden mit linksradikalem Hintergrund, dem man solche Verbrechen viel eher zutrauen würde? Irgendetwas musste Minh haben, was ihn als Opfer geeignet erscheinen ließ. Beziehungsweise als Täter, denn bei dieser Variante lief das auf dasselbe hinaus. War es Minhs tragische Vergangenheit? Hatte man jemanden gesucht, der als psychisch so instabil gelten konnte, dass ihm alles zuzutrauen war? Auch wenn Minh sich in den letzten Jahren gut erholt hatte, schien das möglich. Aber unwahrscheinlich. Die Frage blieb, warum man nach so jemandem gerade in einem Kaff wie Montesecco Ausschau halten sollte.

Nein, Minh musste selbst auf sich aufmerksam gemacht haben, und das konnte nur auf einem Weg geschehen sein.

Er war zur Zielscheibe geworden, weil er sich an jemanden gewandt hatte, der ihn sonst nie beachtet hätte. Im Fernsehen war berichtet worden, dass Minh dem Oberstaatsanwalt Informationen in Aussicht gestellt und ihn so nach Montesecco gelockt hatte. War das wirklich nur ein Trick gewesen? Wenn Minh nichts Handfestes und Brisantes zu bieten hatte, wäre Malavoglia doch niemals eigens aus Rom angereist. Auch Minh war die Bedeutung seines Wissens bewusst gewesen. Deswegen hatte er Catia gesagt, sie werde ihn bald in den Nachrichten sehen, und nicht, weil er Mord und Geiselnahme plante.

Seltsam, dass über den Inhalt dieser Informationen in der Öffentlichkeit so gut wie gar nicht spekuliert worden war. Sobald die Medien überzeugt waren, dass Minh Malavoglia eine Falle gestellt hatte, erschien es ihnen wohl uninteressant, wie er das geschafft hatte. Was immer Minh angedeutet, ausgesagt oder versprochen hatte, war ja nur Mittel zum Zweck gewesen. Und der Zweck stand jedermann so klar vor Augen wie eine meterhoch in Flammen stehende Limousine. Dazu kam, dass sich mit der Geiselnahme die Ereignisse überstürzten. Die Beobachtung des belagerten Hauses, die geforderte Freilassung von zwölf Topterroristen, die Reaktionen der Politik, der Psychokrieg um die Geiseln hatten die Journalisten gehörig auf Trab gehalten, so dass das Attentat selbst viel schneller aus den Schlagzeilen verschwunden war, als das bei so einer Tat zu erwarten gewesen wäre. Aber am Anfang stand der Mord, das durfte Marisa nicht vergessen.

Was hatte Minh dem Oberstaatsanwalt zu sagen gehabt? Das war die entscheidende Frage. Konnte man sie beantworten, wusste man nicht nur, warum Minh zum Sündenbock gemacht, sondern wahrscheinlich auch, warum Malavoglia umgebracht worden war. Doch ein Toter konnte keine Auskunft geben, und Minh war genauso unerreichbar wie sein Büro, in dem vielleicht Unterlagen zu finden wären. Möglicherweise hatte Malavoglia seine engsten

Mitarbeiter in der Staatsanwaltschaft Rom eingeweiht, aber wie sollte Marisa an die herankommen? Dort in der Telefonzentrale anrufen, sich als Frau Curzio aus Montesecco vorstellen und nach jemandem verlangen, der ihr alles über die Geheimermittlungen des ermordeten Oberstaatsanwalts mitteilen würde?

Marisa fischte den Teebeutel aus der Tasse. Sie wickelte ihn um den Löffel, presste noch ein paar Tropfen heraus und legte den Beutel auf einen Untertasse, weil man ihn ja noch einmal verwenden konnte. Der Pfefferminztee war lauwarm und schmeckte viel zu süß. Marisa ließ ihn stehen, zog ihren Mantel an und ging in die Dunkelheit hinaus. Die Canale-5-Leute, von denen sich Donato jetzt aushalten ließ, würde sie bestimmt nicht fragen! Es trieben sich noch genügend andere Hauptstadtjournalisten im Dorf herum, von denen sicher der eine oder andere Verbindungen zur Staatsanwaltschaft pflegte.

Die Reporter kannten einander gut, und da man in Montesecco schwer untertauchen konnte, war es kein Problem, die richtigen aufzutreiben. Marisa kam auch gleich mit ihnen ins Gespräch. Sie schienen fast dankbar zu sein, dass sich noch irgendwer aus dem Dorf mit ihnen abgab. Das änderte sich allerdings schlagartig, sobald Marisa zu erklären begann, dass eine große Verschwörung im Gange sei, die das Ziel habe, Minh zum Schuldigen zu stempeln. Manche entschuldigten sich sofort mit wichtigen Terminen, andere hörten eine Weile zu, ohne auch nur ein einziges Argument Marisas ernsthaft in Erwägung zu ziehen. Ein Journalist von *La Repubblica* ließ sich immerhin zu dem Kommentar herab, dass es durchaus einen Markt für Verschwörungstheorien gebe, aber völlig aus der Luft gegriffen dürften sie natürlich nicht sein. Irgendeinen zu bewegen, bei der Staatsanwaltschaft Rom Erkundigungen einzuziehen, war ein hoffnungsloses Unterfangen.

Marisa gab deswegen nicht auf. Beziehungen hatten schließlich nicht nur Medienleute. Ganz Italien basierte doch auf nichts anderem. Es war wahrscheinlicher, sechs Richtige beim Lotto zu tippen, als eine Arbeitsstelle ohne Raccomandazione, ohne persönliche Empfehlung zu finden. Im Geschäftsleben waren Beziehungen alles. Mit Korruption hatte das gar nichts zu tun. In beklagenswerten Ausnahmefällen mochten die Sitten anderer Länder eingerissen sein, wurde vielleicht ein bestimmtes Abstimmungsverhalten zur Änderung eines Flächennutzungsplans mit einer Einladung in eine traumhafte Ferienvilla nach Sardinien entlohnt, doch normalerweise funktionierte das italienische System anders. Wenn man dem Freund eines Freundes einen Gefallen tun konnte, schlug man ihm das doch nicht ab, nur weil kein unmittelbarer Gewinn heraussprang. Freunde konnte man schließlich nie genug haben, und irgendwann würde sich schon eine Gelegenheit ergeben, bei der sich der eine oder andere revanchieren konnte.

Außerhalb Monteseccos hatte Marisa nicht viele Freunde, doch eine ganze Reihe von Bekannten, aus denen gut und gern einmal Freunde werden konnten. Ein entfernter Verwandter arbeitete sogar in Rom, zwar nicht bei der Justiz, sondern in der Herrenabteilung des Kaufhauses »Rinascente« am Corso, aber das lag immerhin mitten im Regierungsviertel, so dass sich sicher eine Menge wichtiger Leute dort einkleideten. Marisa rief ihn zuerst an, dann eine Verwaltungsangestellte aus Grottaferrata in den Colli romani, die sie vor Jahren am Strand kennen gelernt hatte, dann alle anderen, bei denen nur die leiseste Hoffnung bestand, dass sie jemanden kannten, der jemanden in der Staatsanwaltschaft Rom kannte.

Angesichts ihrer Erfahrungen mit den Journalisten verzichtete Marisa darauf, die Zusammenhänge zu erklären. Sie sagte nur, dass sie so genau wie möglich wissen müsse, womit Oberstaatsanwalt Malavoglia in den Tagen vor seiner Ermordung befasst war. Es gehe um Leben oder Tod. Wenn es nicht wirklich wichtig wäre, hätte sie, Marisa, nie gewagt, ihre alten Freunde trotz der vorgerückten Stunde damit zu behelligen. Im übrigen müsse man unbedingt mal wieder etwas gemeinsam unternehmen, es sei doch eine Ewigkeit her, seit man sich zuletzt gesehen habe. Und ja, Donato gehe es ausgezeichnet, er lasse grüßen.

Dann hieß es warten. Vor dem nächsten Morgen würde sich sicher nichts ergeben. Marisa stellte das Telefon auf der Lehne von Catias Sofa ab, kuschelte sich in die beiden Wolldecken und schaltete das Fernsehgerät ein.

4
Giovedì, 17 gennaio

Es war eine Mordssauerei. Angeblich hatte der Krisenstab eine Batterie chemischer Toiletten angefordert, deren Lieferung sich aber aus Gründen, über die keine einhellige Auskunft zu erhalten war, bis auf Weiteres verzögerte. Die zwei azurblauen Kabinen, die vor dem ehemaligen Pfarrgarten an der Piazzetta aufgestellt waren, reichten hinten und vorne nicht. Lange Schlangen konnten nur deshalb vermieden werden, weil es keiner der Betroffenen aushielt, länger als ein paar Sekunden zu warten, und dann im Pfarrgarten verschwand. Offensichtlich handelte es sich um eine ernstzunehmende Epidemie.

Das war auch der Hauptgrund, warum die Bewohner von Montesecco sich weigerten, die Staatsmacht ihre eigenen Örtlichkeiten mit benutzen zu lassen. Schließlich konnte nicht ausgeschlossen werden, dass eine ansteckende Krankheit eingeschleppt worden war. Der Polizeiarzt sprach zwar von einem simplen Brechdurchfall, der höchstwahrscheinlich durch eine Lebensmittelvergiftung ausgelöst worden sei, aber die Tatsache, dass seine Krankenstation in der Sebastianskapelle einem überfüllten Lazarett des Ersten Weltkriegs glich, sprach nicht unbedingt dafür, dass er alles im Griff hatte.

Zweiundzwanzig Staatspolizisten, praktisch die gesamte Schicht, die in der Nacht zuvor an den Straßensperren gewacht hatte, lagen darnieder. Das Mitleid der Dorfbewohner hielt sich in Grenzen. Man hatte wahrlich drängendere Probleme zu bewältigen. Einzig die alte Costanza Marcantoni bot freiwillig ihre Dienste an. Zwar könne sie keine Fachausbildung als Krankenschwester vorweisen, doch habe sie sich zeit ihres Lebens intensiv mit der Wirkung von Kräutern und Tinkturen beschäftigt, so dass sie sich durchaus zutraue, zu einer wirksamen Behandlung der Kranken beizutragen. Ob es sich dabei um Deutsche oder Italiener handle, spiele keine Rolle. Wichtig sei doch letztlich nur der Erfolg. Der Polizeiarzt lehnte das Angebot dankend ab, auch weil die Patienten der etwas verwirrt wirkenden Lazaretthelferin wenig Vertrauen entgegenzubringen schienen.

Nicht nur, um die krankheitsbedingten Ausfälle zu kompensieren, waren frische Polizeikräfte aus Pesaro herangekarrt worden. Die Einsatzleitung hatte unmittelbar nach dem Durchbruch von Catia Vannoni den Befehl erteilt, die Straßensperren personell aufzurüsten. Eine Reihe zusätzlicher Doppelposten sollte im Abstand von mindestens zehn Metern zu den bereits existierenden Stellung beziehen, so dass der zweite Trupp gewarnt und einsatzfähig wäre, wenn der erste durch einen Überraschungsangriff ausgeschaltet würde. Damit entstand um die rote Zone, die die Piazza mit ihren Zugängen einschloss, eine neue, sogenannte gelbe zwischen den beiden Postenreihen. Da die ursprünglichen Absperrungen am äußersten Rand des Gebiets lagen, das sicherheitstechnisch als unbedenklich gelten konnte, blieb nichts anderes übrig, als die gelbe Zone in den bisher frei zugänglichen Teil Monteseccos hinein auszuweiten.

Dass damit die Bewegungsfreiheit der Dorfbewohner weiter eingeschränkt wurde, hätte man noch verschmerzen können. Es war sowieso zu kalt, um in den Gassen spazieren zu gehen. Problematisch war jedoch, dass einige Häuser, wie zum Beispiel das von Lidia Marcantoni, innerhalb des neu errichteten Sperrgebiets zweiter Klasse lagen. Die Einsatzleitung ordnete trotz erbitterter Proteste zuerst auch deren Evakuierung an, hatte aber nicht mit Lidia gerechnet, die direkt vor der Tür des Pfarrhauses ein Igluzelt aufschlug und ankündigte, dort überwintern zu wollen beziehungsweise zu müssen. Ächzend kroch sie in das

Zelt, zog ihre Schuhe samt Strümpfen aus und zeigte allen, die es sehen wollten, dass ihre Zehen noch nicht von Erfrierungen verunstaltet waren. Noch nicht! Die Kameramänner der diversen TV-Anstalten stürzten sich auf die pittoreske Szene, und so blieb den Verantwortlichen keine Wahl, als einzulenken.

Man einigte sich in zähen Verhandlungen auf eine Passierscheinregelung. Zugang zur gelben Zone sollte nur haben, wer durch einen zu diesem Zweck ausgestellten Ausweis als zugangsberechtigt identifiziert werden konnte. Den Schein bekamen ausschließlich die betroffenen Anwohner ausgehändigt. Die wachhabenden Polizisten wurden angewiesen, keinerlei Ausnahme zu machen. Auf Besuche von Verwandten oder Freunden könne auch mal verzichtet werden, schließlich sei man nicht zum Spaß hier, sondern wegen eines Verbrechens von nationaler Dimension.

All das trug keineswegs dazu bei, das von Anfang an gespannte Verhältnis zwischen Dorfgemeinschaft und Polizeikräften zu verbessern. Dennoch beschlossen die Bewohner Monteseccos, der Einsatzleitung ihre Erkenntnisse bezüglich des Geiselnehmers nicht vorzuenthalten. Es ging um Minh, es ging um den Mordversuch an Catia und natürlich auch ein wenig um Montesecco. In die dreiköpfige Delegation, die man vorzuschicken gedachte, hätte man neben Franco Marcantoni und Marta Garzone auch gern Matteo Vannoni als einen Vertreter der in erster Linie betroffenen Familie gewählt, doch der war Catia ins Krankenhaus nach Ancona gefolgt, und niemand wusste, wann er zurückkehren würde. Seine Stelle übernahm Elena Sgreccia.

Donato, der anscheinend fest damit gerechnet hatte, in die Sprechergruppe berufen zu werden, zog erzürnt zu seinem schlafzimmerlichen Fernsehteam ab. Irgendwann würde er begreifen müssen, dass er seine Position in Montesecco grundlegend verkannte. Selbst wenn er sich Marisa gegenüber anders verhalten hätte, wäre keinem eingefallen, ihn mit solch einer wichtigen Mission zu beauftragen. Schließlich konnte einer, der noch nicht einmal zehn Jahre hier wohnte, schlecht Montesecco repräsentieren.

Die Vertreter des Dorfs mussten erhebliche Überredungskünste einsetzen, um überhaupt ins Pfarrhaus eingelassen zu werden. Der Ispettore an der Pforte glaubte nicht, dass sie etwas Wichtiges mitzuteilen hätten. Erst als Marta Garzone fragte, ob der Krisenstab entscheidende Fakten lieber aus den Medien erfahre, bequemte sich der Ispettore dazu, seine Vorgesetzten zu informieren. Wenige Minuten später wurde die Delegation hinaufeskortiert, nicht ohne vorher mit Metalldetektoren nach verborgenen Waffen abgesucht worden zu sein.

Die Sala im ersten Stock hatte einiges mitgemacht, seit das Pfarrhaus vor Jahrzehnten seine ursprüngliche Funktion eingebüßt hatte. Anfangs hatte Lidia Garzone in der Hoffnung, dass der verstorbene Don Igino durch einen neuen Pfarrer ersetzt würde, für Ordnung gesorgt, doch mit der Zeit hatten Spinnen und Mäuse die Oberhand gewonnen. Noch einmal war der Raum auf Vordermann gebracht worden, als Benito Sgreccia vor neun Jahren beschlossen hatte, sich seine letzten Lebenstage in Gesellschaft dreier Nutten aus Rom zu versüßen. Dass er dafür gerade das Pfarrhaus angemietet und unter anderem mit einem riesigen Wasserbett ausgestattet hatte, war nicht bei allen Dorfbewohnern auf Zustimmung gestoßen, doch musste man zugeben, dass er wieder Leben in das alte Gemäuer gebracht hatte. Das rauschende Fest hatte allerdings nur drei Tage gedauert. Nach Benitos Tod waren die neu angeschafften Möbel verkauft, Nutten wie Dienstpersonal fortgeschickt worden, und das Pfarrhaus schien nun seinem endgültigen Verfall entgegenzudämmern.

Jetzt erinnerte in der Sala höchstens noch das Kaminfeuer daran, dass man sich im ländlichen Montesecco befand. Ansonsten fühlte man sich eher in einen der Spionagefilme versetzt, in denen sich die technischen Zentralen der Geheimdienste gern hinter unscheinbaren alten Mauern verstecken. An der Wand zur Kirche hin liefen auf sechs Fernsehapparaten gleichzeitig sechs verschiedene Programme. Drei uniformierte Staatspolizisten saßen davor. Vom restlichen Dutzend Anwesender trug etwa die Hälfte Zivil. Geschäftig taten sie alle. Der Tisch und zusätzlich bereitgestellte Ablageflächen waren mit Computern, Druckern, Telefonanlagen, Aufnahmegeräten, Overheadprojektoren und etlichen undefinierbaren Apparaten bepackt. Das alte Bücherregal an der Stirnseite des Raums wurde von einer ausgezogenen Leinwand verdeckt. Am Flipboard daneben hing eine große Luftaufnahme von Montesecco. Dass sie mit Stecknadeln gespickt war, wirkte in diesem Umfeld altmodisch.

»Sie sehen, wir haben zu tun«, sagte der Questore. »Fassen Sie sich bitte kurz!«

Die drei Abgesandten sahen sich an. Etwas mehr Aufgeschlossenheit hätten sie schon erwartet. Dann mussten sie eben sofort mit dem Knaller herausrücken. Ohne große Einleitung fragte Marta Garzone, ob sich niemand darüber wundere, dass Minh auf seine eigene Mutter geschossen habe.

»Sie glauben gar nicht, wie viele Durchgeknallte es gibt«, sagte der Questore.

»Möglich«, sagte Elena Sgreccia, aber hier liege der Fall anders. Minh sei nicht der Geiselnehmer. Ein anderer gebe sich für ihn aus. Der Questore hob kurz den Kopf von den Schriftstücken, in denen er blätterte, und sagte: »So?«

Franco Marcantoni begann, ihm etwas umständlich auseinanderzusetzen, wie sie das anhand der Pizzabestellung herausgefunden hatten. Der Questore schien völlig in seine Akten vertieft. Wenn er überhaupt zuhörte, machte er jedenfalls unmissverständlich deutlich, dass er von all dem nichts, aber auch gar nichts hielt.

»Minh hat seit drei Jahren weder Schinken noch irgendein anderes Fleischprodukt gegessen«, sagte Elena Sgreccia.

»Und wenn Sie bestätigen können, dass der Geiselnehmer nicht irgendwelche, sondern genau die erwähnten Pizze angefordert hat, dann heißt das ...«

»Questore!«, rief einer der Polizisten an den Fernsehern dazwischen. »Die Presseerklärung!«

Der Questore fuhr hoch. Fünf der sechs Bildschirme zeigten nun dieselbe Szene, wenn auch aus leicht unterschiedlichen Blickwinkeln. Ein etwa Fünfzigjähriger in tadellos sitzendem grauem Anzug trat hinter ein Pult, auf dem das Staatswappen und der Schriftzug des Innenministeriums zu erkennen waren.

»Verdammt, der Minister selbst!«, stöhnte ein älterer Uniformierter, auf dessen schmaler Brust die Rangabzeichen und Auszeichnungen kaum Platz fanden.

»Sich einen solchen öffentlichen Auftritt entgehen zu lassen ist nicht De Sanctis' Art«, sagte der Questore.

»Wir haben ihn angefleht, wenigstens seinen Pressesprecher vorzuschicken, wenn er schon nicht auf die Erklärung verzichten will.«

»De Sanctis haben schon ganz andere vergeblich angefleht.« Der Questore lachte kurz auf.

»Das wird eine Katastrophe werden«, sagte der Uniformierte.

Der Innenminister war auf den Bildschirmen nun in Großaufnahme zu sehen. Er legte ein einzelnes Blatt vor sich ab, rückte ein Mikrofon zurecht und begrüßte die Damen und Herren von den Medien. Dann fingerte er ein flaches Lederetui aus der Anzugjacke. Mit aufreizender Langsamkeit entnahm er ihm eine Lesebrille, die er tief auf die Nase setzte. De Sanctis' Stimme klang ernst, als er endlich zu sprechen begann: »*Wie Sie bereits wissen, meine Damen und Herren, fordert der Geiselnehmer von Montesecco die Freilassung von zwölf Terroristen der Roten Brigaden. Das Schicksal der vier Geiseln liegt mir persönlich sehr am Herzen, und deswegen kann ich Ihnen versichern, dass alles Menschenmögliche getan wird, um sie schnell und unbe-*

schadet in den Schoß ihrer Familien zurückkehren zu lassen. Seit der Entführung von Aldo Moro im Jahr 1978 ist es jedoch unabhängig von der jeweiligen Regierung ein ehernes Prinzip italienischer Politik, dass sich der Staat in keiner Weise erpressbar zeigen darf. Daran hat sich nichts geändert. Verhandlungen über die Haftentlassung rechtskräftig verurteilter Terroristen werden deshalb nicht geführt werden. Wir appellieren eindringlich an den Geiselnehmer, zur Vernunft zu kommen und die Geiseln freizugeben. Ich danke Ihnen für Ihre Aufmerksamkeit.«

Minister De Sanctis nahm seine Lesebrille ab und verstaute sie sorgfältig. Von dem Orkan, der nun über ihn hereinbrach, schien er völlig unberührt. Einige wenige Fragen waren im allgemeinen Stimmengewirr zu verstehen. Was denn das Menschenmögliche sei, das man zu tun gedenke? Wann mit einem Sturmangriff der Polizeikräfte zu rechnen sei? Ob es stimme, dass der Geiselnehmer ein Ultimatum gesetzt habe, nach dessen Ablauf er die erste Geisel erschießen wolle? Ob andere Zugeständnisse gegenüber den Terroristen, zum Beispiel was die Haftbedingungen betreffe, denkbar seien?

»*Sie werden verstehen, dass ich zum jetzigen Zeitpunkt keine Fragen beantworten kann*«, sagte De Sanctis. Er lächelte freundlich, nahm sein Blatt Papier auf und zog sich unter heftigen Protesten der Medienvertreter zurück.

»Das war eindeutig«, sagte der Uniformierte mit der ordensgeschmückten Brust. »Wie sollen wir unseren Mann jetzt noch hinhalten?«

Der Questore befahl, den Text der Presseerklärung wortwörtlich herauszuschreiben. Und zwar dalli. Irgendeinen Knochen werde man schon finden, den man dem tollwütigen Hündchen dort unten an der Piazza zuwerfen könne, bevor es wild um sich beiße. Der Ordensträger schüttelte den Kopf und murmelte, dass Politik bisweilen entschieden zu ernst sei, um sie ruhigen Gewissens den Politikern zu überlassen.

Die drei Sprecher des Dorfs standen in der Nähe der Tür herum. Keiner aus der Einsatzleitung schien sie auch nur im Geringsten zu beachten. Franco Marcantoni räusperte sich und sagte: »Wegen der Pizza ...«

»Genug!«, unterbrach ihn der Questore. »Beantworten Sie mir nur eine einfache Frage: Würde Frau Vannoni mit Gewalt eine Polizeisperre durchbrechen, nur um zu einem ihr unbekannten Terroristen zu gelangen?«

»Catia wusste ja nicht, dass ein Fremder ...«, sagte Marta Garzone.

»Und wo, zum Teufel, befindet sich Ihr Minh Vannoni, wenn er nicht da drin Geiseln bedroht?«

»Der Schinken ...«, begann Franco Marcantoni erneut.

»Hören Sie auf mit diesem Unsinn!«

»Vielleicht ist Minh ja ...«, sagte Marta Garzone.

»... schnell entschlossen in Urlaub gefahren, was?«, höhnte der Questore. »Ich sage Ihnen, was ich denke. So bedauerlich ihr Alleingang für Frau Vannoni ausgegangen ist, für mich hat sie ihn unternommen, um mit einer Pistole in jeder Hand die Geiseln zu bewachen, damit sich ihr sauberer Sohn mal ausschlafen kann! Dass er noch unberechenbarer ist als gedacht, ändert daran gar nichts. Wir haben es hier mit einer Verschwörung zu tun, und es ist noch keineswegs abzusehen, wer dabei sonst noch seine Finger im Spiel hat.«

»Was wollen Sie damit sagen?«, zischte Franco Marcantoni.

»Dass sie alle drei jetzt besser gehen! Ispettore?«

Einer der Staatspolizisten fasste Franco am Arm. Mit einer heftigen Bewegung machte sich Franco frei. Er sagte: »Bemühen Sie sich nicht! Wir finden den Weg allein.«

Schließlich waren sie hier zu Hause. Montesecco war immer noch ihr Dorf, auch wenn es im Moment keineswegs so aussah. Draußen auf der Piazzetta traten die drei an die Steinbrüstung, um sich über die Unterstellungen, die Anmaßung und die Unfähigkeit des Questore Luft zu machen. Die Wolkendecke drückte schwer aus dem Himmel und schien auf die verschneite Landschaft abzufärben. Grau in grau lagen Hügel und Täler unter ihnen. Aus einem der Toilettenhäuschen am Pfarrgarten wankte ein Polizist heraus. Er war leichenblass im Gesicht. Es war tatsächlich alles zum Kotzen.

Von: »Krisenstab« *opseg@questure.poliziadistato.it/pesaro*
An: »Minh« *minhvannoni@yahoo.it*
Wir sind dabei, die Gefangenen in Rebibbia zusammenzulegen. Für die drei in sizilianischen Gefängnissen Einsitzenden stehen dem noch Schwierigkeiten juristischer Art entgegen, doch wir sind zuversichtlich, diese bald lösen zu können. Geben Sie uns etwas mehr Zeit!

Von: »Minh« *minhvannoni@yahoo.it*
An: »Krisenstab« *opseg@questure.poliziadistato.it/pesaro*
Glauben Sie, ich habe die Presseerklärung nicht mitbekommen? De Sanctis hat das Todesurteil für Ihre Leute ausgesprochen. Sie werden nach dem vorgegebenen Zeitplan hingerichtet.

Von: »Krisenstab« *opseg@questure.poliziadistato.it/pesaro*
An: »Minh« *minhvannoni@yahoo.it*
Der Öffentlichkeit gegenüber konnte der Innenminister keinen anderen Standpunkt vertreten. Wir bitten Sie, folgende Signale in der Erklärung zu beachten: Der Minister hat seine Entschlossenheit, sich persönlich für die Befreiung der Geiseln einzusetzen, explizit herausgestellt, während sonst nur von allgemeinen politischen Grundsätzen die Rede war. Des Weiteren weisen wir auf die Formulierung hin, dass sich der Staat in keiner Weise erpressbar *zeigen darf*. Nicht etwa, dass er in keiner Weise erpressbar ist. An diesen Untertönen können Sie erkennen, dass die Tür zu ernsthaften Verhandlungen weiter offen steht.

Von: »Minh« *minhvannoni@yahoo.it*
An: »Krisenstab« *opseg@questure.poliziadistato.it/pesaro*
Es gibt nichts zu verhandeln. Sie lassen die zwölf Genossen ausfliegen, und ich gebe die Geiseln frei. Und zwar in dieser Reihenfolge! Der Ablaufplan ist Ihnen bekannt.

Von: »Krisenstab« *opseg@questure.poliziadistato.it/pesaro*
An: »Minh« *minhvannoni@yahoo.it*
Wir sind Ihnen ein großes Stück entgegengekommen, indem wir die Terroristen zusammenlegen und gemeinsam beraten lassen. Weder die Dauer dieser Beratungen noch deren Ergebnis können wir beeinflussen. Wenn Sie wirklich ein Interesse daran haben, das Problem in Ihrem Sinn zu lösen, sollten Sie Ihr Ultimatum verlängern.

Von: »Minh« *minhvannoni@yahoo.it*
An: »Krisenstab« *opseg@questure.poliziadistato.it/pesaro*
Wer garantiert mir, dass Sie mir nichts vormachen? Die Erklärung der Genossen muss öffentlich im Fernsehen übertragen werden!

Von: »Krisenstab« *opseg@questure.poliziadistato.it/pesaro*
An: »Minh« *minhvannoni@yahoo.it*
Wir machen Ihnen nichts vor. Wir nehmen unseren Auftrag, das Leben unschuldiger Menschen zu bewahren, sehr ernst. Eine öffentliche Übertragung ist allerdings ausgeschlossen. Der Minister und die gesamte Regierung würden in der Luft zerrissen werden. Wir bitten Sie nochmals zu beachten, dass Verhandlungen dieser Art nur unter äußerster Geheimhaltung zum Erfolg führen können.

Von: »Minh« *minhvannoni@yahoo.it*
An: »Krisenstab« *opseg@questure.poliziadistato.it/pesaro*
Es muss also erst Blut fließen? Wissen Sie, dass Ispettore Russos Kinder Sonia und Luca heißen? Und dass die bei-

den in genau sechs Stunden und vierundvierzig Minuten Halbwaisen sein werden?

Elena Sgreccia hatte Matteo Vannoni erzählt, wie sie und die anderen vom Questore vorgeführt worden waren. Sie hatten es gut gemeint, aber eigentlich war es Vannonis Aufgabe, etwas für Minh zu tun. Nur was? Ihm fiel einfach nichts ein. Er wählte die Durchwahlnummer der Intensivstation. Ihm wurde gesagt, dass es keinen Sinn habe, wenn er jede halbe Stunde anrufe. Catias Körper brauche Zeit. Ein paar Tage mindestens, vielleicht auch wesentlich länger. Man werde Vannoni auf dem Laufenden halten.
    Antonietta fragte, ob es Neuigkeiten gebe.
    Vannoni schüttelte den Kopf und schaltete den Fernseher ein. Das Bild zeigte die Fassade des Innenministeriums in Rom. Über dem Freibalkon hingen die italienische und die EU-Flagge schlaff an ihren Masten. Am Portal ließ sich niemand blicken. Auch die zwei Streifenwagen der Polizia di Stato, die halb versteckt an den Seiten parkten, schienen verlassen. Der gesamte Auffahrtsbereich war mit versenkbaren Pollern und schweren Gittertoren gesichert. Im halbkreisförmigen Fußgängerbereich davor stand ein Brunnen, über dessen Rand das Wasser lustlos in ein tiefer liegendes Becken plätscherte. Längs der Rundung der Piazza ragten altertümlich anmutende Laternen auf. An diejenige, die dem versperrten Aufgang zum Viminale am nächsten war, hatte sich eine Frau mit Handschellen gefesselt. Gegen den überdimensionierten Laternenpfahl wirkte sie winzig. Um sie herum scharten sich etwa zwanzig weitere Personen, darunter etliche Kinder. Einige hielten hastig beschriftete Plakate in die Kamera:

De Sanctis, gib mir meinen Papi zurück!
Austausch sofort!
Nichts ist so wertvoll wie das Leben.

Der Reporter sprach von verständlichen Reaktionen der verzweifelten Angehörigen. Ob der Innenminister die Familien der Geiseln empfange, sei noch nicht klar. Jetzt schwenkte die Kamera zum Rand der Piazza. Neben einem Zeitungskiosk war ein knappes Dutzend Staatspolizisten aufgezogen. Das Weiß ihrer Pistolentaschen stach klar vom Blau der Uniform ab. Die Polizisten taten so, als bemerkten sie die Demonstration nicht. Offensichtlich hatten sie noch keine Anweisungen von oben bekommen.

Bilder von Bewaffneten, von weinenden Müttern, plakatbehängten Kindern, kopfschüttelnden Schaulustigen. Nichts, was nicht jeden Tag irgendwo geschah. Vannoni verstand nicht, wieso ihn das alles so maßlos aufregte. Seine Tochter lag im Koma, sein Enkel wurde fälschlicherweise als Mörder und Geiselnehmer hingestellt. Vannoni sollte andere Sorgen haben. Er schaltete den Fernseher aus und warf den Mantel über.

»Nur mal die Beine vertreten«, erklärte er Antonietta, die gar nichts gefragt hatte. Selbst der besorgte Ausdruck in ihrem Gesicht regte ihn auf. Er konnte jetzt nicht reden, er konnte nicht mehr herumsitzen, musste seiner hilflosen Wut Auslauf gewähren und den Kopf klar bekommen. Draußen, wo seine Gedanken nicht an Mauern stießen.

Eine Viertelstunde später stapfte er über die Felder. Die kalte Luft war angenehm, doch ruhiger wurde Vannoni nicht. Er ging nach links und bog in die Landstraße ein, die zum Dorf zurückführte. Er hielt sich am Rand der Fahrbahn, wo der Schnee noch nicht völlig zu Matsch verwandelt worden war, sondern nur braune Spritzer von den vorbeifahrenden Polizeilastwagen abbekommen hatte. Vannoni dachte, dass es sinnlos sein würde, selbst bei der Einsatzleitung vorstellig zu werden. So absurd es klang, der Questore schien überzeugt zu sein, dass Catia vorgehabt hatte, zu den Roten Brigaden überzulaufen. Er vermutete eine weit verzweigte terroristische Verschwörung. Hier in Montesecco!

Vannoni konnte nicht darüber lachen. Ihm war tatsächlich eher danach, eine Bombe zu basteln und dem Haufen von Idioten dort im Pfarrhaus Feuer unterm Hintern zu machen. Natürlich würde er das nicht tun. Mit achtundfünfzig Jahren und nach allem, was er erlebt hatte, füllte man keine Mollis ab. Heutzutage machte das gar keiner mehr. Die zornigen jungen Männer von früher waren alt geworden, und neue wuchsen nicht mehr heran. Solche, die wussten, was falsch war. Die es klar benannten. Die sich darüber empörten und, wenn sonst nichts half, auch persönlich etwas riskierten, um es zu ändern. Jetzt gab es nur noch Verrückte, die mit Granatwerfern auf Oberstaatsanwälte schossen und wahrscheinlich nicht einmal selbst begriffen, warum.

Aus dem Schornstein von Lucianos Hof drang weißer Rauch. Vor der Tür kläffte der Hund, kam aber nicht wie sonst bis zur Straße vor. Vannoni keuchte die Steigung hinauf und zwang sich, langsamer zu gehen. Sicher hatten sie damals bei Lotta Continua Fehler begangen, jede Menge sogar, aber nur wer nichts tat, machte auch nichts falsch. Doch selbst das stimmte ja nicht. Praktisch jedes Übel und jedes Elend in der Welt wurden nur möglich, weil die große Mehrheit desinteressiert wegsah. Und weil die wenigen, die es anrührte, sich einredeten, sowieso nichts ausrichten zu können.

Vannoni erreichte die Abzweigung nach Montesecco. Aus Richtung San Lorenzo kommend, bog gerade ein voll besetzter blauer Lancia ein. Auf dem Beifahrersitz glaubte Vannoni den Reporter von *La Stampa* zu erkennen, der ihn nach seinen Verbindungen zu den Roten Brigaden ausgefragt hatte. Vannoni hätte sich jetzt noch wegen seiner gestammelten Ausflüchte ohrfeigen können. Was sein früheres politisches Engagement anging, hatte er sich nichts vorzuwerfen. Zumindest nicht im Vergleich zu anderen, die immer nur brav stillgehalten hatten. Wie er selbst dann später auch.

Was war nur über die Jahrzehnte mit ihm geschehen? Wo waren die Wut, die Empörung geblieben, wo der Wille, sich einzumischen, die Überzeugung, etwas ändern zu können? Wie konnte es dazu kommen, dass er einem Questore, der seine fast erschossene Tochter Terroristen zurechnete, nicht sofort an die Gurgel ging? Wie konnte er überhaupt daran denken, bei der Polizei anzukriechen und darum zu betteln, seinen Enkel nicht als kriminelles Monster anzusehen?

Am Hang ragten schwarz die Zypressen auf. Der Schnee hatte sich nicht in ihnen festsetzen können, aber er bedeckte die Steinbank an der Spitzkehre der Straße. Dort zweigte der Weg zum oberen Teil Monteseccos ab. Die Hauptzufahrt zur Piazza war mit den Autos der Medienleute zugeparkt. Sie würden erst verschwinden, wenn alle Bilder im Kasten waren. Die von erschossenen Geiseln, stürmenden Sondereinheiten, Blendgranaten und Querschlägern. Von knatternden Polizeihubschraubern und im Stau steckenden Leichenwagen. Bilder von Typen wie dem Questore, die sich, wenn Minhs Unschuld erwiesen wäre, nicht entblöden würden, ihm scheinheilig ihr tief empfundenes Bedauern auszusprechen. Doch darauf wollte Vannoni nicht warten! Wut half genauso wenig wie Resignation. Er musste endlich aktiv werden. Für Catia konnte er nichts tun, doch für Minh. Und wenn es nötig war, dafür zu lügen, zu betrügen und zu intrigieren, dann würde er das bedenkenlos tun.

Plötzlich fand sich Vannoni vor einer Polizeisperre wieder. Er hatte nicht bemerkt, dass er schon mitten im Ort angelangt war. Langsam wandte er sich um und folgte dem Weg außerhalb der Mauern. Er ging an seinem Haus vorbei Richtung Kirche. Die abschüssige Kurve zum Pfarrhaus hinab querten dünne Rinnsale von Schmelzwasser. Die Polizisten mussten hier Salz gestreut haben. Wahrscheinlich bildeten sie sich ein, alles im Griff zu haben, doch manchmal kam man schneller ins Schleudern, als man dachte.

Vannoni ließ das Pfarrhaus links liegen. Die Entscheidungsträger konnte er nur beeinflussen, wenn er sich der Medien bediente. An denen kamen auch Politik und Polizei nicht vorbei. Vannoni steuerte auf das Haus des Americano zu, in dem sich die Rai eingerichtet hatte. Ein paar Meter vor dem Eingang blieb er stehen. Eine Kampagne musste strategisch gut überlegt sein, das hatte er damals leidvoll gelernt. Die gute Absicht allein zählte nicht. Wenn man zuschlug, sollte es auch ein Volltreffer werden.

Auf keinen Fall durfte Vannoni dem ganzen Haufen von Pressefritzen gleichermaßen in den Ohren liegen. Je exklusiver eine Information war, desto wertvoller schien sie und desto größer würde sie herausgebracht werden. Doch wen sollte Vannoni auswählen? Ein prominenter Sender musste es sein, um für genügend Resonanz zu sorgen. Canale 5 stand überraschenden Enthüllungen wohl am wenigsten kritisch gegenüber. Das war ein Vorteil. Andererseits verfügte der Sender schon über die Sensationsbilder vom Ort der Geiselnahme. Die Rai war damit ins Hintertreffen geraten und brauchte dringend einen Knüller, um die Quoten wieder ins Gleichgewicht zu bringen. Gut, die staatliche Anstalt bekam den Zuschlag.

Natürlich wäre es am wirkungsvollsten, wenn die Fernsehjournalisten selbst die gewünschten Informationen herausfänden, aber Vannoni wusste nicht, wie er das drehen sollte. Vielleicht genügte es ja, ein paar Fragen offenzulassen, so dass die Damen und Herren sich investigativ gefordert fühlten. Jedenfalls musste Vannoni unbedingt den Eindruck vermeiden, dass er irgendetwas lancieren wollte. Dagegen würden sie sich garantiert sperren. Er musste seine Informationen eben so bringen, dass die Rai aus freien Stücken eine Topnachricht daraus machte.

Dann los! Noch einmal tief durchatmen. Sich ganz auf die Aufgabe konzentrieren. Und auf das, was Vannoni nun einzig und allein war. Ein besorgter und überforderter Großvater. Er drückte die Tür zum Rai-Palast auf, blieb unsicher auf der Schwelle stehen. Im Haus des Americano gab es keinen Flur. Man trat direkt in den Salotto, der nach der Schließung von Ivans Bar anscheinend als neuer Aufenthaltsraum diente. Der Fernseher lief. Vor dem Kamin streckten ein paar Journalisten ihre Füße dem Feuer entgegen, und am Tisch saßen zwei Männer und eine Frau, die Espressotassen vor sich stehen hatten.

»Tür zu!«, sagte einer der Männer. Er war um die fünfzig, hatte buschige Augenbrauen und eine auffallende Hakennase. Vannoni kannte seinen Namen nicht, doch er hatte das Gesicht schon im Fernsehen gesehen. Er schloss die Tür hinter sich, trat aber nicht näher.

»Ja?«, fragte der mit der Hakennase.

»Ich bin der Großvater des Jungen.«

»Das ist bekannt, ja.«

Vannoni zögerte. Er hob die Schultern und sagte dann: »Ich hätte eine Frage an Sie, weil Sie doch vom Fach sind und ich wirklich nicht weiß, was ich von dieser Sache halten soll.«

Der mit der Hakennase nippte an seinem Kaffee.

Vannoni sagte: »Es ist nämlich so, dass ... Also, die vom Krisenstab reden immer von ermittlungstaktischen Gründen, aber ich verstehe nicht, was es bringen soll, die Wahrheit so zu verdrehen.«

Die drei am Tisch sahen sich an. Die Frau sagte: »Kommen Sie, Herr Vannoni, setzen Sie sich zu uns! Wie wäre es mit einem Espresso?«

Vannoni winkte ab. Er blieb an der Tür stehen.

»Worum geht es denn eigentlich?«, fragte der mit der Hakennase.

Eben das dürfe er nicht sagen, stammelte Vannoni. Der Krisenstab habe die Bewohner von Montesecco zur Geheimhaltung verpflichtet. Er wolle nur ganz allgemein wissen, inwieweit es von Vorteil für polizeiliche Ermittlungen sein könne, wenn man die Öffentlichkeit in völlig falschem Glauben über ein Verbrechen lasse.

»So abstrakt lässt sich Ihre Frage nicht beantworten«, sagte der Dritte am Tisch. »Ein wenig mehr müssen Sie uns schon mitteilen.«

Vannoni druckste herum. Es handle sich um seine Familie. Gerade deswegen wolle er ja nichts falsch machen, indem er Dinge ausplaudere, die vielleicht schlimme Folgen haben könnten. Und außerdem hätten sie dem Questore versprochen ...

»Dann können wir Ihnen wohl nicht behilflich sein«, sagte der mit der Hakennase.

»Tut uns leid«, sagte die Frau. Der Dritte zuckte die Achseln.

Vannoni nickte, blieb noch ein paar Augenblicke unschlüssig stehen und wandte sich dann zum Gehen. Antonietta fand er nicht vor, als er bei sich zu Hause ankam. Er fragte sich, wohin sie wohl gegangen war, doch dann gestand er sich ein, dass ihn das im Moment überhaupt nicht interessierte. Er blickte auf die Uhr. Es dauerte genau acht Minuten, bis es klopfte. Eigentlich hatte Vannoni mit der Frau gerechnet, doch sie schickten den mit der Hakennase vor. Das war ein gutes Zeichen. Als Ältester der drei war er mutmaßlich die Karriereleiter am höchsten hinaufgeklettert. Sie hielten die Sache also für vielversprechend.

Vannoni zierte sich, solange es ihm nötig erschien, und rückte dann mit seiner Geschichte heraus. An ihr war gar nicht viel gelogen. Minh war ja tatsächlich unschuldig, und der Geiselnehmer ein Unbekannter, der sich für ihn ausgab. Wider besseres Wissen behauptete Vannoni eigentlich nur, dass der Krisenstab dies längst wisse, aber bewusst verheimliche. Gerade daran zweifelte der Journalist am allerwenigsten. Offensichtlich hatte er genug Erfahrungen mit der mangelnden Wahrheitsliebe von Krisenstäben gemacht. Natürlich würde der Questore energisch dementieren, aber das störte Vannoni wenig. Die Saat des Zweifels musste gelegt werden, und das hätte nie funktioniert, wenn der Großvater des bisher einzig Verdächtigen ihn in eigenem Namen zu entlasten versucht hätte.

Geschluckt hatte der Rai-Mann Vannonis Darstellung allerdings noch lange nicht. Aus seinen Nachfragen entwickelte sich schnell eine Art Verhör, vor dem Vannoni nicht zurückschreckte. Er hatte sich entschieden, er war entschlossen, er würde den längeren Atem haben und durchdrücken, was durchzudrücken war.

Der mit der Hakennase fragte: »Wenn der Questore der gesamten Öffentlichkeit einen falschen Täter präsentiert, wieso hat er das gerade euch Dorfbewohnern anvertraut?«

»Uns konnte er nicht vormachen, dass Minh auf seine Mutter schießt. Und dann ist da noch die Geschichte mit den Pizze. Alle fünf, die dem Geiselnehmer gebracht wurden, waren mit Schinken belegt. Minh ist aber Vegetarier.«

»Deswegen habt ihr eine Delegation zum Krisenstab geschickt?«

»Die wirkten keineswegs überrascht.«

»Wer ist dann der Geiselnehmer?«

Vannoni zuckte die Achseln. »Uns ist das jedenfalls nicht gesagt worden.«

»Aber ihr hattet den Eindruck, dass der Krisenstab es weiß?«

»Muss er wohl.«

»Warum?«

»Das mit der Pizza haben wir ja erst herausgefunden. Die Polizisten wussten aber vorher, dass Minh unschuldig ist. Woher, wenn sie den wahren Täter nicht schon identifiziert hatten?«

»Und wo ist Ihr Enkel? Warum taucht er nicht selbst auf und stellt alles richtig?«

»Weil er … nicht kann.« Zum ersten Mal zögerte Vannoni. Jetzt bloß keinen Rückzieher machen! Man musste nur an seine eigene Wahrheit glauben, dann fanden sich die Antworten auf offene Fragen von allein. Und je mehr man eine Geschichte aussponn, desto überzeugender erschien sie einem selbst.

Erst kürzlich hatte Vannoni von einem Mann gelesen, der in den 1920er Jahren auf dem jüdischen Friedhof von Turin festgenommen wurde, als er eine Bronzevase stehlen wollte. Da er verwirrt und völlig erinnerungslos war, ja nicht einmal seinen Namen zu nennen wusste, wurde er in die psychiatrische Klinik von Collegno eingewiesen. Einige Zeitungen, darunter auch *La Stampa*, wurden auf den Fall aufmerksam und veröffentlichten Fotos des Unbekannten. Eine Professorenfrau glaubte, darauf ihren im Ersten Weltkrieg verschollenen Ehemann wiederzuerkennen. Mitsamt ihren beiden Kindern reiste Frau Canella nach Collegno, identifizierte den Patienten eindeutig als ihren Giulio und holte ihn nach Hause in ihr gutbürgerliches Viertel von Verona. Damit hätte alles sein gutes Ende haben können, wenn nicht kurz darauf Familienangehörige und die ehemalige Geliebte in dem Fremden ebenso sicher einen gewissen Mario Bruneri erkannt hätten. Dieser gehörte pikanterweise der Halbwelt an und war seit Jahren untergetaucht. Die anlässlich einer früheren Verhaftung abgenommenen Fingerabdrücke Bruneris schienen mit denen des Erinnerungslosen identisch zu sein, doch Frau Canella focht dies entschieden an, und damit begann eine Auseinandersetzung, die über zweieinhalb Jahre mit Beweisen und Gegenbeweisen, medizinischen Gutachten und Ermittlungsergebnissen von Privatdetektiven durch die Presse ging. Keine Hypothese und keine Verschwörungstheorie waren zu abwegig, um nicht ausführlich diskutiert zu werden. Ganz Italien spaltete sich in Canelliani und Bruneriani, und das änderte sich auch nicht, als ein Gericht den Fremden offiziell zu Mario Bruneri erklärte. Vor allem Signora Canella blieb felsenfest vom Gegenteil überzeugt. Sie lebte mit dem Mann, den sie weiterhin Giulio nannte, bis zu seinem Tod im Jahr 1941 zusammen. Vielleicht war sie im Unrecht, doch wer wollte bestreiten, dass sie ihre Wahrheit letztlich durchgesetzt hatte?

Vannoni sagte: »Minh kann nichts richtigstellen, weil er als Geisel festgehalten wird. Genau wie die vier Polizisten.«

Möglicherweise stimmte das sogar. Vielleicht hatte der Questore in einem Punkt recht: Wo sollte Minh sich denn sonst aufhalten als in seinem Büro? Und wenn nicht als Geiselnehmer, dann eben als Geisel. Ein Drittes gab es nicht.

»Dann geht die Rechnung mit den fünf Pizze nicht mehr auf«, sagte der Journalist mit der Hakennase. »Ihr Enkel plus vier Polizisten plus ein Geiselnehmer macht sechs.«

Alles ist erklärbar, dachte Vannoni. Für alles kann man Gründe finden. Hatte einer der Gefangenen nichts zu essen bekommen, weil er den Täter aus irgendwelchen Gründen gegen sich aufgebracht hatte? Oder war schon einer umgebracht worden? Minh etwa? Nein, Vannoni wollte das gar nicht in Erwägung ziehen, geschweige denn aussprechen.

Denk nach!, dachte er. Lass dir verdammt nochmal etwas anderes einfallen! Er sagte: »Der Geiselnehmer hat mit Absicht eine Pizza zu wenig verlangt. Er wollte dem Krisenstab weismachen, dass außer den Polizisten nur noch eine Person anwesend wäre, nämlich Minh, der also der Täter sein musste.«

»Dann hätten wir ja eine simple Antwort auf Ihre Frage«, sagte der Journalist.

»Welche Frage?«

»Wegen der Sie uns aufgesucht haben. Der Krisenstab hält die Wahrheit geheim, weil der Täter nicht wissen soll, dass sein Täuschungsmanöver durchschaut wurde. Das wiegt ihn in Sicherheit und könnte ihn zu Fehlern verleiten.«

»Ja«, sagte Vannoni, »natürlich. Das macht Sinn. Danke!«

»Herr Vannoni«, sagte der Journalist, »Sie sind ein gefährlicher Mensch!«

»Ich?«

»Es ist ja verständlich, dass Sie Ihren Enkel nicht gern als Terroristen sehen, aber Sie sollten nicht versuchen, uns für Ihre Zwecke einzuspannen.«

Als der Journalist zur Tür ging, blieb Vannoni sitzen. Sein Plan war gescheitert. Er hatte sein Bestes gegeben, doch das hatte nicht gereicht. Vielleicht war er nicht clever genug vorgegangen, vielleicht hatte er sich nicht glaubhaft genug dumm gestellt. Auf jeden Fall war es nicht genug gewesen.

Der Gartenschlauch hing sauber aufgerollt an der Holzwand des Schuppens. Dass er einmal grün gewesen war, wusste Costanza Marcantoni genau, auch wenn seine Farbe jetzt nicht mehr eindeutig zu bestimmen war. Das Plastik fühlte sich brüchig an, so, als sei der Schlauch lange nicht benützt worden. Dabei hatte Costanza noch vergangenen Sommer ihre Zucchini- und Kürbisbeete jenseits der Straße damit bewässert. Oder war das doch schon ein paar Jahre her? Jedenfalls hatte Paolo oder Benito oder irgendwer den Schlauch unter die Dachschräge gehängt, und dort oben hing er nun.

Bis auf halbe Höhe der Schlingen kam Costanza heran, aber selbst wenn ihre Bandscheiben nicht so schmerzen würden und sie sich in ihren Gummistiefeln auf die Zehenspitzen stellen könnte, würde sie es nicht schaffen, den Schlauch über den Haken zu hieven und ihn dann noch an Ort und Stelle zu bringen. Immerhin maß er fünfzig Meter und wog wahrscheinlich fast so viel wie Costanza selbst. Dass man im Alter oft so hilflos war! Und noch dazu bei Tätigkeiten, die man früher mit links erledigt hatte.

Costanza grummelte und trippelte aus dem Schuppen zum Gartentor. Sie öffnete es nicht, lehnte nur den Oberkörper darüber und blickte unter dem Kopftuch hervor nach beiden Seiten. Von der Kirche her quälte sich ein Lastwagen die Steigung hoch. Kurz darauf fuhr ein Wagen der Vigili in die Gegenrichtung. Seine Scheibenwischer quietschten. Es hatte wieder zu schneien begonnen, wenn auch nur sehr sanft. Die ersten Fußgänger, die vorbeikamen, waren drei der Kriegsberichterstatter, die sich in Montesecco breitgemacht hatten. Der mit der Kamera hatte lange lockige Haare, die unter einer Pudelmütze hervorquollen. Sogar eine Frau war dabei. Sie grüßte, doch Costanza schaute demonstrativ zur Seite. Sie mochte keine Weiber, die im Film festhielten, wie ihre Männer fremde Länder besetzten. So etwas gehörte sich nicht. Costanza sah den Dreien nach, bis sie zwischen den Häusern verschwunden waren.

Allmählich fror sie an den Füßen. Die Gummistiefel schützten zwar gegen die Nässe, aber warm hielten sie nicht. Da halfen auch die dicken Wollstrümpfe wenig. Costanza beschloss, den nächstbesten Passanten um Hilfe zu bitten. Der junge Mann, der sich ein paar Minuten später vom Ortseingang her näherte, trug Uniform. Costanza musterte ihn misstrauisch. Eine Militärpatrouille? Aber der Kerl war allein, hatte keine Maschinenpistole dabei und pfiff vor sich hin. Die Melodie kannte Costanza nicht. Wahrscheinlich ein deutsches Nazi-Lied. Costanza wollte trotzdem einen Versuch wagen.

»Junger Mann«, sagte sie, »woher stammen Sie?«

»Pesaro.« Der Uniformierte blieb stehen.

Ein Kollaborateur also! Costanza fragte: »Schämen Sie sich eigentlich nicht?«

»Wieso? Was haben Sie gegen Pesaro, Signora?«

Stellte er sich nur so dumm, oder war er es wirklich? Na ja, einen Gartenschlauch würde er wohl vom Haken nehmen können. Costanza befahl ihm mitzukommen. Der junge Mann schleppte den Schlauch klaglos aus dem Schuppen. Erst als er ihn am Außenhahn anschließen sollte, fragte er, wozu Costanza denn um diese Jahreszeit im Garten Wasser brauche. Sie deutete vage in Richtung Kirche. Bei einem Nachbarn sei ein Rohr geplatzt, so dass er den

Haupthahn schließen musste. Jetzt wollten sie dort die Badewanne füllen. Gerade in Kriegszeiten sei es doch lebenswichtig, über genügend Wasservorräte zu verfügen.

Der junge Uniformierte sah Costanza an, als ob sie nicht ganz dicht im Kopf wäre, doch er legte den Schlauch gemäß ihren Anweisungen längs des Gartenzauns aus. Als sie an der Stelle angekommen waren, wo sich die Straße zur Piazzetta hinabzuwinden begann, sagte Costanza, dass es genug sei.

»Dort hinein?«, fragte der junge Mann. Er zeigte auf das Haus an der gegenüberliegenden Straßenseite. Es sah unbewohnt aus. Costanza überlegte, wem es gehörte, doch sie kam gerade nicht darauf.

»Danke«, sagte sie, »den Rest schaffen wir schon allein.«

Der junge Mann hängte das Ende des Gartenschlauchs über die Latten des Zauns. »Wenn ich Ihnen sonst noch irgendwie behilflich sein kann ...«

Für einen verfluchten Verräter und Kollaborateur war er eigentlich recht nett. Vielleicht hatten ihn die Deutschen gezwungen, auf ihre Seite zu treten. Vielleicht hatten sie aus seiner Familie Geiseln genommen, die es büßen würden, wenn er nicht parierte. Den Deutschen traute Costanza alles zu. Doch um des Erfolgs der Resistenza willen durfte man sich ihnen nicht beugen, auch wenn es Opfer kostete. Costanza winkte den Soldaten näher zu sich heran und flüsterte ihm ins Ohr: »Falls Sie untertauchen wollen, junger Mann, auf meine Hilfe können Sie zählen!«

»Untertauchen?«

»Nur mal angenommen.« Costanza zwinkerte ihm zu. Dann sagte sie: »Gegen den äußeren Feind müssen wir zusammenhalten.«

Der junge Mann wischte sich ein paar Schneeflocken aus dem Gesicht. Es sah aus, als ob er weinte. Wohl aus Sorge um seine Liebsten. Möglicherweise war seine alte Großmutter, die ihm früher vor dem Einschlafen immer Märchen erzählt hatte, von den Deutschen in Sippenhaft genommen worden. Costanza flüsterte: »Ihre Familie wäre stolz auf Sie, wenn Sie der Resistenza beiträten. Da bin ich sicher.«

»Ja«, sagte der junge Mann, »natürlich. Wie war doch gleich Ihr Name, Signora?«

»Keine Namen!« Costanza legte ihren Zeigefinger über die Lippen.

»Klar, keine Namen!« Der Soldat nickte. Einen Moment lang dachte Costanza daran, ihn in ihren Plan einzuweihen, doch sie drückte dem jungen Mann nur die Hand und sagte, dass er ja wisse, wo er sie finden könne. Er solle gut auf sich aufpassen. Italiens Zukunft hänge von ihm und seinesgleichen ab.

Dann trippelte Costanza zu ihrem Haus zurück. An der Tür drehte sie sich noch einmal um. Der junge Soldat hatte sich nicht von der Stelle wegbewegt, an der sie ihn zurückgelassen hatte. Sie winkte ihm zu, und auch er hob die Hand zum Gruß. Manchmal bedauerte Costanza fast, dass sie keine Kinder und Enkel hatte. Nicht alles an den jüngeren Generationen war schlecht. Costanza summte die Melodie von »Bandiera rossa« vor sich hin, während sie die Fressnäpfe der Katzen füllte. Dann stellte sie sich ans Küchenfenster und sah dem sanften Schneetreiben draußen zu.

Das Haus verließ sie erst wieder, als es schon dunkel war. Um zu sehen, ob die Luft rein war, ging sie bis zum Kirchturm vor. Als sie niemandem begegnete, kehrte sie wieder um. Nur noch vereinzelte Flocken schwebten herab. Selbst dem Schnee war es jetzt zu kalt. Im Gehen zog Costanza das Kopftuch fester. Sie erschrak, als sie eine Straßenlaterne passierte und ihr Schatten sie von hinten überholte. Aus dem kahlen Gezweig in den Gärten blickten auf einmal schreckliche Fratzen hervor. Die dürren Äste knackten, Schnee stäubte nach unten.

So schnell sie konnte, eilte Costanza zurück und blieb erst hinter ihrem Gartentor stehen. Sie schnaufte tief durch.

Sie war eine alte Frau. Was sollten sie ihr schon antun? Und ohne ein wenig Risiko einzugehen, erreichte man gar nichts. Entschlossen drehte sie das Außenwasser auf. Im Hahn spotzte es, als wäre die Leitung schon halb eingefroren, doch dann spürte Costanza das Wasser durch den Schlauch laufen. Sie folgte ihm an den Zäunen entlang, bückte sich grummelnd und hob das Ende auf, das vom Wasserdruck zur Erde geschleudert worden war.

Vor Costanza fiel die Straße steil ab. In der Spitzkehre, die links zur Piazzetta hin führte, stand eine Straßenlaterne. Sie beleuchtete die am Hang gepflanzten Agaven, deren waagerechte Blätter unter der Schneelast abzuknicken schienen. Auch das Gras am Straßenrand war unter frischem Weiß begraben. Nur der Asphalt glänzte im Laternenlicht schwarz. Er sah gar nicht schmutzig aus, doch Costanza wusste es besser. Da der Schnee hier nicht liegen blieb, mussten die Deutschen gestreut haben. Salz oder irgendein gefährliches chemisches Zeug, das Costanzas Katzen die Pfoten verätzen würde, falls sich eine hierher verirrte.

Costanza drehte am Regler des Schlauchs, bis ein scharfer Strahl hervorschoss, richtete die Öffnung schräg nach unten und machte sich daran, den Asphalt abzuspritzen. Sie ging systematisch vor, begann ganz rechts am Haus von – na, wie hieß er doch gleich? – und arbeitete sich Quadratmeter für Quadratmeter über die Breite der Straße bis zum Abhang vor. Sie ließ sich Zeit, wollte sichergehen, dass die Bäche, die den Asphalt hinabbrannten, jedes Körnchen des chemischen Teufelszeugs wegspülten. Eine halbe Stunde war sie wohl beschäftigt, inklusive der erzwungenen Unterbrechung, als sich die Tür des Pfarrhauses öffnete und ein paar Mitglieder des deutschen Kommandostabs auf die Piazzetta traten.

Mit dem Schlauch in der Hand hastete Costanza die Straße hinauf, bog nach rechts und drückte sich an eine der Pinien, die fast bis zur Spitze des Kirchturms emporragten.

Das Wasser aus dem Schlauch lief den Stamm hinab, und Costanza hörte, wie unten Autotüren schlugen. Als der Wagen um die Kurve kam, glitt das Scheinwerferlicht an der Fassade des Hauses von – na! – Dingsda empor. Sie war in einem blassen Rosa gestrichen. Costanza erkannte jetzt einen Streifenwagen der Polizia di Stato, den die Deutschen offensichtlich beschlagnahmt hatten. Er kroch die Steigung ohne Probleme hoch. Als er zum Ortsausgang hin verschwunden war, kehrte Costanza zurück und säuberte den Rest des Asphalts bis zur Spitzkehre hinunter.

Sie war ein bisschen enttäuscht, dass die Deutschen so glatt durchgekommen waren, aber dann mahnte sie sich zur Geduld. Genau wie sie waren auch der Winter und die Kälte keine jungen Leute mehr. Sie brauchten eben ein wenig Zeit, um ihre Arbeit zu tun. Costanza fror. Ihre Füße in den Gummistiefeln waren reine Eisklumpen. Das war ein gutes Zeichen. Sie stapfte am Rand der Straße hoch und blickte auf den nassen Asphalt. Bald würde sich eine Eisfläche über ihn spannen. Dann sollten die Deutschen mal sehen, wie sie die Steigung hochkamen, um ihre Gefangenen abzutransportieren oder irgendwelche zwangsverpflichteten jungen Männer zu Treibjagden auf die Widerstandskämpfer zu karren!

Costanza wäre gern geblieben, um den Erfolg ihrer Aktion zu überprüfen, aber ihr war einfach zu kalt. Mit ihren klammen Fingern konnte sie nicht einmal den Schlauch aufräumen. Sie ließ ihn am Straßenrand liegen, ging nach Hause und legte im Kamin Holz nach. Als sie es endlich geschafft hatte, die Gummistiefel abzustreifen, streckte sie die Füße dem Feuer entgegen. Ah, das tat gut! Mephisto sprang auf ihren Schoß, rollte sich ein und schnurrte, als Costanza ihn am Hals kraulte.

Es hätte ein gemütlicher Abend werden können, wenn nicht etwa zwei Stunden später ein Autoalarm durchdringend zu heulen begonnen hätte. Costanza war es wieder warm genug, dass sie sich hinauswagen und nach dem

Rechten sehen konnte. Sie ging dem Sirenenton nach. Als sie an der Steigung anlangte, wimmelte es dort schon von Soldaten und Zivilisten. Einige hatten Handscheinwerfer dabei, deren Lichtkegel durcheinanderzuckten. Die Straßenlaterne brannte nicht. Sie stand nicht einmal mehr an ihrem Platz, sondern lag knapp unterhalb der Spitzkehre quer über die Fahrbahn, als habe dort jemand damit begonnen, eine Barrikade zu bauen. Verstohlen blickte Costanza sich um. Ein paar Gesichter kamen ihr irgendwie bekannt vor, doch ob eines davon einem Genossen aus der Resistenza gehörte, hätte sie nicht zu sagen gewusst.

Wahrscheinlicher war sowieso, dass der Laternenmast durch den Unfallwagen gefällt worden war. Leider handelte es sich nicht um einen Gefangenentransporter, sondern nur um einen dunklen, nicht als Militärfahrzeug erkennbaren Mittelklassewagen. Der Fahrer hatte anscheinend die Kontrolle über das Steuer verloren und war nach der Kollision mit der Laterne über die Kurve hinausgeschossen. Der Wagen hatte die Bank, von der aus man bis Piticchio übers Land sehen konnte, aus der Verankerung gerissen, war seitwärts gegen einen Baum geprallt und hing jetzt schräg in dem Maschendrahtzaun vor dem Abgrund. Sicher wäre er hinabgestürzt, wenn er nicht glücklicherweise einen der Betonpfeiler, an denen der Draht befestigt war, erwischt hätte. Das Blech der Motorhaube hatte sich um den Pfeiler gefaltet. Er stand bedrohlich schief, aber er hielt. Das Auto sah schlimm aus. Costanza bezweifelte, dass außer der Alarmanlage noch irgendetwas daran funktionierte.

»Spiegelglatt!«, schrie neben Costanza eine jüngere Frau gegen den schrillen Ton an. Sie zeigte auf die Fahrbahn.

»Selbst schuld«, murmelte Costanza. Sie musste vorsichtig sein. Schließlich kannte sie die Frau nicht.

»Was hast du gesagt, Costanza?«

»Dass die immer so rasen müssen!«

Im Schein der Handlampen sah Costanza, wie ein Uniformierter an der Fahrertür des Wagens rüttelte. Dann rief er nach einem Schneidbrenner. Einer seiner Kollegen lief los, ein anderer beugte sich vorsichtig durch die zersplitterte Seitenscheibe ins Innere des Wagens. Einige Meter links Richtung Piazzetta hievten ein paar Soldaten den Laternenpfahl an den Straßenrand. Von unten kamen Sanitäter in orangefarbenen Warnwesten angetrabt. Sie trugen zwei Bahren mit sich. Costanza sah gespannt zu. Sie hoffte, dass es die Richtigen getroffen hatte, aber selbst wenn nicht, hatte sie sich nichts vorzuwerfen. So war nun mal der Krieg. Sie hatte ihn schließlich nicht begonnen! Die Deutschen waren einmarschiert, und sie wehrte sich nur, verteidigte ihr Land und ihr Dorf, so gut sie es eben vermochte.

»Nur nicht noch mehr Tote!«, sagte die Frau neben ihr. Costanza hielt sich die Ohren zu. Das an- und abschwellende Heulen des Alarms konnte einen ja wahnsinnig machen! Sie sah zu, wie die Tür des Unfallwagens mit einer Eisenstange aufgebrochen wurde. Zwei Männer, die keine Uniform trugen, wurden hervorgezogen und von den Sanitätern abtransportiert. Ob sie schwer verletzt waren, wusste Costanza nicht, doch sie lebten eindeutig noch. Na gut. Vielleicht war das besser so. In die Kampfhandlungen würden sie jedenfalls so schnell nicht mehr eingreifen können. Costanza wandte sich ab. Hier gab es nichts mehr zu tun. Als sie ein paar Schritte getan hatte, stellten sich ihr zwei Uniformierte in den Weg. Der eine hielt ihr das Ende eines Gartenschlauchs entgegen. Das Gesicht des jungen Soldaten kam Costanza bekannt vor, aber sein Name fiel ihr gerade nicht ein.

»Paolo?«, fragte sie aufs Geratewohl.

»Die da!«, sagte der junge Soldat zum anderen.

»Signora«, sagte der ältere, »wir müssen Sie leider bitten, mit uns zu kommen.«

Während er sprach, hörte der Alarmton schlagartig auf. Viel zu laut klangen die letzten Worte des Soldaten durch die Nacht. Die Leute schauten schon her, doch Costanza wagte nicht zu hoffen, dass jemand eingreifen und sie retten würde. Sie schlug die Hände gegeneinander. Es war bitterkalt. Sogar die Spucke schien im Mund zu gefrieren. Costanza war bloß eine alte Frau. Doch aus ihr würden die Deutschen und ihre Schergen keinen Ton herausbekommen. Selbst wenn sie Costanza folterten, würde sie stumm bleiben. Wie ein toter Fisch unter der Eisdecke eines zugefrorenen Sees.

Dass zum ersten Mal seit Tagen kein Live-Bericht aus Montesecco in den Nachrichten von Rai Uno gezeigt wurde, konnte keinen der Dorfbewohner beruhigen. An spektakulären Bildern mangelte es eben, doch deswegen hatte sich das Dorf beileibe nicht aus den Medien verabschiedet. Im Gegenteil, in geradezu erschreckender Weise schien es die Nachrichten aus ganz Italien infiziert zu haben. So, als löse es sich in eine ölige Substanz auf und breite sich in dem Maße, in dem es selbst verschwand, als dünner, aber klebriger und giftiger Film über die gesamte Appenninhalbinsel aus.

Der Aufmacher des TG 1 kam aus Bologna. Dort hatte ein Kommando des Partito Comunista Combattente das Eingangstor zur Villa des Procuratore Generale in die Luft gesprengt. Auf der rechten Seite hing das Gitter noch schief in den Angeln, links war der Pfeiler völlig zerstört und eine gut drei Meter breite Bresche in die Umfassungsmauer gerissen, so dass die Kamera den verschneiten Pool einfangen konnte, an dessen Rand lebensgroße Venus- und Neptunstatuen standen.

Verletzte oder gar Tote gab es nicht zu beklagen, aber in der Erklärung des PCC, der die Urheberschaft für das Attentat reklamierte, kam deutlich zum Ausdruck, dass es sich nur um eine erste Warnung gehandelt habe. Es sei wohl deutlich geworden, dass kein Repräsentant des Systems unangreifbar sei. Wenn den Forderungen des Genossen aus Montesecco nicht entsprochen werde, eröffne der

PCC eine zweite Front. Die Opfer, die dabei auf der Strecke blieben, habe sich der Staat wegen seiner Unnachgiebigkeit selbst zuzuschreiben.

Im Kommentar zu dem Anschlag wurde gefragt, ob eine zweite bleierne Zeit bevorstehe und die Hydra des Terrorismus wieder ihre Häupter erhebe. Dass das Sprachbild schief war, erkannte sogar Franco Marcantoni, obwohl seine Schulzeit schon so lange her war, dass er sich kaum mehr erinnern konnte, ob er sechs oder sieben Jahre absolviert hatte. Die Hydra hatte ihre Köpfe ja nicht etwa zur Ruhe gelegt, sondern ihr waren neue aus den Stümpfen der abgeschlagenen gewachsen. Wie auch immer, eine Antwort auf die selbstgestellten Fragen hatte der Kommentator sowieso nicht parat.

Themenwechsel, Schauplatz Udine. Auf einer Wahlveranstaltung hatte ein hochrangiger Funktionär der Lega Nord die Schlafmützigkeit der Regierung in Sachen innere Sicherheit angeprangert. Seiner Meinung nach müsse in Montesecco rücksichtslos durchgegriffen werden. Ein Staat könne nur als solcher respektiert werden, wenn er sein Gewaltmonopol entschieden durchsetze. Aufsehen hatte weniger die kaum verhüllte Forderung erregt, alles zu erschießen, was sich im Schlupfwinkel des Geiselnehmers bewegte, als die Anspielungen auf den vietnamesischen Vornamen des mutmaßlichen Täters. Ungeachtet der Tatsache, dass Minh in Italien geboren war, hatte der Lega-Nord-Mann eindringlich vor den Gefahren importierter Kriminalität gewarnt.

Für den politischen Gegner war das ein gefundenes Fressen. Vom Linksaußen Bertinotti bis weit in die Mitte des Partito Democratico hinein drängte man sich vor die Mikrofone der Reporter, um den Rassismus der Lega zum x-ten Mal zu entlarven. Als ob die entsprechende Wählerklientel nicht exakt diesen Rassismus verwirklicht sehen wollte und der Partei gerade deshalb ihre Stimme gäbe! Wie es morgen weitergehen würde, wusste Matteo Vannoni genau. Ein anderer Sprecher der Lega würde den Vorwurf der Fremdenfeindlichkeit entschieden zurückweisen, um so Besonnenheit und Verantwortungsbewusstsein zu demonstrieren. Ein solches Dementi konnte nicht viel schaden, da die Botschaft, um die es ging, längst in die Wohnzimmer der Republik gelangt war.

Aus Rom kamen Bilder, die genauso falsch waren wie die Auseinandersetzung um die Rede in Udine, die aber wenigstens mehr boten. In eindeutiger Verkennung der Lage hatte sich Innenminister De Sanctis am Nachmittag aus dem Viminale begeben, um den davor ausharrenden Angehörigen der in Montesecco festgehaltenen Polizisten seine Solidarität auszusprechen. Ob er sich seiner Sache so sicher war, dass er selbst die Fernsehsender darüber informieren ließ, oder ob diese zufällig am Ort des Geschehens waren, wusste man in Montesecco nicht. Jedenfalls registrierten die Sgreccias, Milena Angiolini, Marisa Curzio und wer sonst noch daheim vor dem Fernseher saß, dass die PR-Aktion gründlich schiefging. Schon als sich das Gittertor öffnete und De Sanctis inmitten seines Trosses die Treppe herabschritt, ahnte man das. Zu unterschiedlich waren die Welten, die hier aufeinandertrafen, zu groß die Diskrepanz zwischen den Anzugträgern und dem Grüppchen dick vermummter Demonstranten, die sich mit Campingstühlen und Decken rund um die am Laternenpfahl angekettete Frau eingerichtet hatten. Eine der Steinbänke, die in der Umfassungsmauer eingelassen waren, diente als Tisch und Vorratslager. Vom Gran Caffè Strega an der Westseite der Piazza brachte ein Kellner gerade ein Tablett mit dampfenden Teegläsern an.

Innenminister De Sanctis blieb auf der untersten Treppenstufe stehen und wandte sich an das kleine Heerlager vor ihm. Seine verständnisvollen und staatsmännisch abgewogenen Worte riefen bei den Angehörigen nur ein Murren hervor, das bald lauter wurde und in einen erregten Wortwechsel mündete. Als eine der Polizistenfrauen dem Minister etwas zu nahe auf den Leib rückte, griffen zwei übereifrige Sicherheitsbeamte zu. Die Frau kreischte auf, dass es in halb Rom zu hören sein musste, ihre Mitstreiter drängten nach vorn, Trillerpfeifen tönten, die Wachen vom Eingang des Viminale stürmten mit Maschinenpistolen im Anschlag herbei, unbeteiligte Schaulustige flüchteten sich Hals über Kopf, das Fernsehbild wackelte, und als es nach einem Schnitt wieder da war, zeigte es in Großaufnahme ein kleines Mädchen, das während des Handgemenges anscheinend gestürzt war und sich leicht verletzt hatte.

Von De Sanctis war nichts mehr zu sehen, doch die Frau, die das Mädchen in den Armen hielt, sagte mit bebender Stimme, dass das Blut ihres unschuldigen Mannes über den Minister kommen solle. Der Rest der Protestierenden war versprengt oder vielleicht auch festgenommen worden, mit Ausnahme der Frau, die sich an den Laternenpfahl gekettet hatte. Sie trat wild um sich, während ein paar Polizisten versuchten, die Handschellen aufzuschließen, ohne die Frau im Beisein der Presse allzu hart anzufassen. Während die Bilder noch liefen, teilte die Fernsehsprecherin mit, dass die Angehörigen inzwischen erklärt hätten, unbefristet in den Hungerstreik zu treten, um die Politik zu zwingen, sich ernsthaft für die Rettung der Geiseln von Montesecco einzusetzen.

Wer noch vor dem Fernseher saß, atmete auf, als endlich die Wettervorhersage kam. Nun konnte man hoffen, dass Montesecco nicht noch einmal genannt wurde. Das Tiefdruckgebiet über Skandinavien hatte sich weiter nach Süden verlagert. Es bestimmte das Wetter ganz Mitteleuropas und bis über die Alpen hinaus. In Italien sollte es nur im äußersten Süden und auf den Inseln schrittweise aufklaren, für den Rest wurden Wolken und ergiebige Niederschläge angekündigt, die im Alpenvorland und längs des Appenninhauptkamms als Schnee fallen würden. Über allen Meeren waren starke Winde zu erwarten, auf der adriatischen und ionischen Seite vor allem als eisige Tramontana. Bei den Tageshöchsttemperaturen würden Messina und Palermo mit bis zu zehn Grad die angenehme Ausnahme bilden, während der gesamte Norden Italiens gerade mal die Null-Grad-Grenze erreichen werde. Auch die Tiefsttemperaturen könnten noch einmal absinken. Für die nächsten Tage seien keine wesentlichen Änderungen zu erwarten.

Es blieb also ungemütlich. Keiner der Dorfbewohner wollte es aussprechen, aber nach allem, was vorher berichtet worden war, schien es fast so, als ob sich sogar das Wetter von den Geschehnissen in Montesecco hatte anstecken lassen.

Der Kameramann schloss das Fenster und sagte: »Erzählen Sie ruhig!«

Eigentlich waren Donato und er inzwischen per du, doch der Kameramann schien das immer wieder zu vergessen. Er hieß Miguel.

»Spanier?«, hatte Donato gefragt.

Der Kameramann hatte den Kopf geschüttelt. »Meine Eltern haben mich in Spanien gezeugt. In einem kleinen Nest zwischen Barcelona und Gijón.«

»Und deshalb haben sie …?«

»Ist doch kein schlechter Name, oder?«

»Nein«, hatte Donato gesagt. Er wusste nicht, wo seine Eltern ihn gezeugt hatten. Im eigenen Schlafzimmer, vermutlich. Danach zu fragen hätte er nie gewagt. Obwohl er selbst ja nur deswegen existierte, war ihm der Gedanke, dass seine Eltern stöhnend aufeinandergelegen hatten, unangenehm. Ob seine Probleme mit Marisa auf seine Verklemmtheit zurückzuführen waren?

Seine Frau war wieder nicht nach Hause gekommen. Wahrscheinlich steckte sie immer noch in Catias Wohnung. Oder sonstwo. Er wollte es gar nicht wissen. Er wollte bloß, dass sie zu ihm zurückkam. Das war alles. Und wenn er darüber nur mit einem Kameramann von Canale 5 reden konnte, dann war das besser als gar nichts.

»Die Leute hier«, sagte Donato, »ich will gar nicht behaupten, dass das alles nur Dumpfbacken sind. Es gibt Schlaue und weniger Schlaue, wie überall, doch eins kann ich dir versichern: Die sind so etwas von misstrauisch gegenüber allem Neuen, dass man sich fragt, wieso sie nicht mehr mit Steinwerkzeugen irgendwelche Felle ausschaben. Mit den Äckern ums Dorf herum endet die bekannte Welt, da drüben hinter dem Hügel beginnt für sie Afrika, und Mailand oder Rom, das ist eine andere Galaxie, das gehört nicht einmal mehr zu unserem Sonnensystem.«

Der Kameramann nickte, als ob er genau wüsste, wovon Donato sprach. Vielleicht hatte er mal in einem ähnlichen Dorf gelebt. Noch dazu mit einem fremdländischen Vornamen. Miguel. Wenigstens klang das nicht so altbacken wie Donato. Mit einem Namen wie seinem eigenen strafte man heutzutage kein Kind mehr. Donato blickte Miguel an. Der stand auf. Er knipste Marisas Nachttischlampe an und richtete sie auf Donato.

»Was machst du da?«, fragte Donato.

Miguel drehte die Fernsehkamera vom Fenster weg und schaltete sie ein. Er sagte: »Sprechen Sie ruhig weiter!«

»Vor der Kamera?«

»Ja.«

»Und wenn draußen auf der Piazza etwas passiert?«

»Dann werde ich eben gefeuert.« Die Aussicht, seinen Job zu verlieren, schien Miguel nicht sehr zu beunruhigen. Vielleicht wartete er insgeheim schon lange darauf, weil er nicht den Mut fand, selbst zu kündigen.

Donato nickte ebenfalls. Er zog sich das Kopfkissen hinter dem Rücken zurecht und sagte: »Ich wohne seit fast zehn Jahren in Montesecco. Glauben Sie, mich hätte schon mal einer zu sich nach Hause eingeladen? Ich meine, ohne Marisa, nur mich allein? Kein einziges Mal, keiner von ihnen! Nicht, dass ich großen Wert darauf gelegt hätte, es zeigt nur, was du hier zählst, wenn du von auswärts kommst. Nichts nämlich, gar nichts. Ich wäre schon längst über alle Berge, wenn Marisa nicht wäre. Nur wegen ihr bin ich geblieben, weil sie hier so verwurzelt ist. Das Haus, in dem sie aufgewachsen ist, die Erinnerungen, das Grab ihrer Eltern unten im Friedhof, für sie ist das alles wichtig. Ich könnte sonstwo leben, nichts lieber als das. Wenn Marisa nicht wäre ...«

Die Kamera lief. Donato fragte sich, wieso er das alles erzählte.

»Wenn Marisa nicht wäre ...?«, wiederholte Miguel.

»Ich habe damals bei der Stadtverwaltung von Pergola gearbeitet. Baugenehmigungen und so etwas. Am 18. Juni ist sie zu mir ins Büro gestürmt. An den Tag erinnere ich mich noch genau. Draußen tobte ein Sommergewitter, der Regen trommelte gegen die Scheiben, und ihre Kleidung war klatschnass. Sie strich sich eine Haarsträhne aus dem Gesicht und beschimpfte mich als Bürokraten, der sich bloß von der Druckerschwärze seiner Paragraphen ernähre. Ich hatte ihrem Vater nämlich eine beantragte Nutzungsänderung abgelehnt. Streng nach Vorschrift natürlich. Später konnten wir das doch irgendwie regeln, aber in dem Moment dankte ich Gott, dass ich bei dem Vorgang kein Auge zugedrückt hatte. Sonst hätte ich sie vielleicht nie getroffen. Marisa war nicht überwältigend hübsch, keine Miss Italia, aber wie sie die Hände auf meinen Schreibtisch stützte, die nassen Haare schüttelte wie ein junger Hund und mir die Hölle heißmachte, da war es um mich geschehen. Glaubst du an Liebe auf den ersten Blick, Miguel?«

Miguel filmte. Für einen Augenblick kam es Donato so vor, als ob nicht ein Mensch ein technisches Gerät bediente, sondern umgekehrt. Als ob die Kamera, sobald sie eingeschaltet war, von Miguel Besitz ergriffe und ihn zwänge, das zu tun, was sie wollte. Wieso sollte es ihm auch anders gehen? Niemand war frei und selbstbestimmt.

Oder wenn, dann nur in ganz seltenen Momenten. Diese nicht zu verpassen, darauf kam es an. Sie nicht einfach im Alltagstrott verstreichen zu lassen, sondern entschlossen zu ergreifen, wann immer sich die Gelegenheit bot.

Donato beugte sich nach vorn. Er räusperte sich. Er spürte, dass seine Stimme trotzdem belegt klingen würde, aber das machte nichts. Es war der richtige Moment, und deswegen hatte er nichts zu befürchten. Nichts klänge falsch, nichts wäre peinlich. Donato fühlte, wie eine zentnerschwere Last von seinen Schultern fiel. Er sagte: »Falls du gerade vor dem Fernseher sitzen solltest, wenn das hier läuft, Marisa, dann hör mich an! Schalte nicht aus, ich bitte dich! Marisa, ich wollte dir nur sagen, dass mir alles so fürchterlich leidtut. Ich weiß nicht, ob ich es je wieder gutmachen kann, aber du sollst wissen, dass du das Beste bist, was mir je widerfahren ist. Was immer auch geschieht, du wirst die wichtigste Person in meinem Leben bleiben. Nein, die einzig wichtige Person. Das schwöre ich dir hier im Angesicht von Millionen Zeugen an den Bildschirmen, und jeder Einzelne dieser Millionen soll mich zur Rechenschaft ziehen, wenn ich auch nur ein unwahres Wort sage. Ich brauche dich, Marisa, ohne dich kann und mag ich nicht leben, und deshalb bitte ich dich, mir zu verzeihen und zu mir zurückzukommen. Lass uns wieder von vorn anfangen! Zusammen. Gemeinsam. Marisa, ich liebe dich!«

Donato merkte, wie ihm das Wasser in die Augen schoss. In der Linse der Kamera glaubte er seine Mundwinkel zittern zu sehen. Miguel filmte immer noch weiter. Donato streckte ihm abwehrend die Hand entgegen und rief: »Aus, aus!«

Miguel richtete sich auf. Er lächelte Donato zu und murmelte, das alles gut werde. Da sei er ganz sicher. Nichts werde so heiß gegessen, wie es gekocht wurde, und so, wie er, Donato, an dieser Frau hänge, müsse sie schon ein Herz aus Stein haben, wenn sie nicht …

»Wann sendet ihr es?«, fragte Donato.

»Senden?«

»Es muss so bald wie möglich geschehen, am besten heute noch.«

»Wir sind von der Nachrichtenredaktion«, sagte Miguel. »Ich weiß nicht, ob ...«

»Es gibt ja nicht nur die Nachrichten«, sagte Donato. Die von Canale 5 hatten ihn überredet, sein Schlafzimmer zu vermieten. Sie waren dafür verantwortlich, dass Marisa ausgezogen war. Deswegen hatten sie die verdammte Pflicht und Schuldigkeit, jetzt ihren Teil beizutragen, dass alles wieder in Ordnung kam.

»So läuft das nicht«, sagte der Kameramann. »In die einschlägigen Formate will halb Italien hinein. Da gibt es langwierige Auswahlverfahren. Selbst wenn wir ein gutes Wort einlegen, kann es Monate dauern, bis ...«

»Morgen. Spätestens morgen Abend. Und zwar vor Mitternacht«, sagte Donato. Er legte den Kopf in den Nacken. Über ihm hing das Ölgemälde, das sie mal auf dem Antiquitätenmarkt in Urbino gekauft hatten. Ein Meeresstrand im Abendlicht, der von unten irgendwie merkwürdig aussah. Donato richtete sich auf. Der Kleiderschrank, zwei Stühle, das Doppelbett mit den beiden Nachtschränkchen. Das Foto, das auf Marisas Seite stand, zeigte ihre verstorbenen Eltern. Donato sagte: »Wenn ihr es nicht sendet, werfe ich euch hinaus. Dreihundert Euro hin oder her. Das hier ist immer noch mein Schlafzimmer. Und das von Marisa natürlich.«

Von: »Krisenstab« *opseg@questure.poliziadistato.it/pesaro*
An: »Minh« *minhvannoni@yahoo.it*

Mit großer Erleichterung können wir Ihnen einen Durchbruch in der politischen Diskussion mitteilen: Auf einer Sondersitzung des Kabinetts wurde beschlossen, Ihnen einen Fluchtwagen und zwei Millionen Euro in gebrauchten Scheinen anzubieten. Beides kann innerhalb einer Stunde bereitgestellt werden. Voraussetzung ist einzig und allein, dass Sie die Geiseln unversehrt freilassen.

Von: »Minh« *minhvannoni@yahoo.it*
An: »Krisenstab« *opseg@questure.poliziadistato.it/pesaro*
Selten so gelacht! Ist der Fluchtwagen wenigstens ein Ferrari? Und wie weit würde ich damit kommen, bis Sie mich erledigen? Bis zur ersten, zweiten, dritten Straßensperre?

Von: »Krisenstab« *opseg@questure.poliziadistato.it/pesaro*
An: »Minh« *minhvannoni@yahoo.it*
Natürlich sind wir nach rechtsstaatlichen Grundsätzen zur Verfolgung von Straftätern verpflichtet. Es wäre jedoch nicht das erste Mal, dass uns ein Verdächtiger entkommt und spurlos untertaucht. Wir können Ihnen nur versichern, dass unser oberstes Ziel die Sicherheit der Geiseln ist.

Von: »Minh« *minhvannoni@yahoo.it*
An: »Krisenstab« *opseg@questure.poliziadistato.it/pesaro*
Und deswegen soll ich sie aus der Hand geben? Genug gescherzt! Ich gebe Ihnen hiermit bekannt, dass der Prozess gegen den Gefangenen Russo abgeschlossen ist. Im Namen des Volkes wurde er zum Tod durch Erschießen verurteilt. Die Hinrichtung wird in genau fünfzehn Minuten erfolgen. Sie wissen, was Sie zu tun haben, um die Vollstreckung auszusetzen.

Von: »Krisenstab« *opseg@questure.poliziadistato.it/pesaro*
An: »Minh« *minhvannoni@yahoo.it*
Sie können uns trauen. Wir wären sogar bereit, Ihnen die Flucht mit einer Geisel, die gegen die von Ihnen festgehaltenen ausgetauscht werden müsste, zu gestatten. Da wir auf einen Freiwilligen zurückgreifen würden, können Sie umso sicherer sein, dass wir dessen Leben keinesfalls

durch einen gewaltsamen Befreiungsversuch in Gefahr bringen würden.

Von: »Minh« *minhvannoni@yahoo.it*
An: »Krisenstab« *opseg@questure.poliziadistato.it/pesaro*
Sie wollen mich unter allen Umständen herauslocken? Mir geht es hier aber ausgezeichnet. Ich werde mich nicht von der Stelle bewegen, bis die Genossen frei und in Sicherheit sind. Oder bis die letzte Geisel tot ist. Und auch dann werden Sie mich mit Gewalt holen müssen. Ich werde einige von euch mitnehmen, das verspreche ich euch.

Von: »Krisenstab« *opseg@questure.poliziadistato.it/pesaro*
An: »Minh« *minhvannoni@yahoo.it*
Das Angebot des Kabinetts gilt nur, solange keine der Geiseln zu Schaden gekommen ist. Wir machen Sie darauf aufmerksam, dass die Ermordung eines Unschuldigen Fakten schaffen würde, die es politisch undenkbar erscheinen ließen, Ihnen noch irgendwelche Zugeständnisse einzuräumen.

Von: »Minh« *minhvannoni@yahoo.it*
An: »Krisenstab« *opseg@questure.poliziadistato.it/pesaro*
Sie reizen Ihre Zeit wohl bis zum Ende aus? Sie haben noch sieben Minuten!

Von: »Krisenstab« *opseg@questure.poliziadistato.it/pesaro*
An: »Minh« *minhvannoni@yahoo.it*
Cinzia, die Ehefrau von Ispettore Russo, stammt aus einer Arbeiterfamilie in Catania. Ihr Vater ist Dreher, Mitglied der CGIL und von Rifondazione Comunista. Wenn jemand die Massen verkörpert, für die Sie zu sprechen meinen, dann ihre Familie und sie. Frau Russo hat uns gebeten, Ihnen folgende Nachricht zukommen zu lassen:
Man hat mir gesagt, Sie seien ein junger Mensch, der seinen Vater nicht kennt. Ich verstehe, dass das nicht leicht

ist. Noch schwerer wäre es aber für zwei kleine Mädchen, die ihren Vater kennen und lieben, ihn von einem Tag auf den anderen zu verlieren. Nur, weil er seine Arbeit machte, um die Familie zu ernähren. Nur, weil er im falschen Moment am falschen Platz war. Ich würde mich gern vor Ihnen auf den Boden werfen und Sie anflehen, Roberto zu verschonen, doch das geht ja nicht. Sie sollten aber wissen, dass Sie nicht nur ein Leben zerstören, wenn Sie ihn umbringen, sondern auch das seiner Töchter, meines und das unserer beiden Familien. Ich bitte Sie bei allem, was Ihnen heilig ist, um Gnade.

Von: »Minh« *minhvannoni@yahoo.it*
An: »Krisenstab« *opseg@questure.poliziadistato.it/pesaro*
  Noch zwei Minuten!

Von: »Krisenstab« *opseg@questure.poliziadistato.it/pesaro*
An: »Minh« *minhvannoni@yahoo.it*
  In Ihrem eigenen Interesse: Schießen Sie nicht!

Mamadou Thiam hatte schon Schüsse gehört. Er war sogar schon vor welchen weggelaufen, als sein Flüchtlingstreck damals auf eine lybische Militärpatrouille gestoßen war. Die Soldaten hatten kein Interesse gezeigt, ihn und die anderen einzufangen. Das hätte nur Ärger und Arbeit bedeutet. Warum sie trotzdem über ihre Köpfe hinweggeschossen hatten, wusste Mamadou nicht. Vielleicht hatte es ihnen einfach Spaß gemacht, eine Gruppe schwarzer junger Illegaler zu Tode zu erschrecken und in der Wüste zu versprengen.

Dennoch hatte es Mamadou letztlich geschafft, übers Mittelmeer zu gelangen und sich hier Schritt für Schritt ein neues Leben aufzubauen. Er hatte als Vucumprà gefälschte Markensonnenbrillen und raubkopierte Musik-Kassetten verkauft, er war zufällig in Montesecco gestrandet, hatte Milena Angiolini kennen und lieben gelernt, sie hatten geheiratet, hatten drei Kinder bekommen, die er mit seinem Job in der Möbelfabrik auch einigermaßen ernähren konnte.

Seit zwölf Jahren lebte er nun in Italien. Das war eine lange Zeit, doch den Ton der Schüsse von damals hatte er immer noch im Ohr. Scharf wie der Knall einer dicken Nilpferdpeitsche hatten sie geklungen, nur viel, viel lauter. Mamadou hatte nur gelächelt, wenn er jemanden sagen hörte, dass ein Schuss krachte oder donnerte oder gar aufbellte, als hätte ihn ein Hund abgegeben. Mamadou wusste es besser. Ein Schuss klang wie ein überlauter Peitschenknall.

Das Geräusch, das gerade eben aus Richtung Piazza zu ihm heraufgedrungen war, hörte sich jedoch ganz anders an. Eher wie das Knacken eines dürren Astes, wenn man ihn über dem Knie zerbrach. Sicher, es kam auf die Waffe und auf die Umstände an. Die Lybier hatten wahrscheinlich mit sowjetischen Sturmgewehren geschossen, in der Weite der Sahara, über die sich nur ein endloser, brennender Himmel spannte. Wenn jemand eine Pistole in einem geschlossenen Raum abfeuerte, von dem Mamadou fünfzig Meter und einige dazwischen liegende Häuser trennten, mochte das schon anders klingen.

Dennoch, was Mamadou wusste, das wusste er. Ein Schuss hörte sich keinesfalls wie ein brechender Ast an. Da war kein Schuss gefallen. Wer sollte denn auch mitten in der Nacht in einem geschlossenen Raum schießen? Und aus welchem Grund? Irgendetwas anderes hatte dieses Geräusch verursacht. Irgendetwas, das Mamadou nicht einordnen konnte, das aber sicher nicht wichtig gewesen war. Es lohnte gar nicht, darüber nachzudenken.

Ihn fröstelte. Er hatte genug gelüftet. Er würde jetzt die Läden schließen, sich vergewissern, dass die Kinder schliefen, und sich unten zu Milena aufs Sofa setzen, um auf die Nachrichten zu warten. Als er sich zum Fenster hinausbeugte, sah er einen der Polizisten vom vorderen Kontrollposten unter sich vorbeihasten. Er lief die Gasse hoch, als wäre der Teufel hinter ihm her. Mamadou schloss das Fenster, schüttelte den Kopf und dachte, dass er doch nur das Knacken eines dürren Astes gehört hatte. Dann stapfte er zu Milena hinab und sagte: »Bei Minh im Büro wurde geschossen!«

Ivan Garzone würde später behaupten, dass er den Schuss sehr wohl gehört hätte. Auch die Bedeutung der Angelegenheit wäre ihm sofort klar gewesen, er sei nur nicht zu Wort gekommen. In Wahrheit befand er sich zum fraglichen Zeitpunkt am anderen Ende des Dorfs in seiner verschlossenen Bar, wo er selbst Geschützdonner nicht vernommen hätte, weil der alte Marcantoni lautstark über die Qualitäten von Ivans Vorvorgänger referierte.

Bis Ende der 1970er Jahre habe Pellegrini die Bar vorbildlich geführt, und wenn er, Franco Marcantoni, vorbildlich sage, dann meine er zum Beispiel, dass Pellegrini nie auf die Idee gekommen wäre, die Tür zu verrammeln und die Bar einfach geschlossen zu halten. Da hätte rundherum die Welt untergehen können! Überhaupt sei Pellegrini ein Barmann von echtem Schrot und Korn gewesen, immer korrekt in schwarzer Hose und weißem Hemd gekleidet, wenn er hinter der Theke stand. Nicht so wie Ivan, der ...

»Soweit ich weiß, besaß er überhaupt nur zwei Hemden«, warf Ivan ein, »und zwischen denen wechselte er ausschließlich samstags, egal, ob ihm ein besoffener Gast schon am Montag Rotwein darübergekippt hatte.«

Franco Marcantoni ließ sich nicht aus dem Konzept bringen. »Anschreiben konnte man bei ihm auch! Da hinten lag das schwarze Buch, in dem jeder aus dem Dorf seine Zeche notieren ließ. ›He, Franco, deine Seite ist voll!‹, hat er mal zu mir gesagt, und ich: ›Na, dann blättere um und fang eine neue an!‹ Und wenn das ganze Buch voll war, sagten wir genauso: ›Dann fang eben ein neues an,

Pellegrini!‹ Ich versichere dir, der hat oft monatelang keine Lira von uns gesehen.«

»Und was war mit dem Wein?«, fragte Ivan, um den Anschein zu erwecken, sich zu verteidigen. Er kannte die Antwort auf seine Frage so gut wie das ganze überkommene Ritual, das Franco eingeleitet hatte. Es wurde durchgespielt, wenn man sich sonst nichts zu sagen hatte. Aber all diese Geschichten wurden weder wahr noch irgendwie bedeutsam, nur weil man sie hundert Mal wiederholte.

»Gut, beim Weißwein musste man aufpassen«, gab Franco zu. »Pellegrini hat schon mal aus einer Damigiana drei gemacht und den halbleeren Kanister unter dem Hahn wieder aufgefüllt. Wasser zu Wein! Als wir ihn mal dabei erwischten, hat er sich aufs Evangelium berufen. Was dem Herrn Jesus Christus recht gewesen sei, sei ihm als gläubigem Menschen nur billig.«

»Billig war das zweifelsohne«, sagte Ivan. »In jeder Hinsicht.«

»Und außerdem hatte es den Vorteil, dass man trinken konnte, soviel man wollte. Man bekam keine Kopfschmerzen. Ich jedenfalls habe mich so daran gewöhnt, dass ich bis zum heutigen Tag am liebsten Gespritzten trinke.«

Halb Weißwein, halb Sprite. Ivan wusste Bescheid. Er wusste auch, dass ihn Franco gleich um ein Gläschen anbetteln würde, und dann würde er den Alten die halbe Nacht nicht mehr loswerden.

»Schluss für heute!«, sagte Ivan und schob den protestierenden Franco freundlich, aber bestimmt dem Ausgang zu. Als er den Schlüssel herumdrehte und die Tür öffnete, huschten draußen vier in schwarze Kampfmonturen gekleidete Männer vorbei. So schnell verschwanden sie in der Dunkelheit, dass Ivan und Franco sich fragten, ob ihnen ihre Augen nicht einen Streich gespielt hatten. Dann begann der Trubel erst richtig. Die Tür des Pfarrhauses fiel gar nicht mehr ins Schloss, weil ständig jemand hinein- oder hinaushastete. Aus dem Kirchenportal strömten verschlafene Staatspolizisten und stellten sich wie zum Appell auf. Ihre Vorgesetzten flüsterten halblaut miteinander. Endlich wandte sich einer zum Fußvolk und teilte die Männer in Gruppen ein. Welche Aufgaben diese durchführen sollten, bekamen Ivan Garzone und Franco Marcantoni nicht mehr mit. Wie um die verfluchten Worte ungeschehen zu machen, zogen sie sich in die Bar zurück, als sie den Chef der Uniformierten sagen hörten: »Wir müssen davon ausgehen, dass Minh Vannoni eine der Geiseln erschossen hat.«

Als der Schuss fiel, saß Matteo Vannoni zu Hause herum und trank Rotwein. Eine zweite Flasche und der Whisky, den ihm vor vielen Jahren mal jemand geschenkt hatte, standen als Reserve bereit. Vannoni wollte sich besaufen. Nicht aus Wut, nicht aus Resignation, sondern aus der Erkenntnis heraus, dass er der Welt nur angemessen gegenübertreten könne, wenn er sich genauso erbärmlich fühlte, wie sie war. Damit an Letzterem keine Zweifel aufkämen, hatte er den Fernseher angeschaltet und zappte durch Werbeblöcke, TV-Verkaufssendungen und Talkshows, in denen ein Talkmaster andere Talkmaster über die Gäste herziehen ließ, die in deren Talkshows aufgetreten waren. All diesen Sendungen war gemein, dass sie wortreich, schrill und fast schon verzweifelt ihre eigene Wichtigkeit vortäuschten.

»Ich mache mir Sorgen um dich«, sagte Antonietta.

»Um mich?« Vannoni lachte.

»Ja.« Antonietta saß im Sessel und strickte.

»Schau dir das an!« Vannoni deutete auf den Fernseher. »Wie ist es möglich, dass sich ganz Italien von diesem Dreck verblöden lässt? Müssten da nicht alle wie ein Mann aufstehen, die Fernsehstudios stürmen und dem Erdboden gleichmachen?«

»Es wird gut ausgehen«, sagte Antonietta. »Ich spüre es.«

»Natürlich«, höhnte Vannoni. Alles lief fabelhaft. Die Welt war schön. Mitsamt ihren Fernsehprogrammen, Geiselnahmen und Mordanschlägen. Mitsamt den Töchtern, die im künstlichen Koma lagen.

Vannoni sah zu, wie Antonietta die Stricknadeln tanzen ließ. Es schien ein Schal zu werden. Ein Knäuel dicker grauer Wolle lag wie eine zusammengerollte Katze auf Antoniettas Schoß.

»Hör auf damit!«, sagte Vannoni, ohne dass er wusste, was ihn störte. Vielleicht täte es ihm selbst gut, seinen Händen ein wenig Beschäftigung zu geben.

»Er ist für Minh. Zum Geburtstag«, sagte Antonietta.

»Minh hat im November Geburtstag«, sagte Vannoni. »Jetzt ist Januar.«

»Und?« Antonietta strickte weiter.

Vannoni starrte auf die Flaschen vor sich. Der schottische Whisky war noch nicht angebrochen. So etwas hatte sich in seiner Jugend weder er noch einer seiner Genossen leisten können. Schon die Flasche sah teuer aus. Sie war rechteckig und aus extra dickem Glas. Wenn er allein gewesen wäre, hätte er sie jetzt über die Tischkante geschoben, nur um zu sehen, ob sie zerbrechen würde, wenn sie auf das Cotto schlug. Wahrscheinlich nicht. Im Gegensatz zu den Weinflaschen. Auf die konnte man sich verlassen. Vannoni schenkte sich ein Glas Roten ein und kippte die Hälfte davon hinunter. Die Flasche war noch zu einem guten Drittel gefüllt.

Als an die Tür gehämmert wurde, schüttelte Vannoni nur stumm den Kopf. Er wollte niemanden sehen. Antonietta stand trotzdem auf und öffnete. Es waren zwei. Sie blieben am Eingang stehen, als rechneten sie damit, Hals über Kopf fliehen zu müssen.

»Ihr Enkel hat soeben eine Geisel erschossen«, sagte der eine.

»Alles, was eine Uniform trägt, schwärmt gerade aus und rückt gegen das Haus vor«, sagte der Andere.

»Mit einem Sturmangriff muss jederzeit gerechnet werden«, sagte der Erste.

Etwas in der Art hatte Vannoni erwartet. Nichts würde gut werden, wenn man nur Däumchen drehte. Oder Schals strickte. Vannoni warf Antonietta einen verächtlichen Blick zu und sah dann zu den Milchgesichtern der beiden Journalisten auf. Er tippte auf Anfänger von irgendeinem Provinzblatt. Solche, die sich ganz hinten anstellen mussten, wenn die Medienmeute hinter der ausrückenden Polizei her hechelte. Deshalb waren sie bei Vannoni aufgetaucht. Sie wollten lieber die Ersten auf einem Nebenkriegsschauplatz sein als die Letzten auf dem eigentlichen Schlachtfeld.

»Wir möchten Sie bitten, die jüngsten Entwicklungen zu kommentieren.« Die beiden zückten ihre Notizblöcke. Vannoni dachte, dass ein Schlachtfeld so genannt wurde, weil dort jemand geschlachtet werden sollte.

»Haben Sie mit einem solchen Verlauf der Geiselnahme gerechnet?«

»Wie fühlen Sie sich in diesem Moment? Für Sie als Großvater muss es doch ...«

Vannoni griff nach der Whiskyflasche und holte aus. Die beiden Reporter waren schon draußen, als die Flasche gegen die Tür prallte und zu Boden fiel. Sie ging nicht kaputt. Langsam stand Vannoni auf. Dass Minh eine Geisel erschossen haben sollte, war lächerlich, aber was Vannoni für lächerlich hielt, interessierte niemanden. Und wenn er hinausliefe, um dagegen zu protestieren, dass die Polizei seinen Enkel ermordete, würde man ihm das auch deutlich zu erkennen geben.

Nein, es war genug protestiert. Nun würde Vannoni sich wehren. Widerstand unterschied sich von Protest dadurch, dass man selbst dafür sorgte, etwas nicht eintreten zu lassen. Jetzt war Schluss mit den Skrupeln und dem ewigen Einerseits-Andererseits. Ab sofort galten wieder die einfachen, klaren Wahrheiten: Der Zweck heiligt die Mittel. Wer nicht für dich ist, ist gegen dich. Das System macht keine Fehler, es ist der Fehler. Es gibt kein richtiges Leben im falschen.

Vannoni ergriff die Weinflaschen, ging zum Spülbecken und ließ die Flüssigkeit in den Ausguss laufen. Er hatte zwei Flaschen, für jede Hand eine. Einen Reservekanister, aus dem er sie füllen konnte, würde er irgendwo auftreiben. Dann brauchte er nur noch zwei Lappen mit Benzin zu tränken und in die Flaschenhälse zu stopfen. Ein kleines schwarzes Feuerzeug lag auf dem Tisch. Vannoni ließ die Flamme probehalber anspringen. Er überlegte, auf wen er die Mollis am besten schleuderte. Sollte er die Einsatzleitung im Pfarrhaus angreifen oder versuchen, in den Belagerungsring eine Bresche zu schlagen, durch die Minh flüchten konnte?

Antonietta packte ihn fest an beiden Oberarmen. Vannoni hatte nicht vor, sie einzuweihen, doch sie schien zu ahnen, was er plante. Er hielt ihrem Blick stand und schwor auf ihr Verlangen hin, vernünftig zu bleiben. Die fünf Minuten, die er sich gab, um sie zum Stillhalten zu bewegen, waren noch nicht um, als er eine Lautsprecherstimme durch die Hauswände dringen hörte: »Achtung, hier spricht die Polizei. Mit augenblicklicher Wirkung hat der Questore der Provinz Pesaro-Urbino im Auftrag der Regierung der italienischen Republik über den gesamten Ort Montesecco eine Ausgangssperre verhängt. Vorläufig bis morgen früh um 9 Uhr darf niemand das Haus, in dem er sich befindet, verlassen. Bewaffnete Patrouillen werden die Einhaltung der Maßnahme überwachen. In Ihrem eigenen Interesse bitten wir Sie: Bleiben Sie ruhig und unterstützen Sie Ihre Polizei durch kooperatives Verhalten!«

Die Bekanntmachung wurde dauernd wiederholt und tönte jetzt so laut herein, dass selbst ein Toter davon aufwachen musste. Vannoni machte sich von Antonietta los und trat ans Fenster. Im Schritttempo rollte ein Lautsprecherwagen der Staatspolizei vorbei. Ausgangssperre bis morgen früh um 9 Uhr. Dann sollte alles erledigt sein. Sie würden wohl in den frühen Morgenstunden losschlagen.

Viel Zeit blieb Vannoni nicht mehr. Er sah zu, wie der Lautsprecherwagen am Ortsausgang umdrehte.

Antonietta stand dicht hinter Vannonis Rücken. Auch wenn sie ihn nicht berührte, spürte er sie genau. Er sollte sich umdrehen und sie umarmen. Er sollte sie noch einmal küssen und dann Abschied nehmen. Vielleicht würde er sie nie mehr wiedersehen. Es war klar, dass er den Polizeieinheiten nicht entkommen konnte, und wenn er sich nicht widerstandslos verhaften ließ, würden sie ihn erschießen.

»Willst du sterben?«, fragte Antonietta in seinem Rücken.

Wollte er das? War das der einzige Weg, sich nicht mehr hilflos zu fühlen? Der Lautsprecherwagen kam langsam die Straße zurück. Vannoni stieß hervor: »Wovon redest du eigentlich?«

»Sag mir, ob es das ist, was du willst! Sterben?«, flüsterte Antonietta.

»Bewaffnete Patrouillen werden die Einhaltung der Maßnahme überwachen. In Ihrem eigenen Interesse bitten wir Sie ...«, gellte die Lautsprecherstimme von draußen. Vannoni wandte sich um. Antonietta war einen Kopf kleiner als er. Ihr Haar war immer noch so schwarz wie damals, als er sie kennen gelernt hatte. Vannoni fragte sich, ob sie es färbte. In ihr Gesicht hatten sich Falten eingeschnitten, und ihre Haut schien blasser geworden zu sein, fast durchsichtig. Hinter ihren dunklen Augen jedoch loderte dieselbe Glut wie eh und je.

Vannoni begriff, dass es nicht genügt hatte, sie verstehen zu wollen, als sie mit dem Verbrechen ihrer Tochter Sabrina zurechtkommen musste. Er hätte sich in sie hineinversetzen, er hätte teilhaben müssen. Doch es war sein eigenes Enkelkind gewesen, das damals höchstwahrscheinlich von Sabrina entführt worden war. Das einzige Kind seiner einzigen Tochter. Und jetzt befand sich Minh in der Gewalt eines schwerbewaffneten Verrückten, der schon bewiesen hatte, dass er vor nichts zurückschreckte. Ein Schuss war in Minhs Büro gefallen. Vielleicht hatte er der Welt eine Hinrichtung gemeldet, nicht die von Minh, nein, das war einfach undenkbar, doch sicher war, dass die Zeit ablief. Die Polizei würde stürmen, egal, was es kostete.

»Ich muss etwas tun«, sagte Vannoni, »egal, was es kostet. Ich muss es zumindest versuchen.«

Antonietta nickte. »Wir könnten uns auf der Piazza in den Weg stellen, so dass sie nicht stürmen können.«

Hatte sie »wir« gesagt? Vannoni schüttelte den Kopf. »Das ist nicht deine Aufgabe.«

»Wir müssen die anderen mobilisieren und einen Ring um Minhs Büro bilden.«

»Niemand kommt bis zur Piazza durch. Jetzt nicht mehr«, sagte Vannoni. Höchstens, wenn man selbst rücksichtslos Gewalt anwandte. Und auch dann war die Chance verschwindend gering.

»Wir gehen durch die Häuser«, sagte Antonietta. »Bei Milena Angiolini fangen wir an. Da brechen wir durch die Mauer hinüber ins Haus, das die Deutschen gekauft haben, und von dort weiter zu den Sgreccias. Dann sind wir schon hinter den Wachposten in der Sperrzone. Dort sind keine Patrouillen mehr unterwegs.«

Vannoni blickte sie an und begriff, dass sie es ernst meinte. Er setzte sich an den Tisch. Natürlich konnte es sein, dass sich Scharfschützen im Haus der Sgreccias eingenistet hatten, doch wahrscheinlich war das nicht, da man von dort den Ort der Geiselnahme nicht im Blick hatte. Er war von einem Haus verdeckt, das seit dem Wegzug der Salviatis leer stand. Die Gasse dazwischen verhinderte, dass man von den Sgreccias bis dorthin und damit bis an die Wand von Minhs Büro durchbrechen konnte. Dennoch hatte Antoniettas Idee etwas für sich. Wenn alles glatt ginge, wäre man nur ein paar Schritte von Minh entfernt, an einer Stelle, wo einen kein Polizist vermuten würde. Man würde die Vorbereitungen für den Sturmangriff bemerken und könnte genau im richtigen Moment eingreifen, um ihn zu vereiteln. Es hörte sich gut an, aber es würde nicht klappen.

»Die Polizei wird noch in der Nacht losschlagen. Wir haben zu wenig Zeit«, sagte Vannoni. Er wurde sich bewusst, dass er nun selbst das Wort »wir« benutzt hatte.

»Worauf warten wir dann noch?«, fragte Antonietta. Sie war schon dabei, ihre Stiefel anzuziehen.

»Antonietta ...«, sagte Vannoni.

»Hm?«

»Danke!«, sagte Vannoni. »Aber ich glaube wirklich, dass es besser ist, wenn du ...«

»Jetzt komm schon!« Antonietta stand bereits an der Tür und öffnete sie einen Spalt. Die Durchsage war immer noch zu verstehen, doch deutlich leiser als zuvor. Der Lautsprecherwagen musste sich unterhalb der Bar befinden, wahrscheinlich in der Gasse, die am Abhang entlang zum Tor führte. Auch Vannoni spähte nun hinaus. Der Himmel war sternenklar. Das Licht der Laternen spiegelte von der nassen Straße wider. Die Polizei musste frisch gestreut haben, denn es war so klirrend kalt, dass sich schon längst eine Eisdecke gebildet haben sollte. Die Drohung mit den bewaffneten Patrouillen schien nicht sehr ernst gemeint zu sein, jedenfalls war bis zur Kurve am Kirchturm keine Menschenseele zu sehen.

»Los!«, flüsterte Antonietta und huschte quer über die Straße. Vannoni hatte gar keine Wahl als hinterherzustolpern. Sie würde ihren Plan sonst allein durchziehen. Gerade mal ein paar Minuten hatte sie gebraucht, um ihn auch praktisch anzupacken. Und wie lange hatte Vannoni sich den Kopf zerbrochen? Wie lange hatte er sich in seiner Wut und Verzweiflung selbst gelähmt, hatte sinnlose Medienstrategien entworfen und den Linksradikalismus seiner Jugend verteidigt? Noch vor zehn Minuten war er drauf und dran gewesen, sich ein paar Molotow-Cocktails zusammenzubasteln.

Danke, Antonietta!, dachte er. Wie auch immer diese Nacht endete, er würde ihr das nicht vergessen.

Ein ganzes Stück kamen sie gut voran, aber kurz vor ihrem Ziel stießen sie doch noch auf eine Patrouille. Wenn nicht einer der Polizisten gehustet hätte, wären sie ihnen an der Abzweigung hinter Franco Marcantonis Haus direkt in die Arme gelaufen. Zum Glück hatte Franco nicht abgesperrt. Das hatte er früher nie für nötig befunden, und auch wenn sich jetzt deutlich mehr Fremde als Einheimische in Montesecco aufhielten, hatte er es offensichtlich noch nicht geschafft, sich umzustellen. Hastig schlüpften Antonietta und Vannoni durch die Tür. Sie drückten sie in dem Moment zu, als der erste Polizist um die Hausecke bog.

Vannoni presste sein Ohr an das Türholz, hörte aber nichts. Keine Stiefeltritte auf dem Pflaster, keine knappen Kommandos, kein Aneinanderschlagen von Maschinenpistolen. Im Kopf zählte er bis zwanzig. Anscheinend waren die Polizisten vorbeimarschiert, ohne Verdacht zu schöpfen. Sicherheitshalber wollte Vannoni vom Fenster aus überprüfen, ob die Gasse wirklich frei war.

Die Sgreccias, die nach Räumung ihres Hauses hier einquartiert worden waren, schliefen wohl schon, doch Franco Marcantoni war noch auf. Er kam ihnen aus dem Salotto entgegen und fragte, ob sie von dem Schuss gehört hätten. Vannoni nickte und schob sich an ihm vorbei ins Wohnzimmer. Franco sagte: »Jetzt herrscht wirklich Krieg. Costanza mag ja nicht ganz dicht im Kopf sein, aber dass der Krieg ausbricht, hat sie früher gespürt als wir alle. Ausgangssperre! Kontrollposten! Überall Bewaffnete unterwegs! Du kannst in deinem eigenen Dorf keinen Fuß mehr vor die Tür setzen, ohne verhaftet zu werden. Und in Minhs Büro werden Geiseln erschossen. Das ist doch keinen Deut anders als 1944! Sag selbst, Matteo, wie soll man das sonst nennen, wenn nicht Krieg?«

Vannoni stellte sich ans Fenster. Die Persiane waren geöffnet. Er bat Franco, das Licht im Salotto auszuschalten.

»Das war gerade die dritte Patrouille«, sagte Franco. »So, wie es aussieht, kommen sie im Abstand von sieben bis acht Minuten vorbei. Ihr könnt gern hier bleiben, aber wenn ihr nach Hause wollt, solltet ihr warten, bis die nächste durch ist. Dann nichts wie raus!«

»Du hast sie beobachtet?«, fragte Antonietta.

»Natürlich!« Franco kicherte kurz. Die Straßenlaterne hing vorn an der Abzweigung. Dank ihr hatte Vannoni die Gasse gut im Blick. Nichts rührte sich. Die Mauer des gegenüberliegenden Hauses war etwa drei Meter entfernt. Dort waren die Fensterläden geschlossen. Die Haken, an denen sie festgestellt wurden, ragten aus dem Putz. In dessen unteren Teil hatten sich Wasserspuren gefressen, die an eine mit Tusche gezeichnete fernöstliche Landschaft denken ließen. Bergig, dunstverhangen, düster.

»Ihr wollt gar nicht nach Hause«, sagte Franco plötzlich. »Ihr seid losgezogen, weil ihr etwas vorhabt, nicht?«

Am Fuß der Hausmauer lag Schnee. Er passte zu dem Bild darüber. Als wäre die verschwommene Berglandschaft der ferne Hintergrund dazu.

»Natürlich habt ihr etwas vor!«

Vannoni drehte sich um. »Das geht dich nichts an, Franco!«

»So, das geht mich nichts an! Und dass Krieg ist, geht mich wohl auch nichts an? Und dass hier Menschen erschossen werden, soll mir wahrscheinlich völlig egal sein? Hör mal zu, Matteo: Ich bin fünfundzwanzig Jahre älter als du, und ich habe in Montesecco schon ...«

»Ist gut, Franco«, sagte Antonietta, und noch bevor Vannoni protestieren konnte, erläuterte sie ihren Plan. Franco unterbrach sie nicht ein einziges Mal. Als sie fertig war, starrte er sie ein paar Sekunden lang stumm an, sagte: »Moment!« und verschwand. Wenig später keuchte er ins Zimmer zurück. Auf beiden Armen schleppte er eine Last, die nach einer Fuhre Altmetall aussah.

»Was ist das?«, fragte Antonietta.

Franco legte das Zeug auf dem Tisch ab. Er tippte sich an das verfilzte graue Berretto, das er sich übers weiße Haar gestülpt hatte. Das da? Das sei ihm von Zio Tommaso vererbt worden. Der habe es während der ganzen acht Monate, als er aus den Wäldern um Fonte Avellana herum mit seiner Partisaneneinheit die Faschisten bekämpft hatte, nicht einmal abgesetzt. Er, Franco, betrachte es als große Ehre und noch mehr als Verpflichtung, dem Vermächtnis dieses leider allzu früh verstorbenen Kämpfers für die Freiheit nachzueifern. Vannoni schüttelte den Kopf.

»Oder meinst du das da?« Franco wies auf den Tisch. »Mindestens zwei Mauern durchbrechen wollen und keinerlei Werkzeug dabei haben, das ist wieder mal typisch für euch Junge!«

Stolz präsentierte er Eisenstangen verschiedenen Kalibers, ein Brecheisen, einen schweren Wagenheber, zwei Vorschlaghämmer und einen Pickel, den er, wie er in diesem historischen Augenblick zu gestehen nicht zögern wollte, Anfang der 60er Jahre an einer Straßenbaustelle zwischen Arcevia und Palazzo hatte mitgehen lassen. Irgendwo habe er auch ein paar Sprengpatronen aus der Mine von Cabernardi, aber ob die nach gut fünfzig Jahren noch funktionierten, wisse er nicht. Außerdem wäre der Krach unter den gegebenen Umständen wohl ein wenig zu auffällig.

»Still!«, befahl Vannoni. Draußen näherte sich ein Trupp Staatspolizisten. Einer lief vorneweg und vier weitere paarweise hinterher. Alle waren dick vermummt. Ihre Maschinenpistolen zeigten fast im selben Winkel schräg nach unten. Es wirkte wie eine Szene aus einem alten Kriegsfilm in Schwarzweiß.

Franco trat zu Vannoni ans Fenster. Er blickte auf seine Uhr und flüsterte: »Wie ich gesagt habe, acht Minuten!«

Dann ging er zum Tisch zurück, griff sich den größeren der beiden Vorschlaghämmer und sagte: »Dann wollen wir mal, Genossen!«

Milena Angiolini und Mamadou waren sofort dabei. Sie beklagten sich nicht einmal, dass sie ihren ältesten Sohn Davide wecken mussten. Das ging eben nicht anders, denn die Wand, die man zu den Deutschen hinüber durchbrechen wollte, befand sich in seinem Kinderzimmer. Kurz darauf wachten Joel und Jennifer, die im oberen Stock schliefen, ebenfalls auf. Sie quengelten erst ein wenig, beruhigten sich aber schnell, als Milena ihnen in der Küche einen warmen Kakao und Tenerezze mit Apfelfüllung hinstellte. Davide sah skeptisch zu, wie Mamadou und Vannoni sein Bett zur Seite rückten und die darüber angepinnten Dinosaurierposter abhängten, fand aber die Idee, ein Loch in die Wand zu schlagen, höchst interessant. Bevor es losging, erschloss Franco Marcantoni aus der Lage der Steckdosen, wo die Stromleitungen liefen. Dann zeichnete er mit Bleistift die geplante Durchbruchstelle an. Vannoni hatte schon den Pickel in der Hand, doch Franco hieß ihn noch einen Moment warten.

»Erst sollten wir Milena und Mamadou gratulieren«, sagte er.

»Wozu?«

»Na, zum Hochzeitstag!«

»Gratuliere!«, sagte Vannoni. »Und jetzt geh zur Seite, Franco!«

»Unser Hochzeitstag ist am 27. Mai«, sagte Mamadou.

»Nein, der ist morgen«, sagte Franco. Er sah auf die Uhr. »Er beginnt in genau siebzehn Minuten. Und wie jedes Jahr feiert ihr in ihn hinein. Mit einem kleinen Fest und vor allem sehr lauter Musik, wenn man dieses Getrommel und das Bassgewummere Musik nennen will. Wahrscheinlich ist das bei deinem Stamm in Afrika so üblich. Da unten im Kongo oder woher auch immer du kommst.«

»Senegal«, sagte Mamadou.

»Das sage ich doch«, nuschelte Franco, »eine alte senegalesische Tradition. Und weil wir dich mögen, Mamadou, tolerieren wir in Montesecco das, obwohl die ganze Nacht über ein Krach herrscht, dass man Mauern einreißen könnte, ohne etwas davon zu hören.«

Das war eine gute Idee. Zwar hörte Mamadou fast ausschließlich italienische Liedermacher und besaß weder CDs mit traditionellen Trommelrhythmen noch mit nervösem Township-Hiphop, doch dann mussten eben ein paar alte Rock'n'Roll-Nummern von Adriano Celentano herhalten. Es kam ja sowieso nur darauf an, den Lautstärkeregler hochzudrehen, bis die Boxen schepperten. Die Frauen riefen inzwischen beim Rest der Dorfbewohner an. Schließlich durfte sich niemand wegen der Ruhestörung beschweren, um der Polizei keinen Anlass zu verschaffen, gegen das improvisierte Fest einzuschreiten. Natürlich konnten Milena und Antonietta nicht umhin, die Hintergründe ihrer ungewöhnlichen Bitte zu erläutern. Der Erfolg ließ nicht lange auf sich warten.

Obwohl Angelo und Elena Sgreccia schon im Bett gewesen waren, tauchten sie als Erste auf. Von Franco Marcantonis Haus mussten sie praktisch nur über die Gasse fallen und riskierten kaum, einer Patrouille in die Arme zu laufen. Bei den Garzones dauerte es länger. Zum einen bestand Ivan darauf, sein eigenes Präzisionswerkzeug mitzubringen, denn mit dem Kram anderer könne er nicht arbeiten. Zum anderen schlichen die beiden auf Umwegen her und legten mit angehaltenem Atem einen Zwischenstopp ein, um nicht entdeckt zu werden. Marisa Curzio kam nicht. Sie wünschte dem Unternehmen viel Erfolg, meinte aber, dass sie für Bauarbeiten nicht geschaffen sei und überdies noch wichtige Telefonanrufe erwarte. Dummerweise habe sie Catias Festnetznummer angegeben und könne deswegen das Haus nicht verlassen.

Überraschenderweise schien Donato nur auf eine Gelegenheit gewartet zu haben, das Fernsehteam allein in seinem Schlafzimmer zurückzulassen. Er brach sofort auf, wurde aber leider unterwegs von der Polizei aufgegriffen. Doch er wusste sich zu helfen. Mit einer schauspielerischen Meisterleistung mimte er einen schwer angetrunkenen Ehemann, der sich auf der Suche nach seiner Frau verbotenerweise auf die Straße begeben hatte. So gelang es ihm, das Mitleid des Patrouillenführers zu wecken. Statt Donato zu verhaften, geleiteten die Polizisten ihn zu seinem Haus zurück und ermahnten ihn, dort seinen Rausch auszuschlafen. Donato lud seine Freunde und Helfer lallend zu einem kleinen Umtrunk ein und machte sich, als diese ablehnten und weiterzogen, sofort wieder auf den Weg. Beim zweiten Versuch kam er durch.

Der Putz war inzwischen schon abgeschlagen. Darunter zeigte sich eine Ziegelmauer, in die gerade mit Hammer und Meißel die Sollbruchstellen des zu schaffenden Durchstiegs eingraviert wurden. Dann griff man zu schwererem Gerät. Bei den Klängen von Celentanos »24000 baci« wurde die Mauer mit Pickel und Hacke ausgedünnt. Franco Marcantoni bestand darauf, die ersten Schläge mit seinem schweren Vorschlaghammer eigenhändig zu setzen, gab aber bald keuchend auf. Jetzt sollten die Jüngeren mal ran. Sie hätten ja bei ihm beobachten können, wie man das mache. Er selbst wolle sich ganz auf die verantwortungsvollste Aufgabe konzentrieren und übernehme ab sofort die Gesamtleitung der Baumaßnahme. Der Schutt zum Beispiel müsse unter Davides Bett gekehrt werden. Ob das vielleicht jemand angehen könne? Milena Angiolini drückte ihm einen Besen in die Hand. Franco schwankte ein paar Momente, ob er sich beleidigt fühlen sollte, zog dann aber sein Berretto tiefer in die Stirn und machte sich an die Arbeit.

Während Adriano Celentano aus dem CD-Player »Hello, Mary Lou« grölte, schlug Mamadou das erste Loch durch die Mauer. Ziegelstaub wallte auf, die Brocken fielen drüben ins Dunkel, und Franco rief nach einer Taschenlampe, angeblich um sich ein Bild zu machen, wie es weitergehen solle, in Wahrheit wohl eher, weil er neugierig war, wie sich die Deutschen ihr Ferienhaus eingerichtet hatten. Matteo

Vannoni schob ihn zurück. Es galt, keine Sekunde zu verlieren. Sie hatten ja gerade erst mit der Arbeit begonnen, und ob die Spezialeinheiten des NOCS bis zum Morgengrauen mit dem Angriff warten würden, war keineswegs ausgemacht. Immerhin konnte man jetzt auch mit den Eisenstangen arbeiten und schon gelockerte Ziegel per Hebelwirkung herausbrechen. Schnell wurde das Loch größer.

Als ein Kind in der Größe von Davide gerade durchgepasst hätte, mussten die Arbeiten unterbrochen werden. Eine Polizeipatrouille stand vor der Haustür. Ihr Anführer klopfte laut und fragte, ob alles in Ordnung sei. Milena nickte. Auf dem Arm trug sie Jennifer, die sich fest an ihren Hals klammerte und nur verstohlene Blicke auf die bewaffneten, dick eingemummten Männer warf. Ob man denn die Musik nicht ein wenig leiser drehen könne, fragte der Polizist. Milena trug etwas stockend die Geschichte vom Hochzeitstag vor, der Polizist schaute ungläubig und begann einen Satz, der mit dem Wort »trotzdem« einsetzte. Da drängte sich Franco dazwischen. So ging das nicht. Mit solchen Leuten musste man anders umspringen.

Er tippte dem Patrouillenführer auf die Brust und zischte: »*Sie* haben eine Ausgangssperre verhängt! *Sie* sind schuld, dass wir hier festsitzen und die ganze Nacht nicht in unsere Betten kommen werden. *Sie* tragen die Verantwortung, dass unsere kleine Feier nicht wie jedes Jahr um 1 Uhr besinnlich ausklingen kann. Sie haben unser Dorf besetzt, streunen schwer bewaffnet in den Gassen herum, und jetzt wollen Sie uns auch noch vorschreiben, wie wir uns in unseren eigenen vier Wänden zu verhalten haben? Sagt Ihnen der Begriff Privatsphäre irgendetwas? Haben Sie schon mal von der Unverletzlichkeit der Wohnung gehört?«

Franco schleuderte seine Worte mit der gebotenen Entrüstung hervor, verfranste sich dann allerdings etwas, als er sich auf einen historischen Exkurs einließ und dabei auf die Habeas-Corpus-Akte zu sprechen kam, von deren

Inhalt er selbst nur ziemlich unzutreffende und der Rest der Anwesenden überhaupt keine Vorstellungen hatte. Der Patrouillenführer wagte einzuwerfen, dass er doch nur darum bitten wolle, die Musik etwas leiser zu stellen.

»Hat sich jemand beschwert?«, fragte Franco lauernd.

»Noch nicht, aber …«

»Haben Sie einen Durchsuchungsbeschluss?«

»Nein, wir wollen …«

»Oder ist vielleicht Gefahr im Verzug, wenn wir die Hits von Adriano Celentano spielen?«

»Es geht doch nur um …«

»Na also!«, trumpfte Franco auf. »Und jetzt hören Sie mal genau zu: In meinen vier Wänden mache ich, was mir behagt. Musik hören, im Bett frühstücken, auf dem Tisch tanzen, Gläser gegen die Wand werfen, und wenn mir danach ist, dann reiße ich sogar Mauern nieder. Haben Sie das verstanden?«

Der Patrouillenführer antwortete nicht. Die Luft, die von der Gasse hereindrang, war eisig. Celentano sang den Titel »A cosa serve soffrire« so laut, dass die Worte bis über den Friedhof hinaus zu verstehen sein mussten.

»Gut«, sagte Franco.

»Ich werde Meldung erstatten müssen«, sagte der Patrouillenführer.

»Richten Sie Grüße von Franco Marcantoni aus!«, sagte Franco und schlug die Tür zu. Er wandte sich zu den anderen um, hob abwehrend die Hände und sagte: »Bitte jetzt keinen Applaus, wir haben genug zu tun.«

Dann ging er durchs Haus und begutachtete die Schränke. Der im Schlafzimmer schien ihm der einzig geeignete zu sein. Milena musste Sommerkleider wie Wintermäntel ausräumen, und die Männer wuchteten den Schrank die Treppe hinab. Sein linkes Drittel war in Wäschefächer unterteilt. Die Flügeltür vor dem rechten Teil, in dem die Kleiderbügel hingen, ließ sich abschließen. Die Front des Schranks glänzte in poliertem Massivholz, doch die Rückseite bestand nur aus dünnen Spanplatten. Ein paar Schrauben waren schnell gelöst, und dann konnte eine der Platten herausgenommen werden.

Nun musste das Ding nur noch so ausgerichtet werden, dass die Öffnung auf der Rückseite genau vor dem Loch zum Haus der Deutschen zu liegen kam. Da die Durchbruchsarbeiten noch im Gange waren, hielt man vorläufig anderthalb Meter Abstand zur Wand. Milena hängte ihre Kleider trotzdem schon wieder hinein, sonst hätte sie sich das Bügeln ja sparen können. Außerdem würden sie, wenn der Schrank an die Wand gerückt war, den Durchstieg vor den neugierigen Augen eventuell einbrechender Polizisten tarnen. Bei allem, was sich die Staatsmacht schon geleistet hatte, traute man ihr durchaus zu, nicht einmal mehr die Habeas-Corpus-Akte zu respektieren. Oder wie immer dieses Schriftstück hieß, das einem erlaubte, zu Hause auf dem Tisch zu tanzen und Mauern niederzureißen.

Antonietta sah zu, wie Matteo Vannoni verbissen Ziegel für Ziegel aus der Wand stemmte, als ob es undenkbar wäre, sich irgendetwas anderem zu widmen. Natürlich verstand sie, dass er seinen Enkel retten wollte. Und ebenso, dass es eine ungeheure Erleichterung bedeutete, sich dafür körperlich abarbeiten zu können, auch wenn der Sinn dieser Arbeit noch längst nicht erwiesen war.

Antonietta hatte am eigenen Leib verspürt, wie es sich anfühlte, völlig auf ein Problem fixiert zu sein. Auf ein tragisches Ereignis, das einfach nicht wahr sein durfte. Man machte sich selbst Vorwürfe, dachte, nur genügend glauben zu müssen, um es ungeschehen werden zu lassen, doch sie hatte auch erfahren, was dabei herauskam. Geist, Herz, Seele, alles wurde absorbiert von einem einzigen schwarzen Schatten, einem Krebsgeschwür, das zersetzte, was das Leben eigentlich ausmachte. Und was hatte es genützt? Ihre Tochter Sabrina war nicht gestorben, sie war nicht einmal im Gefängnis gelandet, und doch hatte Antonietta sie für immer verloren. Antonietta befürchtete, dass es Matteo ähnlich ergehen könnte. Egal, ob Minh nun der von Polizei, Politik und Medien identifizierte Terrorist war oder doch eine in Lebensgefahr schwebende Geisel, wie es alle in Montesecco zu glauben schienen.

Plötzlich wurde ihr klar, dass nicht nur Matteo, sondern der gesamte Ort von der Krankheit infiziert war, die sie selbst vor Jahren durchlebt hatte. Erst hatten Polizei und Medien ihnen Stück für Stück ihren äußeren Bewegungsraum genommen, die Piazza, die Zufahrtsstraßen, die Bar und schließlich jeden Quadratzentimeter außerhalb der Häuser. Im selben Maß waren die Luft zu atmen und die Freiheit zu denken knapp geworden. Inzwischen hatte sich der Virus ihrer Köpfe vollständig bemächtigt. In ihnen existierte nichts mehr von dem, was vorher wichtig gewesen war. Nur noch Mord und Geiselnahme, Krieg und Widerstand, Betrug und Misstrauen. Hier in Milenas Haus mochte man Mauern niederreißen, doch in ihnen selbst standen sie fester und undurchdringlicher denn je.

Die Geiselnahme würde vielleicht in einer Katastrophe enden, aber fast noch mehr fürchtete Antonietta, was danach kommen würde. Die Leere, die sich unweigerlich einstellen würde, wenn vorüber war, womit man sich ausschließlich beschäftigt hatte. Die hilflosen, von vornherein zum Scheitern verurteilten Versuche, wieder in eine Normalität zurückzufinden, die es nie mehr geben würde, weil sie zu gründlich zerstört worden war. Nicht nur von außen. Sie hatten selbst bereitwillig daran mitgearbeitet. Und niemand – das wusste Antonietta genau – war in der Lage, das Rad einfach zurückzudrehen.

Adriano Celentano besang gerade »I ragazzi del juke box«, als der Durchstieg fertig wurde. Bei den Deutschen waren die Fensterläden geschlossen, doch sicherheitshalber schaltete man das Licht nicht ein. Im Schein der Taschenlampen war zu erkennen, dass beim Durchbrechen der Mauer ein Bild in Mitleidenschaft gezogen worden war. Der Pickel hatte die Leinwand von hinten durchbohrt und das Glas splittern lassen. Beim Sturz von der Wand war auch ein Stück des Rahmens abgeschlagen worden. Mit dem Gemälde konnte keiner der Dorfbewohner etwas anfangen. Es war abstrakt, in klecksigen Grün- und Blautönen gehalten und passte von der Stimmung, die es vermittelte, gut zur Raumtemperatur. Die Deutschen waren Ende September abgereist, und da seit Wintereinbruch niemand geheizt hatte, waren die Mauern völlig durchgekühlt. Milena stieg durch den Schrank zurück, um Mäntel zu holen.

Das Wohnzimmer war bis auf eine Designersitzgruppe um einen niedrigen Aluminiumtisch und ein großes Bücherregal leer. Selbst auf den Fernseher, der sonst in keinem Haushalt Monteseccos fehlte, hatten die Deutschen verzichtet. Dass sie sich keinen leisten konnten, war unwahrscheinlich, denn erstens besaßen nur reiche Deutsche in Italien ein Ferienhaus und zweitens bewies die Hightech-Küche nebenan, dass man hier nicht sparen musste. Alle Flächen glänzten in Edelstahl, die Wand dahinter war unverputzt. Keine Ziegel, sondern eine sandgestrahlte alte Bruchsteinmauer.

Angelo Sgreccia schätzte die Entfernung vom Kücheneck ab, deutete auf eine Stelle über der Spüle und sagte: »Hier!«

Franco Marcantoni ließ den Strahl der Taschenlampe von links nach rechts wandern. Der Spalt zwischen Mauer und Arbeitsfläche war verkittet. Man konnte die Spüle natürlich mit Gewalt herausreißen, doch würden sie sich nicht leichter tun, wenn sie einfach den Kühlschrank wegrückten? Angelo Sgreccia brummte ablehnend. Auf der anderen Seite befand sich seine eigene Küche. Er wusste, wo die Nische eingelassen war, die er mit Regalbrettern zum Geschirrschrank ausgebaut hatte. Ein paar Teller würden wohl entzweigehen, aber dafür sparten sie sich circa dreißig Zentimeter Mauerstärke. Das gab den Ausschlag. Mit vereinten Kräften stemmten sie die Küchenzeile von der Wand und maßen dann genauer nach. Wenn man knapp neben dem Wasseranschluss durchbrach, müsste es passen.

Mamadou und Vannoni, die bisher am härtesten gearbeitet hatten, konnten eine Pause vertragen. Vannoni wollte das zwar nicht zugeben, doch Angelo kümmerte sich nicht darum. Jetzt war er an der Reihe. Auch wenn der Weg etwas ungewöhnlich war, ging es immerhin zu ihm nach Hause. Endlich. Ihm kam es so vor, als hätten Elena und er seit Wochen nicht mehr am eigenen Tisch gesessen, dabei waren noch nicht einmal ganz drei Tage vergangen. Sie waren hinausgeworfen worden, kurz nachdem der erste Sturmversuch des NOCS-Kommandos gescheitert war. Nun kam es darauf an, vor dem zweiten wieder zurück zu sein. Angelo nahm den Vorschlaghammer auf, fixierte einen mittelgroßen Bruchstein in ungefähr sechzig Zentimetern Höhe und schlug mit aller Kraft zu.

Um 3 Uhr 12 waren sie durch. Kein versteckter Scharfschütze nahm sie in Empfang, kein weiterer Patrouillenbesuch hatte sie aufgehalten, der Schaden am Geschirr der Sgreccias hielt sich in Grenzen, nur die Hits von Adriano Celentano würde so schnell keiner mehr auflegen. Während Vannoni sich an ein Fenster stellte, von dem aus ein großer Teil der Piazza einsehbar war, ging Milena zurück und schaltete den CD-Player aus. Die plötzliche Stille ließ Franco nur flüsternd fragen, ob irgendetwas zu sehen sei. Vannoni schüttelte den Kopf. Die anderen tappten vorsichtig durch die dunklen Räume zu den beiden Fenstern, die den besten Blick boten.

Jetzt befanden sie sich an Ort und Stelle. Oder zumindest so nahe daran, wie es ohne entdeckt zu werden möglich war. Der Plan bestand darin, brüllend ins Freie zu stürzen, sobald sie das erste Anzeichen für einen Angriff auf Minhs Büro bemerkten. Sie mussten dem Geiselnehmer klar machen, dass sie in seinem Interesse handelten, bevor er irgendjemandem ein Leid antun konnte. Es war kein sehr brillanter Plan, doch etwas Besseres war ihnen nicht eingefallen.

Erst einmal galt es zu warten. Vannoni stand wie versteinert am Fenster, die müden Augen aufgerissen, den Blick in die Ecken der Piazza drängend, die nicht von den Laternen beleuchtet wurden. Von den Agenten des NOCS war nichts zu sehen, aber er wusste genau, dass sie überall lauerten und dass ihnen – genau wie ihm – keine Bewegung entgehen würde. Am zweiten Beobachtungsposten wechselten sich Antonietta und Donato ab. Milena brachte die Kinder wieder ins Bett, während Mamadou sich mit seinem Mantel bedeckt hatte und auf einem Sessel im Salotto eingeschlafen war. Elena Sgreccia briet ein paar Eier, die sowieso wegmussten, und Angelo leuchtete ihr mit der Taschenlampe in der dunklen Küche.

Franco Marcantoni schlich auf und ab. Er nahm sein Berretto vom Kopf, knüllte es zwischen den Händen, strich es glatt, stülpte es sich wieder über. Hinter Vannonis Rücken hielt er kurz inne, fragte leise, wo die verdammten Polizisten denn steckten, und setzte sich wieder in Bewegung, ohne eine Antwort abzuwarten. Dann schlurfte er in die Küche und nervte die Sgreccias mit einer Erzählung über einen längst verblichenen Kommunisten, der ihn einmal über revolutionäre Geduld aufgeklärt hatte. Oder war es revolutionäre Ungeduld gewesen? Er, Franco, habe die Warterei jedenfalls gründlich satt, er wolle etwas tun, fühle sich so stark und leistungsfähig wie seit fünfzig Jahren nicht mehr. Das sei wahrscheinlich das Adrenalin, wie bei den Formel-1-Fahrern. Er habe kürzlich mal einen Bericht im Fernsehen gesehen, in so einer Wissenschaftssendung, die er sich eigentlich regelmäßig anschaue. Diese Woche habe er sie leider verpasst, weil man jetzt ja nur noch von Nachrichten zu Nachrichten schalte, obwohl das Meiste davon sowieso Quatsch sei, und er, Franco, schon lange nicht mehr glaube, dass …

»Wie wäre es mit einem Gläschen Rotwein?«, fragte Angelo in der Hoffnung, dass es nicht bei einem blieb und Franco auf diese Weise ruhig gestellt werden könnte. Angelo hob die Karaffe ins Licht der Taschenlampe. Der Wein stand schon ein paar Tage offen herum, aber Franco galt nicht als zimperlich.

»Weißwein!«, sagte Franco. »Gemischt mit Sprite, wenn es geht.«

Angelo stellte die Karaffe wieder auf den Tisch. Sprite hatte er nicht, der Weißwein lagerte im Keller. Franco folgte ihm unentwegt plappernd die Treppe hinab. Der Kellerraum war klein, ein fensterloses Loch, das höchstens ein Viertel der Grundfläche des Hauses einnahm. Wegen des meist felsigen Untergrunds war in Montesecco kaum ein Gebäude unterkellert, obwohl man früher, als es noch keine Eisschränke gab, einen kühlen Vorratsraum durchaus zu schätzen gewusst hatte.

Sein eigener Keller, meinte Franco, sei seines Wissens der einzige, der in den Stein geschlagen worden sei, nicht von ihm, sondern wahrscheinlich schon im Mittelalter. Er hätte das natürlich selbst angepackt, wenn der Raum nicht schon vorhanden gewesen wäre, aber da sei er wohl eine Ausnahme. Sonst gäbe es Keller jedenfalls nur hier oberhalb der Piazza, wo der Untergrund locker sei und es keine große Mühe bereite, die Erde auszuschachten. Angelo müsse aber zugeben, dass so ein Keller …

Franco brach mitten im Satz ab. Angelo legte die Flasche Verdicchio, die er herausgenommen hatte, wieder ins Weinregal zurück und wählte eine billigere. Er fragte: »Ist der recht?«

Franco antwortete nicht.

»Das ist ein edles Tröpfchen«, sagte Angelo. »Gut, dass ich keine Limonade habe, mit der du es verwässern könntest.«

Franco stand wie vom Schlag getroffen.

»Ist etwas?«, fragte Angelo.

Franco nahm ihm den Wein aus der Hand und legte ihn zurück. Dann sagte er: »Bei den Salviatis drüben gibt es auch einen Keller!«

Sie hatten sich geirrt, als sie meinten, sie wären schon an Ort und Stelle, um bei dem befürchteten Angriff einschreiten zu können. Das waren sie nicht. Sie waren noch ein wenig davon entfernt. Eine Gassenbreite trennte sie von Salviatis Keller, an dessen südliche Mauer das Untergeschoss von Minhs Büro grenzte. Lächerliche drei Meter weicher, hier unten mit Sicherheit nicht einmal angefrorener Erde.

Franco keuchte die Treppe hoch und verkündete: »Genug gefaulenzt! Es gibt Arbeit, Leute!«

5
Venerdì, 18 gennaio

Dass der Sturmangriff noch nicht stattgefunden hatte, war einzig und allein Italia 1 zu verdanken. Das wenigstens behaupteten die Mitarbeiter des Privatsenders, von denen sich an diesem Morgen mehr in Montesecco als im gesamten restlichen Italien aufzuhalten schienen. Öffentlich wurde nicht kundgetan, wie sie den Krisenstab unter Druck gesetzt hatten, aber man konnte es aus den Kommentaren unschwer erschließen. Die Sprecher wiesen darauf hin, dass es sich unwiderruflich um die letzte Chance handle, das Geiseldrama ohne zusätzliches Blutvergießen zu beenden. Die Drohung, die dabei mitschwang, war klar: Wenn die Einsatzleitung diesen Versuch durch ein vorzeitiges und wahrscheinlich blutig endendes Losschlagen vereitelte, würde sie – und mit ihr die politisch Verantwortlichen – von den Medien unbarmherzig in der Luft zerrissen werden. Selbst rechtliche Schritte gegen die Polizei wegen unterlassener Hilfeleistung und Beihilfe zum Mord waren angedacht worden, wie einer der Redakteure hinter vorgehaltener Hand verlauten ließ.

Solche Reaktionen wären durch die Empörung der Journalisten, die sich um den Coup des Jahres betrogen gesehen hätten, schon motiviert genug gewesen. Doch das war es nicht allein. Die Leute von Italia 1 schienen von ihrer Initiative tatsächlich überzeugt zu sein. Sie wollten an ein Wunder glauben, auch wenn sie sich noch so professionell gaben. Wann hatten Sensationsjournalisten schon mal die Möglichkeit, mit ihrer Arbeit Menschenleben zu retten?

Der Mann, der dies mit ihrer Hilfe bewerkstelligen sollte, war ein einundvierzigjähriger Vietnamese namens Nguyen Thi Han, dessen Eltern kurz nach der Tet-Offensive der

Vietcong geflohen waren und ihn samt seiner älteren Geschwister nach Frankreich gebracht hatten. Dort war er aufgewachsen, hatte nach diversen Jobs in einem auf asiatische Kunst spezialisierten Antiquitätengeschäft eine Stelle als Verkäufer gefunden, die er ohne größere Ambitionen bis heute innehatte. Seine große Leidenschaft bestand darin, Motorrad zu fahren. Seit er verheiratet war und Kinder hatte, machte er nur noch gelegentlich am Wochenende die französischen Landstraßen unsicher. Früher hatte er in jedem Urlaub seine Maschine für eine größere Tour gepackt.

Vor achtzehn Jahren war er mit seiner ersten, gebraucht gekauften Moto Guzzi, einer V65 Lario, nach Italien aufgebrochen. Da es Februar und somit nicht unbedingt die beste Motorradsaison gewesen war, hatte er ohne große Umwege in den warmen Süden gelangen wollen, erst nach Apulien und dann weiter längs der Küste Richtung Sizilien. Durch Frankreich hatte er die Autobahn genommen, doch als er die Alpen hinter sich hatte, war er auf kleinere Straßen ausgewichen. Dass er am Abend gerade bis in ein kleines marchigianisches Städtchen namens Pergola gekommen war, war reiner Zufall gewesen. Und ebenso, dass er auf der Suche nach einem billigen Hotel ein junges Mädchen gefragt hatte, das ihn dann einlud, mit auf ein Karnevalsfest zu gehen. Sie waren eine Nacht und einen halben Tag zusammen gewesen. Dann war er weitergefahren. Er hatte sie nie wieder gesehen.

Von damals geblieben waren ihm ein Vorname, Catia, und ein Foto, auf dem das Mädchen in die Kamera lachte. Eine Ecke des Fotos war geknickt, die Farben schon etwas verblasst. Dennoch waren die Gesichtszüge des Mädchens gut zu erkennen. Gott sei Dank, denn natürlich musste die Identität überprüft werden, bevor man mit so einer Geschichte an die Öffentlichkeit ging. Catia Vannoni selbst konnte nicht befragt werden, da sie bewusstlos auf der Intensivstation des Krankenhauses in Ancona lag. Von den wenigen anderen Dorfbewohnern, die die Reporter von Italia 1 zu Gesicht bekamen, wurde ihnen sofort die Tür vor der Nase zugeschlagen.

In dieser Notsituation hatte einer der jungen, ehrgeizigen Kollegen die Idee, in Catias Haus nach alten Fotoalben zu suchen. Er würde das unbefugte Eindringen auf seine Kappe nehmen und notfalls dafür vor Gericht erscheinen. Schließlich ging es um Leben oder Tod. Er hatte gewartet, bis Marisa Curzio das Haus kurz verlassen hatte, und war durch die Tür geschlüpft. Zwar hatte er kein Foto von Nguyen gefunden, wie er gehofft hatte, dafür aber eine ganze Reihe, die Catia im Alter von sechzehn und siebzehn Jahren zeigten. Er war sich gleich sicher gewesen, doch der Sender hatte darauf bestanden, die Vergleichsfotos einem Experten vorzulegen. Danach gab es keinen Zweifel mehr. Es handelte sich um dieselbe Person. Um Catia Vannoni. Achtzehn Jahre, nachdem Nguyen mit ihr ins Bett gegangen war, erfuhr er so, dass er dabei einen Sohn gezeugt hatte, der gerade ganz Italien in Atem hielt.

Auf welche Weise und unter welchen Umständen die Reporter von Italia 1 den völlig überraschten Vater in Paris aufgetrieben hatten, blieb vorerst ein streng gehütetes Geheimnis. Wahrscheinlich waren die Mitarbeiter im Sender schon dabei, eine Dokumentation über die dramatische Suche zu erarbeiten und entscheidende Stationen szenisch nachzustellen. Wenn alles so lief, wie man es sich erhoffte, musste man ja Hintergrundberichte nachschieben können.

Im Augenblick jedoch strahlte der Sender ein Interview mit einer Mailänder Psychologieprofessorin aus, die sich sehr vorsichtig über die Erfolgsaussichten der geplanten Aktion äußerte. Auf entsprechende Nachfragen gab sie aber zu, dass eine Konfrontation mit dem ein Leben lang vermissten Vater durchaus einschneidende Verhaltensänderungen auslösen könne. Zumal bei einer so angespannten emotionalen Verfassung, in der sich der Geiselnehmer ohne Zweifel befinde.

»*Sie meinen also nicht, dass M. auch seinen Vater mit Schüssen empfangen würde, wie er es bei seiner Mutter getan hat?*«, fragte die Interviewerin im Fernsehen.

»*Ich weiß zu wenig über den Jungen, um das ausschließen zu können*«, sagte die Professorin, »*ich würde jedoch vermuten, dass seine bisherigen Lebenserfahrungen nicht unerheblich dazu beigetragen haben, ihn eine solch schreckliche Tat begehen zu lassen. Die Mutter ist Teil dieser Erfahrungen, der Vater nicht.*«

Der Krisenstab hatte strikt abgelehnt, den Vietnamesen bis zu Minhs Büro vordringen zu lassen, als Italia 1 diesbezüglich vorgefühlt hatte. Ein Desaster wie beim Durchbruch von Catia Vannoni konnte man sich kein zweites Mal leisten. Es sei schließlich nicht Aufgabe der Polizei, dem Täter dauernd neue Opfer zuzuführen, hatte der Questore geknurrt. Von ihm aus durfte der frisch gebackene Vater sein Glück versuchen, aber mit einem Megafon von der gegenüberliegenden Seite der Piazza aus. Sollte er sich nur zwei Schritte auf Minhs Büro zu bewegen, würden ihn die an der Hausecke postierten Polizisten mit Gewalt zurückholen.

Den Verhandlungsführern von Italia 1 blieb nichts anderes übrig, als sich damit einverstanden zu erklären. Insgeheim hofften sie wohl auf eine Entwicklung, die diese Absprache von selbst über den Haufen werfen würde. Und immerhin hatte die Vorgabe des Krisenstabs den Vorzug, dass Nguyen am östlichen Ende der Piazza von den Kameras des Senders erfasst werden konnte. Die entsprechenden Standorte wurden schon mal besetzt.

Nguyen war allerdings noch nicht in Montesecco eingetroffen. Italia 1 hatte ihn von Paris/Charles de Gaulle nach Mailand fliegen lassen, wo ihn ein Mitarbeiter zum Anschlussflug nach Falconara dirigierte. Wegen dichten Bodennebels an der ganzen adriatischen Küste musste der Pilot jedoch bis Pescara ausweichen, was das Empfangskomitee des Senders nötigte, die Autostrada nach Süden schneller hinabzubrettern, als es die Wetterverhältnisse eigentlich erlaubten. Nguyen wartete trotzdem schon in der Ankunftshalle des Flughafens, als die Reporter eintrafen.

Er war ein mittelgroßer, elegant gekleideter Mann mit sorgfältig nach hinten gegeltem pechschwarzem Haar und Händen, die wie maniküriert aussahen. Auf einer 650er Moto Guzzi konnte man ihn sich schwer vorstellen. Der Ressortleiter Politik und Gesellschaft entschuldigte sich für die Verspätung und begrüßte den Gast mit dem ernsten Gesichtsausdruck, der dem dramatischen Anlass angemessen war. Die Sekretärin übersetzte und bat, das Köfferchen abnehmen zu dürfen.

Auf der Rückfahrt Richtung Montesecco begann das Briefing. Natürlich wollte man Herrn Nguyen Thi Han nicht vorschreiben, was er zu sagen habe, aber da er des Italienischen kaum mächtig sei und Minh andererseits kein Französisch spreche, müsse man seinen Text Wort für Wort vorbereiten. Ein Dolmetscher sei zwar an Ort und Stelle, zumindest die ersten, vielleicht alles entscheidenden Sätze sollten jedoch ohne Vermittler vom Vater zum Sohn gelangen. Ob Nguyen kapierte, dass es dabei auch um die Verständlichkeit für die italienischen Fernsehzuschauer ging, war nicht zu erkennen. Er stimmte jedenfalls zu, war vielleicht froh, dass ihm jemand zur Seite stand. Ohne zu zögern, hatte er sich bereit erklärt, nach Italien aufzubrechen, doch je näher er nun Montesecco kam, desto mehr schien er zu befürchten, der Verantwortung nicht gerecht zu werden. Was sagte man einem Sohn, von dessen Existenz man siebzehn Jahre lang nichts geahnt hatte?

»Genau das! Ein besserer Anfang ist doch kaum zu finden!«, meinte der Ressortleiter von Italia 1 und wies seine Sekretärin an mitzustenografieren. »Aber bevor wir uns einzelnen Formulierungen zuwenden, sollten wir kurz den gedanklichen Aufbau Ihrer Ansprache skizzieren. Ich würde folgende Schritte vorschlagen: Zuerst stellen wir Ihre eigene Unsicherheit heraus. Das wirkt sympathisch und ehrlich. Es muss uns gelingen, eine halbwegs positive Grundstimmung bei dem Jungen zu erzeugen. Als Zweites sollten wir die Besonderheit des Augenblicks verdeutlichen. Ein Vater trifft zum ersten Mal auf seinen Sohn. Das ist wichtiger als alles andere auf der Welt. Daraus sollte drittens eine Perspektive für Minh erwachsen. Wir zeigen, dass Sie nichts dringlicher wünschen, als eine persönliche Beziehung zu ihm aufzubauen. Sie beide haben ja so viel nachzuholen! Und als Letztes geben Sie ihm die Möglichkeit, selbst einen kleinen Beitrag zu leisten. Damit alles gut wird, muss Minh nur mit erhobenen Händen aus der Tür treten. Ein paar kleine Schritte, das ist alles, was Sie von ihm erbitten.«

Die Sekretärin übersetzte. Nguyen hörte aufmerksam zu und neigte dann zustimmend den Kopf.

»Hat er alles verstanden?«, fragte der Ressortleiter.

»Oui«, sagte Nguyen.

»Dann mache ich mich mal an die Ausarbeitung«, sagte der Ressortleiter. Während er der Sekretärin diktierte, Formulierungen ausprobierte und wieder verwarf, schwierig auszusprechende oder eventuell missverständlich klingende Worte vermied, den Duktus der Rede mal flüssig, mal emotional gebrochen zu gestalten suchte, schaute Nguyen aus dem Fenster des Alfa Romeo.

Wegen des Nebels war kaum etwas zu erkennen. Die sanften Hügel des Küstenhinterlands verschwammen im düsteren Grau, die Burgen und kleinen Wehrdörfer auf den Anhöhen wurden völlig verschluckt. Bei Marotta verließ der Fahrer die Autostrada, doch auch auf der Strecke längs des Cesano-Tals blieb die Suppe dick. Erst als er hinter San Lorenzo links abbog und den Wagen die Serpentinen nach Montesecco hochklettern ließ, durchstießen sie die Nebeldecke. Was vorher grau und undurchdringlich gewirkt hatte, erschien von oben wie weiße Flocken gerupfter

Baumwolle, die dicht und doch luftig in die Täler gestreut worden waren. Auf den Inseln, die darüber hinausragten, glitzerte der Schnee.

Der Ressortleiter hatte keinen Blick dafür. Mit dem Handy gab er seinen Leuten in Montesecco die nötigen Anweisungen. An der Straßensperre am Ortseingang gab es noch einmal eine Verzögerung, doch schließlich winkten die Polizisten das eigentlich nicht zur Durchfahrt berechtigte Zivilfahrzeug durch, so dass der Chauffeur beim Pfarrhaus vorfahren konnte. Als Nguyen ausstieg, hatten die Männer von Italia 1 den Wagen schon abgeschirmt. Natürlich hatte die Konkurrenz von den anderen Medien mitbekommen, was im Gange war, und so war auf der Piazzetta der Teufel los. Dass die Fotoreporter ihre Kameras hoch über die Köpfe hielten und aufs Geratewohl abdrückten, war kaum zu verhindern, auch wenn der Ressortleiter und seine Sekretärin Nguyen in die Mitte nahmen und ihn schnellstmöglich zur Tür des Pfarrhauses zerrten.

»Kein Kommentar!«, brüllte der Ressortleiter gegen die Welle der Fragen an, die hinter ihnen her schwappte. Dann schlug er die Tür von innen zu.

Die Einsatzleitung im ersten Stock des Pfarrhauses hatte sich vorbereitet. Man legte Nguyen ein Schriftstück vor, mit dem er versicherte, sich auf eigenes Risiko und gegen den Rat der Polizei in die Sperrzone an der Piazza zu begeben. Falls er zu Schaden komme, würde er auf jede Art von Regressforderungen verzichten. Nguyen unterzeichnete kommentarlos. Der Questore schärfte ihm ein, dass er sich dem Schlupfwinkel des Geiselnehmers trotzdem unter keinen Umständen nähern dürfe. Sonst wäre die Show schnell vorbei. Nguyen nickte.

»Dann viel Glück!«, sagte der Questore.

Einer der Polizisten drückte Nguyen ein Megafon in die Hand und erklärte ihm dessen Funktionsweise. Der Ressortleiter versuchte indessen, beim Questore eine Räumung der Piazzetta und der anschließenden Gasse zu erwirken, biss dabei aber auf Granit. Italia 1 habe dieses Spektakel in Gang gesetzt und brauche sich nicht zu beschweren, wenn es jetzt stattfinde. Die staatlichen Stellen würden alle Medien gleich behandeln, und das heiße auch, dass niemand außer dem Dolmetscher Nguyen in die Sperrzone begleiten dürfe. Mit Mühe und nur auf Fürsprache des Vietnamesen konnte der Ressortleiter für sich selbst eine Ausnahme durchsetzen.

Es war kurz nach 15 Uhr, als sie endlich aufbrachen. Mit einem wie eingemeißelt wirkenden Lächeln ließ sich Nguyen durch die Masse der aufgeregten Medienvertreter schieben. Erst hinter der Absperrung hörte das Gedränge auf. Ein halbes Dutzend Polizisten kam bis zum Ende der Gasse mit. Im Schutz des letzten Hauses blieben auch der Ressortleiter von Italia 1 und der Dolmetscher zurück. Ganz allein trat Nguyen auf die Piazza hinaus. In seiner rechten Hand hielt er das Megafon, in der linken den Zettel, auf dem seine Ansprache in Lautschrift notiert war.

»Das Haus, zu dem die Stufen hinaufführen. Ganz hinten rechts«, flüsterte der Dolmetscher.

Nguyen stellte sich in Positur. Er hob das Megafon vor den Mund und ließ es wieder sinken. Dann blickte er seitlich zu den anderen. Das Lächeln war aus seinem Gesicht verschwunden.

»Einfach ablesen!« Der Dolmetscher bedeutete ihm mit ausgestrecktem Daumen, dass alles in Ordnung sei.

Nguyen nickte. Er setzte das Megafon wieder an, hob den Zettel etwas höher. Ein paar Sekunden lang geschah nichts. Die Welt war totenstill und schockgefroren und hatte wahrscheinlich gerade aufgehört, sich zu drehen. Doch das interessierte niemanden. Man wartete auf die Rede von Nguyen. Endlich schallten die ersten Worte aus dem Trichter: »Minh, hier spricht dein Vater!«

Die Aussprache des Vietnamesen war ordentlich, die Lautstärke mehr als ausreichend. Selbst durch die geschlossenen Fenster von Minhs Büro würde jeder Ton deutlich zu verstehen sein. Alles lief bestens. Es gab nicht den geringsten Grund, jetzt nicht weiterzusprechen.

»Sehr gut! Wunderbar!«, zischte der Ressortleiter. »Und jetzt den Text! Los, den Text!«

Nguyen nickte. Er starrte auf das Blatt Papier in seiner Hand. Er nickte wieder. Seine Hand krampfte sich um den Griff des Megafons.

»Was ist?«, flüsterte der Dolmetscher.

Nguyen öffnete den Mund. Er schüttelte den Kopf.

»Was um Himmels willen ist los?«, fragte der Dolmetscher.

»Ich kann nicht«, sagte Nguyen auf Französisch. Die Worte hallten verstärkt über die ganze Piazza hinweg.

»Es geht um Ihren verdammten Sohn!« Der Ressortleiter machte Anstalten, auf die Piazza hinauszustürmen. Einer der Polizisten hielt ihn am Arm fest.

Nguyen schüttelte noch einmal den Kopf. Dann begann er zu singen. Die Melodie klang genauso fremd wie die Worte. Wahrscheinlich ein verfluchtes vietnamesisches Volkslied, das man bei der Reisernte anstimmte oder wenn man seinen Feinden die Köpfe abgehackt hatte. Der Dolmetscher zuckte ratlos die Schultern. Er sprach Französisch, kein Vietnamesisch. Nicht einmal die ehemalige Ostasienkorrespondentin der Rai, die sich bei den anderen vor dem Pfarrhaus befand, sprach Vietnamesisch. Und Minh beherrschte außer ein wenig Schul- und Computerenglisch überhaupt keine Fremdsprache. Was sollte das also?

Nguyens Gesang klang anfangs dünn und schütter, wurde aber bald sicherer. Man hatte jetzt den Eindruck, eine klagende Grundstimmung heraushören zu können. Vielleicht gewöhnte man sich auch nur an die exotischen Tonfolgen, die sich über die Piazza ausbreiteten und durch die Gassen Monteseccos irrten, als suchten sie nach einem Zuhause, das es nicht gab.

Von: »Minh«*minhvannoni@yahoo.it*
An: »Krisenstab« *opseg@questure.poliziadistato.it/pesaro*
Was soll der Krach da draußen? Sagen Sie dem Witzbold, er soll mit dem Gekreische aufhören, sonst schieße ich ihm den Kehlkopf aus dem Leib!

Von: »Krisenstab« *opseg@questure.poliziadistato.it/pesaro*
An: »Minh« *minhvannoni@yahoo.it*
Sie wissen so gut wie wir, dass die Medien Ihren Vater ausfindig gemacht haben. Gegen unseren Rat wollte er versuchen, Sie von diesem Irrsinn abzubringen. Er tut sein Möglichstes, um Ihr Leben zu retten.

Von: »Minh« *minhvannoni@yahoo.it*
An: »Krisenstab« *opseg@questure.poliziadistato.it/pesaro*
Der Typ soll verschwinden! Er interessiert mich nicht. Mich interessiert nur, wie es mit der Freilassung der Genossen vorangeht. Und Sie sollte in diesem Zusammenhang interessieren, dass das Todesurteil gegen die Nummer 2 der Handlanger des staatlichen Repressionsapparats, Davide Sventura, um Punkt 24 Uhr vollstreckt wird.

Von: »Krisenstab« *opseg@questure.poliziadistato.it/pesaro*
An: »Minh« *minhvannoni@yahoo.it*
Sie scheinen misszuverstehen, in welche Situation Sie sich hineinmanövriert haben, Herr Vannoni. Wie wir Ihnen im Vorfeld angekündigt haben, sind nach der Ermordung Ispettore Russos keinerlei Zugeständnisse mehr möglich. Die verurteilten Gewalttäter der Brigate rosse wurden bereits in ihre jeweiligen Haftanstalten zurücktransportiert oder sind gerade auf dem Weg dorthin. Die Angebote, die wir Ihnen persönlich gemacht haben, können ebenso wenig aufrechterhalten werden. Ihre einzige Option ist die bedingungslose Kapitulation.

Von: »Minh« *minhvannoni@yahoo.it*
An: »Krisenstab« *opseg@questure.poliziadistato.it/pesaro*
Strategiewechsel, was? Eure Hinhaltetaktik hat nicht funktioniert, und jetzt versucht ihr mich mit der harten Linie mürbe zu machen? Ich kann euch versichern, dass das genauso wenig klappen wird. Wollt ihr wissen, wie die Sache wirklich steht? Entweder ihr gebt die Genossen frei, oder hier wird einer nach dem anderen exekutiert. So einfach ist das.

Von: »Krisenstab« *opseg@questure.poliziadistato.it/pesaro*
An: »Minh« *minhvannoni@yahoo.it*
Sie schätzen die Lage falsch ein. Jetzt ist es an uns, Ultimaten zu stellen. Sie haben genau bis 23 Uhr heute Abend Zeit, die Geiseln freizulassen und sich zu ergeben. Danach werden die Machtmittel des Staates eingesetzt werden. Nach den Meinungsumfragen, die uns zur Verfügung stehen, ist die Öffentlichkeit inzwischen mit großer Mehrheit bereit, das zu akzeptieren, auch wenn es Opfer kosten sollte. Wir haben uns entschieden, hier einen Schlussstrich zu ziehen. Was Sie noch in der Hand haben, ist einzig, ob Sie selbst überleben werden. Wenn Ihnen daran liegt, werfen Sie Ihre Waffen aus dem Fenster und kommen mit erhobenen Armen heraus!

Von: »Minh« *minhvannoni@yahoo.it*
An: »Krisenstab« *opseg@questure.poliziadistato.it/pesaro*
Ihr könnt mich alle mal am Arsch lecken!

Als Costanza Marcantoni die Augen aufschlug, erblickte sie als Erstes ein Holzkreuz. Es hing an einer Wand, die aussah, als hätte man sie mit Erbsensuppe gestrichen. Das Bett, in dem Costanza lag, war ihr genauso unbekannt. Zu Hause war sie jedenfalls nicht. Sie versuchte sich zu erinnern, was geschehen war, kam aber gerade nicht darauf. Mit Mühe richtete sie den Oberkörper auf und hievte die

Beine unter der Decke hervor. Auf der Bettkante blieb sie einen Moment sitzen. Ihr war ein wenig schwindelig.

Das kurzärmlige weiße Nachthemd, das sie trug, gehörte irgendwem, aber nicht ihr. Costanza stand auf. Der Boden fühlte sich kalt an. Vergeblich sah sie sich nach ihren Wollstrümpfen und Schuhen um. Überhaupt war das Zimmer ziemlich leer. Ein zweites, unbenutztes Bett, zwei Nachtkästchen, zwei Stühle, fertig. Costanza schlurfte barfuß zum Fenster. Draußen war es grau. Weit konnte sie nicht sehen, doch der große Garten, der sich ein paar Stockwerke unter ihr ausbreitete, war ihr völlig unbekannt. Auf den Rasenflächen und Beeten zwischen den Spazierwegen lag kein Schnee wie in Montesecco. War sie weit von zu Hause weg? Und wie kam sie bloß hierher?

Costanza tappte zur Tür und öffnete sie vorsichtig. Ein langer, leerer Gang. Costanza hielt sich aufs Geratewohl nach links. Auf den Türen, an denen sie vorbeikam, standen Zimmernummern. Ein Hotel vielleicht? Costanza hatte ihr ganzes Leben lang noch nie in einem Hotel übernachtet, da war sie sich sicher. Warum sollte sie gerade jetzt …? Sie hörte eine Stimme. Dort vorn, aus dem einzigen Raum, der mit einem Glasfenster vom Gang abgetrennt war. Costanza schlich näher. Eine Frau und ein Mann, beide in weißen Kitteln, wandten ihr den Rücken zu und schauten in einen Fernseher. Costanza hätte sie fragen können, wo sie sich hier befand, aber irgendetwas hielt sie davon ab. Sie fragte sich, ob sie den beiden trauen konnte. Wenn sie nur wüsste, was eigentlich vorgefallen war!

Na, sie würde sich schon wieder erinnern. Früher oder später. Erst mal sollte sie schauen, dass sie hier herauskam. Costanza wandte sich in die andere Richtung, hatte aber erst zwei Schritte getan, als sie die Fernsehsprecherin den Namen ihres Heimatortes sagen hörte. Montesecco. Ganz eindeutig. Costanza trippelte zurück, ging durch die offene Glastür und so nahe an den Fernseher heran, dass sie das

Bild genau erkennen konnte. Das war doch ein Teil der Piazza! Hinten stand die ehemalige Schule und links, in dem grauen Haus, war Costanzas beste Jugendfreundin aufgewachsen, die Dingsda, na, wie hieß sie gleich? Die dann später den Paolo geheiratet hatte, oder war es Matteo gewesen?

»Was machen Sie denn hier?«, fragte die Frau im weißen Kittel.

Costanza deutete auf den Fernseher. »Das ist mein Dorf.«

»Das ist unsere berühmte Frau Marcantoni«, sagte der Mann im weißen Kittel zu seiner Kollegin.

Auf der Piazza von Montesecco stand ein asiatisch aussehender Mann mit einem Megafon in der Hand. Ein Japaner? Und plötzlich fiel Costanza alles wieder ein. Dass Krieg herrschte. Dass ihr Dorf besetzt war. Dass die Resistenza den einmarschierten Deutschen erbittert Widerstand leistete. Costanza fragte: »Sind die Japaner nicht mit den Deutschen verbündet?«

»Sie sollten sich ein wenig ausruhen, Frau Marcantoni«, sagte die Frau im weißen Kittel.

Nun erinnerte sich Costanza auch, dass sie festgenommen worden war. Die Deutschen oder ihre Helfershelfer hatten sie verschleppt, und jetzt befand sie sich in einem Internierungslager!

»Ein Schläfchen täte Ihnen sicher gut«, sagte der Mann im weißen Kittel. »Aber vorher nehmen wir noch unsere Tabletten!«

»Tabletten?«

»Die Ihnen der Doktor verschrieben hat.«

Costanza wich einen Schritt Richtung Tür zurück. Tabletten hatte sie noch nie gebraucht. Sie war doch nicht krank! Wer wusste schon, was das für Tabletten waren? Gift, Betäubungsmittel, irgendeine Droge, um Costanzas Willen zu brechen? Die Deutschen wollten sie ausschalten! Costanza drehte sich um, trat auf den Gang hinaus und trippelte, so schnell es ihre nackten Füße erlaubten, auf die Tür an dessen Ende zu.

»Frau Marcantoni!«, rief ihr der Mann in Weiß nach. Sie musste fliehen. Die Deutschen würden sie nie mehr freilassen. Bis an ihr Lebensende nicht. Da war sie sich sicher. Schwer atmend erreichte Costanza die Tür. Sie rüttelte an der Klinke. Abgeschlossen! Sie hatte es ja gewusst. Costanza sah sich um. Die beiden Lageraufseher kamen gemächlich auf sie zu. Costanza schlug in Panik mit der flachen Hand gegen die Tür. Sie wollte um Hilfe rufen, brachte aber keinen Ton hervor.

Die Frau im weißen Kittel schüttelte den Kopf. »Aber Frau Marcantoni!«

»Sie werden uns doch nicht ausbüxen wollen«, sagte der Mann. Er lachte, griff Costanza um die Schulter und zog sie von der Tür, die ins Leben zurückführte, weg.

Seit über vierundzwanzig Stunden hatte Marisa Curzio nichts mehr gegessen, obwohl in Catias Haus genügend Vorräte vorhanden waren. Eine Entschlackung und ein paar Gramm weniger konnten ihr nicht schaden, aber das war nicht der Grund für ihr Fasten. Sie hatte einfach kein Verlangen verspürt, etwas zu sich zu nehmen. Außer Kräutertee. Sie wechselte zwischen Pfefferminze und Kamille ab, je nachdem, ob sie Anregung brauchte oder sich innerlich sammeln wollte. Die Zuckerdose hatte sie wieder in den Schrank gestellt. Ungesüßt schmeckte der Tee sowieso besser.

Marisa fühlte sich ausgezeichnet. Kein bisschen hungrig, dafür klarsichtig, wach, leicht, ja fast ein wenig über den Dingen schwebend. Das Grummeln in ihrem Magen hatte vor ein paar Stunden aufgehört, und jetzt störte sie nichts mehr dabei, über den entscheidenden Anruf nachzudenken, den sie soeben erhalten hatte. Angela, ihre Urlaubsbekanntschaft aus Grottaferrata, hatte über Gewerkschaftsverbindungen eine Frau aufgetrieben, die als Sekretärin bei der Staatsanwaltschaft Rom arbeitete. Mit Malavoglia selbst hatte sie nichts zu tun gehabt, aber natürlich wurde in allen Büros und auf jedem Flur nur über den Mord am obersten Chef diskutiert. Aus welchem Grund Malavoglia nach Montesecco gefahren war, war einer der umstrittenen Punkte. Angelas Gewährsfrau hatte glaubhaft versichert, dass ihr keinerlei Unterlagen dazu untergekommen seien und dass sie nach Gesprächen mit Kolleginnen bezweifle, ob es solche überhaupt gäbe. Dementsprechend brodelte die Gerüchteküche.

Dabei hatten sich zwei Fraktionen herausgebildet, die sich gleichermaßen auf Andeutungen und vertrauliche Mitteilungen Malavoglias seinen engsten Mitarbeitern gegenüber beriefen. Es schien fast, als hätte er selbst absichtlich Verwirrung gestiftet. Die einen behaupteten jedenfalls, es ginge um eine neue Generation der Roten Brigaden. Der Oberstaatsanwalt hätte vorgehabt, in Montesecco Waffen, Strategiepapiere und Anschlagspläne sicherzustellen, die Minh in einem Erdbunker außerhalb des Dorfs entdeckt haben wollte, nachdem er dort verdächtige Personen beobachtet hatte. Die anderen meinten, dass von Terrorismus nie die Rede gewesen sei, sondern von einem Korruptionsfall, in den allerhöchste Kreise verwickelt wären. Minh habe vorgegeben, das Verschlüsselungssystem eines Internet-Netzwerks geknackt und jede Menge belastender Dokumente ausgedruckt zu haben, die so brisant waren, dass sie sich Malavoglia offensichtlich weder per Post noch per E-Mail schicken lassen wollte. Einig waren sich beide Parteien nur darin, dass die eingeleiteten Untersuchungen unter dem Decknamen »Operation Medusa« firmierten. Und dass Malavoglia nicht im Entferntesten befürchtet hatte, von Minh in eine Falle gelockt zu werden.

Letzteres mochte vielleicht in der Staatsanwaltschaft Rom verwundern, für Marisa Curzio bestätigte es nur, was sie sowieso schon wusste. Minh hatte tatsächlich Wichtiges entdeckt und das dem Oberstaatsanwalt anvertrauen wollen. Nicht er hatte Malavoglia eine Falle gestellt, sondern jemand anderer. Oder genauer gesagt, dieser Jemand hatte die Gelegenheit ausgenutzt und seine Killer kurz vor Montesecco auf Malavoglias Limousine warten lassen. Aber dazu musste er von der Operation Medusa gewusst haben. Von Minh? Vielleicht hatte der Junge noch andere Personen über seinen Fund informiert. Hatte er sich dabei gegenüber den falschen Leuten verplappert?

Marisa zwang sich, über diese Möglichkeit nachzudenken, aber selbst zwei Tassen Kamillentee kurz hintereinander konnten nicht verhindern, dass sich ein ganz anderer Verdacht dazwischendrängte und ihren Puls schneller schlagen ließ. Was, wenn die undichte Stelle am anderen Ende lag? In der Staatsanwaltschaft Rom? Vielleicht hatten sich die falschen Leute in unmittelbarer Nähe Malavoglias befunden. So nahe, dass sie über den Anruf Minhs informiert und in die geplante Operation Medusa eingeweiht waren. Hatte einer seiner eigenen Mitarbeiter den Oberstaatsanwalt beseitigen lassen?

Das würde erklären, warum in der Behörde zwei sich widersprechende Versionen über Minhs Entdeckung kursierten. Die eine gründete sich tatsächlich auf Andeutungen Malavoglias, die durchgesickert waren, die andere dagegen war von seinem Feind bewusst lanciert worden, um von den wahren Zusammenhängen abzulenken. Dass ihm das nötig erschien, bewies, wie sehr ihm die Wahrheit gefährlich werden konnte. Nur, welche der Versionen war richtig, und welche falsch?

War es den Roten Brigaden gelungen, in der erweiterten Spitze der Staatsanwaltschaft einen Sympathisanten zu rekrutieren, der befürchtete, durch Minhs Informationen enttarnt zu werden? Dann musste er freilich verhindern, dass Malavoglia je in Montesecco ankam. Er kontaktierte seine Genossen im Untergrund, die sofort ein Kommando losschickten. Das jagte den Wagen des Staatsanwalts in die Luft und drang während des folgenden Chaos' in Minhs Büro ein, um die dort vermuteten Beweise zu vernichten. Dabei waren die Brigadisten allerdings von Polizisten überrascht worden, die Minh vernehmen wollten. Die nicht eingeplante Geiselnahme führte dann doch dazu, dass der terroristische Hintergrund aufflog, aber das konnte der Maulwurf in der Staatsanwaltschaft zu der Zeit nicht wissen. Er hatte inzwischen schon das Gerücht in die Welt gesetzt, dass Malavoglia irgendeiner Korruptionsaffäre nachspürte.

Oder gab es diese Affäre wirklich, und der verräterische Mitarbeiter Malavoglias war bis zum Hals darin verstrickt? Der Mordauftrag, die Suche nach den belastenden Dokumenten, die Geiselnahme der unvermutet auftauchenden Polizisten könnten sich ähnlich wie in der ersten Variante abgespielt haben. Schwieriger war zu verstehen, wieso ein Mörder, der nicht aus dem terroristischen Umfeld stammte, zwölf gefangene Brigadisten freizupressen versuchte. Warum verlangte er nicht einfach freies Geleit und ein ansehnliches Lösegeld?

Aber vielleicht hatte er das ja getan! Verbunden mit der Drohung, im Falle seiner Festnahme gründlich über alle Aspekte des Korruptionsfalls auszupacken. In den Gerüchten aus Rom hieß es, höchste Kreise seien darin verstrickt. Vielleicht aus der Politik oder der Polizei. Vielleicht auch die Führung des Krisenstabs drüben im Pfarrhaus. Durch deren Hände gingen ja sämtliche Verlautbarungen des Täters. Wenn man diese fälschte und der Öffentlichkeit nur lange genug das Bild eines durchgedrehten Terroristen in die Köpfe hämmerte, würde jeder einen hilflosen Racheakt vermuten, sollte der Mörder nach seiner Festnahme plötzlich diejenigen der Korruption beschuldigen, die ihn geschnappt hatten. Noch dazu, wenn ein Helfershelfer auch in der Staatsanwaltschaft Rom verbreitete, dass Malavoglia von Anfang an die Roten Brigaden im Visier hatte.

Politskandal oder Terrorismus? Die korrupten Eliten des Landes oder der extreme Rand der Gesellschaft? Wem war Malavoglia mit seiner Operation Medusa auf der Spur gewesen? Marisa wusste es nicht. Beides schien ihr möglich, doch Möglichkeiten genügten nicht. Sie wollte die Wahrheit herausfinden, und zwei Wahrheiten, die sich ausschlossen, waren genauso viel wert wie gar keine. Marisa brauchte eine Pause. Und noch einmal eine Tasse Tee. Kamille oder Pfefferminze? In den halbtransparenten Beuteln sahen die getrockneten Kräuter zum Verwechseln aus. Erst wenn man sie überbrühte, zeigte sich der Unterschied. Oder man las einfach das Etikett am anderen Ende des dünnen Fadens.

Operation Medusa. Vielleicht hatte Malavoglia den Decknamen nicht zufällig gewählt, so dass man aus ihm die Wahrheit erschließen konnte. War die Medusa nicht eine Gestalt aus der griechischen Mythologie? Eine Art Hexe, deren fürchterlicher Blick jeden zu Stein erstarren ließ? Mit Korruption hatte das jedenfalls nichts zu tun. Zum Thema Terrorismus mochte man eine Verbindung konstruieren, aber sehr zwingend schien sie nicht. Vielleicht sollte sich Marisa erst genauer über die griechische Sage informieren. In Catias Haus kannte sie sich inzwischen aus. Ein paar alte Kinderbücher von Minh standen herum, doch kein Nachschlagewerk wie der dreibändige Rizzoli, den sie zu Hause hatte. Donato hatte ihn ihr einmal geschenkt. Zu Zeiten, als er sich noch Gedanken gemacht hatte, was ihr Freude bereiten könnte.

Marisa zog sich an und trat auf die Gasse hinaus. Sie war noch nicht daheim angekommen, als der Lautsprecherwagen der Polizei wieder seine Runden zu drehen begann. Die Ausgangssperre würde auch diese Nacht gelten. In einer halben Stunde, nach Einbruch der Dunkelheit, durfte sich niemand draußen sehen lassen. Bis dahin säße Marisa jedoch längst wieder auf Catias Sofa. Sie überlegte, mit welchen Worten sie ihrem Mann verdeutlichen sollte, dass er sich keine falschen Hoffnungen zu machen brauche. Sie kam nicht wegen ihm zurück und würde das auch in Zukunft nicht tun. Donato war aber sowieso nicht da. Im

Wohnzimmer hatten es sich dagegen vier Leute von Canale 5 gemütlich gemacht. Sie sprangen auf, als Marisa eintrat.

»Heute Nacht werden sie stürmen. Hundertprozentig!«, sagte einer von ihnen, als würde das erklären, warum sie im Kamin Feuer gemacht hatten und ihren Wein aus Marisas Gläsern tranken. Wenn es überhaupt ihr eigener Wein war.

»Sie haben dem Geiselnehmer ein Ultimatum gesetzt«, sagte ein anderer. »Bis 23 Uhr. Aber wir glauben, dass sie ihn reinlegen wollen. Sie werden vorher losschlagen, schon um zu verhindern, dass er noch in letzter Minute weitere Geiseln ermordet.«

Marisa ging wortlos zwischen ihnen durch, griff sich den mittleren Band der Enzyklopädie und schloss sich damit im Badezimmer ein. Rund um das Waschbecken lag Rasierzeug herum, das nicht Donato gehörte. Marisa warf Einwegklinge, Pinsel und Rasierschaumtube in den Abfalleimer. Sie widerstand dem Drang, das Waschbecken zu säubern, setzte sich auf den Rand der Badewanne und schlug den Rizzoli bei »M« auf.

Die Medusa war die einzig sterbliche der drei Gorgonen. Ursprünglich war sie schön gewesen, hatte jedoch Pallas Athene erzürnt und war deswegen in ein Ungeheuer mit Schlangenhaaren, langen Eckzähnen und heraushängender Zunge verwandelt worden. Nicht der Blick ihrer glühenden Augen tötete, sondern ihr Gesicht war so entsetzlich, dass man bei seinem Anblick zu Stein erstarrte. Deshalb konnte der Held Perseus sie nur besiegen, indem er sie nicht direkt ansah, sondern ihr Abbild, das sich in seinem Schild spiegelte. Er enthauptete sie mit einem gezielten Schwerthieb. Auch der abgeschlagene Kopf behielt seine fürchterliche Eigenschaft, so dass Perseus ihn später als tödliche Waffe verwendete.

Neben dem Lexikonartikel zeigte eine Abbildung die berühmte Perseusstatue von Benvenuto Cellini. Die tote Medusa lag zu Füßen des Helden, der ihren Kopf triumphierend dem Betrachter entgegenhielt. Marisa schauderte. Dabei sah das Gesicht der Medusa gar nicht entsetzlich aus. Im Gegenteil, in seiner traurigen Starrheit rührte es eher an. So, als habe diese Frau mit den fast männlichen Zügen in ihrer Verzweiflung, dass niemand sie ansah, schon lange darauf gewartet, abgeschlachtet zu werden.

Das Grauen, das Marisa empfand, entsprang aus der Haltung des nackten Helden. Zwar hielt er den Kopf gesenkt, als schäme er sich seiner blutigen Tat, aber wie sich seine rechte Hand um den Schwertgriff krampfte, wie die Finger der linken sich in das Haar seines Opfers krallten, ließ spüren, dass der Rausch des Tötens noch in ihm nachebbte. Dieser Mann wirkte nur nachdenklich, weil er überrascht und fasziniert von der Macht war, die er sich genommen hatte. Selbstzweifel spürte er keinesfalls. Vielleicht begann ihm gerade zu dämmern, welche Lust es bereitete, wie ein Gott über Leben und Tod anderer zu entscheiden.

Operation Medusa. Wenn Marisa diesen Decknamen vergeben müsste, dann für eine Aktion gegen selbstgerechte Machtmenschen, denen Gut und Böse gleich viel bedeuten. Entsprachen dem die Brigadisten mit ihrer Vision einer neuen Gesellschaft, die ohne Rücksicht herbeigebombt werden musste? Oder doch eher korrupte Politiker, die für ihren Vorteil ihre eigene Seele verkauften? Und wofür stand die Medusa selbst? Marisa vermochte ihren Blick nicht von dem abgeschlagenen Haupt in Perseus' brutalem Griff zu wenden. In Stein wurde sie dabei nicht verwandelt, aber es flimmerte ihr ein wenig vor den Augen. Je intensiver sie hinstarrte, desto mehr verschwammen die Konturen. Es schien fast, als wolle sich ein anderes, genauso lebloses Gesicht durch die toten Züge drängen. Ja, die Medusa war nur eine Maske, die das bleiche Gesicht eines siebzehnjährigen Jungen durchschimmern ließ. Das Gesicht von Minh Vannoni.

Herr im Himmel, bei all ihren Rekonstruktionsversuchen hatte Marisa sein Schicksal völlig ausgeklammert.

Und sie wusste auch, warum. Sie hatte sich nicht eingestehen wollen, was doch offensichtlich war. Minh war tot. Es konnte gar nicht anders sein. Die Killer hatten Malavoglia ermordet, damit er nicht in den Besitz von sie gefährdenden Informationen gelangte. Warum sollten sie den leben lassen, der diese Beweise liefern wollte? Der Hauptzeuge und das Material mussten auf jeden Fall verschwinden, sonst wäre die Ermordung Malavoglias sinnlos gewesen. Ein anderer Staatsanwalt, der Anklage erhob, würde sich immer finden, solange es etwas gab, worauf er sich stützen konnte.

Marisa betrachtete den verkrümmt liegenden Körper der Medusa, über den Perseus hinwegschritt. Wahrscheinlich war Minh sofort umgebracht worden, als die Attentäter sein Büro besetzt hatten. Dann tauchten die Polizisten auf, um ihn zu befragen, entdeckten vielleicht die Leiche und wurden deswegen gefangen genommen. Seit Tagen schon war der Junge tot. Alles Hoffen und Bangen war vergebens gewesen, reine Augenwischerei fern der grausamen Wirklichkeit.

Marisa klappte die Enzyklopädie zu, nahm sie unter den Arm und entriegelte die Badezimmertür. Man musste es Matteo Vannoni sagen. Und den anderen, die vorhatten, sich in die bevorstehende Schießerei zwischen Sondereinheit und Geiselnehmer zu stürzen. Es hatte keinen Sinn, das eigene Leben zu gefährden, denn den Jungen konnte niemand mehr retten.

Als anfangs der 1960er Jahre der Mont-Blanc-Tunnel gebaut worden sei, habe man von beiden Seiten zu graben begonnen, von der französischen und der italienischen. Insgesamt elf Kilometer hätten sich die Maschinen durch den Berg gefräst, sagte Franco Marcantoni, und dann, eines Tages, wenn man davon bei der ewigen, nur künstlich erleuchteten Dunkelheit sprechen könne, sei das letzte Stück Fels zwischen den Stichgrabungen gefallen. Fast zentimetergenau wären die beiden Gruppen zusammengetroffen. Praktisch keine Abweichung nach links oder rechts, nach oben oder unten habe es gegeben. Und das ohne GPS und den ganzen neumodischen Kram! Das müsse man sich mal vorstellen!

»Erstaunlich«, sagte Angelo Sgreccia.

Das sei keineswegs erstaunlich, plapperte Franco weiter, sondern das vorhersehbare Ergebnis ausgeklügelter mathematischer Berechnungen im Zusammenspiel mit genauesten und penibel angewandten Messverfahren. Vor den Ingenieuren und Technikern habe er jedenfalls den allergrößten Respekt, und er glaube durchaus, dass es auch heute nicht schaden könne, die erfolgreichen Prinzipien von damals zu beherzigen.

»Das war der Mont-Blanc-Tunnel. Wir graben bloß ein paar Meter weit«, sagte Ivan Garzone.

»Ja und?«, murrte Franco. »Tunnel ist Tunnel.«

»Und drüben erwartet uns ein großer Keller. Den können wir gar nicht verfehlen, egal, ob wir ein paar Zentimeter von der direkten Linie abkommen.«

»Jeder Umweg kostet Kraft und Zeit!« Franco ließ sich auf die Knie hinab, schob das letzte verbliebene Brett von Angelos Weinregal in die Tunnelöffnung und kroch mit Wasserwaage und Taschenlampe hinterher. Es dauerte ein paar Sekunden, dann hörte man ihn brummen: »Sag ich doch, wir weichen eindeutig nach oben ab.«

»Und wenn wir das nicht sofort korrigieren, kommen wir drüben wohl im ersten Stock heraus, was?«, höhnte Ivan.

»Das vielleicht nicht, aber geschätzte drei Zentimeter Steigung pro Meter, das ist wahrlich kein Ruhmesblatt der Tunnelbaukunst.« Francos Stimme klang dumpf aus dem Loch heraus.

Ivan verlegte sich aufs Bitten. »Mag ja sein, Franco, aber wir sind doch praktisch durch und ...«

»Hört auf mit dem Quatsch und lasst die Jungs endlich weiterarbeiten!«, bellte Matteo Vannoni dazwischen.

Die Jungs waren zwei Schwarzafrikaner, die Mamadou noch aus seiner Zeit als Vucumprà kannte. Auch die beiden trotteten längst nicht mehr die Strände ab, um gefälschte Markenuhren und anderen Schund zu verkaufen. Seit Jahren schon arbeiteten sie im Baugewerbe, als immer noch illegale Immigranten natürlich schwarz, sozialversicherungsfrei und im Vergleich mit den regulär Beschäftigten zu Dumpinglöhnen. Musste einer der Unternehmer besonders hart kalkulieren, bekamen sie nicht einmal diese. Sie konnten ihn ja schlecht verklagen, ohne aufzufliegen. Wenn sie ein paar Tage vertröstet worden waren, ohne Geld zu sehen, blieb ihnen nichts anderes übrig, als den Lohn abzuschreiben und sich eine neue Firma zu suchen. Immerhin klappte das während der Saison meist recht schnell.

Jetzt im Winter sah es aber schlecht aus, und deswegen hatten sie auch in Ancona sofort den Bus bestiegen, als Mamadou sie am Morgen angerufen hatte, um ihnen im Namen der Dorfgemeinschaft von Montesecco je achtzig Euro für die Fertigstellung eines schon begonnenen Tunnels zu bieten. Die Reisespesen würden zusätzlich übernommen, Verpflegung während der Arbeitszeit gestellt werden.

Franco hatte wegen des übertrieben großzügigen Angebots gemurrt, letztlich aber sein Scherflein beigetragen. Er war wie die anderen die ganze Nacht über wach gewesen. Sie hatten einsehen müssen, dass sie immer längere Pausen brauchten und ohne fremde Hilfe wahrscheinlich gar nicht fertig werden würden. Jetzt, am späten Nachmittag, musste auch Franco zugeben, dass sich die Investition gelohnt hatte. Die beiden Kontraktarbeiter schufteten unermüdlich. Im Abstand von zwanzig Minuten wechselten sie sich an der Spitze des Tunnels ab. An den Einsatz von Hacken oder gar schwererem Gerät war dort nicht zu denken. Unter sehr beengten Verhältnissen musste mit dem Spaten Erde gelöst werden, die dann vom zweiten Mann mühsam nach hinten durchgeschaufelt wurde.

Am Eingang des Tunnels füllten die im Einsatz befindlichen Dorfbewohner den Abraum in Eimer und transportierten ihn ab. Die Halde wurde im Raum unter der Treppenschräge aufgeschüttet, dort, wo vorher Angelo Sgreccias Weißweinvorräte gelagert hatten. Die Flaschen hatte man nach oben in Sicherheit gebracht, das hölzerne Weinregal abmontiert und zurechtgesägt. Die Bretter waren zusammen mit anderem Material verbaut worden, um die Wände und vor allem die Decke des Tunnels abzustützen. Man wollte nicht riskieren, verschüttet zu werden, denn die Erde hatte sich tatsächlich als ziemlich weich erwiesen.

Francos Mäkelei zum Trotz war der Tunnel nicht schlecht angelegt. Zwar konnte man ihn bei einer Höhe von gerade mal achtzig Zentimetern nur auf allen vieren passieren, aber er wirkte zumindest solide. Und das Beste war, dass sie ihn inzwischen auf vier Meter Länge vorangetrieben hatten. Sie mussten jeden Moment auf die Kellermauer des Salviati-Hauses stoßen. Es wurde auch Zeit, denn erstens wuchs die Abraumhalde unter Sgreccias Kellertreppe bedrohlich an, und zweitens stand zu befürchten, dass Matteo Vannoni bald zusammenklappen würde.

Als Einziger hatte er sich keine Minute Pause gegönnt, war unentwegt auf den Beinen gewesen, hatte unten bei den Grabungsarbeiten mitgeschuftet und, wenn er da nicht helfen konnte, den Beobachtungsposten oben am Fenster besetzt. Vor allem aber hatte er unaufhörlich darauf gedrängt, keine Zeit zu vertrödeln, hatte die anderen angespornt, aufgestachelt, angebrüllt. Schließlich gehe es um das Leben seines Enkels. Jetzt war er sichtlich am Ende. Bleich wie der Tod, zittrig und fahrig in seinen Bewegungen. Aber natürlich würde er keine Ruhe finden, bis sie am Ziel waren. Die einzige Möglichkeit, ihm beizustehen, bestand darin, den Tunnel fertigzustellen und schnellstmöglich über Salviatis Keller ins Untergeschoss von Minhs Büro durchzustoßen.

Auch Antonietta wusste keine andere Lösung. All ihre Bemühungen, an Vannoni heranzukommen, waren vergeblich gewesen. Es schien, als habe ihn der Winterwind aus einer anderen Welt hereingeweht, so fremd, dass einen dabei unwillkürlich fröstelte. Antonietta versuchte sich Momente zu vergegenwärtigen, in denen sie sich bei ihm aufgehoben gefühlt und eine ganz selbstverständliche Vertrautheit genossen hatte. Doch die Erinnerungen blieben leblos. So ungerecht das Vannoni gegenüber auch sein mochte, Antonietta wäre es unangenehm gewesen, jetzt mit ihm allein zu sein. Seine Anspannung, seine Besessenheit strahlten aus und schienen den Kellerraum mit einer bösen Energie aufzuladen. Dass es nicht noch schlimmer war, verdankte man Francos unentwegtem Geplapper. Seine Geschichten von Gott und der Welt, zusammengestückelt aus selbst Erlebtem, irgendwo Aufgeschnapptem und frei Erfundenem, mochten manchmal nerven, wirkten gleichzeitig aber wie ein Gegengift zu Vannonis nervöser Düsternis.

Vom Lob der Ingenieurskunst war Franco inzwischen zu den Wundern der Tierwelt vorangeschritten. Er erläuterte gerade, dass der Dachs seinen Bau nicht mehr benütze, wenn zum Beispiel ein Stachelschwein nur ein einziges Mal hineingegangen sei, als die beiden Schwarzafrikaner erdverkrustet aus dem Tunnel krochen. Sie standen auf, streckten sich und warfen Spaten und Schaufel auf den Erdhaufen.

»Was ist los?«, fragte Matteo Vannoni.

»Wir sind an der Kellermauer.«

»Durchbrechen!«, befahl Vannoni.

»Wir brauchen anderes Werkzeug«, sagte einer der Afrikaner.

Franco knipste seine Taschenlampe an, und die Dorfbewohner schauten einer nach dem anderen in die Tunnelöffnung. Die Mauer war schon ganz freigelegt. Die geschichteten Bruchsteine, die den Gang versperrten, ließen an die Wehranlage einer längst untergegangenen Stadt denken. Schon damals hatten ihre Befestigungen sie nicht vor der Zerstörung bewahren können. Jetzt würden sie noch einmal erstürmt werden.

»Ohne Lärm wird das nicht gehen«, sagte Ivan Garzone.

»Keinesfalls«, sagte Donato.

»Adriano Celentano?«, fragte Mamadou.

»Natürlich! Den habe ich schon Ewigkeiten nicht mehr gehört.« Franco nickte begeistert.

Marta Garzone schüttelte den Kopf. »Unmöglich! Wir sind tief in der Sperrzone. Wenn da ein CD-Player losdröhnt ...«

»Ich wette, dass es da drüben von Agenten der Sondereinheit wimmelt«, sagte Antonietta.

»Wenn sie ein Haus, das direkt an Minhs Büro grenzt, nicht besetzen, wären sie schön blöd«, sagte Angelo Sgreccia.

»Durchbrechen!«, wiederholte Vannoni. Seine Augen glänzten fiebrig.

Der eine Afrikaner zuckte die Achseln. Er griff zu Hammer und Meißel.

»Warte!«, befahl Mamadou.

»Wir haben doch keine andere Wahl«, begehrte Vannoni auf. »Soll denn alles umsonst gewesen sein, nur weil vielleicht ...?«

»Still!«, zischte Mamadou. Er zeigte mit dem Finger nach oben. War da nicht ein Geräusch gewesen? Milena befand sich mit den Kindern zwei Häuser weiter. Sie sollte bei Gefahr warnen, aber Martas Handy auf der Werkzeugkiste blieb stumm. Dennoch, da war jemand. Man hörte jetzt deutlich die Schritte auf dem Steinfußboden von Sgreccias Erdgeschoss. Sie näherten sich dem Kellerabgang, und schon tauchten zwei Beine auf der obersten Treppenstufe auf.

»Marisa?«, fragte Donato. Seine Stimme klang verlegen. So, als hätte ihn seine Frau bei etwas Peinlichem ertappt.

Als Marisa Curzio bei den Angiolinis geklopft hatte, war noch alles klar gewesen. Es musste eben sein. Auch als sie durch den Kleiderschrank ins Haus der Deutschen gestiegen und nach der nächsten Bresche in Sgreccias Küche angelangt war, hatte sich daran nichts geändert. Sie war fest entschlossen gewesen, es sofort hinter sich zu bringen. Für Erklärungen war dann immer noch Zeit. Und vorher hilflos herumzudrucksen würde alles nur schlimmer machen. Wie sollte man schonend auf solch eine Nachricht vorbereiten? Sich hinstellen und darum bitten, dass jetzt alle stark sein müssten? Nein, das ging nicht, das ging überhaupt nicht. Da hätte sich Marisa eher die Zunge abgebissen. Es musste heraus. Gleich. Nicht einmal grüßen durfte sie vorher. Selbst als sie die Stufen hinabgestiegen war, hatte sie noch gedacht, dass es ja nur drei kurze Worte waren. Minh ist tot. Sie würde doch drei Worte herausbringen. Sie musste es einfach schaffen. Deswegen war sie schließlich gekommen.

Jetzt stand Marisa am Fuß der Kellertreppe, starrte auf den Erdhaufen, der wie ein überdimensionales, frisch zugeschaufeltes Grab aussah, drei Worte nur, und dann blickte sie in die Gesichter um sie herum, Angelos, Martas, Donatos, Matteo Vannonis, sie mussten es ihr doch ansehen, Herr im Himmel, sie mussten es doch begreifen, auch ohne dass sie es aussprach, und auf dem Grab lagen keine Blumen, keine Kränze, sondern ein Spaten, der vermuten ließ, dass der Totengräber gleich zurückkäme, um seine Arbeit fertigzustellen, obwohl der Erdhaufen bereits höher war als üblich, viel höher sogar, als befürchte man, der Tote könne versuchen, sich wieder herauszugraben, nur drei kleine Worte wie zum Beispiel »ein frisches Grab« oder »ich sage es«, und dann hätte Marisa es hinter sich, endlich, aber nur, wenn sie jetzt den Mund aufmachte. Jetzt. Sofort. Sie sagte: »Es gibt noch ein paar Unklarheiten, aber im Großen und Ganzen weiß ich, wie die Sache mit Malavoglia abgelaufen ist.«

Marisa redete wie ein Buch und schien dabei kaum Luft zu holen. Es dauerte eine ganze Weile, bis sich die anderen in ihrer Darstellung der Operation Medusa zurechtfanden. Eine groß angelegte Verschwörung, die von einem Maulwurf in der Staatsanwaltschaft Rom ausging, der wiederum entweder den Roten Brigaden oder einer Bande korrupter Politiker zuarbeitete – das war starker Tobak. Doch Marisas Argumente klangen überzeugend, und allmählich gewöhnte man sich an den Gedanken. Trotzdem war jedem klar, dass man damit nicht in die Öffentlichkeit gehen konnte, wollte man nicht mindestens für unzurechnungsfähig erklärt werden.

Marisas Gedankengebäude stand und fiel mit der Rolle, die Minh in dem Fall spielte. Dass er mit Attentat und Geiselnahme nichts zu tun hatte, war gerade das, was die Dorfbewohner überzeugte. Daran hatten sie ja nie geglaubt. Für den Rest der Welt traf genau das Gegenteil zu. Innerhalb von Politik und Medien mochte man vielleicht über Ursachen und Konsequenzen dieser Kapitalverbrechen unterschiedlicher Meinung sein, doch niemand zweifelte daran, dass Minh sie geplant und durchgeführt hatte. Deshalb hatte keiner der sonst so findigen Journalisten überhaupt nach einer Verschwörung gesucht. Es hatte einer Hausfrau aus Montesecco bedurft, um sie aufzudecken. Und Marisa war dazu in der Lage gewesen, weil sie sich entgegen allem Augenschein auf das verlassen hatte, was sie wusste. Dass Minh so etwas nie tun würde, weil er sich nicht für Politik interessierte, weil er keinen Schinken aß, weil er nicht auf seine Mutter schießen würde, weil, weil, weil. Vor allem aber, weil er ein guter Junge war, den sie alle seit siebzehn Jahren kannten.

»Wenn wir wüssten, was Minh entdeckt hat, könnten wir vielleicht auch die Polizei überzeugen«, sagte Ivan Garzone. »Zumindest, wenn wir die Beweise fänden.«

»Die sind von den Killern sicher längst vernichtet worden«, sagte Marisa.

»Und was ist mit Minh?«, fragte Ivan.

»Mit Minh?«, fragte Marisa zurück. Plötzlich klang ihre Stimme unsicher.

»Na, er weiß doch alles!«

»Ja«, sagte Marisa, »er könnte natürlich als Zeuge auftreten, doch ob ihm außer uns jemand ...«

»Aber dann ist er doch eine Gefahr für die Attentäter«, sagte Ivan.

Marisa setzte sich auf den Erdhaufen. Den dicken Lexikonband, den sie die ganze Zeit in der Hand gehalten hatte, legte sie neben sich. Sie sagte: »Deswegen halten sie ihn ja als Geisel fest.«

»Wenn sie ihn nicht schon umgebracht haben«, sagte Ivan.

»Was redest du da?«, fragte Marisa schwach.

»Sie können es sich nicht leisten, ihn am Leben zu lassen«, sagte Ivan, »und Malavoglia haben sie ja auch skrupellos ermordet.«

»Aber Minh ist fast noch ein Kind!« Marisas Stimme war kaum mehr zu verstehen. »Würdest du denn ein Kind ...? Einfach so?«

Ivan sagte: »Ich frage mich, warum sie Ispettore Russos Leiche nicht nach draußen geschafft haben. Und wieso sie ihn überhaupt als erstes Opfer auswählen sollten, wenn sie jemanden in ihrer Gewalt haben, der unter keinen Umständen davonkommen darf.«

»Ich weiß nicht«, stöhnte Marisa. »Ich habe keine Ahnung. Vielleicht stimmt ja nichts von dem, was ich euch erzählt habe. Vielleicht sollten wir jetzt nach Hause gehen, uns ins Bett legen und schlafen, bis alles vorbei ist. Bis sich herausstellt, dass wir nur schlecht geträumt haben.«

Marisa schlug die Hände vors Gesicht. Die Taschenlampen waren ausgeschaltet worden. In Sgreccias Keller brannte nur eine Sparlampe, die unangenehm weißes Licht aussandte. Donato setzte sich neben Marisa auf den Erdhaufen und legte ihr zögernd den Arm um die Schulter. Die anderen standen herum. In dem Raum lagerte von Vorhangstangen über übrig gebliebene Badezimmerfliesen bis hin zu einem alten Pferdegeschirr alles Mögliche, was die Sgreccias mal aussortiert, aber zum Wegwerfen als zu schade erachtet hatten. Sitzgelegenheiten gab es keine. Man hatte sie bisher nicht vermisst, da jeder genug zu tun gehabt hatte. Nun fragte man sich, ob die ganze Buddelei nicht völlig sinnlos gewesen war.

»Minh ist nicht tot«, sagte Matteo Vannoni so ruhig, wie er schon seit vielen Stunden nicht mehr gesprochen hatte. »Ich bin ganz sicher. Ich spüre sogar, dass er genau in diesem Moment an uns denkt. Er weiß, dass wir ihn nicht aufgegeben haben, und hofft, dass uns irgendetwas Schlaues einfällt. Und deswegen brechen wir jetzt die Kellermauer durch!«

Vannoni zeigte auf den Tunneleingang. Nicht einmal die beiden Schwarzafrikaner rührten sich.

»Mach dir doch nichts vor, Matteo!«, sagte Ivan Garzone. Vielleicht sollten sie wirklich nach Hause gehen, bevor die Sperrstunde begann. Sie würden sich vor den Fernseher setzen und zusehen, wie alles in Blut und Feuer endete.

»Ich glaube, Matteo hat recht«, sagte Antonietta. »Wir sollten nicht vergessen, dass jedermann denkt, Minh sei der Geiselnehmer. Und dass der wirkliche Täter alles tut, damit das so bleibt. Habt ihr euch mal gefragt, warum?«

»Um Verwirrung zu stiften«, sagte Ivan.

»Nein, weil auch er nicht sterben will, und dazu braucht er Minh lebend. Sein ganzer Plan hängt davon ab. Nehmen wir mal an, er hat seine anderen Geiseln schon alle umgebracht. Nur noch er und Minh sind übrig, wenn die Sondereinheit das Büro stürmt. Alles wird blitzschnell gehen. Fenster werden bersten, Türen gesprengt, nervöse Polizisten werden mit dem Finger am Abzug und in der festen Überzeugung eindringen, dass Minh ein brandgefährlicher Verbrecher sei, der schon mehrere Menschen auf dem Gewissen hat. Wenn in diesem Chaos eine angstverzerrte Stimme brüllt, dort im Eck stehe der Mörder mit einer Waffe im Anschlag, und wenn ein Scheinwerferkegel Minh erfasst, der ›nein!‹ schreit und nur kurz zuckt, vielleicht weil er die Hände nach oben strecken will, was werden die Agenten dann tun? Sie werden schießen, ohne zu zögern. Nicht einer von ihnen, sondern drei, vier, fünf. Nicht einmal, sondern so lange, bis Minh tot am Boden liegt. Der wahre Täter wartet, bis alles vorbei ist, kriecht unter dem Schreibtisch hervor, bedankt sich bei den Polizisten, dass sie ihm das Leben gerettet hätten, und erzählt ihnen irgendeine Geschichte, wie er am Tag des Anschlags in Minhs Gewalt geraten sei. Als einziger Überlebender des Dramas wird er vor der Polizei und in allen Medien bezeugen, dass Minh die anderen Geiseln brutal umgebracht hat. Vielleicht findet sich sogar irgendwo auf dem Fußboden eine leer geschossene Pistole mit Minhs Fingerabdrücken darauf. Zweifeln wird jedenfalls niemand.«

Die anderen sahen sich an. Der Täter wollte einfach die Rollen tauschen. Er würde zur glücklich geretteten Geisel werden, und die Geisel zum Täter. Zu genau dem Täter, den sowieso alle auf der Rechnung hatten. Selbst wenn der Junge die Schießerei überlebte, stünde Aussage gegen Aussage, und der Killer hätte eine gute Chance, mit seiner Version durchzukommen. Aber Minh würde nicht überleben. Die Mitglieder der Spezialeinheit hatten einen Angriff abbrechen und tagelang untätig herumsitzen müssen. Sie standen unter Strom, sie wussten, dass es tödlich sein konnte, im falschen Moment einen Sekundenbruchteil zu zaudern. Sie würden erst schießen und dann fragen.

»Aber das hieße ja«, sagte Angelo Sgreccia, »dass der Killer den Sturmangriff unbedingt braucht. Er muss die Lage zuspitzen, bis die Einsatzleitung nicht mehr anders kann, als die Männer des NOCS einzusetzen.«

Donato nickte. »Nur darum ging es die ganzen Tage, nicht um die Freipressung der Brigadisten. Der Killer wollte gar nicht, dass seine Forderung erfüllt wird. Er hat sie mit

Absicht so gestellt, dass der Staat nicht ernsthaft darauf eingehen kann.«

»Man müsste nur dafür sorgen, dass sie nicht angreifen. Dann würde Minh nichts geschehen«, sagte Angelo.

»Wer soll den Krisenstab davon überzeugen? Wir etwa?«, fragte Franco. »Du hast nicht erlebt, wie uns der Questore das erste Mal abgefertigt hat.«

»Und nun?«, fragte Elena Sgreccia.

»Wir brechen in Salviatis Keller durch!«, sagte Vannoni.

Alle schwiegen.

»Also?«, fragte Vannoni.

Zuerst nickte Franco Marcantoni, dann Antonietta. Zögernd stimmten auch die anderen reihum zu. Nur der Wortführer der beiden Afrikaner legte den Hammer nieder und sagte: »Tut mir leid, aber das macht ihr selbst. Vertrag hin oder her, für uns ist Schluss! Wenn wir wild darauf wären, in einen Krieg zu geraten, hätten wir auch in Afrika bleiben können.«

Vom ersten Stock des leerstehenden Hauses gingen zwei Fenster zur Piazza hinaus. Darunter lag das Flachdach des Zielobjekts. Wer sich im Büro befand, konnte die Fenster oberhalb nur einsehen, wenn er mindestens zwei Meter vor die Tür trat. Menschlichem Ermessen nach würde der Geiselnehmer alles andere als das tun, doch menschliches Ermessen genügte nicht, wenn man sich nicht den geringsten Fehler erlauben durfte. Deswegen sollten die Fensterläden bis zum letzten Moment geschlossen bleiben. Enrico Munì hielt das für eine richtige Entscheidung, obwohl es ihm nicht oblag, das zu beurteilen.

Dass seine Kameraden so auch ihrerseits keinen Blick auf das Zielobjekt hatten, war zu verschmerzen. Sie hatten alles vorbereitet, jede Bewegung in Gedanken hundert Mal durchgespielt. Sie würden losschlagen, wenn man es ihnen sagte. Bis dahin mussten ihre Augen eben durch die der anderen, günstiger postierten Kameraden, mit denen man in ständigem Sprechfunkkontakt stand, ersetzt werden. Innerhalb des NOCS war man dazu verdammt, sich aufeinander zu verlassen. Das konnte man auch. Nicht umsonst galten sie als die Eliteeinheit der Staatspolizei. Und Enrico Munì war immer noch einer von ihnen.

Nach dem Desaster mit der alten Hexe, die mit ihrem Geschrei den ersten Zugriff vereitelt hatte, war Munì vom Einsatzleiter gefragt worden, ob er Urlaub beantragen wolle. Er hatte knapp verneint und sich nicht anmerken lassen, wie sehr ihn das Angebot getroffen hatte. Sie hatten ihn weitermachen lassen, doch hundertprozentig schienen sie ihm nicht mehr zu trauen. Jedenfalls war ausgerechnet er dazu bestimmt worden, der Einsatzgruppe den Rücken freizuhalten, während Nummer 1 bis 3 sich aufs Dach hinablassen und stürmen würden.

Jetzt saß Munì im Dunkeln auf der Treppe, die vom ersten Stock nach unten führte. Nur durch den Milchglaseinsatz in der Haustür fiel ein wenig Licht herein. Wahrscheinlich der Widerschein einer Straßenlaterne. Munì hatte eine Stufe im oberen Drittel gewählt, von der aus die Tür gerade noch zu sehen war. Sie ging auf die dem Zielobjekt abgewandte Seite hinaus, so dass der Geiselnehmer hier nicht auftauchen konnte. Und sonst durfte sich nach menschlichem Ermessen kein Unbefugter in der Sperrzone befinden. Dennoch musste der Hauseingang gesichert werden, und das würde Munì auch tun. Auf ihn konnte man sich verlassen.

Zum x-ten Mal überlegte er, worin sein Fehler eigentlich bestanden hatte. Dass er die Alte für tot gehalten hatte? Sie war in stockdunkler Nacht von vermummten Männern blitzschnell überwältigt worden. Ein Schock war das Mindeste, was man hierbei erwarten durfte. Dann war sie zusammengeklappt und hatte völlig leblos in Munìs Armen gehangen. Nein, da hätte jeder der Kameraden das Gleiche gedacht wie er! Aber sie hätten vielleicht die Hand nicht vom Mund der Alten genommen. Wenn sie wirklich nicht mehr lebte, brauchte sie ja nicht mehr zu atmen, und wenn sie abgefeimt genug war, in so einer Situation die Tote zu spielen, hatte man allen Grund, sie unter Kontrolle zu halten. Das hätte Munì klar sein müssen. Niemals hätte er die Hand wegnehmen dürfen.

Ihn verstörte nur, dass er wider alle Vernunft denselben Fehler wieder begehen würde. Er würde niemandem den Mund zuhalten können, den er für tot hielt. Das gehörte sich nicht. Es war ekelerregend, abstoßend und irgendwie obszön. Aus welchem Grund auch immer, er würde so etwas auch in Zukunft nicht fertigbringen.

Munì wusste, dass keiner seiner Kameraden ihn verstehen würde. Er verstand sich ja selbst nicht. Im Allgemeinen hielt er sich keineswegs für zart besaitet. Als er sich für den NOCS beworben hatte, war er sich darüber klar gewesen, was von ihm verlangt wurde. Entschlossenheit, Rücksichtslosigkeit, die Bereitschaft, notfalls zu töten, ohne mit der Wimper zu zucken. Er hatte nicht nur eingesehen, dass das nötig war, sondern hatte aus tiefster Überzeugung dahintergestanden. Dass man manchmal gezwungen sein könnte, vermeintlich Toten den Mund zuzuhalten, damit hatte er nicht gerechnet.

In den vergangenen Nächten hatte Munì immer wieder von seiner Begegnung mit der Alten geträumt. Meist nur Bruchstücke, kurze Momente, die er aber umso eindringlicher noch einmal zu durchleben glaubte. Er hatte im Traum ihre kalte, faltige Haut gespürt, ihren leicht ranzigen Körpergeruch in der Nase gehabt, er hatte sie ihre verfluchten Augen aufreißen sehen und die Gehstockspitze auf die Pflastersteine schlagen hören. Tok, tok, tok. Natürlich würde er niemandem davon erzählen. Er hatte hart dafür gearbeitet, in den NOCS aufgenommen zu werden. Wäre er im Auswahlverfahren gescheitert, hätte er das akzeptieren müssen, aber er hatte sich als gut genug erwiesen. Als einer der Besten. Und genau das blieb er, auch wenn er mal schlecht träumte. Punktum!

Tok, tok, tok! Selbst jetzt klang das Geräusch in seinen Ohren nach. Munì befahl sich, es zu überhören. Er durfte sich nicht so viel mit sich selbst beschäftigen, schließlich hatte er eine Aufgabe zu erfüllen. Sobald er seine Kameraden gefährdete, weil er nicht wie ein Uhrwerk funktionierte, wäre unwiderruflich Schluss! Dann bliebe ihm nur, um einen Schreibtischstuhl zu betteln, den er die nächsten fünfunddreißig Jahre breitsitzen durfte. Tok, tok, tok, machte es in Munìs Kopf. Verdammt, was war los mit ihm? Begann er etwa zu halluzinieren?

Munì stellte die Maschinenpistole vorsichtig neben sich ab, presste beide Hände auf die Ohren und konzentrierte sich. Nichts. Stille. Der dumpfe Ton war verschwunden. Munì atmete durch. Na also, es ging doch! Er halluzinierte nicht, er war völlig auf der Höhe, er …

Aber wenn das Geräusch nicht in seinem Kopf entstanden war, dann musste es …!

Munìs Hände fuhren nach unten. Noch bevor er das nächste Tok hörte, hatten sie schon mit hundertfach geübten Bewegungen die Maschinenpistole ergriffen, entsichert, in Anschlag gebracht. Sicut nox silentes! Munì richtete sich geräuschlos auf und schmiegte sich gegen die Wand. Die Haustür unten war geschlossen. Das Dämmerlicht, das durch die Scheibe drang, reichte völlig aus, um zu erkennen, dass sich niemand im Flur oder auf der Treppe befand. Vorsichtig, Stufe für Stufe, schlich Munì hinab. Neben der Haustür blieb er stehen. Er sicherte, er lauschte.

Der Flur war L-förmig geschnitten. Geradeaus ging es in die ehemaligen Wohnräume, doch das Geräusch kam von rechts. Munì folgte ihm, schob sich um die Ecke, tastete sich langsam an der Wand voran. Da war die Tür, hinter der die Treppe weiter nach unten führte. Munì und Nummer 3 hatten den Keller durchsucht, als ihre Gruppe hier eingerückt war. Sie hatten nur ein wenig Gerümpel gefunden, das von einer Staubschicht überzogen war. Seit Jahren hatte sich dort niemand mehr aufgehalten.

Munì presste das Ohr an die Kellertür. Tok, tok, tok. Das Geräusch kam zweifelsfrei von da unten. Es klang nun nicht mehr nach einem Gehstock, der auf Stein aufgesetzt wird. Es klang härter, gewaltsamer. So, als ob Metall auf Metall schlüge. Ein schwerer Hammer auf einen Meißel zum Beispiel. Und dazwischen, leiser, hörte Munì mal ein Splittern, mal ein dumpfes Poltern, wie wenn ein großer Bruchstein zu Boden fällt.

Munì strich über den Kolben seiner Maschinenpistole. Sie hatten ihn aus der Aktion heraushalten wollen, doch jetzt war er in vorderster Linie dabei. Es fiel schwer, das nicht als Wink des Schicksals zu betrachten. Munì traute sich zu, mit dieser Sache allein fertig zu werden. Wenn er leise die Kellertür öffnete, hinabstieg, geduldig wartete, bis das Loch groß genug war, und dann mit der Waffe im Anschlag ...

Unsinn! Munì durfte sich keinen Fehler mehr erlauben. Alleingänge waren unter allen Umständen zu unterlassen. Wer Rambo spielen will, soll sich in Hollywood bewerben, hatte einer der Ausbilder in Abbasanta gesagt. Munì drehte sich von der Tür weg und flüsterte ins Mikrofon seines Headsets: »Nummer 4 an Nummer 1: Klar identifizierbare Geräusche aus dem Keller. Der Geiselnehmer durchbricht gerade die Mauer zu uns herüber. Erbitte Anweisungen.«

Einen Moment lang geschah nichts. Dann sagte die Stimme von Nummer 1: »Wiederholen Sie, Nummer 4!«

Munì wiederholte.

»Bleiben Sie, wo Sie sind!«, sagte Nummer 1. »Wir sind so gut wie da.«

Munì nickte. Sie würden den durchgedrehten Terroristenjungen ausschalten, und er würde hier oben die Nachhut spielen dürfen. Er würde durch das Milchglas der Haustür nach draußen starren und sich fragen, warum zum Teufel er nicht in der Lage gewesen war, einer alten Hexe die Luft abzudrehen.

Vorn an der Mauer wechselten sich Mamadou, Angelo, Ivan, Donato und Matteo Vannoni ab. Wegen des beengten Raums konnte immer nur einer auf die Mauersteine einschlagen, und das tat er mit all seiner Kraft. Länger als ein paar Minuten hielt keiner durch. Franco Marcantoni hatte sich bereit erklärt, dem Frontmann mit einer Taschenlampe zu leuchten, offensichtlich aber nicht bedacht, dass er bei jedem Wechsel ebenfalls aus dem Tunnel heraus- und dann wieder hineinkriechen musste. Mit Verweis auf seine Bandscheiben gab er den Job an Marta Garzone ab. Auf weitschweifige Erläuterungen zu seinem sonst fast optimal zu nennenden Gesundheitszustand verzichtete er überraschenderweise.

Auch bei den anderen herrschte eine gespannte Stimmung. Dass sie kein Spiel spielten, war ihnen von Anfang an klar gewesen. Je näher sie jetzt Minhs Büro kamen, desto mehr befürchteten sie, dass alles blutig enden würde, selbst wenn sie nicht entdeckt würden und vor dem Angriffsbefehl des Krisenstabs an Ort und Stelle wären.

»Wie sieht es aus?«, fragte Franco in den Tunnel hinein.

Das Hämmern setzte für einen Moment aus. Ivans Stimme flüsterte dumpf: »Gut. Noch eine Viertelstunde vielleicht. Höchstens zwanzig Minuten.«

»Mach schneller!« zischte Vannoni zurück.

Die Schlaggeräusche waren viel zu laut. Die nächste und letzte Mauer, die Salviatis Keller von Minhs Untergeschoss trennte, konnte man keinesfalls durchbrechen, ohne dass der Geiselnehmer das bemerkte. Wie er dann reagieren würde, wusste man nicht. Es schien aber schwer vorstellbar, dass er untätig zusah, wie sie einen Stein nach dem anderen herausklopften. Man konnte nur hoffen, dass er keinen Plan B hatte und den Angriff der Spezialeinheit abwarten würde, egal, was bis dahin passierte. Vielleicht vermutete er ja, dass die NOCS-Agenten im Untergeschoss eindringen wollten, auch wenn es höchst unwahrscheinlich war, dass Profis so plump auf sich aufmerksam machten.

»Lasst uns erst einmal bis in Salviatis Keller kommen!«, sagte Franco.

Da würde man dann stehen, kurz vor dem Ziel, hätte zwanzig Stunden lang die Mauern zwischen drei Häusern eingerissen, ein Kinderzimmer, die Küche der Deutschen und Sgreccias Keller verwüstet, einen Tunnel unter der Straße zu einem vierten Haus gegraben, nur um am Ende nicht mehr weiterzuwissen. Aber daran wollte keiner denken, solange man sich noch mit Arbeit betäuben konnte.

Franco versuchte jetzt doch, mit einer breit angelegten Kindheitsgeschichte zu landen. Als er gerade schilderte, wie er zusammen mit dem Americano ausgerissen war, um sich einem Wanderzirkus anzuschließen, eilte Antonietta die Treppe herunter. Franco brach mitten im Satz ab. Wenn nicht etwas Schwerwiegendes passiert wäre, hätte Antonietta ihren Beobachtungsposten oben am Fenster kaum verlassen. Ohne Umschweife berichtete sie, dass soeben ein gepanzertes Fahrzeug der Staatspolizei auf der Piazza vorgefahren sei.

»Ein was?«, fragte Angelo. Das Hämmern hörte auf. In der Tunnelöffnung erschien erst Marta, dann Ivan Garzone.

»Dicke Stahlplatten wie ein Panzer, nur ohne Geschützrohr«, sagte Antonietta. »Das Ding ist im Schritttempo angerollt und steht jetzt mit laufendem Motor keine zwanzig Meter vor Minhs Büro.«

Alles drängte zur Treppe hin, doch da läutete Martas Handy. Milena Angiolini war dran. Sie meldete, dass gerade acht schwer bewaffnete Polizisten in Panzerwesten an ihrem Küchenfenster vorbeigezogen waren und die Absperrung passiert hatten. Nun schlichen sie auf Salviatis Haus zu. Man solle bloß von den Fenstern wegbleiben. Sie selbst ziehe jetzt die Kinder an und mache sich mit ihnen davon, Sperrstunde hin oder her. Die Kleinen sollten die Schießerei wenigstens nicht aus nächster Nähe mitbekommen.

Tatsächlich waren all diese Truppenbewegungen kaum anders zu deuten. Der Sturm auf das Geiselnehmerhaus hatte soeben begonnen oder stand unmittelbar bevor. Die Einwohner von Montesecco hatten getan, was sie konnten, doch sie waren nicht schnell genug gewesen. Es war vorbei. Der Angriff rollte, und keiner von ihnen würde ihn stoppen können. Antonietta setzte sich auf die zweitunterste Treppenstufe, die anderen standen herum. Wortlos, stumm. Was gab es nun noch zu sagen?

Doch was wie ein Fluch aus uralten Zeiten über sie gekommen war, bewirkte nicht allein Sprachlosigkeit. Es schien fast, als wären sie angesichts eines unausweichlichen Schreckens zu Stein erstarrt. Als hätten sie ins schlangenumzüngelte Antlitz der Medusa geschaut und sich stillschweigend einverstanden erklärt mit dem, was es wirklich bedeutete. Dass es keinen Sinn hatte, vor der Macht des Schicksals herumzuhampeln. Dass es lächerlich war, sich einzubilden, irgendetwas im Leben erzwingen zu können. Dass einen gerade das tötete, worauf man den Blick fixierte.

Vielleicht hätten sie ihre Niederlage akzeptiert, wären, ohne sich gegenseitig ins Gesicht zu sehen, die Treppe hinaufgestiegen und durch zwei sinnlos geschlagene Mauerbreschen abgezogen, wenn nicht Matteo Vannoni gewesen wäre. Er machte zwei Schritte bis zum Eingang des Tunnels, ging auf die Knie und kroch hinein. Sekunden später hörten die anderen den Hammer auf den Meißel schlagen, der Vernunft, der Verzweiflung und dem Schicksal zum Trotz. Sie horchten auf, und es zeigte sich, dass Stein durchaus splittern konnte. Auch eine Medusa war nicht unbesiegbar. Nichts war zu Ende, bevor es wirklich zu Ende war.

»Ich bitte dringend um die Erlaubnis, in den Keller vordringen zu dürfen. Wir sollten vor Ort sein, bevor der Geiselnehmer durchgebrochen ist«, sagte Nummer 1. Der

Sprechfunk war auf Zimmerlautsprecher geschaltet worden, so dass jedes Mitglied des Krisenstabs im Pfarrhaus mithören konnte.

»Hämmert er noch?«, fragte der Questore.

»Jetzt wieder«, sagte Nummer 1.

»Was ist?«, fragte der Questore zu dem Beamten am Computer hin.

Der nickte. »Gerade ist eine E-Mail hereingekommen.«

»Nun lesen Sie schon!«

»*Was soll das? Ziehen Sie den verdammten Panzerwagen sofort zurück!*«

Der Questore sagte: »Antworten Sie Folgendes: Die Panzerplatten bestehen aus zwanzig Millimeter dickem Stahl. Keine Chance für Ihren Granatwerfer!«

Der Beamte am Computer tippte.

Die Stimme von Nummer 1 flüsterte beschwörend: »Wir sollten jetzt in den Keller hinab. Sofort!«

»Hämmert er immer noch?«, fragte der Questore.

»Positiv«, sagte Nummer 1 über Sprechfunk, »und deswegen müssen wir …«

»Sie warten Ihre Befehle ab!«, bellte der Questore ins Mikrofon.

Das Feuer im Kamin brannte hoch. Und das schon seit Stunden und Tagen. Obwohl der Raum im ersten Stock des Pfarrhauses mindestens vierzig Quadratmeter maß, war er überheizt. Wer hier nicht schwitzte, hatte Eiswasser und kein Blut im Leib.

Der Mann am Computer sagte: »Der Geiselnehmer schreibt, dass wir eigentlich recht hätten. Es gäbe überhaupt keinen Grund, mit der Hinrichtung von Ispettore Sventura bis 24 Uhr zu warten.«

»Hämmert er noch?«, fragte der Questore.

»Sì, signore!«, sagte Nummer 1 aus der Sprechfunkanlage.

Der Questore machte drei Schritte nach vorn, drehte auf den Fußballen um und blieb stehen. Er sagte: »Den

Panzerwagen zurückziehen! Die Sturmeinheit des NOCS bleibt, wo sie ist, und greift nur zu, wenn jemand aus dem Keller auszubrechen versucht.«

»Aber ...«, sagte der Uniformierte mit den vielen Orden auf der Brust.

»Hier stimmt etwas nicht«, sagte der Questore. »Einer allein kann nicht gleichzeitig mailen und auf eine Kellerwand einhauen. Da drin hat sich nicht nur Minh Vannoni verschanzt. Wer weiß, wie viele Komplizen ihn unterstützen? Solange ich keine Ahnung habe, was Sache ist, hetze ich meine Leute da nicht hinein.«

Auch eine Medusa war nicht unbesiegbar. Wie hatte der Kerl das damals gemacht? Dieser griechische Held?

»Perseus. Er hieß Perseus«, sagte Marisa Curzio, »und er blickte in seinem glänzenden Schild nur das Abbild der Medusa an. So kam er nahe genug heran, um sie mit einem fürchterlichen Hieb zu enthaupten.«

Manchmal musste man einer tödlichen Gefahr entgegentreten, aber nicht immer war es gut, ihr ins Auge zu sehen. Zumindest nicht direkt. Ein Abbild reichte völlig aus.

»Das ist es!«, rief Donato. »Ein Bild, nur ein einziges Bild müssten wir haben. Vielleicht ein Foto, aber besser noch ein Fernsehbild, das live in alle Wohnzimmer und in jede Polizeidienststelle des Landes gesendet wird. Einfach eine kurze Einstellung, die zeigt, was da drüben wirklich los ist. Dass nicht Minh der Killer ist, sondern ein anderer, der ihn genauso in seiner Gewalt hat wie die Polizisten.«

Donato hatte recht. Ein Bild bewies mehr als tausend Worte. Es überzeugte unmittelbar und würde den ausgetüftelten Plan des Geiselnehmers mit einem Schlag zunichte machen. Fast wie durch einen fürchterlichen Schwerthieb. Man musste dem Killer nicht von Angesicht zu Angesicht gegenübertreten. Es war nicht notwendig, sich seinen Waffen auszusetzen, um Minhs Leben zu retten. Ein indirekter Blick war viel effektiver. Wie der Medusa Perseus' glänzender Schild, würden dem Geiselnehmer Millionen von TV-Bildschirmen zum Verhängnis werden. Dafür brauchte man nicht einmal die halbe Mauer in Salviatis Keller niederzulegen. Ein kleines Loch an der richtigen Stelle würde genügen, gerade groß genug, um mit einer Fernsehkamera hindurchfilmen zu können. Vielleicht gelang es sogar, ein solches Loch zu bohren, ohne dass der Killer drüben es bemerkte.

»Es könnte klappen«, sagte Angelo Sgreccia leise. Dann schüttelte er den Kopf. »Es hätte klappen können, aber wir sind zu spät dran. Die NOCS-Agenten sind doch schon …«

Er brach ab. Man hörte nur noch das Gehämmere aus dem Tunnel. Matteo Vannoni hatte wohl gar nicht mitbekommen, worüber sie gesprochen hatten.

»Und außerdem kriegen wir keinen Kameramann her. Die glauben uns doch kein Wort«, sagte Elena Sgreccia.

Der Krach der Hammerschläge ließ vermuten, dass Matteo Vannoni nun ohne Meißel arbeitete. Er drosch direkt auf die Steine ein. Wild und mit einer übermenschlichen Kraft, wie sie nur eine aberwitzige Hoffnung verleiht. Vielleicht konnte sie ja auch die Zeit stillstehen lassen. Oder zumindest den Sturmangriff so lange verzögern, bis sie so weit waren.

»Das TV-Team ist Donatos Aufgabe!«, sagte Franco.

»Alles klar«, sagte Donato.

»Ich kümmere mich um die Polizeipatrouillen«, sagte Marta Garzone.

»Ich löse Matteo ab«, sagte Mamadou.

»Ich muss kurz nach Hause. Mir ist da so eine Idee gekommen.« Franco sah auf die Uhr. »Noch sechsunddreißig Minuten bis zu den TG 5-Hauptnachrichten!«

»Das schaffen wir!«, sagte Angelo Sgreccia.

»Na, dann los!«, sagte Antonietta. »Ab sofort läuft unsere eigene Operation Medusa.«

Donato und Franco liefen die Treppe hinauf. Marta Garzone griff zum Handy und rief Milena an. Die war mitsamt ihren drei Kindern schon aufgebrochen, aber nicht weit gekommen, weil ihnen eine Polizeipatrouille begegnet war. Sie waren Hals über Kopf umgekehrt und zurückgelaufen, als sich plötzlich die Tür von Francos Haus rettend geöffnet hatte. Lidia Marcantoni war auf der Suche nach Costanza, dem dritten der Geschwister, bei Anbruch der Sperrstunde dort gestrandet. Nun saß Milena mit den Kindern in Francos Wohnzimmer, wehrte Lidias neugierige Fragen ab und wartete, bis draußen die Luft rein war.

»Wie geht es den Kindern?«, fragte Marta Garzone am Telefon.

»Ausgezeichnet«, antwortete Milena. »Sie kapieren ja nicht, worum es geht, und amüsieren sich prächtig. Dass wir geflohen sind und uns hier versteckt haben, finden sie ganz klasse. Wann kann man schon mal mit echten Polizisten Räuber und Gendarm spielen?«

»Genau darum wollte ich dich bitten«, sagte Marta.

»Wie bitte?«

Marta berichtete kurz von der neuen Operation Medusa, die sie gerade angeleiert hatten. Am Ende sagte sie: »Und dazu ist es nötig, dass Donato das Canale 5-Team von seinem Haus hierher führt. Unentdeckt. Mit Kameras, Leuchten und der ganzen anderen technischen Ausrüstung.«

»Ich soll den Hasen für die Polizei abgeben?«, fragte Milena.

»Es ist nicht nur eine Patrouille unterwegs«, sagte Marta.

»Ich und meine Kinder?«, fragte Milena ungläubig. »Bist du wahnsinnig?«

»Sie sollen doch nur in die richtige Richtung davonlaufen. Wer als Letzter gefangen wird, erhält den Hauptpreis.«

»Das kommt überhaupt nicht in Frage!«

»Den Hauptpreis stifte ich«, sagte Marta. »Eine Medaille mit der Aufschrift: Für einen entscheidenden Beitrag, Minhs Leben zu retten.«

Am anderen Ende herrschte Stille.

»Milena?«

Im Hintergrund erzählte Milenas Ältester, Davide, irgendetwas. Die Worte waren nicht zu verstehen.

»Milena, ich muss auflegen«, sagte Marta. »Donato ruft mich an, wenn er die Fernsehleute so weit hat.«

»Gib mir Bescheid!«, murmelte Milena. Bevor sie die Verbindung unterbrach, hörte man sie ihre Kinder fragen, ob sie nachher mit den so lustig verkleideten Polizisten Fangen spielen wollten.

Marta legte das Handy auf die Werkzeugkiste und blickte auf das Display. Es war 19 Uhr 31. Matteo Vannoni stand gebückt neben der Tunnelöffnung. Mamadou hatte ihn fast mit Gewalt herauszerren müssen. Es seien doch nur noch ein paar Steine, die würde er, Vannoni, alleine schaffen. Mamadou hatte ihm erklärt, dass durch das Loch ein Kamerateam mit Ausrüstung passen müsse. Und zwar bald, in wenigen Minuten. Vannoni solle jetzt keine Zicken machen und einen frischen Mann den Rest erledigen lassen.

Donato wusste, dass alles von ihm abhing. Als er sich, immer auf der Hut vor Patrouillen, an den Hauswänden entlangdrückte, ging ihm durch den Kopf, was der Kameramann Miguel über Medien-Inszenierungen erzählt hatte. Von Politikern, die entschlossen durch verseuchte Flüsse schwammen oder, wenn sie zu hölzern wirkten, durchsickern ließen, wo man sie beim innigen Kuss mit ihrer neuen Modelfreundin filmen könne. Von alternden Rockstars, die eigentlich gern einen gemütlichen Fernsehabend verbringen wollten, aber das Gerät aus dem Hotelzimmerfenster werfen mussten, weil sie sonst nie mehr in die Schlagzeilen kommen würden. Von Schauspielern, die Tausende von Euro für Flugtickets ausgaben, nur um Erdbebenopfern in irgendeinem Teil der Welt ein paar gespendete Decken höchstpersönlich umzuwickeln.

Keiner wusste besser als die Medienleute selbst, dass all diese Spektakel nur wegen ihnen aufgeführt wurden. Eigentlich sollten sie berichten, was sich in der Welt ereignete, hatte Miguel gesagt, doch inzwischen war es eher umgekehrt. Ereignisse wurden künstlich in die Welt gesetzt, nur damit über sie berichtet wurde. Und doch verweigerte sich niemand in der Medienbranche. Man brauchte eben Bilder, die das Publikum interessierten.

Donato war sicher, genau solche Bilder anbieten zu können. Das Problem war nur, dass die von Canale 5 ihm das wahrscheinlich nicht glauben würden. Schon gar nicht, wenn er sagte, dass auf diese Weise ein Menschenleben zu retten sei. Wieder mal euer unschuldiger Minh?, würden sie fragen und dabei vermuten, dass Donato sie nur aus seinem Haus hinauskomplimentieren wolle. Gerade wenn draußen der Angriff begann! Donato schaute nach links und rechts aus. Keine Patrouille war zu sehen. Er rannte unter der Laterne durch und quer über die erleuchtete Gasse. Die Wahrheit scherte niemanden, das durfte er nicht vergessen. Es ging um bebilderten Nachrichtenstoff.

Als er seine Haustür erreichte, schlug ihm das Herz bis zum Hals. Wenn es ihm nicht gelang, die Fernsehleute so zu elektrisieren, dass sie ihre Gerätschaften hastig zusammenrafften und hinter ihm her eilten, war alles verloren. Nicht nur für Minh, sondern auch für ihn selbst. Bis in alle Ewigkeit würde er als derjenige gelten, der aus lauter Raffgier sein Haus aufgegeben, seine Frau vertrieben und seine Seele an Canale 5 verkauft hatte. Und der, wenn es darauf ankam, nicht im Stande war, diesen Pakt mit dem Teufel zur Rettung von Minh auszunutzen. Man würde ihm nicht einmal Vorwürfe machen. Es würde niemanden interessieren, warum er es nicht geschafft hatte. Sie würden ihm auf der Piazza ausweichen und sich denken, dass man von so einem wie ihm wirklich nicht mehr erwarten konnte.

Und vielleicht stimmt das ja sogar, dachte Donato, als er die Treppe zum Schlafzimmer hinaufstieg. Vielleicht war er ja der geborene Versager, vielleicht war er herzlos wie ein 1,6-Liter-Motor und dumm genug, wegen ein paar hundert Euro seine Ehe zu verspielen. Vielleicht sollte er sich damit abfinden. Einfach akzeptieren, dass er nicht zu den selbstlosen, warmherzigen, erfolgreichen und sympathischen Zeitgenossen gehörte. Donato stieß die Tür zu seinem Schlafzimmer auf.

Miguel filmte aus dem Fenster. Um ihn herum standen sechs Leute, von denen Donato nur die Reporterin kannte, der er das Zimmer vermietet hatte. Sie regte sich über die Hosenscheißer auf, die endlich mal mit ihrer Aktion zu Potte kommen sollten. Dass die Staatspolizei ihren Panzerwagen gerade zurückgezogen hatte, begriff Donato erst mit Verzögerung. Ihn beachteten die Fernsehleute nicht. Warum sollten sie auch?

Donato ging bis zur Bettkante vor und sagte: »Wenn Sie wissen wollen, wo wirklich etwas los ist, sollten Sie mich fragen, Frau Guglielmi!«

»So?« Die Reporterin sah ihn kaum an.

»Wären Sie an einem Interview mit den Geiseln interessiert? Inklusive Bildmaterial?«

»Sehr witzig!«, sagte Anna-Maria Guglielmi.

»Sie sind im Untergeschoss von Minhs Büro eingesperrt. Wir haben einen Tunnel dorthin gegraben und ein Loch durch die Wand gebohrt.«

Die Reporterin lächelte dünn. »Sehen Sie, wir haben genug zu tun, Herr ...«

Sie schien Donatos Namen vergessen zu haben, machte sich aber nicht die Mühe nachzufragen. Ohne den Satz zu beenden, wandte sie sich wieder zum Fenster. Für sie war Donato ein Wichtigtuer, ein Nichts, dem jede Lüge gelegen käme, um für einen Moment aus der eigenen Bedeutungslosigkeit auszubrechen. Vielleicht hatte sie ja recht, doch er musste trotzdem erreichen, dass sie ihm glaubte. Beteuerungen würden nichts nützen, im Gegenteil, sie würden sie nur in ihrer Meinung bestärken. Donato musste zeigen, dass ihn nicht Angeberei antrieb. Aber wie? Die Reporterin hatte sich ihr Bild gemacht. Der einzige Weg, es zu zerstören, bestand darin, sich als noch verachtenswerter zu erweisen, als sie vermutete.

Donato sagte: »Den Tunnel zu graben war eine Heidenarbeit. Deswegen dachten wir an eine Aufwandsentschädigung, genauer gesagt an dreitausend Euro. Aus alter geschäftlicher Verbundenheit habe ich mich zuerst an Sie gewandt, doch wenn Sie nicht interessiert sind ... Es gibt ja noch genug andere Fernsehteams hier.«

Anna-Maria Guglielmi sah wieder her. Donato leckte sich über die Lippen, streckte ihr die rechte Hand entgegen und sagte: »Sie zahlen erst nachher. Mir genügt, wenn Sie Ihr Wort geben.«

Die Reporterin schien Donatos Hand nicht zu bemerken. Sie fragte: »Sie wollen einen Tunnel durch die ganze Sperrzone gegraben haben?«

»Nur die letzten Meter sind Tunnel. Vorher haben wir zwischen ein paar Häusern die Wände durchbrochen. Der Eingang liegt außerhalb der Sperrzone.«

»Wo?«, fragte die Reporterin.

»Dreitausend Euro!«, sagte Donato. Er nahm die Hand zurück, wischte sie an seiner Hose ab und zog das Handy hervor.

»Keinen Cent, wenn nicht alles so ist, wie Sie behaupten!«, sagte Anna-Maria Guglielmi.

»Topp!«, sagte Donato.

Dann rief er Marta Garzone an. »Ich führe sie jetzt zu euch. Sie packen nur noch ihre Ausrüstung zusammen.«

»In zwei Minuten ist der Weg frei«, sagte Marta.

Na also, dachte Donato. Er war nicht einfach irgendein Versager. Er war der unsympathischste, geldgierigste, schleimigste und verachtenswerteste Kerl, den Montesecco je gesehen hatte.

Canale 5 hatte sich nicht entschließen können, den Beobachtungsposten im Schlafzimmer völlig aufzugeben. Nur der Kameramann Miguel, ein Beleuchter, ein Übertragungstechniker und Anna-Maria Guglielmi folgten Donato. Ohne Zwischenfälle erreichten sie Milena Angiolinis leeres Haus. Als Donato sie ins Kinderzimmer führte, die Schranktüren öffnete und die Kleider vor der Mauerbresche zur Seite rückte, wollte Miguel sofort zu filmen beginnen. Donato schob ihn ins Wohnzimmer der Deutschen weiter. Den Weg konnte man auch noch dokumentieren, wenn alles vorbei war. Auch Anna-Maria Guglielmi drängte jetzt voran, stieg als Erste in Sgreccias Küche durch. Nach außen gab sie sich skeptisch, ob Donato die Wahrheit gesagt hatte, doch die Sensationsgier stand ihr ins Gesicht geschrieben. Sicher war ihr bewusst, dass das Telegiornale in sieben Minuten begann. Sich da mit so einem Knaller live hineinzuschalten, davon konnte eine ehrgeizige Reporterin nur träumen.

An Sgreccias Wohnzimmerfenster stand Antonietta Wache. Sie legte den rechten Zeigefinger über die Lippen, um zu bedeuten, dass die Neuankömmlinge keinen Lärm machen sollten. Dann reckte sie den Daumen der linken Hand nach oben. Alles in Ordnung. Donato half dem Beleuchter, seine beiden Scheinwerfer die Treppe hinabzuschleppen. Am Tunneleingang wartete Marta Garzone. Sie nickte Donato zu und flüsterte, dass die anderen schon drüben seien.

»Jetzt aber fix, Leute!«, sagte die Reporterin. Miguel kroch mit den Füßen voran in den Gang und ließ sich die Kamera nachreichen. Der Techniker wickelte seine Kabelrolle ein paar Meter weiter ab. Vor der Tunnelöffnung musste er warten, bis der Beleuchter die Ständer der Scheinwerfer durchgehievt hatte. Obwohl der Mauerdurchbruch auf der anderen Seite keineswegs dem technischen Standard des Mont-Blanc-Tunnels entsprach, ging alles glatt. Als Letzter gelangte Donato in Salviatis Keller.

Genauer gesagt, handelte es sich um zwei Kellerräume. Vom ersten führte rechts eine Treppe nach oben. Hinter einer Quermauer mit einer doppelt türbreiten Aussparung öffnete sich der zweite Raum. Im Schein der Taschenlampen waren noch die Reste des Lattengitters zu erkennen, die ihn einst vom vorderen abgetrennt hatten. Nahe der rückseitigen Mauer standen Matteo Vannoni und die anderen. Franco Marcantoni dozierte leise, aber bestimmt auf sie ein.

»Dort?«, fragte Anna-Maria Guglielmi. Als Donato nickte, bedeutete sie dem Beleuchter mit knappen Handbewegungen, wo sie die Scheinwerfer aufgebaut haben wollte. Miguel und der Techniker hatten schon von sich aus begonnen, alles für die Live-Übertragung vorzubereiten. Donato führte die Reporterin nach vorn und stellte sie vor.

»Sehr erfreut, Ihre Bekanntschaft zu machen, Signorina«, sagte Franco und tippte sich ans Berretto.

»Wo sind die Geiseln?«, fragte Signorina Guglielmi.

»Gleich nebenan«, sagte Donato schnell.

Die Reporterin nahm Angelo Sgreccia die Taschenlampe aus der Hand und leuchtete die Mauer ab.

»Da ist überhaupt kein Loch!«, sagte sie.

»Noch nicht«, sagte Franco, »aber gleich!«

Er hielt zwei etwa fünfzehn Zentimeter lange und drei Zentimeter dicke Stangen ins Taschenlampenlicht.

»Vergesst Dynamit, wenn ihr Schlagladungen auf ANFO-Basis mit angewürgter Sicherheitszündschnur habt!«, sagte er. »Die stammen noch aus den Beständen der Mine von Cabernardi. Ich kann mich nicht mehr genau erinnern, wie sie in meinen Besitz gekommen sind. Jedenfalls habe ich sie aufgehoben. Dachte mir immer, dass ich sie mal brauchen würde.«

»Das Zeug ist mindestens fünfzig Jahre alt«, sagte Ivan Garzone.

»Ich bin über achtzig Jahre alt«, sagte Franco. »Willst du vielleicht behaupten, dass ich deswegen nichts mehr tauge?«

»Weißt du überhaupt, wie man damit umgeht?«

»Das Klebeband, bitte!« Franco hielt die beiden Sprengladungen in etwa anderthalb Metern Höhe gegen die Mauer.

»Würde nicht eine reichen?«, fragte Elena Sgreccia. »Nicht, dass halb Montesecco in die Luft geht!«

»Eine ist keine«, sagte Franco, während er einen Streifen Klebeband quer über die Stangen legte und an den Seiten festdrückte. »Nimm niemals nur einen Sprengsatz! Das hat Benito Sgreccia damals bei jeder Gelegenheit betont. Ich habe seine Worte noch genau im Ohr. Und Benito musste es ja wissen. Er hat lange genug in der Mine gearbeitet.«

»Aber nicht als Sprengmeister«, wagte Angelo Sgreccia einzuwenden. »Und außerdem kann ich mich nicht erinnern, dass mein Vater ...«

»Davon verstehst du nichts, Angelo! Das waren noch andere Zeiten. Damals hat man sich dafür interessiert, was der Kumpel neben dir macht. Schon, weil jeder für den anderen einspringen musste, wenn Not am Mann war.« Franco klebte einen zweiten Streifen über den Sprengstoff. Dann fuhr er mit dem Zeigefinger über eine der Zündschnüre, die am unteren Ende herausragten. Er sagte: »Außerdem hat das alte Zeug den großen Vorteil, dass es ganz simpel funktioniert. Kein Kabelsalat, kein elektronischer Zünder, keine Säuremischungen, keine Zeitschaltuhren. Du hältst einfach ein Zündholz daran, gehst in Deckung, und peng!«

»Die sind verrückt! Die sind total durchgeknallt!«, sagte Anna-Maria Guglielmi und wich langsam von der Mauer zurück.

»Wir wären dann so weit«, sagte der Techniker von Canale 5. Miguel hatte seine Kamera geschultert.

Franco Marcantoni holte eine Packung Cerini hervor, die er wahrscheinlich schon genauso lang wie den Sprengstoff aufbewahrte. Er nahm eines der Wachsstreichhölzchen heraus, presste dessen roten Kopf mit dem Daumen gegen die Mauer und riss es an. Die Flamme brauste laut, bis sich die Schwefelmischung ganz entzündet hatte, und brannte dann ruhig nach oben. Mit fast feierlicher Stimme sagte Franco: »Wenn ich die Damen und Herren bitten dürfte, hinter der Zwischenmauer in Deckung zu gehen!«

Die wilden Hammerschläge hatten vor geraumer Zeit aufgehört, doch die Geräusche, die nun in unregelmäßigen Abständen aus dem Keller drangen, waren nicht weniger beunruhigend. Mal glaubte Enrico Munì hastige Schritte zu hören, mal ein feines Klirren, als wäre jemand mit einem Gewehrlauf gegen etwas Metallenes gestoßen, und dazwischen murmelten menschliche Stimmen. Viele Stimmen von einem Haufen Menschen, die einiges zu besprechen hatten.

»Was haben die vor?«, flüsterte Munì.

Nummer 1 zuckte die Achseln, als ob ihm nichts in der Welt gleichgültiger wäre. Nummer 2 lehnte an der Wand schräg gegenüber und kaute Kaugummi. Nummer 3 blickte auf seine Hände hinab, die er über dem Lauf der Maschinenpistole gefaltet hatte. Nichts zu sehen war von den Staatspolizisten, die als Verstärkung angerückt waren. Sie sicherten die Räume des Erdgeschosses, die Haustür und die Treppe nach oben ab. Munì presste das Ohr gegen die Kellertür. Jetzt hörte er gar nichts mehr. Das war doch nicht normal! Mindestens ein halbes Dutzend Menschen befand sich dort unten, und keiner rührte sich, keiner sagte etwas? Die hatten etwas vor.

»Wir sollten da hinunter!«, flüsterte Munì. Die Geiselnehmer besaßen definitiv einen Granatwerfer und wer weiß, was noch alles. Man konnte doch nicht warten, bis sie ihre ganze Artillerie in Stellung gebracht hatten!

»Unser Befehl ist eindeutig«, zischte Nummer 1. »Wir warten.«

Klar, sie würden warten, bis eine Vierzig-Millimeter-Granate die Kellertür zerfetzte und sie alle pulverisierte. Hatte Munì nicht gelernt, dass man sich das Gesetz des Handelns nicht vom Gegner diktieren ließ? Dass man das Überraschungsmoment nutzte, wann immer es möglich war? Was wussten denn die in der Einsatzleitung schon? Die saßen in sicherer Entfernung und drehten Däumchen. Warten! Die machten es sich einfach. Und wenn sie lange genug gewartet hatten, würden sie eine Putzfrau herschicken, um die verkohlten Reste dessen zusammenzukehren, was einmal die Einsatzgruppe 1 des NOCS gewesen war.

»Das Überraschungsmoment ...«, flüsterte Munì.

»Schluss jetzt, Nummer 4!«

»Wir haben Ermessensspielraum«, raunte Munì. Er zitierte auswendig aus den Richtlinien: »Wenn unvorhersehbare Entwicklungen vor Ort die Grundlagen einer Einsatzplanung in Frage stellen, kann es gerechtfertigt sein, auch gegen erteilte Befehle zu handeln, soweit und nur in dem Maß, wie das übergeordnete Ziel der Operation ...«

Nummer 1 hob seine Maschinenpistole an und drückte die Mündung gegen Munìs Hals. An die ungeschützte Stelle zwischen Helm und Panzerweste. Nummer 1 flüsterte: »Die Waffe auf den Boden! Ganz langsam, und nur mit der linken Hand!«

»Aber ...«, sagte Munì.

»Du bist raus, Nummer 4«, sagte Nummer 1.

Munì rührte sich nicht. Er spürte den Lauf der Maschinenpistole neben seinem Kehlkopf, doch er wusste, dass das nicht ernst gemeint war. Ein paar Meter unter ihnen hielten sich bewaffnete Terroristen auf, die nichts von ihrer Anwesenheit ahnten. Nummer 1 konnte gar nicht abdrücken, selbst wenn er gewollt hätte. Aber wieso sollte er das wollen? Sie beide gehörten dem NOCS an, derselben Einsatzgruppe noch dazu, sie waren Kameraden, sie würden füreinander durchs Feuer gehen, sie ...

»Wird's bald?«, sagte Nummer 1.

Es ist nur ein Scherz, dachte Munì, so wie damals, als sie ihm Erdbeermarmelade auf den Pistolengriff geschmiert hatten und sich vor Lachen nicht mehr halten konnten, weil er die ersten beiden Schüsse neben die Scheibe gesetzt hatte. Es musste ja auch zu komisch ausgesehen haben, wie das klebrige rote Zeug zwischen seinen Fingern herausgequollen war. Fast so, als presse jemand ein Herz aus. Munì murmelte: »Ich meinte bloß, dass wir der Einsatzleitung noch einmal darlegen sollten ...«

»Die Waffe runter!«, zischte Nummer 1. »Und dann gehst du die Treppe hoch, setzt dich in eine Ecke und rührst dich nicht von der Stelle, bis ich es dir sage!«

Munìs Hand krampfte sich um die Maschinenpistole. Erst jetzt begriff er, dass es vorbei war. Und wenn er dem Innenminister persönlich das Leben rettete, sie würden ihn trotzdem aus der Truppe werfen, sobald die Aktion hier abgeschlossen war. Vielleicht würden sie ihm die Chance geben, selbst um sein Ausscheiden aus dem Dienst nachzusuchen, aber was änderte das schon? Er wäre kein Mitglied des NOCS mehr. Munì sah zu Nummer 2, zu Nummer 3 hin und wusste, dass er jetzt schon nicht mehr dazugehörte. Die Lernerei, das Training, die Prüfungen, alles war umsonst gewesen. Das Leben, das er sich mit jahrelangem verbissenem Einsatz aufgebaut hatte, stürzte zusammen wie ein Kartenhaus.

Munì hob die rechte Hand auf Schulterhöhe, ging langsam, ganz langsam in die Knie und legte mit der linken Hand die Maschinenpistole vor sich ab. Dann richtete er sich wieder auf. Er starrte nach unten. Die Waffe lag auf dem Boden. Es war ihr egal, wer sie getragen hatte und ob sie gleich irgendein anderer aufnehmen würde. So war es eben, auch wenn Munì sich gewünscht hätte, dass sie von sich aus eine Salve abgefeuert hätte, sobald er die Finger von ihr gelöst hatte. Es durfte doch nicht alles einfach weitergehen! So, als sei nichts passiert!

Munì wunderte sich nicht, als plötzlich der Krach einer gewaltigen Explosion in seine Ohren schlug. Er spürte die Detonationswellen durch die Steinplatten unter seinen Füßen laufen, sah, wie sich Nummer 1 zu Boden warf, wie Nummer 2 Richtung Haustür robbte, er hörte den Questore aus dem Headset brüllen, was zum Teufel da los sei, und er selbst blieb ruhig und unbeweglich stehen. Alles war völlig normal. Wenn eine Welt zersprang, brauchte es niemanden zu wundern, dass es dabei Getöse gab.

Der Knall war laut. Ziemlich laut. Auf jeden Fall um einiges lauter, als man es erwartet hatte. Er schien gar nicht mehr aufzuhören, brandete durch die beiden niedrigen Kellerräume, prallte von den Mauern zurück, überschlug sich in den nachfolgenden Schallwellen und hallte ohrenbetäubend wider. Nach dem Knall zu urteilen, musste da, wo die Piazza mit den umliegenden Häusern gelegen hatte, jetzt ein Krater aufgerissen sein, der tief in die Kontinentalscholle hinabreichte. Aber das täuschte natürlich. Selbst die Trennmauer, hinter der sich Fernsehleute und Dorfbewohner in Sicherheit gebracht hatten, stand noch.

Dort blitzten jetzt die ersten Taschenlampen auf. Die Strahlen irrten durch den Raum, huschten so schnell über Hände und Gesichter, dass kaum zu erkennen war, wem sie gehörten, und saugten sich schließlich an dem Beleuchter von Canale 5 fest. Der rückte bereits seine Scheinwerfer aus der Deckung in die vorgesehene Position. Von irgendwoher im Dunkel rief Miguel, dass er jeden umbringe, der ihm vor die Kamera laufe, und dann sprangen die Scheinwerfer kurz hintereinander an. Ihr weißes Licht flutete durch den Kellerraum, erreichte jedoch nicht die Stelle, an der die beiden Sprengsätze befestigt worden waren. Eine dichte Nebelwand aus pulverisierten Mauerteilen wogte ihm entgegen und verschluckte den Schein der Lampen. Aus der flirrenden Staubwolke waren Geräusche zu hören. Als ob jemand in Panik eine Treppe hinaufhastete.

»Geh rein, Miguel, los!«, rief die Reporterin. Der Kameramann rückte Schritt um Schritt vor und schien sich dabei von unten her in der Staubwand aufzulösen, bis nur noch sein Kopf und die geschulterte Kamera schemenhaft zu erkennen waren. Anscheinend sanken die Schwaden langsam ab. Die Dorfbewohner kümmerten sich nicht um Anna-Maria Guglielmi, die sie mit ausgebreiteten Armen zurückzuhalten versuchte. Immerhin hatten sie den Weg hierher frei gemacht, den Tunnel gegraben, die Sprengung durchgeführt. Jetzt war keiner mehr zu halten. Sie schoben die Reporterin nach vorn, drängten nach.

Hinter der Silhouette des Kameramanns war das gesprengte Loch als große dunkle Fläche zu erahnen. Möglicherweise hatte in Minhs Untergeschoss schon vorher kein Licht gebrannt, genauso wahrscheinlich war aber, dass die Explosion die Glühbirnen gewaltsam ausgelöscht hatte. Von der Kellermauer war jedenfalls nicht viel übrig. Die Brocken mussten wie Geschosse durch den Raum geflogen sein. Selbst Franco Marcantoni gestand sich ein, dass eine Stange wohl mehr als genügt hätte. Doch gesprengt war gesprengt, und wenn sich da nun ein Loch auftat, durch das ein Panzerwagen der Staatspolizei hätte rollen können, hatte das ja auch seine Vorteile.

»Wir sind gleich auf Sendung«, rief der Übertragungstechniker von hinten. »Drei, zwei, eins und ...«

Das Licht der Scheinwerfer fraß sich mit Mühe durch den pulvrigen Schleier, der drüben immer noch in der Luft lag. Es tastete sich über Steinbrocken und unidentifizierbares zertrümmertes Mobiliar. Dort, wo sich der Staub allmählich zu der Treppenschräge verfestigte, die in Minhs Büro hinaufführte, hustete jemand schwer. War das vielleicht Minh? Das Husten ging in ein schmerzvolles Stöhnen über. Um Gottes willen! War der Junge etwa durch die Explosion verletzt worden?

»*Hier ist Anna-Maria Guglielmi live aus Montesecco. Soeben wurden wir Zeugen, wie die Einwohner dieses kleinen Ortes sich den Weg zum Untergeschoss des Geiselnehmerhauses freigesprengt haben. Noch ist die Explosion kaum verhallt, noch hat sich der Pulverdampf nicht gelegt, und schon dringen die Dorfbewohner vor, entschlossen, die – wie sie sagen – unerträgliche Hinhaltetaktik der Ermittlungsbehörden nicht länger hinzunehmen und selbst dieses Drama zu beenden, das auch ihren Heimatort so sehr in Mitleidenschaft gezogen hat. Die Entscheidung steht unmittelbar bevor. Ich wiederhole, meine Damen und Herren, die Bilder, die Sie gerade sehen, kommen live aus dem Geiselnehmerhaus in Montesecco.*«

Die Stimme der Reporterin ließ an Eindringlichkeit nichts zu wünschen übrig. Was in den geschätzten fünf Millionen Haushalten, in denen das Telegiornale von Canale 5 lief, über die Bildschirme flimmerte, war allerdings alles andere als spektakulär. Von Sizilien bis Südtirol, von Triest bis zur sardischen Westküste war wie in den Anfangszeiten des Schwarzweißfernsehens ein düsteres, grieseliges Grau zu sehen, aus dem sich nur bei genauem Hinschauen erkennbare Konturen schälten. Die Kamera hielt auf einen von der Explosion weggefegten Stuhl, der seine drei noch vorhandenen Beine in grotesker Weise nach oben reckte. Dahinter, am Fuß der Treppe, bewegte sich etwas.

»*Der Sprengsatz hat den Kellerraum grauenvoll verwüstet. Ob Menschen dabei zu Schaden gekommen sind, wissen wir noch nicht. Das Schicksal der Geiseln ist ebenso unklar wie der Aufenthaltsort des Geiselnehmers, dieses siebzehnjährigen Jungen, der ...*«

Ein Stein wurde zur Seite gestoßen, ein Schatten zog sich mühsam am Treppengeländer hoch, die Kamera zoomte näher heran, ein Mensch, es war ganz eindeutig ein Mann, der dort schwankend stand, mit staubiger Kleidung und einem Gesicht, über das Blut lief, wie jetzt in der Nahaufnahme zu erkennen war, und die aufgeregte Stimme Anna-Maria Guglielmis rief:

»*Das ist nicht der Terrorist, das ist eine der Geiseln, das ist ... verletzt, aber lebend ... Roberto Russo, Ispettore der Polizia di Stato, einer der vier, die ... Hier herüber, schnell! Bringen Sie sich in Sicherheit, bevor der Täter ...!*«

Der verwundete Mann blickte kurz die Treppe hoch und dann wieder in die Kamera. Er machte eine Bewegung, doch erst als das Bild vom Gesicht zurückfuhr und einen größeren Ausschnitt zeigte, konnte man erkennen, dass er den rechten Arm ausgestreckt hatte. Die Pistole in seiner Hand zielte auf ein paar Millionen Zuschauer vor den Bildschirmen.

Franco Marcantoni war bekennender Atheist, aber die meisten anderen Bewohner Monteseccos glaubten durchaus an die Auferstehung der Toten. Allerdings waren sie immer der Meinung gewesen, diese würde am Jüngsten Tag und im Jenseits stattfinden. Dass sich nun ein Polizist, der vor nicht einmal vierundzwanzig Stunden umgebracht worden war, als lebendig genug erwies, um eine Pistole auf sie zu richten, konnte nicht mit rechten Dingen zugehen.

»Bleibt mir vom Leib!«, keuchte der Polizist. Mit der freien Hand tastete er nach der Wunde an seiner Schläfe: Er schien benommen zu sein, aber zweifelsohne war er ein Mensch aus Fleisch und Blut. Als wären sie lieber einem Geist begegnet, wichen die Dorfbewohner langsam und ohne die Pistole aus den Augen zu lassen zurück. Nur Miguel, der Kameramann, filmte seelenruhig weiter, und Matteo Vannoni schräg hinter ihm blieb ebenfalls stehen. Vielleicht dämmerte auch in den anderen dieselbe hässliche Frage auf, doch ihn lähmte sie so, dass er sich unmöglich vom Fleck rühren konnte. Wenn der Schuss gestern Nacht nicht Ispettore Roberto Russo getötet hatte, wen dann?

»Minh«, flüsterte Vannoni.

Die Tür oben an der Treppe öffnete sich einen Spalt, ein Lichtstreifen fiel herab und eine Stimme zischte: »Verdammt, Russo, du bist im Fernsehen!«

Ispettore Russo umklammerte die Pistole mit beiden Händen, machte einen Schritt nach vorn und sagte: »Die Kamera aus! Sofort!«

Miguel filmte, wie Russo auf ihn zu wankte.

»Minh!«, rief Vannoni.

»Schalt das Ding ab!«, sagte Russo leise. »Sonst knipse ich dich aus.«

Miguel filmte, als hinge der Lauf der Welt einzig und allein davon ab, dass er seinen Job machte.

»Minh! Wo bist du?«, schrie Vannoni.

Der Staub hatte sich gelegt. Das TV-Bild war nun scharf. Die Zuschauer konnten den stählernen Ring der Pistolenmündung erkennen, und in seiner Mitte das dunkle Loch, aus dem die Kugel hervorschießen würde. Die Kamera würde wackeln, stürzen, und dann wäre es mit einem Mal schwarz auf Millionen Bildschirmen in ganz Italien. Aus dem Off sagte die Reporterin:

»*Hilflos sehen wir zu, wie Roberto Russo, Polizist, abgeordnet ins Innenministerium, angeblich vor kurzem von einem Terroristen erschossen, angeblich zuvor als Geisel gefangen gehalten, unseren Kameramann mit dem Tod bedroht. Vielleicht ist es die letzte Einstellung, die er dreht, und deswegen, meine Damen und Herren, die Sie alle Zeugen dieses ungeheuerlichen Vorfalls sind, sollten Sie auch seinen Namen wissen. Der Mann, der unerschrocken seinen Mörder beim Mord filmt, heißt Miguel. Miguel Casalecchio.*«

Doch noch schoss Russo nicht. Er zuckte mit dem Kopf zur Seite, als hätte jemand überraschend seinen Namen gerufen. Die Kamera schwenkte mit einem Moment Verzögerung nach rechts und folgte einem Mann mit erdverschmierter Kleidung, der ins hinterste Eck des Raumes stürmte.

Eigentlich hatte Minh nur das obere Zimmer benötigt, aber das war ohne das Untergeschoss nicht zu mieten gewesen. Als sie das Büro eingerichtet hatten, hatte Vannoni vorgeschlagen, auch unten auszumisten und das Gerümpel, das größtenteils noch aus Rapanottis Laden stammte, zum Sperrmüll zu fahren. Doch dann war genug anderes zu tun gewesen, kein geeigneter Wagen greifbar, Minh zu begierig, endlich mit seinen Computern loslegen zu können, und so war alles liegen geblieben. Auch die Holzkiste, in der Rapanotti früher wahrscheinlich Kartoffeln gelagert hatte. Sie hatte einen schweren, nach hinten aufklappbaren Deckel, der mit einem Riegel verschlossen war.

Vannoni hatte mit jeder Faser seines Körpers auf eine Antwort gehofft, als er nach Minh gerufen hatte. Nicht das dünnste »ja« oder »hier« wäre ihm entgangen, doch dass irgendwo irgendetwas dumpf gegen Holz schlug, hatte er zuerst nicht bemerkt, und als er sich dessen endlich bewusst wurde, dauerte es immer noch ewige, unnötig vertane Sekunden, bis er realisierte, aus welchem Eck das Geräusch kam. Dann sah er die Kiste, groß genug, um darin einen Menschen zu verstecken. Er sah die von der Explosion dort hingeschleuderten Steine auf dem Deckel hüpfen. Er sah Staub tanzen. Er sah den Holzbrettern an, wie Minh verzweifelt dagegen trat. Und er rannte los.

»Halt!«, schrie Russo, doch Vannoni hörte nicht. Im Nu hatte er den Riegel aufgeschoben, den Kistendeckel zurückgeschlagen. Minh lag auf dem Rücken, die Arme an den Körper gefesselt, den Mund geknebelt, die Augen weit aufgerissen. Erst langsam schien er zu erkennen, wer sich da über ihn beugte. Vannoni strich ihm übers Haar.

»Ihr seid beide tot!«, schrie Russo von hinten.

Vannoni löste das Tuch, das sich über Minhs Mund spannte. Der Junge wollte den Oberkörper aufrichten, doch Vannoni drückte ihn zurück. Dann drehte er sich um. Russo zielte mit seiner Pistole auf ihn.

»Schieß doch, Bulle!«, sagte Vannoni leise. Es waren dieselben Worte, die seine Genossen und er bei den Großdemonstrationen der 1970er Jahre gebrüllt hatten, wenn sie einer Phalanx von Uniformierten gegenüberstanden. Vannoni hatte mitgeschrien, hatte sich aufgepeitscht, um genug Mut zu finden, gegen die Polizeikette anzustürmen, doch der Sinn dieser drei Worte war damals im Adrenalin untergegangen. Jetzt war er ruhig. Seine Gedanken waren so klar, dass ihn fröstelte. Und alles, was in dem Satz mitschwang, konnte er in diesem Moment ohne Abstriche vertreten. Dass der Staatsmacht ein Mord jederzeit zuzutrauen war. Dass man sie manchmal provozieren musste, damit sie ihr wahres Gesicht offenbarte. Dass man keine Angst zeigen durfte, wenn es darum ging, etwas wirklich Wichtiges zu erreichen. Und dass man bereit sein musste, notfalls das eigene Leben dafür zu geben.

»Schieß doch!«, sagte Vannoni noch einmal.

»Hör auf, Russo!«, rief es von der Treppe herab. »Du willst doch nicht vor laufender Kamera ...«

Russo fuhr herum und zielte wieder auf den filmenden Kameramann. Zwei, drei Sekunden stand er so da. Dann löste sich seine linke Hand von der Pistole und tastete vorsichtig nach der Platzwunde an seiner Schläfe. Fast erstaunt betrachtete Russo das Blut an seinen Fingerkuppen. Seine rechte Hand sank herab und ließ, sobald der Arm schlaff neben dem Körper hing, die Pistole fallen. Und als habe ihn nur die Waffe in etwas verwandelt gehabt, was er nie hatte sein wollen, schien der Mann plötzlich ein anderer geworden zu sein. Kleiner, schmaler, um Jahre gealtert. Man glaubte, den Schweiß zu riechen, der aus seinen Poren drang, und konnte sich kaum vorstellen, von diesem erbärmlichen Wicht gerade noch mit dem Tod bedroht worden zu sein. Russo grinste verlegen und sagte: »Ich möchte gern eine Aussage machen.«

Die Schrift, die im unteren Viertel über die Bildschirme lief, verkündete, dass sich die nachfolgenden Sendungen verzögerten. Die Reporterin stand jetzt neben dem Mann mit der Kopfverletzung und hielt ihm ein Mikrofon entgegen. Der Mann wandte sich ihr zu, als er zu reden begann.

»*Ich bin unter Druck gesetzt worden. Wenn es nur um mich gegangen wäre, hätte ich mich geweigert, bei dieser Aktion mitzumachen, aber ich habe Familie. Meine Frau, meine beiden Kinder. Wissen Sie, da wird nicht offen gedroht. Es genügt, wenn Ihnen jemand sagt, dass der Kindergarten, in den Ihre kleine Tochter geht, in keiner sehr sicheren Gegend liegt. Dann überlegen Sie es sich genau, ob Sie sich mit Leuten anlegen, die hundert Mal mächtiger sind als Sie selbst.*«

»*Wer?*«, fragte die Reporterin. »*Von wem sprechen Sie, Herr Russo?*«

Der Mann schüttelte den Kopf. »*Ich bin doch nicht verrückt, hier einen Namen zu nennen! Ich kann Ihnen aber versichern, dass ein hohes Tier hinter der Sache steckt. Ein Mann, der bloß einmal mit den Fingern schnippen muss, damit meine ganze Familie ausgelöscht wird.*«

»*Ein Politiker?*«

»*Kein Kommentar.*«

»*Sie sehen das falsch*«, sagte die Reporterin. »*Ihr ominöser Hintermann hat nur Handlungsspielraum, solange sein Name nicht bekannt ist. Doch wenn Sie auspacken, wenn Sie ihn vor Millionen Fernsehzuschauern entlarven, wird keiner mehr wagen, die Drecksarbeit für ihn zu erledigen. Gerade wegen Ihrer Familie sollten Sie jetzt reden.*«

Das Fernsehbild wanderte seitwärts, bis es Russo von vorn zeigte. Sein starres Gesicht füllte den Bildschirm aus.

»*Wenn es diesen Mann überhaupt gibt*«, sagte die Reporterin. »*Wenn Sie ihn nicht nur erfunden haben, um sich und Ihre Komplizen zu entlasten. Vielleicht sollten Sie unseren Zuschauern einfach erläutern, was Sie selbst …*«

»*De Sanctis!*«, stieß Russo hervor. »*Innenminister De Sanctis hat das alles zu verantworten. Wir haben nur die Befehle ausgeführt, die wir von unserem obersten Dienstherrn persönlich erhalten haben. Er hat die Operation Medusa in allen Einzelheiten geplant, nachdem er von einem Vertrauensmann in der Staatsanwaltschaft Rom informiert wurde, dass Ermittlungen gegen ihn anliefen. Es ging um irgendwelche Geschäfte mit der Mafia, die dieser junge Computerhacker da hinten offensichtlich nachweisen konnte. Wir wurden losgeschickt, um die Übergabe der Informationen an Oberstaatsanwalt Malavoglia zu verhindern und die Zeugen so zu beseitigen, dass kein Verdacht auf den Minister fallen konnte. Ich persönlich habe nur eine Nebenrolle gespielt. Mit dem Granatwerferattentat auf Malavoglia habe ich gar nichts zu schaffen. Das haben Sventura und Longhi erledigt. Wer von den beiden geschossen hat, weiß ich nicht. Ich war nicht einmal am Tatort. Petacchi und ich mussten schon vor dem Attentat den Jungen unter Kontrolle bringen, damit er kein Alibi hatte oder sich gar aus dem Staub machte. Unser Auftrag bestand ja darin, ihm den Mord in die Schuhe zu schieben ...«*

»... und ihn letztlich ebenfalls zu ermorden«, sagte die Reporterin dazwischen.

»Wir sollten dafür sorgen, dass er den Angriff des NOCS nicht überlebt, ja. ›Ihr liefert mir einen toten Täter und keinen lebenden Zeugen‹, hatte uns De Sanctis befohlen. Das war eindeutig. Was sollten wir denn machen? Aber glauben Sie mir, ich bin froh, dass es nicht dazu gekommen ist. Wenigstens klebt kein Blut an meinen Händen.«

»Und der Schuss auf die Mutter des Jungen?«

»Keine Ahnung. Ich war zu der Zeit hier im Keller. Es muss einer der anderen drei gewesen sein. Den Jungen haben wir gut behandelt, das kann er Ihnen bezeugen. Wenn er nicht immer wieder versucht hätte abzuhauen, hätte ich ihn nicht einmal in die Kiste gesperrt. Aber vielleicht hat ihm das ja sogar das Leben gerettet, als die Mauerbrocken hier durch den Raum flogen.«

»Vor allem konnten Sie ihn nicht so schnell wie geplant beseitigen. Wie haben Sie sich das denn vorgestellt? Es hät-

ten ja auch die Einsatzgruppen der Polizei die Kellerwand sprengen können.«

»Keiner konnte doch jetzt schon mit dem Angriff rechnen. Wir waren sicher, dass ohne die Zustimmung des Innenministers nicht losgeschlagen würde, und De Sanctis hat versprochen, uns rechtzeitig per Handy Bescheid zu geben. Dann hätten wir alles vorbereitet. Als Codeworte hatten wir ›Medusa schließt die Augen‹ vereinbart.«

Es waren die letzten Worte, die Russo ins Mikrofon sprechen konnte, bevor ihm die schwarz gekleideten Männer der Spezialeinheit Handschellen anlegten. Den Jungen, der aus der Kiste gestiegen war, schirmten die Dorfbewohner ab. Die Kamera zeigte noch, wie die drei Komplizen Russos mit erhobenen Händen die Treppe herunterkamen und ebenfalls abgeführt wurden. Dann schaltete die Regie von Canale 5 ins Hauptstadtstudio zurück. Die Sprecherin kündigte eine Sondersendung an, in der die Hintergründe des Geiseldramas geklärt und das politische Erdbeben, das zweifelsohne schon die Regierung erschütterte, vermessen würden. Die Show »Paperissima« müsse leider ausfallen und werde zu einem späteren Zeitpunkt nachgeholt. Man bitte die Fans von Michelle Hunziker und Gerry Scotti um ihr Verständnis.

6
Epilogo

Eine Weile blieb es noch grau und ungemütlich, doch die Temperaturen stiegen beständig an. Der Regen fraß an der Schneedecke, die immer unansehnlicher wurde. Dann verzogen sich die Wolken, und bereits der erste warme, sonnige Tag genügte, um die Schneereste in Montesecco und auf den umliegenden Hügeln schmelzen zu lassen. Als die Erde abgetrocknet war, konnte man sich kaum mehr vorstellen, dass es einmal Winter gewesen war. Die Medienvertreter waren da schon längst abgezogen. Sie hatten aus der Montesecco-Geschichte herausgepresst, was herauszupressen war, und sich dann wieder den Schauplätzen zugewandt, an denen sich üblicherweise Berichtenswertes ereignete. Dem Viminale-Palast in Rom zum Beispiel.

Innenminister De Sanctis hatte unmittelbar nach Russos TV-Geständnis mitgeteilt, sein Amt bis zur Klärung der ungeheuerlichen Vorwürfe gegen ihn ruhen zu lassen. Das war der Presse entschieden zu wenig, und so musste er zwei Tage darauf unter starkem öffentlichem Druck zurücktreten. Sein Abgeordnetenmandat, das ihn nach Artikel 68 der Verfassung zwar nicht vor strafrechtlichen Ermittlungen, aber vor Untersuchungshaft und Hausdurchsuchungen bewahrte, legte er allerdings nicht nieder. Ansonsten gab De Sanctis ganz den Part der verfolgten Unschuld. Jedwede Kontakte zur Mafia stritt er beharrlich ab. Einfach nur lächerlich sei die Unterstellung, er habe Morde in Auftrag gegeben. Sein Anwalt übernahm es anzudeuten, dass De Sanctis einer Verschwörung seiner politischen Gegner zum Opfer gefallen sein könnte. Die erhebliche Summe Bargeld, die in Russos römischer Wohnung gefunden worden war, lasse darauf schließen, dass der Ispettore und seine Komplizen gekauft worden seien.

»Ja, von De Sanctis«, hielten deren Verteidiger dagegen. Es habe sich um die Anzahlung für die Morde gehandelt. Die vier Täter stimmten zwar darin überein, auf Befehl des Ministers gehandelt zu haben, beschuldigten sich jedoch gegenseitig der Tatausführung. Keiner wollte den Granatwerfer bedient, keiner auf Catia Vannoni geschossen haben. Jeder von ihnen behauptete, kaum mehr an der Sache beteiligt gewesen zu sein als ein TV-Zuschauer vor dem Bildschirm. Dass es Jahre dauern würde, bis überhaupt Anklage erhoben werden konnte, war abzusehen.

Daran änderten auch die klaren und detaillierten Angaben des Kronzeugen nichts. Minh erinnerte sich an Namen und Fakten, er beschrieb den Ermittlern genau, wie er in die Kommunikationskanäle zwischen De Sanctis und den Bossen aus Palermo und Agrigento eingedrungen war. Der Minister habe mindestens zwei Millionen Euro einkassiert, die inzwischen auf einer Bank in Liechtenstein lägen. Im Gegenzug seien den Bossen eine Menge kleiner Gefälligkeiten erwiesen worden, von der Versetzung allzu eifriger Polizeichefs über Insiderinformationen, die den Zuschlag bei öffentlichen Aufträgen zur Folge hatten oder Regionalpolitiker erpressbar machten, bis hin zur wohlwollenden Prüfung bestimmter Änderungswünsche bei Gesetzesvorlagen. Auch Kurioses fehlte nicht: Einer der Mafia-Paten habe sich herzlich bedankt, dass ihm der Verdienstorden der Republik Italien verliehen worden sei, sich aber anscheinend im Fürsprecher geirrt. Jedenfalls habe De Sanctis herauszufinden versucht, wer außer ihm den ehrenwerten Herrn protegiere.

Die Ausdrucke, auf denen Minh dies und anderes dokumentiert hatte, waren während seiner Gefangenschaft allerdings vernichtet, die Festplatte seines Computers gelöscht und neu formatiert worden. Natürlich ordnete die Staatsanwaltschaft eine Welle von Durchsuchungen, Beschlagnahmungen und Verhören an, doch wirklich Handfestes wurde vorerst nicht gefunden. Die Verdächtigen hatten tagelang Zeit gehabt, Spuren und Beweise zu beseitigen.

Seine Geiselnahme hatte Minh erstaunlich gut überstanden. Man hatte befürchten müssen, dass die traumatischen Erfahrungen seiner Kindheit wiederbelebt würden, aber dem war nicht so. Vielleicht hatte ihm die jahrelange psychologische Behandlung Strategien an die Hand gegeben, um Extremsituationen zu verarbeiten, vielleicht lag es auch daran, dass er diesmal einordnen konnte, was ablief. Das wenigstens glaubte Minh. Er habe den Plan der Geiselnehmer bald durchschaut gehabt und sei sich sicher gewesen, dass keiner der Dorfbewohner ihn ernsthaft für einen Terroristen halten könne. Deswegen habe er die Hoffnung nie aufgegeben. In den Talkshows, zu denen Minh eingeladen wurde, machte er eine überzeugende Figur, wirkte so ruhig, überlegt und selbstsicher, dass er nicht nur Fanpost bis hin zu Heiratsanträgen, sondern auch einige attraktive Stellenangebote erhielt. Bei einer IT-Firma aus Mailand unterschrieb er nach einigem Überlegen, handelte jedoch aus, die Stelle erst antreten zu müssen, wenn seine Mutter wieder auf den Beinen war.

Die Operation der Schusswunde war erfolgreich verlaufen, und nachdem Catia aus dem künstlichen Koma erweckt worden war, besserte sich ihr Zustand stetig. Dass die Geiselnahme gut ausgegangen war, mochte sie erst glauben, als Minh neben ihrem Krankenbett stand. Bei seinem zweiten Besuch begleitete ihn Nguyen, der keinesfalls nach Paris zurückkehren wollte, bevor er nicht Catia gesehen hatte. Etwas verlegen stellte Minh ihn als seinen Vater vor, doch Catia schüttelte den Kopf. Das sei völlig ausgeschlossen. Den Mann habe sie noch nie gesehen, geschweige denn mit ihm geschlafen. Minhs Vater habe Tran geheißen und fließend Italienisch gesprochen. Nguyen widersprach sanft, räumte ein, dass achtzehn Jahre nicht spurlos an ihm vorübergegangen seien, aber Catia müsse sich doch an die Party, an das Hotelzimmer erinnern. Ob sie nicht mehr wisse, wie er sie auf dem Motorrad mitgenommen habe. Wie sie gelacht hätten, weil sie seinen Namen nicht richtig aussprechen konnte.

»Nein«, sagte Catia. »Es war alles ganz anders.«

Und das Foto, das er von ihr gemacht habe? Nguyen zeigte es vor.

»Ja, das bin ich«, gab Catia zu, »doch Sie haben das Bild weder aufgenommen, noch gehört es Ihnen. Bis vor kurzem war es in meinem Besitz. Ich will gar nicht wissen, wer von meinen Nachbarn es gestohlen und nach Paris geschickt hat. Wie viel haben Sie denn dafür bezahlt? Wie viel war Ihnen ein Beweis wert, mit dem Sie Ihre Vaterschaftsgeschichte an Italia 1 verkaufen konnten?«

»Aber nein«, sagte Nguyen. »Seit siebzehn Jahren klebt das Foto in meinem Album und ...«

Catia ließ ihn nicht ausreden. »Oder Sie stecken mit den Leuten vom Sender unter einer Decke. Die wollten unbedingt irgendeinen Vater präsentieren, und Sie haben sich bereit erklärt mitzuspielen. Können Sie beweisen, dass die Ihnen mein Foto nicht erst zugesteckt haben, als Sie in Italien ankamen? Ein Reporter ist schließlich bei mir eingestiegen, angeblich, um Vergleichsfotos zu beschaffen. Eines davon als Original abzuzweigen war kein Problem. Und Sie mussten nur noch behaupten, es seit damals aufbewahrt zu haben.«

»Catia, das ist doch ...!«, sagte Nguyen.

»Wenn Sie mich jetzt mit meinem Sohn allein lassen würden!« Catia wandte sich ab.

Nguyen verstand die Welt nicht mehr. Er stotterte etwas von Vaterschaftstest. Da warf Catia ihn hinaus. Sie fragte Minh, ob er einen Vater bisher so vermisst habe, dass er sich jetzt einen falschen unterschieben lassen wolle.

»Werde erst einmal gesund!«, antwortete Minh.

»Wir beide kommen schon klar«, sagte Catia. Sie versprach, ihr Haus aufzugeben und mit ihrem Sohn nach Mailand zu ziehen. Das hätte sie schon vor siebzehn Jahren machen sollen. In Montesecco wollte sie nach ihrer Entlassung aus dem Krankenhaus nur noch das Nötigste regeln.

Das Dorf, in das sie bald darauf zurückkam, war sowieso nicht mehr dasselbe wie früher. Freilich, die Polizeisperren waren abgebaut, die Piazza und alle Gassen frei zugänglich, die Krankenbetten aus der Sebastianskapelle geräumt, und im Pfarrhaus erinnerte nicht einmal eine vergessene Büroklammer daran, dass es einem vielköpfigen Krisenstab als Kommandozentrale gedient hatte. Äußerlich war alles, wie man es seit Jahrzehnten kannte, und doch wirkte das Vertraute fremd. So, als ob die Gassen, Mauern, Fenster nur eine Kulisse wären, die ihren Zweck erfüllt und nun ausgedient hatte. Fünf Tage lang war den Bewohnern ihr Dorf Stück für Stück entrissen worden, fünf Tage lang hatten sie die Besatzer zum Teufel und sich den Alltag zurückgewünscht. Nun herrschte wieder Alltag, aber er fühlte sich fade an. Nicht, dass irgendjemandem patrouillierende Polizisten und aufdringliche Reporter fehlten, es war nur, als hätten diese bei ihrem Abzug etwas überaus Wichtiges aus Montesecco mitgenommen. Was zurückgeblieben war – das spürten die Bewohner –, war nicht mehr ihr Dorf.

Darüber zu sprechen fiel verständlicherweise schwer. Es ging da um Dinge, mit denen man sich nicht auskannte. Seltsam war nur, dass auch andere Gesprächsthemen nicht mehr zogen. Man konnte sich nicht den lieben langen Tag gegenseitig erzählen, wie man die Geiselnehmer durchschaut und die Sperrzone überwunden hatte. Und das Wetter, die Wildschweine, die Anekdoten über jemanden, der vor zwanzig Jahren gestorben war, das Trumpf-Ass, das man unbedingt gleich am Anfang hätte ausspielen müssen, all das schien so unwichtig, dass man sich fast schämte, früher einmal damit ausgekommen zu sein. Aber worüber sollte man dann reden, wenn man einen Nachbarn auf der Piazza traf?

Das passierte freilich immer seltener. Catia und Minh hielten sich nur noch zwei Tage in Montesecco auf, und die Curzios hatten sich schon vorher verabschiedet. Marisa hatte verkündet, dass sie Abstand brauche und irgendwo allein leben wolle, bis sie wisse, wie es weitergehe. Sie hatte von ein paar Monaten gesprochen, aber Donato hatte genau gespürt, dass sie nie mehr zurückkommen würde. Ein Wochenende lang war er ruhelos durch sein Haus marschiert, vom Wohnzimmer die Treppe hoch ins Schlafzimmer und, nach einem Blick durch das Fenster, denselben Weg zurück. Dann hatte er es nicht mehr ausgehalten und sich am nächsten Tag die erstbeste kleine Wohnung gemietet, die er in Pergola bekommen konnte. Ein Auto brauchte er dort nicht unbedingt. So stellte er von den dreitausend Euro, die Canale 5 anstandslos ausgezahlt hatte, die Mietkaution und legte den Rest auf die hohe Kante.

Ivan Garzone hatte Donato beim Umzug geholfen. Vielleicht war ihm dabei schon der Gedanke gekommen, sich ebenfalls nach einer neuen Wirkungsstätte umzusehen, doch entscheidend war die Cocktailkarte. Ivan hatte längst vergessen, dass er sie in Auftrag gegeben hatte, als die Medienleute den ganzen Tag über in seiner Bar gesoffen hatten. Knapp zwei Wochen, nachdem der Letzte von ihnen abgezogen war, brachte nun der Postbote eine Sendung mit zwanzig Exemplaren einer Hochglanzbroschüre, aus der Ivan die farbenfrohen Abbildungen von Tequila Sunrise, Blue Curaçao und fünfzehn weiteren Drinks entgegenstrahlten. Keinen einzigen davon würde er je in Montesecco verkaufen. Und auch sonst nicht viel. Ivan überlegte, ob er die Cocktailkarten in den Müll werfen sollte, stellte sie dann aber nebeneinander auf die Theke. Als Marta die bunten Bilder sah, fragte er sie, ob sie sich vorstellen könne, in einer großen Stadt oder unten am Meer noch einmal neu anzufangen. Marta nickte. Zufällig habe sie von einem Strandcafé in Senigallia gehört, dessen Pächter aus Altersgünden nächsten Monat aufhöre.

Unter normalen Umständen wäre der alte Franco Marcantoni darüber gar nicht glücklich gewesen, doch er hatte andere Sorgen. Es dauerte eine Weile, bis Lidia und er herausgefunden hatten, dass ihre Schwester Costanza in ein Krankenhaus in Pesaro gebracht worden war. Und zwar in die Station für Diagnose und Heilung, die dem Department für Geistige Gesundheit zugeordnet war. Franco protestierte aufs Schärfste. Irrenhäuser seien in Italien schließlich schon lange abgeschafft und Zwangsbehandlungen gegen den Willen der Internierten und ihrer Angehörigen deswegen unrechtmäßig. Er musste sich allerdings belehren lassen, dass das Gesetz Nummer 180 vom 13. Mai 1978 und seine Folgegesetze durchaus eine obligatorische ärztliche Behandlung erlaubten, wenn der Vormundschaftsrichter dem vom zuständigen Bürgermeister unter Vorlage eines Gutachtens der Gesundheitsbehörde gestellten Antrag binnen achtundvierzig Stunden zustimme. Das sei geschehen. Franco nahm sich einen Anwalt und legte beim Gericht Widerspruch gegen die Maßnahme ein. Bevor darüber entschieden wurde, teilte das Krankenhaus mit, dass Costanza wegen einer schweren Lungenentzündung auf die Intensivstation verlegt worden sei. Ihr Zustand sei äußerst besorgniserregend.

Als Franco und Lidia in Pesaro ankamen, war Costanza schon gestorben. Bei der Nachricht brach Franco zusammen. Von einer Sekunde auf die andere schienen ihn Kraft und Lebensmut verlassen zu haben. Nicht einmal bei der Organisation von Costanzas Beerdigung beteiligte er sich. Als es so weit war, wankte er hinter dem Sarg her und ließ die Zeremonie auf dem Friedhof von Montesecco teilnahmslos über sich ergehen. Kurz darauf schlug ihm Lidia vor, zusammen mit ihr in ein katholisches Pflegeheim nach Loreto zu ziehen. Die Versorgung sei dort bestens, und man könne jeden Tag zu Fuß die Wallfahrtskirche besuchen, die an der Stelle erbaut worden war, wo ein paar Engel vor vielen Jahrhunderten das Geburtshaus der heiligen

Jungfrau Maria aus Nazareth abgesetzt hatten. Ein Trupp Engel als Lufttransportunternehmen, eine zweitausend Jahre alte Jungfrauenwohnung mit einer pompösen Kirche außen herum und die Aussicht, einem Haufen bigotter Nonnen ausgeliefert zu sein – Franco war alles egal. Obwohl nichts darauf hindeutete, dass er irgendwann einmal wieder der Alte werden könnte, beeilte sich Lidia, die Sache festzumachen. Zum 1. April zogen sie in das Pflegeheim ein.

Dass Franco mit seinen Sprüchen und Geschichten die Seele Montesecos gewesen war, begriffen die übriggebliebenen Dorfbewohner spätestens, als er weg war. Die Leere, die Antonietta schon vorhergeahnt hatte, legte sich nun über die engen Gassen und die plötzlich viel zu groß wirkende Piazza. Obwohl das Frühjahr genau die richtige Mischung aus Regen und Sonne brachte, obwohl alles grünte und spross, dass man es sich schöner nicht wünschen konnte, wurde es keinem der Verbliebenen mehr richtig warm ums Herz. Vor allem abends, wenn die Schatten länger wurden, wenn der Wind um die verrammelten Türen strich und die Fenster dunkel blieben, glaubte man den Tod zu spüren. Er würde nicht irgendwann kommen, sondern war schon längst da, ließ den Putz von den Mauern bröckeln und wartete geduldig, bis alle einsahen, wer hier das Sagen hatte.

Gegen Mitte Mai herrschte noch einmal Aufregung rings um die Piazza. Ein Location-Scout tauchte auf, streifte mit seiner Praktikantin durchs Dorf und ließ sich von den Sgreccias in den Keller führen, wo er den Tunnel bewunderte. Unglaublich sei das alles, irre, toll, und er sei sich sicher, dass der Spielfilm, den seine Produktionsfirma unter dem Arbeitstitel »Die Augen der Medusa« in Auftrag gegeben habe, für Montesecco ein Segen sein werde. Das gelte auch, wenn der Film nicht an den Originalschauplätzen gedreht würde. Er stelle sich nämlich eine etwas spektakulärere Szenerie vor. Zum Beispiel ein kleines Dorf in Apulien mit diesen fast griechisch anmutenden, strahlend weiß gekalkten Häusern, hinter denen man majestätische Sonnenaufgänge über dem unendlichen Meer beobachten könne.

»Ein Ort am Strand?«, fragte Angelo Sgreccia. »Da gibt es doch gar keine Keller, zwischen denen man einen Tunnel ...«

»Das wird sowieso im Studio gemacht«, sagte der Mann.

»Ach so«, sagte Angelo.

Der Location-Scout bedankte sich überschwänglich für die interessante Führung und reiste samt Praktikantin ab. Man hörte nie mehr von ihnen.

Der Ginster blühte, das Gras wuchs, das Unkraut wucherte über die ehemaligen Gemüsebeete. Bei einem der ersten Sommergewitter im Juni schlug der Blitz in der alten Pinie neben dem Kirchturm ein und spaltete den Baum bis kurz über dem Boden. Die Stromversorgung Monteseccos fiel für ein paar Stunden aus, aber zu Schaden kam niemand. Dennoch nahm Elena Sgreccia den Vorfall zum Anlass, ihren sofortigen Abschied kundzutun. Ein Fluch liege über Montesecco, und keiner, keiner werde es schaffen, sie noch eine Nacht länger hier ausharren zu lassen. Angelo zuckte die Achseln. Dann mussten sie beide eben gehen. So sehr er das bedauere und die anderen vermissen werde, was solle er machen? Er könne seine Frau doch nicht allein in die Fremde schicken.

Milena Angiolini hielt das Gerede vom Fluch für völligen Unsinn. Aberglaube sei wahrlich kein Grund, Montesecco zu verlassen. Mamadou und sie hätten sich nur überlegt, dass es für Davide, der ja bald eingeschult würde, besser wäre, am Schulort zu wohnen. Schon allein der sozialen Kontakte wegen. Unter Klassenkameraden wolle man sich doch mal schnell besuchen oder zusammen Hausaufgaben machen oder sonst etwas. Zwar beginne der Unterricht erst Ende September, aber sie hätten da gerade ein äußerst günstiges Wohnungsangebot in San Lorenzo, und die Kinder bräuchten auch Zeit, um sich einzugewöhnen. Mamadou und Milena zogen drei Tage nach den Sgreccias weg.

Der Juli wurde heiß, und die ersten Augusttage noch heißer. Das Gras, das sich in den Ritzen der Türschwellen eingenistet hatte, verdorrte, und nur die zähesten Disteln überlebten in den nicht gewässerten Gärten. Die Wespen bohrten sich durch geschlossene Fensterläden und bauten ihre Nester in die dunklen Zwischenräume vor den staubigen Scheiben. Die verlassenen Häuser wurden von Skorpionen und Spinnen in Besitz genommen, während die Smaragdeidechsen sich über die Piazzetta jagten, auf die zum ersten Mal, seit sich Matteo Vannoni erinnern konnte, keine Tische unter die beiden Schattenbäume gestellt worden waren.

Zusammen mit Antonietta saß Vannoni auf der Steinbank gegenüber der Kirchentür. Sie beide waren als Einzige in Montesecco geblieben und würden auch weiterhin bleiben. Sie würden beobachten, wie sich die Natur Tag für Tag ein Stück mehr von dem zurückholte, was die Menschen aufgegeben hatten. Sie würden die Dächer einstürzen, die Türen verfaulen, die Mauern zerbröckeln sehen, und sie würden nicht wissen wollen, ob das Leben anderswo weiterging.

»Schau!«, sagte Vannoni. Er zeigte auf eine große, dunkle Viper, die aus dem verwilderten Pfarrgarten hervorglitt.

»Es wird ein Vipernsommer werden«, sagte Antonietta.

Die Schlange züngelte zögernd an der Kirchenfassade entlang. Fast so, als sei sie auf der Suche nach irgendwem, um den sie sich liebevoll schlängeln konnte.

Bernhard Jaumann
Die Vipern von Montesecco
Roman
275 Seiten
ISBN 978-3-7466-2301-6

Ein Dorf sucht seinen Mörder

Gluthitze über den alten Mauern von Montesecco: Abends treffen sich die Familien in der Bar. Sie reden. Über einen Mörder, der zurückgekehrt ist. Über die Schlangen. Und über einen neuerlichen Mord. Eine verschworene Gemeinschaft ist zugleich Täter und Ermittler in diesem Kriminalroman der Extraklasse von Glauser-Preisträger Bernhard Jaumann.

»Ein faszinierender Kriminalroman, der alle Vorurteile über dieses Genre im besten Sinne Lügen straft.« DIE ZEIT

»Wir sehen dieses italienische Dorf vor uns, die Piazza, die klapprige Bar – wunderbar!« TOBIAS GOHLIS IN »DIE ZEIT«

Mehr Informationen erhalten Sie unter
www.aufbau-verlag.de oder in Ihrer Buchhandlung

Bernhard Jaumann
Die Drachen von Montesecco
Roman
278 Seiten
ISBN 978-3-7466-2452-5

Ganz Montesecco ermittelt

Das kleine Bergdorf in der Mitte Italiens ist in hellem Aufruhr: Das Millionenvermögen eines Toten weckt die Begierde aller Einwohner. Als auch noch ein Kind entführt wird, ist jeder verdächtig, und alle ermitteln. Einer von ihnen muss der Entführer sein, der das Leben des kleinen Minh Vannoni gefährdet.

»**Ein wunderbares Buch!**« Tobias Gohlis in »Die Zeit«

Mehr Informationen erhalten Sie unter
www.aufbau-verlag.de oder in Ihrer Buchhandlung

aufbau taschenbuch

Karl Olsberg
Das System
Thriller
403 Seiten
ISBN 978-3-7466-2367-2

Die Zukunft der Menschheit ist in Gefahr

Was wäre, wenn alle Computer der Welt plötzlich verrückt spielten? Als Mark Helius zwei Mitarbeiter seiner Softwarefirma tot auffindet, weiß er, dass im Internet etwas Mörderisches vorgeht. Stecken Cyber-Terroristen dahinter? Oder hat das Datennetz ein Eigenleben entwickelt? Eine Jagd auf Leben und Tod beginnt, während rund um den Globus das Chaos ausbricht.
Dieser atemberaubende Thriller zeigt beklemmend realistisch, wie schnell unsere technisierte Welt aus den Fugen geraten kann.

»Ihren PC werden Sie nach dieser Lektüre nur noch mit gemischten Gefühlen hochfahren.« EMOTION

Mehr Informationen erhalten Sie unter
www.aufbau-verlag.de oder in Ihrer Buchhandlung

Karl Olsberg
Der Duft
Thriller
421 Seiten
ISBN 978-3-7466-2465-5

Das Böse ist stärker als der Verstand

Während Marie Escher das Zukunftspotential einer Biotech-Firma analysiert, kommt es zu einem blutigen Zwischenfall. Um die Hintergründe zu klären, reist sie mit ihrem Kollegen Rafael nach Uganda. Hier in der Wildnis Afrikas aber gelten andere Regeln, denn gegen manche Sinneseindrücke ist der Verstand völlig machtlos. Die beiden müssen um ihr Leben kämpfen und wissen: Sie allein können die Welt vor dem Chaos bewahren. Nach dem großen Erfolg von »Das System« der neue, atemberaubende Thriller von Karl Olsberg.

Mehr von Karl Olsberg:
Das System. Thriller. AtV 2367
2057. Unser Leben in der Zukunft. AtV 7060

Mehr Informationen erhalten Sie unter
www.aufbau-verlag.de oder in Ihrer Buchhandlung

aufbau taschenbuch

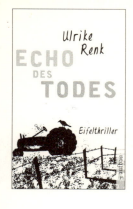

Ulrike Renk
Echo des Todes
Eifelthriller
295 Seiten
ISBN 978-3-7466-2549-2

Mörderische Eifel

Die Psychologin Constanze van Aken und der Forensiker Martin Cornelissen, ihr Freund, haben plötzlich einen gemeinsamen Fall: Zwei Tote werden in der Nähe ihres Hauses am Rursee gefunden. Zur selben Zeit wird ein ehemaliger Patient Constanzes entlassen. Zunächst will sie diese zeitliche Parallele nicht sehen, doch dann versucht jemand bei ihr einzudringen und schickt ihr eine erste Drohung.
Eifel-Spannung pur: Zwei Todesfälle geben Rätsel auf.

Mehr Informationen erhalten Sie unter
www.aufbau-verlag.de oder in Ihrer Buchhandlung

aufbau taschenbuch